Кэрил Эмерсон

•

Очерки по русской литературной и музыкальной культуре

Academic Studies Press
БиблиоРоссика
Бостон / Санкт-Петербург
2020

УДК 82
ББК 83.3(2Рос=Рус)
Э54

Перевод с английского И. И. Буровой, Е. Купсан, А. В. Разина, И. О. Шайтанова

Серийное оформление и оформление обложки Ивана Граве

В оформлении обложки использован эскиз декорации Льва Бакста к опере «Борис Годунов» (1913)

Эмерсон К.

Э54 Очерки по русской литературной и музыкальной культуре / Кэрил Эмерсон ; [пер. с англ.]. — СПб. : Academic Studies Press / БиблиоРоссика, 2020. — 559 с. — (Серия «Современная западная русистика» = «Contemporary Western Rusistika»).

ISBN 9798897838059 (Academic Studies Press)
ISBN 978-5-6043579-0-3 (БиблиоРоссика)

В эту книгу вошли статьи и рецензии, написанные на протяжении тридцати лет (1988–2019) и тесно связанные друг с другом тремя сквозными темами. Первая тема — широкое восприятие идей Михаила Бахтина в области этики, теории диалога, истории и теории культуры; вторая — применение бахтинских принципов «перестановки» в последующей музыкализации русской классической литературы; и третья — творческое (или вольное) прочтение произведений одного мэтра литературы другим, значительно более позднее по времени: Толстой читает Шекспира, Набоков — Пушкина, Кржижановский — Шекспира и Бернарда Шоу. Великие писатели, как и великие композиторы, впитывают и преображают величие прошлого в нечто новое. Именно этому виду деятельности и посвящена книга К. Эмерсон.

УДК 82
ББК 83.3(2Рос=Рус)

ISBN 9798897838059
ISBN 978-5-6043579-0-3

Слова благодарности

Автору хотелось бы выразить признательность четверым коллегам, благодаря которым эта книга стала реальностью: Игорю Немировскому из «Academic Studies Press» (Бостон) за его первоначальное любезное приглашение опубликовать книгу в новой серии, посвященной современной западной русистике; Ксении Тверьянович (Санкт-Петербург) — за высочайший профессионализм в координировании работ на всех стадиях подготовки издания и неизменную тактичность (работа над книгой была завершена к моему 75-летию, и я благодарю Ксению за такой юбилейный подарок); Александре Аширметовой (Санкт-Петербург), которая редактировала переводы статей, проверяла ссылки и следила за соблюдением единых принципов оформления издания; и Ирине Буровой (также из Санкт-Петербурга), которая выполнила большую часть новых переводов. Непросто узнать собственный голос за пределами родного языка, даже если он звучит на тех языках, которые хорошо знакомы и с которыми постоянно работаешь. Ранее я бы сочла такое невозможным, но в статье за статьей тонкое понимание Буровой нюансов и стилистических регистров английского языка, в сочетании с умением точно передать их на ее родном языке, рождало русский эквивалент стиля моей академической прозы, в сущности разговорного (и поэтому очень сложного для адекватного воспроизведения). Это авторизованные переводы в самом полном смысле слова.

Книга посвящается моим крестникам и внучатым племянникам, которых зовут Николас и София. Они родились и выросли в Принстоне и являются моей ежедневной отрадой. Подумать только, я дожила до дня, когда Николас, которому теперь пятнадцать, вот уже несколько лет исполняет Рахманинова в концертных залах, а месяц назад начал задавать мне вопросы о «Братьях Карамазовых»; София, которой сейчас девять лет, выросшая на Шекспире, Василисе Прекрасной и Бабе-яге, последние три года танцует в «Щелкунчике» и однажды была солдатом, который поразил Мышиного Короля. Неважно, что они не могут прочитать эту книгу по-русски. Отчасти потому, что я живу от них в двух шагах, они существуют в русской культуре столько, сколько себя помнят. И это, бесспорно, один из лучших вариантов детства, какие только бывают на свете.

Предисловие

Я впервые побывала в России в 1956 году. Можно сказать, случайно. Я была совсем юной тринадцатилетней девочкой. Родители позволили мне сопровождать в поездке мою бабушку по материнской линии, которая записала нас на организованное в пропагандистских целях короткое турне по СССР (с посещением только двух столиц, тщательно распланированное и, разумеется, сопровождавшееся слежкой; это было через три года после смерти Сталина). Я была единственным членом группы моложе 50 лет. Я ничего не знала о мире. Например, мне никогда не приходило в голову, что в разных странах могут пользоваться разными алфавитами.

Вместе с двумя сестрами и братом я росла в сельском Канзасе, а позднее — в Рочестере, в северной части штата Нью-Йорк, где мой отец получил степень доктора философии по композиции в музыкальной школе Истмена и остался преподавать. Мама полностью посвятила себя домашним заботам. У меня было здоровое детство, проведенное «в провинции»; в те времена дети взрослели медленнее. Однако в нашей шумной семье я казалась одиноким, мечтательным ребенком; я писала стихи, и к тому времени, когда я достаточно подросла для путешествия в Россию, меня совсем не привлекала современная американская культура. Мне кажется, тогда в Америке всего было в избытке: слишком много праздников, слишком много шума, слишком много свободы и секса, слишком много развлечений; слишком много материальных ценностей, времени и душевных сил расходовались впустую. Меня просто поразила та Россия, которая открылась мне во время нашей с бабушкой поездки по «потемкинским деревням» (Восточный Берлин, Москва, Ленинград).

Казалось, что Америка заботится только о том, чтобы наслаждаться жизнью, а тут была пугающая, израненная, суровая страна, в которой все строго контролировалось и подвергалось цензуре. Тогда вся эта нужда и строгость казались мне привлекательными и захватывающими, даже какой-то добродетелью, и я не видела в них ничего ужасного. Даже коридорные в гостиницах говорили на четырех языках (разумеется, они были информаторами спецслужб, но я ничего об этом не знала). Русские идеалы были суровыми, достижения — героическими. У них были Мусоргский, Шостакович, Толстой, московское метро с дворцовыми интерьерами; у нас — трущобы, Голливуд, комиксы, порнография, пластиковые отходы ресторанов быстрого питания и казино.

У меня сложились странные отношения с Россией: сначала я влюбилась в ее серьезность и обездоленность. В давней истории моей семьи был русский прадед по отцу. Он женился на поволжской немке, а потом, в начале 1890-х годов, эмигрировал в Чикаго, но я узнала об этом позднее. О родственниках по линии мамы мне было известно больше: эта ветвь семьи состояла в родстве с Баффало Биллом Коди[1] и жила в Америке с незапамятных времен. И меня приводили в смущение наше благополучие и самодовольство. В тринадцать лет я увидела в Советском Союзе страну, которая пережила опустошительную войну на своей территории, принесла в жертву процветание и свободу — и, вопреки всему, как много сумел создать ее народ!

В университете я выбрала русистику, изучая разнообразные дисциплины: сначала — историю России, затем — русскую музыку и, наконец, русскую литературу. По духу это была моя культура. С 1970-х годов, когда я сама стала преподавателем колледжа, я начала возить студенческие группы в Москву, Ленинград, однажды даже в Иркутск. Эти поездки в последнее десятилетие репрессивного застоя глубоко волновали нас, потому что мы всегда были не просто обычными туристами. Мы могли по-

[1] Уильям Фредерик Коди по прозвищу Баффало Билл (1846–1917) — знаменитый американский шоумен, создатель «Шоу Дикого Запада», в котором реконструировались картины из истории Америки. — *Примеч. пер.*

мочь людям, а не просто сфотографироваться на фоне памятников. Мы постоянно ощущали беспокойство из-за опасности подвергнуться личному досмотру или нарваться на телефон с прослушкой в квартире «отказника». Мы встречались без посторонних с такими писателями, как Андрей Амальрик. И мы могли привозить «ценные вещи» (литературные тексты, письма и товары) тем, кого ценили. Вспоминаю один случай в Корнелльском университете, произошедший в 1960-х годах: одна трудолюбивая русская эмигрантка, учительница музыки, с раздражением сказала мне, что в Америке очень сложно *сделать что-то* для человека, очень сложно сделать подарок, который представлял бы собой ценность. Здесь, в США, можно без проблем купить все что угодно. Семьи сами покупают все, что нужно, а затем идут домой и закрывают за собой дверь, сказала она и ностальгически добавила, что в России, где на все всегда был «дефицит», приобретение свежего лимона, грозди бананов или рулона туалетной бумаги в подарок приятелю превращалось в повод для праздника. Не надо было заранее договариваться о времени визита, как это принято в Америке — стране заборов, охраняющих личное пространство. В России вы всегда были желанным гостем, вы просто приходили, радуясь своему подарку. Таково было мое второе впечатление о стране после серьезности и способности к созиданию: щедрость. Поскольку я была интровертом и всегда закрывала все двери, чтобы мне не мешали, русские — по контрасту — казались поразительно открытыми, способными творить и мыслить в самых невозможных условиях.

В этот том вошли статьи, написанные мной за 30 лет. Моей первой любовью стала русская историческая опера, в особенности «Борис Годунов». В шестнадцать лет я по-настоящему влюбилась в Мусоргского, сначала — в две его большие оперы, а позднее — в вокальные циклы. В течение последующих пятидесяти лет мой отец, композитор и пианист, терпеливо аккомпанировал мне, пока я разучивала вокальный репертуар «Могучей кучки» (несмотря на то, что он, американский неоромантик, отдавал предпочтение Брамсу, Шуберту, Шуману и Чайковскому).

Мне очень повезло, потому что *Hausmusik* таким образом всегда была в моем распоряжении. Возможно, это странно, но именно через Мусоргского я начала «чувствовать» Пушкина. Русские должны знать, что тем, кто не являются носителями русского языка, требуются десятилетия, чтобы по-настоящему вчувствоваться в поэзию Пушкина. (Помню, как я впервые осознала онегинскую строфу. Я изучала русский язык уже 12 лет и даже преподавала его, и внезапно поняла «изнутри, ритмически», как соотносятся строфа и синтаксис. Поняла и расплакалась.)

Огромное влияние, которое позднее оказал на меня Михаил Бахтин, началось с работы по заказу издательства. Бахтин умер в Москве в 1975 году. В то время я была докторантом в Техасском университете и (как и весь остальной мир) разве что слышала это имя. И вновь, так же, как это было в 1956 году с пугающим и несвободным Советским Союзом, я полюбила Бахтина потому, что он был совсем не похож на все, что меня окружало, — в данном случае на литературоведческие направления: структурализм, постструктурализм, деконструкцию. Все они были безликими. У них были системы, но не было лица. У Бахтина было лицо и тело; когда он писал о «высказывании», он имел в виду не просто часть организованной системы, но личное обязательство, составленное из слов. Работая под руководством Майкла Холквиста, я смутно ощущала, что для Бахтина изучение письменной культуры было делом жизни, а не карьеры. Я начала переводить его.

На протяжении последующих двух десятков лет, с 1980 года и до конца тысячелетия, я много переводила Бахтина — и начала толковать его по-своему, хотя при этом и возникали определенные трудности. До публикации Собрания сочинений (первый том которого вышел только в 1996 году) источники и генезис идей Бахтина оставались туманными и непонятными. Его первые переводчики двигались на ощупь, с неизбежностью ошибались и понимали его по-своему, но хотелось бы надеяться, что благодаря их труду Бахтин стал более известным и доступным. К тому времени я полностью прониклась Бахтиным и умом, и сердцем; я с трудом понимала, где заканчивалась его речевая зона и где начиналась моя. Долгое время я воспринимала Достоевского только в аспекте полифонии, а Толстого — в аспекте монологизма. Затем я вступила в фазу бунтарства и начала видеть одни недостатки; однако к тому времени мое пристрастное отношение к Бахтину распространилось на другие, далекие от его теории темы. Моя практичная семья находила все это весьма забавным. Отец не признавал Бахтина, поскольку, как он говорил, творческие личности (неважно, литераторы или музыканты) на самом деле не так уж нуждаются в диалоге; на определенном этапе они слышат только собственные слова и мелодии. Брата и сестер стали утомлять мои пространные ответы на их прямые вопросы о литературе: «мы не сомневаемся, что у Бахтина было мнение и по этому вопросу, но не хотим его слышать». Мама, страстная поклонница Толстого, обожавшая его упрямый монологизм, привыкшая воспринимать мир сквозь призму сознания другой близкой по духу личности, проявила больше терпения и понимания.

В 1986 году я начала преподавать в Принстоне. В течение нескольких лет я читала лекции с «музыкальными иллюстрациями» (то есть пением) по вокальному репертуару XIX века, добавляя к нему некоторых великих композиторов XX столетия, в том числе Шостаковича, представления о котором на Западе в то время были весьма неоднозначными. После падения Берлинской стены я читала курсы, посвященные славянским литературам Центральной Европы (польской, чешской, югославской). Случайный заказ на исследование оперы по историческому роману Пушкина «Арап Петра Великого», созданной в 1940–1950-х годах русским эмигрантом Артуром Лурье, композитором-символистом (а позднее модернистом и минималистом), вылился в четырехлетнее страстное увлечение творчеством и личностью поклонника, наставника и духовника Лурье, теолога-неотомиста Жака Маритена — и этот интерес не ослабел по сей день. Большое число аспирантов, а также параллельное преподавание на отделении сравнительного литературоведения и задача донести русский подход к культуре до аудитории с разнородными интересами привели к расширению сферы моей профессиональной деятельности. Я уделяла больше времени своему давнему увлечению русской философией. В связи с амбициозными междисциплинарными театральными проектами, осуществленными в Принстоне (тексты Пушкина и музыка Прокофьева), я обратилась к новым областям исследования (русский театр XX столетия) и взялась за новых авторов (Сигизмунд Кржижановский).

После того как в 2015 году я перешла в ранг заслуженного профессора, у меня появилось время, чтобы открыть для себя новые фигуры. Совсем недавно таким автором стал Владимир Шаров. Профессиональный историк, специалист по царствованию Ивана Грозного, Шаров — автор выдающихся исторических романов, основанных на системе религиозных представлений средневековой Руси и Смутного времени — все это как будто возвращало меня к кругу моих научных интересов в самом начале карьеры, к эпохе Бориса Годунова. Оглядываясь назад, я замечаю, что мои интересы развивались в большей степени в связи с «личностями», чем в связи с теориями: скорее от сознания к сознанию, чем от приема к приему. Этим я тоже обязана Бахтину. Среди аспектов философии истории у Шарова, которые меня особенно интересуют, есть именно то, что привлекает меня и в русской религиозной мысли: он настаивает на том, что тело и душа реальны в равной степени и что мы существуем благодаря необъяснимому соединению того и другого в творческом сознании.

Я бесконечно обязана моей семье, моим дорогим принстонским внучатым племянникам Николасу и Софии (нашим крестникам) и мужу Ивану Жакничу, профессору архитектуры и исследователю творчества Ле Корбюзье; его жизнь была в такой же мере полной рисков и космополитичной (он родился в бедной семье на югославском острове в Адриатическом море, бежал в Италию, затем начал жизнь с чистого листа во Франции, затем опять начал все с нуля уже в Америке), в какой моя — спокойной и провинциальной. На протяжении почти сорока лет Иво берет на себя все заботы, пока я занимаюсь тем, о чем я рассказывала.

В заключение позволю себе сказать о необычности этой книги. Моя жизнь как преподавателя, переводчика и исследователя была посвящена стремлению передать богатства русской культуры американцам. Могут ли собранные здесь работы дать что-то носителям этой культуры? Одним из наиболее важных понятий, введенных Бахтиным, является «вненаходимость», описывающая преимущества и перспективы, которые возникают при взгляде на что-либо со стороны. Это понятие воодушевляет. Но здесь есть и опасность, поскольку с «вненаходимостью» неразрывно связаны ограниченность знания, отсутствие полного контекста, неизбежные ошибочные истолкования традиции; рискованно говорить от имени народа и культуры, которую ты знаешь в основном по книгам. Гуманитарные исследования — это странный творческий хронотоп. Поэтому я благодарю моих читателей за понимание — но при этом думаю, что между нашими двумя народами и культурами существует некая естественная симпатия.

Для Америки Россия давно является непостижимым Другим — быть может, более смелым в философских исканиях, с более драматической судьбой, но все же достаточно похожим на нас, чтобы можно было проводить сравнения, понятные каждому. Классические аспекты этого «соперничества равных» были сформулированы французским аристократом Алексисом де Токвилем в 1830-х и актуализированы литературоведом Джорджем Стайнером в 1950-х годах. Они звучат приблизительно так. Прирастающие территориями субконтиненты России и Северной Америки, обретя литературное самосознание в XVIII веке, определяли себя в соотнесении с тем маленьким, четко очерченным, пропитанным кровью уголком мира под названием Северо-Западная Европа, который лежит между ними и который сыграл роль культурного колонизатора для обеих стран. В отличие от густонаселенной Европы, никогда не удалявшейся от пределов цивилизации и берегов моря, по которому можно посылать свои канонерки, у России и Америки были обширные, не нанесенные на карту внешние фронтиры на суше, русский дикий Восток и американский Дикий Запад, одновременно выполнявшие функцию предохранительных клапанов и рынков сбыта. Этот факт запечатлелся в национальной душе, став источником страха и великой гордости.

С точки зрения Европы эпохи Просвещения американцы и русские оставались народами полудикой периферии, неотесанными, наивными и чувственными. Их экономика основывалась на рабском труде, представления были грубоватыми и прагматичными. Великие американские и русские романы не могли довольствоваться изображением частной жизни в мире капиталистического накопления, которое заняло центральное место в английском викторианском романе, а в континентальной Европе (после того, как революционно-наполеоновский сюжет исчерпал себя) — в вырождавшемся натурализме. Русско-американская «периферия» продолжала впитывать героический дух из фольклора, мелодрамы и религии еще долгое время после того, как связанные с экстазом источники вдохновения стали слегка смущать утонченных, скептически настроенных европейцев.

Разумеется, в этой концепции многое упрощено. В современном мире глобального доступа в интернет и мгновенной обратной связи огромные географические пространства играют гораздо меньшую роль, чем в прежние времена. Но в тех случаях, когда образ мыслей запечатлевается в великих произведениях искусства, он сохраняется от века к веку и обретает авторитет. Надеюсь, что эти страницы найдут путь к сердцам русских читателей, привлекая их внимание к тем деталям и привычным представлениям, которые, возможно, все видят, но не замечают — как это часто бывает дома. Такие открытия не спасут наш общий мир. Но проведут нас по нему удивительными и неизведанными тропами.

Кэрил Эмерсон
5 июля 2019 года
Принстон, Нью-Джерси

Часть I

БАХТИН В ТЕОРИИ ЛИТЕРАТУРЫ

1
Литературные теории 1920-х годов: четыре направления и один практикум[1]

В 2001 году ведущий постсоветский гуманитарный журнал «Новое литературное обозрение» опубликовал в № 50 подборку материалов по теме «1920-е годы как интеллектуальный ресурс: В поле формализма». Образ «поля» — концептуального, гравитационного, минного, поля боя, наконец — был выбран довольно точно, а русский формализм — в данном случае наиболее продуктивный ракурс. Формалисты, расцвет деятельности которых приходится на 1916–1927 годы, — вероятно, самая заметная и оригинальная группа русских литературных теоретиков ранних лет большевизма. «Поле» их «интеллектуальных ресурсов» изначально было богато парадоксами. С одной стороны, завороженные демонстративным эгоцентризмом футуристического поэта, декламирующего на уличном перекрестке, они были эксгибиционистами в своих установках на борьбу, открытый конфликт, проявленность техники (или «приемов») — в целях деформации, шока, ретардации, затруднения. С другой стороны, они были лабораторными учеными, гордящимися беспристрастием и объективностью, завороженными системами, стандартизированными частями и безликими самореферентны-

[1] Текст публикуется с разрешения издательства «Новое литературное обозрение» по изданию: Эмерсон К. Литературные теории 1920-х годов: Четыре направления и один практикум / Пер. Е. Купсан // История русской литературной критики: Советская и постсоветская эпохи / Под ред. Е. Добренко и Г. Тиханова. М.: Новое литературное обозрение, 2011. С. 207–247.

ми моделями для различения эволюции художественных форм от индивидуальных причуд художников.

Авторы открывавшей упомянутую подборку в «Новом литературном обозрении» статьи, провокационно названной «Наука как прием», рассмотрели все причины того, почему формализм, и в особенности его первые ростки в находящемся на переднем крае науки ОПОЯЗе (Обществе изучения теории поэтического языка), был столь привлекателен в первое пореволюционное десятилетие [Дмитриев, Левченко 2001]. Формализм предложил научную (по крайней мере, систематическую) методологию, способную заменить мистицизм литературно-критической мысли конца XIX века. В противовес интуитивистским и субъективистским теориям он утверждал когнитивную структурность искусства, а своей новой и точной терминологией обещал восстановление автономии исследований — и индивидуальных произведений, и целых литературных традиций. Так, формалистические модели литературной эволюции предполагали, что канон восстанавливает себя изнутри, используя свои собственные инструменты, и, следовательно, не зависит от «плавного и постепенного развития» органических или всего лишь индивидуально-психологических процессов [Дмитриев, Левченко 2001: 222].

Неудивительно, что эта новая литературная наука ассоциировала себя с радикальными футуристическими поэтами и писателями, воспевавшими город и фабрику — среду рационально спланированную и сконструированную, а не природную, органически выросшую. Именно потому, что формалисты изначально находились под огнем критики, они преуспели в публичной полемике и довольно рано смогли утвердиться (как очень молодые профессора) в официальных и влиятельных государственных институциях. В отличие от сильных, эклектичных, визионерских направлений, исторически окружавших его (символизм — до, соцреализм — после), формализм был воинственно секулярен, а его адепты страстно верили в объективную реальность осязаемого мира и фокусировали свой интерес на литературной «специфичности» так же, как и на эмпирическом анализе.

Критики-интуитивисты эпохи символизма были скорее синтезаторами, чем аналитиками. Даже серьезные стиховеды и великие поэты (такие как Андрей Белый), стремившиеся к точности через использование статистических методов, не могли противиться соблазну увидеть в найденных цифрах, схемах и пропорциональности поэтических элементов подтверждение космической философии. Их «соперники» в литературе — представители академического или биографического направления в критике — противопоставляли этому метафизическому субъективизму неразборчивый позитивизм и благоговейное преклонение перед фактами. Ни символизм, ни академизм не были особенно озабочены ни автономией литературной сферы, ни строгим определением объекта собственных занятий.

> Русское литературоведение бесцельно блуждало между двумя противоположными полюсами — импрессионизмом и педантизмом, не обретя собственных методов, не определив предмета изучения и даже не установив с полной определенностью, к какому типу научного познания оно должно принадлежать, —

писал в 1965 году о предвоенном периоде Виктор Эрлих в своем исследовании русского формализма [Эрлих 1996: 55][2]. Тем более парадоксально, что формалистский поиск автономии и утверждение профессионализма, традиционно воспринимаемые как элитистский или эскапистский жест, характерный для художника, в историческом контексте русской литературной критики в 1920-х годах был воспринят как главная и самая революционная новация.

Задача этой главы — поставить русский формалистский эксперимент 1920-х в контекст трех конкурирующих направлений, которые не только находились в оппозиции к нему, но и отчасти определяли себя через это противостояние. Первое идеологическое направление представляла собой материалистическая

---

2 В качестве обзора истоков и основных достижений русского формализма исследование Эрлиха, впервые увидевшее свет более полувека назад, и по сей день остается непревзойденным.

и социальная (или «социологическая») критика. Эта пестрая группа состояла из пролетарских и марксистских критиков и литературоведов, представлявших так называемую социологическую школу и идейно связанных верностью широко понимаемому социальному детерминизму. Второе направление связано с Михаилом Бахтиным и его кругом — воспитанными на немецком романтизме философами-панъевропеистами, связанными с кантианством и феноменологией; их идеи приобрели в сегодняшнем мире куда больший резонанс, чем это имело место в России в их время. Третье направление — психологическая или психоаналитическая критика, в основном (хотя и не исключительно) фрейдистская.

Предшествующие главы настоящей книги касаются политической и институциональной истории этих и других направлений в критике, наша же задача будет более практической и прикладной. Вначале мы сравним основные ценности и отношения, при помощи которых каждая критическая школа легитимировала себя. Затем, в краткой коде, эти четыре разные линзы (формализм и три основных его соперника) будут сфокусированы на Гоголе. Цель такого «практикума» состоит в том, чтобы показать (хотя и в сильно упрощенном виде), к каким аспектам творчества писателя и художественного произведения каждая из школ проявляла преимущественное внимание. Ни одно из направлений не изобрело универсального аналитического инструментария, но каждое оставило свой особый след и реализовало свой уникальный подход к словесному искусству, сохранившиеся в разных формах в русской и мировой культуре по сегодняшний день.

В стремлении к специфичности, к утверждению особых ценностей и собственной «доминанты»[3] каждая школа разрабатывала свои критические инструменты. Поскольку в ответ на внутреннее и внешнее давление эти ценности мутировали на протяжении десятилетия, доминанты также сдвигались. Так что созданный инструментарий оказывался не всегда единым даже

---

[3] Доминанта — это то, что «гарантирует целостность структуры» и подчиняет себе другие составляющие художественного произведения, утверждал Якобсон в статье, написанной в 1935 году [Якобсон 1996: 119].

в пределах одной школы. Хотя претензии апологетов каждого из подходов часто имеют глобальный характер (универсальные парадигмы и транснациональные объяснительные модели были в духе времени), теоретическое оснащение, эффективное внутри одной литературно-критической традиции, могло оказаться контрпродуктивным, будучи приложенным вне породившего его направления.

Формалистская мысль в этом смысле характерна. Расширяя сферу действия и отвечая на критику, формализм сдвинул свои приоритеты с «механистической» (ранние советы В. Б. Шкловского критикам разбирать книгу так же скрупулезно, как часовщик — часы, а шофер — машину) к более «органической» метафорике (особенно полезной в фольклористике) и далее — к «функционально-систематическому» подходу (продуктивному при построении литературной истории)[4]. В бахтинском круге эмфатическая парадигма «Я — Ты», воспринятая из немецкой философии религии, была переработана в начале 1920-х в более общую модель «Я — Другой», включающую визуальные горизонты и перцептуальные поля; к 1927 году этот визуальный диалогизм был полностью переведен из спатиальных категорий в языковые (взаимодействие вербальных высказываний)[5]. Марксистские литературные группы печально известны постоянными расколами, перегруппировками и взаимными проклятиями. Их идеологические доминанты сдвигались вместе с «генеральной линией». Среди наиболее важных проблем, которые они не смогли разрешить, — проблема русского литературного классического наследия. Так, Лев Толстой был прощен и повторно канонизирован в 1928 году, во время празднования столетия со дня его рождения, как и Пушкин — в 1937-м, во время торжеств, посвященных столетию со дня его смерти. Зато другие «сложные классики», такие как Лесков и Достоевский, были объявлены мистиками, идеалистами и «реакционерами» (вне зависимости от того, что последнее могло значить в литературной критике) [Магуайр 2004, особ. гл. VI].

---

4 Эти сдвиги осмыслены как три последовательные метафоры в [Steiner 1984: 44–137].

5 Анализ этого фундаментального сдвига см. в [Hirschkop 2001].

Временами главные ценности оказывались привязанными к самим формам коммуникации внутри той или иной группы. Очень важно, к примеру, то обстоятельство, что бахтинские идеи диалога, лазейки, незавершенности и соучастия возникли в неформальном, открытом странствующем научном кружке, не чуждом «подпольно»-религиозных элементов[6]. Закаленные на фронтах и в богемных кафе, первые петроградские формалисты имели вкус к футуристической браваде, любили шокировать яркими и провокационными манифестами. Уже позже, став солидными учеными Ленинградского государственного института истории искусств, те же формалисты организовывали провокационные публичные дебаты с соперничающими или враждебными школами. Скандал превращался в полезный прием в научной дискуссии. Некоторые попутчики и партийцы-марксисты, всецело зависящие от партийной поддержки в том, что касалось обеспечения бумагой в условиях острого дефицита военных и послевоенных лет, смогли открыть и печатать журналы — даже «толстые» журналы, продолжив тем самым русскую традицию продвижения доминирующей культурной идеологии через периодику[7].

Итак, четыре группы — формалисты, бахтинисты, марксисты и критики психологического направления — утверждали в области культуры различную повестку дня. К 1927–1928 годам все они находились в состоянии кризиса. Начнем с формалистов.

I. ОРГАНИЗУЯ ЛИТЕРАТУРНЫЙ МИР

1. Формалисты

В начальный период теоретики-основатели формализма — Виктор Шкловский (1893–1984), Борис Эйхенбаум (1886–1959), Юрий Тынянов (1894–1943) и Роман Якобсон (1896–1982) постулировали в качестве первичной ценности *самовитое слово*,

---

[6] Сам Бахтин позже говорил о своем научном кружке — вероятно, апеллируя к благородному немецкому философскому *Kreis* — как о «круге» (а не «кружке») [Shepherd 2004].

[7] Анализ этого «журнального» аспекта литературно-критической культуры в первое революционное десятилетие см. в [Магуайр 2004], особенно главы II и III об отношениях между литературой и журналами, сериализовавшими и критиковавшими ее.

домом которого была поэзия. Стихотворение является наиболее показательной структурой с точки зрения динамики литературной формы и высокой концентрации «литературности». Под ними формалисты (и прежде всего Якобсон) понимали закрытое, ограниченное пространство резонанса и саморефлексии, которое может считаться состоявшимся в той лишь мере, в какой все детали соотносятся друг с другом по максимальному числу параметров. Произведенная структура столь чудесно компактна и филигранна, настолько целостна во всех своих частях, что исключено все избыточное, всякий посторонний звук, и не требуются никакие вторжения извне для того, чтобы завершить ее смысл. Для формалистов, бывших поклонниками бинарных оппозиций, противоположностью «литературности» были слова, принадлежащие сфере быта, лишенные эстетической ценности и понимаемые как «практический язык».

Практический язык развивается из необходимости; обычно он определяется своей изъявительно-описательной или «указывающей» функцией и достигает цели даже при небрежном использовании или плохой организации. Мы пользуемся им для коммуникации и выражения наших повседневных нужд и намерений, адресуя их таким же, как и мы, дезорганизованным пользователям языка. Его цель — практический результат. Поскольку практический язык требует ответа, он не самодостаточен, а из-за этого не в состоянии контролировать собственную форму. Согласно формалистам, поскольку вербальные отношения остаются эстетически неоформленными, постольку они являются инертным «материалом». Творящий художник с его обостренным чувством формального целого не может долго жить всего лишь в «материале». (Формалисты отказались от дихотомии формы и содержания, поскольку, с их точки зрения, содержание как таковое возникает только тогда, когда его посещает форма.) Вероятно, это различение поэтического и практического языков ближе к раннеромантическому мировоззрению братьев Шлегелей, чем к модернизму[8]. Ранний формализм на-

---

[8] О параллелях между йенскими и берлинскими романтиками, Гегелем и формалистической методологией см. [Парамонов 1995].

ставивал на изначально присущей непоэтичности и бесструктурности межличностной — и, следовательно, по определению открытой — «референциальной» коммуникации. Это делало платформу формалистической программы очень ненадежной, превращая ее в мишень для атак как марксистских оппонентов, так и бахтинистов[9].

Следует подчеркнуть, однако, что, несмотря на полемически-уничижительное отношение к внеэстетической реальности, формалисты не были сторонниками «искусства для искусства». Они не были ни элитистами, ни «ретроградами». Они признавали взаимозависимость искусства и жизни. Более того, исследуя не только литературный канон — мастеров и шедевры, — но и второстепенных, посредственных писателей, а также популярные жанры (литературу путешествий, детектив, фильм) и их рецепцию массовой аудиторией, в своих научных изысканиях они были куда демократичнее предшествовавшей русской критики.

С точки зрения Шкловского, литературная история и повседневная жизнь символически взаимодействовали через колебание двух принципов — «остранения» и «автоматизма». Миссия искусства — «остранять» объекты повседневности, с тем чтобы их привычное восприятие, притупленное давлением и скукой быта, перевернулось и обновилось. Наиболее образно выразил эту мысль Шкловский в работе «Искусство как прием»: мы видим природу (людей, события, идеи) сквозь линзы искусства, «чтобы делать камень каменным»; без опыта искусства наше онемевшее и автоматизированное существование съедало бы «вещи, платье, мебель, жену и страх войны» [Шкловский 1983: 15]. В этой динамике искусство с его приоритетом формы совершенно определенно служит жизни: его терапевтический потенциал направлен на наше пробуждение и обновление.

---

9 См. книгу П. Н. Медведева «Формальный метод в литературоведении», особенно главу «Поэтический язык как предмет поэтики», где Медведев обвинял формалистов — его очевидной мишенью был Шкловский — в фетишизации художественного слова и приписывании «жизненно-практическому языку» вспомогательной, нетворческой, неисторической и произвольной роли в жизни человека [Медведев 1993: 103–105].

Тем не менее эта «служба жизни» никоим образом не напоминает оптимальные отношения между жизнью-опытом и художественным выражением в бахтинской, марксистско-социологической или психологической моделях. Естественно близкой (или поддерживающей) дисциплиной для формалистской словоцентрической эстетики оставалась лингвистика. Этот альянс отличал русский формализм от западноевропейского, который апеллировал прежде всего к изобразительным искусствам и опирался на законы музыки и живописи. В России же, напротив, избавление словесного искусства от зависимости от *образа* — легко узнаваемого, пассивно воспринимаемого и усыпляющего — было одной из наиболее актуальных задач раннего формализма. Этот приоритет объясняет неожиданную саркастическую атаку Шкловского в первых же строках его известного эссе «Искусство как прием» на украинского филолога XIX века Александра Потебню, который учил, что «искусство — это мышление образами»[10].

Образ был объявлен позорной уловкой. Формальные черты, и в особенности звуковое оформление, поэтическую гармонию, ритмическую организацию и морфологическую изысканность, нельзя перефразировать или «вписать», а следовательно, только они и способны гарантировать автономию слова как такового. Якобсон давал тому яркий пример. Редактируя чешские переводы Пушкина в 1930-х годах, он заметил, что морфологическая и синтаксическая изобретательность великого поэта была одновременно и вершинной точкой его творческого гения, и причиной того, что он оказался абсолютно непереводимым [Якобсон 1983: 469–471]. Пушкин стремился избегать метафор — в силу изобразительности самого простого для перевода с одного языка на другой поэтического элемента. Вместо метафор он

---

[10] Крупнейший лингвист и философ языка Александр Афанасьевич Потебня (1835–1891), профессор Харьковского университета, известен выдвижением визуального воображаемого в качестве определяющего фактора поэтического языка. «Искусство как прием» Шкловского (1916–1917) неожиданно начинается с полемической цитаты, тут же сатирически отвергаемой: "Искусство — это мышление образами". Эту фразу можно услышать и от гимназиста, она же является исходной точкой для ученого филолога, начинающего создавать в области теории литературы какое-нибудь построение» [Шкловский 1983: 9].

искусно использовал в поэтических целях различные грамматические категории, в особенности падежные окончания и глагольные виды, исключительно специфичные для славянских языков. Морфологические элементы не только практически лишены какой бы то ни было образности, но и в принципе непереводимы с одного языка на другой. Неудивительно, что одно направление в формализме оставалось глубоко вовлечено в живой процесс развития и изучения русской поэзии. Другое его направление, наиболее ярко представленное Шкловским, концентрировалось на прозаических нарративах.

Доминанта здесь иная. Хотя художественная проза намного более «литературна», чем практический язык, формальное и звуковое оформление прозаической строки редко считается столь же утонченным и неприкосновенным, что и звуковое воплощение «самоценного слова» в поэзии. Романы, рассказы и драмы могут блестяще состояться на нескольких уровнях, даже переведенные на языки и функционирующие в культурах, весьма далеких от тех, в которых они созданы. При этом их редко обвиняют в том, что в переводе они изменяют своей природе (упреки, часто адресуемые поэтическим переводам). В первое десятилетие большевистской власти, с его духом идеологического интернационализма, многие литературные теоретики стремились открыть общечеловеческие, общелингвистические нарративные законы. В соответствии с этими амбициями формалистические исследования прозы расширились, преодолев прежний пиетет перед автономным (поэтическим) словом в «автономной литературной (поэтической) *функции*». С целью совершенствования формалистической нарратологии прозы Шкловский, Эйхенбаум и Борис Томашевский (1890–1957) занялись дальнейшим развитием технических категорий в дополнение к «остранению». Они включали «мотивировку» приема или мотива (помещая их в художественно значимый контекст); «деформацию» существующей нормы; «замедление» (ретардации) нарратива для усиления сюжетного напряжения и читательского интереса и нарушения привычного восприятия; «обнажение приема», при помощи которого организована художественная структура (что дает читателю познавательное удовольствие); различие между «фабулой» (события, воспроизводимые в реальном времени) и «сюжетом» (те же события, оформленные в литературном нарративе). При помощи подобной научной терминологии эти теоретики надеялись спасти художественную прозу от практической риторики, осмыслив ее в качестве осознанного «литературного» (или поэтического) конструкта. Если можно показать, что прозаическое произведение, подобно любой другой структуре, определяется цельностью, трансформацией и саморегуляцией, тогда, в соответствии с принципами структурной лингвистики, их отношения также могут быть проанализированы при помощи бинарных различий.

Некоторые аспекты этого технического оснащения литературного анализа заслуживают особого внимания. Во-первых, приемы и функции, упомянутые выше, распределены диспропорционально. Бóльшая их часть имеет отношение к одному модусу литературы — пародии. Несомненно, пародия занимает весьма важное место в жизни слова. Однако вряд ли она универсально-всечеловечна — она несопоставима со многими другими модусами и жанрами литературы, например теми, что представлены романом и эпосом. Во-вторых, правоверные формалисты (такие как отцы-основатели ОПОЯЗа Шкловский, Эйхенбаум, Тынянов, а также Якобсон) обладали редкостным талантом сопоставления вещей, звука и повтора, мотива и инверсии, нормы и деформации, сюжетного элемента и его «миграции» в другие произведения и ряды. Формализм был эффективен и в более узкой области взаимодействия между личностью и вещью. Так, эффект литературного приема прямо зависит от ожиданий данного читателя или читателей определенной эпохи. Формализм не стремился к рассмотрению отношений между людьми. Большинство формалистов полагали: для того, чтобы их занятия могли квалифицироваться как научные, «литературность» должна содержать по крайней мере одну объективную и, следовательно, предсказуемую «вещь». Ясно, что поэзия была особенно близка их «научным инстинктам» отчасти потому, что она представляла собой целый клад именно таких измеряемых «вещей». Однако когда формальная, грамматическая и звуковая оболочки вербальной конструкции снимаются (как это неизбежно происходит при переводе или когда они не столь важны, как в случае, когда сюжетное движение или тип персонажа являются фокусом критического внимания), сознательный критик-формалист должен искать другую «инвариантную вещь», которая находилась бы над конкретным текстом и управляла бы его «поведением». Характерно в этом смысле то обстоятельство, что Шкловский, наиболее энергичный и плодовитый теоретик прозы, писал свои дерзкие и имевшие большое влияние статьи о прозе Сервантеса, Диккенса, Конан Дойла и Стерна, вполне уверенно работая исключительно с русскими переводами их произведений, не владея ни испанским, ни английским, ни каким-либо другим иностранным языком. Считал ли он свой монолингвизм помехой? Работа Шкловского — исследователя художественной прозы свидетельствует о том, что, в его представлении, наивысшая аутентичность, присущая самой структуре и движению нарратива, позволяет выйти за пределы материала, из которого он создан. Ни один теоретик стиха не мог бы признать «научными» результаты подобного метода в приложении к своему материалу.

И наконец, требует внимания еще один важный аспект формалистической теории, поскольку он одновременно и принимает, и подрывает гегелевскую диалектику, которая стала обязательной (по крайней мере, на официальном уровне) для всех гуманитарных и социальных наук в 1930-х годах. Литературная история, утверждали формалисты, также является структурой. Ее механизмы имманентны и системны. Формы искусства развиваются не потому, что жизнь (или жизненный опыт авторов) свободно развивается, подталкивая художников к поиску оригинальных решений никогда ранее не возникавших дилемм, но потому, что сама имперсональная логика литературного ремесла требует оживления исчерпанных приемов. Обнадеживает то, что набор приемов все же конечен. Читатель должен был обладать умением распознавать ситуации, когда старая, автоматизированная техника становится мишенью автора и используются новые приемы. Писатели не просто сидят и записывают сырой опыт. Их занимают, конечно, жизненные проблемы, но главным образом они заняты тем, чтобы научиться искусству писать. Для этого они должны быть грамотны, а именно — хорошо разбираться в репертуаре формальных приемов. В работе «Молодой Толстой» Эйхенбаум высказывает смелое предположение, что обсессивный интерес Толстого к планам самосовершенствования и постоянное осуждение собственного поведения в дневниках, так же как подробные публичные преувеличенные исповеди в более поздний период жизни, связаны скорее с «литературностью», нежели с совестью [Эйхенбаум 1922][11]. Франклиновские дневники Толстого посвящены скорее эксперименту с различными литературными формами карательного самоэкспонирования, нежели борьбе за самосовершенствование или покаянию в реальных грехах, которые в них перечислялись и которые часто продолжали совершаться. Этот скептицизм в отношении толстовского духовного поиска был крайностью даже на фоне формалистической эстетики, и Эйхенбаум впоследствии сам от него отошел. Но радикализм «Молодого Толстого» поучителен. Для формалистов — как для авторов, так и для критиков — профессионализм в отношении слова равно универсален. И для тех и для других литературная эволюция была своеобразным механическим pas de deux, диалектическим движением туда и обратно между только что активизированным конструктивным принципом и окончательным неизбежным его забвением. Здесь возможны два состояния: пробуждение и погружение в сон. Искусство всегда служит делу пробуждения.

В 1928 году, когда литературная борьба в Советской России достигла пика (а затем — завершилась в приказном порядке), Томашевский посетил Прагу. Там он поделился своими мыслями о «новой школе истории литературы в России» со своим другом Якобсоном, который уже эмигрировал и обосновался в чешской столице. Те же мысли высказал он 6 марта 1927 года во время знаменитого столкновения формалистов с марксистами в Ле-

---

[11] См. особенно гл. 1 «Приемы самонаблюдения и самоиспытания» — о ранних дневниках.

нинградском университете[12]. Вскоре они будут опубликованы во французском журнале «Revue des études slaves». Рассказывая зарубежной аудитории об осажденном в СССР формализме, Томашевский очень взвешенно говорил о его эволюции, ошибках, достижениях, полемических перехлестах. Однако в вопросе об автономии литературного труда и мастерства оставался непреклонен. «Биографическая школа, представители которой расплодились за последнее время, видела в художественном творчестве индивидуальную деятельность автора как факт его частной жизни», — писал он. При этом Томашевский полагал, что прогрессивные критики-журналисты были ничуть не лучше, трактуя героев Пушкина, Лермонтова и Тургенева как «исторических персонажей», как «типичных представителей своей эпохи». Литература от этого отнюдь не выигрывала. Формалисты же полагали, что она — «плохой исторический документ, что реальная жизнь преображается в литературе и искажается» [Tomashevsky 1928][13].

Именно в таком широком смысле следует понимать формалистическую доминанту *автономности*. Разумеется, прозаик и поэт пребывают «в жизни». Однако их искусство питается и управляется не событиями «оттуда», но внутренне, через взаимосвязи и балансировку частей каждого отдельного произведения, а также в зависимости от ритма колебаний литературной истории. Творцы живут в реальном мире, но они несвободны, поскольку их субъективные действия подчинены имманентным механизмам литературного процесса. Эта ситуация позволила современному исследователю утверждать, что «автор» не самое лучшее название для «производителя художественного текста при подобном сценарии». Его точнее было бы назвать «оператором приема» [Petrov 2006: 23–24][14]. Во многих смыслах

---

12 См. стенограмму этой переломной для судеб литературной критики 1920-х дискуссии 6 марта 1927 года: [Марксизм 2001].

13 Статья представляет собой расширенный доклад Томашевского, с которым он выступил на ленинградском диспуте 6 марта 1927 года.

14 И далее: «Для того чтобы форма могла реализовать свой новый оперативный принцип, она должна нанять на службу человека. А человек, реализуя свое “художественное призвание”, превращается в служащего формы».

это управляемое человеком механически надежное устройство подчиняется не столько вдохновению, сколько законам научного эксперимента и служит, как и наука, прогрессу познания. В 1967 году, спустя четыре десятилетия после того, как формализм прекратил свое существование в качестве организованного движения, Шкловский вновь подтвердил эти фундаментальные основания в статье, заказанной венгерским журналом и названной, вслед за статьей Л. Толстого о «Войне и мире», «Несколько слов о книгах ОПОЯЗа»:

> Искусство связано с удивлением — остранением. Но остранение оказалось нужным и науке. Это не обозначает, что наука кончается на этом, бессознательном, удивлении. Она проходит через стадию «чуда» и устанавливается проверкой, создавая и новые методы проверки. Потом снова уходит на другую часть спирали познания. Поэзия тоже познается, познается через некоторое время, и тоже уходит вперед <...> Я считаю, что работа литературоведа ускоряет продвижение поэтического познания [Шкловский 2006: 326].

Близость формалистов, марксистов и до некоторой степени представителей психоаналитической критики на этом прогрессивном «фронте познания» поразительна. Различия между этими тремя направлениями и кругом Бахтина принципиальны и непреодолимы.

2. Бахтинский круг

Обратимся теперь к первому альтернативному проекту организации литературного мира 1920-х годов. Михаил Бахтин (1895–1975) — во всех смыслах удивительный и сложный случай. Его нынешняя колоссальная известность не должна экстраполироваться на прошлое и подменять реальную картину того, что было достигнуто и известно в первое советское десятилетие. Речь, таким образом, идет о написанном не им (Бахтин практически не публиковался до 1929 года, когда он уже оказался под арестом), но более известными его коллегами: Валентином Волошиновым (1895–1936), Павлом Медведевым (1892–1938) и Львом Пумпянским (1891–1940)[15]. Первые двое были неортодоксально мыслящими марксистами; Волошинов к тому же был уважаемым философом языка. Пумпянский же, до своего резкого перехода к марксистской социологической критике в 1927 году, был классицистом, полусимволистом, теоретиком литературной формы, находившим в XIX веке развитие элементов классики, и основателем, вместе с Бахтиным, имевшего, впрочем, недолгую жизнь направления в гоголеведении, в котором дионисийский импульс функционировал в форме примитивно-когнитивного карнавала[16]. Наше рассмотрение ограничится критическим ответом бахтинского кружка на формалистский проект. Оно будет сфокусировано здесь (как и в дальнейших сопоставлениях) на четырех аспектах, которые мы выделили в качестве определяющих при обращении к формалистам: основная доминанта; поддерживающая или родственная дисциплина; «что подчинено чему» в отношениях между искусством и жизнью; и, наконец, оптимум в отношениях между личностью и «вещью» в литературной науке.

По всем четырем параметрам контраст разительный. Тогда как формалистическая доминанта устремлена к самодостаточному автономному слову (а в литературной истории — к имперсональной поэтической функции), бахтинский кружок выступал за открытый вовне, взаимозависимый, межсубъектный персональный жест, который к концу десятилетия был переосмыслен как слово или высказывание. Тогда как правоверные формалисты чувствовали кровную связь со структурной лингвистикой, бахтинский кружок ощущал близость к немецкой философии морали. Обе школы отчетливо различали искусство и жизнь, обе настаивали на том, что эти реальности абсолютно необходимы друг другу. Однако если формалисты выражали эти «нераздельные, но неслиянные» отношения, преклоняясь перед поэтическим словом и принижая значение «быта», то Бахтин, хотя он

---

15 Бахтин был арестован и сослан в связи с участием в деятельности подпольной Церкви. Глубокий анализ деятельности кружка, а также детальная хронология его работы содержится в [Bakhtin Circle 2004].

16 О яркой карьере Пумпянского см. [Nikolaev 2004].

высоко ценил приемы, пробуждающие нас к жизни, предлагал совсем иное обоснование их взаимозависимости. В его раннем философском эссе «Автор и герой в эстетической деятельности» ощущается влияние йенского романтика Фридриха Шеллинга, чья метафизика и интуитивистские рассуждения о живом космосе были хорошо знакомы и глубоко близки Бахтину[17]. Реалии искусства и жизни разделены, настаивает Бахтин; одно не служит и не принадлежит другому. Однако чтобы обрести силу, межличностная динамика жизни (восприятие и «со-творение» личности другого возможно только через любовь) должна соответствовать или не противоречить межличностной динамике художественного творчества (как данный автор воображает, реализует и подчиняет себя вымышленному герою). Эта взаимообратимость позволяет понять последний параметр: если для формалистов главными оставались отношения между вещью и вещью или вещью и личностью, то для бахтинского кружка, несмотря на таксономическое и терминологическое давление, исходной и завершающей точкой всегда остаются отношения между личностью и личностью.

Исчерпывающий ответ формализму со стороны бахтинского кружка содержится в работе Медведева «Формальный метод в литературоведении» (1928), имеющей также эклектически-марксистскую перспективу[18]. Здесь затронуты некоторые наиболее чувствительные для формализма темы. Ориентированная на прием поэтика, настаивает Медведев, рискует превратить искусство в элитистскую, нигилистическую словесную игру. Игра эта еще более тривиализуется теорией перцепции, редуцирующей эстетический эффект к набору произвольных раздражителей, воздействующих на тело. Разделение языка на

---

[17] О возможных связях бахтинской теории полифонии с Шеллингом (и позже с Шелером) см. [Emerson 2005: 128–129].

[18] Книга вышла в серии «Бахтин под маской» с указанием двойного авторства — это коммерческое решение поставлено под сомнение (а точнее, опровергнуто) современной наукой. Мысль Бахтина легко просматривается (кружок был тесно связанной группой единомышленников и не отличался особым пиететом в отношении прав собственности на те или иные идеи), однако Бахтин не стал бы выражать ее в рамках марксизма, который не был ему близок.

«практический» и «поэтический» снижает и тот, и другой. И в самом деле, может ли опытный пользователь языка допускать, что повседневная коммуникация чужда искусству? Это было бы равносильно признанию того, что повседневная речь есть не более чем выкрикивание команд. Вряд ли подобное допущение служит автономии искусства. Ведь если поэзия ценится лишь как средство негации (подрыв установившихся связей, деавтоматизация) повседневной речи, то поэт превращается в паразита первой попавшейся лингвистической формы повседневной вербальной жизни. Разумеется, художественное творчество куда более значимо.

Медведев поднял и другие проблемы, актуальные для функционирования искусства в революционном обществе. Формалисты вправе превозносить авангард и поэтов-футуристов, но теория литературной эволюции, которая лишь переставляет элементы, перераспределяет функции и «движется» при помощи одной инверсии того, что было раньше, никогда не сможет оценить то, что действительно ново. Более того, формалистическое чтение искажает природу авторского намерения и читательской свободы. Знаменитый пример остранения в «Войне и мире», приведенный Шкловским (Наташа Ростова в опере), просто неверен: сцена служит вовсе не «остранению» и направлена не столько на освежение читательского восприятия, сколько на усиление толстовского авторитарного морального приговора, на утверждение «положительно должного» [Медведев 1993: 70].

Помимо гедонизма, нигилизма и стерильности, на которые формальный метод обрекает искусство, Медведев обращает внимание на странный, эксгибиционистский подход к вербальному нарративу. Единственное, что здесь постоянно экспонируется, это слово во имя слова. Любая мотивация хороша, если она шокирует или привлекает к себе внимание, поскольку «линия сюжета — кривая дорога отступлений» [Медведев 1993: 119], где событию и личности отводится лишь вспомогательная роль. Подобный подход является результатом ошибочных взглядов формалистов на жанр. С их точки зрения, жанры — это всего лишь пучки приемов, собранных (или активированных) смастеренным агентом, называемым «героем». Спросите, однако, читателя, и он подтвердит, что вымышленный мир и населяющие его герои переживаются нами совсем иначе. Созданное искусством сознание не является побочным продуктом сюжета, точно так же и жанры не являются всего лишь нагромождением нарративных «трюков». Герой внутри сюжета обладает внутренним единством, которое становится возможным благодаря способности художника охватить концептуальное (хотя и незавершенное) целое; знаком успеха как для автора, так и для читателя является способность сопереживать и тем самым развивать целое, осознавать параметры, в которых оно работает (то есть жанровые ограничения), а также его потенциал. Короче говоря, «видеть действительность глазами жанра» [Медведев 1993: 150]. Свободно оперируя неокантианством, философией жизни (Lebensphilosophie) и теорией гештальта, Медведев утверждает, что набор приемов или даже упорядоченная их иерархия ничего не определяют. Подобный подход непродуктивен, поскольку у жанров есть глаза и уши[19]. Если литература и имеет дело с частями, то части эти органичны, а не механичны, они связаны с личностью и служат ей.

Критика Медведева, хотя и была во многом обоснованной, оставалась прямолинейной и грубой[20]. Он выступил против ранних, наиболее агрессивных установок формалистов, тогда как в 1928 году формализм как течение находился уже под угрозой распыления. За то лишь, что формалисты ценили звуки «как таковые» и, мысля бинарно, особо ценили пародические инверсии, обвинять их в «нигилизме» по отношению к содержанию и смыслу было несправедливо; в конце концов, негация составляет суть революции и может быть глубоко содержательна и значима. Утверждать, что творчество невозможно внутри

---

[19] См. анализ книги Медведева 1928 года в [Brandist 2002: 66–74].

[20] Этой защитой правоверного формализма от медведевской критики я обязана Адриану Барру из Ратгерсовского университета, выступившему в моем аспирантском семинаре в Принстоне с докладом «Бахтин, русские формалисты и лотмановская школа» 10 октября 2005 года.

закрытой системы, неубедительно: многие структурно лимитированные вокабуляры (в музыке, живописи или шахматах, например) обретают творческий потенциал именно благодаря существующим ограничениям. Более того, жанр со своими собственными «глазами и ушами» одним может показаться интимно близким, а другим — куда более зловещим, чем даже сам стерильно-«научный» мир: одни увидят в нем любящего соседа, другие — шпиона и соглядатая. Медведев не понял того, что с такой остротой было осознано Лотманом и тартуской школой семиотики в 1960–1970-х годах, хотя и по прошествии сталинской ночи, но все еще под пятой идеологии: механическое и специфически научное начало куда меньше подвержено страшной политике («марксистско-ленинский гуманизм»), чем беззащитный перед идеологией человек, так что в определенных условиях «чистая» (деперсонифицированная) научность оказывается последним прибежищем для личности.

Негативизмом медведевской критики бахтинский ответ формализму не исчерпывается. Бахтин подготовил свою работу «Проблема содержания, материала и формы в словесном художественном творчестве» для публикации в 1924 году. В печати, однако, она появилась лишь в 1975-м и потому выпала из литературных споров на целые полстолетия. В ней Бахтин выстраивал свое собственное, весьма специфическое понимание бинарности. Это не вещь — вещь и не вещь — личность, но, скорее, творческое напряжение между двумя персональными категориями: «я» (я сам, ощущаемый изнутри и потому открытый, расплывчато-незавершенный) и «другой» (видимый снаружи и потому всегда кажущийся проартикулированным и оформленным). Формалисты были позитивистами. Бахтин был кантианцем, а потому отказывался сводить содержание искусства к механике. Не мог он симпатизировать методологии (или, скорее, теории познания), которая нацелена на вещи-в-себе. Только наш личный опыт может оживить априорные категории сознания; мы можем знать только то, что создаем сами. Открыто дистанцируя формальный метод от Канта, Шеллинга, Гегеля — философов, к которым он испытывал глубокое уважение, —

Бахтин определяет формалистское понимание искусства как «материальную эстетику», отмеченную «примитивизмом» и «некоторой долей нигилистичности» [Бахтин 1975: 14]. В отличие от Медведева, Бахтин четыре года спустя не выступает против подобного подхода для выполнения определенных задач (он безвреден постольку, поскольку осознает свои границы) и высоко оценивает стиховедческие штудии Жирмунского и Томашевского. Однако для целостного эстетического анализа этот «композиционный» подход к материалу с использованием одних «приемов» непригоден.

При подобном анализе искусство «может быть объяснено и осмыслено только чисто гедонистически», оставаясь «возбудителем приятных ощущений и состояний психофизического организма» [Бахтин 1975: 14]. Опять-таки, в определенных прагматических и утилитарных целях подобный анализ оправдан. Однако программные статьи под названием «как *сделано*» то или иное произведение подменяют композицией *архитектонику* — духовно наполненное понятие из области эстетики. Для Бахтина основным недостатком материальной эстетики является «неспособность объяснить эстетическое видение вне искусства» [Бахтин 1975: 22]. Эта его оговорка вовсе не свидетельствует в пользу того, что искусство и жизнь — одно или что решение эстетических задач должно поддерживаться этическим действием или актом познания (две сферы, находящиеся в сложных отношениях с эстетикой). Однако он утверждает, что для эстетической деятельности свойственно определенное «интуитивное единство» — повышенная восприимчивость, «своеобразная доброта эстетического» и его «благостность», которые и дают нам смелость, необходимую для оригинальности, неожиданности и свободы [Бахтин 1975: 30].

Естественно, пишет он, что произведения принадлежат традициям. В любой целостной культуре «одно литературное произведение сходится с другим, которому оно подражает или которое оно “остраняет”» [Бахтин 1975: 35]. Однако сами акты имитации или остранения являются переходным, вторичным, когнитивным, а вовсе не эстетическим феноменом. Они не могут составлять единственную цель творчества. Это всего лишь техника, а техническая работа в любом художественном производстве не может быть первичной. Напротив, она должна отступить на задний план в момент художественного восприятия, «как убираются леса, когда здание окончено» [Бахтин 1975: 47]. Бахтин признает, разумеется, что не все искусства разделяют эти приоритеты. Проза имеет свои задачи, так же как драма и эпос. Поэзия же «как бы выжимает все соки из языка» [Бахтин 1975: 46] и в высшей степени требовательна к вербальному медиуму, максимально выявляя его. Но даже здесь материал слова должен быть преодолен в акте создания новой вещи, которая вырастает как эстетический объект «на границах слов, границах языка как такового» [Бахтин 1975: 49].

Что именно Бахтин понимал под языком, который должен преодолеваться в акте создания нового эстетического объекта «на границах», станет ясно только позже, в 1930–1940-х годах. В конце же 1920-х он изложил программу-минимум для позитивной диалогической альтернативы «автономному слову» в «Проблемах творчества Достоевского» (1929). Ко времени появления откликов Бахтин был уже осужден и его имя запрещено к упоминанию. Таким образом, эта новаторская книга не имела влияния до своего второго издания в 1963 году, а потому ее обсуждение не относится к литературным теориям 1920-х. Однако, имея в виду место Бахтина в современной литературно-теоретической мысли, несколько замечаний здесь будут вполне уместны.

Книга о Достоевском сама имела «формалистическую» задачу. Она определенно исключала анализ тех аспектов творчества Достоевского (моральная философия, теология, аномальная психология, великорусский шовинизм), которые превратили романиста в персону non grata и в неподходящий предмет изучения в новом большевистском государстве, что было провозглашено самим Горьким. Вместо этих внелитературных тем Бахтин сконцентрировал свое внимание на разборе слова в творчестве Достоевского. С этой целью он предложил систематизацию прозаического слова, не менее градуированную, чем якобсоновские таблицы[21]. Но это романное (непоэтическое) слово не было ни самодостаточным, ни предназначенным для калькулированного звукового эффекта. Оно было податливым и незащищенным. Эта уязвимость высказывания, всегда пребывающего на границе другого незавершенного ответствующего слова, — отличительная черта бахтинской доминанты. С точки зрения Бахтина, произнесенное слово не существует как таковое до тех пор, пока оно не адресовано другому открытому к восприятию сознанию (или не рождено в его присутствии). Мы вообще не можем говорить, полагал Бахтин, до тех пор, пока в нашем сознании отсутствует Другой, собеседник; но одновременно мы не можем быть уверены в том, когда и как родится слово Другого. Смелость бахтинской полифонической теории — в допущении, что язык действительно в состоянии создавать неконтролируемую, свободно развивающуюся «жизнь», лишь даваемую романистом, но ощущаемую героями как их собственная и незавершенная. Герои создаются автором для удивления читателя, они способны отвечать и сопротивляться. Романная полифония, которую Бахтин считал настоящей Коперниковой революцией в области слова, и есть самый блестящий формальный прием Достоевского.

Анатолий Луначарский опубликовал в октябрьской книжке «Нового мира» за 1929 год своевременную (и вполне сочувственную) рецензию на бахтинскую книгу, что, может быть, спасло Бахтину жизнь. Однако вообще его работу о Достоевском приняли равнодушно, если не враждебно[22]. Ортодоксальные марксисты, находившиеся тогда у власти, не склонны были верить его антиформалистическим взглядам, что в любом случае едва ли предохраняло от опасности в 1929 году. Они объявили книгу Бахтина (в целом справедливо) идеалистической, внеисторической и недостаточно классово-ориентированной.

---

[21] В издании 1929 года эта таблица была включена в первую главу второй части («Типы прозаического слова. Слово у Достоевского») [Бахтин 1929: 127].

[22] О рецепции книги Бахтина о Достоевском в 1929 году, на пороге сталинской эпохи, см. [Emerson 1997: 75–82].

3. Социологическая школа и марксисты

Теперь можно обратиться к пестрой группе материалистов, попутчиков и марксистов, чье противостояние обращенной вовнутрь, как им казалось, внесоциальной позиции формалистского литературоведения было непреклонным с начала 1920-х годов. Прежде чем речь пойдет о марксистах, следует упомянуть о Валериане Переверзеве (1882–1968) и его «социологической критике» 1920-х. Социологическая школа была идеологическим гибридом, в котором нашлось место и некоторым формалистическим принципам автономии литературы, и определенным социальным факторам, высоко ценимым марксистами, и даже развивавшейся в то время коллективистски интерпретированной психологии искусства[23]. Несостоятельность этой гибкой идеологии стала ясна в 1929–1930 годах, когда РАПП развернул шумную кампанию против «переверзевщины». Сам Переверзев еще до революции был авторитетным литературоведом, автором хорошо известных монографий о Достоевском (1912) и Гоголе (1914). Его социологическая школа пользовалась эмпирической индуктивной методологией, ограничивая себя дескриптивным нетелеологическим анализом материала, предлагаемого литературным текстом. Литературное произведение в этом свете являлось результатом впечатанного в него социального опыта. Последний не обязательно должен был быть экономически или классово детерминированным, но непременно коллективным — сознательным или бессознательным опытом коллектива, звучащим внутри каждой личности.

Поскольку детская психика аутентична, спонтанна и легко проницаема для внешних влияний, а следовательно, неконвенциональна и подвижна[24], социологическая критика часто концентрировалась на категориях, ключевых для детей, таких как привязанность к «своему дому» или понятие игры. Переверзев

---

[23] См. подробнее: [Ленерт 2000].

[24] Эта мысль Переверзева, как представляется, может быть понята в контексте видения искусства Шкловским как подвижного, незастывшего, лирического, а не «вмерзшего в образы».

критиковал марксистов за недостаточное внимание к роли бессознательного, а также за слишком ограниченный набор факторов, на которых они базировали социально детерминированную теорию литературы. Литература — это игровая площадка, полагал он, но это также и испытательный полигон для воображения. Это игровое пространство наполнено не идеями, но образами. Образ для Переверзева всегда социален. Общая сумма образов в произведении составляет «центральный образ», являющийся аутентичным отражением социального переживания.

В 1929 году радикальные пролетарские критики обрушились на социологическую школу, обвинив ее в несколько иных грехах, чем те, что были обнаружены в книге Бахтина о Достоевском. Однако Переверзев, как и Бахтин, был осужден за «психологизм» и недооценку определяющего влияния политики, экономики и социально-классовых отношений в художественном творчестве. В целом аргументы марксистов в споре с их противниками к концу 1920-х годов не стали ни мягче, ни жестче. Укрепилась, однако, их поддержка со стороны партийных институций. Что касается формализма, то наиболее осмысленная и принципиальная его критика появилась не к концу десятилетия, а в самом его начале, в пятой главе книги Льва Троцкого «Литература и революция» [Троцкий 1991: 130–145].

Подобно Бахтину, Троцкий видел «немалую заслугу» этой «первой научной школы искусства» в переводе исследований «из состояния алхимии... на положение химии» [Троцкий 1991: 130]. «При всей поверхностности и реакционности», полагал Троцкий, формализм может быть полезен как для узколитературных задач, так и в широком симбиотическом, объясняющем плане для великих поэтов революционного футуризма, таких как Маяковский. Высокомерие и опасность проистекают из нежелания формализма признать «вспомогательное, служебно-техническое значение своих приемов» [Троцкий 1991: 131]. Как мы видели, ту же обеспокоенность разделяли с Троцким Бахтин и Волошинов. Однако в общем смысле, имея в виду те параметры, по которым мы рассматриваем четыре направления в литературной теории первого советского десятилетия, критика Троцким формализма показывает фундаментальные различия между его позицией и позицией бахтинского кружка.

Доминантой формализма было автономное, самоценное слово. Для Бахтина ею было взаимозависимое, незавершенное, обращенное к Другому слово. Для марксиста Троцкого, по контрасту, доминантой было человеческое поведение, воплощенное в действии — социально детерминированном, классово-сознательном, материальном и диалектическом. В знаменитом окончании пятой главы «Литературы и революции» Троцкий суммирует позицию формалистов, противопоставляя ей марксистский подход к делу: «Они иоанниты: для них “в начале бе слово”. А для нас в начале было дело. Слово явилось за ним как звуковая тень его» [Троцкий 1991: 145]. Понимание слова как теневого паразита действия имеет, конечно, древнюю традицию, восходящую к Платону. Позиция Троцкого вписывается в нее, апеллируя к тем русским мыслителям, кто увидел в Гегеле путь к выходу из летаргии, застоя и неуправляемости своей огромной страны. По мнению Троцкого, формалисты и идеалисты («гениальнейший из них Кант») «берут не динамику развития, а его поперечный разрез в день и час их собственного философского откровения» [Троцкий 1991: 144]. Такие мыслители составляют часть проблемы России, а не ее решения, полагал Троцкий, и литература в их руках перестает быть силой, направленной на общественное благо.

Его легко уловимая, едва скрываемая полемика с субъективностью и персонализмом в философии восходит к ленинской книге 1908 года «Материализм и эмпириокритицизм» с ее почти истерическим утверждением объективности материального мира, потенциально доступного для каждого и не зависимого от индивидуальной точки зрения[25]. Согласно Ленину, только безусловное существование такой объективной реальности может придать писателям и другим общественным деятелям уверен-

[25] О «ленинской теории отражения» и ее роли в дискредитации русской религиозной философии во имя объективизма см. [Chamberlain 2004: esp. 185–199]. Ленин не принимал участия в этой кампании, но, по оценке Лесли Чемберлен, ученицы Исайи Берлина, однозначно связывавшего секуляризацию русской мысли со зрелостью и прогрессом, Ленин остается крайне важной фигурой в широком ее контексте.

ность и бесстрашие, необходимые для действия — достаточно сильного, чтобы изменить мир. Понять, насколько велики требования, предъявляемые марксизмом к личности, и насколько она бессильна перед марксистской аргументацией, даже когда спор идет об отношениях искусства и жизни, можно, обратившись к некоторым фундаментальным предпосылкам диалектического материализма. Сам этот термин был введен в критику Георгием Плехановым (1857–1918), сохранявшим статус первого русского марксиста, и стал обязательным для советской науки. Бахтин критиковал формализм как «материальную эстетику». Троцкий находил формализм, напротив, весьма далеким от материализма (таким ему показался бы и сам Бахтин). Исходя из установок Троцкого, ни одна из этих критических школ не имела ничего общего с правильным принципом, «могущество» которого может быть найдено только «в его объективной исторической обусловленности» [Троцкий 1991: 136].

Логика диалектического материализма сводится к тому, что вся реальность, в сущности, материальна. Материя объективна и первична. Но она не мертва. Маркс настаивал на том, что движение является важнейшим свойством любой материи, имея в виду не только механическое действие, но и жизненные импульсы, напряжение, присущее материальному миру. Поскольку психика, получающая жизненный материал, изначально чиста и не существует независимо, реальность полностью познаваема. Познающий субъект должен воздействовать на материю, чтобы освободить ее энергию. В этом смысле субъекты не только рождены в этом мире, но становятся ответственными преобразователями его. Они, однако, не могут мыслить и действовать автономно, как утверждают романтические и идеалистические теории познания, поскольку в значительной степени детерминированы материальным миром. Эта обусловленность реализуется через «социальное бытие», которое дано субъектам в ощущение, и манифестирует себя в привычках, предрассудках и сознательных действиях. Социальное бытие не статично. Хотя все материальные формы связаны с целым, в последнем нет ничего абсолютного или вечного. Развитие на всех уровнях, социальных и персональных, не является результатом унифицированного эволюционного процесса, но перемежается с эпохами катаклизмов, то есть революционных изменений. Все изменения — результат конфликта противоположных тенденций. Сознательно или нет, творцы являются как героями этой борьбы, так и ее продуктами.

Ясно в этом свете, что Переверзев и его социологическая школа сознательно использовали диалектический материализм в литературной науке, отдавая должное социально обусловленному образу и динамическому бессознательному. Только под давлением Переверзев сузил к концу десятилетия набор социальных переменных, чтобы включить специфически классово-обусловленный «диалектический материал», санкционированный марксистско-ленинской догмой[26]. Наиболее совместимыми с такой ограниченной версией марксистской литературной критики оказались, конечно, социально-экономические дисциплины. Политика скрепляла этот союз силой.

Однако в более плюралистическую эпоху 1920-х годов социологическая критика была лишь составляющей куда более широкого круга творческих экспериментов, включающих в себя бытие, движение, социальное действие и индивидуальную психику. Так, достижения в эволюционной психологии оказались не менее захватывающими, чем в самой литературе, особенно в творчестве Льва Выготского (1896–1934). Стоит заметить, что разработанные им оптимальные сценарии обучения детей были созданы после длительного и глубокого изучения литературы и драмы, нашедшего отражение в проницательном прочтении Бунина, Пушкина, шекспировского «Гамлета» в его книге 1925 года «Психология искусства».

Исходный пункт всех материалистических критиков идеологически был весьма емок: поскольку материя первична по отно-

---

[26] Переверзев неоднократно защищал свой социологический метод от обвинений в недостаточном материализме. Он даже утверждал, что социологических методов существует столько же, сколько и социологий, а потому ярлык, наклеенный на его школу, несправедлив: его школа прочно связана с материализмом, безоговорочно необходимым каждому марксисту [Переверзев 1928: 9–10].

шению к знанию, литература является вербальным отражением социального действия. Так что под широкой вывеской «материалистического подхода» уживались романтизм, сентиментализм, любование насилием и самая откровенная телесность. Александр Воронский (1884–1943), умеренный марксист, почитатель Фрейда и вскоре свергнутый редактор «Красной нови», дает пример такого рода в своей статье, посвященной Бабелю (1925):

> Бабель писатель физиологический <...> Для Бабеля священна данность, действительность, жизнь, примитивы человеческих интересов, побуждений, страстей, вожделений, характеров, все, что принято называть грубыми животными инстинктами <...> Он враждебен христианскому, идеалистическому мировоззрению, почитающему плоть, материю низменным, греховным <...> Наоборот, он любит плоть, мясо, кровь, мускулы, румянец, все, что горячо и буйно растет, дышит, пахнет, что прочно приковано к земле [Воронский 1987: 151–152].

«Материал» революции, наполненной зверствами Гражданской войны и охватившим страну голодом, включал множество стилей, которые подпадали под марксистскую «теорию отражения» в искусстве. Они охватывали широкий диапазон — от конвенционального психологического реализма (жесткого и выразительного) до блестящего, временами зловещего орнаментализма Замятина и Бабеля. Однако эти стили оказались доступны не только великим мастерам прозы, но и писателям-самоучкам, которых поддерживал Пролеткульт (до его укрощения в 1920 году) и, после 1922-го, многочисленные кружки, входившие в РАПП. В этих литературных кружках превыше всего ценились самоуверенность, тяга к учебе (у русских классиков и друг у друга) и рабочая среда. В этом свете природный дар, интеллектуализм, опыт, преклонение перед самобытностью и гением были вторичны. Евгений Добренко проследил за тем, как разрасталась эта «армия поэтов», и проанализировал удручающую банальность ее «творческих завоеваний». Создание текстуального канона, отразившего (вполне буквально) уровень мастерства писателей-самоучек, и стало основным вкладом

1920-х годов в сформировавшийся позже соцреализм. Из множества индивидуальных комментариев этих начинающих поэтов, приводимых Добренко, один выделяется особым пафосом: «Да, — сетовал главный комсомольский поэт [Жаров], — много есть таких вещей, которым мы еще не доучились у Пушкина» [Добренко 1999: 278–279].

Судьба провозглашенного в 1928 году всесильным РАППом «диалектико-материалистического творческого метода» сложилась удивительным образом [Ermolaev 1977: 3–4 и гл. I, II — о литературных теориях и группах до 1925 года]. Подобно формализму, он был осужден как «уклон» в 1932-м. Однако никогда не объявлялся (подобно опасно ядовитому эпитету «формалистический») одним из идеологических извращений, которые несут смертельную угрозу своим партийным адептам, не до конца разделяющим освященную идеологическую догму. Критика в приемлемом марксистско-материалистическом духе поддерживала механистический тривиальный экономический детерминизм, применяя его как к авторам, так и к их героям, что характерно для работ Владимира Фриче (1870–1929), а также для наиболее интересных, гибких и точных работ Переверзева. Важным фактором, обеспечивающим точность этих интерпретаций, как говорилось выше, было присутствие в них «по крайней мере одной конкретной объективной *вещи*» — внешнего по отношению к субъекту фактора, именуемого социально-экономическим бытием. Как заметил Петре Петров, сравнивая формалистов с Переверзевым, два эти проекта — при всей огромной разнице своих доминант — походят один на другой как минимум по двум принципиальным параметрам. Во-первых, вне зависимости от того, какая сверхличная ценность избрана «в качестве исключительной или определяющей — внешняя по отношению к динамике формы или к объективному социальному бытию», — в обоих сценариях автор не вполне автор: «индивидуального субъекта недостаточно». Во-вторых, обе школы развеивали миф о «привилегированных отношениях» литературы с «внутренним миром личности» [Petrov 2006: 44, 43].

Марксистско-ленинская литературная интерпретация, как мы видели, имела специфический интерес к отношениям личность — вещь. Как социально-экономическая доктрина, укорененная в материальных проявлениях человеческой деятельности, сконструированная в противовес изолированному картезианскому субъекту и предназначенная для укрепления социальных связей, марксизм-ленинизм был близок скорее к отношениям личность — личность. Да только сами индивиды, организованные в классы, сформированные материальными условиями, прикованные к своим социальным ролям и своей судьбе, стали предсказуемыми, как вещи.

4. Психоаналитическая критика

Наша последняя опция — психоаналитическая. Это направление прямо настаивало на своей особой близости к «внутреннему миру» человека. Это был, однако, мир телесно-осязаемый. Для многих очарованных поклонников и хулителей психоанализа он был почти лишенным сознания, скорее гидравлическим, чем поэтическим. В этой модели творческое воображение управляется не внеличной самодовлеющей формой, не диалогом на межличностной границе, не борьбой социально-экономических классов, но совершенно иной доминантой: биологической энергией внутри изолированного организма. Ценностное ядро фрейдистской теории оказалось столь прочным в противостоянии с другими методологиями, что Волошинов, марксистски ориентированный член бахтинского кружка, в 1927 году выступил против вредоносности Фрейда с целой книгой [Волошинов 1993].

Каков основной идеологический мотив фрейдизма? — задается вопросом Волошинов. Его ответ: не класс, не нация, не социальное или историческое существование, но исключительно биологическое начало и даже у́же — биология, редуцированная до пола и возраста [Волошинов 1993: 7]. Подобная доминанта определенно подходит для социальных классов, погрузившихся в эпоху кризиса и угасания, что характерно для буржуазной

Европы времен Первой мировой войны. Собственное тело становится важнее и реальнее наследия и потенциала культуры. «Мотив всесилия и мудрости природы» (и прежде всего природы в человеке: животных удовольствий и влечений) [Волошинов 1993: 8], частная, асоциальная, «отвлеченная биологическая личность, биологический индивидуум» [Волошинов 1993: 11] всегда становятся героем, утверждает Волошинов, когда уходящий класс чувствует свое бессилие в исторической перспективе [Волошинов 1993: 7]. Как марбургские неокантианцы в целом, представители бахтинского круга считали защиту и развитие культуры не меньшей жизненной необходимостью, чем воспроизводство и забота о биологической семье.

Книга Волошинова о фрейдизме относится скорее к социологии, нежели к эстетике. Однако автор комментирует иногда и литературные вопросы. Например, организацию сюжета и траекторию европейского буржуазного романа. «Сплошная сексуализация семьи» во фрейдистской теории «чрезвычайно показательна и в высшей степени интересная черта», — признает он [Волошинов 1993: 90]. Фактически семья, этот «устой и твердыня капитализма», перестала быть социально оправданной и признанной. Жизнь современного капиталистического общества стала настолько бессмысленной, что семья, даже распадаясь, все еще принимается как данность. Но, продолжает Волошинов с иронией, учение Фрейда предлагает удобное «как бы новое осмысление, "остранение", как сказали бы наши "формалисты". Эдипов комплекс, действительно, великолепное остранение семейной ячейки. Отец не хозяин предприятия, сын — не наследник, отец — только любовник матери, а сын — его соперник!» [Волошинов 1993: 9].

Волошиновская критика наиболее грубых допущений фрейдизма сама по себе не вызывает удивления. Удивительно то, что подобная фронтальная дискредитация не стала нормой в 1920-х годах. В своей истории психоанализа в России «Эрос невозможного» Александр Эткинд отмечает знаки живого и активного увлечения психоанализом после революции на многих уровнях [Эткинд 1993: особенно глава 6 «Психоанализ в стране большевиков»]. Сюда следует отнести и всплеск интереса к фрейдизму среди высокопоставленных большевиков; и широкую кампанию по переводу всего Фрейда на русский язык в 1922–1928 годах; и искусные попытки скрещивания Фрейда с Марксом как двух пророков немистической, секулярной этики, достигшие пика в 1925-м; и интерес к теоретическим аспектам бессознательного в противовес фрейдистскому редукционизму — сведению бессознательного к сексуальности; и взаимодействие практикующих психоаналитиков, Русского психоаналитического общества (основанного в 1911-м и возрожденного в 1921 году); и литературную критику, образцом которой следует признать творчество неутомимого Ивана Ермакова (1875–1942). Революционно настроенные русские защитники Фрейда особо ценили монистические, детерминистские, потенциально диалектические аспекты его доктрины, которая, как многим казалось, совместима с материализмом и, следовательно, вполне сопоставима с достижениями Павлова в нейрофизиологии [Miller 1985: 635–636].

В тяжелые годы после Гражданской войны большое внимание уделялось терапевтическим аспектам фрейдистского учения. Была надежда на то, что эмпирическая наука, занимающаяся психикой и признающая боль, причиняемую борьбой (будь то классовой или какой-либо иной), сможет предложить пути разрешения этого конфликта для всего социального организма. Фрейд примиряет с болью и потерей. Хорошо известны в этом плане литературные и личные невзгоды, выпавшие на долю Михаила Зощенко, многие годы страдавшего от клинической депрессии и описавшего свою пятнадцатилетнюю борьбу с отчаянием в «Возвращенной молодости» (1933). Вспоминая эту историю в своем куда более позднем произведении «Перед восходом солнца» (1943), Зощенко приводит разговор с ученым на тему самотерапии. К тому времени писатель уже утверждал, разумеется, что этот метод восходит к Павлову, а не к фрейдистскому психоанализу: «я убрал то, что мне мешало, — неверные условные рефлексы, ошибочно возникшие в моем сознании» [Зощенко 2008: 12]. Однако обе терапии восходили к одному и тому же источнику. В обеих отношения личность — личность первичны. Это не был, однако, межличностный сценарий Бахтина. Скорее, хрупкому субъекту предлагается укрепить связь своего эго с более «глубокими» и «высокими» уровнями — своим подсознанием, суперэго — внутри закрытой модели, которая работает не диалогически, но гидравлически — через метафоры давления и освобождения от него.

Новое атеистическое государство привлекали во фрейдизме критика религии и воинственный секуляризм, которые могли быть идеологически полезны, поскольку религиозная философия и символистский мифологизм все еще пользовались большой популярностью в среде творческой интеллигенции. Как заметил психолог Александр Лурия (1902–1977), русский психоанализ, к счастью, мог объяснить производство культуры без обращения к сфере духовного. Эта материальная конкретизация творчества привлекала также и Ленина, в целом безразличного к фрейдистскому поветрию, как и ко всему, что не связано напрямую с политикой. Отношение к Фрейду Троцкого совсем иное. Троцкий был известной фигурой в венских психоаналитических кругах и посещал их собрания. И хотя считал фрейдистские заключения о человеческом сознании слишком произвольными для науки, он тем не менее готов был видеть в них продуктивные гипотезы. В конце своей «Литературы и революции» он выражал надежду на то, что, когда пролетариат закончит борьбу и возобновится развитие философии, психоаналитическая теория Фрейда сможет ужиться с материализмом. «Было бы прекрасно, — писал Троцкий оптимистично, — если бы нашелся ученый, способный охватить эти новые обобщения методологически и ввести их в контекст диалектически-материалистического воззрения на мир» [Троцкий 1991: 171].

Частично потому, что психоаналитическая критика была связана с именем Троцкого, ссылка, а затем и изгнание этого блестящего противника Сталина в 1927 году обозначили также и конец фрейдистского «уклона». Именно со второй половины десятилетия наблюдается рост критических выступлений против фрейдизма, подобных волошиновскому. Утверждалось, что клиническая психиатрия и биологические инстинкты не могут составлять фундамент теории культуры, которая столь высоко ставила бы роль сознания, как делает это марксизм. Вопрос «что служит чему» в отношениях между искусством и жизнью остался во фрейдизме таким же открытым, как и в формализме: если правоверные формалисты утверждали, что писатели служили исключительно интересам художественной формы, то правоверные фрейдисты редуцировали искусство до каких-то соматических колебаний — компенсации или сублимации. И те и другие, таким образом, игнорировали социальное измерение и подрывали благородные стремления, традиционно приписываемые русским писателям их благоговейными почитателями. В качестве примера можно привести книгу Ермакова 1923 года «Этюды по психологии творчества А. С. Пушкина» (по наблюдению Эткинда, она «практически исчезла из научного обихода» [Эткинд 1993: 262], как и книга 1924 года о Гоголе). В книге, посвященной Пушкину, Ермаков связывает «Маленькие трагедии» с другими пушкинскими шедеврами через общую для них фиксацию на ужасе и страхе, которую он считает организующим мотивом всего творчества поэта. В случае с Гоголем подобное допущение у Ермакова выглядит убедительнее, если иметь в виду куда более мрачную природу гоголевского гения.

* * *

Ермаков лишился своего поста директора Государственного психоаналитического института, когда тот был закрыт (1924). Он перестал печататься и занялся собиранием вышивок крымских татар; в 1940 году, в ходе очередной волны репрессий, Ермаков был арестован и погиб в ГУЛАГе в 1942-м. Основоположники формализма, почувствовав в 1927 году потерю влияния, поначалу лишь ужесточили свои позиции, однако со временем выжившим пришлось приспособиться к куда более конвенциональной риторике и научной методологии. После ареста и высылки Бахтина (1928–1929) его кружок распался, а марксистски ориентированные члены кружка погибли. Волошинов умер от туберкулеза, Медведев был арестован и погиб в июле 1938 года. К концу 1920-х Переверзев и его социологическая школа были обвинены в «вульгарном социологизме»; в 1938-м он также был арестован и провел в лагере 18 лет (реабилитирован только в 1956 году).

«Литературные теории двадцатых» оказались объединены страшной участью: их погубили, не дав созреть. Может быть, именно поэтому, когда в 1960–1970-х годах Россия и мир неожиданно открыли их заново, это было подобно открытию Помпеи. Методологии, как будто застывшие в самом расцвете, были подняты из небытия, воскрешены и восстановлены по хорошо сохранившимся следам. Во второй части настоящей главы читателю предлагаются четыре критических этюда: сравнительный анализ критических работ, посвященных одному автору и представляющих каждое из рассмотренных направлений.

II. ГОГОЛЕВСКИЙ ПРАКТИКУМ: ЧЕТЫРЕ ИЗМЕРЕНИЯ

1. Формалисты

Гоголь, загадка при жизни и революционер стиля, остался пробным камнем для всех последующих поколений критиков. Формалисты оставили две классические работы о нем: одна посвящена анализу внутренней структуры отдельного произведения, вторая — внешним, историко-литературным связям. Первая — работа Эйхенбаума «Как сделана “Шинель” Гоголя» (1918) — относится к ранним формалистическим прочтениям художественных нарративов и по своему методу приближается к чтению прозы, как если бы это была поэзия. В петербургской повести о бедном чиновнике, получающем, а затем теряющем свою новую шинель, Эйхенбаум не видит ни человеческой трагедии, ни социального протеста, но лишь стилистические особенности сказа, приема, полностью построенного на подчеркнуто персонализированном нарративе. В «Шинели», утверждает Эйхенбаум, следует видеть прежде всего речевую игру, семантическую ауру и «звуковые жесты» — то преувеличенно комические, то мелодраматические и декламационные. Фарсовые и патетические тона столь произвольно сменяют друг друга в повествовании, что никакая целостная «психология» не в состоянии была бы завершить ни повествователя, ни персонажа. Повесть является шедевром именно благодаря искусности и изобретательности автора: «*в нем нет и не может быть* места отражению душевной эмпирики» [Эйхенбаум 1986: 59]. Гоголевский сюжет, который технически можно определить как гротескный, наполнен не людьми (всегда представленными автором неполными, второстепенными, случайными и временными) — он построен на *звукоречи*.

Понятие основанного на звукоречи гротеска было частью борьбы формалистов с легкодоступным визуальным образом. Но оно имело и оборотную сторону. Если Шкловский читал Толстого «глухим» (высокомузыкальная Наташа Ростова воспринимает оперу только через «остраняющие» декорации, но не через опьяняющую музыку), то Эйхенбаум не менее провокационно читает Гоголя слепым. В своем имманентном анализе повести Эйхенбаум интересуется не тем, что за человека мы могли бы увидеть на замерзших петербургских улицах, а лишь тем, что мы слышим от рассказчика, наслаждающегося игрой гротескными формами. Редукция гоголевской «Шинели» до внутренней игры лингвистических и звуковых приемов проистекала из того, что для Эйхенбаума было делом жизни, — из защиты поэтики, сфокусированной на произведении и слове [Any 1994: глава «Guarding the Work-Centered Poetics»].

В формалистских теориях литературной эволюции работа приема определялась несколько шире. Внетекстуальная реальность должна быть внесена в анализ (критик не должен замыкаться во внутренней имманентной структуре отдельного произведения), но, в соответствии с формалистскими научными стандартами, таким материалом могут служить только другие литературные тексты. Каждый прием служил исторической мотивировкой, когда использовался в новой функции. В подобной функционалистской модели жанр являлся не неким лоном сознания со своей органикой, со своими глазами и ушами (как для Бахтина), а, скорее, «историко-референциальной системой», содержащей как доминантные, так и отработанные формы, временно неактуальные, но всегда готовые к возрождению в будущем, новом контексте. Образцом подобной динамики может служить работа Тынянова «Достоевский и Гоголь: К теории пародии» (1921). Как и для большинства культурных теорий 1920-х годов, понятие борьбы первостепенно важно и для Тынянова: борьба с традицией, с предшествующим литературным гением, с соперниками за право наследования. Но «борьба» для формалистов, подобно веселой брани и дракам в бахтинской концепции карнавала 1930-х, не содержит ничего уничижительного по отношению к «врагу», никакого презрения к нему, и даже не всегда направлена на причинение ему боли. Если это «вооруженная» борьба, то даже трудно сказать, чем вооружены противники. Каждый вновь присоединившийся к ней не только не отрицает авторитета предшественника (и тем более не стремится к его разрушению), но изучает его, стремясь стать достойным его наследником, обогатить это наследие каким-то новым возрожденным приемом, который высвечивает старое, славя потенциал нового.

В этом духе, полагал Тынянов, начинающий Достоевский на всех уровнях почтителен в отношении своего романтического предшественника Гоголя, хотя временами он и стремился творчески «исказить» его. Вначале был период увлечения — Достоевский использовал известные гоголевские приемы почти без разбору: типажи, маски, гротескные образы, абсурдные контрасты, синтаксические конструкции, звуковые и фонематические чудачества (особенно в собственных именах). Тынянов называет этот период интенсивной игры «стилизацией», при которой влияние не только не скрывается, но выставляется напоказ. И только когда стилизация комически мотивирована, она превращается в пародию. Этот комический импульс нейтрален и не означает неуважения или насмешки, но лишь «невязку обоих планов, смещение их» [Тынянов 1977: 201], и может действовать в любом направлении: «Пародия вся — в диалектической игре приемом. Если пародией трагедии будет комедия, то пародией комедии может быть трагедия» [Тынянов 1977: 226]. Необходимым условием для подобных переходов является одновременное наличие обоих уровней — и авторитетного оригинала, и новой, проявленной в отношении его интенции (в противном случае остается только комический эффект). Определенные приемы «механизированы», снижены и использованы вторично. Где Достоевский совершил настоящий прорыв в знакомом формалистам поле, так это в использовании вещных типажных гоголевских масок для создания многомерного, развивающегося, ищущего истину персонажа. Хотя гоголевский субстрат с его непоследовательным и ненадежным повествователем остался в прозе Достоевского навсегда.

2. Бахтинский подход

Сам Бахтин о Гоголе в 1920-х годах не писал; лишь в следующее десятилетие он обратится к использованным Гоголем украинским сказкам и карнавальному началу в его творчестве. Однако друг и коллега Бахтина Пумпянский в 1922–1923 годах написал книгу о Гоголе [Пумпянский 2000: 257–342, 706–721]. Как и многие другие работы кружка, эта книга осталась лишь новаторским наброском: изначально подготовленная в форме устного доклада, она была затем переработана и углублена, но так и не завершена в связи со смертью автора (в 1940 году от рака печени) и вышла в свет только в 2000-м. Первые же ее страницы проливают свет на зарождение карнавальной идеи как идеи «праздника», отдыха, свободы от труда и иерархии. Подобные темы не имели, казалось бы, никакого будущего в плановом, дисциплинированном советском обществе и в новой жертвенной большевистской культуре и могли восприниматься лишь ретроспективно. Гипотеза Пумпянского, навеянная классическими греческими сатирическими пьесами, сводилась к тому, что комическое искусство начинается с негации или отказа от целеполагающей активности. Комедия такого рода жизненно необходима, так как здоровье культуры зависит не только от установленных целей (которые, в пределе, могут вести к гипнотической завороженности настоящим), но также и от «слова с оглядкой», то есть от слова, критичного в отношении этих целей. Бесцельность неожиданно нисходит на изнуренного труженика, на глубоко верующего, на погруженного в трагическую скорбь, принося освобождение. Сознание получает возможность остаться вне возвышенной цели и оценить ее.

Пумпянский утверждал, что гоголевский мир по сути своей враждебен царству завершенности. Целенаправленные, просчитанные действия всегда найдут себе оправдание — даже в энергичном вращении вокруг собственной оси. Иное дело — юмор:

> Смех, вечно колебля, принципиального выхода не совершает и из развенчания серьезности целей не делает нравственного вывода; смехом отделываются и от целевого мира, и от нравственного, приветствуют поражение целей, но и преувеличивают его, чтобы избавить себя от необходимого вывода. Отсюда страшная трудность понять смех: он есть всегда гипербола; он, как лавина, преувеличивает себя же на своем пути; мы всегда кончаем смех слишком поздно [Пумпянский 2000: 259].

Пумпянский прослеживает бесцельность гоголевского смеха через работу Гоголя с украинскими сказками, комическим и карнавальным эпосом (где проводятся параллели с Пушкиным), в казацком эпосе в «Тарасе Бульбе», в удивительно нежных и чистых комических идиллиях Гоголя и, наконец, в борьбе личности с безумием. Смех безумного означал, что писатель проиграл в борьбе за «социальную значимость», бывшую главной преградой на пути чистого юмора. Пумпянский полагал: «Сопротивление юмору есть не характер, а социальная значимость; дело юмора совершается путем ее изничтожения и улегчения в ничто» [Пумпянский 2000: 327]. Вот почему как герои, так и антигерои очень редко достигают значимого социального статуса в гоголевском мире.

Гоголевский смех — это прием. Но он отличается от технически нейтрального формалистского приема. У Пумпянского он имеет оттенки ницшеанского и символистского характера, где гоголевский смех воспринимался как демонический, нигилистический и дионисийский. Когда Бахтин переработает эту идею космического освобождения от целеполагания в понятие карнавала, она обретет те же светлые оптимистические интонации, какие полифония придала в 1929 году искусству Достоевского.

3. Марксистское и социологическое направления

«Марксистско-социологический Гоголь», с которым мы встречаемся в «Творчестве Гоголя» Переверзева (1914), сильно отличается от Гоголя как Эйхенбаума, так и Пумпянского. Если Пумпянский настаивал на том, что ключом к комическому миру Гоголя является бесцельность, освобождающая мир от предопределенности и рамок, то марксистский подход рисует куда более мрачную картину. В предисловии ко второму изданию книги (1926), озаглавленному «Гоголевская критика за последнее десятилетие», Переверзев так обосновывает свое решение не вносить изменений в оригинальный текст: «новых достижений нет, и моя книга без всяких изменений и исправлений остается теперь такой же новой, как и десять лет назад при первом ее издании» [Переверзев 1926: 17]. Среди псевдоноваторских и ненаучных подходов к Гоголю он выделяет биографический мистицизм символистского толка, психоаналитический редукционизм Ермакова и формалистический подход (наименее абсурдный из всех, по его признанию), кроме эссе Эйхенбаума о «Шинели», которое он называет *всего лишь* «метафизическим вздором, дающим не понимание, а путаницу понятий» [Переверзев 1926: 8]. Понимание, по Переверзеву, возможно лишь через корреляцию гоголевского стиля (многопланового и невероятно сложного) с социоэкономическими условиями. Образец в этом смысле — «Петербургские повести» (1834–1842) «из жизни чиновного круга» [Переверзев 1926: 40]. Их фрагментарность и разделенность являются результатом гоголевского «разрыва с помещичьей усадьбой, бегства в город» и его столкновения с денежной экономикой, которые расшатали «примитивную гармонию поместной психики» и привели к погружению в мрачные предчувствия экономического краха [Переверзев 1926: 40].

Как эта шокирующая фрагментация воплощена художественно? Сравнения, эпитеты, декламационные обращения, непрестанно отмечаемые всеми критиками, нисколько не уникальны для гоголевского стиля [Переверзев 1926: 49]. Что действительно важно, настаивает Переверзев, так это «умственное убожество, страшная бедность идей» [Переверзев 1926: 52]. Идеи здесь заменены болтовней и игрой слов. Для социологической школы образы были, однако, важнее идей. Но и здесь ей явно недостает видимых зацепок: у Гоголя не только не обнаруживается структурного центра, каковым выступает герой произведения (как, например, у Пушкина, Лермонтова, Толстого), но и наблюдается странная диффузия также и на периферии, где трудно найти человека: *«у Гоголя нет героя, но нет и толпы»* [Переверзев 1926: 60–61]. Их заменяет набор хотя и точных, но произвольных мелких частей, каждая из которых равно важна и равно сопротивляется гуманизации, поскольку рост здесь — элемент не психологии, но лишь физического расширения. Главы гоголевских текстов не вырастают одна из другой органично, как у Толстого, а «прирастают друг к другу» post factum. Гоголевское произведение вообще является не организмом, в котором «части не имеют жизни вне целого, и целое не может жить без каждой из своих частей», но чем-то больше напоминающим биологическую колонию, где «части срослись внешней механической связью, и потому оторванная часть сохраняет свою жизнь и не разрушает жизни целого» [Переверзев 1926: 63–64]. Подобные операции и автономность частей были бы невозможны у Толстого [Переверзев 1926: 64].

Переверзевский социологизм вовсе не лишен эстетической проницательности, а некоторые социально-экономические мотивации могут быть даже вполне адекватными при анализе гоголевского мира. Формалистов и бахтинистов смутили бы в марксистской имитационной теории искусства не столько наблюдения, сколько объяснения причин и ограничения, налагаемые на творческое воображение и ослабляющие его. Говоря о гоголевских портретах, Переверзев утверждает, что «примитивность и монотонность сами по себе еще не исключают своеобразной мощи и красоты. Но мелкопоместная и чиновная среда дореформенной провинции не допускала появления могучих и красивых людей» [Переверзев 1926: 91]. Детерминированность литературного произведения реальной жизнью подкрепляется таким же детерминизмом относительно социальных предпочтений и классовых привилегий самого автора. С помещиками и чиновниками (в отличие от мыслящей интеллигенции) Гоголь обходится безжалостно, замечает Переверзев. Поскольку гоголевские персонажи все на поверхности, их характеризует страшная бедность внутренних переживаний, интимных размышлений и чувств, которыми так богато, например, творчество Тургенева или, в еще большей степени, Достоевского и Толстого. Литературный гений является продуктом двойного давления: обусловленного средой, идущего извне — и дополняющего его внутреннего, переживаемого автором. Таким образом, Гоголь как сознательный художник оказывается едва ли не случайностью. Сознание могло быть союзником социально-экономического бытия в деле эстетического выражения, хотя такой союз был нисколько не обязателен.

Вероятно, именно в этом состояла одна из причин того, почему Бахтина так мало занимал марксистский проект, по крайней мере в том, что касается его приложения к литературному творчеству[27]. Хотя сознание, помогавшее борьбе с анархическими эксцессами «стихийности», в целом полагалось большевиками добродетелью, марксистская его интерпретация не предполагала дифференцированного, индивидуализированного, ответственного сознания, то есть именно того, чего искал Бахтин, с одобрением писавший о Достоевском в первом издании своей книги о нем (1929; в главе,

---

[27] Что касается более широкого вопроса об идеологической ориентации Бахтина, см. ценное, но неподтвержденное свидетельство С. Г. Бочарова о его беседе с Бахтиным 21 ноября 1974 года: «М. М., может быть, Вы увлекались какое-то время марксизмом? — Нет, никогда. Интересовался, как и многим другим, — фрейдизмом, даже спиритизмом. Но марксистом никогда не был ни в какой мере» [Бочаров 1993: 70–71].

снятой при переработке для издания 1963 года): «От первых и до последних страниц своего художественного творчества он руководился принципом: не пользоваться для объективации и завершения чужого сознания ничем, что было бы недоступно самому этому сознанию, что лежало бы вне его кругозора» [Бахтин 1929: 101–102]. Этот принцип не обеспечивал ни приглаженных сюжетов, ни счастливых героев. Бахтин исходил из того, что и способность к ответственному суждению, и ответственность за восприятие этого суждения другими является как бременем, так и правом и автора, и героя. «Сознание, — писал он в записных книжках в 1961 году, — гораздо страшнее всяких бессознательных комплексов» [Бахтин 1979: 313].

4. Психоаналитическое направление

Наш последний методологический пример — психоаналитический — тоже (так уж получается) связан с сознанием. Неизбежно основным текстом здесь должна стать повесть Гоголя «Нос» (1836) и ее прочтение Ермаковым в 1923 году. Как практикующий психоаналитик, с гордостью идущий по следам своего учителя Фрейда, Ермаков использовал литературу одновременно как источник и как иллюстрацию для демонстрации категорий, в которых он описывал свой клинический опыт. Его он с уверенностью прилагал и к литературному творчеству, и к личности творца. Гоголь — при его обсессивном внимании к пищеварению и опорожнению; педантичной тяге к классификациям и скаредности; при его капризах в отношениях с друзьями; чудачествах; перипетиях в отношениях с матерью, которую он стремился контролировать и перед которой в то же время преклонялся, — с легкостью квалифицировался в категориях анального эротизма. Резкие колебания от «самоуничижения» к «самовозвеличиванию» [Ермаков 1999: 267], так же как и привычка выпрашивать сюжеты у своих литературных знакомых, наводили на мысль о подавленной агрессивности, которая не позволяла ему полностью контролировать собственную обидчивость, направленную на чуждые ему взгляды.

Основанное на фрейдистском символизме чтение Ермаковым «Носа» исходит из ряда убедительных примеров. Он был знаком с подходом формалистов к Гоголю и высоко ценил их искусную работу с языком. Его анализ гоголевского текста о странствующем носе майора Ковалева основан на категориях и метафорах фрейдистской теории: нос представлен как фаллический образ, частично стыдливо скрытый, частично бесстыдно экспонируемый, копрофилический (возбуждаемый запахом) и ассоциируемый с поеданием, связанный с фраками и обувью, способный к свободному изменению как своего размера, так и бюрократического статуса и потому вызывающий одновременно унижение и ужас. Анализ дополнен множеством тонких замечаний об отдельных словах, повторяющихся фонемах и этимологии фамилий. Даже вполне ожидаемый вывод о страхе кастрации сопровождается у Ермакова пристальным вниманием к психологическим аспектам рассказа, которые, строго говоря, не являются психологическими (например, тот факт, что ни одно действующее лицо не обнаруживает изумления перед этими невероятными событиями). Это именно то, чего можно ожидать, когда подавленное начало выходит на поверхность. Раздражение, отчаяние и смущение были бы здесь уместны, но никак не удивление.

Исходя из универсалистских и общекультурных претензий фрейдистской экономики, характер ермаковского прочтения «Носа» предсказуем. Что трудно было предсказать (и чем можно было бы резюмировать все четыре критических подхода, рассмотренных в этом практикуме), так это те моменты, в которых «фрейдистские» приоритеты высвечивают (а иногда и усиливают) базовые ценности, которые мы отмечали в трех других направлениях русской литературной теории 1920-х годов. Адресуясь к скептическому русскому читателю молодого, недавно разрушенного и едва восстановленного материалистического революционного государства, Ермаков обосновывает свой подход при помощи нескольких взаимосвязанных аргументов, каждый из которых несет на себе след мысли строгого моралиста и лишенного сантиментов сторонника строгой дисциплины по имени Зигмунд Фрейд.

Прежде всего, творческий процесс определяет и подпитывает огромная сфера бессознательного, наполненная теми «неудобными и нетерпимыми» структурами [Ермаков 1999: 262], которые навязали нашей психике цивилизация и общество. Боль, причиняемая социальным прогрессом и трансформациями, реальна, убеждает нас Ермаков, и люди не фантазируют, говоря, что страдают от них. Фантазия сама по себе — иллюзия. На каждом уровне реальность даст почувствовать себя. «Творец черпает материалы для своих произведений из действительности» [Ермаков 1999: 263] и может быть силен и правдив лишь постольку, поскольку он противостоит реальности. Эстетическое выражение являет собой, таким образом, абсолютно реальную когнитивную проблему, «способ познания мира художником» [Ермаков 1999: 263], поскольку он существует объективно. В этом знании нет ни гедонизма, ни замкнутости. Стремление к познанию растет из страха одиночества и, следовательно, сугубо социально. Поскольку бессознательное является движущей силой, а страхи разделяются всеми, они и поняты могут быть всеми: «В темных и богатых силами областях примитивных инстинктов» (а не в окультуренном цивилизацией и сознанием мышлении) «находит художник базу для своего общения с человечеством» [Ермаков 1999: 263]. И наконец, в процессе обуздания этих сил путем направления их вовне, в энергичное «здоровое искусство», создаются новые культурные ценности, которые будут бороться и победят все, что «эгоистично, во имя всечеловеческого» [Ермаков 1999: 263].

Осмысливая эту позицию, понимаешь, что Ермаков едва ли обратил бы внимание на претензии Волошинова к фрейдистскому проекту в 1927 году. Фрейдистский субъект *не* изолированное, биологически обособленное эго, пораженное умирающим классом и не ищущее от своей ущербной жизни ничего, кроме эротического удовольствия или смерти. Напротив, самоанализ этого субъекта обогатился целым набором возможных моделей: аристотелевским катарсисом; толстовской эстетической теорией заражения; дионисийским культом скифства символистской эпохи; философским монизмом; но прежде всего активистским материалистическим стремлением художника претворить дела в слова, с тем чтобы затем (на противоположном полюсе терапевтической интерпретации творчества) превратить слова в социальный акт.

Подобная двусторонняя операция соответствовала духу этого амбициозного и новаторского десятилетия, хотя доминанты, управлявшие различными направлениями, отличались радикально. Авторы статьи «Наука как прием» в ходе рассмотрения темы «1920-е как интеллектуальный ресурс» заметили, что «ориентация эпохи» так или иначе была «на рациональный контроль над стихийными и естественными силами» [Дмитриев, Левченко 2001: 230]. Принципиально важно, однако, что этот контроль осуществлялся над новым, революционным искусством. Это было уже не абсолютное, совершенное и воскрешенное целое, восходящее к классической модели, но произведение (хотя и автономное), которое рассматривалось во всем многообразии отношений. С воцарением сталинизма, однако, надежд на динамичный «неклассический подход в гуманитарном знании» [Дмитриев, Левченко 2001: 231] не осталось.

Настоящая глава была посвящена анализу той внутренней борьбы, что определила развитие исследований литературы в Советском Союзе в 1920-х годах. В заключение взглянем на ситуацию в более широкой перспективе. В своем эссе «Почему современная литературная теория произошла из Центральной и Восточной Европы? (И почему она сейчас мертва?)» Галин Тиханов высказал мысль о том, что русский формализм служил тем основанием, на котором зиждились амбиции литературной науки вплоть до 1970-х — «эмансипироваться от большого философского дискурса» [Tihanov 2004: 62]. Однако после кибернетической революции семидесятых по известным нам причинам философия и идеология вернулись, в результате чего занятия литературой «потеряли остроту специфичности и уникальности, а границы между литературными и нелитературными текстами, свято охраняемые со времен формалистов, оказались прозрачными и в конце концов потеряли свою значимость» [Tihanov 2004: 62]. Тиханов задается вопросом о том, почему призыв к специфичности прозвучал с такой силой и был столь эффективным именно во время Первой мировой войны в Восточной Европе, и предлагает несколько вариантов ответа. Знакомый мир разваливался. Монолитный философский дискурс распадался. Носители культуры (те, что остались) были многоязыкими эмигрантами-космополитами, говорили все с тяжелым акцентом (Якобсон — лишь самый яркий пример), и для них отклонения от родной нормы совершенно естественны. Велика была потребность в каком-то универсальном переводчике, общем теоретическом знаменателе, трансцендентном и связывающем всю эту поверхность полиглоссии. Литературность, Диалектический материализм, Сознание, Диалог, Бессознательное — каждый имел своих поклонников. Только в 1930-х годах все эти опции упорядочения отступили перед лицом обесценивающего, всеподчиняющего и куда более произвольного организующего принципа — Власти.

2011

Источники

Бахтин 1929 — Бахтин М. Проблемы творчества Достоевского. Л.: Прибой, 1929.

Бахтин 1975 — Бахтин М. М. Вопросы литературы и эстетики. М.: Художественная литература, 1975.

Бахтин 1979 — Бахтин М. М. К переработке книги о Достоевском // Бахтин М. М. Эстетика словесного творчества. М.: Искусство, 1979. С. 308–327.

Волошинов 1993 — Волошинов В. Н. Фрейдизм. М.: Лабиринт, 1993. (Бахтин под маской.)

Воронский 1987 — Воронский А. К. Искусство видеть мир: Статьи, портреты. М.: Советский писатель, 1987.

Ермаков 1999 — Ермаков И. Д. Психоанализ литературы: Пушкин, Гоголь, Достоевский. М.: Новое литературное обозрение, 1999.

Зощенко 2008 — Зощенко М. Перед восходом солнца // Зощенко М. Собр. соч.: В 7 т. / Сост., примеч. И. Н. Сухих. Т. 7. М.: Время, 2008.

Марксизм 2001 — Материалы диспута «Марксизм и формальный метод» / Публ. Д. Устинова // Новое литературное обозрение. 2001. № 50. С. 247–278.

Медведев 1993 — Медведев П. Н. Формальный метод в литературоведении. М.: Лабиринт, 1993.

Переверзев 1926 — Переверзев В. Ф. Творчество Гоголя. 2-е изд. Иваново-Вознесенск: Основа, 1926.

Переверзев 1928 — Переверзев В. Ф. Необходимые предпосылки марксистского литературоведения // Литературоведение: Сб. ст. / Под ред. В. Переверзева. М.: ГАХН, 1928. С. 9–17.

Пумпянский 2000 — Пумпянский Л. В. Классическая традиция: Собрание трудов по истории русской литературы / Под ред. А. П. Чудакова. М.: Языки русской культуры, 2000.

Троцкий 1991 — Троцкий Л. Литература и революция. М.: Политиздат, 1991.

Тынянов 1977 — Тынянов Ю. Достоевский и Гоголь: К теории пародии // Тынянов Ю. Поэтика. История литературы. Кино. М.: Наука, 1977.

Шкловский 1983 — Шкловский В. Искусство как прием // Шкловский В. О теории прозы. М.: Советский писатель, 1983.

Шкловский 2006 — Шкловский В. Несколько слов о книгах ОПОЯЗа // Вопросы литературы. 2006. № 6. С. 315–327.

Эйхенбаум 1922 — Эйхенбаум Б. Молодой Толстой. Пб.; Берлин: Изд-во Гржебина, 1922.

Эйхенбаум 1986 — Эйхенбаум Б. Как сделана «Шинель» Гоголя // Эйхенбаум Б. О прозе. О поэзии: Сб. ст. Л.: Художественная литература, 1986. С. 45–63.

Якобсон 1983 — Якобсон Р. Поэзия грамматики и грамматика поэзии / Пер. А. Н. Журинского // Семиотика: Сб. / Сост., вступ. ст. и общ. ред. Ю. С. Степанова. М.: Радуга, 1983. С. 462–482.

Якобсон 1996 — Якобсон Р. Язык и бессознательное. М.: Гнозис, 1996.

Tomashevsky 1928 — Tomashevsky B. La nouvelle école d'histoire littéraire en Russie // Revue des études slaves. 1928. No 8. P. 226–240.

Литература

Бочаров 1993 — Бочаров С. Г. Об одном разговоре и вокруг него // Новое литературное обозрение. 1993. № 2. С. 70–89.

Дмитриев, Левченко 2001 — Дмитриев А., Левченко Я. Наука как прием: Еще раз о методологическом наследии русского формализма // Новое литературное обозрение. 2001. № 50. С. 195–246.

Добренко 1999 — Добренко Е. Формовка советского писателя: Социальные и эстетические истоки советской литературной культуры. СПб.: Академический проект, 1999.

Ленерт 2000 — Ленерт Х. Судьба социологического направления в советской науке о литературе и становление соцреалистического канона: «Переверзевщина» / «Вульгарный социологизм» // Соцреалистический канон: Сб. ст. / Под общ. ред. Х. Гюнтера и Е. Добренко. СПб.: Академический проект, 2000. С. 321–327.

Магуайр 2004 — Магуайр Р. Красная новь: Советская литература 1920-х гг. СПб.: Академический проект, 2004.

Парамонов 1995 — Парамонов Б. Формализм: Метод или мировоззрение? // Новое литературное обозрение. 1995. № 14. С. 42–45.

Эрлих 1996 — Эрлих В. Русский формализм: История и теория. СПб.: Академический проект, 1996.

Эткинд 1993 — Эткинд А. Эрос невозможного: История психоанализа в России. СПб.: Медуза, 1993.

Any 1994 — Any C. Boris Eikhenbaum: Voices of a Russian Formalist. Stanford: Stanford University Press, 1994.

Bakhtin Circle 2004 — The Bakhtin Circle: In the Master's Absence / Ed. by C. Brandist, D. Shepherd, G. Tihanov. Manchester: Manchester University Press, 2004.

Brandist 2002 — Brandist C. The Bakhtin Circle: Philosophy, Culture and Politics. London: Pluto Press, 2002.

Chamberlain 2004 — Chamberlain L. Motherland: A Philosophical History of Russia. London: Atlantic Books, 2004.

Emerson 1997 — Emerson C. The First Hundred Years of Mikhail Bakhtin. Princeton: Princeton University Press, 1997.

Emerson 2005 — Emerson C. Mikhail Bakhtin and the Dialogic Word in Literary Art: What Sort of Fiction is This? // Graduate Faculty Philosophy Journal (New School for Social Research). Special Issue on Philosophy of Dialogue. 2005. Vol. 26. No 1.

Ermolaev 1977 — Ermolaev H. Soviet Literary Theories 1917–1934: The Genesis of Socialist Realism. New York: Octagon Books, 1977.

Hirschkop 2001 — Hirschkop K. Bakhtin's Linguistic Turn // Dialogism. 2001. No 5–6. P. 21–34.

Miller 1985 — Miller M. A. Freudian Theory Under Bolshevik Rule: The Theoretical Controversy During the 1920s // Slavic Review. 1985. Vol. 44. No 4. P. 625–646.

Nikolaev 2004 — Nikolaev N. Lev Pumpianskii and the Nevel School of philosophy // The Bakhtin Circle: In the Master's Absence / Ed. By C. Brandist, D. Shepherd, G. Tihanov. Manchester: Manchester University Press, 2004. P. 125–149.

Petrov 2006 — Petrov P. Laying Bare: The Fate of Authorship in Early Soviet Culture: PhD dissertation. University of Pittsburgh, 2006. Part I. Ch. 1.

Shepherd 2004 — Shepherd D. Re-introducing the Bakhtin Circle // The Bakhtin Circle: In the Master's Absence / Ed. by C. Brandist, D. Shepherd, G. Tihanov. Manchester: Manchester University Press, 2004. P. 1–2.

Steiner 1984 — Steiner P. Russian Formalism: A Metapoetics. Ithaca: Cornell University Press, 1984.

Tihanov 2004 — Tihanov G. Why did Modern Literary Theory Originate in Central and Eastern Europe? (And Why Is It Now Dead?) // Common Knowledge. 2004. Vol. 10. No 1. P. 61–81.

2
Пережив темноту сталинской ночи, Михаил Бахтин вновь размышляет о формализме[1]

Необычным и в какой-то мере провокационным образом идея «непредсказуемости» и русский формализм сочетаются в названии научных работ, вышедших в 2013 году под редакцией Игоря Пильщикова [Случайность 2013; Формализм 2013; Lotman 2013]. Такое на первый взгляд несовместимое сочетание наверняка пришлось бы по душе позднему Юрию Лотману. Лотман всегда разделял уважение формалистов к «научности» в изучении культуры; однако, особенно в последние годы, он настаивал на необходимости «непредсказуемого» в любой прогрессивной науке. Идея «непредсказуемого» как формальной категории также привлекала и позднего Михаила Бахтина. Тем не менее каждый из мыслителей пришел к этому пониманию своим путем.

В данной работе я рассматриваю оба пути, используя как отправную точку личную, всего в параграф длиной, запись, оставленную Бахтиным в рабочей тетради в конце 1960-х годов. Она начинается словами: «Мое отношение к формализму». Вполне

---

1 Впервые: Verba volant, scripta manent: Фестшрифт к 50-летию Игоря Пильщикова / Ред. и сост. Н. Поселягин и М. Трунин. Нови Сад: Матица Српска, Одељење за књижевност и језик, 2017. С. 39–56.
Ссылки на тексты Бахтина даются с указанием номера тома и страницы по изданию: Бахтин М. М. Собрание сочинений: В 7 т. М.: Русские словари; Языки славянских культур, 1997–2012.

возможно, что эти воспоминания о формализме были навеяны Бахтину размышлениями о неоформалистских тенденциях в зарождающемся на тот момент тартуско-московском структурализме. Это объяснило бы тот факт, что следом за первой записью, посвященной формализму, мы находим в тетради Бахтина еще один краткий параграф, начинающийся словами: «Мое отношение к структурализму». Слова Бахтина о формализме кратки, но емки:

> Мое отношение к формализму: разное «понимание» спецификаторства; игнорирование содержания приводит к «материальной эстетике» (критика ее в статье 1924 г.); не «делание», но творчество (из материала получается только «изделие») <...>. Положительное значение формализма (новые проблемы и новые стороны искусства), новое всегда на ранних и наиболее творческих этапах своего развития принимает односторонние и крайние формы [Бахтин 6: 434].

Цель моей статьи — раскрыть смысл первой строки данного параграфа посредством ответов на следующие два вопроса. Первый из них: оглядываясь на двадцатые годы, оставшиеся за формалистами, в чем находил Бахтин главную причину расхождения своих взглядов с формалистским подходом к искусству? Уже по первым строкам мы видим, что Бахтин не ищет конфронтации, его тон крайне уважителен и вовсе не содержит той агрессивности, с которой его коллега Павел Медведев будет оспаривать уже поверженных к 1928 году формалистов.

Второй вопрос: со времени самой ранней бахтинской критики формализма (собранной в статье 1924 года «Проблема содержания, материала и формы в словесном художественном творчестве», вышедшей после смерти автора) и до рассматриваемой нами тетрадной заметки прошло 30 лет сталинской ночи. Оставили ли свой след эти страшные годы на поздних размышлениях Бахтина о формальном методе? Я убеждена, что оставили. Мы находим этот след не в какой-то личной озлобленности, ужасных анекдотах или сентиментальных мемуарах, в чем Бахтина нельзя обвинить, а в его глубоком и нерадужном переосмыслении собственной ранней эстетики. Чтобы обнаружить этот темный след, я обращаюсь к менее известным текстам Бахтина, написанным в военные годы. Особое внимание будет уделено «Риторике...» («Риторика, в меру своей лживости...») и его запискам о шекспировской трагедии, которые Бахтин планировал включить в свой труд о Франсуа Рабле. Жизнерадостный и обычно бесстрашный перед любой властью, Бахтин в этих текстах предстает разуверившимся не просто в слове, образе и авторе, но в самой возможности выражения. Ирина Денищенко, проанализировавшая эти тексты, предполагает, что сама попытка познания представляется Бахтину насилием[2].

В этих сумрачных военных записках важную роль играют несколько понятий, которые Бахтин обычно связывал с русским формализмом: «спецификация», «овеществление» и роль познания в «материалистической эстетике». Бахтин не согласился бы с выводом Бориса Гройса, утверждавшего в книге «Gesamtkunstwerk Сталин» (1988), что авангард русской теории способствовал становлению сталинизма. Бахтин — философ совсем иного порядка, он мыслил категориями фундаментальных принципов, метафизических основ, эсхатологической завершенности (и спасительной открытости Большого времени), а вовсе не гротескностью политической сиюминутности. Тем не менее для Бахтина было важно, чтобы теоретические умозаключения вытекали из анализа, обремененного мировоззренческими ценностями, которыми, на его взгляд, ранние формалисты пренебрегали.

С учетом его записей военных лет, в возвращении Бахтина к проблемам формализма в постсталинский период мы находим новый принцип: творческий и дестабилизирующий потенциал времени поделен на прочность и надежность пространства. В качестве расплаты за прочность и надежность пространство

---

2 Я имею в виду защищенную в Колумбийском университете в качестве магистерской диссертации новаторскую работу Ирины Денищенко о заметках Бахтина середины 1940-х годов, в которой познание и определение рассматриваются как акты насилия [Denischenko 2012; 2017]. Автор пишет, что, согласно этой теории, каждый познавательный акт может быть направлен к двум пределам — к пределу «личности» и к пределу «вещи». Она утверждает далее, что, хотя овеществляющее познание прибегает к слову и образу как к средствам выражения и заражает их насилием, по Бахтину, насилие не является неотъемлемой частью ни слова, ни образа.

всегда ограничивает исследователя. В заключение я привожу любопытный частный комментарий, сделанный Лотманом в 1983 году, как раз в то время, когда спрос на Бахтина во всем мире достиг своего пика. Лотман пишет, что Бахтин был человеком модернистской культуры, как и Эйнштейн, и, соответственно, исключительным приоритетом его мысли являлась категория времени. В своей статье я позволю себе предположить, каким мог бы быть ответ Бахтина на такое «обвинение» Лотмана. Для этого я обращаюсь к бахтинскому «разному пониманию спецификаторства» и его более широкому определению научности в гуманитарной сфере. Я также рассмотрю материалы круглого стола, посвященного задачам филологии, опубликованные в 1979 году в журнале «Литературное обозрение». Среди участников круглого стола были марксисты, структуралисты и неоформалисты (Юрий Лотман и Михаил Гаспаров), а также бахтинианцы (Вадим Кожинов). Их трехсторонние дебаты помогают нам четко отделить труды Бахтина от проекта формалистов и структуралистов.

* * *

Для начала обратимся к бахтинскому «отношению к формализму» в конце 1960-х годов. Почему именно сейчас он чувствует необходимость вернуться к своим идеям сорокалетней давности? Та ранняя работа 1924 года начинается с предупреждения, что, несмотря на попытки «современных русских трудов по поэтике» подражать науке, построение системы «научных суждений об отдельном искусстве» — лишь «претензия», не воплотимая на практике[3]. Возможно, «так называемый формаль-

---

[3] Наиболее достоверным текстом этого раннего эссе, которое не печаталось при жизни автора и впервые на русском языке было опубликовано лишь в 1975 году, является «Проблема формы, содержания и материала в словесном художественном творчестве» [Бахтин 1: 265–325]. Подробно о сопротивлении Бахтина двум противоположным направлениям 1920-х, абстрактному кантианскому универсализму и позитивистскому партикуляристскому сенсуализму формалистской материалистической эстетики, см. [Radunović 2015].

ный или морфологический метод» и может быть источником полезных идей, но его «научное обоснование» не является «удовлетворительным», так как сам метод не базируется на систематическом понимании эстетики [Бахтин 1: 267]. Понимание искусства как органической целостности достигается не путем изучения художественных приемов, а рассматриванием творчества как части общечеловеческой деятельности. Смысл любого отдельного феномена доступен только через понимание его связи и места в целом.

Справедливости ради нужно заметить, что в своих поздних работах такие русские формалисты, как Юрий Тынянов, Борис Ярхо, Владимир Пропп и любимый Бахтиным Виктор Жирмунский, обращают свое внимание именно на органическую и систематическую связь искусства с другими сферами. Однако в 1924 году у Бахтина была возможность полемизировать лишь с «механистическим формализмом». Недовольный отсутствием философского осмысления своей деятельности ранними формалистами, Бахтин первым философски обосновывает их позиции, не без ехидства называя их взгляды «материальной эстетикой». Бахтин подозревает, что на самом деле форма ранним формалистам безынтересна. Как «спецификаторов» их интересует исключительно оформленная материя; по словам Бахтина, «эстетическая деятельность направлена на материал, формирует только его <...> *на самом деле художнику предлежит только материал: физико-математическое пространство, масса, звук акустики, слово лингвистики; и он может занять художественную позицию только по отношению к данному, определенному материалу*» [Бахтин 1: 270] (в источнике — разрядка; курсив мой. — *К. Э.*). С точки зрения формалистов, художник, как и критик, не обязан обращаться к слушателю или к тому неопределенному, но ожидающему активизации личностному сознанию. По Бахтину, материя ценностна для формалистского мировоззрения не тем, что скрывает в себе потенциал к изменению во времени, но тем, что способна надежно обосноваться в пространстве, устанавливая тем самым устойчивую систему связей. Сорок лет спустя, оглядываясь на такие сугубо материалистически трактующие пространство понятия, как «остранение» Шкловского и «делание» Эйхенбаума, Бахтин замечает, что «из материала получают только “изделие”» [Бахтин 6: 434].

Понимание объекта искусства как продукта, механически сконструированного артефакта — именно в этом в 1960-х годах Бахтин видит основную философскую суть раннего формализма. В своих заметках он набрасывает следующие претензии: «Мое отношени<е> к структурализму. Против замыкания в тексте. Механические категории <...>» [Бахтин 6: 434]. Образ замыкания в пространстве здесь не случаен, так как для Бахтина пространство — в определенном смысле тюрьма. «Спецификаторство» сковывает слова, звуки и идеи, пригвождая их к определенному месту. Чисто теоретически, отдельные части имеют возможность передвигаться в пространстве, но любое движение в основательно изготовленной вещи всегда регулярное, повторяющееся и поэтому выгодным образом предсказуемо. К 1960-м годам Бахтин перенаправляет свои претензии к раннему «механистическому формализму» в адрес ранних семиотиков и структуралистов, ставя ударение на несостоятельности их фундаментального понятия — кода. В своей тетради Бахтин пишет: «Контекст потенциально незавершим; код — должен быть за<в>ершим. Код — только техническое средство информации; он не имеет познавательного творческого значения. Код <—> нарочито установленный, умерщвленный контекст» [Бахтин 6: 431][4]. Бахтин продолжал настаивать именно на этом простом определении кода, отказываясь допускать, что код может быть чем-то более сложным и гибким, чем он является в азбуке Морзе или системе дорожных знаков. В свои последние годы Лотман (среди многих других) обращает пристальное внимание на данную претензию Бахтина, предлагая в ответ более сложное понимание кода.

---

4 Цитируются «Рабочие записи 60-х — начала 70-х годов», тетрадь 4. В своей первой записной книжке Бахтин пишет: «Семиотика занята преимущественно передачей готового сообщения с помощью готового кода. В живой же речи сообщение, строго говоря, впервые создается в процессе передачи, и никакого кода, в сущности, нет» [Бахтин 6: 380].

В разрозненных листах, предшествующих записям о формализме и структурализме, Бахтин определяет два противоположных друг другу действия — «овеществление» и «персонификация»[5]. Вещи существуют в пространстве и посему могут быть окончательно и безмолвно сдвинуты с места всего лишь одним самостоятельно действующим лицом. Люди, напротив, самым упорным образом продолжают существовать во времени, обращаясь друг к другу лицом, они растут, разлагаются, сопротивляются и отвечают. Бахтин, однако, спешит заметить, что персонификация не является субъектификацией, так как ни один субъект не способен ничего персонифицировать самостоятельно; чтобы это могло произойти, необходимы взаимоотношения между как минимум двумя личностями. Надо сказать, что Бахтин оперировал довольно примитивным понятием пространства, схожим с его пониманием «кода». Как мы покажем далее, с этим упрощенным пониманием Бахтина Лотман также не мог согласиться. Единственное различение пространства, интересующее Бахтина, это противоположность внутреннего внешнему, чаще определяемая в духе персонализма как противоположность «я» «другим». Для Бахтина нет границы важнее той, что пролегает между моим «я» и «всеми другими», граница эта — непересекаемая. Декарт, как и Кант, были неправы: мы не можем знать себя, лишь другие могут познать нас. «Я, смотрящее вовне» не имеет собственной формы, это взгляд другого придает мне форму. Дети, к примеру, начинают говорить «мне» до того, как говорят «я». Конечно, у меня есть свое знание и импульсы, но собственная цельность и целостность мне дается извне.

Исходя из этих своих взглядов, в своей ранней работе «Автор и герой в эстетической деятельности» Бахтин отвергает как экспрессивность, так и импрессивность в эстетике[6]. Каждое из

---

5 «Процесс овеществления и процесс персонализ<а>ции. Но персонализация ни в коем случае не есть субъективизация. Предел здесь не "я", а "я" во взаимоотношении с другими личностями <...>» [Бахтин 6: 432]. Диалог не поддается исключительно логическому объяснению. Логика определяется одним сознанием, в то время как диалог подразумевает два сознания.

6 Эта развернутая статья была восстановлена в Собрании сочинений [Бахтин 1: 69–263]. См. критику основ экспрессивной и затем импрессивной эстетики в [Бахтин 1: 140–167; 167–168].

этих понятий является неправильным пониманием отношения частей к живому, развивающемуся целому. Экспрессивный текст якобы выражает некое внутреннее состояние или чувство автора, которое слушатель или читатель способен пережить вместе с автором. Таков взгляд на эстетическую деятельность Аристотеля и Толстого. Бахтин, однако, настаивает, что при редуплицировании чужие чувства передаются статическим и мгновенным образом. Мы способны переживать чувства только постепенно, отвечая на чувства другого во времени. Не лучше обстоят дела и с импрессивной эстетикой. Здесь русские формалисты определяют художественный текст как продукт творца, который, подобно скульптору, подчиняет своей воле инертную материю. Если экспрессивный текст заключает нас в порочный круг бесконечно репродуцирующего себя чувства, то импрессивная эстетика обращается с нами еще более тиранически: словно жертва кафкианской исправительной колонии («В исправительной колонии», 1918), живая материя намертво сковывается единственно возможным значением. Для Бахтина материя не сырье для производства, а живое тело.

Такое понимание Бахтиным формального метода вызвало немало возражений. Особенно настойчивым среди его оппонентов был Михаил Леонович Гаспаров[7]. Если все в этом мире бесконечно диалогично, живо, отзывчиво, задается вопросом Гаспаров, возможно ли познание вообще? Возможно ли изображение без превращения его в вивисекцию?

Несмотря на возражения, Бахтин упорно продолжал критиковать материальную эстетику. В записках военного времени он рассматривает материальную эстетику в ее самом тираническом проявлении, сопоставляя недостатки формализма с уязвимыми аспектами своей собственной диалогической модели. С той же безжалостностью, с которой Бахтин вскрывает логические основы формализма, он вскрывает основы своей собственной теории. В 1944 году Бахтин начинает свою работу о Гюставе

---

7 Основные и самые зрелые возражения Гаспарова см. в [Гаспаров 2004]. Краткое изложение полемики Гаспарова с Бахтиным см. в статьях [Эмерсон 2006; Emerson 2007].

Флобере, видя в великом мастере расчленения конец раблезианской традиции бесконечного воскрешения через двутелость и двузвучность. Так и не закончив этот мрачный текст, Бахтин оборвал его строчкой: «Все препятствует тому, чтобы человек мог оглянуться на себя самого» [Бахтин 5: 137][8].

Большая часть из записей военного времени предназначалась Бахтиным в качестве дополнения к его книге о Рабле. Однако, не имея возможности опубликовать свой труд как книгу, Бахтин решает защитить его в качестве диссертации. В результате почти ничего из запланированных дополнений так и не попало в его книгу, и Бахтин в конце концов полностью забросил свои записи[9]. Главная суть дополнения заключалась в пересмотре Бахтиным роли «серьезности» у Рабле. В противовес своему раннему акценту на карнавальной культуре и культуре смеха Бахтин здесь подчеркивает важность более трезвых, сдерживающих и упорядочивающих мир истин и методов мышления.

Особенно характерны замечания Бахтина о риторическом слове, затвердевающем образе и процессе познания как таковом. Замечания эти Бахтин делает в контексте своих удручающе мрачных размышлений о шекспировской трагедии[10]. Бахтин

---

8 Разрозненный черновик эссе о Флобере опубликован в Собрании сочинений [Бахтин 5: 130–137]. См. также комментарии к указанному эссе С. Г. Бочарова и Л. А. Гоготишвили [Бахтин 5: 492–507]. Это ряд выдающихся замечаний, направленных против «расчлененного понимания» современности, заканчивается вышепроцитированной строчкой «Все препятствует etc.».

9 Судя по всему, даже свободолюбивый ум Бахтина осознавал, что чрезмерно большое число отступлений может разорвать книгу. В своем рабочем блокноте 1938 года он отмечает неудовлетворенность от того, что «Мы слишком много протягиваем нитей от Раблэ во все стороны, слишком далеко уходим от него в глубину прошлого и будущего (будущего относительно Раблэ), позволяем себе слишком далекие и внешние сопоставления, сравнения, аналогии, слишком ослабляем узду научного метода» [Бахтин 4(1): 890]. Единственной линией, которой, к досаде своих коллег-скептиков, таких как Михаил Гаспаров, Бахтин следовал неукоснительно, была мениппова сатира. Исследование это не увидело свет до тех пор, когда оно было отчасти искусственно вставлено в качестве новой четвертой главы второго издания книги о Достоевском.

10 См. «Дополнения и изменения к “Раблэ”» [Бахтин 4(1): 681–731]. В этих записях Бахтина интересует трагическая, историческая линия от Софокла до «Братьев Карамазовых» Достоевского. Говоря о трагедии, Бахтин дает нам пример правильной и основательной серьезности: «Кроме серьезности официальной, серьезности власти, устрашающей и пугающей серьезности, есть еще неофициальная серьезность страдания, страха, напуганности, слабости, серьезность раба и серьезность жертвы (отделившейся от жреца)» [Бахтин 4(1): 682]. Двадцать с небольшим страниц — это

проводит аналогию между познанием и властью — между попыткой знать и специфицировать что-либо и необходимостью контролировать то, что пытаешься познавать, таким образом лишая предмет своего познания свободы. Сама идея обособленности познаваемого предмета глубоко трагична для Бахтина, иллюстрацию чему он находит в обязательном трагизме индивидуального героя у Шекспира. В шекспировской трагедии Бахтин видит полное разложение древнего общинного тела. Когда шекспировский герой отрывается от греческого хора, он делает это в качестве преступного монарха, который, саморазрушаясь, превращает мир вокруг себя в разлагающийся изнутри карнавал. Опустошенная жизнь Лира хоть и полна карнавальными фигурами клоунов и попрошаек, тем не менее лишена какой-либо двойственности и плодородной силы. В военных записках мы ощущаем встревоженность Бахтина формалистскими, а позже и структуралистскими тенденциями к двоичному мышлению и «замыканию в тексте». В них он находит отражение несущих смерть, обреченных и бессильных Макбета и короля Лира, которые пытаются удержать власть в мире карнавального упадка. В таком прочтении шекспировской трагедии не сложно увидеть печать сталинского времени.

Во взглядах Бахтина на текст и человека политика играет второстепенную роль. Абсолютная власть над людьми или текстами представляется Бахтину не только бессмысленной, но и невозможной. Посему его собственная эстетика опирается на следующие три качества: доброту и восприимчивость другого, проницаемость границ без угрозы и страха и открытость времени. Если хотя бы одно из этих условий нарушено, диалогичность Бахтина быстро превращается в своего рода «материальную эстетику», в которой хоть и продолжается производство смыслов, но уже не может быть творчества. Авторы умолкают, вовсе не появляются или же навсегда исчезают. Образы наполняются

все, что у нас есть из размышлений Бахтина о серьезности, или, как он выражался, «осерьезненье мира». В 2014 году замечания Бахтина появились на английском языке в ведущем американском академическом журнале «PMLA» в переводе Сергея Сандлера [Bakhtin 2014].

страхом. Такая «метафизика террора» вырисовывается в одном из бахтинских текстов военного времени (декабрь 1943 года), известном под редакторским заглавием «Риторика, в меру своей лживости...» [Бахтин 5: 63–70]. Вот некоторые выдержки из этого текста:

> Элемент насилия в познании и в художественной форме. Слово пугает, обещает, порождает надежды, прославляет или бранит (слияние хвалы и брани нейтрализует ложь). <...> Элемент насилия в объектном познании. Предварительное умерщвление предмета — предпосылка познания, подчинение мира (превращение его в предмет поглощения) — его цель. В чем умерщвляющая сила художественного образа: обойти предмет со стороны будущего, показать его в его исчерпанности и этим лишить его открытого будущего, дать его во всех его границах, и внутренних и внешних, без всякого выхода для него из этой ограниченности, — вот он весь здесь и больше его нигде нет; если он весь здесь и до конца, то он мертв и его можно поглотить, он <...> становится предметом возможного потребления <...>. Ему отказано в свободе <...>
> Содержание слова о предмете никогда не совпадает с содержанием его для себя самого. Оно дает ему определение, с которым он никогда и принципиально не может согласиться изнутри. Это слово-насилие (и ложь) смыкается с тысячами личных мотивов в творце, заменяющих чистоту его — жаждой успеха, влияния, признания (не слова, а творца), со стремлением стать силой гнетущей и потребляющей. <...> Только для любви раскрывается абсолютная непотребимость предмета <...> [Бахтин 5: 65, 66][11].

Здесь стоит обратить внимание на несколько аспектов. Во-первых, только мертвые объекты могут быть полностью познаны. Участие в жизни невозможно без эпистемологической скромности. Познанный объект, будь он идеей или художественным образом, не может быть благополучно завершен, как это утверждал Бахтин в 1920-х годах, и обязательно будет изнасилован.

---

[11] Порядок цитат частично изменен. В понимании Бахтина, предмет всегда желает изменения и для этого готов даже на чудо; при этом его образ остается неизменяемым, принужденным, вторичным, редуплицирующим, «является либо ударом извне, либо даром ему извне» [Бахтин 5: 67].

Познанный объект несвободен по определению. Тот, кто говорит или пишет, всегда ведом личными мотивами, как Лир или Макбет; он жаждет власти, и посему его слово — до некоторой степени слово-насилие. Повсюду в тексте Бахтин оперирует понятием пространства: объект полностью расположен в конкретном месте и ограничен со всех сторон, даже со стороны будущего. С этой точки зрения пространственное мышление склоняется к тиранству. Как только значение и образы получили определение, они моментально материализуются. Словно живые тела, скованные пространством, они поглощаются легко и безответно. Пожалуй, только в будущем остается какая-то надежда на свободу. Бахтин запишет в тетради десять лет спустя, что он «против замыкания в текст» [Бахтин 6: 434].

Известные формалистско-структуралистские прочтения литературных текстов демонстрируют утверждения Бахтина о слове-насилии. Например, разбор Романом Якобсоном шекспировского сонета 129 («Th' Expence of spirit in a waste of shame»), где рифма, элементы грамматики и ритмические узоры представляются как изысканно комплементарные (дополнительные) по отношению друг к другу и тем самым образуют застывшее в своей совершенной симметричности, мертвое пространство [Jakobson, Jones 1987]. Бинарный анализ всегда безотказен, так как он прочно закрепляет поэтические и лингвистические аспекты в одном цельном пространстве, где они все присутствуют одновременно и поэтому представляются взору как один монолитный объект. Такой эстетический опыт исключительно зрительный и пространственный, а не последовательный и звуковой. Критики Якобсона обращают внимание на то, что в его анализе одного из самых возбуждающих шекспировских сонетов, посвященного катастрофичности эротического удовлетворения, мы не чувствуем никакого риска, движения, никакого течения времени или развивающегося сознания (см., например, [Vendler 1973]). Споры вокруг формалистско-структуралистских прочтений текста должны рассматриваться в контексте более широкого обсуждения проблемы пространства и времени. С технической точки зрения в постэйнштейновском двадцатом веке понятия времени и пространства стали неразрывными. Однако методологии исследования культуры продолжают предпочитать потенциал одного художественного понятия другому. Будь то господство времени над пространством или господство пространства над временем, в оставшейся части моей статьи я обращаю свое внимание на связи между временем и пространством, рассматривая эту проблему в свете бахтинской философии, а также поздних идей неоформалиста и семиотика Юрия Лотмана.

Как часто замечают, в последние два десятилетия Бахтин благосклоннее относился к структуре и системе. Мы видим это на примере его работ о речевых жанрах. В свою очередь Лотман начинает экспериментировать с менее механистическими, менее бинарными и более органическими структурами, как, например, его яйцеобразная семиосфера — или его интерес к непереводимости, асимметрии, продуцированию прерванных посланий, или восторг от взрыва, которые мы находим в его последней книге «Культура и взрыв» (1992). Лотман даже деконструирует прославленную шестиэлементную модель коммуникации Якобсона, выступая против бинарности шифрования и расшифровывания всякого разговорного акта[12]. Со своей стороны, в нескольких интервью Бахтин кратко, но очень положительно отзывается об ученых лотмановской школы («<Ответ на вопрос редакции Нового Мира>», 1970 [Бахтин 6: 451–457, особенно 453]). Конечно же, он понимал, что лотмановцы не избавлялись от понятия индивидуального сознания, как и то, что они не сводили реальность к механическим приемам или примитивному использованию кода. Бахтина гораздо больше беспокоит идея остановившегося времени. Его ужасает не бесконтрольно разбредающийся или сужающийся контекст, а, напротив, возможность застывания контекста во времени. Смысл в гуманитарных текстах для Бахтина глубоко нефункционален, он не циркулирует в компактных и готовых частях, как утверждал Тынянов. Смысл всегда диалогичен, что подразумевает взаимоотношения,

---

12 См. главу «Система с одним языком» [Лотман 1992: 12–16].

протекающие во времени. Чтобы созреть, ответу нужно время. Ответ нельзя наложить на статический пласт времени, ни даже на целую стопку таких статичных пластов. Смысловой контекст взаимоотношений не расположен в каком-то конкретном месте, а находится во времени.

В 1983 году в письме к одной из своих заочных аспиранток, которая, на его взгляд, излишне и слишком небрежно использовала «готовые исследовательские штампы» Бахтина в своей диссертации о Гоголе, Лотман пишет:

> Для Бахтина как человека модернистской культуры существует, как и для Эйнштейна, тоже модерниста, хронотоп — время как четвертое измерение. Но для Гоголя и — более широко — для средневековой культуры, очень для Гоголя важной, это не так. Пространство гораздо более универсально. Время началось с грехопадения и кончится трубой архангела, а подлинное пространство вечно (пространство платоновских идей, а не тень его в материальном мире) [Лотман 1997: 719][13].

Далее Лотман шире разворачивает свою мысль: «Бахтин идет от идей физики (теории относительности) и рассматривает пространство и время как явления одного ряда (в перспективе это восходит к Канту)» [Лотман 1997: 720]. Для последователей лотмановской школы такой подход невозможен, так как семиотик-структуралист обязан исходить из «математического (топологического) понятия пространства» [Лотман 1997: 720].

Прав ли Лотман в своем утверждении, что пространство онтологически первично не только в контексте средневекового мышления, но и в отношении методов исследования литературы и сознания? Джонатан Стоун, исследующий ассимиляцию Бахтиным эйнштейновского мировоззрения, показывает, что полифония и хронотоп у Бахтина абсолютно диалогичны, требуют абсолютного вовлечения и не допускают, делая бессмысленными,

---

[13] Письмо Ларисе Фиалковой от 15 июля 1983 года. Лариса Львовна Фиалкова родилась в Киеве в 1957 году; при содействии Лотмана поступила в аспирантуру Латвийского университета, где защитила диссертацию под его руководством в 1985 году. Эмигрировала с семьей в Израиль в 1991 году. Письма Лотмана к ней за 1979–1986 годы [Лотман 1997: 712–721] являют собой образец учтивого академического руководства.

наблюдения и манипуляцию извне [Stone 2008]. В своем пессимистичном наброске для эссе о Рабле (1944) Бахтин размышляет о нашей странной привычке сводить время к пространству, тем самым урезая его свободу. Он пишет:

> Разная оценка движения вперед: оно мыслится теперь как чистое, бесконечное, беспредельное удаление от начал, как чистый и безвозвратный уход, удаление по прямой линии. Таково же было и представление пространства — абсолютная прямизна. Теория относительности впервые раскрыла возможность иного мышления пространства, допустив кривизну, загиб его на себя самого, и, следовательно, возможность возвращения к началу. <...> Дело здесь в возможности совершенно иной модели движения. <...> Относительность уничтожения. <...> [Бахтин 5: 135].

В представлении Бахтина бесконечное пространство не может обеспечить жизнь, скорее являясь кладбищем; только вечное время утверждает жизнь.

При всей важности для Бахтина приоритета времени над пространством, не в этом главное различие между его методом мышления и формалистско-структуралистскими методами моделирования. Еще более чуждым для формалистов, настаивающих на полной независимости искусства, является утверждение Бахтина, что те категории, которые мы применяем к повседневной жизни, мы можем и должны применять к литературе. Так как для Бахтина живое сознание существует так же естественно внутри художественного произведения, как и за его пределами, одинаковые методы могут применяться к обоим сферам. Не признать этот параллелизм значит пренебречь научными выводами, значит мыслить «монологично». И теперь, пережив мрак сталинских лет, Бахтин настаивает на истинной «науке о литературе», возрождая требование ранних формалистов. В своем новом заключении для исправленного издания «Поэтики Достоевского» в 1963 году Бахтин пишет:

> Научное сознание современного человека научилось ориентироваться в сложных условиях «вероятностной вселенной», не смущается никакими «неопределенностями», а умеет их учи-

> тывать и рассчитывать. Этому сознанию давно уже стал привычен эйнштейновский мир с его множественностью систем отсчета и т. п. Но в области художественного познания продолжают иногда требовать самой грубой, самой примитивной определенности, которая заведомо не может быть истинной [Бахтин 6: 300][14].

«Грубая и примитивная определенность» — это атомизирующая и специфирующая функция, с ее терпимостью к четким определениям, обособленностям и неподвижным частицам. В своем «отношении к формализму» Бахтин, как он сам отмечает, имел свое, «отличное от формалистов понимание спецификации». В чем именно это отличие и достаточно ли оно серьезно для того, чтобы стать основой теории литературы? Об этом мое заключительное рассуждение.

В своих набросках о будущем гуманитарных наук Бахтин упоминает работу Сергея Аверинцева о символике, в которой тот настаивает, что символ не ненаучен, а инонаучен. Так же, как и наука Эйнштейна, инонаука, по убеждению Бахтина, способна стать общепринятой, хотя для ее логического разъяснения потребуется незаурядное воображение и период вопросов и ответов. Другими словами, научность для Бахтина означала не систему измерений и доказательств, а умение распознавать тот момент, когда мышление измерениями и доказательствами более не применимо, так как материал оказывается живым, или не до конца узнанным, или еще развивающимся.

Здесь мы подходим к самому главному. В духе своего времени формалисты и их преемники структуралисты были светскими учеными, приверженцами сугубо материалистического и эмпирического мировоззрения. Мировоззрение Бахтина было в корне другим. Он был приверженцем духовного христианского мировоззрения, согласно которому все жизненные явления

---

[14] О важности нового постскриптума Бахтина пишет Джонатан Стоун [Stone 2008: 416–417]. Хотя Стоун не упоминает эйнштейновские идеи в бахтинских записках военных лет, концентрируясь исключительно на более известных концептах Бахтина, таких как хронотоп и полифония, идеи военных записок полностью подтверждают его тезис.

одновременно разделяют два состояния: человек одновременно и творец, и тварь в ответе перед высшей силой. Именно в этом для Бахтина скрыта разрешимая сложность и неразрешимая тайна жизни. Если выводы формалистов основывались на анализе, то Бахтин делал свои выводы путем синтеза. Он синтезировал не литературу и жизнь как абстракции, в чем его любили упрекать, а сиюминутный опыт зрения и слуха и потенциал такого рода способности мгновенным и драматическим образом изменяться под воздействием ответной любви. В такой позиции Бахтина мы находим некую магическую, преображающую энергию его карнавальной утопии. В 1943 году Бахтин утверждал, что из бесконечно продуцирующего свои мертвенные объекты сло́ва-насилия есть только один выход, и этот выход — любовь[15]. Любовь не уловить в статическом образе. Она не раскрывает себя в пространстве, а всегда только во времени. Любовь — поток, несущий в себе раскаяние, надежду, прощение, воскресение, внезапное изобилие, перерождение и чудо.

Именно чудо появляется последним пунктом в перечне рекомендаций Бахтина литературным работникам в 1960 году. Бахтин сетует на то, что «анализ обычно копошится на узком пространстве малого времени» с его «мелко-человеческим отношением к будущему», «пожеланием, надеждой, страхом». Науке же нужен менее субъективный подход, менее сентиментальный и более научный, а именно присутствие «“сюрпризности”, абсолютной новизны, чуда» [Бахтин 6: 429]. В своих книгах «Культура и взрыв» (1992) и «Непредсказуемые механизмы культуры» (издана посмертно в 2010 году) Лотман, как и Бахтин, настаивает на неожиданности и отсутствии предопределенности. Однако в эти понятия Бахтин и Лотман вкладывают разный смысл. Несмотря на всю гибкость и человечность позднего Лотмана, его структурное мышление продолжает выглядеть предсказуемо и механистично на фоне карнавального синтеза Бахтина. И это все потому, что мышление структуралистов и неоформалистов

---

[15] О проблеме «Бахтин и любовь» в связи с военными фрагментами см. [Spektor 2017: 244–246; Sandomirskaia 2017: 294–295].

материалистично, а значит, неизбежно обращено к конкретным объектам в пространстве. Они создают прекрасные схемы. Бахтин не может позволить, чтобы объекты его познания громоздились в пространстве, так как такое замыкание предмета в пространстве не просто определение его и познание, а уничтожение и поглощение. Для Бахтина познающая личность не имеет права быть просто указателем в структурной схеме, а должна являться проводником или как минимум точкой пересечений. В различном подходе к познанию и у структуралистов, и у бахтинианцев есть свое понимание роли, которую играет слово.

Достаточно будет привести здесь один пример, в котором рассматриваемые мною герои, пережив мрак сталинских лет, встречаются друг с другом еще раз. В 1979 году советский журнал «Литературное обозрение» в пяти выпусках опубликовал беседу за круглым столом, посвященную задачам филологии. Филология, как известно, означает любовь к слову. Но как должно выражать такую любовь? В беседе участвовали двенадцать ученых, начиная от направленных партией гуманитариев марксистско-ленинского толка, формалистов и структуралистов и заканчивая бахтинианцами. К моменту беседы прошло четыре года со смерти Бахтина. Попытки Бахтина переосмыслить формализм закончились, но пришла пора формалистов переоценить свое отношение к Бахтину. Знамя Бахтина за круглым столом нес его ученик, Вадим Кожинов[16]. Цитируя статью Бахтина 1924 года, опубликованную вскоре после его смерти в 1975 году, Кожинов утверждал, что петроградские формалисты испытывают к слову неправильную любовь[17]. Их метод основан на ошибочной концепции, путающей слово с искусством словесности. Именно поэтому формалисты обращают внимание лишь на материаль-

---

[16] Филология: Проблемы, методы, задачи // Литературное обозрение. 1979. № 1, 3, 4, 7, 9. Я в долгу перед моим принстонским коллегой Майклом Вахтелем, который в своих недавних работах о наследии Гаспарова анализирует описываемый круглый стол 1979 года, где впервые появилось программное эссе Гаспарова «Филология как нравственность» [Вахтель 2017].

[17] Статья Бахтина о формалистах впервые была опубликована в сборнике «Вопросы литературы и эстетики» [Бахтин 1975: 6–71].

ный, а не на живой носитель слова. Сразу за Кожиновым, в том же выпуске, Юрий Лотман предложил доклад об ужасающем падении профессиональных стандартов в послевоенной литературной науке и об опасности практикования «облегченной филологии»: филологии без дистанции, чересчур субъективной, управляемой вкусом и проходящей модой [Лотман 1979: 48]. В последней части дискуссии, в статье под названием «Филология как нравственность», опасения Лотмана подхватил и развил Михаил Гаспаров, выдающийся филолог-классик, исследователь стиха и неоформалист [Гаспаров 1979][18]. Благодаря Гаспарову формализм, который так часто обвиняли в предпочтении бездушных приемов человеческому голосу, неожиданно приобрел нравственное превосходство как защитник человеческой индивидуальности. В следующие четверть века Гаспаров останется самым принципиальным оппонентом Бахтина.

Размышляя о формализме в свои последние годы, Бахтин признавал свою приверженность иному пониманию спецификации. Формалисты называли себя спецификаторами в том смысле, что они искали независимости литературоведения от жизни[19]. Автономия — право на самоопределение и внутренние критерии легитимизации — требует дистанции и объективного анализа. Бахтин же во всех актах обособления аналитического сознания видел насилие и отчаяние. В диалогичности Достоевского Бахтин находит эпистемологическую скромность, которая видит в точности и законченности высказывания ограничение, а не силу. Точность и обособленность исключают возможность роста и тайны, но что еще страшнее, они исключают любовь. Но чем же тогда должна быть истинная любовь к слову? В своей

---

[18] Вот цитата, в которой Гаспаров упоминает Лотмана: «Ю. М. Лотман сказал: филология нравственна, потому что учит нас не соблазняться легкими путями мысли. Я бы добавил: нравственны в филологии не только ее путь, но и ее цель: она отучает человека от духовного эгоцентризма» [Гаспаров 1979: 27].

[19] Вопрос об автономности литературоведения рассматривает Александр Чудаков на филологическом форуме 1979 года [Чудаков 1979]. Методологический консерватор, Чудаков сетует на то, что в 1920-х годах формалисты слишком опирались на неодарвинизм, а в 1970-х кибернетические структуралисты слишком зависели от информационной теории, от привязанности эпистемологических парадигм к вероятности, квантификации и выживанию форм.

статье о Флобере Бахтин сожалеет о том, что современный мир знает лишь расчлененное сознание [Бахтин 5: 137]. Натуралистический анализ похож на вивисекцию.

Однако, как я пыталась показать в данной статье, существуют альтернативные точки зрения, настаивающие на том, что диалог может быть еще более опасной процедурой. Например, Гаспаров утверждал, что у исследователей всегда есть масса путей уничтожить жизнь[20]. На его взгляд, акт отдаления вернее помогает сохранить жизнь, чем акт близости, который норовит впитать другого в себя, в свои нужды и в свою нынешнюю ситуацию. Таким образом, неоформалист и моралист Гаспаров настаивает, что бахтинский метод, со своим навязчивым поиском жизненного синтеза, на самом деле только создает эгоцентричных, самодовольно пялящихся на самих себя в зеркало ученых и читателей.

Я завершаю свою статью этим серьезным обвинением в эгоцентризме одного из величайших философов диалогического слова двадцатого века. В конце лишь замечу, что метафизическое разногласие Бахтина с формалистами всегда будет глубже, тоньше и сложнее, чем может нам показать сравнение их методологий.

2017

---

[20] Этот проницательный, хоть резкий и с преувеличениями, довод Гаспаров приводит в статье «История литературы как творчество и исследование: Случай Бахтина»: «Бахтин — философ, которому важнее не философия, а философствование, не система, а процесс. Главное в философии для него — этика, то есть, в его понимании, область нерешенного, область выбора, область становления поступка. Это свое отношение он переносит и на литературу: ему важнее не произведения, а становление этих произведений. Он приходит к отвержению всего сохранившегося (Гаспаров здесь говорит о созданном Бахтиным из неразборчивых фрагментов фантастическом жанре мениппевой сатиры. — *К. Э.*), потому что все зафиксированное — это трупы, годные только для некрофильствующей филологии. Сквозь мертвый текст он хочет видеть живого человека с его интенциями и интонациями <...> Ему нужно незафиксированное, — потому что только здесь возможен выбор, т. е. поступок, т. е. путь к Богу <...> Бахтину больше всего хотелось говорить о трансцендентном, т. е. о Боге (о том Боге, который присутствует третьим над всеми людскими диалогами), а о Боге адекватно говорить человеческим языком вообще нельзя, даже и независимо от советских цензурных условий. О Боге можно говорить только парадоксально» [Гаспаров 2004: 96–97].

Литература

Бахтин — Бахтин М. М. Собрание сочинений: В 7 т. М.: Русские словари; Языки славянских культур, 1997–2012.

Бахтин 1975 — Бахтин М. Вопросы литературы и эстетики. М.: Художественная литература, 1975.

Вахтель 2017 — Вахтель М. «Филология как нравственность» в историческом контексте // М. Л. Гаспаров. О нем. Для него / Под ред. М. Акимовой, М. Тарлинской. М.: Новое литературное обозрение, 2017. С. 462–480.

Гаспаров 1979 — Гаспаров М. Филология как нравственность // Литературное обозрение. 1979. № 9. С. 26–27.

Гаспаров 2004 — Гаспаров М. Л. История литературы как творчество и исследование: Случай Бахтина // Вестник гуманитарной науки. 2004. № 6 (78). С. 94–99.

Лотман 1979 — Лотман Ю. «Этот трудный текст...» // Литературное обозрение. 1979. № 3. С. 47–48.

Лотман 1992 — Лотман Ю. М. Культура и взрыв. М.: Гнозис, 1992.

Лотман 1997 — Лотман Ю. М. Письма 1940–1993 / Сост., подгот. текста, вступ. ст. и коммент. Б. Ф. Егорова. М.: Школа «Языки русской культуры», 1997.

Случайность 2013 — Случайность и непредсказуемость в истории культуры: Мат-лы Вторых Лотмановских дней в Таллиннском университете (4–6 июня 2010 года) / Под. ред. И. А. Пильщикова. Таллинн: Изд-во ТЛУ, 2013.

Формализм 2013 — Русский формализм (1913–2013): Международный конгресс к 100-летию русской формальной школы. Москва, 25–29 августа 2013 года: Тезисы докладов / Под ред. И. А. Пильщикова, М. А. Якобидзе. М.: Институт славяноведения РАН, 2013.

Чудаков 1979 — Чудаков А. Нужны новые категории // Литературное обозрение. 1979. № 7. С. 38–40.

Эмерсон 2006 — Эмерсон К. Двадцать пять лет спустя: Гаспаров о Бахтине // Вопросы литературы. 2006. № 2. С. 12–47.

Bakhtin 2014 — Bakhtin M. M. Bakhtin on Shakespeare: Excerpt from “Additions and Changes to Rabelais” / Transl. by S. Sandler // Publications of the Modern Language Association of America. 2014. Vol. 129. No. 3. P. 522–537.

Denischenko 2012 — Denischenko I. The Reifying Forces of Cognition: Mikhail Bakhtin's Reflections on Violence. Master's Thesis. S. l.: Columbia University, 2012.

Denischenko 2017 — Denischenko I. Beyond Reification: Mikhail Bakhtin's Critique of Violence in Cognition and Representation // Slavic and East European Journal. 2017. Vol. 61. No 2: Bakhtin Forum: The Dark and Radiant Bakhtin. Wartime Notes. P. 255–277.

Emerson 2007 — Emerson C. In Honor of Mikhail Gasparov's Quarter-Century of Not Liking Bakhtin: Pro and Contra // Poetics. Self. Place: Essays in Honor of Anna Lisa Crone / Ed. by C. O'Niel, N. Boudreau, S. Krive. Columbus, Ohio: Slavica, 2007. P. 26–49.

Jakobson, Jones 1987 — Jakobson R., Jones L. G. Shakespeare's Verbal Art in "Th' Expence of Spirit" // Jakobson R. Language in Literature / Ed. by K. Pomorska, S. Rudy. Cambridge, Mass.; London: Harvard University Press, 1987. P. 198–215.

Lotman 2013 — Lotman J. M. The Unpredictable Workings of Culture / Transl. by B. J. Baer, ed. by I. Pilshchikov, S. Salupere. Tallinn: TLU Press, 2013.

Radunović 2015 — Radunović D. On "Secondary Aesthetics, without isolation": Philosophical origins of Mikhail Bakhtin's Theory of Form // Slavic and East European Journal. 2015. Vol. 59. No 1. P. 1–22.

Sandomirskaia 2017 — Sandomirskaia I. Bakhtin in Bits and Pieces: Poetic Scholarship, Exilic Theory, and a Close Reading of The Disaster // Slavic and East European Journal. Vol. 61. No 2: Bakhtin Forum: The Dark and Radiant Bakhtin. Wartime Notes. P. 278–298.

Spektor 2017 — Spektor A. In Search of the Human: Mikhail Bakhtin's Wartime Notebooks // Slavic and East European Journal. 2017. Vol. 61 No 2: Bakhtin Forum: The Dark and Radiant Bakhtin. Wartime Notes. P. 233–254.

Stone 2008 — Stone J. Polyphony and the Atomic Age: Bakhtin's Assimilation of an Einsteinian Universe // Publications of the Modern Language Association of America. 2008. Vol. 123. No 2. P. 405–421.

Vendler 1973 — Vendler H. Jakobson, Richards, and Shakespeare's Sonnet CXXIX // I. A. Richards: Essays in his Honor / Ed. by R. Brower, H. Vendler, J. Hollander. New York: Oxford University Press, 1973. P. 179–198.

3
Двадцать пять лет спустя: Гаспаров о Бахтине[1]

В начале сентября 2005 года русская и английская версии этого эссе были отправлены М. Л. Гаспарову. Уже дома, приходивший в себя после лечения, оказавшегося последним, Михаил Леонович был настолько любезен, что прочел текст и откликнулся на него в начале октября, сделав несколько небольших исправлений относительно античного термина «серьезно-смеховое». Со своей обычной галантностью он лишь попросил меня смягчить «некоторые Ваши сверхпохвальные выражения обо мне» (чего я не выполнила), при этом дав понять, что он удовлетворен и тем, как его позиция представлена мной, и самим эссе. Полагаясь на это свидетельство, я посвящаю эссе его памяти. — *К. Э.*

> Многие отечественные философы и теоретики выступали в советское время в роли филологов. Искажение идентификации сказывается как на их собственном творчестве, так и на понимании их идей, концепций и конкретных научных результатов.
>
> *Н. В. Брагинская* [Брагинская 2004: 73]

За последнюю четверть века в индустрии Бахтина многое изменилось — но кое-что осталось точно таким же, каким было с самого начала. Не изменилось, среди прочего, и отношение к Михаилу Бахтину со стороны Михаила Гаспарова.

---

1 Текст публикуется с разрешения редакции журнала «Вопросы литературы» по изданию: Эмерсон К. Двадцать пять лет спустя: Гаспаров о Бахтине / Пер. И. О. Шайтанова // Вопросы литературы. 2006. № 2. С. 12–47. Расширенный вариант этого эссе см. в: In Honor of Mikhail Gasparov's Quarter-Century of Not Liking Bakhtin: Pro and Contra // Poetics. Self. Place. Essays in Honor of Anna Lisa Crone / Ed. by C. O'Neil, N. Boudreau, & S. Krive. Slavica Publishers, 2007. P. 26–49.

Репутация Гаспарова очень высока среди американских славистов — и как ученого мирового класса, и как строгого аналитика с неистребимым чувством юмора, и как мемуариста, одновременно проницательного и шутливого, наконец, как философа гуманитарных наук (хотя он, вероятно, не принял бы для себя такого определения), ставящего выше всего ясность мысли и здравый смысл.

Из всех ученых, критиков и чудаков, высказывавших свои возражения Бахтину на первом этапе запоздалого открытия этого имени в России и на Западе и потом, когда начался бум, — Гаспаров был и остался самым принципиальным оппонентом. Говоря «принципиальным», я имею в виду вот что: когда Гаспаров высказывается, например, против практики вузовского преподавания или же против научного мировоззрения, то это потому, что он противопоставляет как первому, так и второму ряд систематически продуманных принципов, не менее последовательных, логически строгих и безусловных по своему ценностному весу, чем логика бахтинской мысли. Исследователи Бахтина, к сожалению, склонны в большинстве своем либо с ходу отвергать, либо просто игнорировать гаспаровскую критику. Полагаю, что это — ошибка. В предлагаемой статье будет сделана попытка рассмотреть напряжение, возникшее между сторонниками Бахтина и сторонниками Гаспарова, в определенном контексте и межкультурной перспективе.

* * *

Гаспаров открыл дискуссию в 1979 году — четверть века назад — в публикациях Тартуской школы [Гаспаров 1997][2]. А совсем недавно, в ноябре 2004 года, он продолжил ее в Москве [Гаспаров 2004]. Между этими двумя выступлениями Гаспаров неоднократно выражал и варьировал свою научную позицию

---

[2] История «гаспаровского» взгляда на Бахтина проанализирована в комментарии к переизданию этой статьи в книге [Бахтин 2002б: 507–510]. Ссылки на статью М. Л. Гаспарова 1979 года даются по этому изданию [Бахтин 2002б: 33–36].

в статьях о филологии и многочисленных записях мемуарного характера.

Следует подчеркнуть, что «диалог» между Гаспаровым и Бахтиным — особого рода. Ведь он начался тогда, когда жизненный путь одного из участников уже закончился: Бахтин не мог больше ни пояснить свою позицию, ни возразить на возражения Гаспарова. Ученики и последователи Бахтина стали отвечать вместо него как бы от его имени. Лишь недавно, после того, как к Бахтину на протяжении десятилетий кто только не обращался и как только его не «присваивал», определились и выделились настоящие его исследователи в России и среди историков идей на Западе. Эти немногие начали по частям, буквально по кусочкам собирать то, что когда-то и как-то было связано с этим именем — то есть с Бахтиным-мыслителем, когда он был жив. Вот что, пожалуй, самое примечательное в растянувшейся на десятилетия односторонней полемике Гаспарова: с годами неприятие оппонента становилось у него все радикальнее и многословнее, однако это не всегда было на пользу дискуссии. Самые первые возражения, выдвинутые Гаспаровым в конце 1970-х годов, — например, когда он сблизил Бахтина с формалистами, как «человека двадцатых годов», разделявшего определенные слабости современных ему радикальных литературно-критических школ, — были, в общем и целом, проницательнее и взвешеннее прозвучавших недавно.

Гаспаров, отстаивая свою правду, пожалуй, возразит нам в том смысле, что бахтинские трюизмы решительно победили на мировом рынке и нанесли куда больше вреда научной филологии, чем это можно было предвидеть в 1979 году; поэтому те, кто не согласен с Бахтиным — а среди последних голос Гаспарова едва ли не самый знаменитый, — должны высказаться еще более откровенно, принципиально и нелицеприятно.

Нужно признаться, что причина расхождения с Бахтиным коренится в значительной мере в характере восприятия бахтинских идей, особенно — в крайнем огрублении Бахтина на Западе, которое питалось неомарксизмом, французским неофрейдизмом и сценариями власти у Фуко. Философия, открывшая взрывной потенциал языка, с большим энтузиазмом была встречена на Западе в эпоху политического радикализма 1960–1970-х годов. Бахтин очень удивился бы всему этому — Гаспаров, как можно предположить, ужаснулся. Упомянутый аргумент Гаспарова из статьи 1979 года — что Бахтина можно записать в один лагерь с петроградскими формалистами, коль скоро у него и у них обнаруживается один и тот же набор методологических грехов, — был, как это ни странно, на свой лад здравым и справедливым, если смотреть извне, с пространственной и временной дистанции. Ведь на Западе предполагалось как нечто само собой разумеющееся, что «русская теория» — подрывная и революционная.

Во всяком случае, методологический разрыв между теми, кому ближе Бахтин, и теми, кто следует за Гаспаровым, сейчас, четверть века спустя, обнажился полностью — настолько, что разрыв этот может рассматриваться как некая предельная граница, по обе стороны которой — два диаметрально противоположных подхода к гуманитарно-филологическому познанию вообще, со всеми обретениями и утратами каждого из этих подходов. Граница эта, однако, не является ни устойчивой, ни статичной, потому что Гаспаров — парадоксальный и равнодостойный оппонент Бахтина. Каким бы «консерватором» ни слыл Гаспаров, в нем есть что-то от «академика-еретика» — определение, которое дали ему восхищающиеся им авторы из журнала «НЛО» в 2005 году, по случаю его 70-летия[3]. Мастер во многих различных областях и жанрах, Гаспаров требует «укрощения исследовательского своеволия во имя "самого объекта"» [Дмитриев, Кукулин, Майофис 2005: 170], а между тем его собственный метод (и предпочитаемые учителя) — эксцентричны: они — продукт официальной, но маргинальной, неканонической, почти забытой критической мысли 1920-х годов. «У кого учились? — спросил Гаспарова коллега. — У книг» [Дмитриев, Кукулин,

---

3 Авторы из «НЛО» отмечают, что методологический консерватизм Гаспарова соединяется у него с резкой независимостью ума, как и у Лидии Гинзбург, другого ученого XX века, сформировавшейся в рамках советских институций, но при этом совершенно не вписывавшейся в эти рамки и как критик тоже не создавшей никакой теоретической «школы». Гинзбург, подобно Гаспарову, была умным, одаренным и бесстрашным мемуаристом [Дмитриев, Кукулин, Майофис 2005].

Майофис 2005: 172]. Гаспаров не основал какой-либо школы. Авторы цитируемой статьи, задаваясь вопросом, какой классификационной рубрике соответствует их филолог-еретик, спрашивают: «Традиция филологическая — в чем она состоит? <...> И еще: что мы наследуем (или выбираем, что наследовать) от предшественников: сам предмет исследования, отношение к предмету, методологию? Или само отношение к методологии?» [Дмитриев, Кукулин, Майофис 2005: 170].

Поставим теперь вопросы еще более фундаментальные, чем те, которые поставили авторы цитируемой статьи. Что такое филология? Что такое наука и «научность» в гуманитарно-филологической деятельности? Каков статус выживания следов культуры (книги, фрагмента, легенды, артефакта)? Существуют ли разумные пределы использования или обработки критиком, от своего имени, такого культурного следа? Что значит «вступить в контакт» с другой культурой, в особенности с такой, которая отличается от нашей культуры временем, пространством, языком и местом обитания? Может ли творческое сознание, захваченное словом, позднее зажить новой активной жизнью в сознании воспринимающего таким образом, чтобы жить вечно? Можно ли принять всерьез притязания Бахтина, заключенные в полифоническом методе, — что это не только метод создания другой личности, но что вымышленный герой посредством такого метода может, как личность, развиваться сам по себе и даже оказывать обратное влияние на своего автора? Или эти притязания просто еще одна глава в призрачной истории исканий русской философии — исканий, цель которых — отменить смерть?

Ответы на эти вопросы даются самые разные сторонниками и оппонентами как Гаспарова, так и Бахтина.

Например, Нина Брагинская, автор недавней статьи «Славянское возрождение античности», цитата из которой взята нами в качестве эпиграфа, считает, что Лев Пумпянский и Бахтин поддались чарам телеологически-эволюционистской идеи «Третьего Возрождения», получившей широкое распространение в начале XX века: в ту эпоху многие были одержимы стремлением увидеть литературные жанры и религиозные откровения древних непосредственно соотнесенными с русской культурой, какими бы сомнительными, а то и вовсе несуществующими ни были параллели такого рода. Поэтому и романы Достоевского старались осмыслить и объяснить сперва — как греческую трагедию, потом — как неудачу или гибрид греческих трагедий, наконец (Бахтин) — как возрожденную мениппею [Брагинская 2004: 67–71, 61–62][4]. Страстное желание увидеть и оправдать русскую литературу в явлениях и терминах античности продолжалось вплоть до 1930-х годов, а у Бахтина и того дольше, вплоть до начала 1960-х годов, когда было опубликовано второе издание книги о Достоевском, а в нем — четвертая глава (о мениппее). Брагинская полагает, что навязчивая идея утвердить «нашу античность» — это русский тупик: «Не ученое и остраняющее отношение, а заинтересованное и присваивающее». В примечании к этому высказыванию Брагинская ссылается на статью Гаспарова о Бахтине 1979 года, считая Гаспарова своим союзником.

Ссылка Брагинской на ту первую статью говорит сама за себя: Бахтин послужил Гаспарову своего рода зеркалом всего того, от чего он, Гаспаров, отталкивается; под этим углом зрения он подверг испытанию и довел до еще большей ясности и остроты глубоко укоренившиеся в нем убеждения. Причем не только те убеждения, которые относятся к его пониманию филологии и науки вообще, но и такие, область которых — онтология, творчество, нравственность, личный интимный опыт и «диалог»; я бы добавила к этому такую важную бинарную оппозицию русской религиозной мысли, как противопоставление «прелести» (в данном случае — философской) и «трезвости» (научной).

Несмотря на то что гуманитарные дисциплины (the humanities) не являются точной наукой (science) и в наших парадигмах не происходит «научных революций», тем не менее термины

---

[4] По мнению Брагинской, идеи Бахтина все еще не стали вполне объектом демистификации со стороны настоящей, объективной науки. «Судьба этого богатого на дарования поколения, — замечает Брагинская, — в лучшем случае печальная, а чаще ужасная, делала и делает тональность обращения к их наследию несколько апологетической» [Брагинская 2004: 51]. Отмечу в этой связи два беспристрастных и совсем не апологетических издания английских исследователей Бахтина: [Brandist 2002; Bakhtin Circle 2004].

и метафоры, которыми мы пользуемся, и вправду ведь могут оказывать на нас притупляющее и развращающее действие. Но прав ли Гаспаров, полагая, что мы, в качестве исследователей-гуманитариев, потеряли трезвость и введены в заблуждение приоритетами Бахтина?

Мне лично представляется, что учиненный Гаспаровым Бахтину допрос с пристрастием — в своем роде здоровый корректив к бахтиноведческим исследованиям: в них на самом деле немало преувеличений, гипербол, неточностей, поверхностного применения теоретических утверждений и обобщений, в которых еще очень надо разбираться. И в этом смысле М. Л. оказывается союзником Бахтина: оба они, каждый по-своему, предупреждают нас об опасности эгоцентризма, свойственного как искусству словесно-художественного творчества, так и искусству критики, и побуждают к осмотрительности, к тому, чтобы сохранять дистанцию по отношению к объекту изучения. Во всяком случае, как в отношении художественного творчества, так и в отношении критики взгляд «со стороны» — куда более надежный исходный пункт для обретения достоверного знания в гуманитарных науках, чем взгляд «изнутри вовне». Делая академическую скромность и трезвость своим фирменным знаком, Гаспаров напоминает нам о строгих обязанностях служения литературной науке и литературной критике — обязанностях, чуждых многим романтическим и постмодернистским критикам.

Но, с другой стороны, невозможно не принять во внимание и реакцию противоположной стороны. Я заметила, что нет такого русского (или родившегося в России) исследователя наследия Бахтина — а у меня была возможность побеседовать и обсудить дело со специалистами самого высокого уровня, — который бы отнесся к упомянутым выступлениям Гаспарова иначе, чем с крайним неодобрением, расценивая их как намеренное и злостное искажение. Заинтересовавшись, я перечитала у Гаспарова все, что могло дать повод для такой единодушной реакции. Признаюсь: кое-что я действительно нашла.

Доминирующий мотив неприятия — твердая приверженность Гаспарова к проникнутому секуляризацией и иронией принципу «недоверия к слову»[5]. Такое принципиальное недоверие — Гаспаров говорил об этом еще в 1979 году — необходимо филологии: оно «отучает человека от духовного эгоцентризма», довольно естественного в гуманитарных исследованиях, и побуждает нас, напротив, к здравой объективной онтологии, а потому — и к подлинному филологическому исследованию. С точки зрения Гаспарова, нравственность филологии заключается как раз в добродетелях объективности и дистанции, то есть в осознании того, что письменный артефакт, который я в данный момент анализирую, в свое время обращался не ко мне и обращался не на моем языке; что он, следовательно, безразличен к моим ценностям и не должен истолковываться с опорой на мои личные потребности или нужды.

Интересно заметить, что и Гаспаров, и Бахтин оба высоко ценят «вненаходимость» исследователя по отношению к предмету исследования, но оценивают и методически используют они эту вненаходимость совершенно по-разному. Возражая Бахтину, Гаспаров следует древней и очень почтенной традиции. А неадекватно представляя Бахтина, М. Л. как раз более оригинален.

В этой статье меня интересуют в основном два гаспаровских возражения Бахтину и, соответственно, два возможных опровержения этих возражений. Одно возражение имеет для Гаспарова принципиальный характер: он не принимает понятия «диалог», как и родственного ему понятия «полифонии», в качестве полезных и соответствующих делу филологии инструментов литературного анализа. Второе его возражение Бахтину — методологическое: оно направлено против одной из бахтинских новаций в области исторической поэтики — против «мениппеи», в которой Гаспаров усматривает особенно характерный пример пристрастия Бахтина к извлечениям и фрагментам, то есть,

---

5 В статье «Филология как нравственность» Гаспаров говорит: «Филология начинается с недоверия к слову», поскольку доверяем мы, естественно, «только словам своего личного языка». Филология, как ее понимает Гаспаров, должна сопротивляться искушению, которое состоит в сведении всего, что является по-настоящему чужим, к чему-то такому, чему мы «доверяем» (то есть тому, к кому мы можем обращаться или с кем говорить) [Гаспаров 1979; 2001: 99–100].

собственно, — произвол «философа», подменяющего предмет филологии беспредметными фикциями, лишенными научно доказательной силы. В этой связи поучительно сравнить гаспаровскую полемику с некоторыми дискуссиями в американском академическом мире.

В американском контексте (начиная с 1960-х годов) на одной стороне оказались формалисты-позитивисты — «литературоведы», представители более традиционной «истории литературы» (old historicists), для которых главное в литературе — это текст. Они стоят на том, что прошлое принадлежит только прошлому, то есть соотносится только с собою же, и мы должны служить такому равному себе прошлому на его собственных условиях и основаниях, храня верность неподвластным времени шедеврам. Ибо наши предшественники, какими бы ни были созданные ими ценности, творили отнюдь не ради нас и не имели в виду наших сегодняшних ценностей. Такую позицию, распространенную в университетах как американских, так и европейских, можно назвать «гаспаровизмом» (Gasparovism)[6].

На другой стороне, оппонирующей «гаспаровизму» у нас в США, — «постмодернисты», последователи «нового историзма». Вслед за своим лидером, Стивеном Гринблаттом, сторонники этого литературно-критического направления уделяют основное внимание контексту, в который входит литературный текст. Они утверждают, что прошлое «резонирует», то есть является не столько источником информации, сколько источником удивления, чуда истории. И мы можем активно войти в это чудо, в историческое измерение, благодаря феномену литературы, магия которой представляет собой «сверхъестественную способность создавать видимость того, что написано это <...> для нас» [Greenblatt 1997: 481].

Бахтин и Гринблатт, конечно, странная пара: два человека разных поколений, разной специализации, разных теорети-

---

6 Поскольку прошлое принадлежит себе самому, а вовсе не нам, то для него нет и никакого резона и основания вступать с нами в диалог. См. в этой связи: «Для меня в мире не создано и не приспособлено ничего: мне кажется, что каждый наш шаг по земле убеждает нас в этом» [Гаспаров 1993–1994: 8; 2001: 111].

ских интересов и пристрастий, наконец, разных темпераментов. Больше того: объективная ирония этой моей статьи заключается, среди прочего, в том, что весь человеческий и научный склад русского мыслителя Бахтина (погруженного в книги со страстным желанием «мысль разрешить», что, впрочем, не мешало ему быть блестящим преподавателем-традиционалистом) гораздо больше напоминает как раз его оппонента Гаспарова, чем нашего Гринблатта, который является отчасти даже как бы учеником Бахтина. Если Бахтин не дожил до расцвета «индустрии Бахтина» и ему не пришлось за нее отвечать, то Гринблатт (для которого Бахтин был, по его словам, «одной из мощных интеллектуальных встреч», повлиявших на его критическую деятельность[7]) на протяжении десятилетий уверенно выстраивал свой имидж, достойно парируя удары враждебных критиков. И тем не менее рецепция Бахтина и Гринблатта, похоже, развивалась по одной и той же схеме.

В самом деле: Гринблатт тоже был культовой фигурой в США в 1980-х годах. Инициированный им «новый историзм» не поддается точному определению, но он привлек к себе почти всеобщее внимание (подобно неточному, но привлекательному «диалогизму» и «карнавалу» у Бахтина), потому что везде и всюду в воздухе носились ожидания новой методологии. Все искали тогда некую небывалую литературно-критическую модель, которая радикально по-новому сумела бы связать контекст и текст, части и целое; искали модель, которая позволила бы заново определить культурный артефакт — и, соответственно, освобо-

---

7 В 1960-х и 1970-х годах «русская теория» воспринималась за пределами России почти исключительно как освобождающая от академического застоя. Во введении к сборнику своих статей 1990 года «Учась проклинать» Гринблатт упоминает несколько «мощных интеллектуальных встреч», которые способствовали формированию его нового подхода к литературному исследованию, — с марксистом Р. Уильямсом в Кембридже, с Мишелем Фуко в Беркли, а также с работами «Михаила Бахтина, Кеннета Берка, Мишеля де Серто». Представляется, что на Гринблатта повлияли также ранние русские формалисты, сочетавшие объективное «остранение» и сентиментальную озабоченность интимным и субъективным. «Я никогда не выносил принудительного остранения моей жизни, как если бы она принадлежала кому-нибудь другому, — признается Гринблатт в том же введении, — но я понимаю и таинственную “другость” (otherness) моего собственного голоса <...> Я привержен проекту остранения, превращения в чужое и чуждое того, что сделалось знакомым и своим» [Greenblatt 1990: 3, 8].

дить его от каузального ряда истории; модель, способную продемонстрировать, с одной стороны, поистине безграничные творческие возможности критика, а с другой — теоретическую непритязательность, безыскусственность той маски, за которой критик скрывает свое лицо; продемонстрировать одновременно и хитроумную изобретательность микропрочтений, и смелость макрогенерализаций.

Неудивительно поэтому, что доводы Гаспарова против Бахтина имеют много общего с теми аргументами, которые были выдвинуты против «нового историзма» в США примерно в то же самое время. Благодаря эрудиции, харизме и литературному мастерству Гринблатта возглавляемое им движение получило широчайшее распространение и стало восприниматься как настоящий слом парадигмы — вызвав, разумеется, впечатляющую реакцию возмущения со стороны выдающихся литературоведов и критиков гаспаровского типа. Оппоненты Гринблатта напечатали свои возражения против предложенной им практики литературно-критического исследования в известных журналах[8].

Я упоминаю об этом здесь для того, чтобы сопоставить научную позицию Гаспарова с другими, *равнодостойными* этой позиции, аргументами. Если различия между двумя великими русскими учеными, Бахтиным и Гаспаровым, попытаться обнаружить и вскрыть по ту сторону полемики между ними, то, возможно, интересующий меня «диалог» переместится из «малого» в «большое» время. Впрочем, диалог ли это?

Автор и герой в академической деятельности: искажающие маски диалога

Гаспаров, конечно, с ходу отверг бы самую мысль о том, что его связывают с Бахтиным какие-то там диалогические отношения. Идея «диалога» не может не казаться ему таким же нелепым

---

[8] В параллель к возражениям, выдвинутым Гаспаровым в статье «Случай Бахтина», можно рекомендовать следующие скептические выступления против «нового историзма» (за последние примерно два десятилетия): [Pechter 1987; Lee 1995; Gearhart 1997; Stevens 2002].

заблуждением, как и родственная этой идее фикция о вымышленных созданиях художественной прозы, которые якобы могут по собственной инициативе «вступать в общение» друг с другом или (как этого требует замысел полифонического романа) со своим же автором-творцом. Гаспаров скажет примерно так: ни о каком диалоге не может быть и речи, потому что Бахтин и его мир — мертвы. Филология, которая началась как изучение древних, давным-давно исчезнувших культур и языков, осознает этот факт и ограничивает свои притязания более скромными задачами восстановления подлинности текстов и адекватного, точного их комментирования. Филологи не участвуют в «разговоре между эпохами».

В этой своей части аргументация Гаспарова опирается на древние и почтенные авторитеты. Представление о том, что диалогическая форма, в особенности сохранившаяся в письменном виде, — это фикция, мошенническая уловка рефлексии в отношении прежней жизни, которая не может снова стать живой, нашло свое классическое выражение в конце платоновского диалога «Федр». Сократ утверждает там, что слова, запечатленные на письме, — мертвые слова: они совершенно бессильны постоять за себя и отстоять себя перед аудиторией какой-либо последующей эпохи, они лишены всяких прав перед будущими адресатами. Про слова, которые сохранились благодаря изобретению письма, «думаешь, будто они говорят, как разумные существа», но на самом деле они всегда больше похожи на образ, запечатленный на стене, чем на живой разговор; «если кто спросит о чем-нибудь из того, что они говорят, желая это усвоить, они всегда отвечают одно и то же» [Платон 1993: 187].

Сократ полагает, что письмо и чтение, свойство которых — молчаливое восприятие в отсутствие телесно определенного говорящего, могут только ослабить или даже вовсе устранить реальность другого. А если другой лишен живого слова и телесной реальности и тем самым стал безответным, пассивным письменным словом, то тогда одно только всесильное «я» в грамматическом (и не только грамматическом) настоящем времени может привести в движение и организовать все голоса диалога.

Гаспаров в течение многих лет применял убийственный скепсис «Федра» к литературной критике. Гуманитарии, утверждает он, сильно заблуждаются насчет «интимного отношения», которое якобы связывает их с объектом изучения. То обстоятельство, что мы, филологи, работаем не с неодушевленными объектами, а с сознанием, которого больше нет, должно сделать нас более (а не менее) осторожными. В небольшой полемической заметке, озаглавленной «Примечание псевдофилософское», Гаспаров настаивает даже, что «зоолог относится к своим лягушкам и червякам интимнее, чем мы» к предметам филологического изучения [Гаспаров 2001: 101]. И в этом есть своя несомненная правда. Человеческое сознание как предмет изучения требует не «интимного», а куда более тонкого и деликатного отношения, требует известной уважительной дистанции, не лишенной благоговения. «Самый повседневный опыт нам говорит, что между мною и самым интимным моим другом лежит бесконечная толща взаимонепонимания; можем ли мы после этого считать, что мы понимаем Пушкина? Говорят, между филологом и его объектом происходит диалог: это значит, один собеседник молчит, а другой сочиняет его ответы на свои вопросы. На каком основании он их сочиняет? — вот в чем должен он дать отчет, если он человек науки» [Гаспаров 2001: 101].

Этот аргумент повторяется в 2004 году менее терпимо. Увидеть или услышать «диалог» и «другость» посредством напечатанной страницы — просто иллюзия, а то и кое-что похуже, именно «форма эгоцентрического самоутверждения», претендующего на то, чтобы воплощать не одно, а два автономных сознания. Голос и слова, зафиксированные в тексте, сами по себе уже не изменяются и никому не отвечают; это мы, читатели, продолжаем говорить, расти, меняться во времени и со временем; поэтому «нам и кажется, что вместе с нами меняется и лежащий перед нами текст — мнимый собеседник». А между тем этот последний — лишь зеркало, наше меняющееся лицо. Бахтин, настаивает Гаспаров, «смотрит в зеркало на свое “Я”, а воображает, что это “Ты”». Такой эгоцентризм исследователя — или любого читателя — может только исказить или подавить самостоятельные следы реальных *других*, как бы предупреждает нас Гаспаров, особенно когда внимание сосредоточено на «становлении», а не на результате (продукте, «произведении») творческой деятельности. Вывод Гаспарова тот, что трезвая работа филологии, как бы ни обвиняли ее в «некрофилии», — в принципе «уважала Другого больше» [Гаспаров 2004: 10].

По Гаспарову, общение между людьми гораздо труднее, чем нам хотелось бы думать, а Бахтин создает видимость, будто общаться легко и приятно. По сравнению с так понятым Бахтиным Гаспаров выглядит лишенным всяких иллюзий, изощренным мыслителем-скептиком школы Льва Толстого[9]. Ибо мы только обольщаемся, когда, найдя в тексте некий «след», полагаем, будто этот след может разговаривать с нами. Мы не способны даже просто воспринять живое присутствие чужих и чуждых нам людей и голосов в нашем настоящем. В статье 1995 года «Критика как самоцель» читаем: «Даже когда разговаривают живые люди, мы сплошь и рядом слышим не диалог, а два нашинкованных монолога <...> Каждый из собеседников по ходу диалога конструирует удобный ему образ собеседника. С таким же успехом он мог бы разговаривать с камнем и воображать ответы камня на свои вопросы. С камнями сейчас мало кто разговаривает — по крайней мере, публично, — но с Бодлером или Расином всякий неленивый разговаривает именно как с камнем <...>» [Гаспаров 1993–1994: 8–9].

Если бы Бахтин мог принять и если принял бы гаспаровский вызов — вызов, направленный в такой же мере против «индустрии Бахтина», как и против самого Бахтина, — то он, конечно, сумел бы за себя постоять. Будь он жив, будь он в состоянии вести диалог на условиях Гаспарова, он мог бы, например, сказать, что его оппонент в своих небезынтересных, хотя и несколь-

---

9 Не случайно такой проникновенный исследователь Толстого, как Лидия Гинзбург (тоже скептически относившаяся к пандиалогизму Бахтина), давно уже высказала этот аргумент Гаспарова. Не Достоевский, а как раз Толстой понимает трудности социально дифференцированной словесной коммуникации, утверждает она; в разговорах, которые ведут герои Толстого, мы узнаем дилемму нашего экспрессивного «я». Ср.: «Осознавать же себя по Достоевскому ему (современному человеку. — *К. Э.*) интереснее, и это каждому заметно» [Гинзбург 1971: 313].

ко односложных монологах о том, что диалога, мол, не существует, сильно завышает реальные возможности и интегральное единство любого конкретного живого «я». Мое «я» не сводится к плоскому и зависимому отражению или изображению его (как это блистательно и показал Бахтин в своих анализах зеркала: ведь он, между прочим, тоже знал толк в зеркальных отражениях и подменах и был, кстати, строгим критиком всех форм симпатического переживания, которое только удваивает чувства *другого*, а не восполняет и трансформирует его). Зеркала — плохие метафоры. Голос относится к другой категории репрезентации. Никакой субъект, как бы далеко ни отстоял он от нас во времени и пространстве, не обладает силой, цельностью и самоконтролем в такой мере, чтобы самому же инициировать голос. С точки зрения Бахтина, вступить в диалог с письменным текстом означает не самому наделять его голосом, но отвечать на его голос. Этот голос (или комплекс голосов) уже воплощен в слове — слове, которое, по-видимому, способно схватывать, сохранять и питать как содержательные, так и интонационные возможности голоса. Встречаясь с таким удерживающим голос живым словом, я всегда обнаружу в нем больше того, что вложил в него сам написавший его автор, и смысл этого слова будет в чем-то иным, чем тот, который привнесла бы в него я, будь у меня тогда возможность выразить этот смысл своим голосом.

При таком (бахтинском) понимании диалога *другой*, благодаря своему письменному воплощению, не только и не просто сохраняется, но усиливается, освобождается и возвращается к более полному сознанию. И тогда понятно, что побудило Михаила Бахтина обратиться к изучению романа — первой в мире художественной формы, создаваемой и воспринимаемой в молчании, — как самому свободному из всех жанров. Возможно, это и имел в виду Сергей Бочаров, когда он в 1995 году высказал следующее возражение Гаспарову: культура прошлого вообще недоступна в качестве только мертвого и чужого языка [Бочаров 1995: 212].

При всей полемической энергии с обеих сторон не так-то легко преодолеть все то, что разделяет и отчуждает оппонентов:

Гаспарова и платоновского «Федра» — с одной стороны, Бахтина и Бочарова — с другой. То, что каждая сторона имеет в виду в своих основополагающих утверждениях, слишком различно и само по себе едва ли поддается верификации, но при этом затрагиваются какие-то кардинальные интуиции нашего опыта межличностных отношений.

Когда литературоведы начинают говорить в понятиях диалога, они, по Гаспарову, умствуют, как «философы»: с профессиональной точки зрения это слово у него совсем не комплимент. Присмотримся к тому, как начинает Гаспаров свое выступление 2004 года «Случай Бахтина»: «М. М. Бахтин был философом. Однако он считается также и филологом — потому что две его книги написаны на материале Достоевского и Рабле. Это причина многих недоразумений. В культуре есть области творческие и области исследовательские. Творчество усложняет картину мира, внося в нее новые ценности. Исследование упрощает картину мира, систематизируя и упорядочивая старые ценности. Философия — область творческая, как и литература. А филология — область исследовательская. Бахтина нужно высоко превознести как творца — но не нужно приписывать ему достижений исследователя. Философ в роли филолога остается творческой натурой, но проявляет он ее очень необычным образом. Он сочиняет новую литературу, как философ — новую систему» [Гаспаров 2004: 8].

Итак, «философы» (и русский способ «философствования») особенно подвергают себя риску, когда пытаются «исследовать» мир. Философам нравится конструировать системы. Но строят они свои системы потому, что ими слишком часто движет не любопытство к миру, а скорее беспокойство, личная воля и — самое опасное, ибо самое замечательное в своем роде и в своем праве, — творческий импульс. Стоит только ученому вообразить себя неким творческим центром, как он сразу же ставит себя в уязвимое положение: ему тогда грозит своего рода двойной соблазн. Один состоит в том, что ученый берет из прошлого только то, что удовлетворяет его собственную потребность. Другой же соблазн в том, что ученый начинает отрицать реальность смерти, воображая, будто он, пусть и ограниченный своим настоящим, способен тем не менее извлечь «живое слово» из литературного следа и сделать так, чтобы все мы жили вечно.

Очень рано начав бдительно отслеживать все относящееся к Бахтину и к его влиянию, Гаспаров, по всей вероятности, решил или заподозрил, что именно Бахтин своими аргументами и идеями непосредственно спровоцировал эти соблазны у неподготовленных и непрофессиональных читателей. Ведь Бахтин (как и его современники-формалисты в Петрограде) побуждает читателей стать авторами и соавторами. По Гаспарову, это значит: Бахтин прививает филологии агрессивные, даже империалистические и колонизаторские, навыки чтения.

Само слово «диалог» благоприятствует именно таким навыкам, утверждал Гаспаров уже в статье 1979 года о Бахтине «в русской культуре XX века». Когда человек вступает в диалог «с вещью», читатель оказывается перед выбором: он «или может подстраиваться к ее контексту, или встраивать ее в свой контекст (диалог — это борьба: кто поддастся?)». В этой борьбе всегда легче и приятнее «встраивать» чужую вещь в наше понимание, чем в нее самому «встраиваться». Для Гаспарова психологические причины этого совершенно ясны и объективны: у нас всегда есть какие-то потребности, а у вещи (текста) — нет.

Понятно, что бинарная модель Гаспарова (либо я подстраиваюсь под текст, либо текст подстраивается под меня) — это довольно хрупкая, хотя и легкодоступная конструкция, в которой вполне узнаваемое жизненное мировоззрение по принципу «кто кого» переносится в область филологического исследования, на взаимоотношения с текстом. По самой своей структуре эти взаимоотношения подразумевают с одной стороны вертикаль власти, с другой — полную покорность этой власти, данную нам априорно раз навсегда. В науке, как и в педагогическом процессе, Гаспаров больше доверяет как бы застывшим вне времени следам слов, чем тому, что со словами на самом деле происходит в исторической жизни вплоть до сегодняшнего дня. Следы лишены собственных интересов. Оставаясь профессионалом и профессором во всем и всегда, Гаспаров выступает против любой методологии, которая дает читателям чрезмерные права на интерпретацию. И это понятно: ведь то, чему может научить такого рода методология, совершенно не поддается стандартизации, унификации — а значит, и не передается в обучении. Следовательно, подобная методология — ловушка. В большевистских 1920-х годах, как считает Гаспаров, именно такие (ненаучные) методы работы с текстом задавали тон. В ту эпоху оппортунизм по отношению к литературе — тенденция превращать произведение искусства в нечто полезное для моей личности, моей творческой деятельности, приспосабливать его для обострения моего восприятия, физических ощущений и впечатлений — был частью бунтующего и самоутверждающегося духа времени. «Личность в настоящем времени» — вот что поставили в центр всего (пусть даже и совсем на разных основаниях) и формалисты, и марксисты, и кружок Бахтина.

Надо сказать, что в 1979 году Гаспаров был как-то шире, великодушнее, чем стал позднее. В то время он еще признавал, что Бахтин — в отличие от своих последователей — относился к этому оппортунизму с полной осознанностью[10].

При всем научном ригоризме Гаспаров ни в одном из своих высказываний о Бахтине между 1979 и 2004 годом, ни в какой-либо другой работе о филологии так и не дал сколько-нибудь точного определения того, что же, по его мнению, следует считать подлинным мотивом филологической деятельности, литературоведческого исследования. Простое любопытство исследователя? Археологические изыскания и реконструкции ради них самих? Позитивистская мечта о том, чтобы не оставить неясным, не оприходованным ни одного живого места, — мечта об истории, в которой все подсчитано, записано на карточку и положено на полочку?.. Допустим даже, что научное исследование об-

[10] В 1979 году Гаспаров писал, что последователи Бахтина «сделали из его программы творчества теорию исследования. А это вещи принципиально противоположные: смысл творчества в том, чтобы преобразовать объект, смысл исследования в том, чтобы не деформировать его <...>. Как Бахтин призывал собеседников своего поколения брать из культуры прошлого только то, что они считают нужным для себя, так теперь из его собственных работ собеседники нового поколения берут только то, что они считают нужным для себя. Но всегда лучше, чтобы это делалось сознательно, как делалось самим Бахтиным» [Бахтин 2002б: 35–36].

речено «упрощать мир»; но ведь, культивируя упрощения, все равно не избежать каких-то обобщений, генерализаций. А если так, то позволительно спросить: какими же все-таки принципами должно руководствоваться «исследование»?

Гаспаров ничего не говорит нам об этом: история культуры для него — это самоочевидная, объективная ценность. Зато он всячески подчеркивает, что недоверчивое отношение филологов к философам происходит не оттого, что филологи полагают, будто словесный след, написанное слово закрыто в себе и ничего не сообщает. Как раз наоборот. Филологов одушевляет стремление разыскать и восстановить слово. Слово дает ценную информацию. Для историка стиха, каковым преимущественно является Гаспаров, эта информация заключена в формальных элементах слова — ритме, рифме, тропе, фонетической и семантической структурах. Формы повторяются, преломляются, соотносятся — для Гаспарова в этом и состоит жизнь слова. Но отсюда, конечно, никак не следует, что слова могут воскреснуть или что с ними можно вступить в разговор, как с каким-нибудь живым, современным человеком, с другим сознанием. Гаспаров подозревает ценителей и последователей Бахтина в том, что они, вместо научной аргументации, культивируют мистику, выдавая ее за аргументацию. Он обращается критически не к прошлому, но к живым.

Более конкретное сопоставление с «новым историзмом» поможет нам лучше понять, почему, собственно, «диалогическая критика», на взгляд Гаспарова, проблематична. Вот признание, которым открывается знаменитая статья Гринблатта 1988 года, положившая начало дискуссии о «новом историзме»: «Я начал с желания говорить с мертвыми» («I began with the desire to speak with the dead»)[11]. Гринблатт с обезоруживающей честностью высказывается о статусе «диалогов», которые он хочет осуще-

---

[11] См. статью «Распространение социальной энергии», вошедшую в качестве первой главы в его книгу «Социальные взаимоотношения у Шекспира» [Greenblatt 1988: 1]. Гаспаров, по всей вероятности, признает такое желание по-человечески совершенно понятным, но только как соблазн, которому истинный ученый должен противодействовать, а не поддаваться.

ствить, и о полифонических «резонансах», которые надеется обнаружить — или сконструировать. Он продолжает (там же): «Это мое желание — хорошо знакомый многим из нас, но до сих пор не вполне озвученный мотив литературных исследований; мотив, оказавшийся заорганизованным, запрофессионализированным, похороненным под толстыми напластованиями бюрократического декорума: ведь профессора литературы — это буржуазные оплачиваемые шаманы. Сам не веря, что мертвые могут слышать меня, и сам зная, что мертвые не могут говорить, — я тем не менее был уверен, что сумею воспроизвести (recreate) разговор с ними. Даже тогда, когда я окончательно понял, что и в моменты предельного напряжения моего слуха все, что я в состоянии услышать, — это мой собственный голос, — даже тогда я не отказался от этого своего желания. Я действительно мог слышать только свой собственный голос, но он был голосом мертвых постольку, поскольку мертвые изобрели способ оставлять о самих себе следы в тексте, и такие следы способны заставить услышать себя в голосах живых <...> Это, конечно, парадоксально — искать волю живых в вымыслах (fictions) там, где живое тело бытия отсутствует в принципе. Но те, кто по-настоящему любят литературу, переживают художественный вымысел (simulations) более интенсивно <...> чем какие-либо другие следы, оставленные в тексте мертвыми. Ведь такого рода вымысел сочиняют при полном сознании того, что жизнь, которую ухитряются в нем представить, на самом деле отсутствует, и потому вымысел может искусно предвосхищать и компенсировать исчезновение реальной жизни, энергии которой и породили его на свет».

Признание Гринблатта красноречиво резюмирует те упреки, которые Гаспаров адресует сегодня профессиональному литературоведению, — многие из его упреков метят (справедливо или несправедливо) в Бахтина. Филолог, гуманитарий-гуманист (the humanist scholar), каким его наполовину всерьез, а наполовину игриво видит Гринблатт, — это «шаман», у которого глубокая психологическая потребность в магии каким-то образом служит оправданием тому, чем он занимается. Такой шаманствующий и, одновременно, исповедывающийся филолог борется с фантазией, а потом вдруг сам же ей отдается, демонстрируя привлекательную широту натуры и прося у читателя снисхождения. Филолог, критик, гуманитарий, тип которого так ярко воплощает Гринблатт и который так явно отталкивает Гаспарова в лице Бахтина, исходит из того, что мертвые могут заговорить с помощью меня, живого современника, — через мой голос и совместно с моим голосом.

Но у такого ученого, согласимся, довольно-таки странная в онтологическом отношении аргументация. Оказывается, художественная литература («вымысел», simulation) для профессиональных читателей — более живое и интенсивное переживание, чем какая бы то ни было реальная жизнь. И это потому, что вымысел, будучи заведомо лживым, предвосхищает утрату, которую нам предстоит пережить, столкнувшись с реальной смертью. Тем самым позиция, которую конструирует Гринблатт и деконструирует Гаспаров, представляет собой смешение научного исследования с собственными потребностями, самотерапией и умственным произволом («формирование “я” в эпоху Ренессанса»).

С точки зрения гаспаровцев, «случай Гринблатта» — поясняющая аналогия к «случаю Бахтина», поскольку сторонники «нового историзма» активно способствовали смещению вкусов и оценок (shift of sensibilities) в американской литературной критике от текста к культурным контекстам — тому же самому смещению, которое питало «американского Бахтина» и подняло его до уровня суперзвезды. Обращение к широкой аудитории; открытость для взаимных, равноправных контактов и «переговоров» (negotiations); способность говорить с другими на их языке; учет фактора случайности; внимание к «резонансам»; наконец, акцент на способности каждого человека стать действующим лицом и оставить после себя след, энергии которого могут высвободить критики последующих поколений, — эти особенности и ориентации «нового историзма» как раз и соответствуют более чем вольным надеждам, возлагаемым на «диалог» и (в чисто литературной плоскости) на «полифонию». Обратимся же теперь к бахтинской полифонии: можно ли снять с нее подозрение Гаспарова в том, что полифония в литературе тоже имеет только «философскую», а не филологическую значимость?

Автор и герой в академической деятельности, II: полифония, одновременность и форма сакрального

Скептиков, пишущих о полифонии в романе, давно уже беспокоит предположение: а не лежит ли в основе динамики полифонического романа как целого некий недопустимый для филологии постулат веры? Энтузиасты и апологеты полифонии утверждают даже, что полифоническое построение приближается к тому удивительному и таинственному моменту реальной действительности, который мы называем обычно «сдвигом сознания». И, конечно же, полифонический диалог — это очень своеобразная творческая деятельность: его итог — не «творение» (созданный герой, артефакт), но другие говорящие люди — лица, личности — существа, сотворенные для того, чтобы творить, причем творить больше словом и в слове, то есть из того же материала, из которого они сами созданы. Для того чтобы звучать правдиво, разговор между такими «сотворенными и творящими» существами должен быть весь проникнут чувством свободы. Именно утверждение, что написанный текст может порождать не имеющую конца и завершения свободу, особенно раздражает тех филологов, которые привыкли работать с давно отложившимися и определившимися, традиционными литературными формами, — к таким филологам, понятно, относится и Гаспаров. Однако по мере развития бахтинистики стали появляться более взвешенные и конкретные определения полифонии, которые постепенно завоевывают признание. Если такие определения и объяснения на самом деле отражают замысел Бахтина, то, возможно, с их помощью удастся более объективно воспринять и более научно оценить «полифоническую форму», умиротворив тем самым даже скептиков гаспаровского типа.

Одним из первых шаг в этом направлении сделал Майкл Холквист. Исследуя бахтинское мышление в связи с проблемой органической формы, он уже давно отстаивает такую модель диалогических и полифонических отношений, которая заключает в себе нечто большее, чем отношения линейности, чередования или колебательного движения. Холквист считает, что в центре теоретических интересов Бахтина, среди которых особенно выделяется своим постоянством проблема органических единств в их отличии от единств механических, находится *одновременность* — состояние непрерывной обратной связи и «едино-временно-сти» между различными необходимыми для жизни феноменами[12]. Отношения, поддерживающие процесс жизни, развиваются и сообщаются не последовательно, не «в ряд» (как мы представляем себе внешний ход диалога), но, скорее, в более глубоком измерении (a field), непрерывно приспосабливаясь к нему. Полифония, понятая как со-существование множества переменных величин, в равной мере живых и способных ответно реагировать и поступать, — это не временная последовательность бытия, но основание бытия.

Эта идея получила совсем недавно неожиданное подтверждение и продолжение в области музыкальной критики. Я имею в виду статью Александра Махова «“Музыка” слова: из истории одной фикции» [Махов 2005]. Махов исследует долгую двустороннюю традицию заимствований терминов между музыкальными и литературными критиками. В конце статьи речь идет о «полифонии» у Бахтина. Махов отмечает, что Бахтина критиковали за то, что он использовал музыкальный термин якобы не точный, допускающий смешение области слов и области звуков, паразитирование одних средств художественного выражения за счет других. Такая критика, по мысли Махова, не адекватна сути дела по двум причинам. Во-первых, термин «полифония» (как и понятие «сонатной формы») впервые появился у средневековых теоретиков музыки под влиянием риторики; Бахтин, так сказать, вернул этот термин в родной дом. А во-вторых, бах-

---

12 См. основные положения Холквиста во вступительном разделе его книги «Диалогизм: Бахтин и его мир» [Holquist 1990: 18–20], который называется «Принципиальная роль одновременности», а также его недавнюю работу «Бахтин и задача филологии: статья для Вадима» [Holquist 2000: 56].

тинскую полифонию неправильно отрывали (обычно воспринимая ее в секулярном контексте) от двух других ценностных измерений, которые Бахтин вводит в свою книгу о Достоевском в связи с той же самой проблемой полифонического романа, — таковы понятия «одновременности» и «вечности». Оба этих взаимодополняющих термина находятся в известном напряжении с понятием «диалог» — понятием, которое для многих из нас ассоциируется скорее с динамичностью, линейностью, мирской посюсторонностью, взаимной реактивностью. Диалог в этом смысле — слуга свободы: во всяком случае — постольку, поскольку диалог создает неожиданное и новое. А между тем «одновременность» и «вечность» гармонически сочетаются в средневековой полифонической музыке и более всего соответствуют духу Средневековья. Больше того, в своем историческом контексте сакральная полифония была музыкальным эквивалентом аллегории, то есть мистической одновременности событий Ветхого Завета и их соответствий в Новом Завете. Такое семантическое переплетение, напоминающее палимпсест, конечно, не санкционирует чего-либо абсолютно нового (то есть той благородной задачи, которую выполняет в романах диалогизм); скорее, оно обогащает реальность старого новыми констелляциями одновременности. Только в музыкальной полифонии одновременность может стать бескомпромиссной реальностью, подлинным многоголосием, в пределах которого отдельные голоса, как бы много их ни было и каким бы своеобразием они ни обладали, никогда не вытесняют друг друга и никогда не теряют своего места в гармоническом строе целого. Для осуществления этой задачи музыка имеет в своем распоряжении собственный потенциал и производит резонансы, намного превосходящие семантические возможности словесного высказывания.

Сакральная полифония в этом смысле создает не только многослойное звуковое пространство, но и многослойное *смысловое* пространство — мощное, спрессованное и контрапунктическое; полифония оправданна и справедлива, потому что побуждает нас к надежде и вере. Парадигма новой эры, которую предлагает Махов, — «Страсти» Баха: здесь ключевые сакральные события встроены и вплетены одно в другое, но при этом не теряют своего напряжения и драматической силы. Разумеется, пространство такой парадигмы вполне телеологично и статично. В нем нет ничего незавершенного, ничего открытого. И все же оно и вправду объясняет то, что можно назвать моментами сияния у Достоевского — моментами, которые не так легко свести к «идеям, развертывающимся в диалоге», — когда вечные вопросы одновременно ставятся, подвергаются испытанию смертью и обнаруживают свое бессилие изменить реальный ход вещей и событий, но одновременно и получают возможность трансцендентного разрешения. Вот некоторые из этих сцен: Раскольников на коленях перед Соней в эпилоге «Преступления и наказания»; Зосима, у которого находятся слова утешения для матери, потерявшей последнего ребенка; Алеша Карамазов на похоронах Илюшечки и его речь у камня.

Трудно сказать, имел ли Бахтин в виду сакральную полифонию средневекового типа в своей книге о Достоевском или (как утверждает большинство исследователей) нечто строго литературное, дисгармоничное и модерное[13].

Однако предлагаемое Маховым прочтение словно подсказано многозначительным замечанием, высказанным на последних страницах монографии о Достоевском (и в первом издании 1929 года, и в переработанном издании 1963-го): «В плане своего религиозно-утопического мировоззрения Достоевский переносит диалог в вечность, мысля ее как вечное со-радование, со-любование, со-гласие. В плане романа это дано как незавершимость диалога, а первоначально — как дурная бесконечность» [Бахтин 1929: 160; 1963: 473].

---

[13] Самая последняя гипотеза о происхождении полифонии у Бахтина принадлежит Брайану Пулу, и она не имеет практически ничего общего с гипотезой Махова. Источник Бахтина, согласно Пулу, относится к немецкой философской критике, а именно — к XIX веку: это — немецкий романист и критик Отто Людвиг, которого процитировал в 1923 году теоретик жанра Эрнст Хирт. Речь идет о выражении polyphonischer Dialog, которое встречается в работе Хирта «Закон формы в эпической, драматической и лирической поэзии» («Das Formgesetz der epischen, dramatischen und lyrischen Dichtung»), — выражении, которое, правда, употреблено в контексте истолкования шекспировской драмы. См. [Poole 2001: 119, 131].

Здесь, по-видимому, говорится о тех же двух измерениях человеческого существования, которые имеет в виду Махов в своей трактовке полифонии. Первое измерение, или низший уровень, — это диалог: свободно развивающийся, незавершимый, непредрешенный, открытый, неустойчивый, пронизанный теплом и светом личности, — но потенциально трагический. Высший уровень — измерение, где все стабильно, истинно и вечно, а «полифония» имеет прочную и сакральную основу, — это сфера радости и примирения. Если гипотезу Махова принять всерьез, то оборот «полифонический диалог» следует осмыслить заново. Диалог, в смысле линейной последовательности с открытым концом, бесспорно, присутствует в романах Достоевского — и тем вернее приводит к трагедии и боли. Словесный диалог должен строиться в линейном порядке (ведь роман —не либретто, у него нет конвенций для создания ансамбля — ensemble singing, — в котором одновременно говорят все, но при этом каждый голос говорит и выражает что-то совершенно свое, в своем особом ритме и настроении, с расчетом, чтобы слушатели воспринимали голоса каждый в отдельности и все вместе). Но именно поэтому «полифонию», пожалуй, не следует смешивать с «диалогом», как не следует и рассматривать полифонию в качестве предельного случая диалога. Диалог и полифония — это, возможно, два различных и относительно самостоятельных феномена. Если (как считает Махов) полифония началась как риторическая мечта — мечта о том, чтобы очевидные противоречия и разнородный характер мира выразить как некое одновременное, разно-голосое, но в то же время и гармоничное целое, — как момент, когда Музыка Сфер наполняет Музыку Души, — тогда мы получаем во всей своей полноте и славе учение старца Зосимы в чистой трансмузыкальной форме. И тогда перед нами — независимо от намерений Бахтина и даже независимо от исповедываемого Бахтиным христианства, — возможно, окажется главное в творчестве Достоевского. Ибо чем же еще является созерцаемое им христианское примирение человека с другим человеком, с действительностью, с Истиной? Достоевский любил этот тройственный образ примирения, но оказалось, что успешно воплотить его — задача очень трудная. Возможно, потому, что слов всегда не хватает, а слова были единственным орудием его ремесла.

Что же имеет предъявить предложенная Маховым реабилитация бахтинской полифонии таким обмирщенным скептикам, как Гаспаров? Очень немного, конечно же, религиозного воодушевления. С точки зрения гаспаровской критики утешение души не относится к существу филологической работы. (Впервые в 2004 году Гаспаров добавил к своей критике Бахтина несколько замечаний о Боге и несуразном, неуместном интересе к Нему Бахтина[14].) Но соображения Махова затрагивают и другое уязвимое место на литературном крыле бахтинистики. Многие критики Бахтина согласны в том, что интерпретации «диалогизма» в произведениях Достоевского уменьшают и ослабляют всеобъединяющую, трансцендентную весть автора. Бахтину в его скорее «формалистической» книге, которую ему пришлось писать о Достоевском в советских условиях, не очень удаются объяснения эпифаний в романных шедеврах, то есть откровений чисто духовных смысловых единств, мгновений вечной истины и других онтологических реальностей у Достоевского — всего того, что, несомненно, должно найти свое законное место в Большом Времени. «Диалогизованное слово» более успешно в качестве инструмента анализа конкретных диалогов в пределах Малого Времени. Однако с помощью концептуальной упаковки, в которую Махов поместил полифонию, можно начать пересмотр великих романов Достоевского: эти романы диалогичны на секулярном уровне, но в то же самое время сакрально-полифоничны на более высоком уровне. Нижняя (диалогическая) плоскость случайна, процессуально-мучительна, вполне допускает сомнения. Верхняя плоскость — средневековая полифоническая структура, — наоборот, полностью контролируется и лишена

---

[14] «...Бахтину больше всего хотелось говорить о трансцендентном, т. е. о Боге (о том Боге, который присутствует третьим над всеми людскими диалогами), а о Боге адекватно говорить человеческим языком вообще нельзя, даже и независимо от советских цензурных условий. О Боге можно говорить только парадоксально...» [Гаспаров 2004: 9].

всякой контингентности, уравновешенна и все время присутствует пространственно — почти в качестве лирического стихотворения. Как это Михаил Гаспаров мог остаться равнодушным к поэту-музыканту, сочинившему такое стихотворение, и к критику-философу, обнаружившему и высветившему его?

Автор и герой в академической деятельности, III: мениппея, Рабле и спорная возможность перехода от культурного артефакта к художественному целому

Статья Гаспарова 2004 года «Случай Бахтина» включает несколько новых полемических аргументов против подсудимого помимо только что упомянутого замечания о Боге. Едва ли не самый резкий из этих новых аргументов направлен против жанра «мениппеи». Мениппея, согласно Гаспарову, — это «новая, небывалая литература, программу которой сочинил Бахтин» [Гаспаров 2004: 8]. *Сочинил* — а не открыл или исследовал. Филологу-классику, воспитанному на работе с источниками, Гаспарову не по себе оттого, что Бахтин пользуется неким минимумом данных — сохранившимися мелкими или мельчайшими фрагментами, основываясь на которых он конструирует крайне экстравагантные обобщения об истории литературы и условиях человеческого бытия. М. Л. считает такую методологию типичным признаком «философа в роли филолога».

Согласно Гаспарову, Бахтин, во-первых, применяет очень широкое определение жанра к очень небольшому по своему объему документальному материалу. Гаспаров перечисляет множество «основных особенностей» менипповой сатиры, приводимых Бахтиным в четвертой главе второго издания его книги о Достоевском, — в общей сложности 14 признаков, среди которых находим и «смеховой», и «повседневный», и «приключение», и «фантастику», и «авантюрность», и «порог», и «морально-психологическое экспериментирование»; любое сочетание этих особенностей якобы свидетельствует о принадлежности произведения к мениппее [Бахтин 2002в]. Но какое же повествовательное произведение в таком случае не окажется «мениппеей»?

И поскольку не все, что существует, непременно подпадает под какую-либо данную аналитическую категорию, в этом случае не функционирующую в качестве категории, — то необходимым становится следующий шаг, который и делает «философ в роли филолога». Это — отбор текстов или фрагментов текстов для анализа того, что просто «нравится лично Бахтину, что он считает хорошим и важным». В англоязычных исследованиях наследия Бахтина и древнего нарратива прозвучали сходные предупреждения об осторожности, хотя и не такие резкие по тону[15].

Гаспаров признает необходимость работы с фрагментами. История древней литературы — фрагментарная наука. Но это обстоятельство требует от филолога больше, а не меньше осторожности и самодисциплины. Из-за Бахтина с рецепцией мениппеи произошло как раз обратное. В этом несчастном недоразумении есть вина и самого Бахтина. Почему он игнорирует великие, освященные традицией произведения античной литературы — например, комедии Аристофана? Потому, отвечает Гаспаров на свой же вопрос, что величие и цельность этих произведений Бахтину мешают, «потому что Аристофан слишком политизирован, слишком целенаправленно-сатиричен, слишком не-хаотичен, а в конечном счете просто потому, что он существует — как текст, а не как домысел» [Гаспаров 2004: 9]. Целостный текст навязывает свои собственные структуры и свои собственные истины, которые смиряют читателей и ограничивают свободу их творческой активности. Поскольку философы предпочитают развивать свои собственные мысли, а не анализировать объективные данные внешнего мира, то они, собственно, ничем объективно не связаны и занимаются лишь миниатюрными фрагментами, которые для них тем самым оказываются не эстетическими единствами, но бессвязными стимулами для возбуждения их, философов, собственной произвольной фантазии. Гаспаров намекает, что именно таковы до странности

---

15 «Вместо того, чтобы видеть в этом каталоге специфику древних жанров или жанровых подразделений, возможно, полезнее рассматривать его как попытку Бахтина выделить и обозначить древние ингредиенты традиции карнавализованной прозы — традиции, которая выходит за границы традиционных жанров» [Branham 2005].

нефилологические качества исследования Бахтина о Рабле (где там, в самом деле, Рабле-автор? в чем цельность его романа или романов? почему у Бахтина так много «культурного окружения» — площадности и народных ритуалов, — но так мало внимания уделяется литературному стилю или возвышающейся над прочим христианской символике?). Фрагмент вместо целого, анекдот или грубый жест вместо целостного духовного видения — вот что, по Гаспарову, является общим для «творчества» Бахтина. Такова книга о Достоевском (отчасти), книга о Рабле (по большей части) и все, что написано о мениппее. Ибо такова вообще этика философствования: определяющим фактором здесь является «не система, а процесс».

Гаспарову не по себе оттого, что жанровая категория «серьезно-смехового», для мениппеи определяющая, практически неизвестна историкам европейской литературы — неизвестна даже тем, кто создавал эту литературу. «Но об этом обычно забывают, потому что исследованием идей Бахтина занимаются не историки, а теоретики литературы». Для этих теоретиков авторитетно слово Бахтина, а не дошедшие до нас факты истории литературы; признанием пользуются не эти последние, но имя Бахтина: он ведь предоставил на потребу простые, годные для чего угодно категории, подстегивающие и как бы оправдывающие интеллектуальную смелость в ущерб тщательной предварительной работе.

К месту будет заметить, что в этом последнем пункте аргументация М. Л. напоминает те возражения, которые были выдвинуты американскими историками русской средневековой культуры в адрес ослепительных парадигм, популяризированных школой Лотмана — Успенского[16]. А еще больше эта аргументация напоминает упреки скептически настроенных критиков «нового историзма».

---

[16] См. пионерский сборник статей «Религия и культура в России и Украине» [Religion 1997]. О том, что пользоваться работами семиотиков культуры в деле исторического мышления следует с большой осторожностью и тактом, см. статью в том же сборнике: [Frick 1997: 152–154]. Автор безоговорочно причисляет семиотиков культуры к «структуралистам».

Эти упреки направлены в первую очередь против того приоритета, который получает «пространство культуры» (cultural field) перед отдельным произведением искусства, а «среда» (environment) — перед индивидуальным автором произведения. Бахтинские терминологические новации, отразившиеся в первом, ставшем бестселлером, сборнике его статей в переводе на английский («The Dialogic Imagination», «Диалогическое воображение», 1981), зачастую фигурируют в критических разборах этих статей — и отнюдь не с доброжелательной интонацией. Ведь «диалог», в широком смысле этого слова, — одна из основных метафор исследовательского метода, который основывается на «обращении к широкой аудитории и открытости для дискуссии» (circulation and exchange); диалог в этом смысле стремится не только к словесной, но, можно сказать, к телесной коммуникации. Во всяком случае, именно так понимает и определяет диалог «новый историзм». Он считает старый историзм «монологическим», отмечает в этой связи Эдвард Пехтер в своей статье «Новый историзм и недовольство им»: «Гринблатт склонен рассматривать познание литературы и познание культуры как составные части одного и того же процесса интерпретации — части, имманентно взаимооживляющие» [Pechter 1987: 293].

В какой-то мере, конечно, то, о чем здесь идет речь, — это старый, даже старомодный вопрос о контекстуализации, о влияниях общества на текст и текста на общество. Но автор цитируемой статьи имеет в виду нечто иное, и тут его неудовлетворенность «новым историзмом» начинает напоминать реакцию некоторых известных раблезистов на книгу Бахтина о Рабле. «Ход мысли здесь, — пишет Пехтер, — явно односторонний: от текста культуры — к литературному тексту; и в результате текст культуры оказывается в привилегированном положении в качестве единственно устойчивой и определяющей точки отсчета» [Pechter 1987: 296]. Раньше таким устойчивым центром предполагался автор; теперь им стало «пространство» — место, в котором действующими силами являются не личности, но «власть» и «дискурс». А между тем означенные «пространства» не обладают стабильностью в такой мере, как это свойственно авторским художественным произведениям, — не обладают детерминацией и интенцией. Но именно поэтому устойчивым центром любого текста оказывается сам литературный критик.

На этом критическом основании возникают все прочие сомнения и возражения в духе Гаспарова. Анекдот, искусственно приспособленный к личному вкусу критика, приравнивается по значению заключенной в нем информации к какому-нибудь произведению Шекспира. Конечно, Шекспир остается исходным объектом почитания и исследования. Однако для последователей «нового историзма» основополагающая функция искусства все же заключается в создании «резонанса и удивления». Джон Ли отмечает в этой связи, что у Гринблатта «чувство “удивления” совсем бесчувственно к тому вызову, который исходит от цельных произведений искусства. Художественные произведения вызывают удовольствие и изумление — и только»; в результате Гринблатт «выводит происхождение удивления из культа чудесного <...> Новый историзм на самом деле положил в свое основание анекдоты как метонимическое средство, контролирующее критическую практику: анекдот делает возможным inventio и придает форму dispositio» [Lee 1995: 297–299][17]. Куски и фрагменты легко собрать и персонифицировать, поскольку критик держит в своих руках и располагает по-своему все необходимые соединительные нити. Анекдоты и слухи по природе своей не поддаются верификации. Поэтому они становятся материалом, с помощью которого сочиняют выдумки — вроде той (скажет нам Гаспаров), которую Бахтин рассказывает про «мениппею».

Гаспаровская критика такого типа, как мы убедились, до крайности резкая — настолько, насколько Гаспаров может быть резким. Ценность такой принципиальной критики всегда состо-

---

[17] Ли здесь очень сердитый, такой же сердитый и нетерпимый, каким стал Гаспаров в 2004 году по отношению к методологическим ошибкам и произвольным фантазиям бахтинистов: оба, американский критик и русский ученый, придерживаются того мнения, что их оппоненты подрывают честность филологической науки. «Гринблатта часто восхваляли за человечность (humanism) его творческой деятельности, — пишет Ли. — Куда больше бросается в глаза его напор, тяга к господству и власти, а также готовность для достижения этого сделать из прошлого то, что ему хочется».

ит в том, чтобы выставить на всеобщее обозрение и разоблачить возможные эксцессы веры — всякой веры. Ибо то, что называется «критикой» (critique) — если заниматься ею честно, — не может не вовлекать в свою серьезную игру и не навлекать на себя ответные, равнодостойные удары контркритики. И так всегда совершалась, обогащалась и развивалась история литературной критики.

Что касается «нового историзма», то скептическая общественная реакция против него достигла, похоже, своего предела у Пола Стивенса в его статье 2002 года «Притворяясь реальностью: Стивен Гринблатт и наследие экзистенциализма-для-всех» [Stevens 2002]. Стивенса интересует терпкое соединение личной активности и объективного бессилия в наиболее влиятельном произведении Гринблатта. Весть, которую несет нам Гринблатт, по мнению его критика, двусмысленна: с одной стороны — да, я в состоянии что-то изменить в этом мире (ведь по отношению к истории, которая анекдотична, я тоже — анекдот); с другой стороны — нет, за вычетом лучших мгновений диалога я не в состоянии изменить общественно-политическую реальность, ибо объективные силы, царящие в мире, формируют и меня самого. Единственный механизм, способный соединить эти две истины, — случайность, контингентность. Значит, история пишется так же, как и жизнь критика: она складывается от случая к случаю; моменты познания или моменты встреч — это просто то, что случилось или приключилось со мною. Предлагаемый Гринблаттом рецепт отношения к миру — эгоцентрический и пораженческий с точки зрения активного политического действия, но лично для Гринблатта терапевтический и к тому же отлично читаемый — квалифицируется Стивенсом как экзистенциализм, так сказать овладевший массами, — «экзистенциализм-для-всех» («popular existentialism»).

Что говорить: такой экзистенциализм производит очень тяжелое впечатление как на марксистских критиков, так и на более традиционных гуманитариев, работающих исключительно с текстом. Гаспаров, по всей вероятности, отнес бы Бахтина и его последователей тоже к «экзистенциалистам-для-всех».

Вместо заключения: о парадоксах, романтической иронии и неувядающем достоинстве русской литературно-критической традиции

Выше мы попутно отметили, что среди парадоксов, заключенных в предмете данной статьи, имеет место и то обстоятельство, что как раз в качестве людей науки оба, Гаспаров и Бахтин, имеют много общего. Оба они — филологи-классики, полиглоты, книжные черви, люди глубокой личной порядочности и скромности, чувствующие себя на своем месте скорее в библиотеке и в учебной аудитории, чем на политических сходках, и не склонные выставлять напоказ собственные антипатии или внутренние конфликты. Блестящий мемуарист, Гаспаров, однако, предпочитает в этом жанре суховатые, иронически-игривые интонации, а Бахтин, как известно, говорил, что вообще не желает писать воспоминания[18]. Бахтин и Гаспаров всегда отделяли свой приватный жизненный опыт от научной работы. Поэтому оба этих русских ученых так сильно отличаются от блестяще исповедального Гринблатта, личная биография которого часто сознательно становится исходным пунктом профессиональной деятельности. В этом отношении Гринблатт — типичный американец, критик в духе Виктора Шкловского. Как же тогда оценивать вердикт Гаспарова по «делу», или «случаю» (case), Бахтина?

Этот вердикт еще нуждается в подлинном обсуждении и прояснении. Но один предварительный вывод все-таки можно сделать. Вот в чем Гаспаров несомненно прав: Бахтин с самого начала определял себя в качестве философа и в конце пути утверждал, что он оставался философом всегда. Источник разногласий не столько Бахтин, сколько философия. По Гаспарову, та или иная научная дисциплина познается по ее плодам, то есть по реальным результатам ее деятельности: «философия» — плод творческого воображения, а «филология» (путь истинного

---

[18] См. [Бахтин 2002a: 295]: «Дувакин: <...> Вы писать воспоминания не собираетесь? — Бахтин: Не собираюсь совершенно».

ученого) вырабатывает чистое знание, формализованное и позитивистское. Те же самые феномены Бахтин видит и понимает совсем по-другому. Он вполне признает, что «чужое слово как предмет познания» допускает двоякий подход «в пределах гуманитарных наук (и в пределах филологии в узком смысле)»[19]. Чужое слово можно рассматривать как вещь: в этом случае понимание будет абстрактным и обескуражит тех, кто хочет с таким словом вступить в разговор. Но к чужому слову можно подойти иначе — «диалогически»: в этом случае в нем обязательно откроются новые аспекты значения. Отметим, что Бахтина здесь интересует нечто иное, чем сами по себе абстрактные понятия истины и лжи, добра и зла, правильного и неправильного, — ему важна не систематизация результатов. Диалогический подход (установленный на ориентацию, а не на результат, и тем самым — на вопрос и на ответ одновременно) имеет одну задачу, которую он не может не осуществлять, — она заключается в открытии чего-то нового. Филология, по Бахтину, *должна* посвящать себя этой задаче: «диалогическое проникновение обязательно в филологии» (там же).

Идея филологии как «проникновения», помимо явных резонансов Православия, больше обязана, конечно, Йенскому романтизму, Anschauung Фихте, поэтической интуиции Новалиса, возможно, даже спинозистскому (и гётеанскому) понятию объединяющей природу и человеческое сознание единой субстанции, чем платоническим формам и запретам в мире Гаспарова. Мышление Бахтина было спекулятивным, этическим, космически беспредельным и окрашенным в тона немецкого романтизма. В большевистских 1920-х годах он любил не Фрейда или Маркса, но Шеллинга: вместе с Пумпянским и Марией Юдиной он обсуждал философию Шеллинга на протяжении нескольких месяцев подряд и знал его, по собственному свидетельству, «вдоль и поперек» [Бахтин 2002а: 271–273]. По существу,

---

19 «У филологии специфические цели и подходы к своему предмету — говорящему человеку и его слову <...> Однако в пределах гуманитарных наук (и в пределах филологии в узком смысле) возможен двоякий подход к чужому слову как предмету познания» [Бахтин 1975: 164].

Бахтин никогда не стремился ни к созданию «научной дисциплины», ни к сохранению ее самодостаточной чистоты. Быть может, он и не обязан поэтому отвечать за плоды специализации. Тем более если вспомнить — и в этом я вижу почти комизм истории рецепции Бахтина в мире, — что его работы стали достоянием современности спустя десятилетия после того, как они были написаны, а в иных случаях — уже после того, как автор считал их давным-давно утраченными.

По мнению добросовестных и преданных Бахтину исследователей его творчества — тех, кто шаг за шагом возвращают сейчас из забвения утраченные реальные контексты опубликованных бахтинских текстов, — Бахтин был не философом в обычном смысле этого слова и не традиционным филологом, а скорее мыслителем особого, пограничного типа. По словам одной такой исследовательницы, исследовательские интересы Бахтина связаны с «философскими основаниями гуманитарных наук и границами науки и философии в гуманитарном исследовании» [Попова 2004: 103][20].

Подытоживая наши размышления, можно сказать так: Гаспаров тоже признает необходимость не только одного типа филологии и не только одного типа критики (и он к тому же разнообразнее и свободнее пользуется жанрами критики, чем Бахтин в свое время). В коротком выступлении 2002 года под названием «Как писать историю литературы» Гаспаров продемонстрировал значительную широту, перечислив типы исследования, которые, на его взгляд, должна включать будущая история литературы: тут и история литературных форм, и история читателя, и история переводов, и история рецепции[21]. Все перечисленные Гаспаровым «истории» имеют значение и нужны, потому что все они способствуют «систематизации наших знаний». А как насчет альтернативных историй? Тех, для которых источником вдохновения был

---

20 По мнению Ирины Поповой, которая очень взвешенно анализирует данную проблему в своей статье, то, что зачастую представляется «отсутствием методологии» у Бахтина, обусловлено постоянным смещением и перемещением точки зрения.

21 Это выступление первоначально было зачитано на «Тыняновских чтениях» 2002 года, а год спустя напечатано в «Новом литературном обозрении» [Гаспаров 2003].

бы скорее Бахтин (или даже «новый историзм») и которые имеют своей целью освободить нас от навязываемых нам со всех сторон теоретизированных и идеологизированных систем путем поисков всегда нового в каждом индивидуальном жесте сознания? Вопросы такого рода не столько даже сердят Гаспарова, сколько оставляют его равнодушным: «А история литературы, изготовленная не как средство систематизации наших знаний, а как средство нашего духовного самоутверждения, пусть будет какая угодно. Такие истории читаются от моды до моды».

Такие истории, как бы говорит Гаспаров, имеют право на существование и всегда будут существовать. Но, рожденные сегодняшним днем, они умрут вместе с ним. Гаспаров идет дальше: он считает полезным делом (и здесь мы чувствуем влияние особенно близкого ему Бориса Ярхо) взглянуть и на современность глазами прошлого: «В сказках живая вода действует только после мертвой».

Бахтина куда меньше задевают истории, которые живут «от моды до моды», потому что для него основанием была не позитивистская инвентаризация знания ради самого знания, но реальность незавершенного движения. Бахтин также не проявлял особого интереса к границе между жизнью и смертью. В силу этих причин он был склонен смотреть на прошлое глазами настоящего, или, вернее, с точки зрения возможностей настоящего, потенциала современности. Бахтин считал, что у жизни всегда найдется «лазейка», что убить окончательно, безвозвратно, пожалуй, можно, хотя и трудно; не смерть, но оживление было для него естественным состоянием мира, а слово говорящего человека — только лучшим носителем этого принципа.

Естественно, что такой склад мышления должен представляться многим ученым неясным и ненаучным. Это отметили и подчеркнули в 2005 году три члена редакции «НЛО» — журнала, который трудно заподозрить в особых симпатиях к Бахтину, — в «антиюбилейном подношении» Гаспарову: «случай Бахтина» постоянно и назойливо просвечивает сквозь поверхность этого текста. Умные и провокативные соображения, высказанные на форуме «НЛО», с точки зрения целей моей статьи удобным образом соединяют 25-летие гаспаровского антибахтинианства и 70-летие со дня рождения Гаспарова, а значит, могут удачно завершить мои собственные размышления по поводу бахтино-гаспаровского раздора. Статья из 73-го выпуска «НЛО», о которой пойдет речь, побуждает присмотреться также и к мифологическим представлениям, окружающим того и другого великого русского ученого в XXI веке.

Члены редакции «НЛО» распределяют творческие достижения Гаспарова в гуманитарных науках за многие десятилетия по пяти рубрикам: «Энциклопедизм», «Предназначение (социальная функция) филологии», «Интерпретация», «Личность» и, наконец, «Быт филологический» — филология как способ (повседневной) жизни. В этой классификации поражает вот что: как легко и уместно эти «ценностные категории» можно применить к Бахтину. Однако в «случае Гаспарова» акценты расставлены иначе, чем в «случае Бахтина», разграничительная линия между обоими учеными проводится в другом месте, и, как следствие, происходит небольшое локальное колебание почвы, обнаруживающее подспудное недовольство и беспокойство.

Я остановлюсь только на трех таких эмоциональных выплесках, начав с самого громкого. Авторы из редакции «НЛО» считают, что «известная критичность Гаспарова в адрес Бахтина рождается не только и не столько из-за того, что тот, по мнению Гаспарова, интеллектуально принадлежал революции-взрыву, а не наследию-преемственности, а потому, что в той ситуации, где Бахтин, по мнению Гаспарова, культивировал эзотеризм и произвольность, сам он стремится и призывает других к открытости и рациональности» [Дмитриев, Кукулин, Майофис 2005: 172].

«Эзотеризм» / «открытость», «произвольность» / «рациональность»: в этих непримиримых оппозициях, уверяют нас, — научная суть спора и раздора. Однако вслед за тем возникает сравнение научного творчества Гаспарова с «идеологически более радикальными» исследованиями его знаменитого коллеги Сергея Аверинцева [Дмитриев, Кукулин, Майофис 2005: 173], и тогда постепенно начинаешь понимать, что за этими оппозициями авторы из «НЛО» подразумевают и намеренно обостряют и другую оппозицию: *духовное / светское*. То, что импонирует в Гаспарове, — это его решительный «секуляризм» (буквально: «борьба за независимую от церкви школу»); то, что обескураживает в Бахтине, — это его открытость, так сказать, более духовным аспектам гуманитарных наук (не составляющим, по мнению Гаспарова и «НЛО», «предназначения» филологии). «Энциклопедизм» знания не включает этих аспектов, тем более что они сплошь и рядом вырождаются в мистику и даже суеверие.

Во-вторых, вспомним то, что выше говорилось в связи с платоновским «Федром»: Бахтин, судя по его смелым идеям о полифоническом устройстве, убежден, что написанное слово способно сохранять и питать сознание личности, тогда как Сократ (а вслед за ним и Гаспаров), напротив, убежден, что оно на это не способно: такие слова, когда мы к ним обратимся с вопросом, лишь «всегда отвечают одно и то же». Члены редколлегии «НЛО» расширяют и уточняют этот аргумент. Гаспаров, заявляют они, и сам глубоко убежден в особой «жизненности» письменного слова, но практикуемые им прочтения текстов отдельных авторов принципиально отличаются от других подходов («от бахтинского, например», добавляют они): «За наивным и будто бы упрямо позитивистским настоянием на правах текста — как он есть сам по себе — встает личное герменевтическое усилие интерпретатора, его культурно-этический поступок: спасение текста от группового или индивидуального читательского произвола» [Дмитриев, Кукулин, Майофис 2005: 176]. Здесь, таким образом, дихотомия Гаспаров / Бахтин тоже оказывается фундаментальной, вопросом принципов: если научная деятельность Гаспарова имеет целью «*спасти*» текст от безразличия или от произвола читателей, то Бахтин, в противоположность этому, с самого начала рассматривает литературный текст как многоголосый, полицентричный и разносмысленный в такой преизбыточно-щедрой степени, что тексту как будто и не грозит опасность быть разрушенным отдельным прочтением или искажающими прочтениями. Это убеждение — составная часть карнавального духа, которым, на взгляд Бахтина, проникнут наш мир. Но ведь, опять-таки, тот же самый карнавальный дух проявляется и в Гаспарове «при всей нелюбви М. Л. Гаспарова к работам Бахтина» [Дмитриев, Кукулин, Майофис 2005: 178] — факт, который охотно признают и члены редакции «НЛО». Но Гаспаров обращает свои страсти и пристрастия вовне — на аудиторию. Он выработал чрезвычайно привлекательный публичный имидж автора «Записей и выписок» — тогда как Бахтина, похоже, вообще мало интересовала его собственная биография, как и его собственные пародийно-иронические автобиографии. В этом отношении Бахтин был исключительно скромен. Всю свою мудрость он воспринял из прочитанных им текстов — этого оказалось достаточно для формирования его личности.

Это последнее биобиблиографическое наблюдение приводит меня к самому деликатному — поскольку самому личному и не поддающемуся сравнению — аспекту нашего сопоставления Гаспарова и Бахтина. Постоянный упрек Гаспарова и гаспаровцев по адресу Бахтина касается значения научной сдержанности, или скромности, в профессиональной работе. Мы видели, насколько отсутствует такая сдержанность у представителей «нового историзма», особенно у Стивена Гринблатта с его доведенной до профессионального блеска исповедальной мотивацией литературного исследования. Мы видели, что прочтения и в бахтинском духе дали повод для аналогичного отпора. И еще одной устойчивой темой критики Бахтина с гаспаровских позиций является отсутствие у него, как пишут в «НЛО», «готовности к самопересмотру своих установок» по отношению к миру [Дмитриев, Кукулин, Майофис 2005: 176].

Но справедливый ли это упрек? Я думаю, несправедливый. О Бахтине-человеке мало что известно — о его сомнениях, срывах и тупиках. Хотя в нашем распоряжении немалое (и все возрастающее) число воспоминаний и свидетельств о жизни Бахтина, но, если к ним присмотреться и вдуматься, Бахтин больше внимательно слушал, чем говорил о себе или своих идеях. В беседах с Виктором Дувакиным лишь незначительно приоткрывается личность мыслителя. Если Гаспаров стал активным создателем своего публичного образа, а тем самым — участником собственной мифологизации, то у Бахтина для этого было куда меньше возможностей и еще меньше — желания и сил.

Таким образом, когда авторы из редакции «НЛО» подытоживают в своем юбилейном выступлении, в чем, по их мнению, заключаются права и реалии личности [Дмитриев, Кукулин, Майофис 2005: 177], то предлагаемый ими кодекс личности звучит, во всяком случае для меня, совершенно в духе бахтинского кредо: «Личность исследователя неотменима, но ее обязанность *не переоценивать* ее (выделено в тексте. — *К. Э.*). Она не более ценна и интересна, чем личность других людей, которые имеют полное право быть чуждыми и непривычными» [Дмитриев, Кукулин, Майофис 2005: 177].

На этот счет Гаспаров и Бахтин, несомненно, согласились бы друг с другом. Они оба верили, что наша жизнь не ограничивается временем и пространством настоящего момента и что право выбирать место нашего жительства из всех возможных исторических эпох дано нам через слово. Оба всегда героически отказывались считать себя жертвами; в том и другом случае трудные условия только увеличивали их требования к себе, и достойный «филологический быт» был ответом на вызов времени.

2006

Литература

Бахтин 1929 — Бахтин М. Проблемы творчества Достоевского. Л.: Прибой, 1929.

Бахтин 1963 — Бахтин М. М. Проблемы поэтики Достоевского. М.: Советский писатель, 1963.

Бахтин 1975 — Бахтин М. М. Слово в романе // Бахтин М. М. Вопросы литературы и эстетики. М.: Художественная литература, 1975. С. 72–233.

Бахтин 2002а — Бахтин М. М. Беседы с В. Д. Дувакиным. М.: Согласие, 2002.

Бахтин 2002б — Михаил Бахтин: Pro et Contra: В 2 т. / Под ред. К. Г. Исупова. Т. II. СПб.: Русский Христианский гуманитарный институт, 2002.

Бахтин 2002в — Бахтин М. М. Собрание сочинений: В 7 т. Т. 6. М.: Русские словари; Языки славянской культуры, 2002.

Бочаров 1995 — Бочаров С. Событие бытия. О Михаиле Михайловиче Бахтине // Новый мир. 1995. № 11. С. 211–221.

Брагинская 2004 — Брагинская Н. В. Славянское возрождение античности // Русская теория: 1920–1930-е годы / Сост. и отв. ред. С. Зенкин. М.: РГГУ, 2004. С. 49–80.

Гаспаров 1979 — Гаспаров М. Л. Филология как нравственность // Литературное обозрение. 1979. № 10. С. 26–27.

Гаспаров 1993–1994 — Гаспаров М. Л. Критика как самоцель // Новое литературное обозрение. 1993–1994. № 6. С. 6–9.

Гаспаров 1997 — Гаспаров М. Л. М. М. Бахтин в русской культуре XX века // Гаспаров М. Л. Избранные труды: В 3 т. Т. II. М.: Языки русской культуры, 1997. С. 494–496.

Гаспаров 2001 — Гаспаров М. Л. Записи и выписки. М.: Новое литературное обозрение, 2001. С. 99–100.

Гаспаров 2003 — Гаспаров М. Л. Как писать историю литературы // Новое литературное обозрение. 2003. № 59. С. 142–146.

Гаспаров 2004 — Гаспаров М. Л. История литературы как творчество и исследование: случай Бахтина // Русская литература XX–XXI веков: проблемы теории и методологии изучения. Материалы Международной научной конференции 10–11 ноября 2004 года. М.: Изд-во МГУ, 2004. С. 8–10.

Гинзбург 1971 — Гинзбург Л. О психологической прозе. Л.: Советский писатель, 1971.

Дмитриев, Кукулин, Майофис 2005 — Дмитриев А., Кукулин И., Майофис М. Занимательный М. Л. Гаспаров: академик-еретик («Антиюбилейное приношение» редакции «НЛО») // Новое литературное обозрение. 2005. № 73. С. 170–178.

Махов 2005 — Махов А. Е. «Музыка» слова: из истории одной фикции // Вопросы литературы. 2005. № 5. С. 101–123.

Платон 1993 — Платон. Собрание сочинений: В 4 т. / Под общ. ред. А. Ф. Лосева, В. Ф. Асмуса, А. А. Тахо-Годи. Т. II. М.: Мысль, 1993.

Попова 2004 — Попова И. О границах литературоведения и философии в работах М. М. Бахтина // Русская теория: 1920–1930-е годы / Сост. и отв. ред. С. Зенкин. М.: РГГУ, 2004. С. 103–114.

Bakhtin Circle 2004 — The Bakhtin Circle: In the Master's Absence / Ed. by C. Brandist, D. Shepherd, G. Tihanov. Manchester: Manchester University Press, 2004.

Brandist 2002 — Brandist C. The Bakhtin Circle: Philosophy, Culture, and Politics. London: Pluto Press, 2002.

Branham 2005 — Branham R. B. The Poetics of Genre: Bakhtin, Menippus, Petronius // The Bakhtin Circle and Ancient Narrative / Ed. by R. B. Branham. Groningen: Barkuis Publishing & Groningen University Library, 2005. P. 3–31.

Frick 1997 — Frick D. A. Misrepresentations, Misunderstandings, and Silences: Problems of Seventeenth-Cetury Ruthenian and Muscovite Cultural History // Religion and Culture in Early Modern Russia and Ukraine / Ed. by S. H. Baron and N. S. Kollman. DeKalb: Northern Illinois University Press, 1997. P. 149–168.

Gearhart 1997 — Gearhart S. The Taming of Michel Foucault: New Historicism, Psychoanalysis, and the Subversion of Power // New Literary History. 1997. Vol. 28. No 3. P. 457–480.

Greenblatt 1988 — Greenblatt S. Shakespearean Negotiations. The Circulation of Social Energy in Renaissance England. Berkeley: CA, University of California Press, 1988.

Greenblatt 1990 — Greenblatt S. Learning to Curse: Essays in Early Modern Culture. New York and London: Routledge, 1990.

Greenblatt 1997 — Greenblatt S. What Is the History of Literature? // Critical Inquiry. 1997. Vol. 23. No 3. P. 460–481.

Holquist 1990 — Holquist M. Dialogism: Bakhtin and His World. London; New York: Routledge, 1990.

Holquist 2000 — Holquist M. Bakhtin and the Task of Philology: An Essay for Vadim // Indiana Slavic Studies. 2000. Vol. 11. In Other Words: Studies to Honor Vadim Liapunov / Ed. by S. H. Blackwell et al. P. 55–67.

Lee 1995 — Lee J. The Man Who Mistook His Hat: Stephen Greenblatt and the Anecdote // Essays in Criticism. 1995. Vol. XLV. No 4. P. 285–300.

Pechter 1987 — Pechter E. The New Historicism and Its Discontents: Politicizing Renaissance Drama // PMLA. 1987. Vol. 102. No 3. P. 292–303.

Poole 2001 — Poole B. From Phenomenology to dialogue: Max Scheler's phenomenological tradition and Mikhail Bakhtin's development from "Toward a philosophy of the act" to his study of Dostoevsky // Bakhtin and Cultural Theory / Ed. by K. Hirschkop. Manchester: Manchester University Press, 2001. P. 109–135.

Religion 1997 — Religion and Culture in Early Modern Russia and Ukraine / Ed. by S. H. Baron and N. S. Kollman. DeKalb: Northern Illinois University Press, 1997.

Stevens 2002 — Stevens P. Pretending to be Real: Stephen Greenblatt and the Legacy of Popular Existentialism // New Literary History. 2002. Vol. 33. No 3. P. 491–519.

Часть II

ПАРАДОКСЫ ОСМЫСЛЕНИЯ РУССКОЙ КЛАССИКИ

4
Татьяна[1]

[Татьяна], как известно, помимо незадачливой партнерши Онегина и хладнокровной жены генерала, являлась личной Музой Пушкина и исполнила эту роль лучше всех прочих женщин. Я даже думаю, что она для того и не связалась с Онегиным и соблюла верность нелюбимому мужу, чтобы у нее оставалось больше свободного времени перечитывать Пушкина и томиться по нем. Пушкин ее, так сказать, сохранял для себя.

А. Терц. Прогулки с Пушкиным

Простите мне: я так люблю
Татьяну милую мою.

Повествователь. «Евгений Онегин» (4, XXIV)

Героиня «Евгения Онегина» Пушкина носит самое знаменитое, обманчиво сложное женское имя во всей русской литературе. Ее образ, который в той или иной степени сочетает в себе подражательность, импульсивность, наивность, самоотречение, пассивность, потрясающее самообладание и необъяснимую верность, изобилует парадоксами. Начиная с повествователя, рассказывающего ее историю, и кончая многими сменяющимися поколениями критиков, почти каждый, кто прикасается к этому образу, влюбляется в него — или в его нереализованный потенциал. Можно было бы утверждать, что Татьяна и ее изящно «обойденная молчанием» личная судьба послужили единым могучим источником вдохновения при создании героинь русской литературы, в том числе и в течение значительной части XX столетия.

---

[1] Впервые: Pushkin's Tatiana // A Plot of Her Own. The Female Protagonist in Russian Literature / Ed. by S. S. Hoisington. Evanston: Northwestern University Press, 1995. P. 6–20.

Мотивом для написания этой статьи послужило недоумение, которое вызывает у меня культ Татьяны. Что сделало эту комбинацию женских качеств — сентиментальную, уязвимую, упрямую, по большей части молчаливую — такой устойчивой и неотразимой? Силы и добродетели Татьяны значительно преувеличиваются как ее критиками, так и поклонниками. В одном из самых ранних портретов Татьяны Виссарион Белинский, покоренный этой героиней, но протестующий против судьбы, уготованной ей Пушкиным, сожалел о том, что она не смогла вырваться на свободу и зажить собственной жизнью[2]. Достоевский в своей Пушкинской речи 1880 года, впадая в другую крайность, возвысил ее судьбу до агиографического уровня, наделив Татьяну всеми мыслимыми естественными и сверхъестественными добродетелями и в конечном счете подняв ее супружескую верность до космического уровня вызова, брошенного Иваном Карамазовым несправедливому миру[3]. Кроме того, меня беспокоит, что превознесение Татьяны обычно сопровождается принижением Евгения. Он становится «лишним» не только в пределах своей жизни и эпохи, но и в пределах романа, названного его именем; его честные и благородные поступки по отношению к некстати навязывающей ему себя деревенской барышне воспринимаются как проявления душевной черствости, легкомыслия, даже развращенности[4]. (Достаточно вспомнить, что в 1879 году Чайковский, перерабатывая роман в оперу, внес замечательный нюанс, определив ее как «лирические сцены», которые, вероятно, следовало бы назвать «Татьяна» и которые

---

2 О восприятии Татьяны Белинским см. [Белинский 1955], в особенности статью девятую [Белинский 1955: 473–504].

3 В «Речи о Пушкине» (1880) Достоевский заявил: «Может быть, Пушкин даже лучше бы сделал, если бы назвал свою поэму именем Татьяны, а не Онегина… <…> ей предназначил поэт высказать мысль поэмы…» [Достоевский 1984: 140].

4 Любопытно, что именно Белинский в восьмой статье о Пушкине (1844) защищает Онегина на фоне зарождающегося культа Татьяны. «Сердце имеет свои законы, — пишет Белинский. — <…> Поэтому Онегин имел полное право без всякого опасения подпасть под уголовный суд критики, не полюбить Татьяны-девушки и полюбить Татьяну-женщину. В том и другом случае он поступил равно ни нравственно, ни безнравственно. <…> Онегин — характер действительный, в том смысле, что в нем нет ничего мечтательного, фантастического, что он мог быть счастлив или несчастлив только в действительности и через действительность» [Белинский 1955: 460–461, 469].

сыграли ключевую роль в окончательном оформлении ее культа.) Конечно же, некоторые выдающиеся пушкинисты (в советский период — Гуковский, Бонди, Слонимский и Макогоненко) пытались реабилитировать Евгения. Однако эти шаги часто были связаны с внетекстовой, политически мотивированной гипотезой, сформировавшейся на основе намеков, которые содержатся во фрагментах десятой главы: поскольку Евгений «превращался в декабриста», он заслуживал поддержки Татьяны и читательской симпатии[5].

Более серьезное значение, чем указанные факты рецепции или транспонирования, возможно, имеет неровный образ Татьяны, складывающийся в самом тексте. Есть несколько очевидных камней преткновения: например, Татьяна создается из элементов, заимствованных у писателей-сентименталистов, но при этом, на основании того, что ей приснился ночной кошмар, в котором содержались элементы фольклора, а также ее любви к зиме она представляется «русской душою»; или то, что моменты наиболее глубокого преображения Татьяны скрыты от нас словоохотливым и ревнивым повествователем. Однако есть и еще более радикальные несоответствия. Самым вопиющим из них является высокомерный, назидательный, благочестиво-показной тон, которым Татьяна напоследок отчитывает Онегина в восьмой главе: ниже я высказываю предположение, что Татьяна никоим образом не могла прочесть Онегину лекцию в той форме, в которой излагает ее Пушкин[6]. В этой статье

---

5 Исследование слабых и сильных сторон образа Татьяны, сложившегося в критике к началу 1970-х годов, см. в [Kelley 1976: часть 1].

6 Среди критиков, нашедших неубедительной сцену последней встречи сраженного любовью Онегина и княгини Татьяны, для моего прочтения особое значение будут иметь трое: Набоков, Литтл и Грегг (см. далее). Я не рассматриваю знаменитое предположение Виктора Шкловского о том, что отношение повествователя к Татьяне на протяжении всего романа — фактически, его отношение к сюжету в целом — является пародийным. Два обстоятельства требуют осторожности: 1) Татьяна (подобно всем героиням Пушкина, созданным начиная с середины 1820-х годов) тоньше и умнее, чем сюжет, в котором она оказалась, и ей не нужна твердая рука стороннего комментатора, который помог бы ей перерасти ее окружение; и 2) ранний полемичный Шкловский склонен усматривать пародию во всем; для него произведение часто служит оправданием приема, а не наоборот. См. [Шкловский 1923]. Подход Шкловского извратил образы и героя, и героини. Вспомним небольшую статью, написанную к отмечавшемуся в 1937 году пушкинскому юбилею ученым-эмигрантом Петром Бицилли, в которой доказывается, что Татьяна никогда — ни до, ни

я предлагаю альтернативный вариант прочтения роли Татьяны в романе, который предполагает признание ее исключительной решительности и силы, но делает эту роль скорее эстетической, чем нравственной, и — вот она, кощунственная, направленная против культа мысль, — рассматривает эту силу преимущественно как достижение Онегина.

Влюбленность в Татьяну: четыре гипотезы

Все три созидателя в романе (Пушкин, повествователь и Евгений как заглавный герой) рано или поздно влюбляются в Татьяну, каждый по своим собственным причинам. Хотя каждый из этих поклонников выражает свою любовь в разных планах, которые часто накладываются друг на друга, можно выделить следующие мотивации для Эроса. Во-первых, это «запретный плод», в основном ассоциирующийся, я бы сказала, со сферой Евгения. Повествователь не сомневается в той власти, которую «запретный плод» имеет над героем и над людьми в целом, как он говорит нам в знаменитых строках из восьмой главы, XXVII строфы:

> Что вам дано, то не влечет,
> Вас непрестанно змий зовет
> К себе, к таинственному древу;
> Запретный плод вам подавай,
> А без того вам рай не рай.

Мы не должны забывать, кто изрекает эти мудрые слова. Сам глубоко влюбленный в Татьяну, повествователь имеет собственные причины недооценивать возможность чего-то вроде подлинного роста или приверженности духовному со стороны своего соперника Онегина, от чьей внезапной страсти к Татьяне он предпочел бы отмахнуться, как от прихоти. Однако даже если это так, то нам придется допустить, что запретность всегда придавала отношениям Татьяны и Онегина огромную эротическую энергию. Теперь она ему нравится, потому что стала недосягаема; в деревне же она

после — не понимала Онегина, несправедливо оклеветала его в конце и на деле «убила Онегина, обратила его из живого человека в "препарат", "тип" — и то, что она сделала с ним, другие сделали с нею» [Бицилли 1937].

была в его власти, и поэтому он, в духе Байрона, зевал и отворачивался. Портрет Онегина по возвращении из путешествия (8, XII–XIII) предполагает, что вплоть до финала романа его образ жизни — кратковременное возбуждение и беспокойство, сменяющиеся новым периодом апатии, — остался прежним. Изменит его только запретная любовь. Интересно отметить, что это в равной мере относится и к нему, и к ней; ранее отчужденность и недоступность Онегина так же распаляли любовь Татьяны. Как сказано в ее роковом письме, она, возможно, довольствовалась бы редкими встречами в обществе, но вступить в контакт с «нелюдимом» Онегиным можно лишь таким тайным, сокровенным, крайне рискованным эпистолярным путем. Письмо до времени закрепляет существующее положение вещей, демонстрирует беспомощность героини и вместе с тем накаляет обстановку.

Динамика жизни Татьяны развивается в этой тайной зоне. Ричард Грегг предложил убедительное прочтение ее сна в духе цитированных выше строк, интерпретируя привидевшиеся в нем «фаллические формы» и «приапические существа», его вызывающую содрогание кульминацию как наказание, которому Татьяна подвергает себя за недозволенную страсть [Gregg 1970]. «Становится ясно, почему Ольга первой набрасывается на потенциальных влюбленных: ее неглубокая, заурядная и откровенно проявляемая любовь отличается от глубокой, потаенной страсти к “демоническому” Онегину» [Gregg 1970: 502]. И няня, и мать Татьяны вышли замуж без любви, сестра тоже собирается благополучно выйти замуж; но подобные браки не являются «раем» для таких, как Онегин или Татьяна. Им суждено испытать нечто более глубокое. «Погибнешь, милая, — пророчествует повествователь, — но прежде / Ты в ослепительной надежде / Блаженство темное зовешь...» (3, XV). Это пророчество сбывается лишь отчасти. Татьяна не погибает, как погибают сраженные смертельной болезнью героини сентиментальных романов Юлия, Кларисса и Дельфина, служившие ей примером для подражания, и к этой теме мы еще вернемся. Пока же отметим только, что на протяжении всего романа тайное и недозволенное усиливают эротическое притяжение между Татьяной и Евгением.

Есть и вторая причина влюбленности в Татьяну, связанная с Пушкиным как автором. 1820-е годы, десятилетие, прошедшее под знаком «Евгения Онегина», отмечено все большим тяготением Пушкина к прозе, национальной истории, генеалогии и семье — и омрачено беспокойством по поводу собственного общественного положения и ранга. В этих обстоятельствах исключительной притягательностью для Пушкина обладал образ замужней Татьяны, ставшей княгиней, связанные с ним в этом контексте умеряющие пыл, возвышающие эпитеты: *покойна*, *вольна*, *равнодушна*, *смела*, *неприступная богиня роскошной, царственной Невы* (8, XXII–XXVII). Высказывались предположения о том, что, вознеся Татьяну на вершину светского общества, где нет места кокетству, основному средству холостяка Пушкина («его не терпит высший свет» — 8, XXXI), Пушкин выразил свои собственные чаяния. Ведя в 1829 году переговоры о женитьбе, Пушкин хотел верить в то, что было полностью противоположно его собственному бешеному успеху в соблазнении чужих жен: в возможность женской верности в браке[7]. А еще у поэта были собственные социальные амбиции. Даглас Клэйтон, один из лучших пристальных читателей Пушкина, предположил, что изящество и отточенные светские манеры замужней Татьяны явились воплощением личных фантазий Пушкина о будущем. «Пушкин — почти отверженный, недооцененный, еретик... — превратился в героиню, а не героя его поэмы, — отмечает исследователь. — Признание Татьяны двором, ее блеск, нежность, страстность и твердость убеждений — всем этим Пушкин стремился обладать лично» [Clayton 1987: 261][8].

Но даже если не учитывать ту зависть, которую поэт питал к судьбе своей собственной героини, ставшая княгиней Татьяна

---

7 Анализ эволюции отношения к браку по мере развития романа (мишень для насмешек — почтенное дело) приводится в [Scheffler 1968]. «В первых шести главах о браке говорится уничижительно, — отмечает Шеффлер. — Только после шестой главы происходит смещение акцента... В восьмой книге эта тема закрывается по умолчанию... [Здесь] полностью отсутствует та ирония, которую Пушкин поначалу демонстрировал по отношению к Татьяне» [Scheffler 1968: 194].

8 См. также главу 1 «Criticism of Eugene Onegin» в [Clayton 1985: в особенности 57], где приводится социобиографическое советское толкование образа зрелой Татьяны, в котором сочетаются мотивы супружества и аристократичности.

внешне достигла огромного успеха. К концу романа она полностью овладела тем, что превыше всего ценилось салонным обществом начала XIX века, — умением с легкостью играть любую приличествующую роль во имя сохранения гармонии в обществе. Именно в этом смысле Уильям Миллз Тодд говорит о завершении «культурного созревания» Татьяны, когда она становится хозяйкой престижного петербургского салона, что было, как он напоминает нам, «высшей формой творческой деятельности, доступной в те времена для женщины», — деятельности, которая позволяла ей устанавливать в реальности то, «что в ее эпоху считалось эстетическим законом» [Todd 1986: 129][9].

Соображения эстетического характера подводят нас к третьему аргументу, побуждавшему влюбляться в Татьяну, возможно наиболее основательному и на этот раз связанному с личностью повествователя. В отличие от своего приятеля Онегина, повествователь — поэт. Однако, в отличие от поэта Пушкина, чей стилизованный образ он представляет, повествователь может быть многословным, неловким, сентиментальным. Как подобает «романисту» (даже такому, который пишет роман стихами), повествователь мог бы восприниматься как воплощение некоторых аспектов Пушкина на рубеже десятилетий, поэта, стоящего на грани перехода к прозе, поскольку роман — как нам известно из знаменитого остроумного замечания, адресованного Пушкиным Бестужеву, — роман требует прежде всего болтовни. Единство голоса повествователя на протяжении тех девяти лет, в течение которых создавался «Онегин», проблематично [Shaw 1980]. Однако в одном отношении — своей любви к Татьяне — повествователь проявляет неколебимое постоянство. Начиная с ее первого представления, он поклоняется ей как чему-то, что невозможно описать, как качеству, которое не может быть выражено словами, как тому, что вдохновляет нас, но не поддается точной фиксации. Повествователь упоминает об этой неуловимой сущности как о своей Музе. Впервые мы слышим об этой Музе — дарующей поэту голос только после того, как его поки-

---

[9] Помимо главы 3, посвященной «Евгению Онегину», см. главу 1 «A Russian Ideology».

дает «безумная тревога» любви, — в конце первой главы. В начале восьмой главы она персонифицируется, отождествляется с хронологической последовательностью литературных героинь Пушкина и, наконец, «представляется» петербургскому обществу точно так же, как достигшая совершеннолетия и вышедшая в свет Татьяна. Каким же образом повествователь представляет Татьяну и возлюбленной, и Музой?

Впервые мы встречаемся с Татьяной во второй главе. Одной из наиболее примечательных черт ее портрета при знакомстве с ней, конечно же, является его лаконичность. В ее начальном описании содержится немало отрицательного: «Ни красотой сестры своей, / Ни свежестью ее румяной / Не привлекла б она очей» (2, XXV). В отличие от героинь ее любимых сентиментальных романов, а также в отличие от Ольги, Ленского и Онегина в романе Пушкина, Татьяна лишена конкретных черт внешности: повествователь ничего не сообщает ни о цвете ее глаз или волос, ни об одежде, ни о ее любимых вещах, ни о музыкальных вкусах, ни о домашних занятиях. (Мы лишь предполагаем, что она была темноволосой, поскольку ее сестра была блондинкой.) Начиная с раннего детства, главной характерной чертой Татьяны была отрешенность от окружения. Она не ластилась к отцу или матери, не резвилась с другими детьми, не играла в куклы и не проявляла интереса к новостям или моде. Ее чувства глубоки, но, в отличие от героинь ее любимых книг, у нее нет привычки использовать эти чувства, чтобы манипулировать поведением других. Она не млеет и не падает в обмороки, не плачет на людях, не молится напоказ, не стремится к общению с миром[10]. Можно было бы сказать, что Татьяна видит скорее внутреннюю сторону вещей, чем внешнюю.

Это свойство вкупе с замкнутостью продолжают характеризовать Татьяну даже в те минуты, когда она наиболее открыта,

---

[10] «Минималистичность» портрета Татьяны и примеры ее отрешенности и замкнутости рассматриваются в части 1 «Narrated Characterization» работы [Kelley 1976: 27–57]. Также, по моему мнению, важен запоминающийся, квазииллюстративный набросок коленопреклоненной женской фигуры (обращенной лицом или спиной? одетой или нагой?) на черновом наброске письма Татьяны Онегину, датируемом 1824 годом (воспроизводится в [Clayton 1985: 137]).

и за это мы должны благодарить ее ревнивого ментора и самого горячего защитника — повествователя. Он скрывает от нас значительные части ее жизни, сохраняет их для себя, а нам передает только в переводе. Любовное письмо Татьяны Онегину на самом деле было написано по-французски, но мы видим лишь его более сдержанную русскую версию (тогда как письмо Онегина, напротив, доступно всем полностью: кому интересно — пожалуйста, читайте, вот оно, от первого слова до последнего, «точь-в-точь»). После того как Татьяна переезжает из деревни в столицу и становится княгиней, мы чувствуем, что она превращается в некое чудо. Но повествователь не находит русских слов для ее описания: она «comme il faut», она не «vulgar» (8, XIV, XV), и эти иностранные слова передают не столько ее физический облик, сколько характер поведения, ощущение безупречности ее манер, того, что она никогда не допускает неловкостей или ошибок. Подобно чадре, скрывающей лицо звезды гарема от взглядов случайных прохожих, они скрывают от нас ее важнейшие достоинства. И повествователь бесхитростно извиняется за это: «Не знаю, как перевести», «Не могу...» (8, XIV, XV).

В самом деле он и не должен «переводить» ее. Татьяна сидит у окна, ждет, наблюдает и воспринимает; повествователь лишь изредка поверяет нам ее мысли. Я бы сказала, что он не в состоянии сделать это, потому что Татьяна — это поэтическое вдохновение, которое, согласно вдохновенному определению самого Пушкина, не является ни восторженным излиянием чувств, ни застывшим достижением, будучи чем-то более интимным, индивидуальным, подчиненным дисциплине и одновременно творческим: способностью воспринимать возможности. Или, как чеканно выразился поэт, вдохновение — это «расположение души к живейшему принятию впечатлений, следст.<венно>, к быстрому соображению понятий, что и способствует объяснению оных» [Пушкин 1949: 41][11]. Татьяна вбирает впечатления,

---

[11] Неопубликованный черновик ответа Пушкина на напечатанную в 1824 году в «Мнемозине» статью его друга Вильгельма Кюхельбекера, в которой автор заявлял, что для всякой истинной поэзии необходимы «сила, свобода, вдохновение», и отождествлял вдохновение с восторгом; Пушкин не соглашался с ним.

осмысляет и упорядочивает их, но (за исключением единственного очень выразительного примера, ее страстного письма) не растрачивает. И вот — четвертая гипотеза: как читатели мы любим Татьяну, потому что она воплощает энергию (и знание), заключенную в определенном виде поэзии.

Татьяна как результат синэстезии

«Неотъемлемая привилегия красоты, — пишет Сантаяна, — заключается в таком синтезировании и фокусировке различных импульсов "я", таком их сведении в единый образ, чтобы во всем охваченном волнением царстве наступил великий покой» [Santayana 1896: 235–236][12]. Татьяна из восьмой главы производит именно такое воздействие на живой темп и суетливое разнообразие «Евгения Онегина» — даже если не на его воспламененного и восхищенного героя, — и именно ее резким, внезапным уходом завершается роман. Как мы могли бы понять экономику внутренней жизни Татьяны? Явная героиня романа, она, что имеет важное значение, также героиня в стихах; и как таковая, по моему мнению, она представляет собой нечто большее, чем простое сочетание характера и сюжета. Она также — эстетика.

Эпоха романтизма знала разнообразные дионисийские теории поэзии: поэзия как высвобождение эмоций, как безумие, как Божественная спонтанность. Однако были и противоположные точки зрения, согласно которым поэзия понималась либо как то, что остается, когда проходит мгновение экстаза (повествователь в «Евгении Онегине» Пушкина разделяет знаменитую формулу поэзии Вордсворта: «спонтанное излияние чувств, припомненных в состоянии покоя»), либо, более консервативно, как то, что в некотором роде подобно сдерживаемой страсти, изливающейся в «форму разрешенных напряжений». Учитывая его выраженное тяготение к классицизму, Пушкина, конечно же, должна была привлекать подобная «поэтика напряженности».

---

12 Цит. по [Wimsatt, Brooks 1957: 618–619], где в главе «I. A. Richards: A Poetics of Tension» дается прекрасный обзор и разбор эстетических идей А. А. Ричардса.

В более близкое нам время эта эстетика нашла оригинальное выражение у английского критика и поэта А. А. Ричардса.

По мнению Ричардса, существуют два принципиально различных вида стихотворений, основанных на двух видах организации импульсов: их включении (синэстезия) или исключении [Richards 1925: 239–253, в особенности 249–252][13]. Наиболее впечатляющие и устойчивые стихотворения — те, которые менее всего подвержены разрушению посредством иронии, — относятся к первой из названных синэстетических категорий; то есть выдерживают максимально большое количество противоположных, гетерогенных импульсов, не позволяя им нарушить строгое равновесие. Затем между «устойчивыми равновесиями» устанавливаются ассоциации, которые выстраивают и приводят в действие память[14]. Подобное словесное искусство открывает колоссальные возможности, но особым, эстетически беспристрастным, практически архитектурным образом. Мы начинаем видеть вещи «со всех сторон», в более широком и спокойном контексте, поскольку «чем меньше какой-либо конкретный интерес необходим, тем более отрешенным становится наше отношение... Возможно, не подлежит сомнению только одно: этот процесс прямо противоположен тупику, ибо, по сравнению с опытом великой поэзии, любое другое состояние ума — состояние безвыходности» [Richards 1925: 252].

Можно было бы утверждать, что в конце романа Татьяна выступает как исполненное напряжения, тщательно уравнове-

---

[13] Комментарии Ричардса по поводу относительной ценности эмоций (меньшей) и отношений (большей) к любому конкретному опыту напоминают различие, которое Пушкин делал между экстазом и подлинным вдохновением: «Ценность сознательному опыту придает не его интенсивность, не острота ощущений, не удовольствие и не пикантность, — пишет Ричардс, — но организация его импульсов, устремляющих к свободе и полноте жизни. Множество экстатических мгновений не имеют ценности» [Richards 1925: 132].

[14] «Представьте себе, — пишет Ричардс в главе 14, — энергетическую систему потрясающей сложности и с крайне тонкой организацией, обладающую бесконечным числом устойчивых равновесий. Представьте, что ее с невероятной легкостью перебрасывают из одного равновесия в другое и при этом каждое равновесие является результирующей всех энергий данной системы... Такая система должна была бы продемонстрировать явление памяти: но она бы не вела записей, хотя казалось бы, что она их ведет. Это впечатление возникло бы исключительно из-за предельной точности и чувствительности системы и хрупкости равновесий внутри нее» [Richards 1925: 104].

шенное, стабильное и до боли яркое синэстетическое стихотворение. Может ли такая аналогия помочь нам понять ее ослепляющее воздействие на Онегина, закоренелого прозаициста, который начинает испытывать по отношению к ней самую настоящую страсть? Несколько очевидных факторов маркируют ее как синэстетическую Музу: ее автономность и отрешенность от непосредственного окружения, ее литературность, цепкость ее памяти, живость ее воображения, обращенного на внутренний мир. (Если воспользоваться любопытной дополнительной аналогией из области акустики, Татьяна и тип поэтической напряженности, которую она представляет, могли бы рассматриваться как «стоячая волна», сложное разрешение внутренних противоречий, возникающих в замкнутой колонне воздуха или в задетой и вибрирующей струне, которая только в данной ситуации и как часть своей собственной задачи излучает во внешний мир энергию в форме музыки[15].) После начального «прикосновения», или воздействия, Евгения напряженность Татьяны в вопросах любви по сути своей является результатом самовозбуждения и не зависит от последующих внешних событий. Эта погруженность в себя и состояние покоя являются ключевыми для стабильности ее образа.

Например, было много исследований по поводу особых текстуальных связей между Татьяной и ее любимыми героинями: Юлией Руссо, Клариссой Ричардсона [Штильман 1958; Katz 1984; Mitchell 1968]. Однако мы должны отметить, что сраженная

---

[15] Когда прямая волна, результат потрясения, прикосновения или другого воздействия, распространяющаяся в одном направлении, накладывается на свое отражение, распространяющееся в другую сторону, между двумя фиксированными узлами образуется поперечная стоячая волна. Внутри этой колонны спады и пики, пульсирующие с равными интервалами, генерируют сложную матрицу основных частот, обертонов и гармонических колебаний. На удивление продуктивной в этой аналогии оказывается степень внутренней концентрации, требуемая для разрешения этих противоречий, и тот факт, что побочным продуктом этого разрешения оказывается изысканное «излучение» звука — гораздо более сложное, чем может оценить наш слуховой аппарат, который искажает и упорядочивает улетучивающуюся энергию ауры в угоду своим собственным, довольно примитивным «коммуникативным» задачам. Сама по себе волна, полностью поглощенная своими внутренними задачами, безразлична к какому бы то ни было своему порождающему музыку воздействию на внешний воздух. Благодарю моего отца Дэвида Гепперта (профессора теории и композиции в Музыкальной школе Истмена, ныне на пенсии) за эту красноречивую аналогию с эстетикой Татьяны.

любовью пушкинская героиня использует эти заимствованные мотивы в своем письме без достаточных на то оснований. Как здраво отметил один их летописцев судьбы Татьяны, у Руссо Юлия взывает к чести Сен-Пре, пытаясь сдержать его любовный пыл, но у Татьяны «нет нужды защищаться от страсти Онегина» [Kelley 1976: 129–130]. Онегин не давал ей реальных оснований, чтобы считать его, даже потенциально, «коварным искусителем»[16]. Если в этом романе кто-то и искушает, то это сама Татьяна: она прекрасно знает, что сама переступает черту и наделяет почти незнакомого человека ни на чем не основывающимися функциями (ангел-хранитель, искуситель)[17]. Такое понимание автономной, уже полностью оформившейся любви Татьяны, за которую она принимает на себя полную и мучительную ответственность, подтверждает мнение Джона Гаррарда о том, что в знаменитой триаде литературных прототипов Татьяны — «Клариссе, Юлии, Дельфине» (3, XI) — «Юлия», о которой идет речь, — не сентиментальная и слезливая Юлия, но скорее Донна Юлия из Песни I «Дон Жуана» Байрона [Garrard 1993][18]. Донна Юлия — женщина с чувственным опытом, глубоко пораженная страстной и злосчастной любовью к юному Жуану. После разразившегося скандала и заточения в монастырь

---

16 В защиту Татьяны я цитирую Ричарда Грегга, который сочувственно отнесся к этой статье, отметив, в частности: «Можно утверждать, что для Татьяны Онегин — коварный искуситель в том же смысле, в каком бурбон является искусителем для алкоголика. С точки зрения этики напиток не виноват. Но все равно он предательски искушает».

17 Делались попытки смягчить «неприятие» Онегиным несвоевременного признания Татьяны. Так, Людольф Мюллер в статье о сне Татьяны отмечает: заснеженный пейзаж прочитывается как одиночество Татьяны, в душе ожидающей любви; услужливый медведь — как сексуальность («темный зов любви», которая избавит ее от одиночества); сам Онегин — как единственный человек, который может приручить страшных чудовищ, которыми полна избушка потенциальной сексуальной жизни; но «брачные отношения не осуществлены. Отсутствие интереса со стороны Онегина не должно подвергаться осуждению: мы видели, что в глубине души он на самом деле любит ее, а более длительное благонамеренное общение по-соседски могло бы пробудить в нем этот росток любви» [Müller 1962: 393].

18 Гаррард отмечает, что французский перевод «Дон Жуана», выполненный прозой Амеде Пишо, смягчил сарказм Байрона и способствовал переносу фокуса текста на Юлию; он также отмечает, что эпизод с письмом Юлии является одним из очень немногих фрагментов текста Байрона, лишенных едкой повествовательной иронии (эта интонация не нравилась Пушкину, и его повествователь полностью отказывается от нее в восьмой главе).

она пишет ему потрясающее любовное письмо, отказываясь от своих прав на него, что бедный юноша едва ли сможет понять.

Давайте проследим подтекст Байрона. «В судьбе мужчин любовь не основное, / Для женщины любовь и жизнь — одно <...> / Прости меня! Люби меня! Не верь / Моим словам: все кончено теперь!» (Песнь I, 194–195, пер. Т. Гнедич): эти знаменитые строки из письма Донны Юлии Дону Жуану и в самом деле наталкивают на мысль о той же опьяняющей смеси живой страсти, самоотречения, покорности судьбе, воспоминаний о былом и примирения с настоящим, которая столь напоминает заключительную высоконравственную сцену Татьяны с Онегиным[19]. Однако, если смотреть с точки зрения экономики синэстетического романа, который уравновешивает противоположные точки напряжения, но не растрачивает их энергии, это можно назвать самоотречением только в особом смысле. Его нельзя понимать полностью как жертву или личную утрату. Сама Татьяна не утруждает себя объяснениями, подобными тем, которые дает Байрон относительно донны Юлии, или тем, какие точно предоставили бы сентименталистские предшественницы Татьяны. Она объясняет и оправдывает свои поступки только в пределах своего единственного мощного заявления, адресованного Евгению, и рамка, окружающая ее заключительный монолог, практически лишена каких бы то ни было повествовательных комментариев. Она попросту уходит. И если мы не должны ретроспективно вписывать Татьяну в ряд слишком решительных героинь XVIII столетия, то следует сопротивляться и желанию модернизировать ее. Я считаю, что нельзя видеть в ней реалистическую героиню тургеневского или толстовского типа, с выстроенной биографией и полностью психологизированным содержанием.

Некоторые в высшей степени неортодоксальные выводы будут извлечены из этой идеи в конце статьи; однако сейчас вернемся к зрелой Татьяне как Музе. Предлагаю оценивать ее не как трагическую героиню или самоотрекающийся объект, но как осо-

---

19 Стефани Сандлер предложила лучшее прочтение восьмой главы и всего романа как «текста об отречении и текста о продолжающемся влечении» [Sandler 1989: 207].

бого вида динамический поэтический принцип, заслуживающий внимания ввиду своей яркости, способности поддерживать в нетронутом виде все свои составляющие вопреки оказываемому на них воздействию и ввиду желания не расходовать себя под влиянием порыва только для того, чтобы подытожить внешний, открыто явленный сюжет. В таком прочтении есть нечто общее с увлекательной гипотезой, выдвинутой великим советским специалистом по физиологии развития Львом Выготским. Десятая глава в созданной им в молодые годы работе «Психология искусства» (1925) содержит неожиданное прочтение «Евгения Онегина» [Выготский 1968: 282–288][20]. Поскольку, утверждает Выготский, мы предрасположены испытывать подозрительность по отношению к статическим протагонистам в этой стремительно развертывающейся стихотворной повести, Пушкин легко сбивает нас с толку своими вводящими в заблуждение симметриями. Все любовные увлечения, любовные письма и параллельные столкновения, так аккуратно отражающие друг друга, отвлекают нас от возможности того, что к концу романа и герой, и героиня достигли подлинной зрелости. Выготский серьезно воспринимает около дюжины вопросов, которые нагромождаются друг на друга в строфах VII и VIII восьмой главы: «Кто он таков? Ужель Евгений? Ужели он?.. Все тот же ль он иль усмирился? Знаком он вам? — И да и нет...» (многоточие в оригинале). Эти вопросы важны, утверждает Выготский, поскольку подлинные внутренние изменения никогда не отражаются полностью во внешнем облике. В первой половине романа повествователь, столь захваченный описаниями суетной, наполненной событиями жизни Онегина, действительно создает впечатление подробного жизнеописания, но это происходит потому, что у обоих любовь начинается с искусственного

[20] В главе 9 «Искусство как катарсис» Выготский выражает неудовлетворенность по поводу большинства объяснений эстетического отклика, поскольку в них игнорируются теория воображения и теория действительных чувств — двух компонентов, которые всегда взаимодействуют в нашем отклике на искусство, ввиду чего художественное воздействие намного больше, чем «иллюзия». Подойти к этим теориям непросто, допускает он, поскольку критики (в отличие от таких психологов, как он) работают на уровне анализа; у них нет прямого выхода на первичный художественный синтез.

конструкта. Онегин определяется как носитель черт, «которые делают его невозможным для романа героя трагической любви», Татьяна — как девушка, которая влюбляется в плод своего воображения и должна погибнуть. Но затем, утверждает Выготский, «Пушкин дает ложное направление своему роману». Он вводит подлинную драму — которую, вопреки ожидаемым, фиксированным результатам сентиментализма или трагедии, всегда характеризует открытость. По Выготскому, величайшее искусство всегда готовит нас к такому типу катарсиса. То, что мы видим в великом драматическом искусстве, представляет собой только одно временное разрешение; и чем более ясным и непринужденным является это разрешение, тем больше оно свидетельствует о множественности других возможных разрешений, скрывающихся за ним. Выготский утверждает, что поэзия Пушкина всегда содержит в себе как минимум два противоречивых чувства; когда эти противоположные импульсы сталкиваются, мы испытываем эстетическое удовольствие[21].

Концовка: может, этого не было?

Заключительная часть эссе будет написана в духе психологии развития Выготского. На протяжении всего «Евгения Онегина» повествователь поет хвалу идеально размеренной и предсказуемой жизни: «Блажен, кто смолоду был молод, / Блажен, кто вовремя созрел» (8, X). Совет хороший, поскольку сюжет романа — одна большая иллюстрация несчастливых результатов несвоевременного развития и упущенных возможностей. Однако с этой ценностью сопоставлен другой образ, в котором воспет открытый, неопределенный процесс: магический кристалл и смутно угадываемый в нем «свободный роман». Эти две ценности наиболее четко предстают в конфликте между письмом Онегина и убийственно отсроченным ответом Татьяны, который и заставляет его броситься к ее ногам.

---

[21] В своей последней книге Юрий Лотман рассматривает понимание концепции вдохновения у Пушкина именно сквозь призму подобных столкновений: см. [Лотман 1992: 35–43] и, в особенности, заключительную главу «Феномен искусства».

Во время этого последнего свидания Татьяна в совершенстве владеет собой и сдерживает свои страсти. Что бы она ни значила, она не растратит это значение в настоящем времени романа; уходя, она уносит с собой свою уравновешенную энергию. Напротив, один из наиболее дискредитирующих аспектов письма сраженного любовью Онегина — это то, с какой расточительностью он изливает в нем свои чувства. Он полностью живет настоящим, в котором должно быть обещание ее присутствия: «Я утром должен быть уверен, / Что с вами днем увижусь я». Теперь Евгений воображает, что настал конец его жизни. Словно вспоминая предупреждение повествователя: «Но жалок тот, кто все предвидит» (4, LI), Онегин начинает свое письмо к Татьяне на безнадежной ноте: «Предвижу все» (8, XXXII). Мы вспоминаем, как он легко предсказал катастрофу брака в своей начальной отповеди Татьяне по поводу ее письма; теперь он видит мрачную сторону именно такого подхода к жизни, который не оставляет места неожиданности или обновлению. Не то чтобы Онегин был нечестен. Совсем наоборот: как отмечали некоторые критики и как я упоминала выше, в своем письме к Татьяне Онегин более честен в воспоминаниях об их общем прошлом, чем Татьяна в своей реконструкции событий во время их последней встречи. Онегин вполне честен; его проблема заключается в том, что он утратил контроль над временем, все ощущение богатства и непредсказуемости времени, и тем самым оказался не в состоянии изменить или обуздать себя. И именно в этом месте повествователь резко обрывает рассказ, не завершая сюжет ни браком, ни смертью (на что сетовали друзья Пушкина), оставляя Татьяну исполненной самообладания, Онегина — полностью уязвимым. Подобные элегантные инверсии и симметрии позволили некоторым проницательным пушкинистам увидеть в «Онегине» вариант мифа об Эхо и Нарциссе [Picchio 1976][22]. Но если ход развития повествования и прихотливо-пародийное

---

[22] Это отмечалось и в докладе Марины Воронцофф (Йельский университет) «The Tale of Echo and Narcissus, Retold: Pushkin's Tatjana and Eugene», прочитанном на Ежегодном собрании Американской ассоциации преподавателей славянских и восточноевропейских языков (AATSEEL) в Торонто в декабре 1993 года.

искусство Пушкина и побуждают нас к чему-то, то именно к недоверию полной иллюзии зеркального отражения. Что, если это симметричное с точки зрения поэтики окончание раскрывается в обладающий перспективой линейный тип нарратива, калейдоскопически сложный и богатый возможностями — по-видимому, исключительно ценный в оптике «магического кристалла» романа?

Чтобы ответить на этот вопрос, обратимся к альтернативному прочтению восьмой главы. Если в качестве ключа воспользоваться открывающим ее отступлением (одновременно являющимся запоздалым вступлением), то эта заключительная глава будет о Музе, о том, как она — сияющая, ветреная, ласковая, дикая — являлась поэту-повествователю в важные моменты жизни. Предчувствуя недоброе, теперь поэт впервые приводит свою Музу «на светский раут» (8, VI). Но в своем конечном воплощении она не вызывает никаких тревог: почитая иерархию и порядок, она овладела правилами салонного поведения и ведет себя безупречно[23]. Муза — это Татьяна, и это ее последнее вдохновляющее преображение.

А что Онегин? Он всегда был более агрессивно упрям и своеволен, зевал, когда следовало аплодировать, предвидел все, противопоставлял себя поэтам. Пережив этот необычный, необъяснимый приступ любви, он сначала полностью лишен инструментария для обработки его последствий. Однако стоит отметить этапы его пробуждения. Если прежде изысканный облик Онегина отражался в различных зеркалах, он поверхностно реагировал на события, мало или вовсе не заботился о памя-

---

23 К этому можно было бы добавить комментарий Лотмана к стихам 1–4 VII строфы восьмой главы, в котором он чуть ли не извиняется за терпимость Татьяны к «порядку стройному» и «смеси чинов и лет» в аристократическом салоне [Лотман 1980]. Лотман убеждает своих читателей в том, что такая «положительная оценка света» героиней, представляющей русские национальные добродетели, и в самом деле звучит странно в романе, столь насыщенном социальной сатирой. Однако если мы предположим, как в моем прочтении предлагает нам сделать Пушкин, что Татьяна — не дух русских добродетелей, но Муза поэзии, то нет ничего более естественного для этого гибридного романа в стихах, чем восхищение «порядком стройным» и «смесью чинов и лет».

ти и развлекался на различных праздниках жизни, то теперь прошлое начинает выстраиваться в согласованные структуры и тем самым — преследовать его. Попытки признаться Татьяне в этой внутренней перемене отвергнуты. Человеку, который всегда отдавал предпочтение модным замкнутым формам разочарования и отчаяния, было бы так удобно разыграть из себя романтического героя, который может напропалую растрачиваться, отдавать себя на милость возлюбленной — и довольно; а затем вернуться в то привычное состояние, в котором события вновь начинаются за здравие, а завершаются за упокой и в жизни нет никаких тайн, потому что всегда «хандра ждала его на страже» (2, LIV). Однако если провинциальная барышня Татьяна была склонна впечатляться байроническими позами, то Татьяна — взрослая, творческая Муза равнодушна к такому потворству слабостям. Теперь она сохраняет свою энергию, подобно стоячей волне, не теряет самообладания и настроена в резонанс, и ей больше не требуется стороннее воздействие. Онегин ищет признаки смятения, сострадания, следы слез на ее лице, но ничего не находит: «Их нет, их нет!» (8, XXXIII). Словно тень, Онегин начинает «подстраиваться» под Татьяну, дублировать ее судьбу в романе. Он уединяется, бледнеет, начинает читать запоем. Но он не может отогнать от себя ее образ; в ее стихии, стихии, которая скорее поглощает и перерабатывает, чем отражает, — рождаются воспоминания; начинает заявлять о себе прошлое Евгения, он вынужден признать глупость и жестокость поступков, совершенных им в юности; как декорацию к этому рождению подлинной биографии, сквозь строки читаемых им книг, он видит деревенский дом, «И у окна / Сидит *она*... и все она!» (8, XXXVII).

В отличие от большинства прочтений этой заключительной главы, я предполагаю, что в этой точке романа всякое реальное взаимодействие между героем и героиней прекращается. В самом деле, Евгений «не сделался поэтом, / Не умер, не сошел с ума» (8, XXXIX). Однако зима выдалась непростой. Неспособный свести счеты с прошлым или планировать будущее из-за острых потребностей своего настоящего, доведенный до отчаяния отсутствием реакции со стороны Татьяны и вдохновленный месяцами неразборчивого чтения, Онегин совершает единственный поступок, который может направить другим курсом непрерывное настоящее время в его жизни: он воображает себе свой последний визит. Странность этого внезапного визита уже давно была подмечена критиками[24]. Скорость, с которой Евгений мчится по городу к возлюбленной; не поддающееся объяснению отсутствие кого-либо из челяди у дверей и в комнатах княжеского дома; поразительная легкость, с которой Онегин попадает в будуар Татьяны, — все это интерпретировалось разными авторами как поведение, похожее на сон, подчиняющееся сказочной логике или описываемое повествователем с мягкой иронией. В самом деле, намеки на пространство сна предваряют страстную влюбленность Евгения. В восьмой главе, сразу после того, как он увидел княгиню Татьяну, он думает: «Та девочка... иль это сон?..» (XX; многоточие в оригинале); и далее мы читаем: «Мечтой то грустной, но прелестной / Его встревожен поздний сон» (XXI)[25]. Однако как только мы приближаемся к решающему tête-à-tête, мы сталкиваемся с множеством новых фантастических и невероятных деталей, которые указывают на более существенный фазовый переход, причем не только героя, но и повествования в целом.

Первые 35 строф восьмой главы, и в особенности элегическое, квазибиографическое отступление о Музе, которым открывается глава, почти полностью свободны от иронической, уничижительной насмешки повествователя. Затем этот тон возвращается, чтобы подкусить Онегина («мой неисправленный чудак») и за его счет сделать комплимент зрителям: «Куда <...> / стремит

---

[24] См., например: «Поездка Онегина по Петербургу напоминает сон... [Его] вход в дом Татьяны напоминает вход сказочного принца в заколдованный замок. Он не встречает никого из слуг; дом пуст» [Little 1975: 21].

[25] В своем анализе снов у Пушкина Майкл Кац отмечает «распространенность снов и сновидцев в "Евгении Онегине"», заключая, что Татьяна примиряется с результатом своего выбора и положением, в то время как «Онегин остается рабом своих сновидений [мечты] и совершенно не способен принять реальное положение вещей. Поэтому она должна отвергнуть его» [Katz 1980: 92, 99]. В моем прочтении Татьяна действительно примиряется со своей судьбой или, возможно, даже принимает ее, — но именно осознание Онегиным этого необратимого обстоятельства рождает в нем его финальную мечту или сон-фантазию об их заключительной сцене наедине.

Онегин? Вы заране / Уж угадали; точно так» (8, XXXIX–XL). Стремительным темпом, предвещающим недоброе, повествование начинает напоминать *erlebte Rede*[26] или внутренний монолог: «Примчался к ней, к своей Татьяне» — с каких это пор — «своей»? Она была «его» только в реальности его собственной тоски. Никем не замеченный, он проскальзывает в ее личные покои; в конце концов, это мысленное путешествие, которое он репетировал месяцами. Но прежде чем творческая внутренняя фантазия получит возможность развернуться в полной мере, потребуется наличие двух условий. Во-первых, Онегин должен убедиться в том, что он небезразличен Татьяне, что она поглощена мыслями о нем точно так же, как он — мыслями о ней, что она плачет (пусть даже наедине с собой) и что на ее лице есть следы «смятенья, состраданья» и «пятна слез». Во-вторых, он должен убедиться в том, что время обратимо.

Второе условие остается в подвешенном состоянии: действительно ли княгиня Татьяна осталась «прежней Таней» былых лет и можно ли возродить этот образ? До самого конца сцены читателю об этом не сообщается. Зато первое условие вообразить легко, и оно немедленно исполняется. «Неубранная», «бледная», проливающая слезы над страстным письмом раскаявшегося возлюбленного, — обычный прием для описания любимой женщины, которую застали внезапно, нарушив ее одиночество. (Пушкин воспользуется этим приемом для создания очаровательного комического эффекта в «Барышне-крестьянке», последней и самой веселой из его «Повестей Белкина».) Татьяна не отвергает Евгения, но и не поощряет его; она бесстрастна, как тень. Чего добивается Евгений в этой напряженной и статичной сцене? Он по-прежнему не поэт; поэтическая Муза не снизойдет к нему. Но, мне кажется, Татьяна всегда рядом с ним как внутренняя совесть, и это ее голос звучит внутри него и крепнет в ее присутствии.

Интерпретации Татьяны как «фатума» Онегина, «осязаемого выражения груза его совести» в литературе, посвященной этой

[26] Несобственно-прямую речь (*нем.*). — *Примеч. пер.*

заключительной сцене, не новы[27]. Однако такие трактовки предполагают, что Татьяна в этой сцене — реальная; фальшивыми могут быть только совесть Евгения и характер его любви. Здесь я придерживаюсь противоположного мнения: именно потому, что любовь и страдания Евгения подлинны, потому что в нем произошли настоящие, необъяснимые перемены, вызванные — кто знает? — течением времени или зарождением настоящей любви, физическое присутствие Татьяны становится необязательным. Она может быть вызвана в воображении, что, в конце концов, является подобающим онтологическим состоянием для этической Музы. Нигде в своих черновиках или вариантах восьмой главы Пушкин не указывает, что таковым было его намерение. Но нам известно, что Пушкин беспокоился по поводу окончания романа и экспериментировал с различными способами углубить представление читателей о его герое, в том числе с путевым дневником и салонным альбомом, хотя в конце концов отказался от этих идей. Как замечает по поводу композиции романа Лесли О'Белл: «Развязка давалась туго... Путешествие и Альбом, как и сцена в библиотеке Онегина, были средствами для познания героем самого себя» [O'Bell 1993: 164–165]. Здесь я предлагаю именно такое понимание венчающей роман отповеди Татьяны Онегину — как «познания героем самого себя».

Проницательные читатели давно выражают неудовольствие по поводу этого последнего свидания. Владимир Набоков, выступая против массы «страстных патриотических дифирамбов, превозносящих добродетели Татьяны», настаивает на том, что ее самоотверженный отказ Онегину — это попросту клише из французских, английских и немецких романтических романов; более того, «ее ответ Онегину вовсе не звучит с той величавой бесповоротностью, которую слышат в нем комментаторы» [Набоков 1998: 593]. Т. Э. Литтл высказывается более радикально, настаивая на том, что мы изначально должны воспринимать все любовные отношения между Татьяной и Онегиным в ироническом ключе: молчание Татьяны вполне могло бы быть

---

27 См., например, [Clayton 1985: 112].

объяснено не ее нравственной силой или тайными страданиями, но попросту безразличием или негодованием. Сценарий концовки, в которой «сентиментальная героиня встречается с перевоспитавшимся байроническим героем», попросту является «типично пушкинской насмешкой», Татьяна безжалостно глумится над своей жертвой [Little 1975: 19–28]. Р. Грегг, перенося акцент с формы на содержание заключительного монолога Татьяны, находит в нем дюжину неточностей или, если выразиться помягче, субъективных эмоциональных высказываний Татьяны, в которых она возводит напраслину на Евгения [Gregg 1981: 1, 6][28]. Такие суждения обоснованно мотивируются ощущением, что в этой заключительной сцене что-то не так. Однако я считаю, что они незаслуженно упрощают обоих ее участников, в особенности — героя.

Грегг, разумеется, прав, утверждая, что память подводит Татьяну и что она разговаривает с Евгением крайне резким тоном. Я хотела бы добавить, что ее тон — почти мужской, как будто бы эта неизбежная развязка должна была начинаться с обращения Евгения к части своего «я». Разумеется, в моем сценарии так и происходит. (Татьяна все время называет его «Онегин», так, как называют друг друга мужчины, так, как Евгений обращался к Ленскому.) На самом деле большая часть из того, что она ему говорит, становится понятнее, если ее понимать автореферентно, как исповедь. Татьяна отвергает Онегина — точно так же, как его внутреннее «я», теперь более восприимчивое и отвечающее за свое прошлое, знает, что она должна поступить таким образом. Если теперь Татьяна вспоминает «одну суровость» в реакции Онегина на ее письмо и упрекает его за «взгляд холодный» и «проповедь», мы знаем, что это ошибочная оценка искренности

---

[28] Хотя Грегг и проявляет повышенный интерес к этой речи, его не привлекают мои радикальные умозаключения. Он ограничивается тем, что приписывает допущенные Татьяной неточности риторическим приемам и потере контроля над чувствами, задаваясь вопросом: «в какой степени ее замечания соответствуют истине?» — параллельно отмечая, что «искренность, в конце концов, не гарантирует истинности», и допуская, что, хотя «Татьяна не может лгать» (почему? Неужели и Грегг попал под влияние культа?), «в одной важнейшей области своего опыта она — исключительно ненадежный свидетель». Благосклонно восприняв черновой вариант этой статьи, на мой вопрос: «Грегг находится под влиянием культа?» — Грегг ответил: «Еще как».

и мягкости его тона в тот день. Однако в нынешних обстоятельствах Онегин вполне простительно желает наказать себя за то, что тогда упустил нечто столь важное теперь. Онегин также знает в душе (и Татьяна откровенно и неоднократно подтверждает это в обращенной к нему речи), что в важнейшие моменты их несинхронизированных объяснений в любви он и в самом деле вел себя благородно, принимая во внимание то, каким он был и что он знал о себе в то время.

Заключительная речь Татьяны примечательна в других отношениях. Если сравнивать ее со взволнованным письмом безнадежно влюбленного Онегина, предъявленным нам в тексте, ответ Татьяны капризен, резок и откровенен в недопустимой, казалось бы, степени для утонченной женщины ее положения. Хотя Евгений и в самом деле питает эротические помыслы по отношению к Татьяне, та совсем не щадит его (по меркам любящей, как она утверждает, женщины): теперь, намекает она, Евгений влюблен в нее прежде всего потому, что она богата, знатна, принята при дворе, замужем за изувеченным на войне князем, который старше нее; любовь Онегина может лишь опозорить ее, принеся ему «соблазнительную честь». Опять-таки, в ситуации, когда такая агрессивная прямота могла бы показаться неподобающей со стороны тактичной, в совершенстве владеющей собой Татьяны (пусть даже на время вернувшейся к своему более невинному деревенскому «я»), Евгений, который с недавних пор начал испытывать угрызения совести по поводу своего прошлого, вполне мог бы питать такие позорные подозрения в свой адрес и сознательно усилить эти угрызения в качестве карающего жеста самоосуждения. Одна из наиболее часто цитируемых строк заключительного монолога — «А счастье было так возможно, / Так близко!..» (8, XLVII), если рассуждать логически, представляет собой лишь то, что мог бы сказать Евгений. Мы не должны забывать, что в те уже далекие времена счастье было «возможно» и «близко» только для него, обладавшего всеми мужскими правами проявлять инициативу в подобных делах. С первой же строки своего отчаянного любовного письма Татьяна рисковала, ей грозили позор и преждевременная любовная связь. Между тем в заключительном монологе Татьяны любовь уже не является главной ценностью. Исчезло это простое байроническое чувство, стержень жизни каждой женщины, для которой «любовь и жизнь — одно». Теперь повторяющимися мотивами становятся те мужские добродетели, которые были так дороги самому Пушкину: упрямство, гордость, честь.

Когда Татьяна поднимается и выходит из комнаты, Евгений остается «как будто громом поражен». Традиционные прочтения этого финала допускают иронию, потрясение, пережитое Евгением из-за нравственного превосходства Татьяны, ее самообладания, из-за приближения ее супруга, а также из-за болезненно смехотворного положения, в котором он оказался. Однако в настоящем контексте мечты поразивший Онегина гром мог бы оказаться громом осознания и внутреннего роста. Не удивительно, что Евгений впечатлен ее речью. Она принадлежит ему, его собственному, лучшему «я», его совести (Муза, теперь обращающаяся к нему изнутри, дарует ему вдохновение и нравственную ориентацию). Евгений по-прежнему не поэт в том смысле, в котором поэтами являются Ленский и повествователь. Однако идеальный внутренний собеседник, которым для него стала Татьяна, мог бы служить многим целям.

И здесь мы могли бы порассуждать о концовке «Онегина» в контексте собственной творческой биографии Пушкина. К 1829 году Пушкин стал присматриваться к другим, более прозаически приземленным музам. Это были музы прозы, истории, возможно, его собственной приближающейся женитьбы. Общим для всех них — и здесь нам следует вспомнить второе условие, к которому Онегин стремился в своей фантазии о Татьяне, то, в котором ему было отказано, — является понимание необратимости времени. Герой обратимого времени был хамелеоноподобным «салонным самозванцем» середины 1820-х годов, типичный пример которого — быстро приспосабливающийся к обстоятельствам, беспечный Дмитрий Самозванец, авантюрист, чьи многочисленные маски одинаково подлинны, что делает поиск своего «подлинного "я"» совершенно невозможным. Со временем в творческом воображении Пушкина на смену этому «обратимому» самозванцу должен был прийти бесконечно более серьезный самозванец Пугачев, который, имея только одну маску, рискует всем и несет реальную историческую ответственность.

«Евгений Онегин» предвосхищает этот переход. Когда Татьяна удаляется, Евгений остается наедине со своим необратимо жаждущим «я», которое ощущает груз событий, разворачивающихся во времени. С одной стороны, доносящийся с порога звон шпор генерала может предвещать скандал, дуэль, бесчестье. Однако такой сценарий уже до боли знаком, в нем задействованы только старые маски. А новизна вот в чем: и Онегин, и читатель озираются по сторонам с тем чувством тоски и внезапной слабости, которое появляется, когда нас застают «на месте преступления» — в разгар важного, глубоко личного, отчасти запретного разговора с кем-то любимым и любящим, чьи откровенные признания о нас самих мы только набираемся мужества услышать.

А что ждет Татьяну? Вопреки вразумлениям Белинского (с которого началась история критического осмысления «Евгения Онегина» и чья задумчивая фигура по-прежнему сохраняет в нем авторитет) и вопреки детским страстям развитой не по годам Марины Цветаевой, столь захваченной той «нелюбовной» сценой на скамейке[29], мы не можем беспокоиться по поводу судьбы Татьяны. У муз нет судеб в житейском смысле. Даже задаться подобным вопросом по отношению к этому тексту было бы некорректно. «Евгений Онегин» — не сентиментальный роман XVIII столетия и не реалистический роман в духе Толстого или Достоевского[30]. Скорее, он принадлежит к удачно выделенной одним из критиков группе из двух романов, в которую

---

[29] См. размышления Цветаевой о судьбе Татьяны в «Моем Пушкине»: «Скамейка. На скамейке — Татьяна. Потом приходит Онегин, но не садится, а она встает. Оба стоят. И говорит только он, все время, долго, а она не говорит ни слова. И тут я понимаю, что... это — любовь <...> Моя первая любовная сцена была нелюбовная: он не любил (это я поняла), потому и не сел, любила она, потому и встала, они ни минуты не были вместе, ничего вместе не делали, делали совершенно обратное: он говорил, она молчала, он не любил, она любила, он ушел, она осталась... Татьяна на той скамейке сидит вечно» [Цветаева 1994: 70–71].

[30] Ср. [Лотман 1995: 451–462].

входят также «Мертвые души», группе одноразовых экспериментов в области формы и жанра романа, осуществленных гениями в переходный период [Franklin 1984: 372]. Ибо, как неустанно повторяют критики, принадлежащие к формальной школе, это — роман в стихах, а стихотворная составляющая постоянно деформирует и форму произведения, и характеры, которые формируются внутри него [Тынянов 1977].

Здесь мы могли бы вспомнить предупреждение одного из самых авторитетных американских пушкинистов Томаса Шоу: не надо переоценивать «прозаичность» романа Пушкина. Хотя его герой не начал писать стихи, «фактически весь роман указывает на важность быть поэтичным. Возможно, главная проблема, положенная в основу романа, это не просто стадии развития, но то, как поэт (или поэтическое в человеке) может развиться, достигнув зрелости, и сохраниться или же снова стать поэтическим» [Shaw 1980: 35][31]. С учетом этих приоритетов заглавный герой по-прежнему остается героем. Самая высокая оценка Татьяны — как *присутствия стиха* в произведении, как высококонцентрированной нравственной музы. Она здесь для того, чтобы сделать возможным то, что Шоу называет «зрелым переоколдовыванием» Евгения, тем внутренним процессом, который, едва начавшись, избавляет его от потребности во внешнем повествователе. При таком прочтении «Евгений Онегин» — завершенное произведение, оканчивающееся там, где оно оканчивается, и законченное полностью. Исчезновение повествователя в финале сопряжено с ощущением благодарности, ностальгии и абсолютной невозможности вернуться в прошлое, напоминая описанный несколькими строфами ранее внезапный уход Татьяны, который заставил Евгения очнуться. Резко оборванный конец, таким образом, является еще одной хорошо сконструированной иллюзией, созданной для того, чтобы перенести теперь уже зрелого и отрезвленного героя через

---

31 Шоу усматривает три «фазы» в точке зрения повествователя (юношеская восприимчивость, разочарованность, новая очарованность в зрелости) и замыкает Онегина во второй фазе, когда он созрел для новой очарованности, — хотя, разумеется, Онегин так и не становится поэтом.

неведомый порог, — и мы не можем последовать за ним. В заключительных строфах Пушкин оставляет своих читателей с такой же продуманной открытой концовкой, какую он создает и для неизвестного будущего Онегина. И я бы предположила, что именно поэтичность Татьяны сама по себе сделала возможным появление такого по-настоящему *романного* героя. Желаю нам всем расставаться с нашими творениями с таким же чувством собственного достоинства.

1995

Источники

Белинский 1955 — Белинский В. Г. Сочинения Александра Пушкина // Белинский В. Г. Полное собрание сочинений: В 13 т. Т. 7. М.: Изд-во АН СССР, 1955. С. 99–579.

Достоевский 1984 — Достоевский Ф. М. Пушкин (Очерк) // Достоевский Ф. М. Полное собрание сочинений: В 30 т. Т. 26. Л.: Наука, 1984. С. 136–149.

Пушкин 1949 — Пушкин А. С. <Возражение на статьи Кюхельбекера в «Мнемозине»> // Пушкин А. С. Полное собрание сочинений: В 16 т. Т. 11 / Под общ. ред. В. В. Гиппиуса, Б. В. Томашевского и Б. М. Эйхенбаума. [М.; Л.]: Изд-во АН СССР, 1949. С. 41–42.

Цветаева 1994 — Цветаева М. Мой Пушкин // Цветаева М. Собрание сочинений: В 7 т. Т. 5. М.: Эллис Лак, 1994. С. 57–91.

Литература

Бицилли 1937 — Бицилли П. Смерть Евгения и Татьяны // Современные записки. 1937. № 44. С. 413–416.

Выготский 1968 — Выготский Л. С. Психология искусства. М.: Искусство, 1968.

Лотман 1980 — Лотман Ю. М. Роман А. С. Пушкина «Евгений Онегин»: Комментарии. Л.: Просвещение, 1980.

Лотман 1992 — Лотман Ю. М. Культура и взрыв. М.: Гнозис, 1992.

Лотман 1995 — Лотман Ю. М. Роман в стихах Пушкина «Евгений Онегин»: Спецкурс. Вводные лекции в изучение текста // Лотман Ю. М. Пушкин: Биография писателя; Статьи и заметки, 1960–1990; «Евгений Онегин»: Комментарий. СПб.: Искусство-СПБ, 1995. С. 393–462.

Набоков 1998 — Набоков В. Комментарий к роману А. С. Пушкина «Евгений Онегин». СПб.: Искусство-СПБ; Набоковский фонд, 1998.

Тынянов 1977 — Тынянов Ю. Н. О композиции «Евгения Онегина» // Тынянов Ю. Н. Поэтика. История литературы. Кино. М.: Наука, 1977. С. 52–77.

Шкловский 1923 — Шкловский В. «Евгений Онегин»: Пушкин и Стерн // Очерки по поэтике Пушкина. Берлин: Эпоха, 1923. С. 197–220.

Штильман 1958 — Штильман Л. Н. Проблемы литературных жанров и традиции в «Евгении Онегине» Пушкина // American Contributions to the Fourth International Congress of Slavists. The Hague: Mouton, 1958. P. 321–367.

Clayton 1985 — Clayton J. D. Ice and Flame: Aleksandr Pushkin's "Eugene Onegin". Toronto: University of Toronto Press, 1985.

Clayton 1987 — Clayton J. D. Towards a Feminist Reading of Evgenii Onegin // Canadian Slavonic Papers. 1987. Vol. 29. No 2/3. P. 255–265.

Franklin 1984 — Franklin S. Novels without End: Notes on "Eugene Onegin" and "Dead Souls" // Modern Language Review. 1984. Vol. 79. Pt. 2. P. 372–383.

Garrard 1993 — Garrard J. Corresponding Heroines in Don Juan and Yevgeny Onegin [manuscript].

Gregg 1970 — Gregg R. A. Tat'yana's Two Dreams: The Unwanted Spouse and the Demonic Lover // Slavonic and East European Review. 1970. Vol. 48. P. 492–505.

Gregg 1981 — Gregg R. Rhetoric in Tat'jana's Last Speech: The Camouflage that Reveals // Slavic and East European Journal. 1981. Vol. 25. No 1. P. 1–12.

Katz 1980 — Katz M. R. Dreams in Pushkin // California Slavic Studies. Vol. 11 / Ed. by N. V. Riasanovsky, G. Struve, T. Eekman. Berkeley; Los Angeles: University of California Press, 1980. P. 71–103.

Katz 1984 — Katz M. R. Love and Marriage in Pushkin's "Evgeny Onegin" // Oxford Slavonic Papers. Vol. 17 / Ed. by J. L. I. Fennell, I. P. Foote. Oxford: Clarendon Press, 1984. P. 77–89.

Kelley 1976 — Kelley G. The Characterization of Tat'jana in Puškin's "Evgenij Onegin": Ph. D. dissertation. University of Wisconsin-Madison, 1976.

Little 1975 — Little T. E. Pushkin's Tatyana and Onegin: A Study in Irony // New Zealand Slavonic Journal. 1975. No 1. P. 19–28.

Mitchell 1968 — Mitchell S. Tatiana's Reading // Forum for Modern Language Studies. 1968. Vol. 4. No 1. P. 1–21.

Müller 1962 — Müller L. Tat'janas Traum // Die Welt der Slaven. 1962. Bd. 7. S. 387–394.

O'Bell 1993 — O'Bell L. Through the Magic Crystal to "Eugene Onegin" // Puškin Today / Ed. by D. M. Bethea. Bloomington: Indiana University Press, 1993. P. 152–170.

Picchio 1976 — Picchio R. Dante and J. Malfilâtre as Literary Sources of Tat'jana's Erotic Dream (Notes on the Third Chapter of Puškin's Evgenij Onegin // Alexander Puškin: A Symposium on the 175th Anniversary of his Birth / Ed. by A. Kodjak, K. Taranovsky. New York: New York University Press, 1976. P. 42–55.

Richards 1925 — Richards I. A. Principles of Literary Criticism. New York: Harcourt, Brace and World, 1925.

Sandler 1989 — Sandler S. Distant Pleasures: Alexander Pushkin and the Writing of Exile. Stanford: Stanford University Press, 1989.

Santayana 1896 — Santayana G. The Sense of Beauty. New York, 1896.

Scheffler 1968 — Scheffler L. Tat'jana Larina // Scheffler L. Das erotische Sujet in Puškins Dichtung. München: Fink, 1968. S. 178–200.

Shaw 1980 — Shaw J. T. The Problem of Unity of Author-Narrator's Stance in Puškin's Evgenij Onegin // Russian Language Journal. 1980. Vol. 35. P. 25–42.

Todd 1986 — Todd W. M. III Fiction and Society in the Age of Pushkin: Ideology, Institutions, and Narrative. Cambridge, MA: Harvard University Press, 1986.

Wimsatt, Brooks 1957 — Wimsatt W. K., Brooks C. Literary Criticism: A Short History: In 2 vols. Vol. 2. Chicago: University of Chicago Press, 1957. P. 618–619.

5
«Борис Годунов»: трагедия, комедия, карнавал и история на сцене[1] (фрагменты статьи)

Тема «Бориса Годунова» в этой книге охватывает тридцать лет, переплетаясь с другими научными интересами. В статье, представленной здесь в сокращенном варианте, анализируется бахтинская идея карнавала применительно к исторической драме Пушкина, которая в соответствии с авторским определением (в первоначальной редакции 1825 года) рассматривается как комедия.

> В обычном смысле слова, комедия не имеет смысла. Смысл — это то, с чем комедия играет.
>
> [Williams 1993: 55]

<...> Одно из различий, которые древние делали между высокими эпико-трагическими жанрами и низкими комическими, заключалось в том, что эпос и трагедия должны были нести ответственность: за основание города, за торжество справедливости, за установление истины в достаточной мере, чтобы определить причины события и виновных. Характерным свой-

---

1 Впервые: Tragedy, Comedy, Carnival, and History on Stage // The Uncensored Boris Godunov: The Case for Pushkin's Original "Comedy" / Ed. by C. Dunning. Madison: University of Wisconsin Press, 2006. P. 157–191. Публикуется в сокращении. Ссылки на тексты Пушкина даются с указанием номера тома и страницы по изданию: Пушкин А. С. Полное собрание сочинений: В 16 т. [М.; Л.]: Изд-во АН СССР, 1937–1959.

ством комедии является то, что ее персонажи не отягощены таким бременем. Комические герои во всех жанрах (Фальстаф, Санчо Панса, констебль Локоть, бравый солдат Швейк) имеют право быть несостоятельными как исторические деятели, равнодушными к судьбе, приверженными простым удовольствиям, циничными по отношению к действиям правосудия. Возможно ли в таком случае, чтобы драма, претендующая на добросовестное изображение исторических событий, сочетала в себе трагический и комический миры так, чтобы это сочетание внушало доверие? Для Пушкина комическое имело задачи более серьезные, чем злободневная сатира, то есть унижение напыщенной публичной фигуры или претенциозной идеологии. Не были комические элементы и просто временным отвлечением от трагической развязки — так называемой комической разрядкой, драматическим приемом, который мастерски использовал Шекспир в своих трагедиях и «проблемных» комедиях («Гамлет», «Макбет», «Король Лир», «Мера за меру»), а также в восхитительных комико-эротических сценах в хрониках и исторических драмах. Пушкин ценил такую разрядку, как и важнейшее для ее достижения словесное остроумие, создавая в этом духе целые сцены. Однако в целом комическое поведение в произведениях Пушкина не выполняет функции терапевтического средства ни для действующих лиц, ни для публики. Комическое поведение становится действующей силой истории.

Идея была радикальной. Театральная сцена XIX века почти не знала «исторически значимых» комических эпизодов. Красноречивым подтверждением этому может послужить история создания оперы «Борис Годунов», написанной примерно через три десятилетия после смерти Пушкина. В июле 1870 года, в промежутке между созданием двух редакций «Бориса», Мусоргский играл часть только что сочиненных им «сцен с крестьянами» на музыкальном собрании на даче Владимира Стасова в Парголово. Из рассказа Мусоргского неясно, какие именно сцены он исполнил, но, скорее всего, среди них был вступительный общий хор во дворе Новодевичьего монастыря. Поразительно «шекспировская» хоровая драматургия оперы, безусловно, была очевидна: стилизованная хоровая песня или хоровой плач, пронизанный циничными, индивидуализированными голосами в самоироничном контрапункте. Это должно было производить комический эффект. Однако в то же время эти крестьяне выносили непочтительные суждения о властях предержащих в государстве Московском, как это происходит в соответствующей сцене у Пушкина. Подобные суждения были потенциальной исторической силой. В тот же вечер Мусоргский поделился с Николаем Римским-Корсаковым своей озабоченностью тем, как были восприняты эти сцены. «Дважды находился в Парголове, и вчера производил свои шалости при многочисленной аудитории, — писал он. — По поводу мужиков в “Борисе” одни нашли, что это буф (!), другие же увидели трагизм»[2]. Важное значение имеет восклицательный знак. Простолюдины, столпившиеся на площади, могли иметь двоякий смысл: они либо воплощали традиционный торжественный хор (торжественный, но не имеющий исторического значения), либо символизировали решенную судьбу народа и государства как носители оставшейся в далеком прошлом мудрости греческого трагического хора. Невозможно было не указать, что именно имелось в виду. Мусоргский прекрасно осознавал, что дал повод к противоречивым интерпретациям и что только трагедия несет в себе груз исторического смысла. Серьезное смешение трагедии и комедии в исторической драме, как и в музыкальной исторической драме — преследующее цели более глубокие, чем комическая разрядка или сатира, — могло лишь привести к двусмысленности относительно судьбы нации и способности ее героев определить эту судьбу.

Кроме смешения жанров, возникали и более насущные проблемы. На протяжении всего XIX столетия трагедия и комедия имели свои собственные сферы интересов, свои собственные языковые регистры и стилистические нормы. Внутренняя архитектура императорских театров в период русского романтизма не способствовала гибкому сочетанию этих двух модусов. Если

---

[2] Письмо от 23 июля 1870 года [Мусоргский 1971: 117].

древняя трагедия создавалась для арены, театра, в котором зрители размещались вокруг сцены, а классицистическая трагедия — объект особого раздражения Пушкина — для плоской, вытянутой от авансцены коробки, то «Борис Годунов» точно задумывался в духе елизаветинского театра с его выдвинутой в зрительный зал авансценой, с несколькими уровнями, которые смело выдаются в пространство зрительного зала и позволяют показать накладывающиеся друг на друга массовые и камерные сцены. Как нам известно из резкого комментария Пушкина, в 1826 году он не находил, что построенные в стиле классицизма императорские театры отвечают потребностям постановки такого драматического спектакля, как «Борис»[3]. Возможно, ему мог воздать должное общедоступный театр, однако «Борис» не был ни водевилем, ни опереттой, ни фарсом. Это была серьезная комедия, но в быстром темпе, с одновременными выходами и входами, радикальным переключением внимания аудитории и плавным перетеканием одной сцены в другую — всеми отличительными чертами Пушкина-драматурга. Ибо комедия — не только жанр. Это поле действий, темп, свежий взгляд на происходящие события и отклик на них, который по природе своей враждебен помпезности и героическому эгоцентризму, чертам, которые ассоциируются со старостью. Обычно комический дух поднимает на смех любую медлительность в действиях или речи. Пушкин с ранней юности чувствовал себя в этом мире как дома. Для него комедия выходила за рамки жанра и эпохи. Не переставая критиковать классицистическую трагедию, на протяжении всей своей жизни Пушкин с большим энтузиазмом относился к классицистической стихотворной комедии. К числу его наиболее ранних лицейских опытов в области драматургии относится пятиактная комедия[4].

---

3 См. его набросок статьи о «Борисе Годунове», написанный в 1828 году (предназначавшийся редактору «Московского вестника», но так и не отосланный): «Твердо уверенный, что устарелые формы нашего театра требуют преобразования, я расположил свою трагедию по системе Отца нашего — Шекспира...» [Пушкин 11: 66]. Далее Пушкин с вызовом перечисляет все свои отступления от классицистических единств и формул.

4 А. Д. Илличевский — П. Н. Фуссу, 16 января 1816 года: «Кстати о Пушкине: он пишет теперь комедию в пяти действиях, в стихах, под названием "Философ". План довольно удачен и начало, т. е. первое действие, до сих пор только написанное, обещает

В последнее время ведущие умы в области литературной критики (например, Андрей Синявский в «Прогулках с Пушкиным») находили в комедийной легкости, стремительности и отсутствии единого центра в пушкинских текстах образец всех тех ценностей, которыми наиболее дорожил поэт: случай, благодарность, щедрость, суеверие и радостная покорность судьбе[5]. Действительно, комическое до такой степени распространено у Пушкина, что трудно составить исчерпывающий перечень использованных им приемов. Л. И. Вольперт начинает свою статью 1979 года о Пушкине и французской комедии XVIII века с такой оговорки: «Уяснение значения и места комедийного жанра в творческой эволюции Пушкина — важная и все еще не решенная в нашем литературоведении проблема. Недостаточная изученность этой проблемы может быть объяснима парадоксальным, на первый взгляд, положением: ни одной законченной комедии Пушкин не написал, но все его творчество проникнуто яркой комедийностью» [Вольперт 1979: 168].

И все-таки в 1825 году Пушкин завершил одно крупное произведение, которое он назвал комедией. Однако в литературоведении принято работать с более поздним каноническим текстом, анализируя его под другим ярлыком как «романтическую» (то есть не классицистическую) трагедию. Сам Пушкин чаще всего защищал свою драму аргументацией от обратного, с точки зрения того, чем она не является, подчеркивая оригинальность и радостное возбуждение, возникшие благодаря нарушению классических единств. Для него подлинный романтизм всегда заключал в себе элемент неожиданности, обычно достигавшийся за счет сопоставления различных точек зрения под неожи-

---

нечто хорошее; стихи — и говорить нечего, а острых слов — сколько хочешь! <...> Дай только Бог ему терпения и постоянства, что редко бывает в молодых писателях...» [Вересаев 1936: 81].

5 «Расчетливый у Пушкина — деспот, мятежник, Алеко. Узурпатор Борис Годунов. Карманник Германн. Расчетливый, всё рассчитав, спотыкается и падает, ничего не понимая, потому что всегда недоволен (дуется на судьбу). В десятках вариаций повествует Пушкин о том, как у супротивника рока обламываются рога <...>»; «В пушкинских созвучиях есть что-то провиденциальное: разбежавшаяся без оглядки в разные стороны речь с удивлением вдруг замечает, что находится в кольце, под замком — по соглашению судьбы и свободы» [Синявский 1989: 39–40, 41].

данными углами. Трагедия, подвергшаяся «романтическому» импульсу, должна была узаконить более свободный сюжет, более свободную форму (как в трагедиях Шекспира), где уделяется больше внимания естественному диалогу и индивидуализированной психологии. Для тех относительно малочисленных исследователей, которые серьезно подошли к эволюции гибридного жанра этой пьесы, трагедия привычно завершается определяющей и определенной ситуацией. Однако некоторые остановились на этой проблеме подробнее. В качестве свежего примера можно привести монографию Дагласа Клэйтона «Тень Димитрия: Опыт прочтения пушкинского "Бориса Годунова"» (2004).

Клэйтон отмечает, что чувство комического у Пушкина такое же, как и в трех знаковых пьесах, которые определяли жанр при его жизни: «Липецких водах» Шаховского, «Горе от ума» Грибоедова и «Ревизоре» Гоголя [Клэйтон 2007: 47][6]. Во всех трех (как и в более поздних великих комедиях Тургенева и Чехова) подрывается западная модель комедии. Любовные треугольники кривы и непредсказуемы, сценическое действие не завершается свадьбой молодой четы, старость не обязательно высмеивается по сравнению с молодой жизнью, а место традиционного эротического завершения может занимать немая сцена (или момент общего потрясения). «Русские комедии — серьезные, "черные", но именно благодаря этой своей жанровой новизне они занимают уникальное место в мировой традиции», — утверждает Клэйтон [Клэйтон 2007: 47]. Он указывает на «явный сдвиг <...> в собственном восприятии Пушкиным своего творения — от момента его написания в Михайловском до момента получения

---

[6] В главе 2 («Борис Годунов и театр») монографии Клэйтона дается великолепный анализ интереса Пушкина к современным ему французским спорам относительно достоинств классицистической и романтической драмы (толчком для дискуссии послужили работы Августа фон Шлегеля на эту тему), которые стали контекстом для многих отвергнутых Пушкиным предисловий к «Борису» в духе «театральных» или «драматических манифестов», полемического жанра, вдохновленного Виктором Гюго [Клэйтон 2007: 51–56]. Более спорным, однако, представляется общий тезис монографии Клэйтона о том, что к 1825 году общественные взгляды и религиозные убеждения Пушкина уже были консервативными и что эта идеология нашла свое выражение в драме.

окончательного разрешения на его публикацию», усматривая во все более частых авторских упоминаниях этого произведения как трагедии сближение с «шекспировской традицией» [Клэйтон 2007: 64–65]. Изменения в тексте включали избавление от вопиющих архаизмов, сокращение по-средневековому громоздкого названия «Драматическая повесть, Комедия о настоящей беде Московскому государству, о царе Борисе и о Гришке Отрепьеве» (у Шекспира подобные заглавия служат маркером комической ситуации) до имени главного героя, как это было в шекспировских трагедиях и исторических драмах, и переработку всего текста в нерифмованные пятистопные ямбы — или упразднение тех сцен, которые не соответствовали этому размеру [Клэйтон 2007: 65]. Тем не менее многие важнейшие сцены в пьесе Пушкина остаются столь же расиновскими, сколь и шекспировскими. Клэйтон приходит к заключению, что в целом канонический «Борис» — произведение трагическое, а не комическое, хотя как трагедия оно подверглось значительному воздействию романтизма и Шекспира.

Существует и третье, наименее распространенное жанровое определение для драмы, в которой комическое и в самом деле воспринимается очень серьезно. Оно вошло в пушкинистику XX столетия на заре захлестнувшего весь мир интереса литературоведов к Бахтину и карнавалу. Одним из побочных эффектов карнавального бума стало смещение центра внимания в сторону исходной версии драмы Пушкина. Может ли это новое видение конкурировать с романтическим и трагическим в раскрытии богатства пушкинской «Комедии»?

«Борис Годунов» как карнавал: pro et contra

Сергей Фомичев рассматривает как сильные, так и слабые стороны тезиса о карнавале [Fomichev 2006]. По его мнению, действие «Комедии» 1825 года происходит в «смеховом мире», царстве карнавала. Для сторонника карнавальной теории та энергия, которую Синявский чувствовал в личности Пушкина, — его легкость, яркость, скорость, невесомая эфирность поэзии, противопоставленные педантизму и жалости к себе, — проявляется в определенных установках самой русской средневековой культуры. В своем прочтении Фомичев опирается на гипотезы выдающихся ученых-медиевистов и фольклористов Дмитрия Лихачева и Александра Панченко, высказанные в книге «Смеховой мир Древней Руси» (1976) [Лихачев, Панченко 1976] и ее расширенном варианте «Смех в Древней Руси» (1984), созданном при участии Натальи Понырко [ЛЛП 1984]. Вдохновленная предложенной Бахтиным блестящей интерпретацией французской площадной культуры в романах Франсуа Рабле, эта замечательная группа исследователей искала — и обнаружила — в равной мере зрелые, прогрессивные культурные формы в русском позднем Средневековье. Центральное место среди них принадлежит дерзкому скомороху — бродячему певцу, гонимому православной церковью за неуместное веселье и непристойные песни; юродивому — блаженному дурачку, чьи публичные выходки анализируются здесь не столько как проявление личного смирения, сколько как провокационный публичный спектакль (со смелым политическим подтекстом); и лубку — комической ксилографии, столь выразительно запечатлевшей тревоги и стойкость простонародья перед лицом катастрофических социальных перемен. Проводится тонкий анализ амбивалентного — или черного — юмора таких крупных личностей допетровской эпохи, как Иван Грозный и протопоп Аввакум. Эти две монографии стали научной сенсацией. Казалось, карнавал занял свое место.

Однако вскоре выяснилось, что концепция Лихачева и Панченко, несмотря на лежащий в ее основе бахтинский импульс, имела мало общего с утопической смесью западного быта и славянского фольклора, составляющей карнавальное исследование о Рабле у Бахтина. Раблезианский «смеховой мир» — выраженно персоналистичный. Органичный, бесстрашный, одобрительно воспринимающий асимметричное и гротескное тело, этот мир наделен Бахтиным инкарнационными, евхаристическими качествами. Модель Лихачева — Панченко, напротив, демонстрирует гораздо больше структурных ограничений — и гораздо меньше возможностей для прозрения или неожиданного духовного просветления. (В целом в позднесоветскую эпоху официальные сторонники концепции средневекового «смехового мира» демонстрируют свое материалистическое воспитание, приглушая религиозную составляющую предмета исследования, его искупительную и экстатическую стороны, и формируя образ, который был бы неприемлем и для Пушкина, и для Бахтина — и немыслим для Рабле.) Концепция Лихачева — Панченко носит надличностный характер и в семиотическом духе построена на эффектной бинарной оппозиции. Она представляет средневековое русское мировоззрение как строго дуалистическое.

«Вселенная делится на мир настоящий, организованный, мир культуры — и мир не настоящий, не организованный, отрицательный, мир “антикультуры”, — пишет Лихачев в первой главе книги. — В первом мире господствует благополучие и упорядоченность знаковой системы, во втором — нищета, голод, пьянство и полная спутанность всех значений» [ЛЛП 1984: 13]. Обитатели второго мира не занимают в нем стабильного положения. Это им не дано, поскольку этот второй мир — именуемый по-разному: «антимир», «небыль», «мир кромешный» или «изнаночный мир» — сам по себе не является реальным; это выдумка, семиотическая инверсия. Его главная задача — напоминать людям о том, что ему противоположно: «кабак заменяет им церковь, тюремный двор — монастырь, пьянство — аскетические подвиги и т. д. Все знаки отличают нечто противоположное тому, что они означают в “нормальном” мире» [ЛЛП 1984: 13]. Как и в праздничной комедии Шекспира, факт удвоения или зеркального отражения (идея антимира) сам по себе воспринимается как комическое.

Эта биполярная модель мира, аккуратно (если не сказать — слишком схематично) разделяющая средневековую русскую культуру на сакральное и демоническое, представляет собой любопытную смесь свободы и несвободы, оптимизма и отчаяния. Зло в ней не имманентное и постоянное, но преходящее. Из средневековых текстов слышится смех умный, раскрепощающий, здоровый, несущий силу. «Смех направлен не на других, — утверждает Лихачев, повторяя глубоко бахтинское положение о карнавале, — а на себя и на ситуацию, создающуюся внутри самого произведения» [ЛЛП 1984: 11]. В книге 1984 года повсюду подчеркивается бунтарский и очистительный потенциал смеховых форм. В главе Лихачева «Смех как “мировоззрение”» делается акцент на «бунте кромешного мира», тогда как глава Панченко «Смех как зрелище» завершается разделом «Юродство как общественный протест».

Поскольку подрыв и дестабилизация системы ценностей столь же незаменимы для постмодернистской риторики, сколь они были для господствующей коммунистической доктрины, парадигма Лихачева — Панченко завоевала популярность и на Востоке, и на Западе. Из русской классики особенно привлекательным оказался «Борис Годунов» Пушкина. Панченко с признательностью цитирует замечание Пушкина о том, что «драма родилась на площади» [ЛЛП 1984: 84]. Обращается внимание на запоминающиеся средневековые образы в драме: юродивого, поэта-скомороха и честолюбивого злого чернеца (две последние фигуры встречаются только в оригинале 1825 года). Все — бунтовщики. О Николке Железном Колпаке читаем: «У Пушкина обижаемый детьми юродивый — смелый и безнаказанный обличитель детоубийцы Бориса Годунова. Если народ в драме Пушкина безмолвствует, то за него говорит юродивый — и говорит бесстрашно» [ЛЛП 1984: 116]. Карнавальный протест и карнавальная смелость универсальны, но каждая культура воплощает эту энергию по-своему. Таким образом, социально-прогрессивное прочтение пушкинского «народ безмолвствует» Белинским как знака не только возмездия, но и политического оптимизма по прошествии 150 лет было подхвачено советскими медиевистами в рамках очередной попытки вписать русскую национальную историю в европейский контекст.

Картина смеющегося, охваченного карнавальным духом русского Средневековья, созданная Лихачевым и Панченко, была признана не всеми. Она встретила наибольшее сопротивление со стороны Юрия Лотмана и семиотиков тартуской школы, что могло бы показаться весьма неожиданным. Неожиданным потому, что многое в модели Лихачева должно было показаться лотмановской группе теоретиков-новаторов абсолютно верным: двойственная природа русской традиционной культуры и семиотическая устойчивость ее миров. Сомнения, возникшие у тартуских ученых, касались природы средневекового смеха и благодушной, преходящей «нереальности» кромешного мира. В важной рецензии, опубликованной в «Вопросах литературы» (1977), Лотман и его коллега Борис Успенский уважительно изложили свои возражения по поводу результатов группы Лихачева [Лотман, Успенский 1977]. Их смущало то обстоятельство, что доказательства в своей совокупности были взяты из литературы, тогда как речь шла о культуре, где письменные свидетельства были скудны и искажены запретами. Они настаивали на том, что прославление Бахтиным амбивалентного, открытого, совместного смеха у Рабле — смеха, который побеждал страх и приостанавливал вынесение человеческих суждений, создавая своего рода «чистилище» между двумя вечными абсолютами, — не подлежало распространению на средневековую русскую культуру, которая (как предполагала сама модель, построенная Лихачевым и Панченко) четко разделялась на сакральное и демоническое. Площадь была в такой же мере местом для пыток и казней, как и местом для веселья (о чем свидетельствует ряд сцен из пушкинского «Бориса Годунова»). На площади смех не воспринимался как раскрепощающий; он был богохульством, наущением сатаны. Поэтому нельзя сказать, что для средневекового русского человека смеяться больше означало бояться меньше. Подобное совмещение установок могло случиться только в конце XVII века, под влиянием западных текстов и моделей поведения. В традиционном сознании человека Древней Руси поведение юродивых не было ни чудесным (конвенциональными отношениями, надежными и удобными), ни комическим или связанным с ростками демократии; оно было странным, зеркальным, предназначенным для того, чтобы вызывать у публики страх или благоговейный трепет. В предостерегающей сноске Лотман и Успенский говорят об опасности неоправданного или механического распространения идей Бахтина «на области, где само их применение должно бы было явиться предметом специального исследования» [Лотман, Успенский 1977: 152, примеч. 2].

Литературоведение привычно наследует пену прилива и то, что остается на берегу после теорий, использующих профессиональный язык более строго контролируемых дисциплин. Спор о карнавале не стал исключением. Спустя много времени после того, как социологи прониклись подозрением к этой теории, а историки указали на ее расхождение с документально зафиксированным опытом, карнавальная парадигма Бахтина как интерпретационный инструмент сохраняла свою популярность среди гуманитариев-литературоведов. Поскольку на последних страницах книги о Рабле Бахтин процитировал сцену из «Бориса Годунова», поддержать карнавальные трактовки образов всех этих шутов-монахов, юродивых и толп на площадях было несложно. Однако любая попытка подвести все компоненты пьесы под эту рубрику сталкивается с серьезными препятствиями.

Образцом такого столкновения является статья Фомичева о «Комедии» Пушкина, написанная в середине 1990-х годов и вошедшая в его книгу «Праздник жизни. Этюды о Пушкине» (1995). В ней десятилетия неопределенности относительно соотношения трагического и комического в драме Пушкина в конце концов оказались сведены к уклончивому среднему значению [Фомичев 1995]. Освободившись от идеологических формул коммунистической эпохи, Фомичев делает множество тонких наблюдений. Он отмечает буйное обилие персонажей и разнообразие литературных форм в версии 1825 года (избыток действующих лиц, пренебрежение завершенностью драматических эпизодов, преобладание прозы в комических вставках и выбивающийся из общего ряда метрический рисунок сцены со «Злым чернецом»). Фомичев сопротивляется какой бы то ни было «героической» интерпретации народа в духе Белинского, указывая все те места, где толпа, не важно, сгрудившаяся на сцене или просто возникшая в воображении ее вожаков, показана как распущенная, неблагодарная и непоследовательная в своих политических оценках [Фомичев 1995: 96–97]. Цитируя

Лихачева по поводу «смеховой культуры», Фомичев отмечает сложности, которые испытывали режиссеры-постановщики, пытавшиеся возложить на эти толпы нечто вроде ведущей роли в истории; народный смех «как бы возвращает миру его изначальную хаотичность» [Фомичев 1995: 97]. Смех, утверждает Фомичев, это смеховой фон всей пьесы. Это здоровый смех в бахтинском понимании: умеренный, не направленный ни на кого конкретно, безразличный к власти. Хотя люди насмехаются над властью, они достаточно разумны, чтобы не желать ее для себя. «Вот этот "хаос", смуту, инстинктивное сопротивление системе и воплощает в себе народ в пушкинской драме, — пишет Фомичев. — В том же случае, когда он вынужден подчиняться этой системе, он обращает свой смех на себя» [Фомичев 1995: 98]. В этот анархичный и жизнерадостно-самоуничижительный контекст Фомичев вписывает две соперничающие политические фигуры, Бориса и Дмитрия. Царь Борис — «истинно трагический, сильный, волевой, посягнувший на высшую власть, но нарушивший нравственный закон... представлен одолеваемым муками совести, трагической вины»; судьба подвергает его очистительному катарсису [Фомичев 1995: 100–101]. С другой стороны, Дмитрий служит комическому принципу. Как эманация или призрак с того света, он не имеет трагической задачи. Карнавальный народ — который тоже не имеет задачи — интуитивно предрасположен к выбору этого карнавального короля, представляющего собой «исторический фантом».

В такой оптике политические отношения между царем, народом и претендентом на престол оказываются в первую очередь символическими. Фомичев отдает дань личности царя Бориса, но в основном рассматривает его как пример трагической ошибки и антигероя. Когда он касается проблемы реальной истории и реальных исторических отношений в драме, он видит в них мощные, но эфемерные метафоры, местный колорит в более масштабной «комической инструментовке» [Фомичев 1995: 95]. Вслед за большинством предшествующих исследований драмы Фомичев уделяет истории меньше внимания, чем Пушкин. «"Да здравствует царь Димитрий Иванович!" — пишет Фомичев. —

Мог ли Пушкин трактовать такую сцену всерьез? Конечно, нет» [Фомичев 1995: 95]. Поскольку задача данного исследования заключается в доказательстве целостности оригинальной версии, а также состоятельности Пушкина как историка и точности его изображения исторических событий, такие упущения требуют тщательного рассмотрения. Не слишком ли сильно карнавальная мистика сказалась на обеих интерпретациях, предложенных Фомичевым в 1995 и затем в 2006 году [Fomichev 2006]? Или, если ставить вопрос более широко: возможно, карнавал — не лучший способ понять смысл комедийного элемента в этой пьесе?

Складывается впечатление, что карнавальные прочтения «Бориса Годунова» не могут дать полного впечатления о целом по крайней мере в трех областях. Во-первых, поэтика литературного карнавала, вдохновленная бахтинским прочтением Рабле, не обладает сложной, хорошо разработанной моделью языка. Общение во время карнавала, которое, конечно же, может быть радостным и интенсивным, происходит не столько посредством слов, сколько посредством жестов, большинство которых связано с «телесным низом» и касается не только таких отверстий, как глаза и рот. Высказывания, если они есть, как правило, представляют собой короткие ругательства, всегда исключительно выразительные и по преимуществу непристойные. Это, бесспорно, диалог, но не сложный вербальный диалог, который заслуживает анализа в произведении великого поэта. По этой причине карнавальные интерпретации «Бориса Годунова» имеют тенденцию основываться на его более широком понимании, на грубых энергичных движениях, прикрытых словесным покровом: умеренно шокирующим эпитетом, комической песенкой, точно рассчитанным оскорблением. Некоторые критики (следуя методологии исследования Бахтина о Рабле) полностью игнорируют стилистические нюансы текста. Но, безусловно, наиболее откровенно комические сцены в «Борисе Годунове», как и в пьесах Шекспира, представляют собой красочное сочетание физической жизненной силы и словесного остроумия: три языка вперемешку в забавной сцене «Равнина близ Новгорода-Северского» с участием наемников, капитанов Маржерета и Розена, или, через сцену после нее, в сцене «Севск», где Пленник и Лях обмениваются оскорблениями, частично выраженными словами, частично — показыванием кулака. Такие комические выступления, подкрепленные энергичным физическим жестом, являются подлинно карнавальными, но лингвистически они могут существовать в пьесе только как отдельные моменты, а не как норма. Нормой является повествовательная поэзия и на уровне слова, и на уровне смысла. Как заметил в своей классической статье о языке Пушкина Григорий Винокур, выдающееся достижение «Бориса Годунова» как драмы для театра заключается в том, что «поэт в Пушкине постоянно побеждает стилизатора» [Винокур 1959: 314]; источники, написанные архаичным языком, преобразуются в «конкретно лирический язык» [Винокур 1959: 317], состоящий из реплик, которыми и в самом деле в вольном изложении стихотворных строк Пушкина, не выходя за пределы мировоззрения XVI века, могли в нормальном темпе обмениваться живые люди, слушающие друг друга. Подобная языковая организация полностью совместима с комедией. Однако она не является неотъемлемой частью карнавального мира; на самом деле она даже может стать препятствием для него.

Второй и связанный с первым недостаток карнавальной интерпретации заключается в том, что карнавальные персонажи не могут удовлетворительно справиться с чувством вины. Карнавал не отягощен бременем памяти, которая так важна для совести; тот факт, что для карнавала достаточно настоящего времени, является одним из главных источников его мощи и гибкости. Но что же в таком случае делать с царем Борисом? В исследованиях «Годунова» прослеживается авторитетная, подкрепленная множеством работ линия, согласно которой несчастный царь не был повинен в смерти Дмитрия Углицкого — и некоторые современники Пушкина, в особенности историк Михаил Погодин, советовали поэту отказаться от «карамзинских» предположений по этому поводу. Если царь Борис и не приказывал убить Дмитрия и даже на самом деле не желал его смерти, то все равно он оказался в выигрыше от этого трагического события, и этот факт сам по себе должен был породить у него чувство вины. Сколько бы мы ни спорили о возможных вариантах развития исторических событий, невозможно просто так стереть «пятно», оставшееся на совести Бориса, и те муки, которые оно причиняет ему (в обоих вариантах драмы). Слишком много важных последствий вытекает из этой ситуации. Те критики, которые отождествляют вину царя с основополагающим принципом пьесы, с неизбежностью видят в этом сочинении полномасштабную трагедию, пусть и особого, духовного рода. Так, Ольга Аранс интерпретирует «Бориса Годунова» как «христианскую трагедию», в которой Пушкин исследует поразительно новую идею, преступление, совершенное в помыслах, в качестве альтернативы классическому преступлению, совершенному в реальности [Аранс 1984]. Такое преступление влечет за собой радикально новые способы установления истины и наказания. Подобные прочтения, в центре которых находится фигура Бориса, серьезно рассматривающие способность драмы рассказывать историю, не обращаясь к единому морализирующему голосу, также не раскрывают всей правды о Пушкине. Но такие интерпретации — неотъемлемая ее часть, и уроки, которые они преподносят, возвышенны, а не принижены в карнавальном духе.

Эти две оговорки готовят нас к самой серьезной проблеме, связанной с карнавалом как оптикой для интерпретации пушкинской драмы. Карнавал — и, более того, «карнавальный смех» — нельзя сделать исторически достоверным. Он слишком сильно напоминает игру, то есть человеческое поведение вне сферы необходимости и целесообразности, которое освобождает от ответственности за последствия поступков. В своей статье «Бахтин, смех, христианская культура» Сергей Аверинцев высказывает мысль о том, что смеховая утопия Бахтина — слабый авторитет для любого исторически обоснованного проекта [Аверинцев 1992]. Даже если признать, что средневековый народ был движим смехом (а здесь мы можем выбирать между открыто-оптимистической концепцией Лихачева — Панченко и демонически-пессимистической Лотмана — Успенского), Аверинцев напоминает нам, что в модели Бахтина смех трансцендентен, это «не смех как эмпирическая, конкретная, осязаемая данность, но гипостазированная и крайне идеализированная сущность смеха или, как выражается он сам, “правда смеха”...» [Аверинцев 1992: 12]. Аверинцев рассуждает как историк культуры, для которого формулировки Бахтина о смеховых культурах вознесены «на такие высоты абстрактно-всеобщего, что всякий переспрос, всякий вопрос о верификации сам собой становится невозможным» [Аверинцев 1992: 11]. Проблема, на которую указывает Аверинцев, в 1990-х годах начала вызывать активный интерес у добросовестных западных историков России начала Нового времени. Они были обеспокоены склонностью некоторых специалистов в сфере социальных наук, чьей областью исследований была Россия, воспринимать находки литературно-духовных мифографов как прямой исторический факт, обращаясь (как выразился один из их представителей) к «Братьям Карамазовым» за богословием и к структурализму и семиотике за удобной бинарной оппозицией[7].

Карнавал, антимир и изнаночный мир предлагают определенную ясность формы, как и все бинарные теории. Однако *историческая* драма в понимании Пушкина должна была достичь симметрии, решая более сложные задачи. В том, что касалось вопросов государственных интересов, Пушкин свято верил в историческую необходимость. Так, в своих комментариях к первой книге «Анналов» Тацита, написанных в основном в течение 1825 года, Пушкин защищает (от сардонического тона античного историка) политическое убийство молодого Агриппы Постума римским императором Тиберием — на том основании, что Тиберий был опытным государственным деятелем и что в течение двух десятилетий этот поступок приносил пользу империи. В этих комментариях отражались настроения Пушкина по мере того, как в год работы над «Борисом» он перерастал морализаторский подход к истории, свойственный Тациту и Карамзину. Поэт, не-

---

7 См. фундаментальное издание [Baron, Kollman 1997]. Деликатное предостережение относительно трудов семиотиков культуры, обобщенно названных «структуралистами», в качестве источников исторической мысли см. в [Frick 1997: 152–154].

сомненно, размышлял о параллелях между римским кризисом преемственности власти, разразившимся в 14 году, и правлением Бориса Годунова (то же двуличное нежелание принять корону; и в конечном счете даже Лже-Агриппа). «Макиавеллизм» Пушкина в данном случае интерпретируется учеными по-разному[8]. Однако при любом подходе карнавальное восприятие истории в духе Бахтина не может вместить такое видение государственной и политической необходимости. В действительности карнавал является бегством от такой необходимости.

Таким образом, спор о карнавале возвращает нас к более масштабному вопросу о комедии и трагедии. Как и в большинстве комедий, в «Борисе» 1825 года чувствуется внимательное отношение к тому, что привлекало и огорчало негероических личностей в социальной и домашней сфере. Но в тексте заложен потенциал и намерение превратиться в нечто большее: в изображение исторического периода. Его комедийное ядро не просто социально, оно в высшей мере политизировано. Учитывая политику России в 1590–1610-х годах, после катастрофического правления Ивана Грозного, никакая ветвь сюжета не могла завершиться возвращением к Природе или «восстановлением естественного порядка вещей», как это обычно происходит в праздничных комедиях — то есть удалением в сады и леса. (Единственная сцена в «Борисе», разворачивающаяся на лоне природы, в саду, это свидание Самозванца с Мариной, которое пародирует традиционные кульминации с соединением влюбленных.) Невозможно было воспользоваться и другими маркерами комедийного жанра: фривольным, смешным, интимным, низменным, «счастливым концом». В глазах общественности история, в особенности национальная история в период Смутного времени, заведомо серьезна и полна несчастливых развязок.

---

8 Великолепный обзор этого вопроса с позиций классических исследований дается в [Bowersock 1999]. По поводу сложного вопроса относительно порицания Пушкиным Бориса Годунова, столь несоответствующего его сочувствию Тиберию, см. [Реизов 1970: 72–73]. Определяя чувство исторической необходимости у поэта, Б. Г. Реизов приходит к выводу, что Пушкин наказывает Бориса Годунова не по моральным причинам, а потому, что он потерпел неудачу; его правление вылилось в террор и кровопролитие, поэтому его преступное деяние не может быть оправдано.

Пушкин не высмеивал эти события национальной истории и не мог к этому стремиться. Как указывает Фомичев [Fomichev 2006: 136–156], самые ранние планы драмы о Борисе, датированные ноябрем 1824 года, почти не содержали комических элементов; комическое внедрялось в текст поэтапно, как (среди всего прочего) подходящий способ обращения с причинно-следственной связью и временем. Пушкин хотел представить историю не как реконструкцию более позднего периода, воспользовавшись временным преимуществом, характерным для классицистической трагедии и эпоса, но как самодовлеющий срез опыта, в котором действие происходит на основании распространенных в то время слухов, без каких-либо «намеков и аллюзий» на более поздние события. Как несколько лет спустя он раздраженно написал в так и не отправленном письме издателю «Московского вестника», «благодаря фр.<анцузам> мы не понимаем, как драм.<атический> авт.<ор> может совершенно отказаться от своего образа мыслей, дабы совершенно переселиться в век, им изображаемый» [Пушкин 11: 68]. Вопреки продиктованному известной развязкой сюжету и эпической перспективе, Пушкин ощущал нечто комедийное в самих событиях истории, рассматриваемых «крупным планом» и по меркам их времени. Пушкин исследует в своей драме именно эту возможность — параллельную динамику комедии и истории, когда фрагмент прошлого добросовестно изображается в настоящем для него времени — а не бегство от истории, которое традиционно предполагает и использует комедия (и в еще большей степени ее карнавальная разновидность).

Комедийные и трагедийные ожидания — и как историческая пьеса могла бы удовлетворить их

<...> Если для того, чтобы трагедия оказала воздействие, необходимы дистанция и благоговейный страх, то для комедии ключевую роль играют непритязательность, абсурдность и спонтанность реакции. Ее естественной средой является не сострадание, не ужас, но смех. Здесь, однако, мы сталкиваемся

с комедийным парадоксом, который, должно быть, восхищал склонного к классицизму Пушкина. Разумеется, по сравнению с трагедией комедия и в самом деле изобретательна, стремительна и в своем изобилии «бьет через край». Однако не менее важным является тяготение комедии к симметрии и пропорциональности. Какой бы безнадежной ни была путаница в середине, как бы часто ни разражались скандалы, в финале должны восстановиться приличие и порядок, соответствующие социальному классу и господствующему мировоззрению драматических персонажей на сцене. Поскольку жизнь примиряется со свойственными ей несовершенствами, первоначальная иерархия восстанавливается и вновь утверждается. Часто отмечается, что финальные мгновения «Бориса Годунова» 1825 года интуитивно симметричны в этом отношении.

В начальных сценах представители знати плетут тайные интриги, в то время как согнанный простой народ, которому Щелкалов с Красного крыльца Грановитой палаты приказал ликовать, покорно (и цинично) приветствует кандидата на престол, кем бы он ни был. В конце, на этот раз в ходе заговора с целью убийства, Мосальский, тоже с крыльца кремлевского дворца, приказывает толпе воодушевленно приветствовать Дмитрия Ивановича, что она послушно исполняет. Такое симметричное поведение характерно для комедии. Но было бы ошибкой считать финальное приветствие следствием манипуляции или принуждения. В начале пьесы (место и время действия точно оговорено: Москва, 20 февраля 1598 года) народ реагирует на то, что ему известно в это время и в этом месте: что могущественный регент, боярин Борис, намерен занять престол. Он долго был у кормила власти, и они воспринимают его восшествие на престол как само собой разумеющееся, просто задаваясь вопросом (как и сам князь Шуйский в обрамляющих сценах), как приспособиться к этому факту с наименьшими издержками и максимальной выгодой для себя. В конце ситуация иная. Теперь народ знает (и это все, что он знает в 1605 году), что царь Борис в течение шести лет был тираном. Все, что они слышали о царевиче Дмитрии, который то ли с триумфом явился оттуда, где скрывался, то ли чудесным образом воскрес из мертвых, обещает перемену к лучшему. Их приветственный крик вовсе необязательно раздается из-под палки; он ничем не ограничен, полон надежды и (как было известно Пушкину) соответствует правде истории. Если рассматривать «возвращение» Дмитрия на московский престол с позиций его собственного настоящего и с точки зрения правил комедии, то оно должно было бы восстановить нарушенную иерархию и упрочить надлежащее положение вещей. Народ оказался способен и на циничное признание, и на искреннюю веру в возвращающегося царевича-воина. Таковы были актуальные варианты, которые молодой Пушкин закодировал в своей комедии 1825 года. Это симметрия, но не полная, поскольку на самом деле история не повторяется. Каждое мгновение настоящего формирует свой собственный потенциал. Лишь позднее, на рубеже десятилетий и в 1830-х годах, мы находим более мрачную оценку народной энергии в пропущенной главе романа Пушкина о Пугачеве, «Капитанской дочке» (1835–1836): «Не приведи Бог видеть русский бунт, бессмысленный и беспощадный!» [Пушкин 8: 364].

Эти размышления о комедийных формах в истории подсказывают возможность второй гибридной формы. Историческая трагедия знакома нам; но может ли существовать *историческая комедия*? Если да, то как она могла бы выглядеть и звучать? Неслучайно в хорошо известном исследовании исторической драмы Герберта Линденбергера, где ставится задача изучить «характерные формы», которые описывают «отношения между драмой и реальностью», материал подразделяется на три выраженно мрачные, трагические категории: пьесы о заговорах, о тиранах и о мучениках [Lindenberger 1975: XI и глава 2 «History and the Structure of Dramatic Action»]. Трагедия лучше подходит для изображения истории. Чтобы проверить гипотезу об исторической комедии, нужно взять трагический эпизод из истории (допустим, повествование Карамзина о падении Бориса) и переделать его так, чтобы сократить дистанцию, упростить язык, сосредоточиться на текущем моменте, воздержаться от пророческих авторских комментариев, показать вблизи самых величественных героев не только в минуты красноречия, но и тогда, когда они охвачены крайним смущением. Заговорщики, тираны и мученики должны выглядеть немного нелепыми, чтобы публика могла облегченно рассмеяться. Самое важное — чтобы драматург представил дело так, будто случайные события действительно имели значение, возможно даже решающее. Делать комедию из истории весело, но с этим связаны непосредственные практические трудности. В политически контролируемых культурах, которые уделяют особое внимание искусству (а Россия XIX века была одной из таких культур), канонизированный исторический сюжет в комедийной трактовке мог быть расценен как оскорбительный, даже подрывной. Легкость и «сиюминутность» комедии угрожает телеологическим толкованиям истории в целом, ставя вопрос о том, насколько действительно оправданны сегодняшние страдания и жертвы во имя некой грядущей славы, которая вот-вот явится из-за кулис. В отличие от трагедии, комедия не доверяет кулисам. Будущее пока не существует, никаких предопределенных событий в нем еще нет, и поэтому невозможно ожидать славы (или любой другой участи), бездействуя. Вместо этого комедия полагается на счастливые совпадения и безграничную изобретательность и жизнестойкость людей, действующих в настоящем.

Пожалуй, самый убедительный аргумент в пользу «Бориса Годунова» как исторической комедии — это вера Пушкина в могущество случая. Убежденность в том, что случай — это «орудие провидения» [Пушкин 11: 127], находится прямо в центре его парадоксальной теории истории. Вера в случайность событий может легко сосуществовать со всеми видами катастроф и неудач, а также с жизнерадостностью, которая отличает историческую прозу Пушкина, но ее нельзя согласовать с механизмами классицистической трагедии и большинства исторических трагедий пушкинской эпохи. Излюбленный мысленный эксперимент Пушкина заключался в том, что последовательность судьбоносных событий могла бы быть иной[9], но это не та правда, кото-

---

[9] Ср.: «Не говорите: *иначе нельзя было быть*» [Пушкин 11: 127].

рую хотелось бы слышать победившей стороне. Предполагается, что случай и смех управляют только менее значительными судьбами. По понятным причинам театральная комедия (водевиль и буфф) традиционно ассоциировалась с глупостями в неисторической частной жизни, то есть со слабостями, которые нас *объединяют*. Напротив, очистительный коммуникативный аспект трагедии зависит от идеологий, которые разделяют нас, возвышают идею и делают достойной смерть во имя ее торжества — как и убийство.

Исторические трагедии и комедии

<...> Следовательно, историческая комедия делает то, что лучше всего удается комедийной драме: придает отношениям в настоящем изменяемый характер, полагаясь на совпадение и случайность. Но как тогда быть с памятью и совестью? С принадлежностью исторического события прошедшему и его автономностью внутри своего времени? И с тем фактом (лежащим в основе всякой трагедии), что ужасное событие произошло и осталось в прошлом, но с его последствиями приходится жить и расплачиваться за них? Пушкин прекрасно понимал, какие трудности представляет сочетание истории и драмы на театральной сцене — трудности совершенно другого порядка, чем те, с которыми он столкнулся, соединяя историю и художественную прозу («Капитанская дочка») или историю и стихи («Полтава»). В этих гибридных жанрах восприятие произведения более индивидуально, а репрезентация менее физически конкретна. Но драма — это публичное представление. Пушкин чувствовал, что пьеса проигрывает, если драматург живет внутри своего текста, как это делает лирический поэт, наделяя всех героев универсальной частицей своей личности (какой бы необыкновенной она ни была); эту дурную привычку Пушкин видел в пьесах Байрона[10]. «Что нужно драмм<атическому> писателю? — спрашивал

[10] См. набросок заметки Пушкина «О драмах Байрона» (1827): [Пушкин 11: 51]. Пушкин допускает, что Байрон сам понимал этот недостаток своих драматических произведений и стремился к его преодолению.

он в наброске статьи 1830 года. — Философию, бесстрастие, государственные мысли историка, догадливость, живость воображения, никакого предрассудка любимой мысли. *Свобода*» [Пушкин 11: 419][11]. Что же в таком случае необходимо историку?

Светлана Евдокимова, вдумчиво изучая методы Пушкина-историка, высказала предположение, что для поэта-драматурга история и поэзия взаимно дополняют друг друга. Каждая из них содержит собственные «множественные перспективы и автономные истины», которые не поддаются попыткам незамысловатого синтеза противоположностей [Evdokimova 1999: 14]. «Пушкин не отдает предпочтения одному типу произведений по сравнению с другим. По Пушкину, ни поэт, ни историк не могут изобразить то, что происходило на самом деле. <...> Восстановление истины в полном объеме требует всеведения, которого не может достичь ни художник, ни историк» [Evdokimova 1999: 27–28]. В этом утверждении особенно убедительным представляется понимание того, что мы могли бы назвать эпистемологической скромностью Пушкина, его готовностью делать различие между тем, что может быть известно, и тем, что не может. Если с определенной позиции в будущем, произвольно выбранной и удобно зафиксированной, известно, чем в конечном счете завершилось некое начавшееся в прошлом событие, то это не подразумевает обладания особой мудростью. Честный драматург обязан отказаться от всех подобных преимуществ своего произвольно выбранного времени создания произведения. Однако в то же время Пушкин не выносил сползания в исторический нигилизм. Хотя произведение искусства на исторические темы не должно противоречить известным фактам, оно все же обязано координировать эти темы и отражать их неким упорядоченным способом, если не как зеркало, то — воспользуемся знаменитым поэтическим образом из заключительных строф «Евгения Онегина» — хотя бы как магический кристалл или калейдоскоп. Исторические события подобны случайным перемещениям

---

[11] «О народной драме и драме “Марфа Посадница” М. П. Погодина» (1830, неопубликованная рецензия).

осколков при повороте калейдоскопа. Если смотреть через трубку искусства, эти сместившиеся осколки преломляются и составляют повторяющиеся узоры. Поэт, пишущий об истории, — это и есть такой кристаллический объектив; он не может вмешиваться, но он должен выявить узор. Пушкин остро чувствовал обязанность поэтов скромно встраивать известное в неизвестное, проявляя уважение к границам каждого из них. Именно отсутствие такой скромности побуждало его горячиться по поводу излишне догматического скептицизма Вольтера и с неожиданной резкостью критиковать злополучного Александра Радищева[12].

Многое из того, что мы знаем от Пушкина о его собственных жанровых экспериментах, было связано с разочарованием в том, как воспринимались его сочинения. По-видимому, историческая трагедия — даже если допустить, что она претендует на верность истории в целом, — казалась поэту неподходящим средством для представления исторических событий приемлемо «скромным» способом. Однако историческая комедия тоже была бы недостаточной для его цели. При помощи исторических персонажей и декораций Пушкин поднимал конкретные социальные проблемы, которые требовали серьезного восприятия, даже если их представление на сцене не основывалось на каких-либо исторических документах: подробности и места батальных сцен; Афанасий Пушкин, пьющий мед в доме Шуйского и под хмелем пускающийся в крамольные рассуждения о крепостном рабстве; царь Борис, в беседе наедине с Басмановым размышляющий об уничтожении местничества[13]. Пимен тоже «не есть мое изобретение, — отмечал Пушкин в том же открытом письме в «Московский вестник» (1828). — В нем собрал я черты, пленившие

---

[12] См. статью Пушкина об авторе «Путешествия из Петербурга в Москву» (1836), предназначавшуюся (но не получившую одобрения цензуры) для его журнала «Современник» [Пушкин 12: 30–40].

[13] Использование, среди прочего, этой детали Фаддеем Булгариным в его историческом романе «Димитрий Самозванец» вызвало обвинения в плагиате со стороны Пушкина. Пушкин понимал, что Булгарин (или его помощник) не могли самостоятельно найти подобного исторического факта: «Всё это драматический вымысел, а не историческое сказание», — с досадой пишет по этому поводу Пушкин в «Опровержении на критики», составленном для себя в 1830 году списке жалоб [Пушкин 11: 154].

меня в наших старых летописях: простодушие, умилительная кротость, нечто младенческое и вместе мудрое, усердие [можно сказать] набожное к власти царя, данной им Богом...» [Пушкин 11: 68]. Не каждую сцену в «Борисе Годунове» можно ускорить до комической живости. Некоторые сцены явно задуманы как увлекающие, возвышенные, трагические: монолог Пимена, долгий рассказ Патриарха царской Думе о чуде в Угличе, прощание умирающего Бориса с сыном. Чисто комическое представление, вероятно, показалось бы Пушкину несбалансированным, поскольку для баланса требуется сочетание разных модусов. Скорее всего, Пушкин ставил перед собой задачу создать не историческую трагедию и не историческую комедию, а некий промежуточный конструкт, близкий к исторической трагикомедии.

Трагикомедия и действительность

Термин «трагикомедия» или «трагедокомедия» был известен в пушкинскую эпоху. В Англии «смешанная трагикомедия» порицалась еще в 1580-х годах, и Шекспира часто обвиняли в обращении к этой смешанной форме, особенно в поздних пьесах. Теоретические трактаты, посвященные этому жанру, были известны в Италии по крайней мере с начала XVII века, а в России — с начала XVIII[14]. К его определяющим признакам относятся вкрапление комических сцен в то, что без них было бы трагедией, показ возвышенных главных героев в домашней или интимной обстановке и финал, призванный вызвать сдержанный отклик у публики: без наказания отдельных лиц, без катарсического очищения через жалость и страх, но также и не предполагающий счастливого брака. Вместо того чтобы разрешиться в одном из этих направлений, финал сострадательно открытый, сочувствующий амбивалентной, зачастую компромиссной ситуации, в которой оказываются все стороны. (Гварини, главный

---

[14] Выражение «смешанная трагикомедия» принадлежит Филиппу Сидни. См. два хороших введения в сложную природу жанра: [Hirst 1984; Tragicomedy 1987]. Итальянский драматург, либреттист и теоретик Джованни Баттиста Гварини (1538–1612) опубликовал свой «Compendio della Poesia Tragicomica» в 1601 году.

защитник трагикомедии в эпоху Возрождения, подчеркивал социальные преимущества подобной умеренной развязки: избегая крайностей, она воспитывала зрителей, отвращая их и от «избыточной трагической меланхолии, и от комической расслабленности» [Montgomery 1993][15].) Такие финалы — которые не становятся ни закрытыми за счет установления истины во всей полноте, ни счастливыми благодаря соединению влюбленных или военной победе — как будто приближают нас к эффекту первоначального пушкинского приветствия в честь Лжедмитрия.

В библиотеке Пушкина не было теоретических трудов об этом смешанном жанре. Однако любовь к Пьеру Корнелю, которую Пушкин выражал неоднократно, и в особенности к новаторской трагедии «Сид» (1636), изначально названной трагикомедией, предполагает, что Пушкина восхищала именно попытка французского драматурга создать «третий вид» драмы, достаточно смелый, чтобы порвать со строгими нормами классицистической трагедии, оставить неопределенной судьбу влюбленных и при этом не пожертвовать благородным происхождением героев, величием духа и возвышенным тоном[16]. Трагикомедия (как и «романтическая трагедия» — собственное переходное определение Пушкина) побуждает зрителей задуматься о сопротивлении частей окончательности финала, даже если эти части расположены упорядоченно или симметрично. Подобно собственно комедии, трагикомедия стремится восстановить равновесие

---

[15] Защитники трагикомедии, как правило, с подозрением относятся к утверждению Аристотеля о том, что трагический катарсис на самом деле успокаивает страсти, а не возбуждает их.

[16] «Сид» вызвал ожесточенную литературную дискуссию в 1637 году, когда подвергся критике Скюдери за плохие стихи и нарушение единств; Французская Академия была вынуждена вступить в полемику и выступить в роли посредника [Hirst 1984: глава 4 «French seventeenth-century tragicomedy», 48]. Пушкин, безусловно, знал об этих дебатах. В январе 1829 года в сделанных мимоходом замечаниях по поводу «Сида» он сочувственно отзывается о вольностях, которые позволил себе Корнель: «Voyez comme Corneille a bravement mené le Cid. Ha, vous voulez la règle de 24 h<eures>?..» («Посмотрите, как смело Корнель поступил в “Сиде”: “А, вам угодно соблюдать правило о 24 часах?..”») [Пушкин 14: 48, 396] (черновик письма Н. Н. Раевскому-младшему и возможный прообраз предисловия к «Борису Годунову», повторяющий фразу из чернового письма тому же адресату, написанного в июле 1825 года). В пояснениях по поводу «Бориса Годунова» 1828 года: «Заметьте, что в Корнеле вы применений не встречаете...» [Пушкин 1949: 68]. Таким образом, Корнель избегает критики, которой Пушкин щедро подвергает Расина и Мольера.

в изображаемом мире, но — и здесь речь идет о главном в Пушкине как историке — она оставляет открытой возможность других путей для достижения равновесия, помимо определенного, решительного исхода, печального или веселого. Поэтому трагикомедия неизменно воспринимается нами как «современная», это ощущается особенно остро при сопоставлении пушкинского подхода к истории с произведениями более поздних и более консервативных русские драматургов эпохи Кукольника.

«В современном контексте это означает окончательный отказ от классицистического разделения стилей на высокие и низкие», — пишет Джон Орр в монографии «Трагикомедия и современная культура». Это «драма короткая, неустойчивая, взрывная и ошеломляющая. Трагическое крушение в ней уравновешивается комическим повторением», часто ставя под сомнение «сами театральные условности» [Orr 1991: 1]. Беккета, Пинтера, Жене и Шепарда объединяет с Пушкиным эклектический дух трагикомических жанров, и все эти современные драматурги оказали влияние на постановки «Бориса Годунова» в XX веке. Однако трагикомедии самой по себе недостаточно. Теперь мы подошли к окончательному уточнению жанрового определения. Можно предположить, что *историческая* трагикомедия поставит перед драматургом новые проблемы, особенно если он стремится верно и добросовестно зафиксировать исторический опыт.

В последние десятилетия поджанр исторической трагикомедии изучал такой выдающийся критик, как Пол Эрнади [Hernadi 1985]. Он отмечает, что драматизация истории в трагикомическом модусе особенно расцветает непосредственно после трудных периодов (после Первой и Второй мировых войн). Однако его объяснение, как и приведенное выше объяснение Орра, ведет к своего рода отрицанию, подразумевающему скорее узурпацию, чем дополнение обязанностей историка. «Отчасти будучи, несомненно, реакцией на усилия XIX и XX веков, направленные на превращение историографии в объективную науку, оперирующую прогнозами и даже количественными измерениями, — пишет Эрнади, — некоторые из лучших исторических пьес, созданных в последние десятилетия, явно беллетризуют историю» [Hernadi 1985: 10]. Эрнади готовит нас к тому, чтобы мы могли оценить всю сложность пушкинского эксперимента по смешению жанров. Пьеса Пушкина, написанная в 1825 году, для своего времени была столь же эклектичной и радикальной, как и любой посткатастрофический модернистский эксперимент. Однако она была написана в 1820-х годах, в эпоху, которая бросала вызов жившим тогда историкам по другой причине. В Западной Европе, как и в Российской империи, историография лишь недавно отделилась от беллетристики. Сам Карамзин начинал как поэт, а в преклонные годы работал в архивах, чтобы превратить рассказы о прошлом России в воспитывающий в патриотическом духе бестселлер[17]. Те усилия по приданию историографии научного характера, о которых писал Эрнади, еще не были предприняты. Не было школ, которые проповедовали бы историческую правду как объективную или поддающуюся количественным измерениям. Однако во времена Пушкина существовал ряд жанров, в которых история выступала в качестве *предсказания*, в соответствии с идеей, восходящей к метафорической христианской традиции. Непосредственный источник Пушкина, сентиментальная проза Карамзина, заимствовала эту интонацию в наиболее возвышенных местах, видя в падении Бориса «предчувствие будущего».

Пушкин не был удовлетворен образцами ни исторических, ни драматических сочинений, доступных ему в 1820-х годах. Для их объединения в нечто наподобие исторической трагикомедии потребовалось бы не только уравновесить повторение и линейное движение к катастрофе и смешать высокий и низкий стили, но, самое главное, понять, как работает время. Каким образом поэт, не желавший «явно беллетризовать историю», мог достигнуть равновесия между ограничениями, накладываемыми закономерностью, и открытостью случая? Поэт в Пушкине видел закономерности во всем и любил работать в пределах строгой

---

[17] В предисловии к «Истории государства Российского» Карамзин, в частности, наставлял «простого гражданина» читать «Историю», так как «она мирит его с несовершенством видимого порядка вещей... <и> утешает в государственных бедствиях, свидетельствуя, что и прежде бывали подобные, бывали еще ужаснейшие...» [Карамзин 1987: 31].

формальной экономии. Но как историк он не доверял каким бы то ни было закономерностям, которые могли бы замкнуть время. Ибо время по-разному служит прошлому и будущему. Прошлое событие всегда можно впоследствии истолковать как сочетание реализованных планов и неожиданного происшествия. Но та картина, которая со временем возникает из этой смеси расчета и случайности, не должна накладываться на будущее — оно остается открытым для совершенно непредвиденных потрясений. Таков смысл (или один из смыслов) знаменитой ремарки Пушкина, сделанной в 1830 году по поводу французского историка Гизо: «ум ч<еловеческий>, <...> не пророк, а угадчик, <...> невозможно ему предвидеть *случая* — мощного, мгновенного орудия Провидения» [Пушкин 11: 127].

Согласно интерпретации этих строк, данной Евдокимовой, Пушкин видел изъян французской романтической историографии в одержимости системой, вернее, системами, позволяющими делать предсказания [Evdokimova 1999: 53–54]. В ее толковании точки зрения Пушкина такое мышление системами могло подойти для европейской истории, которая была (или хотела считаться) рациональной и прогрессивной. Но не для русской истории. Россия, поясняет Евдокимова, «демонстрировала все, что угодно, кроме поступательного развития». Из-за широты того, что было дозволено ее тиранам, высокой степени политической централизации и жесткого, но при этом беспорядочного и произвольного управления принцип случая действовал в России гораздо более выраженно, а случайные события оказывались более кровопролитными. Как и вера в удачу в азартных играх, вера в случай сильно сказывается на поведении. Длительная подготовка и разумное планирование кажутся избыточными; внимание приковано исключительно к настоящему. Какую историческую причинность можно проследить в подобных обществах? «Пушкин, — пишет Евдокимова, — был постоянно озабочен той ролью, которую в истории играет случай, и тем, как ее следует учитывать в рассказах о прошлом» [Evdokimova 1999: 55]. По мнению Евдокимовой, ожидать, что в таком государстве, как Россия, будут действовать законы или закономерности, означало бы беллетризовать историю. С другой стороны, после фактического события могли проявиться решающие факторы или закономерности; острый глаз поэта искал их среди самого ужасного хаоса, в Смутное время и позднее в восстании Пугачева. И, разумеется, глаз Пушкина-историка усматривал закономерность. Как красноречиво доказывал Даннинг, «Борис Годунов» не был завершен; Пушкин намеревался придать комедийный изгиб своей исторической панораме, в которой пьеса о Борисе была бы только первой частью. Его план заключался «в создании трилогии, средствами драмы изображающей Смутное время от начала до конца, то есть от избрания на царство Бориса Годунова в 1598 году до избрания на царство Михаила Романова в 1613 году» [Godunov 2006: 77–78]. Вторая пьеса должна была охватывать один год, отмеченный взлетом и свержением Самозванца, царя Дмитрия I; третья — рассказывать о царе Василии Шуйском. Если бы горький опыт Пушкина с «Борисом» не отбил у него желание продолжать писать, вполне возможно, что по форме и духу эта трехчастная комедия «могла бы, в конечном счете, сблизиться с “Генрихом VIII” и пышными патриотическими историческими пьесами» [Evdokimova 1999: 79]. Случай позволил событиям совершиться, но закономерность проявилась только в конце.

Почему мы должны ждать конца? В отрывке «О трагедии», написанном в процессе работы над «Комедией», Пушкин отмечал отсутствие правдоподобия во всех драматических жанрах, в особенности — в трагедии. Он сетовал на искусственные помехи, создаваемые классицистическими единствами, и настаивал на том, что подобные строгие ограничения по времени, месту и характеру не могли удовлетворить серьезную публику; «интерес — единство», — лукаво замечает он. А в последней строке содержится такая загадочная запись: «смешение родов ком.<ического> <и> траг.<ического> — напряжение...» [Пушкин 11: 39][18]. Складывается впечатление, что план заключался в создании романтической трагедии с необходимым напряжением (интере-

---

[18] Т. А. Вольф в своем переводе [Pushkin 1998: 130] неверно передает фразу «*Интерес — единство*» как «Interest is All» («Интерес — это всё»).

сом к сюжету и герою) за счет добавки элементов комического. Каким образом возможности «трагикомического» помогли Пушкину как историку?

Во-первых, трагикомедия резко увеличивает репертуар и тонкость реакций публики. Вместо старой дихотомии — сценических персонажей, которые, как выразился Эрнади, либо «трагически отвердевшие и завершенные», либо «комически смягченные и зафиксированные» [Hernadi 1985: 46], — становится доступным весь спектр, приближающийся к сложности реакций, с которыми мы сталкиваемся в реальном опыте, в живой истории. «Кроме смеха (комедия) и плача (трагедия), кроме пристального внимания (любовная драма), негодования (сатира), — пишет Эрнади, — я рассматриваю трагикомедию как способную также сочетать в различных комбинациях и степенях веселье (празднество), рыдания (мелодрама), насмешку (фарс) и трепет (детектив) [Hernadi 1985: 46]. «Борис Годунов» пробуждает все эти эмоции, причем наиболее сильно — в первоначальной версии 1825 года. Во-вторых, когда снижается роль судьбы и предсказаний, могут быть раскрыты во всем их остроумии, красноречии и варварской дикости менее сентиментальные, макиавеллические черты московской политики — тот дух Ивана Грозного, который так ярко проявился в последние годы правления царя Бориса. «Макиавелли не придавал большого значения ни легитимности, ни греху, — отмечает Моника Гринлиф, анализируя это измерение «Бориса Годунова». — <...> увиденное Пушкиным в последствиях реальной политики и в политических обманах своего времени наталкивало на демистифицирующее и в то же время сугубо ренессансное восприятие странных карьер трех русских царей шестнадцатого века» [Гринлиф 2006: 167][19].

Наконец, есть вопрос о любви. В традиционной трагедии любовь обычно представляет половину проблемы (второй по-

---

[19] Гринлиф отмечает, что Пушкин испытывал «только презрение» к популярному романтическому прочтению якобы «шекспировской» трагикомедии, которая выводила на сцену «романтического революционного героя, преобразующего судьбу своего народа, — причем она часто принимала форму грубой политической аллегории, маскирующейся под историю» [Гринлиф 2006: 152]. Такой подход пренебрегал подлинными возможностями как драмы, так и истории.

ловиной является политика или война); в большинстве исторических трагедий есть романтическая линия сюжета, требующая, чтобы в какой-то момент молодые влюбленные сделали выбор между личным Эросом и общественным (или политическим) Долгом. Возможно, под влиянием Вольтера Пушкина заинтересовала возможность полностью избавиться от любовной линии[20] («Меня прельщала мысль о трагедии без любовной интриги», — писал он Раевскому в 1829 году, готовясь отослать ему экземпляр драмы [Пушкин 14: 46, 395]). Идея лишить трагедию эффектной романтической сюжетной линии была смелой. Однако комедия без любви, которую в 1825 году стремился создать Пушкин, стала бы в ту эпоху настоящим вызовом. Сцена «Уборная Марины», вычеркнутая в редакции 1830 года, содержала исторически достоверную информацию о Самозванце, а также комическую сцену между госпожой и служанкой, напоминающей бойкую субретку из французских классицистических комедий. Однако было и красноречивое различие: служанка Рузя (наряду с другими игривыми и смекалистыми поляками) пытается внести немного романтических красок, тогда как Марина, казалось бы являющаяся главной романтической героиней, упорно отвергает ее попытки. Марина Мнишек полностью определена политикой и военной славой. Эта амбициозная историческая личность привлекала Пушкина, и он намеревался вернуться к ней в последующих сочинениях. Ибо в том, как она нарушает эротико-драматические ожидания — канонические по отношению к женским персонажам, — он вполне мог увидеть ядро сюжета нового типа. В трагедиях присутствуют любовные линии; комедии завершаются соединением влюбленных. Комбинируя эти два жанра, Пушкин позволяет настоящей любви улетучиться.

Такой отказ от изображения любви открывает огромное семантическое пространство. Трагикомедия без любви? О чем же тогда говорить? Конечно, Пушкин (вновь вторя Вольтеру) сказал

---

20 Убедительные доводы в пользу этой гипотезы см. в [Baer 1999]. Баер указывает, что Вольтер рекомендовал просто опускать любовную линию в трагедии, тогда как Пушкин более смело продолжал обнажать ее, показывая ее фальшь и подчиняя любовный сюжет политическим целям.

бы: о том, что важно для истории, — политике, совести, верности, родительском долге, добром правлении, страданиях народа, крепостном праве, гражданской смуте. Эти темы могут быть затронуты с меньшей напыщенностью и большей серьезностью в формах комедии с открытым концом; Пушкин неизменно аккуратно следил за тем, чтобы не свести их к пародии. В обзоре русской драмы, написанном в 1830 году (в связи с исторической пьесой Погодина «Марфа, Посадница Новгородская»), он заметил: «...высокая комедия не основана единственно на смехе, но на развитии характеров, — и <...> нередко <она> близко подходит к трагедии...» [Пушкин 11: 178].

В таком случае мы могли бы предположить, что при работе над «Борисом Годуновым» Пушкин стремился к тому смешению жанров и переключению кодов, которые начиная с «Руслана и Людмилы» стали фирменным знаком его творчества. Отчасти уважение, которое Пушкин выказывал по отношению к своим читателям, проявлялось в предположении, что они опознают те формы, которые он брал за основу, оценят проделанную им работу по изменению этих форм и смирятся с пребыванием в состоянии «жанровой неопределенности», то есть творческого напряжения, в течение всего произведения. Должно быть, он надеялся, что подобное напряжение лишь повысит интерес читателей и переживаемое ими эстетическое наслаждение (от распознавания элементов, положенных в основу жанров). Чем был «Евгений Онегин», поэмой или романом? Чем была «Пиковая дама», готической повестью о сверхъестественном или реалистической стилизацией под нее? Были ли «Маленькие трагедии» настоящими трагедиями или просто пятыми актами, отрезанными от остальных частей трагедии? Что такое «Полтава» — историографическое сочинение или романтическое произведение? «Медный всадник» — это ода Петру Великому или обычная жалоба на несчастья маленького человека? «Борис Годунов» — историческая трагедия, историческая комедия или трагикомедия на историческую тему? В случае последнего из перечисленных шедевров правильное восприятие жанра пьесы означало правильное восприятие истории. В 1825 году, когда

Пушкин решил, что полностью созрел как писатель и может творить, многое было поставлено на карту ради этих двух новых аспектов его профессионального развития.

2006

Источники

Карамзин 1987 — Карамзин Н. М. Предисловие к «Истории государства Российского» // Карамзин Н. М. Предания веков. М.: Правда, 1987. С. 31–39.

Мусоргский 1971 — Мусоргский М. П. Литературное наследие: В 2 кн. / Под общ. ред. М. П. Пекелиса. Кн. 1. М.: Музыка, 1971.

Пушкин — Пушкин А. С. Полное собрание сочинений: В 16 т. [М.; Л.]: Изд-во АН СССР, 1937–1959.

Pushkin 1998 — Pushkin on Literature / Ed. and transl. by T. A. Wolff. Evanston: Northwestern University Press, 1998.

Литература

Аверинцев 1992 — Аверинцев С. С. Бахтин, смех, христианская культура // М. М. Бахтин как философ. М.: Наука, 1992. С. 7–19.

Аранс 1984 — Арановская О. Р. [Аранс О.] О вине Бориса Годунова в трагедии Пушкина // Вестник русского христианского движения. 1984. № 143. С. 128–156.

Вересаев 1936 — Вересаев В. В. Пушкин в жизни: В 2 т. 6-е изд., доп. Т. 1. М.: Советский писатель, 1936.

Винокур 1959 — Винокур Г. О. Язык «Бориса Годунова» // Винокур Г. О. Избранные работы по русскому языку. М.: Учпедгиз, 1959. С. 301–327.

Вольперт 1979 — Вольперт Л. И. Пушкин и французская комедия XVIII века // Пушкин: Исследования и материалы. Т. 9. Л.: Наука, 1979. С. 168–187.

Гринлиф 2006 — Гринлиф М. Пушкин и романтическая мода / Пер. М. А. Шерешевской и Л. Г. Семеновой. СПб.: Академический проект, 2006.

Клэйтон 2007 — Клэйтон Дж. Д. Тень Димитрия: Опыт прочтения пушкинского «Бориса Годунова» / Пер. Л. Г. Семеновой и Й. Е. Сакулина. СПб.: Академический проект, 2007.

Лихачев, Панченко 1976 — Лихачев Д. С., Панченко А. М. Смеховой мир Древней Руси. Л.: Наука, 1976.

ЛЛП 1984 — Лихачев Д. С., Панченко А. М., Понырко Н. В. Смех в Древней Руси. Л.: Наука, 1984.

Лотман, Успенский 1977 — Лотман Ю. М., Успенский Б. А. Новые аспекты изучения культуры Древней Руси // Вопросы литературы, 1977. № 3. С. 148–166.

Реизов 1970 — Реизов Б. Г. Пушкин, Тацит и «Борис Годунов» // Реизов Б. Г. Из истории европейских литератур. Л.: ЛГУ, 1970. С. 66–82.

Синявский 1989 — Терц Абрам [Синявский А. Д.]. Прогулки с Пушкиным. Париж: Синтаксис, 1989.

Фомичев 1995 — Фомичев С. А. «Комедия о великой беде Московскому Государству, о царе Борисе и о Гришке Отрепьеве» // Фомичев С. А. Праздник жизни. Этюды о Пушкине. СПб.: Наука, 1995. С. 82–107.

Baer 1999 — Baer B. J. Between Public and Private: ReFiguring Politics in Pushkin's "Boris Godunov" // Pushkin Review = Пушкинский вестник. 1999. Vol. 2. P. 25–44.

Baron, Kollman 1997 — Baron S. H., Kollman N. S. Religion and Cultural Studies in Russia, Then and Now // Religion and Culture in Early Modern Russia and Ukraine / Ed. by S. H. Baron and N. S. Kollman. DeKalb: Northern Illinois University Press, 1997. P. 3–16.

Bowersock 1999 — Bowersock G. W. The Roman Emperor as Russian Tsar: Tacitus and Pushkin // Proceedings of the American Philosophical Society. 1999. Vol. 143. No 1. P. 130–147.

Evdokimova 1999 — Evdokimova S. Pushkin's Historical Imagination. New Haven: Yale University Press, 1999.

Fomichev 2006 — Fomichev S. The World of Laughter in Pushkin's Comedy // The Uncensored Boris Godunov: The Case for Pushkin's Original "Comedy" / Ed. by C. Dunning. Madison: University of Wisconsin Press, 2006. P. 136–156.

Frick 1997 — Frick D. A. Misrepresentations, Misunderstandings, and Silences: Problems of Seventeenth-Century Ruthenian and Muscovite Cultural History // Religion and Culture in Early Modern Russia and Ukraine / Ed. by S. H. Baron and N. S. Kollman. DeKalb: Northern Illinois University Press, 1997. P. 149–168.

Godunov 2006 — The Uncensored Boris Godunov: The Case for Pushkin's Original "Comedy" / Ed. by C. Dunning. Madison: University of Wisconsin Press, 2006.

Hernadi 1985 — Hernadi P. Interpreting Events: Tragicomedies of History on the Modern Stage. Ithaca: Cornell University Press, 1985.

Hirst 1984 — Hirst D. L. Tragicomedy. London; New York: Methuen, 1984.

Lindenberger 1975 — Lindenberger H. Historical Drama: The Relationship of Literature to Reality. Chicago: University of Chicago Press, 1975.

Montgomery 1993 — R. I. M. [R. I. Montgomery] Tragicomedy // The New Princeton Encyclopedia of Poetry and Poetics / Ed. by A. Preminger, T. V. F. Brogan. Princeton, N. J.: Princeton University Press, 1993. P. 1302.

Orr 1991 — Orr J. Tragicomedy and Contemporary Culture: Play and Performance from Beckett to Shepard. London: Macmillan, 1991.

Tragicomedy 1987 — Renaissance Tragicomedy: Explorations in Genre and Politics / Ed. by N. K. Maguire. New York: AMS Press, 1987.

Williams 1993 — Williams R. I. T. Comic Practice / Comic Response. Newark, DE: University of Delaware Press, 1993.

6
Толстой против Шекспира: театральная междоусобица с участием Бернарда Шоу[1]

На фоне странных причуд великих художников неприятие Толстым Шекспира воспринимается как сильное и необычное чувство. На интуитивном уровне оно кажется неубедительным. Его собственные великие романы, созданные в зрелом возрасте, часто называли шекспировскими — подразумевая размах, утонченность психологического рисунка, чуткость понимания самых разных человеческих побуждений, использование внутреннего монолога (романный эквивалент монолога, произносимого со сцены), мастерство построения и сочетания сцен. Это неприятие возникло не вследствие духовного перерождения писателя. Оно опередило на несколько десятилетий громогласное «нет», раздавшееся из Ясной Поляны в адрес церкви, государства, военщины, частной собственности, табака, алкоголя, секса и легкомысленного безделья помещичьего сословия. Это неприятие не проявилось внезапно в конце 1890-х годов вместе с другими знаменитыми эстетическими анафемами, которым были подвергнуты Бетховен, Вагнер, Бодлер и собственные прославленные романы Толстого в статье «Что такое искусство?». Шекспирофобия Толстого была давней и имела глубокие корни в его

---

[1] Впервые: Tolstoy against Shakespeare (A Theatrical Feud Featuring George Bernard Shaw) // Tolstoy and His Problems: Views from the Twentieth Century / Ed. by I. Medzhibovskaya. Evanston: Northwestern University Press, 2019. P. 186–216.

понимании задач драматургии и, в более широком смысле, предназначения искусства.

Ни одно из множества документальных свидетельств о жизни Толстого не позволяет предположить, что он когда-либо увлекался театром. Однако в 1850-х годах, будучи начинающим писателем, Толстой, безусловно, следил за театральными событиями, особенно высоко оценивая «Ревизора» Гоголя и социально-обличительные комедии Островского и Мольера[2]. Что касается Шекспира, складывается впечатление, что в юности Толстой никогда не утруждал себя систематическим чтением его пьес, несмотря на амбициозные планы ознакомиться с мировой культурой и отличное владение английским языком с детских лет. Те пьесы, которые он знал, его не привлекали. Возможно, это изначальное пренебрежительное отношение — рано проявившееся и сохранявшееся до конца — побуждало Толстого отвергать всех культурных идолов, обожествленных европейской модой, которой слепо следовали и в непосредственном окружении писателя. Однако, если не считать кратчайших периодов возобновления интереса, его неприятие Барда становилось все более глубоким и усугублялось по причинам, которые кажутся нам менее продуманными и носящими более личный характер, чем привычные сетования восемнадцатого века по поводу «крайностей» и «бесформенности» шекспировских драм. Анализ суждений Толстого о Шекспире, разбросанных по его дневникам, письмам и воспоминаниям современников, демонстрирует их впечатляющее постоянство[3]. Еще в ранние годы Толстой высказывал свое мнение более аристократичным критикам «негражданского» направления из числа своих знакомых. Либеральный журналист и приверженец «искусства для искусства» Алек-

---

[2] Объективный обзор драматических предпочтений Толстого дается в [Зверев 2006: 724–726]. Зверев предполагает, что восторг Толстого по поводу «сатирических разоблачений» предвосхищал его более поздний идеал — «возможность единения людей в общем Духовном пространстве, в единомыслии и поиске истины» [Зверев 2006: 725].

[3] Эти суждения Толстого приводятся в хронологическом порядке по текстам юбилейного издания в начале комментария В. С. Мишина к статье Толстого «О Шекспире и о драме», который для меня здесь служит основным источником. См. [Толстой 35: 680–684]. Д. Гибиан [Gibian 1957: 12–25] приводит этот комментарий из юбилейного издания почти буквально, с некоторыми сокращениями.

сандр Дружинин вспоминает, как в 1855 году двадцатисемилетний Толстой объявил: «...удивляться Шекспиру и Гомеру может лишь человек, пропитанный фразою» [Дружинин 1986: 81]. Год спустя, 16 ноября 1856 года, Толстой записывает в дневнике: «...дочел Генр[иха] IV. Нет!» [Толстой 47: 100][4]. В беседе с критиком и представителем натуральной школы Иваном Панаевым он выразился более конкретно: Шекспир — «дюжинный писатель и <...> наше удивление и восхищение Шекспиром не более, как желание не отставать от других и привычка повторять чужие мнения» [Толстой 35: 680][5]. Ранее в том же году Дружинин опубликовал свой перевод «Короля Лира», и Иван Тургенев просил Толстого отнестись к нему непредвзято: «Не позволяйте внешним несообразностям отталкивать Вас, — умолял он молодого писателя в письме от 3 января 1857 года, — проникните в середину, в сердцевину творения — и удивитесь гармонии и глубокой истине этого великого духа» [Тургенев 1987: 181]. Внял Толстой Тургеневу или нет, однако к 1880-м годам его отзывы о Шекспире стали еще более жесткими. В письме Софье Андреевне от 28–29 января 1884 года он сообщал: «Нынче читал Шекспира “Кориолана” — прекрасный немецкий перевод, — читается очень легко, но — несомненная чепуха, которая может нравиться только актерам». На следующий день Толстой в очередном письме к жене заметил: «Я утром прочел “Макбета” с большим вниманием — балаганные пьесы, писанные умным и памятливым актером, который начитался умных книг...» [Толстой 35: 681][6].

Стоит задуматься, почему «балаганные пьесы, писанные... актером» — это именно оскорбление, а не признание профес-

---

[4] Здесь и далее ссылки на тексты Толстого даются с указанием номера тома и страницы по изданию: Толстой Л. Н. Полное собрание сочинений: В 90 т. / Под общ. ред. В. Г. Черткова. М.; Л.: Гос. изд-во, 1928–1964.

[5] Также цитируется в [Gibian 1957: 16]. В английском языке русскому «дюжинный» соответствуют “Run-of-the-mill” или “a dime a dozen”.

[6] «Балаганные пьесы» (буквально: спектакль или ярмарочный кукольный театр) в английском переводе названы «playhouse plays». Цитируя это письмо, Гибиан [Gibian 1957: 19] переводит «памятливый актер» как «умный актер» («clever actor»), однако складывается впечатление, что критика Толстого направлена не столько против ума как такового, сколько против «дергания за ниточки», против полученных из вторых рук знаний актера, который читает о чем-то, а затем пытается воспроизвести эмоции, а не прожить их как событие, в котором он участвовал лично.

сионального успеха. Одна из особенностей неприязни Толстого к Шекспиру — его полное равнодушие к пьесам как *театральному* опыту. Спору нет, о Барде давно судят по книгам, а не по спектаклям. Но очень возможно, что для Толстого, оценивавшего все блага и пороки мира по тому психофизическому воздействию, которое они оказывали на его собственное тело, свою роль сыграла и близорукость (при этом плохое зрение не мешало ему глубоко переживать, например, музыку). Толстой судил о Шекспире по печатным строкам: если пьесу трудно читать, значит, это плохое произведение. Когда же он проверял свои впечатления в настоящем театре, такая культурная вылазка (да еще и сопряженная с пребыванием в городе) обычно лишь подтверждала то, что было подсказано ему внутренним чутьем. В январе 1896 года шестидесятивосьмилетний Толстой писал Николаю Страхову: «На днях я, чтобы поверить свое суждение о Шекспире, смотрел Кор[оля] Лира и Гамлета, и если во мне было хоть какое-нибудь сомнение в справедливости моего отвращения к Ш[експиру], то сомнение это совсем исчезло. Какое грубое, безнравственное, пошлое и бессмысленное произведение — Гамлет» [Толстой 69: 28].

В те годы театр выводил его из душевного равновесия, и суждения Толстого о нем были мрачны. В 1895 году в московском Малом театре состоялась премьера его собственной драмы «Власть тьмы»[7]. В течение всей осени Толстой присутствовал на репетициях. Седьмого декабря 1895 года он с отчаянием записал в дневнике, что «искусство, как началось с игры, так и продолжает быть игрушкой, и преступной игрушкой, взрослых. Это же подтвердила музыка, к[оторую] много слышал. Воздействия никакого. Напротив, отвлекает, если приписывать то неподобающее значение, которое приписывается. Реализм, кроме того, ослабляет смысл» [Толстой 53: 72]. Казалось, что театраль-

---

7 «Власть тьмы» была опубликована в 1887 году. Она понравилась царю Александру III, который по прочтении одобрил ее для постановки в театре, но затем отозвал свое одобрение по просьбе Священного синода. Тем временем европейские премьеры пьесы состоялись в Париже (при поддержке Эмиля Золя) и в Берлине; таким образом, ко времени московских и петербургских премьер спектакль уже был поставлен несколько раз и получил освещение в прессе [Weir 2010: 185].

ное искусство ни в одном из своих проявлений не в состоянии выполнить ту этическую миссию, которую возлагал на него Толстой. В 1894 году он писал жене: «Прочли Юлия Цезаря — удивительно скверно. Вот, если бы был молод и задорен, написал бы статью об этом. Избавить людей от необходимости притворяться, что они это любят» [Толстой 84: 227]. Очевидно, это язвительное замечание было отчасти снисходительной насмешкой над самим собой, но с каким бы презрением Толстой ни отвергал чужих чувств, полагая их простым «притворством», Шекспир по-прежнему вызывал у него ничем не смягченное отвращение в чистом виде. Толстой не становился моложе, но был неизменно задорен. И девять лет спустя, в 1903 году, когда ему исполнилось семьдесят пять, он наконец-то написал «статью об этом», то есть обо всем, в чем знаменитый драматург потерпел неудачу.

Против бардопоклонства

Как и предполагал Толстой, очерк «О Шекспире и о драме» ждал холодный прием. Он продолжает озадачивать даже самых пылких почитателей Толстого и по сей день. В нем много погрешностей методологического характера, противоречий здравому смыслу и элементарных неточностей, которые мы не станем оправдывать в данной статье. Однако этот страстный, крайне субъективный документ может многому научить — по моему мнению, большему, чем поверхностные, во многом слишком поспешные выводы, к которым пришел в своей знаменитой статье «Лир, Толстой и шут» (1947) Джордж Оруэлл. Статья Оруэлла, гораздо более известная, нежели очерк, который в ней подвергается критике, часто ошибочно воспринимается как объективное изложение (или объективное опровержение) идей Толстого[8]. Ни то, ни другое не соответствует действительности. После беглого пересказа первых разделов очерка Толстого Ору-

[8] Любая попытка понять толстовскую оценку Шекспира связана с необходимостью преодолеть авторитет канонизированной статьи Оруэлла, которая представляет собой яркий образец журналистики, но слабое опровержение рассуждений Толстого. Защите Толстого, начинающейся с резкой критики Оруэлла, посвящена публикация [Mounce 2001: 94–98].

элл обращается к личной жизни, менталитету и семейным отношениям Толстого. До того, как статья Оруэлла завоевала умы читателей, рецензии (например, статья Г. Уилсона Найта, опубликованная в 1934 году) без особенных натяжек вписывали Толстого в почтенную традицию [Knight 1934: 29][9]. Ибо, в конце концов, Толстой не был одинок в литературном мире в своем скептическом отношении к Шекспиру: начиная с Сэмюэля Джонсона и Александра Поупа в XVIII веке и кончая приверженцем Толстого Людвигом Витгенштейном в XX веке, многие блестящие критические умы находили у Шекспира немало «топорного и необязательного»[10]. В качестве посредника для более взвешенного исследования взглядов Толстого я привлеку здесь еще одного социально ангажированного писателя мирового уровня с Британских островов, современника скорее Толстого, чем Оруэлла, и, возможно, из всех зарубежных писателей наиболее сопоставимого с Толстым по долголетию, творческой плодовитости и дерзости, — Джорджа Бернарда Шоу (1856–1950).

Шоу была близка толстовская критика западной цивилизации. Начиная с 1892 года в одной смелой пьесе за другой Шоу также разоблачал порожденный ею культ ученых и наук, лицемерие утвердившихся религий, сплошной цирк парламентов, филистерство стяжателей-капиталистов и агрессивное строительство империй, культуру, рабски подчиненную сексуально возбуждающим развлечениям, губительным для нравственности и духовности. В 1882 году, почти повторяя духовный кризис Толстого, Шоу под влиянием Генри Джорджа пришел к выводу, что частная собственность на землю — это воровство. Два года спустя он вступил в Фабианское общество. К 1890-м годам Шоу, как и Толстой, стал

---

9 Брошюра № 88, изданная Английской ассоциацией в апреле 1934 года. Два главных аргумента Найта заключаются в том, что немецкие романтики обожествляют Шекспира на основании критериев, более подходящих великим писателям, чем великим поэтам, а яростное неприятие Толстым «поэтического великолепия» в языке или разработке характеров привело его к несправедливому выводу о том, что Шекспиру недоставало нравственной и религиозной глубины, — и являются важным дополнением к предпринятой в настоящей статье попытке пересмотреть сложившиеся представления о проблеме.

10 Выражение Джорджа Стайнера [Steiner 1996: 112]. Симпатии Стайнера — на стороне Витгенштейна.

трезвенником и вегетарианцем. И хотя Толстой почти наверняка об этом не знал, Шоу, вступивший в брак в 1898 году в возрасте сорока двух лет, воплотил в жизнь идеал Толстого о целомудренном супружеском союзе (фактически не осуществленном)[11].

Взаимные симпатии в значительной степени проявились и в вопросах формальной эстетики. В 1897 году Шоу заявил, что полемически направленная против модернизма статья Толстого «Что такое искусство?» представляет собой «вне всякого сомнения, лучший трактат об искусстве, вышедший из-под пера писателя (Вагнера я оставляю в стороне) в наше время»[12]. Элемент скандальности и преувеличения в книге Толстого вызвали восхищение у Шоу-шоумена. Он также понял, что эта полемичность и спорность — не прихоть некого диванного теоретика, но зрелое мнение великого художника-практика, который настаивает на том, что искусство призвано нести важный этический посыл, а не гедонистическую усладу чувствам, не превращаясь в мистическую символистскую загадку или праздную забаву. В 1898 году Шоу с восторгом писал в рецензии на статью «Что такое искусство?»: «[Толстой] не терпит глупостей, особенно пьяных глупостей, как бы старательно и пышно ни были подобраны в них рифмы или созвучия» [Шоу 1989: 163][13]. Надо отметить, что Шоу (в отличие от Толстого) с глубочайшим ува-

---

[11] Шоу женился на Шарлотте Пейн-Таунзенд, богатой ирландской наследнице и его подруге по Фабианскому обществу. Об этом решении (принятом по настоянию супруги) см. [Silver 1982: 131–142]. Сильвер приводит разъяснения Шоу, данные в 1930 году: «Как муж и жена мы обрели новые отношения, в которых секс не имел никакого значения. Для нас обоих любовные интриги, флирт и волокитство остались в прошлом. И даже среди былых увлечений самые долгие и пламенные воспоминания оставили те, что не были доведены до конца. Не забывайте, что все браки отличаются друг от друга и не следует смешивать супружеский союз молодых людей, за которым следует рождение детей, и отношения между немолодыми бездетными людьми, когда жена достигла возраста, не позволяющего безопасно родить первого ребенка» [Silver 1982: 134]. Впрочем, биографы оспаривают утверждение Шоу о том, что любовные игры для него на этом закончились.

[12] Письмо Шоу английскому драматургу Генри Артуру Джонсу (1851–1921) от 20 мая 1898 года. В полной цитате, впрочем, больше нюансов: «Прочли ли Вы “Что такое искусство?” Толстого? <...> Его теория от начала до конца верна, его примеры — глупейшая, устарелая чушь. Среди прочего он очень глубоко судит об универсальности хорошего искусства и сословности искусства плохого — о том, что хорошее искусство так же понятно крестьянину, как и дворянину, и т. д.» [Шоу 1989: 236–237].

[13] Рецензия Шоу на перевод трактата Толстого «Что такое искусство?», выполненный Элмером Моодом, была опубликована в «Дейли кроникл» 10 сентября 1898 года.

жением относился к поэтическим рифмам и аллитерациям. Но эти поэтические приемы, особенно в творчестве драматурга, должны быть подчинены вопросам этического порядка. Когда дело обстояло иначе, то есть когда важные идеи проговаривались как каламбуры, превращаясь в столь же неприемлемый недостаток, как и глупые сексуальные штампы, которые затмевают на сцене серьезный наглядный урок, призванный содействовать прогрессу человечества, — Шоу бунтовал. Распространенность этих пороков в поздневикторианских постановках Шекспира сыграла свою роль в неприятии Шоу британского культа Шекспира, который он окрестил бардопоклонством (Bardolotry). В таком отношении идолопоклонство сочеталось с недобросовестностью.

Несколько слов об этой идейной концепции Шоу объяснят, почему Толстой поддержал ее своим авторитетом. Шоу ввел термин «бардопоклонство» в 1901 году в предисловии к «Трем пьесам для пуритан»[14]. Однако эта идея вызревала у него на протяжении десятилетия, наиболее ярко проявляясь в театральных рецензиях и фельетонах, написанных для «Сатердей ревью» в 1895–1897 годах [Shaw 1961; 2002]. В отличие от Толстого, Шоу был настоящим человеком театра. Будучи знакомым с театральной кухней изнутри и преданным делу процветанию театра, он придумал это слово как бы в шутку[15]. Рекламный то был трюк или нет, но грехи бардопоклонства он связывал не с Шекспиром-драматургом, которого почитал с детства и знал почти наизусть, а с глупостью британской публики и предприимчивостью меркантильных авторов переделок шекспировских пьес, то есть с теми, кто, по мнению Шоу, любил Барда по ложным причинам.

---

14 См. раздел «Лучше Шекспира?» в предисловии к «Трем пьесам для пуритан» (1901), где речь идет о второй пьесе этого цикла «Цезарь и Клеопатра», которую Шоу написал в 1898 году, стремясь исправить «Антония и Клеопатру» Шекспира: «Примечательно, что люди, искажавшие Шекспира и не внимавшие уговорам, что он знал свое дело лучше, чем они, всегда были самыми фанатичными из его поклонников. <...> Но довольно о бардопоклонстве!» [Шоу 1979: 30–31].

15 Первый биограф Шоу полагает, что кровавая борьба с бардопоклонством была задумана Шоу для продвижения пьес его собственного героя, Хенрика Ибсена: «Крестовый поход Шоу против бардопоклонства... был одной из его самых забавных кампаний по привлечению внимания» [Henderson 1956: 689].

Потому что были истинные причины для восхищения Шекспиром и истинные причины для нелюбви к нему. Бардопоклонство — это обожание Барда по ложным причинам.

Шоу назвал три ложные причины для восхищения Шекспиром, и некоторые из них Толстой бы решительно поддержал. Во-первых, ошибочно считать Барда великим мыслителем или философом. Шоу утверждал, что тот не был ни тем, ни другим. Шекспир впитал в себя мораль своего времени, выразил ее с несравненным гением, но никогда не ставил ее под сомнение. Шоу же считал, что истинные художники обязаны делать нечто большее, чем просто воспринимать и выражать: они должны развивать коллективный разум человечества, подпитывая его новыми и более разумными идеями, и тем самым способствовать его «творческой эволюции». С этой точки зрения Шоу считал Толстого после духовного обращения истинным художником, несмотря на то, что его идеи могли быть освистаны публикой (а может быть, именно поэтому), тогда как гений Шекспира ограничивался размышлениями о психологии человека, мастерством развития драматического действия и «музыкой слов»[16].

Второе «неверное основание» — вульгаризация и огрубление пьес Шекспира театральными режиссерами и актерами-виртуозами, которые вырезали, переписывали или дополняли строки и сцены, чтобы удовлетворить тягу публики к мелодраме и трагической «сценической эстетике»[17]. Такое утрирование сентиментальных элементов и умаление интеллектуального содержания имело еще один негативный эффект: оно принижало мужество, дальновидность и усердный труд прогрессивных персонажей

---

[16] В 1895 году в рецензии на «Все хорошо, что хорошо кончается» Шоу писал, что если этика Шекспира была вторичной и банальной, то его магия заключалась в «повороте строки», аллитерации, ритме, словесной музыке. «Именно музыкальной стороне, а не либретто, его творчество обязано своей жизненностью и свежестью» [Shaw 1961: 7].

[17] И Толстой, и Шоу презирали потворство низменным инстинктам на театральной сцене, но Шоу, кроме того, возмущался викторианским лицемерием: поскольку о фактах проявления сексуальности в обществе нельзя было говорить открыто, как делал он в ряде ранних пьес, особенно в «Профессии миссис Уоррен» (1893), театры переключились на утомительное изображение чувственности «без дерзновенности ее пороков». В результате получалась скучная «романтическая пьеса» с подменой «интеллектуальной деятельности и честности чувственным экстазом» [Шоу 1979: 20].

истории. Ибо Шоу (опять же, в отличие от Толстого) восхищался харизматичными политическими и военными деятелями: древнеримскими императорами — строителями империи, гением Наполеона, а на современных ему мировых подмостках — Муссолини и Сталиным. Шоу считал, что во многих из пьес Шекспира несправедливо мало представлены героические достоинства: надежда, мужество, дисциплина, гражданственность. Бард достиг пика в «Макбете», «Гамлете», «Лире», всех трагедиях «разочарований и сомнений», но, как утверждал Шоу, Елизаветинская эпоха не выдвинула образцов уверенных в себе, трезвомыслящих цезарей, и поэтому Шекспир пребывал в растерянности. Он либо возвращался к рыцарским клише, либо заменял строителей империи Антониями, действующими в рамках надуманно-трагического любовного сюжета[18]. И если доверчивая театральная публика очарована чересчур романтично представленной любовной страстью или слишком возвышенно представленным отчаянием, то ее только вводят в заблуждение относительно природы человеческого величия.

Третье «неверное основание» рассматривается в предисловии Шоу к написанной для бенефиса пьесе «Смуглая леди сонетов» (1910): ошибочно изображать Барда скорбящим, сентиментальным, страдающим художником. Шоу предпочел представить Шекспира более похожим на него самого, оптимистичным и жизнерадостным. В своих театральных рецензиях Шоу восхищался актерами, которые подчеркивали эти «классические» черты в таких персонажах, как Гамлет, по традиции изображавшийся меланхоличным или психологически травмированным[19]. Шекспир был не только практиком театра, заявляет Шоу, но

---

18 «Но Шекспир, так глубоко понимавший человеческую слабость, никогда не понимал, что такое человеческая сила цезаревского типа» [Шоу 1979: 29]. Все его сильные люди подвержены страстям, что в драматическом жанре являлось просчетом. У Шоу было «профессиональное возражение против того, чтобы делать сексуальное безумство темой трагедии. Опыт учит, что оно производит впечатление, только когда подается в комическом свете»: терпимо и даже мило, настаивал он, когда госпожа Куикли из любви к Фальстафу закладывает свое столовое серебро, но не когда Антоний покидает сражение при Акциуме из-за любви к Клеопатре [Шоу 1979: 28].

19 Подробно о Шоу как «театральном критике», в том числе о проблемах творческого соперничества, интеллектуальной конкуренции и стратегиях привлечения внимания, см. [Pierce 2011: 123].

и поэтическим титаном с поразительной иронией и острым умом, писателем, о гениальности которого свидетельствовали «озорное упоение пессимизмом» и умение «бурно радоваться тому, что разбивает сердца людей обыкновенных» [Шоу 1980: 23]. Шекспир-человек как бесстрашный эпический герой с проницательным взглядом был одним из обобщенных образов «великих людей», созданных Шоу. Толстовский путь к самопознанию через исповедь — писатель как кающийся грешник, постоянно погруженный в самоанализ, — был Шоу не по душе. Реакции Шекспира на мир были наиболее убедительны, когда они были похожи на реакции самого Шоу, в противном случае Шоу насмехался над ним. В последний год жизни Шоу написал свою последнюю пьесу, десятиминутное кукольное шоу «Шекс против Шо» (1949), в котором изображающая Шекспира марионетка набрасывается с кулаками на куклу, изображающую Шоу.

Кампания Шоу против бардопоклонства, полная насмешек и набивших оскомину жалоб на Шекспира, вызвала скандал. Шоу на то и надеялся. «Я сделал его популярным, — писал он в 1908 году, — сбросив с пьедестала, шпыняя тут и там, и заставив людей понять, что он не полубог, а драматург» [Henderson 1956: 715]. Такова была цель Шоу: привлечь здоровое на театральной сцене для оздоровления рода человеческого. У Толстого была та же цель. Он также сбрасывал Шекспира с пьедестала, но не стремился при этом улучшить качество шекспировских постановок. Это твердое отрицание делает критику Толстого более оригинальной.

Два титана осторожно искали взаимного одобрения собственного отношения к корпусу пьес Шекспира. Каждый из них был крупной, уверенной в себе личностью, каждый был неутомим в попытках реформировать западную цивилизацию, крайне избирателен как читатель и готов применить любые шоковые приемы для пользы своего дела. Они глубоко уважали друг друга как художников и поборников нравственности. (Моод вспоминает, как в последний год жизни Толстой говорил о том, что в мире недостает хороших писателей: «Новых нет, — заметил Толстой, — разве только, может быть, Шоу» [Maude 1987: 464].)

Некоторые мысли Толстого могли лишь озадачить, а то и шокировать Шоу, человека конца века. Титулованному русскому аристократу, воспитанному в авторитарном государстве, которое одновременно поклонялось литературному слову и боялось его, могло сойти с рук гораздо больше, чем добившемуся успеха своими собственными силами писателю из Дублина в условиях скептически настроенной плюралистической буржуазной демократии со свободной прессой, но жесткой театральной цензурой[20]. В последние пять лет жизни Толстого, отмеченные постоянно возраставшим напряжением, писатели обменялись полудюжиной писем и поделились друг с другом несколькими драматическими произведениями. Шекспир был и прямым поводом для их общения, и неизменно присутствовал в подтексте их писем. Теперь я перейду к треугольнику Толстой — Шекспир — Шоу в период между 1903 и 1910 годами, чтобы представить сложную картину знаменитой междоусобной войны, в которой Толстого — возможно, справедливо, но слишком поспешно и поверхностно — почти всегда объявляют проигравшим.

Что такое Шекспир? Что такое драма?

Трактат Толстого задумывался скромно, как предисловие к брошюре «Отношение Шекспира к рабочему классу» американского реформатора и педагога Эрнеста Говарда Кросби (1856–1907). Кросби, уроженец Нью-Йорка, тесно связанный с американскими социалистами, увлекся толстовством после посещения Ясной Поляны в 1890-х годах. Его выступление против Барда состояло преимущественно из подборки цитат (где либо оскорбляют английских простолюдинов, либо они сами с юмором издеваются над собой), которые перемежались выражением оскорбленных чувств автора. Однако предисловие Толстого вскоре переросло памфлет Кросби. Раздражение Толстого не могли удовлетворить незамысловатые инвективы

---

20 О борьбе Шоу с пуританской британской цензурой, которая в некотором смысле была даже более суровой, чем в царской России с ее сугубо «французской» великосветской культурой, см. [Woodfield 1984: 108–131].

Кросби в защиту рабочего класса, поскольку проблема выходила за рамки изображения отдельных лиц или представителей сословий (будь то короли или простолюдины). «Дело не в аристократизме Шекспира, а в извращении, посредством восхваления нехудожественных произведений, эстетического вкуса, — писал Толстой 9 октября 1903 года Владимиру Стасову. — Ну да пускай бранят, может быть, и вы, но мне нужно было высказать то, что сидело во мне полстолетия. Простите» [Толстой 35: 680]. В окончательном варианте очерка, куда в качестве приложения вошел текст Кросби, нет и намека на этот робкий, извиняющийся тон[21]. Открывается текст Толстого на резкой личной ноте. Это толстовский вариант «Шекса против Шо». «Сейчас, перед писанием этой статьи, 75-летним стариком, <...> я вновь прочел всего Шекспира <...>, — рассказывает Толстой, — и с еще большей силой испытал то же чувство, но уже не недоумения, а твердого, несомненного убеждения в том, что та непререкаемая слава великого, гениального писателя, которой пользуется Шекспир и которая заставляет писателей нашего времени подражать ему, а читателей и зрителей, извращая свое эстетическое и этическое понимание, отыскивать в нем несуществующее достоинство, есть великое зло, как и всякая неправда» [Толстой 35: 217].

Что же именно вызывало у Толстого неприязнь и недоумение? Некоторые раздражители очевидны. В 1896 году в письме Страхову Толстой объяснял «пошлость» и «бессмысленность» «Гамлета» тем, что в основе пьесы лежит «языческая месть» и сверхъестественные «эффекты» [Толстой 69: 28]. Эти особенности построения сюжета наверняка оскорбляли Толстого как прозаика-реалиста. При перенесении на сцену реалистические стратегии порождают художественную иллюзию того типа, поборником которого выступал Московский Художественный театр Станиславского. В состав педагогов театра, основанного в 1898 го-

---

[21] Первый авторизованный английский перевод статьи «О Шекспире и о драме» [Толстой 1950: 216–272] включал в себя текст Кросби и выдержки из письма Шоу Черткову, отредактированные Чертковым. См. [Tolstoy 1906]. «Письмо Шоу» было представлено неверно (как якобы адресованное Толстому), отредактировано (удалены критические высказывания о Толстом) и включено в издание без разрешения Шоу.

ду, входили ученики и последователи Толстого[22]. В 1902 году Художественный театр поставил крестьянскую драму Толстого «Власть тьмы». Для сцен под открытым небом сцена была покрыта хлюпающей грязью[23]. Этой «натуралистически-реалистической» эстетике, совершенно исключительной в истории театра, была глубоко чужда минималистская, стилизованная елизаветинская сцена, полная условностей и поразительных эффектов[24]. Впрочем, как нередко отмечается, антишекспиризм Толстого был вызван не столько жестокостью, неправдоподобием или нелепостью сценических событий, сколько вычурным метафорическим использованием языка [Толстой 35: 245][25]. Поэтому не приходится удивляться замечанию Толстого по поводу сцены из «Отелло» (впрочем, одной из «наименее плохих» пьес Шекспира, по его мнению, но «загроможденной напыщенным многословием»): «монолог... Отелло над спящей Дездемоной <...> совершенно невозможен. Человек, готовящийся к убийству любимого существа, не может говорить таких фраз...» [Толстой 35: 245]. Такая наивность в полемике — типично толстовская. «Чтобы понять Шекспира, — писал Найт в 1934 году в рецензии на трактат Толстого, — нужно изначально допустить следующее: прежде всего, нужно верить в людей, говорящих стихами, а следовательно, в человеческие поступки, преследующие поэтическую цель» [Knight 1934: 15]. Очевидно, что Толстой не приемлет такого условия. Но другие его суждения для нас поистине удивительны.

К приятным сюрпризам относится все то, что делает Толстого подлинным ниспровергателем основ. Он ясно осознает отупля-

---

22 Самым известным из них был Леопольд Сулержицкий (1872–1916), близкий друг семьи Толстого и преподаватель в первой студии Московского Художественного театра. О влиянии литературного метода Толстого на теорию сценического искусства Станиславского см. [Larlham 2014: 186–188].

23 Об этой постановке и «пресловутой страсти Станиславского к материальности и реальности сценического события» см. [Muza 2014: 37, 40].

24 В работе «Лев Толстой — ниспровергатель Шекспира» Александр Аникст отмечает, что для получения идеального представления о елизаветинском театре нам достаточно придать знак плюс всему тому, что отвергает Толстой [Аникст 1960: 42–53].

25 Римвидас Шилбайорис рассматривает «соотношение реальности и языка» [Šilbajoris 1991: 142–143] как главное поле битвы между Толстым и Шекспиром; см. также обсуждение этой книги в [TSJ 1991: 105–145].

ющую силу общепринятого мнения. Его гнев, вызванный ограниченностью евроцентрической системы ценностей, претендующей на то, чтобы выступать от имени всех культур и эпох, явственно проступает в этом трактате, на век опередившем свое время. Указывая на слабость, злобу, леность и животное начало как неотъемлемую часть человеческой природы, Толстой, как всегда, великолепен. Однако он оказывается в невыгодном положении, когда пытается объяснить, почему образованные, проницательные и трезвомыслящие люди могут по-разному оценивать одно и то же эстетическое явление. Для Толстого универсальным и неизменным мерилом искренности реакции служит его собственный ненадежный организм. По образцу статьи «Что такое искусство?» критический очерк о Шекспире начинается на крайне субъективной ноте, с рассказа о личном знакомстве писателя с теми произведениями искусства, которые Толстой намерен осмеять и раскритиковать. В статье «Что такое искусство?» мишенью стала репетиция оперы. В более позднем очерке — «Король Лир». Толстой намерен постараться «как можно беспристрастнее изложить содержание драмы» [Толстой 35: 219]. Под «содержанием» тут понимается последовательность развития сюжета. Хотя результатом такого подхода может быть только карикатура, некоторые детали заслуживают того, чтобы остановиться на них.

Во-первых, Толстой понимает, что любой разворачивающийся во времени нарратив, словесный или музыкальный, будет разрушен последовательным пересказом его «сюжета». Но он намерен «разъять» текст, поскольку это дает возможность остранить его, сосредоточиться на формальных моментах, освободив их от более широкого контекста, стилистических и духовных конвенций и инерции восприятия. Толстого в первую очередь раздражает «напыщенный, бесхарактерный» язык короля Лира, свойственный всем королям Шекспира; этот язык, с точки зрения Толстого, лежит в основе общей неестественности первой сцены драмы [Толстой 35: 221]. Ни одного зрителя невозможно было бы убедить в том, что «король, как бы стар и глуп он ни был», прожив всю жизнь с семьей, мог поверить злым дочерям, а не своей любимой дочке. Таким образом, читатель или зритель «не может и разделять чувства лиц, участвующих в этой неестественной сцене». Толстой признает, что «соединение многих противоречащих чувств выражается часто верно и сильно в некоторых сценах Шекспира». Однако поскольку его герои вынуждены изъясняться на ненастоящем языке, наше сочувствие к ним быстро улетучивается. В целом психология персонажей определяется не потоком естественных чувств, а «тем особенным шекспировским языком, главная особенность которого в том, что мысли зарождаются или из созвучия слов, или из контрастов» [Толстой 35: 228]. Согласно психологической концепции статьи «Что такое искусство?», такая драма не может «заражать».

Все короли говорят одинаково, пойманные своей властью в ловушку велеречивых формул, окруженные льстецами и потому вечно гневающиеся из-за того, что их обманывают. А как насчет всеобщего любимца сэра Джона Фальстафа, «естественного человека», который льстит только себе самому, видит насквозь всех притворяющихся честными и мужественными и прислуживает только собственным желаниям? Толстой признает, что Фальстаф — «это едва ли не единственное естественное и характерное лицо, изображенное Шекспиром» и что он один говорит «свойственным его характеру языком». Впрочем, речь Фальстафа тоже вычурна. Он также изъясняется тем самым шекспировским языком, который Толстой определяет как язык, переполненный «несмешными шутками и незабавными каламбурами»; однако для Фальстафа такой язык более приемлем, поскольку «совершенно подходит к хвастливому, изломанному, развращенному характеру» пьяницы. Словесные игры полностью соответствуют фиглярству в жизни. Тем не менее «художественность этого характера нарушается» омерзительным обжорством, пьянством, распутством, мошенничеством, ложью, трусостью; ни один читатель не может разделить тот жизнерадостный юмор, с которым относится к нему автор [Толстой 35: 246–247].

Толстой зорко распознает и отвергает не только неестественность положений, избыточные словесные остроты и безуспешные попытки искупить дурные привычки юмором и шутками, но и все высказывания, которые не соответствуют характерам говорящих. У Шекспира все — и короли, и шуты — говорят одинаково, и все они так же изящны в речах, как их создатель. Таким образом, слушающий не может понять, возникла ли высказанная мысль в сознании персонажа или вне его. Прозаик может позволить себе такую роскошь, как несобственно-прямая речь, внедряясь в сознание персонажей и выходя из него, но драматургия, традиционно исключающая возможность повествования от третьего лица, не должна пользоваться ею.

Более того, утверждает Толстой, Шекспир берет «старинные истории» и портит их. Поскольку сюжет заимствован (а это один из признаков неистинного искусства), «Король Лир» у него переполнен анахронизмами; поскольку его персонажи лишены индивидуальности, они говорят «нелепо напыщенными, неестественными» фразами, не соответствующими их делам. Поклонники Шекспира восхваляют его за это «невоздержание языка», видя в нем доказательство многогранности персонажа, тогда как в действительности, уверяет Толстой, речь просто не соответствует характеру [Толстой 35: 238–239]. Совершенно иначе обстоит дело с гораздо более старым источником пьесы, «Королем Леиром» («King Leir») неизвестного автора. Эта пьеса заканчивается именно так, как нужно, и тогда, когда нужно: отец получает прощение обиженной им дочери, и последняя сцена фиксирует момент раскаяния, самопознания и духовного роста (не как у Шекспира, который добавляет в финал ужасную и бессмысленную смерть). «В старой драме, — пишет Толстой, — нет никаких бурь и выдергивания седых волос, а есть убитый горем, ослабевший и смирившийся старик Лир» [Толстой 35: 242]. Поскольку цель драмы — «вызвать сочувствие к тому, что представляется», то, что представляется, должно быть подано убедительно, на основе правдоподобного опыта; более абстрактные авторские мысли уместны только в прозаическом произведении [Толстой 35: 250]. Здесь вновь мы видим критические тезисы, которые (с определенными оговорками) разделяет Шоу. Мелодраматическая напыщенность, театральная атрибутика становятся препятствием на пути идеи, импульса, нравственного урока, который следует усвоить, чтобы жизнь стала лучше. Шоу пытался обойти эту проблему, создавая обширные предисловия к своим пьесам, порой превышающие по объему саму драму. По Шоу, публика заражается именно идеей (предпочтительно — его идеей); ее можно облечь в слова и развить в повествовании. Толстой не интересовался предисловиями к драмам, потому что, по его мнению, заразить человека могут только чувства. Если чувства, которые изображаются на сцене — и транслируются со сцены, — искренни, то они передаются мгновенно и могут быть восприняты. Они захватывают.

Семейные распри, столь впечатляюще изображенные в «Короле Лире», вполне реалистичны. Но, по мнению Толстого, они не настоящие. Он приходит к выводу, что действие «не вытекает из естественного хода событий и из характеров лиц, а совершенно произвольно устанавливается автором и потому не может производить на читателя той иллюзии, которая составляет главное условие искусства» [Толстой 35: 237]. Толстой не позволяет нам заразиться символическим порядком. Театральная сцена должна воспроизводить наши нравственные обязанности в знакомых нам формах. Возможно, поэтому, пересказывая сюжет Шекспира, Толстой «русифицирует» слова, чтобы сделать их понятными: вересковая пустошь в «Лире» превращается в «степь», шекспировские безумцы — в «юродивых», русских блаженных дурачков [Толстой 35: 227–228]. Остранение «Лира» занимает четыре полных главы. Тон Толстого настолько суров и безжалостен, что мы даже не надеемся найти в последующих главах какие-либо разумные аргументы.

Одним из таких потерявших надежду читателей был Оруэлл. В своем знаменитом эссе 1947 года [Оруэлл 2018] Оруэлл отвергает большинство аргументов Толстого против Шекспира как «слабые и нечестные» [Оруэлл 2018: 80]. Но ему интересно, почему Толстой с такой яростью нападает на «Короля Лира» и с таким упорством отдает предпочтение более раннему «Леиру», пытаясь превратить трагедию в комедию или, может быть, в мелодраму [Оруэлл 2018: 83]. Оруэлл полагает, что весь сюжет шекспировского «Лира» воспринимался Толстым глубоко лично. Толстой увидел в трагедии короля сходство с собственной семейной историей: стареющий патриарх, который хотел очистить свою жизнь, отказавшись от всего, и действительно законным образом от всего отрекшийся, ожидал при этом, что с ним по-прежнему будут обращаться как с королем [Оруэлл 2018: 86]. Когда Шут — та «струйка здравомыслия», которая проходит через пьесу [Оруэлл 2018: 84], живо комментирует ситуацию, Лир морщится. Толстой, прочтя сцену, впадает в ярость.

Оруэлл прав, некоторые параллели очевидны. Но в целом он несправедлив, потому что причины отречения Толстого были совершенно иными, чем у короля Лира. Толстой не претендовал на любовь семьи. Его искания — не бредни глубокого старика, который «всегда плохо знал самого себя», как говорит плохая дочь Лира Регана своей сестре Гонерилье в первом действии пьесы (действие I, сцена 1, стихи 292–293). Толстой знал себя очень хорошо, на самом деле даже слишком хорошо, и его желание отречься, опроститься и очиститься от грехов родилось тридцатью годами ранее. Софья Андреевна, жена Толстого, прожившая сорок пять лет в браке с ним, не была ни Реганой, ни Гонерильей. Она была в отчаянии, увядала и чувствовала, что ее предали. Гораздо более продуктивным, чем акцент на этой болезненной семейной истории, является замечание Оруэлла о том, что, хотя «терпимость и смирение» не были свойственны Толстому в целом, «...конфликт его с Шекспиром обширнее. Это конфликт между религиозным и гуманистическим отношением к жизни» [Оруэлл 2018: 85–86]. Оруэлл прямо заявляет, что христианское мироощущение «корыстно и гедонистично», нацелено на уход от земной жизни, обращение, обретение вечного покоя. Напротив, гуманист — это борец, настаивающий на том, что «...борьба должна продолжаться и за жизнь платят смертью» [Оруэлл 2018: 93]. Оруэлл считает, что Шекспир — такой борец, а Толстой благочестив и потому пассивен. Даже если не обращать внимания на поверхностное и пустое определение Оруэллом «религиозного мироощущения», то здесь жестко критикуется воинственная поза осуждающего мир Толстого. Однако именно этот образ Шекспира как бесстрашного гуманиста, позднее описанный Оруэллом, позволит христианскому анархисту Толстому и агностику, рациональному социалисту-фабианцу Шоу уточнить свои взгляды на задачи драмы. Поскольку они начинают с общих предпосылок, их все более ожесточенное противостояние в конце концов превращается в поединок.

Толстой соглашается с Шоу в том, что, несмотря на шаткую аргументацию, предложенную в XIX веке Гервинусом и Георгом Брандесом, Шекспира нельзя назвать моральным или прогрессивным авторитетом. Какие принципы главенствуют в его пьесах? «Деятельность во что бы то ни стало, — говорит Толстой, — отсутствие всяких идеалов, умеренность во всем и удержание раз установленных форм жизни, и цель оправдывает средства» [Толстой 35: 257]. В таком театре публика не преображается, но лишь веселится, возбуждается, отвлекается или получает трусливое уверение в том, что жизнь все-таки идет своим чередом. Толстой отказывается одобрить такие наклонности у любой нормальной, здоровой, не одурманенной публики. Поэтому вторую часть своего очерка, следующую за главами о «Лире», он посвящает развенчанию кумира. Почему Шекспир, будучи настолько плохим драматургом, считается таким хорошим? Его огромная популярность могла быть вызвана только «нерассуждающим гипнозом» [Толстой 35: 247], которому подвергли публику «усердные эстетические немецкие критики» посредством доверчивой и гоняющейся за прибылью прессы. «Объяснение этой удивительной славы есть только одно, — рассуждает Толстой. — Слава эта есть одно из тех эпидемических внушений, которым всегда подвергались и подвергаются люди. <...> как вера в ведьм, в полезность пытки для узнания истины, отыскивание жизненного элексира, философского камня или страсть к тюльпанам, ценимым в несколько тысяч гульденов за луковицу, охватившая Голландию» [Толстой 35: 260]. Явлениями такого рода руководит иррациональная мода, а не сознательный выбор. Подобно тому как Золя приходит на смену Жорж Санд, Фурье уступает дорогу Карлу Марксу: такова судьба всех кратковременных увлечений и модных веяний.

Чтобы объяснить силу «внушения», Толстой приводит примеры из истории. Однако на самом деле исторический контекст у Толстого ничего не объясняет. Нравственная ценность для него не является исторической категорией. Это вневременное явление, потому что с этической точки зрения мы имеем в нашем распоряжении только настоящее. Так же, как Толстой не верит в прогресс, он не верит в «новости». Именно публичная журналистика начала XIX века породила шекспировский бум, столь же иррациональным образом, как жадная до сенсаций пресса вызвала общемировой скандал в связи с делом Дрейфуса, состряпанного бюрократами кошмара, который представлял подлинный интерес только для очень немногих [Толстой 35: 261]. Для Толстого это означает, что если современное ему увлечение Шекспиром, или «насаждение» его, в настоящее время является постоянным элементом европейской культуры, то это может объясняться только пагубной гармонией между шекспировской системой ценностей и мировоззрением тех критиков, которые раздувают его славу [Толстой 35: 262]. Предшествующие эпохи (например, XVIII век) не увлекались Шекспиром, так как общепринятые взгляды были иными. С этим выводом частично соглашался и Шоу. Однако он категорически возражал против предположения Толстого о том, что лишь отдельные люди способны развиваться в нравственном отношении, тогда как человечество в целом лишено стремления к совершенствованию вида. Шоу лелеял идею «творческой эволюции» в качестве альтернативы слепому, бессмысленному произволу социал-дарвинизма. По мнению Шоу, Шекспир как мыслитель не заслуживал права быть вехой на этом пути творческого развития.

В заключительных главах Толстой возвращается к аргументу из статьи «Что такое искусство?» в той части, в которой он применим к недостаткам Шекспира. Искусство (и особенно театр как дорогостоящий публичный вид искусства) всегда исполняет религиозную функцию. Оно начинает служить мирским целям (развлечению толпы, удовлетворению интересов сильных мира сего), когда религиозные формы становятся грубыми и неубедительными. Подобный упадок христианской культуры начался в эпоху Возрождения. Суть подлинной драмы, однако, — «не внешнее поучение в художественной форме каким-либо религиозным истинам и не аллегорическое изображение этих истин», а воплощение самых серьезных духовных целей культуры: сказать «об отношении человека к Богу, к миру, ко всему вечному, бесконечному» [Толстой 35: 267]. Мир Шекспира не имеет нравственной цели или центра. По этой причине слепое воспроизведение этого мира извращает наши естественные склонности, которые, как полагает Толстой вслед за своим любимым Руссо, всегда тяготеют к добру. «Драма в наше время — это когда-то великий человек, дошедший до последней степени низости и вместе продолжающий гордиться своим прошедшим» [Толстой 35: 270]. Тут Толстой добавляет примечание, возможно вспомнив о своем беспокойстве по поводу репетиций «Власти тьмы»: «Пускай не думает читатель, что я исключаю написанные мной случайно театральные пьесы из этой оценки современной драмы» [Толстой 35: 270].

Авторефлексия в конце статьи знаменательна: Толстой «выдавливает из себя Шекспира». Из предположительно имевшей место беседы Толстого с Исааком Тенеромо (Файнерманом) следует, что, по мнению Толстого, длительная самопрезентация — монологи о поиске себя — неуместны на сцене [Тенеромо 190][26]. Такой психологизм — задача романов. Драма дает скульптурное и внешнее изображение, представляя души в барельефах. Инструментом драматурга служит скальпель. «Нельзя заставлять их [персонажей] думать на сцене, вспоминать, освещать их характер отступлениями в прошлое — все это скучно, нудно и неестественно» [Тенеромо 1908: 580]. Однако в крестьянскую драму «Власть тьмы», даже сознавая, что это неправильно, Толстой включил несколько подобных монологов. По словам

[26] Как и большая часть журналистских публикаций Тенеромо о его знаменитом друге, вышедшее в 1907 году «интервью», составленное из бесед и воспоминаний, не было авторизовано Толстым. О Толстом и Тенеромо см. [Меджибовская 2013]. Это же свидетельство (также без комментариев) приводит Зверев: «Роман и повесть — работа живописная, там мастер водит кистью и кладет мазки на полотне. Там фоны, тени, переходные тона; а драма — область чисто скульптурная. Работать приходится резцом и не класть мазки, а высекать рельефы... Всю разницу между романом и драмой я понял, когда засел за свою “Власть тьмы”» [Зверев 2006: 734].

Тенеромо, Толстой говорил, что «трудно старому романисту удержаться от этого, как трудно бывает кучеру сдержать лошадей, когда с горы напирает на них тяжелый рыдван» [Тенеромо 1908: 580]. Ознакомившись с переделкой романа «Воскресение» для постановки в театре, он был раздражен: князь Нехлюдов «выписан, — вылизан, я бы сказал вернее. Все внутри и рельефов нет. Нет внешней, видимой борьбы»; в постановке у него «будет плоское лицо, как бывает плоско изображение месяца на декоративном холсте» [Тенеромо 1908: 581].

Настоящий театр для Толстого был материальным, пространственным, пластическим. Его оценка пьесы всегда зависела от исполнения на сцене. Поэтому вдвойне парадоксально, что Толстой не считал себя обязанным рассмотреть постановки пьес Шекспира, взвесить их сравнительные сценические и пластические достоинства с той же тщательностью, с какой он сравнивал переводы Шекспира на немецкий или французский. Толстой с легкостью судил о пьесах, которые не предназначались для чтения. Однако даже такой «книжный» подход к театральному искусству Шекспира изобличает ошибочность представления о том, что Толстого после обращения заботили только идеология и Истина, но не искусство.

И более того: сосредоточенность Толстого на форме также помогает объяснить, почему он игнорировал те великолепные отрывки из Шекспира, которые параллельны или вторят его собственным нравственным исканиям, связанным с проблемами власти, морали и войны. На ум приходят десятки примеров: бастард Эдмунд говорит о трусливых попытках возложить ответственность за наши собственные грехи на астрологию; в «Мере за меру» Изабелла указывает Анджело на тщеславие и порочность любой политической власти; в «Генрихе V» Вильямс и Бетс в разговоре с неузнанным королем накануне битвы при Азенкуре осуждают ужасы войны (предвосхищая размышления князя Андрея перед Бородинской битвой в «Войне и мире»); в «Короле Иоанне» Хьюберт де Бург прямо выступает против убийства принца; в «Троиле и Крессиде» Улисс предостерегает от «вселенского волка» власти, воли и желания. Такие моменты у Шекспира звучат громко и значительно в устах персонажей на всех уровнях социальной иерархии. Но Толстой их не слышит; по-видимому, ему безразлично нравственное содержание этих известных реплик. Толстого интересует то, как они произносятся.

Эта позиция принципиально важна для понимания странной одержимости Толстого «Королем Лиром» в критическом очерке 1903 года. В ранних набросках Толстой предполагал использовать в качестве отрицательного примера и «Гамлета» [Брейтбург 1940: 233–250][27]. Ему категорически не нравилась пьеса в театральных постановках. Из семидесяти пометок на полях в принадлежавшем Толстому издании «Гамлета» только три носят положительный характер. Но при ближайшем рассмотрении Толстой, вероятно, пришел к заключению, что принц Датский (в отличие от Лира) был неподходящей мишенью — его было бы слишком трудно высмеять[28]. Гамлет не тиран. Он занимается самоанализом, сомневается в действенности слов; это проницательный скептик, который советует актерам «держать зеркало перед природой» — именно это посоветовал бы актерской труппе и Толстой. Надежнее и лучше всего было бы опорочить Барда анализом сумасбродства старика, сосредоточившись затем на формальных недостатках, которые (по мнению Толстого) были присущи всем шекспировским пьесам. В опубликованном вари-

---

27 Брейтбург (который хотел бы реабилитировать Шекспира) озадачен утверждением Толстого о том, что он перечитал всего Шекспира перед тем, как написать статью, но затем подробно рассматривает только одну трагедию, «Короля Лира». Брейтбург отмечает, что в первых набросках, когда статья еще задумывалась как «предисловие» к брошюре Кросби, Толстой признавал эту проблему и хотел лишь поделиться «впечатлением, производимым на [него] драмами Шексп[ира]» [Брейтбург 1940: 233]. В более позднем варианте Толстой с присущим ему лукавством отвечал на критику так: «Знаю, что какую бы я ни избрал для рассмотрения, всегда найдутся люди, кот[орые] скажут: да, вы взяли Лира, в к[отором] действительно есть много несовершенного, вам бы надо взять Гамлета, или Юлия Цезаря, или Макбета. Если же бы я взял Макбета или Гамлета, сказали бы: зачем вы не взяли Лира»? [Брейтбург 1940: 234].

28 Этот убедительный тезис принадлежит Филиппу Роджерсу [Rogers 1992], который, заново изучив источники, развивает выводы Брейтбурга. Роджерс отмечает, что «Гамлет свои “слова, слова, слова” буквально снял с языка Толстого...» и что «как тон, так и содержание того, как Гамлет возмущается массовым успехом насквозь фальшивого искусства, могли бы быть уместны в статье “Что такое искусство?” Толстого» [Rogers 1992: 59].

анте статьи Лир принимает на себя всю тяжесть удара. При этом наибольшее раздражение Толстого вызывает собственно сценический монолог: интроспективный, напыщенный, ставящий говорящего в исключительное положение.

Шоу, художника политической сиюминутности, никогда не смущали подобные монологи. В дополнение к своим ярким и полемическим предисловиям он постоянно встраивает в комедии персонажа, высказывающего истины в духе Шоу: это Джон Таннер в пьесе «Человек и сверхчеловек», Британник (а иногда и сам Цезарь) в «Цезаре и Клеопатре», Ричард Даджен в «Ученике дьявола», здравомыслящая Ева из райского сада в первом действии пьесы «Назад к Мафусаилу». Такие персонажи не нуждаются в сценическом диалоге. Да они и не могут полноценно функционировать в рамках диалога, если в пьесе нет другого столь же умного персонажа для обмена аргументами. Их высказывания могут быть анахроничными, парить вне времени и места действия. По аналогии с оперной арией сценический представитель Шоу «поет» истину непосредственно залу, и никому другому на сцене слышать или реагировать на нее не обязательно.

Толстой, реалист до мозга костей, возражает против этого приема. Он настаивает на том, что все коммуникации в драме происходят в едином времени и пространстве посредством рационально мотивированного диалога и действий в пределах сюжетного пространства. В раннем варианте статьи «О Шекспире и о драме» он выразил недоумение по поводу того, как Тургенев, писатель, «одаренный в высшей степени эстетическим чувством», мог рекомендовать молодым драматургам несколько поразительно удачных отдельно взятых строк из «Макбета», не упомянув, что они заключены в оправу портящего их длинного фальшивого монолога[29]. Бахтинский образ Толстого как «моно-

[29] В этом наброске Толстой упрекает Тургенева, который, по воспоминаниям современника, похвалил в качестве образца краткости словесного выражения ужаса ту сцену в «Макбете» (действие 4, сцена 3: 248–250), в которой Макдуф узнает об убийстве своей семьи: "И жену? О, и жену. И детей? И детей». «Слова эти очень хороши, это правда, — пишет Толстой, — но Тургенев забыл сказать, что этими словами не ограничивается Дункан, а говорит еще тут же целый длинный, фальшивый, напы-

литно монологичного» автора повествования следует откорректировать, когда речь идет о сценическом искусстве. Драма — это зона, свободная от повествователя. Однако сценические пристрастия Толстого, сколь бы диалогичными они ни были, не позволяли ему оценить жизнелюбивую комедию идей, блестящим мастером которой был Шоу. Когда Толстой хотел рассмешить публику, он прибегал к сатире или фарсу, но не к двунаправленному веселому смеху комедии. Он блестяще владел жанром драматизированной притчи, созданной по образцу средневековых мираклей и мистерий с использованием фольклорного материала. Он мечтал сочинять поучительные пьесы для ярмарок и балаганов и в 1909–1910 годах написал несколько драматических сценок под названием «Детская мудрость». Для психологически более сложных драматических произведений Толстой предпочитал серьезность трагедии.

Шоу знакомится с Толстым: на сцене появляется Чертков

Между 1905 и 1910 годами при посредничестве Владимира Черткова Шоу обменялся с Толстым полудюжиной писем. Чертков покинул Россию в 1897 году и провел более десяти лет в Англии, финансируя за счет семейных средств печатавшее произведения Толстого издательство «The Free Age Press». Почувствовав родственную душу, летом 1905 года Чертков обратился к Шоу за справками в связи с работой над английским переводом статьи «О Шекспире и о драме». Ознакомившись с общим содержанием статьи Толстого в пересказе Черткова, в августе Шоу ответил благодарственным письмом: «как Вам известно, — писал Шоу Черткову, — я изо всех сил стараюсь открыть англичанам глаза на бессодержательность философии Шекспира, на несерьезность и неоригинальность его этики, <...>

щенный монолог». Не чувствуя и не отмечая плохого, Тургенев тоже стал жертвой «внушения», ибо «так поступают по отношению Шекспира люди, одаренные эстетическим чувством» [Толстой 1950: 571–572]. Что ж тогда говорить о бездарных? На протяжении всего своего возражения Толстой называет Макдуфа Дунканом.

на его снобизм, на его вульгарные предрассудки...»; «...я еще больше оценю критику Толстого в связи с тем, что это критика иностранца, просто неспособного подпасть под очарование той чисто словесной музыки, которая в Англии делает Шекспира совершенно неотразимым» [Шоу 1989: 263–264]. Чертков позднее воспользовался этими словами: отредактировав послание Шоу, Чертков в 1906 году присовокупил его (без разрешения автора) в качестве приложения к английскому изданию трактата Толстого, назвав текст «отрывками» из письма и скрыв тот факт, что оно было адресовано ему, а не Толстому[30].

Тем временем Шоу получил от Черткова полный перевод статьи и был шокирован ошибками, непродуманностью критического подхода и небезупречностью логики автора, о чем и сообщил Черткову в следующем письме от 3 ноября 1905 года: «...в общем, вся статья очень плоха»[31]. «Уверены ли вы в точности вашего перевода? — с тревогой спрашивал Шоу. — Он полон совершенно необъяснимых ошибок» [Брейтбург 1939: 624]. Шоу опасался, что случае публикации эти ошибки помешают читателям серьезно отнестись к разумным доводам Толстого и нанесут ущерб его репутации. (Вновь остается только удивляться тому, насколько англосакс Шоу, привыкший отвечать за точность своих высказываний перед бдительной читающей публикой, недооценивает вольности, которые могли позволить себе Толстой и его последователи; их репутация, слава и достоинство основывались именно на радикальных, бескомпромиссных высказываниях.) Теперь Шоу упрекал Толстого за неправильность изложения «Короля Лира», пренебрежение к традициям

---

30 В отредактированном виде этот документ приводится в [Tolstoy 1906: 166–169] под названием «Письмо г. Бернарда Шоу (отрывки)».

31 История последующей переписки впервые была полностью изложена С. М. Брейтбургом в статье «Б. Шоу в споре с Толстым о Шекспире (по неизданным источникам)» [Брейтбург 1939]. Это письмо Шоу Черткову, датированное ноябрем 1905 года, если не замалчивалось, то, по крайней мере, оставлялось без внимания советскими исследователями Толстого. Статья Брейтбурга 1939 года, скорее всего, имела своей задачей попытаться защитить Шекспира, творчество которого в сталинскую эпоху широко популяризировалось, от нападок Толстого с помощью второго письма Шоу Черткову, чтобы косвенно «пожурить» одного канонизированного классика (Толстого) в интересах другого. Эту задачу облегчила смерть Черткова, скончавшегося в 1936 году в возрасте восьмидесяти двух лет.

эпохи Возрождения, неспособность оценить шекспировский юмор и утверждения, что мир, любящий Барда последние три столетия, был загипнотизирован им против своей воли, а не реагировал осознанно на ассоциативное, ритмическое богатство языка Шекспира. Одно из замечаний Шоу заставило бы содрогнуться любившего музыку, игравшего на фортепиано Толстого: Толстой «может доказывать, что музыка Шопена есть только бренчание струн в деревянном ящике, но станут ли слушать его доказательства те лица, которые испытали влияние музыки Шопена?» [Брейтбург 1939: 627–628]. Письмо Черткову Шоу завершал словом в защиту художественного воображения: «Жизнь не логична; и не Толстому, пишущему свои произведения как поэт, осуждать Шекспира за то, что он писал свои не как юрист» [Брейтбург 1939: 625].

Чертков отнесся к этому второму, гораздо более жесткому, письму очень разумно. Он его не копировал, не публиковал и повременил отправлять Толстому. А впоследствии он подвел Шоу, который просил, чтобы любая публикация первого письма, написанного до прочтения статьи, обязательно сопровождалась критикой, изложенной во втором письме, особенно по поводу карикатурного отображения Толстым «Короля Лира». Но на этом история не заканчивается. Шоу переосмыслил собственную тактику и приоритеты. Через несколько дней, 19 ноября, он послал Черткову третье письмо, смягчающее суровость второго. В нем Шоу подтвердил свои разногласия с Толстым по поводу искусства Шекспира, но просил Черткова, «чтобы для публики было вполне ясно, что я на стороне Толстого и что я приписываю большое значение и авторитетность всякому его мнению». Шоу уважал справедливость. Он категорически заявил, что считает Толстого одним из «пророков наших времен» и «хотя бы и ценой несколько менее значительных недоразумений» предпочел бы быть «на стороне пророков против журналистов» [Брейтбург 1939: 631].

С этого момента все пошло спокойно. Двадцать первого ноября Чертков переслал Толстому оригиналы писем Шоу, предположив, что реакция Шоу была результатом личной зависти:

«прочитавши вашу статью, он [Шоу] написал мне довольно глупое письмо, а потом, через несколько дней, другое письмецо, из которого видно, что ему совестно за предыдущее» [Брейтбург 1939: 630]. В вопросе о Шекспире и Шоу, и Толстой были субъективными критиками. Они искали не столько собеседников, сколько союзников, и уж точно не поощряли тех, кто вносил поправки в их моральную риторику. Чертков, конечно, об этом знал. Толстой подтвердил получение отзывов Шоу, а затем попросил, чтобы очерк о Шекспире все же был напечатан «как он есть», и добавил: «Если есть те "blunders", о к[оторых] говорит Shaw, исправьте их сами» [Брейтбург 1939: 631][32]. Конечно же, оба, и учитель, и ученик, полагали само собой разумеющимся, что никаких исправлений не последует.

До сих пор речь шла о том, что связано с трактатом о Шекспире; прежде чем перейти от теории театра к драматургической практике, которой посвящена заключительная часть настоящей статьи, мне хотелось бы остановиться подробнее на одном из аспектов дискуссии. Шоу в итоге написал почти шестьдесят пьес, большинство из них — в жанре «комедии идей». Все они отвечают шекспировскому представлению о том, что поэтическое остроумие не только делает театр эффективным, динамичным, но также может служить умственному обогащению и даже привести к прозрению. Толстой доверял идеям гораздо меньше. По его мнению, идеи являются рабами чувств (и часто прикрывают недостойные чувства) и сами по себе не способны оказывать воздействие на зрителя. Чересчур гибкий ум чинит препятствия мудрости.

Эту толстовскую динамику прекрасно уловил русский критик-формалист Виктор Шкловский. Его эссе о борьбе Толстого с Бардом начинается так: «Реально язык Шекспира, как это заметил Толстой, основан не только на метафоре, но и на метафоре-каламбуре» [Шкловский 1959: 124]. В соответствии со своим

---

[32] Слово «blunders» (ошибки. — *Примеч. пер.*) в тексте написано по-английски. Это письмо Толстого Чертков получил 19 декабря. Текст письма Шоу от 3 ноября 1905 года не приведен ни в издании избранных писем Шоу, ни в юбилейном собрании сочинений Толстого.

энергичным отношением к искусству и страстью к «остранению» и «пробуждению» жизни Шкловский понимал предпочтение Толстым рабочих моделей, а не просто метафорических образов. Он приводит подходящий пример: замечание Шута в «Короле Лире» о том, что две злокозненные дочери похожи на половинки яичной скорлупы. Почему Толстой, столкнувшись с подобным высказыванием, испытывал такую же неловкость, как от «несмешной шутки»? По мнению Шкловского, таким поэтам, как Шекспир и Маяковский, известно, что «каламбуры часто поддерживаются рифмой, которая придает им новую глубину» [Шкловский 1959: 125, 129]. Однако для прозаика Толстого эта взаимная поддержка неестественна, аморальна, а свежесть подобной метафоры — обманчива. Метафоры Толстого никогда не бывают чисто звуковыми или сопоставительными. Они представляют собой не мимолетную «музыку», но медленное формирование зримых мировоззренческих образов (дуб, улей, шахматная партия, мужики, которые тащат бревно). Шоу в этом вопросе вставал на сторону поэтов. Ему в шекспировском искусстве «словесной музыки» (ее гармониях, ритмах, замысловатых каламбурах) слышалось истинное вдохновение. Эта музыка была способна создавать целые миры. В середине 1890-х годов Шоу просил молодых актеров «оставить в покое белый стих», пока они «не испытают эмоций, которые будут достаточно глубоки, чтобы ощутить потребность в их поэтическом выражении, когда стих покажется абсолютно естественной и реальной формой речи»[33].

На этом концептуальном и языковом расхождении мы переходим от теории к практике, выходя за рамки собственно шекспировской полемики к более широким проблемам единства драматического произведения и катарсического потенциала сценического искусства, как их понимали Толстой и Шоу. В декабре 1906 года, возможно надеясь снять остаточное напряжение, вызванное ссорой по поводу Шекспира, Шоу послал Тол-

---

33 Шоу пишет об этом в рецензии (2 февраля 1895 года) на постановку «Все хорошо, что хорошо кончается» в «Ирвинг Драматик Клаб» [Shaw 1961: 9].

стому (на этот раз через Мооде) экземпляр своей недавно написанной пьесы «Человек и сверхчеловек», включая приложение к ней, «Руководство для революционера». В третьем акте пьесы Шоу отметил несколько мест, которые, как он надеялся, оценит Толстой.

Повесть о двух — возможно, трех — пьесах

При первом прочтении в январе 1907 года Толстому пьеса Шоу категорически не понравилась [Толстой 78: 203][34]. Но через полтора года он ее перечитал, сделал пометки и 17 августа 1908 года отправил Шоу длинное письмо. Пьеса «Человек и сверхчеловек» известна прежде всего благодаря третьему акту, где изображается видение ада, а персонажи (и музыкальные отрывки) заимствованы из оперы Моцарта «Дон Жуан». Задача этого акта заключалась в том, чтобы дать Шоу возможность переписать миф о Дон Жуане. В видении много монологов (Дон Жуана, Мефистофеля, статуи Командора; диалог ведет лишь Донна Анна). Шоу изображает ад обыденным, декадентским, скучным местом, где предаются эротическим устремлениям, тогда как небеса оказываются пространством трудных интеллектуальных исканий. В интермедии-видении Дон Жуан, как и Джон Таннер, альтер эго Шоу в основной обрамляющей пьесе, становится героем нового типа, который наконец ускользает (в отличие от Таннера) от домогающихся его женщин, под влиянием Жизненной Силы неустанно соблазняющих и заманивающих его в ловушку.

В кратком ответе Шоу от 17 августа 1908 года Толстой высоко оценил серьезную нравственную идею «Человека и сверхчеловека» и смелость интермедии «Дон Жуан (Джон Таннер) в аду».

[34] Письмо написано Толстым по-русски [Толстой 78: 201–202] и переведено для Шоу Чертковым. Толстой старается привлечь внимание Шоу к своей системе ценностей, точнее, обозначить его как уже присутствующего в ней. В некоторых местах он бесцеремонно вписывает одобряемую им часть творчества Шоу в свою, более теистическую концепцию: например, желание Дон Жуана «постигнуть внутреннюю волю мира (Толстой записывает эту цитату по-английски: «to discover the inner will of the world». — *Примеч. пер.*), — говорит Толстой, обращаясь к Шоу, — ...на моем языке выражается словами: познать в себе волю бога и исполнять ее».

Здравомыслящий, рассудочный, абсолютно постсексуальный герой, должно быть, был воспринят Толстым как мощная, нравственно усовершенствованная версия одноименных героев-либертенов Мольера, Моцарта, лорда Байрона и Пушкина. То обстоятельство, что Джон Таннер разделял восторженный ужас самого Толстого перед женской «жизненной силой» (и разочарованность в ней), должно быть, сделало пьесу еще более привлекательной в глазах последнего. Однако далее Толстой упрекал Шоу в уже известных нам шекспировских недостатках: чрезмерном увлечении остроумием и каламбурами, желании «удивить, поразить читателя своей большой эрудицией, талантом и умом». «Dear Mr. Shaw, — умолял Толстой, — жизнь большое и серьезное дело <...>. Нельзя шуточно говорить о таком предмете, как назначение человеческой жизни и о причинах его извращения <...>». Такой предмет, как жизнь, смерть и нравственный прогресс, выиграл бы «от более серьезного отношения», чем обращение к нему в «случайной вставке в комедию». И действительно, продолжает Толстой, поскольку основным материалом в этой пьесе представляются идеи, а не заразительные чувства или наглядные поступки, стоит ли вообще прибегать к вымыслу? «Я предпочел бы, чтобы речи Дон Жуана не были бы речами призрака, а речами Шоу, — рассуждает Толстой, — точно так же и то, чтобы The Revolutionist's Handbook был приписан не несуществующему Tanner'у, а живому, ответственному за свои слова Bernard Shaw» [Толстой 78: 201–202].

Прочтение Толстым «Человека и сверхчеловека», как и его наивное удивление по поводу монолога, который произносит Отелло перед убийством, кажется столь странным на фоне традиционных воззрений на драматургию и в то же время столь идеально гармонирует с мировоззрением самого Толстого, что трудно понять, как следует подойти к его истолкованию. Нежелание писателя отдать дань юмору Шоу как одному из возможных путей к Истине основано на том же раздражении, что вызывают у него шекспировские шуты, привратники и могильщики. Толстой никогда не скрывал своей убежденности в том, что сценическое искусство становится ложным, если вырастает на основе механического обмена абстрактными идеями, а не человеческих поступков и эмоций. Однако более определенные причины недовольства Толстого «Человеком и сверхчеловеком» проявились два года спустя, в финальном обмене письмами между этими двумя крупнейшими писателями. В этих последних письмах упоминаются одна малоизвестная пьеса Шоу и очень известная пьеса Толстого. Обе драмы посвящены опасностям и благодати личного откровения, и обе они вращаются вокруг первоначально неудачного, а затем, в конечном счете, успешного духовного наставничества.

В 1909 году Шоу пятьдесят три, это опытный театральный критик и автор двадцати двух новаторских сценических произведений. Толстому, самому известному писателю в мире, исполнился восемьдесят один год. Шоу посмотрел «Власть тьмы» в Лондоне (премьера состоялась в декабре 1904 года на сцене «Стейдж Сосайети»). Под впечатлением от спектакля, 14 февраля 1909 года Шоу посылает Толстому экземпляр только что законченной одноактной пьесы «Разоблачение Бланко Поснета»[35] Эта небольшая пьеса с подзаголовком «Проповедь в жанре жестокой мелодрамы» была нетипична для Шоу по теме, месту действия и жанру: моралите (или, возможно, пародия на моралите) с конокрадством, богохульством, угрызениями совести и искуплением грехов, в которой события разворачиваются на колониальном американском фронтире. Пьесу предваряло длинное предисловие о свирепости британской театральной цензуры, совершенно не связанное с содержанием пьесы как таковой[36]. В этом предисловии Шоу назвал свою одноактную

---

[35] Толстой прочел пьесу «The Shewing-up of Blanco Posnet» на английском, но вскоре она была переведена и в год смерти Толстого под заголовком «Пробуждение Бланко Поснет» вышла в переводе О. В. Всеволодской (Фредерикс) [Шоу 1910] и затем — в переводе Л. П. Никифорова [Шоу 1911]. В России пьеса впервые была поставлена в 1921 году на сцене московского кабаре «Летучая мышь», где шла под названием «Суд Линча» [Ступников 1979: 643].

[36] Семидесятидвухстраничное предисловие к «Разоблачению Бланко Поснета» было написано в июле 1910 года и посвящено недавнему (1908–1909) цензурному скандалу. Только в конце предисловия читатель узнает, что пьесе отказано в постановке в лондонских театрах (ее премьера прошла 25 августа 1909 года в Театре Аббатства в Дублине). Шоу долгое время боролся со службой театральной цензуры, входившей в офис лорда-камергера и отвечавшей за выдачу разрешений на постановку пьес. Во

драму «религиозным трактатом в драматической форме». В письме Толстому, желая польстить своему адресату, Шоу заметил: «она принадлежит, если можно так сказать, к пьесам того типа, которые необыкновенно хорошо пишете Вы» [Шоу 1989: 296].

Под «пьесами того типа» Шоу подразумевал «Власть тьмы». Ее натуралистический сюжет действительно мелодраматичен и жесток. Красивый наемный работник Никита отравляет своего хозяина, Петра, чтобы жениться на его жене Анисье и заполучить хозяйство. Пресытившись Анисьей, Никита начинает поглядывать на дурковатую Акулину, старшую дочь покойного Петра (свою падчерицу), и совращает ее. Ужас в пьесе достигает апогея, когда под дощатым настилом сцены Никита, ломая кости, душит их новорожденного ребенка. Надо, однако, полагать, что подлинным злодеем является не Никита, а его мать Матрена, безнравственная интриганка, на все случаи жизни сыплющая народными прибаутками, которая сводничала своему сыну вопреки воле мужа, праведного Акима. Когда для прикрытия греха справляют Акулинину свадьбу, в этой жуткой истории появляется пьяный отставной солдат Митрич, который начинает похваляться своими проступками на военной службе. «Никого не боюсь. <...> Меня в полку пороли, чтоб не пил я. Стегали, стегали... <...> не боюсь я людей-то...» — бормочет он [Толстой 26: 237]. Наслушавшись пьяного бормотания, под грузом своей вины Никита внезапно падает на колени. К ужасу Матрены и к восторгу Акима, он признается в своих грехах и просит прощения за все то дурное, что совершил.

Увидев эту пьесу в Лондоне, Шоу был поражен не клишированными персонажами, обычными для подобных мелодрам (донжуан, неверная жена, обманутый муж, обольщенная девица, жестокое избавление от незаконнорожденного младенца), но лыка не вяжущим забулдыгой Митричем. Совершенно случайно этот никчемный проходной персонаж вызывает духовное преоб-

---

многом в связи с тем, что трем его пьесам было отказано в разрешениях на постановку, в 1890-х годах Шоу возглавил кампанию по публикации пьес в виде книг и основал Сценическое общество (Stage Society, 1899), спектакли которого не подвергались официальной цензуре [Woodfield 1984: главы 3 и 5].

ражение Никиты, который вдруг пошел путем покаяния. И Шоу доверительно сообщил Толстому, что его собственная маленькая пьеса имеет схожую структуру и мораль.

«Разоблачение Бланко Поснета» — детективная драма (или, возможно, мистерия), действие которой происходит во время суда в городке на американском фронтире [Shaw 1963: 245–276][37]. Его герой Бланко — изгой, пьяница, драчун, хулиган — ходульный персонаж с замашками денди, — имеет сходство с Никитой в пьесе Толстого. У Бланко есть старший брат, новообращенный святоша и ханжа, который никогда не упускает шанс прочитать младшему брату нотацию о грехе. Бланко арестован за кражу лошади шерифа. Если удастся найти свидетеля, Комитет бдительности его за это повесит. Агрессивный Страппер Кемп, брат шерифа, уговаривает свою подружку, деревенскую потаскушку Фими, засвидетельствовать, что та на рассвете видела Бланко верхом на лошади. Бланко между тем пребывает в странном и возбужденном состоянии: он настаивает на том, что лошади у него нет. «Господь, — говорит он, — избавил меня от нее». Бланко хочет быть отчаянным головорезом, но Господь, похоже, незаметно подкрался к нему в образе женщины с ребенком. Постепенно раскрывается правда: Бланко действительно украл лошадь, но потом отдал ее незнакомке, у которой умирал ребенок. С лошадью она смогла бы добраться до врача. Бланко видит Божьи слова, начертанные на радуге, отдает лошадь и остается стоять как вкопанный. Он так и стоит в одиночестве посреди поля, когда Страппер хватает его. «Женщину с радуги» обнаруживают недалеко от города, где она бесцельно бродит с лошадью шерифа, и вызывают в качестве свидетеля. «Я была в отчаянии, — говорит женщина суду, рассказывая, каким чудом ей показалось появление человека с лошадью, — я дала ему на руки ребенка, и тот обвил его шею своими ручонками, назвал папочкой и попытался поцеловать, ведь он был не в себе от лихорадки. А он сказал, что это — маленький Иуда и что его за это вздернут

---

[37] «Предисловие» и «Сообщение об отказе», направленные против театральной цензуры и цензурного ведомства, по объему в два раза больше самой пьесы [Shaw 1963: 171–243].

на виселице. А потом он отдал мне лошадь и пошел прочь, плача и смеясь...» Она говорит, что ребенок все равно умер, и просит за Бланко: «Оставьте его в покое. Лучше повесьте меня». После рассказа женщины Фими решается признаться в даче ложных показаний и убедить шерифа снять с Поснета все обвинения в краже лошади. Но это выводит Бланко из себя. «Именно этого Он и хотел, — говорит Бланко. — Это Бог и Его проделки, чтобы мне отомстить, потому что я жил своей собственной жизнью и по-своему».

В конце, однако, Бланко вскакивает на стол и произносит проповедь. Проповедь отчасти шутовская и нередко прерывается смехом, но в ней также есть боль и экстаз. «Почему ребенок умер? — вопрошает Бланко суд. — Почему Он заставил меня пожалеть дитя, если Сам обошелся с ним так жестоко? Почему Он так жесток с невинным малышом и так мягок с такой мразью, как я? <...> Я вел дрянную игру, но со мной сыграли отличную шутку». Шумная толпа, названная Шоу просто «ребятами» (boys. — *Примеч. пер.*), кричит «Ура!» над трупом невинного ребенка и отправляется праздновать в салун. Выпивка за счет Бланко. Конец этой странной маленькой пьесы — скорее в духе Достоевского, чем Толстого: ближе к тому, как после похорон Илюши Алеша Карамазов обещает мальчикам блины, нежели к потрясению и трепету, которые вызывает покаяние Никиты на свадьбе Акулины. Однако Шоу был убежден, что Толстому пьеса понравится.

Письмо Шоу Толстому о «Бланко Поснете» и ответ Толстого, написанный за полгода до смерти, возвращают нас к их непримиримым разногласиям по поводу Шекспира и задач драматургии. Здесь я обращусь только к одной детали в их последнем обмене письмами, относящейся к праведному Акиму и покаянию Никиты у Толстого. В пространном письме Толстому от 14 февраля 1910 года Шоу повторил философскую идею «Человека и сверхчеловека»: «...бога пока еще не существует, но есть созидающая сила, постоянно стремящаяся развить исполнительный орган божественного знания и божественной власти...» [Шоу 1989: 297]. На фоне всей нашей творческой эволюции смерть маленького мальчика в «Бланко Поснете» могла бы показаться злом, которое суждено преодолеть человечеству. Но Шоу более всего интересует Митрич, второстепенный персонаж, занявший центральное место в «моменте обращения» во «Власти тьмы» (акт 5, сцена X). Вокруг этого «заблудущего» бывшего воина выстраивается весь нравственный урок крестьянской драмы Толстого. Что это за урок? Шоу не смущается объяснить это Толстому: «увещевания набожного старика отца, при всей его правоте, никак не могут пронять его сына, они лишь сердят его да отнимают у него последние крохи самоуважения. Но чего не мог сделать набожный и добродетельный отец, делает старый греховодник отставной солдат, как будто его устами глаголет глас Божий» [Шоу 1989: 296]. Именно Митрич, грешник с «гласом Божиим», придал Никите сил исповедаться.

«Для меня, — писал Шоу, — сцена, где эти двое пьяниц [Никита и Митрич] валяются на соломе и старый негодяй помогает молодому подняться над собственной трусостью и эгоизмом, обладает такой впечатляющей силой, какой просто не может обладать сцена сугубо романтическая...» Далее Шоу благодарит Толстого за этот момент: «в “Бланко Поснете” я на свой собственный манер использовал этот пласт драматического материала, который Вы первым открыли для современных драматургов» [Шоу 1989: 296]. Аким бессилен. Во «Власти тьмы» только падший Митрич может возродить падшего Никиту, и в пьесе Шоу точно так же только богохульствующий грешник Бланко может возродить лжесвидетельствующую Фими[38]. И так же, как «Бланко

---

[38] Толстой не согласен с Шоу, позвольте не согласиться и мне. На мой взгляд, неверно предполагать, что эти «два пьяницы, валяющиеся в соломе» духовно поднимают друг друга. В этой сцене Митрич говорит (скорее даже, хвастается) о чем-то другом. Никите не нужен именно этот его рассказ. Он даже не понял, что говорил Митрич, за исключением дерзкого: «Чего бояться <...> Как стал робеть от людей, сейчас он [дьявол], сейчас и сцапал тебя и попер, куда ему надо» [Толстой 26: 237]. Никите Митрич был нужен не больше, чем в «Воскресении» Катюша Маслова — князю Нехлюдову. Никите требовался толчок. Жизнь давно готовила его к такой внутренней перемене, и Толстой готовил к ней читателя. Никита находился на грани покаяния. Он начал ненавидеть свой образ жизни, хотел повеситься (как он на свадьбе признается Маринке, ранее им соблазненной), и только случайно Митрич «открыл путь» ему. Никита услышал то, что ему было нужно. В этом, безусловно, заключается подспудный смысл сказанного Акимом уряднику: «Об ахте, тае, не толкуй, значит. Тут, тае, Божье дело идет... кается человек, значит, а ты, тае, ахту...» [Толстой 26: 241].

не хочет быть похожим на своего [благочестивого] брата», утверждает Шоу, никто из нас не желает «быть подобием своих отцов, поскольку по замыслу мироздания мы должны быть подобием Бога» [Шоу 1989: 297].

Шоу поспешил добавить, что в этих сценах много смирения, терпимости и юмора. Жестокая мелодрама может обрести черты здоровой комедии, когда она уважает способность человека неожиданно измениться; вообще же комедия эффективна для возрождения нравственного чувства. Шоу делает Толстому эксцентричное возражение: «Вы сказали, что та моя книга написана в недостаточно серьезной манере <...>. Почему юмор и смех должны изгоняться? Предположим, что наш мир — это всего только шутка Бога; разве Вы станете меньше стремиться сделать так, чтобы это была не скверная шутка, а хорошая?» [Шоу 1989: 298].

Прочитав февральское письмо Шоу, Толстой пометил на конверте: «От Шоу умное глупое» [Толстой 81: 255]. Отвечая 9 мая на письмо Шоу, он поблагодарил за присланного ему «Бланко Поснета», а затем повторил о Боге и зле то, что говорил двумя годами ранее: что такая привычка превращать серьезные дела в шутки производит «очень тяжелое впечатление». Толстой соглашался, что «проповедь добра обыкновенно мало действует на людей», но затем добавил: «Но причина этого явления совсем не та, чтобы такая проповедь была не нужна, но только та, что проповедующие не исполняют того, что проповедуют, т. е. — лицемерие» [Толстой 81: 254].

Трудно найти более «толстовский» ответ на вызов, брошенный Шоу. Для Шоу мир — это карусель идей, где хорошая драма может оседлать множество разных фигур, а для Толстого самым надежным путем к истине остается солипсический персонализм. Иначе говоря, у Толстого проповедь не достигает цели не потому, что грех тяжел, грешник запутался, будущее неизвестно, жизнь

Когда душа готова, что угодно подтолкнет ее к воскресению, и тогда мы просто должны не мешать промыслу Божьему. В этом, пожалуй, состоит скрытый положительный смысл мрачного подзаголовка к пьесе Толстого: «Коготок увяз, всей птичке пропасть». Если птица готова вырваться на свободу, ничто ее не остановит.

и судьба несправедливы, или же потому, что справедливость суждения зависит от точки зрения. Эти факторы побуждают драматурга быть объективным (то есть сочувствующим всем сторонам). Мы могли бы назвать это шекспировскими ценностями и достоинствами. Толстой же всегда упрекал Барда и Шоу за то, что невозможно понять, где они, на чьей стороне. Беспристрастие или объективность — это «нигде». В нравственной системе Толстого каждая ценность, которую нужно передать, требует наличия и кодекса поведения, и индивида. Если проповедь не достигает цели, то виноват проповедник, ибо если бы проповедник был честным, образцовым, внутренне последовательным, а не лицемерным, его послание «заразило» бы грешника, так же как «заражает» аудиторию подлинное произведение искусства. Эффективность исцеления определяется не тяжестью греха, а чистотой поступков того говорящего, который обнажает этот грех.

Таким образом, любой живущий субъект с подлинным нравственным опытом может возвысить грешника. Это может произойти и благодаря невнятному бормотанию, как в случае пьяного Митрича, чьи путаные высказывания подтолкнули Никиту к признанию, или же благодаря постоянному давлению и присутствию «праведника» (предпочтительно), того, кому вообще не нужно говорить, потому что он познал истину, ведя праведный образ жизни, и излучает ее[39]. Таким людям не нужно поражать других своими мудрыми речами, как это делал придворный шут Лира; они в гармонии со своими словами. Умные слова на самом деле обычно служат уверткой или ширмой. Говорливы именно трусы. Поэтому неудивительно, что праведни-

---

[39] Замечания Толстого, сделанные Шоу по поводу «лицемерия», предполагают существование различий между англосаксонскими протестантскими проповедниками, которых часто изображал Шоу (Энтони Андерсон в «Ученике дьявола» или Джеймс Моррелл в «Кандиде»), и собственной глубоко религиозной, неортодоксальной христианской моделью Толстого. «Проповедник» Шоу ходит в церковь по воскресеньям и делает добрые дела в течение недели; «истинный проповедник» Толстого не может быть «духовным лицом», а только «праведником». Судя по примерам таких «истинных проповедников», данных Толстым в зрелый период творчества (самым известным из которых является отец Сергий), чем более праведными они становятся, тем меньше говорят.

ки у Толстого почти всегда молчаливы. Они решительны в поступках, но при разговоре заикаются, путаются, мямлят точно так же, как Аким во «Власти тьмы».

То, что Аким говорит с запинкой, для Толстого имело принципиальное значение. Однако во всех других отношениях Аким вовсе не был мямлей. Пятого марта 1887 года Толстой написал актеру петербургского Александринского театра Павлу Свободину (Козиенко), игравшему Акима: «Говорит с запинкой, и вдруг вырываются фразы, и опять запинка и “тае” и “значит”. <...> Шамкать, мне кажется, не нужно. [Аким] ходит твердо... Приемы — движения — истовые, только *речи* гладкой Бог не дал» [Толстой 64: 24]. Может, если бы шекспировские шуты и дураки не были так подвижны и изъяснялись менее гладко, если бы они говорили с запинками, но ходили твердой походкой, то и для Толстого они могли бы стать теми посредниками в постижении истины, какими они являются для зрителей всего мира.

На этом переписка Толстого и Шоу оборвалась. Осенью того же года Толстой покинул Ясную Поляну, и вскоре его не стало. В письме, датированном мартом 1907 года, Толстой признавался немецкому шекспироведу Евгению Рейхелю, что не надеется убедить кого-либо своей статьей против Барда, написанной «давно уже» [Толстой 77: 50]. Художественное чувство у людей «очень неравномерно распределенное», поэтому всякая кампания в печати, если ей не противодействовать, сможет сделать популярной любую литературную или философскую фальшивку. «...Ожидаю и вижу устанавливание точно такой же славы новых Шекспиров <...>, — сетовал Толстой, — Канта никто уже не знает, знают Ничше» [Толстой 77: 51]. Шоу жил, работал, шутил, писал со сверхчеловеческой энергией и остроумием еще сорок лет. Эти годы вместили и два десятилетия поддержки Сталина в его «великом советском эксперименте». В июле 1931 года Шоу отпраздновал свой 75-летний юбилей в Москве [Evans 1985][40]. Большая толпа рабочих, привезенных на автобу-

---

40 Шокирующий ретроспективный обзор к 80-летию увлечения Шоу тиранами предложен Стэнли Вайнтраубом, старейшиной американских исследователей Шоу: [Weintraub 2011].

сах, приветствовала почтенного драматурга криками «Hail Shaw!»[41]; так когда-то приветствовали и Толстого, но тогда свозить почитателей автобусами не требовалось. Во время поездки Шоу мало интересовался соцреалистическим театром (и театром вообще). Однако, вернувшись домой, он воспевал СССР и обличал алчный Запад с его свободным рынком, переживавшим Великую депрессию. Эта юбилейная поездка стала огромной пропагандистской победой сталинского режима.

Что сказать напоследок об этих двух писателях в тени Шекспира? И Толстой, и Шоу были очень публичными, склонными к назиданиям, «театральными» людьми. Шоу, однако, исследовал возможности театра и строил свои пьесы при помощи юмора. Как и Шекспир, он верил, что комедия по сути своей празднична и целительна, она примиряет и поучает. Толстой в некотором смысле всегда боялся театра и никогда не достигал успеха в здоровой комедии — такой, в которой каждый был бы предметом насмешки и имел бы право смеяться в ответ. Шоу никогда не надоедали общественная деятельность, проповедничество и слава. Во многих тысячах личных писем (как корреспондент он может составить конкуренцию Толстому) он постоянно с нежностью упоминает о себе, своих пристрастиях и антипатиях, превращая их в увлекательные предисловия к собственной душе и одаривая собеседников возможностью заглянуть в нее. Навязчивая идея Толстого в последнее десятилетие жизни состояла в том, чтобы стать одиноким и безвестным, позволить Истине говорить самой за себя, вне связи с его именем. Однако к 1910 году самые сокровенные подробности жизни Толстого стали достоянием общественности. Его смерть была самым задокументированным на фото- и кинопленке событием того времени, театральным зрелищем, которое люди по всему миру могли смотреть и пересматривать. Впрочем, несмотря на все эти различия, Толстой и Шоу были «на стороне пророков» (как писал Шоу Черткову в ноябре 1905 года) и поэтому стремились скорее шокировать и наставлять толпу, а не угождать ей, как это делал

---

41 Да здравствует Шоу! *(англ.)*

их знаменитый елизаветинский предшественник. Толстой одобрил бы наглядную метафору из предисловия к «Разоблачению Бланко Поснета»:

> «Для меня не более возможно честно выполнять свою работу как драматурга, не причиняя боли, чем для дантиста. Нравственность нации похожа на ее зубы: чем больше они гниют, тем больнее притрагиваться к ним. Запретите дантистам и драматургам причинять боль, и не только наша мораль будет разъедена кариесом, как зубы, но зубная боль и бедствия, которые следуют за пренебрежением моралью, вызовут больше страданий, чем вся боль, которую причинили дантисты и драматурги от сотворения мира» [Shaw 1963: 236].

Если и Толстой, и Шоу, схлестнувшись по поводу воспитательной пользы Шекспира, стремились стать «пророками человечества», то будущее они видели очень по-разному. Шоу, образцовый светский гуманист, верил в творческую эволюцию. В двадцать первом веке его оптимизм кажется нам устаревшим, наивным, даже архаичным. Толстой был более суров и менее романтичен. Ближе к концу очерка «О Шекспире и о драме» он настаивает на возвращении драмы к ее истинному призванию — служить «уяснению религиозного сознания», «единственного начала, прочно соединяющего людей между собою» [Толстой 35: 269]. Это суждение, проверенное временем, вновь востребовано в нашу неспокойную эпоху [Bouchard 2011]. По счастью, театр равно процветает и как мастерская, и как храм, и Шекспир — тому свидетель.

2018

Источники

Дружинин 1986 — Дружинин А. В. Повести. Дневник / Изд. подгот. Б. Ф. Егоров, В. А. Жданов. М.: Наука, 1986. («Литературные памятники».)

Оруэлл 2018 — Оруэлл Дж. Лир, Толстой и шут / Пер. В. П. Голышева // Оруэлл Дж. Англия и англичане. М.: АСТ, 2018. С. 77–98.

Толстой — Толстой Л. Н. Полное собрание сочинений: В 90 т. / Под общ. ред. В. Г. Черткова. М.; Л.: Гос. изд-во, 1928–1964.

Тургенев 1987 — Тургенев И. С. Полное собрание сочинений и писем: В 30 т. / Под ред. М. П. Алексеева. Письма: В 18 т. Т. 3. Письма, 1855–1858 / Подгот. текста и примеч. М. П. Алексеева. М.: Наука, 1987.

Шоу 1910 — Шоу Б. Пробуждение Бланко Поснет / Пер. О. Всеволодской [О. В. Фредерикс] / Шоу Б. Полное собрание сочинений: В 10 т. Т. 6. М.: Изд. В. М. Саблина, 1910.

Шоу 1911 — Шау [Шоу] Б. I. Разоблачение Бланко Познет. II. Сцена в Аду (из пьесы «Человек и сверхчеловек»), III. Письма Л. Н. Толстого к Шау и Шау к Л. Н. Толстому. IV. Предисловие и статья о Б. Шау Л. П. Никифорова. М.: Изд. Дороватовского и Чарушникова, 1911.

Шоу 1979 — Шоу Б. Предисловие к «Трем пьесам для пуритан» / Пер. Е. Корниловой // Шоу Б. Полное собрание пьес: В 6 т. / Под общ. ред. А. А. Аникста и др. Т. 2. Л.: Искусство, 1979. С. 7–36.

Шоу 1980 — Шоу Б. Предисловие к пьесе «Смуглая леди сонетов» / Пер. Н. Рахмановой // Шоу Б. Полное собрание пьес: В 6 т. / Под общ. ред. А. А. Аникста и др. Т. 4. Л.: Искусство, 1980. С. 7–33.

Шоу 1989 — Шоу Б. Автобиографические заметки. Статьи. Письма / Сост. А. Образцовой и Ю. Фридштейна; пер. В. Воронина, А. Ливерганта, А. Ципенок. М.: Радуга, 1989.

Shaw 1961 — Shaw on Shakespeare: An Anthology of Bernard Shaw's Writings on the Plays and Productions of Shakespeare / Ed. by E. Wilson. New York: Dutton, 1961.

Shaw 1963 — Shaw B. Complete Plays with Prefaces: In 6 vols. Vol. 5. New York: Dodd, Mead and Company, 1963.

Shaw 2002 — Shaw on Shakespeare: An Anthology of Bernard Shaw's Writings on the Plays and Productions of Shakespeare / Ed. by E. Wilson. New York: Applause Theatre and Cinema Books, 2002.

Tolstoy 1906 — Tolstoy L. Tolstoy on Shakespeare: A Critical Essay on Shakespeare. Translated by V. Tchertkoff and I. F. M., followed by "Shakespeare's Attitude to the Working Classes" by Ernest Crosby and a Letter from G. Bernard Shaw. New York: Funk and Wagnalls, 1906.

Литература

Аникст 1960 — Аникст А. А. Лев Толстой — ниспровергатель Шекспира // Театр. 1960. № 11. С. 42–53.

Брейтбург 1939 — Брейтбург С. Б. Шоу в споре с Толстым о Шекспире (по неизданным источникам) // Литературное наследство. Т. 37–38. Л. Н. Толстой. Кн. II / Отв. ред. П. И. Лебедев-Полянский. М.: Изд-во АН СССР, 1939. С. 617–632.

Брейтбург 1940 — Брейтбург С. М. Толстой за чтением и на представлении «Гамлета» (по неопубликованным материалам) // Интернациональная литература. 1940. № 11/12. С. 233–250.

Зверев 2006 — Зверев А. М. Драматургия Толстого: приложение // Зверев А. М., Туниманов В. А. Лев Толстой. М.: Молодая гвардия, 2006. С. 722–753.

Меджибовская 2013 — Меджибовская И. «Еврейский вопрос» Толстого // Толстой в Иерусалиме: Материалы международной научной конференции «Лев Толстой: после юбилея» / Под ред. Е. Д. Толстой. М.: Новое литературное обозрение, 2013. С. 73–108.

Ступников 1979 — Ступников И. В. Комментарии // Шоу Б. Полное собрание пьес: В 6 т. / Под общ. ред. А. А. Аникста и др. Т. 3. Л.: Искусство, 1979. С. 621–653.

Тенеромо 1908 — Тенеромо И. Л. Н. Толстой о театре // Театр и искусство. 1908. № 34. С. 580–581.

Шкловский 1959 — Шкловский В. Б. Статья Толстого «О Шекспире и о драме» как результат столкновения двух поэтик // Шкловский В. Б. Художественная проза: размышления и разборы. М.: Советский писатель, 1959. С. 124–136.

Bouchard 2011 — Bouchard L. D. Theater and Integrity: Emptying Selves in Drama, Ethics, and Religion. Evanston, Ill.: Northwestern University Press, 2011.

Crosby 1903 — Crosby E. H. Shakespeare's Attitude toward the Working Classes. Mason Press, 1903.

Crosby 1906 — Crosby E. H. Shakespeare's Attitude to the Working Classes and a Letter from G. Bernard Shaw. New York: Funk and Wagnalls, 1906.

Evans 1985 — Evans T. F. Myopia or Utopia? Shaw in Russia // Shaw: The Annual of Bernard Shaw Studies. Vol. 5. Shaw Abroad / Ed. by R. Weintraub.

University Park; London: Pennsylvania State University Press, 1985. P. 125–145.

Gibian 1957 — Gibian G. Tolstoj and Shakespeare. The Hague: Mouton, 1957.

Henderson 1956 — Henderson A. George Bernard Shaw: Man of the Century: In 2 vols. Vol. 1. New York: Appleton-Century-Crofts, 1956.

Knight 1934 — Knight G. W. Shakespeare and Tolstoy. Oxford: Oxford University Press; London: English Association, 1934.

Larlham 2014 — Larlham D. Stanislavsky, Tolstoy, and the "Life of the Human Spirit" // The Routledge Companion to Stanislavsky / Ed. by R. A. White. London: Routledge, 2014. P. 179–194.

Maude 1987 — Maude A. The Life of Tolstoy: In 2 vols. 2nd ed. Oxford: Oxford University Press, 1987.

Mounce 2001 — Mounce H. O. Shakespeare // Tolstoy on Aesthetics: What Is Art? Farnham, U. K.: Ashgate, 2001. P. 94–98.

Muza 2014 — Muza A. The Organic and the Political: Stanislavsky's Dilemma (Ibsen, Tolstoy, Gorky) // The Routledge Companion to Stanislavsky / Ed. by R. A. White. London: Routledge, 2014. P. 37–51.

Pierce 2011 — Pierce R. B. Bernard Shaw as Shakespeare Critic // Shaw. Vol. 31. 2011. No 1. P. 118–132.

Rogers 1992 — Rogers P. Tolstoy's Hamlet // Tolstoy Studies Journal. 1992. Vol. 5. P. 55–65.

Šilbajoris 1991 — Šilbajoris R. Tolstoy's Aesthetics and His Art. Columbus, Ohio: Slavica, 1991.

Silver 1982 — Silver A. Bernard Shaw: The Darker Side. Stanford, Calif.: Stanford University Press, 1982.

Steiner 1996 — Steiner G. A Reading against Shakespeare // Steiner G. No Passion Spent: Essays 1978–1995. New Haven, Conn.: Yale University Press, 1996. P. 108–128.

TSJ 1991 — Tolstoy Studies Journal. 1991. Vol. 4.

Weintraub 2011 — Weintraub S. Shaw and the Strongman: GBS's Dealings with Dictators on Stage and in Reality // Times Literary Supplement. 2011. 29 July. P. 13–15.

Weir 2010 — Weir J. Violence and the Role of Drama in the Late Tolstoy: The Realm of Darkness // Anniversary Essays on Tolstoy / Ed. by D. T. Orwin. New York: Cambridge University Press, 2010. P. 183–198.

Woodfield 1984 — Woodfield J. English Theatre in Transition, 1881–1914. London: Croom Helm, 1984.

7
Чехов и Анны[1]

— Отчего я не сплю по ночам?
— Не знаю, милая. А когда я не сплю по ночам, то закрываю глаза крепко-крепко, вот этак, и рисую себе Анну Каренину, как она ходит и как говорит...

«Невеста»

На этот раз Лаевскому больше всего не понравилась у Надежды Федоровны ее белая, открытая шея и завитушки волос на затылке, и он вспомнил, что Анне Карениной, когда она разлюбила мужа, не нравились прежде всего его уши, и подумал: «Как это верно! как верно!»

«Дуэль»

В «Анне Карениной» и в «Онегине» не решен ни один вопрос, но они Вас вполне удовлетворяют, потому только, что все вопросы поставлены в них правильно.

Чехов — Алексею Суворину,
27 октября 1888 года

Как Чехов воспринял «Анну Каренину»? Основное внимание исследователей уделяется борьбе Чехова с толстовством. Его раннее увлечение нравственными заповедями Толстого в итоге сменилось «встречными рассказами»: «Скучная история» как более честное размышление о процессе умирания, чем «Смерть

---

1 Впервые: Chekhov and the Annas // Life and Text. Essays in Honour of Geir Kjetsaa on the Occasion of his 60th Birthday / Ed. by E. Egeberg, A. J. Mørch, O. M. Selberg. Oslo, 1997. P. 121–132.
Тексты Чехова цитируются по изданию: Чехов А. П. Полное собрание сочинений и писем: В 30 т. М., 1974–1983. Ссылки даются в скобках с указанием серии Сочинений (С) или Писем (П) и номера тома и страницы. Ссылки на тексты Толстого даются с указанием номера тома и страницы по изданию: Толстой Л. Н. Полное собрание сочинений: В 90 т. / Под общ. ред. В. Г. Черткова. М.; Л.: Гос. изд-во, 1928–1964.

Ивана Ильича»; «Мужики» как лишенная покрова сентиментальности картина крестьянской жизни, которую не хотел рисовать стареющий Толстой; «Палата № 6» как подлинный, чудовищный результат непротивления активному злу насилием. Наконец, в ряде писем, написанных после его возвращения с Сахалина в связи со скандалами вокруг «Крейцеровой сонаты», Чехов освободился от толстовского «гипноза». Обычно это доказывается анализом борьбы между зрелым, достигшим максимальной свободы Чеховым на пике его расцвета — и поздним, дидактичным, крайне неподатливым Толстым, великим писателем, который пришел к глубокому разочарованию во многих видах искусства[2].

Такое сопоставление двух «непосредственных современников» (то есть пересекшихся по времени, хотя Чехов был на три десятилетия моложе) производит впечатление, но с неизбежностью является однобоким. Моя задача в этой статье заключается в том, чтобы рассмотреть более раннее схождение в их отношениях. Ибо Чехов также реагировал на более сговорчивого Толстого — до того, как он занял жесткую позицию в спорах об искусстве и половых отношениях. Эта реакция имела форму литературного «ответа» — не на окостеневшую идеологию, но на шедевр, которым младший из писателей глубоко восхищался. Как минимум в полудюжине рассказов, написанных в 1880–1890-х годах, Чехов принимает вызов, брошенный «сюжетом об Анне». Он перегруппировывает пары, по-новому акцентирует темы, изменяет сроки событий. В трех наиболее знаменитых рассказах —

---

2 Период влияния — когда Чехов признавал, что находится под влиянием Толстого, — длился с 1882 по 1894 год. Он начался с рассказов, которые представляли собой размышления непосредственно о толстовской идеологии и были довольно слабыми в художественном отношении («Хорошие люди», «Нищий», «Казак», «Письмо»). Далее, за переходными исследованиями толстовской идеологии на практике (например, «Моя жизнь»), последовали знаменитые отступнические письма: Плещееву от 15 февраля 1890 года, в котором он характеризует Толстого как человека, «из упрямства <...> не потрудившегося в продолжение своей долгой жизни прочесть две-три книжки, написанные специалистами» [Чехов П 4: 18], и Суворину от 27 марта 1894 года: «...толстовская мораль перестала меня трогать <...> и действовали на меня не основные положения <...>, а толстовская манера выражаться, рассудительность и, вероятно, гипнотизм своего рода. Теперь же во мне что-то протестует <...>» [Чехов П 5: 283]. См. исследования [Hahn 1977: глава 8; Laffitte 1971: глава 18; Hingley 1989: глава 11].

«Дама с собачкой», «Анна на шее» и «О любви» — героинь зовут Аннами. Вновь и вновь решающие события происходят в поездах железной дороги или поблизости от них. В одних случаях — это «первые балы», когда кто-то влюбляется или утрачивает любовь, в других — разрабатывается описанный Толстым момент, когда супруг, любовь к которому только что прошла, вдруг предстает в новом, менее привлекательном виде (уши Каренина, которые так раздражают Анну по возвращении в Петербург). Все эти рассказы противоречат комплексу выдвинутых Толстым предположений о греховности сексуальности — в первую очередь моменту физического «грехопадения» Анны с Вронским, представленного Толстым как стыд, нагота, духовная смерть и изгнание из райского сада.

Одно замечание по поводу методологии. Мы знаем, что Чехов оттачивал свое мастерство в 1870-х и 1880-х годах, сочиняя многочисленные пародии — на Гоголя, Лермонтова, Тургенева, а также на множество менее выдающихся писателей [Kramer 1970: 28–48]. Пародии могут быть уважительными, дружескими, снисходительными, обидными, но каким бы ни было намерение, автор может включать в них ссылки на прецедентный серьезный текст разными способами. Простейший (и самый смешной) заключается в том, чтобы заставить оказавшихся в бедственном положении вымышленных персонажей делать аллюзии на предшествующий канонический сюжет в надежде тем самым избежать ответственности за собственные недостойные намерения или поведение, отождествляя себя со знаменитым прототипом. Примером может послужить знаменитая ремарка Лаевского о белой шее и кудряшках его любовницы Надежды Федоровны, напоминающих ему о том, что Анне Карениной не нравились уши ее мужа («Дуэль»); или ремарка Нины Ивановны, адресованная дочери Наде во время приступа бессонницы, когда она успокаивает себя, представляя, как ходит и говорит Анна Каренина («Невеста»). Разумеется, гораздо труднее на протяжении развития всего нового сюжета проводить параллель с предшествующим повествованием, многократно смещая акценты и ставя под сомнение разумность основ или нравственную безупречность ранее созданного мира. По моему мнению, в рассказах об Аннах Чехов ставил перед собой именно эту, более сложную задачу. Однако, подвергая Толстого проверке, эти рассказы служат еще одной цели: они иллюстрируют различные способы, которые позволяют прозаикам добиваться «реалистического эффекта».

Один путь к реализму — путь авторов больших романов XIX столетия — Диккенса, Бальзака, Троллопа, Джордж Элиот, Толстого: собрать в кучу детали, дополнить пейзажем, обрушить на читателя авторские комментарии, точки зрения повествователя, представления персонажей и показать, на что они способны. Однако у обратившегося к малой форме Чехова для этого не было ни времени, ни места. Как же передать в компактном произведении реалистическое ощущение широты и множественности возможностей — ощущение по-настоящему открытого мира? Не гонясь за большими размерами, можно добиться «эффекта открытости», подтачивая и опровергая стереотип. Чехов мог использовать в таких целях «Анну Каренину», поскольку к 1880-м годам знаменитый роман Толстого успел превратиться в «стереотип неверности». Малейший намек на него при помощи легко узнаваемых мотивов (черные кудри, прищуренные глаза, крупные уши, поезда) мог создать условия для остранения или переакцентуации сюжета. В этом случае новый, нарисованный скупыми мазками мир мог *предоставить* выбор, не навязывая его и не рассматривая все открывающиеся возможности. Подобную альтернативу известной, заданной схеме отношений между персонажами можно было бы рассматривать как реализацию канонизированного толстовского сюжета в новой форме (в бахтинском понимании), а варианты, предлагаемые в небольших по размеру рассказах Чехова, парадоксальным образом, как возвращение романного многоголосия.

Учитывая эту модель отношений, рассмотрим некоторые рассказы. Каждый из них представляет собой критическое осмысление одного из крупных, непоколебимых аспектов мировоззрения зрелого Толстого. Но это Толстой, опосредованный романом среднего периода творчества, где это мировоззрение еще не окостенело (как это произойдет с повествователем «Воскресения») — где оно, если можно так выразиться, еще подобно более мягкому хрящу, пластично и откликается на иные интерпретации. Чехов, величайший мастер изображения пластичного и подвижного в человеческих отношениях, открывает в романе Толстого новые поводы для замешательства и сострадания. Судьба Константина Левина могла бы сложиться менее счастливо. Анна могла бы избежать столь страшного конца. Разумеется, за это придется заплатить, потому что самоубийство — элегантный необратимый жест и впечатляющий финал; но и оно является составной частью преобразования толстовского сюжета. Чехов и Толстой имели разные представления о том, как лучше закрывать тему.

Каждый может подтвердить, что простейшим и наиболее лапидарным вариантом переработки «сюжета об Анне» является рассказ «Несчастье» (1886). В истории, излагаемой с женской точки зрения, присутствуют поезда, флирт на фоне железнодорожных станций, нечуткий муж, а также ребенок, который вдруг начинает вызывать обескураживающе неприятные чувства у матери, все еще находящейся под впечатлением от недозволенного свидания. Героиню, Софью Петровну, замужнюю и имеющую дочь, некоторое время преследует адвокат Ильин. Его тщетная, унизительная страсть в конце концов подчиняет ее, но одновременно и окрыляет. В финале рассказа она испытывает необходимость отправиться искать его, подталкиваемая тем, что «сильнее и стыда ее, и разума, и страха...» [Чехов С 5: 259], — то есть похотью, и можно предположить, что в своем физиологическом этюде доктор Чехов преподает Толстому урок в области нормальной женской сексуальности и стратегий, к которым женщины прибегают для ее удовлетворения. Это контрастирует со сценой «грехопадения» Анны с Вронским, воспроизведенной мелодраматически и болезненно, или более поздним экстравагантным утверждением Позднышева о том, что женщинам инстинктивно не нравится плотская любовь. Спору нет, Софье Петровне не приходится гордиться собственным поведением (в этом рассказ развивается под знаком толстовской звезды);

собственная двуличность вызывает в ней отвращение, она осуждает себя за фривольное поведение, которое так ранит ее тщеславие, и вынуждена признать свою заурядность. Завершение ее романа с Ильиным, оставшееся за пределами повествования, не является героическим, жертвенным, суицидным — это все мотивы Анны Карениной; Чехов предлагает версию, в которой совершившееся прелюбодеяние не мешает жить дальше, и возможно, даже более честно, чем прежде.

Название «Несчастье» может быть отсылкой к раннему сочинению Толстого «Семейное счастье», также написанному мужчиной с женской точки зрения, однако существенно отличному: история Толстого завершается именно тогда, когда семейная ячейка — со всеми ее разочарованиями, изменениями и родительскими обязанностями — безоговорочно заявляет о своих правах. Рассказ Чехова — отнюдь не о «семейном», это серьезный анализ одной вещи, которую Толстой (с неослабным вниманием относившийся к собственному сексуальному поведению) умудряется столь часто обходить, — женского желания и всех сопровождающих его переходов: обольщения, стыда, трусости, любопытства, временного сопротивления и конечной уступки. В «Анне Карениной» поезд и его мощь, несущая смерть, поставили великолепную, трагическую печать на всю погубленную жизнь героини. В чеховском «Несчастье» отсутствует пафос: мотив поезда не придает героине демонизма, трагизма, романтизма, возвышенности, но делает ее обыкновенной, заурядной, такой, как все, определенно не героиней романа. Когда, флиртуя с Ильиным, Софья Петровна впервые слышит «сиплый... свист локомотива», в этом нет ничего от поэтической симметрии «Анны Карениной», где роковая железнодорожная катастрофа в начальной части романа предвосхищает мысли героини в конце: отчаявшаяся Анна «знала, что она должна предпринять». У Чехова он остается случайным сигналом товарного поезда, грузового состава. Этот свист приводит героиню в чувства; ибо он, как пишет Чехов, есть «посторонний холодный звук обыденной прозы» [Чехов С 5: 252]. Чеховское «Несчастье» — а заглавие может и содержать, и не содержать в себе иронию — это рассказ об абсолютно прозаическом, а не поэтическом завершении флирта.

«Грехопадение» Софьи Петровны — это хорошо или плохо? Чехов не выносит приговор; Софья в достаточной мере делает это самостоятельно. Русская пресса откликнулась на «Несчастье» очень по-разному. «...Ваш горизонт отлично захватывает мотив любви во всех тончайших и сокровенных проявлениях», — писал Чехову Д. В. Григорович в декабре 1887 года; с другой стороны, В. В. Билибин оставил такое замечание по поводу этого рассказа: «К черту всю “поэтическую сторону любви”!»[3] Наш следующий вариант переработки — вполне в духе Билибина, а именно «сюжет об Анне», переработанный в совершенно циническом ключе.

«Анна на шее» — рассказ, написанный в 1895 году и являющийся одним из самых мрачных произведений Чехова. Здесь мы тоже встречаем поезда (невеста и жених физически познают друг друга в купе); и здесь мы тоже видим сияющую героиню на ее первом балу, а мир любви так же контрастирует с миром серой бюрократии. Но уже на первых страницах Анна Петровна, в 18 лет вышедшая замуж за напыщенного Модеста Алексеича, который был почти в три раза ее старше, уже напоминает — в день свадьбы — толстовскую Анну в конце романа, нравственно падшую женщину. Чехов выбрал интригующее начало. Начнем с того, что одной из обращающих на себя внимание и, безусловно, тщательно продуманных лакун в очень длинной «Анне Карениной» Толстого является почти полное молчание об Анне как новобрачной. То малое, что мы узнаем, сообщается в романе позднее и включается в историю Алексея Каренина, уже безнадежно нелюбимого мужа. Был ли поначалу брак Карениных «хорошим» (а браки могут быть хорошими, исполненными взаимным уважением и прочными и при отсутствии страсти), все еще является поводом для дискуссий. Но с чего он начался? В конце концов мы узнаем, что Анна Облонская была красивой, но женитьба на ней не была выгодной; что Каренин посещал ее

---

3 Об этих письмах см. в комментарии к рассказу в [Полоцкая 1961: 550–551].

достаточно часто, чтобы его намерения были ясны; но о пылкости и пытливости в любви, брачной или внебрачной, нам не сообщается ничего. Предыстория этой семейной пары туманна. В отличие от них, чеховская новобрачная Аня полна энергии и любопытства. Она откровенно флиртует с Артыновым на железнодорожной станции, кокетливо «прищурила глаза» [Чехов С 9: 164], тогда как Анна Каренина, как мы помним, прибегает к таким ухищрениям только в последние месяцы своего самообмана. Когда толстовская Анна Аркадьевна ведет себя таким образом, мы ощущаем трагедию, ее потребность отгородиться от правды. Чеховская Анна Петровна не способна на трагедию. За исключением сквозного мотива ее пьяницы отца и двух трогательных братьев, которые занимают все меньше места в жизни Ани и в конце концов оказываются забытыми, в рассказе вообще нет жертв. Вымышленный мир Чехова в моральном отношении близок к толстовскому Петербургу, населенному Бетси Тверскими и Сафо Штольц. Равнодушные к понятиям верности, семьи и любви, все стороны удовлетворены — разумеется, и преданный муж, который использует жену, чтобы добиться продвижения по службе. Здесь содержится прямой намек на русское великосветское общество более ранних, неприкрыто безнравственных пушкинских времен, гораздо более «французское» и без слез взирающее на сексуальные вольности и завязывание выгодных связей. Безусловно, своекорыстное поведение Анны Петровны могло быть более оправданным, чем пустоголовые выходки Сафо Штольц. Но мы не можем сказать это наверняка, потому что Толстой был совершенно не способен рассказать нейтральную историю с точки зрения такой вот Сафо — он не мог бы рассказать и о «грехопадении» Софьи Петровны так, как это сделал Чехов в «Несчастье», то есть с позиций самой разочарованной, неудовлетворенной и скучающей женщины. Чехов специализируется именно на таких «повествованиях с позиций»[4].

---

[4] Творивший позже прославленных тенденциозных романистов, Чехов был весьма осторожен в защите этой «объективной» прерогативы. Для него представление персонажей их собственными голосами и ценностными позициями было не только

В «Анне на шее» нижняя точка в браке героини достигается как раз перед ее успехом на балу. Она бедна (хотя вышла замуж из-за денег), несвободна, нелюбима. Чехов сообщает нам, что муж Анны Петровны напоминал ей обо всех тех жестоких инстанциях, которые с «самой внушительной и страшной силой» надвигаются на нее, «как туча или локомотив, готовый задавить» [Чехов С 9: 166]. Повторяющийся дурной сон, навеянный толстовской Анной, — но эта Анна будет бороться с ним и победит. На следующий день после своего триумфа в обществе, обеспечивающего ей независимость, она приветствует мужа, произнося: «Подите прочь, болван!» [Чехов С 9: 172]. И мы понимаем, что Анна Петровна наконец-то чувствует себя свободной: «...и давнишний страх ее перед силой, которая надвигается и грозит задавить, казался ей смешным» [Чехов С 9: 171].

Но действительно ли это триумф, неужели нет никакого внешнего напоминания об этическом измерении? В романе Толстого нравственным мерилом всегда является семья — как правило, дети. Маленький сын Анны Сережа конфузится в присутствии Вронского, не понимая роли, которую Вронский играет в их доме, но чувствуя страстную увлеченность матери; еще важнее, что рядом с Сережей Анна и Вронский ощущают чувство вины, ибо он (как говорит нам Толстой) — компас, указывающий им, до какой степени они сбились с пути. В повести Чехова семья вообще выводится за пределы изображения (пьяный отец и взволнованные младшие братья, все время повторяющие: «Папочка, не надо...»), образы родных становятся все более тусклыми или же идея семьи и детей гротескно пародируется на примере супружеской четы. Та «Анна», которой на шее Модеста

продуктивным, но и по-настоящему более этичным. См. письмо к Алексею Суворину от 1 апреля 1890 года: «Вы браните меня за объективность, называя ее равнодушием к добру и злу, отсутствием идеалов и идей и проч. Вы хотите, чтобы я, изображая конокрадов, говорил бы: кража лошадей есть зло. Но ведь это и без меня давно уже известно. Пусть судят их присяжные заседатели, а мое дело показать только, какие они есть <...> Ведь чтобы изобразить конокрадов в 700 строках, я всё время должен говорить и думать в их тоне и чувствовать в их духе, иначе, если я подбавлю субъективности, образы расплывутся и рассказ не будет так компактен, как надлежит быть всем коротеньким рассказам. Когда я пишу, я вполне рассчитываю на читателя...» [Чехов П 4: 54].

Алексеича становится жена, и «маленький Владимир», крестным отцом которого становится Его Превосходительство, — это государственные награды. Чехов рисует нам картину мира высшего общества такой, какой она должна была быть — в соответствии с ценностями, например, госпожи Вронской, которая полностью принадлежит к этому миру и ведет себя соответственно. Как вы помните, провожая своего убитого горем сына на войну, госпожа Вронская замечает по поводу самоубийства Анны Карениной: «Нет, как ни говорите, дурная женщина. Ну, что это за страсти какие-то отчаянные! Это всё что-то особенное доказать. Вот она и доказала. Себя погубила и двух прекрасных людей...» [Толстой 19: 360]. Чеховская Аня никогда бы не взяла такой грех на душу.

В наших последних двух вариациях «сюжета об Анне» поступки чеховских героя и героини представлены в более простительном с точки зрения морали ключе. По-прежнему не способные на кардинальные, вульгарные, отчаянные действия, мужчины и женщины, о которых ведется рассказ, не перестают любить, но и не дают слабину; потому эти рассказы и относятся к самым волнующим творениям Чехова. Первым (и, вероятно, самым знаменитым из рассказов об Аннах) является «Дама с собачкой». Здесь мы также сталкиваемся с очередной порцией поездов и театров, но в этом рассказе полностью отсутствует клиническая холодность «Несчастья» и «Анны на шее». «Дама с собачкой» — настоящая любовная история, одна из величайших в мире, и в ней Чехов смешивает толстовские прототипы, а временами и прибегает к толстовскому стилю, чтобы по-новому изобразить адюльтер и долг.

Сюжет известен всем. Но как обстоит дело с человеческим материалом, если сопоставить его с типами толстовских персонажей? Дмитрий Гуров напоминает очередного Вронского или, возможно, Облонского, а Анна Сергеевна — робкую, неопытную Кити. Однако с самого начала очевидно отличие: ни Гуров, ни Анна Сергеевна не свободны (у обоих есть супруги каренинского типа). Также ни он, ни она не ожидают и не готовы к тому, что их роман окажется серьезным. Один из способов понять эту серьезность заключается в прочтении первых двух глав (до отъезда Анны Сергеевны домой на поезде, после чего Гуров намеревается в скором времени вернуться из Ялты в Москву) как написанных в регистре или, если взять бахтинский термин, «зоне» молодого Вронского или Облонского, в аспекте легкого флирта опытного мужчины, обращающегося на «ты» с девушкой, которая все еще с трепетом называет его на «вы». Вторая часть завершает вид сюжета о неверности, «сериала», предназначенного для повторного воспроизведения с новым составом исполнителей, но не для приобретения глубины. Но затем начинается вторая половина рассказа. В третьей и четвертой частях речь идет о настоящей любви, которая неожиданно вырастает из этого стереотипного начала — подобно тому, как в средних частях романа Толстого любовь Анны и Вронского становится созидательной, могучей и «настоящей». Гуров отыскивает Анну Сергеевну в городе С., после чего она начинает приезжать в Москву. Устанавливается ритм, отражающий глубокую и все углубляющуюся верность. Рассказ завершается словом «начинается». Такое неокончательное окончание, вероятно, подобает трагедии, но без трагической кульминации или трагического финала — и его стабильность сама по себе превращается в нравственное достижение.

Ключ к отличию от мировоззрения Толстого предоставляется в конце рассказа, в размышлениях Гурова по дороге в «Славянский базар», где его ожидает Анна. По пути он объясняет дочери, отчего зимой не бывает грома; мысли же его были заняты совсем другим. Его размышления связаны с неизбежностью «двойной жизни» для человека, с тем, что наше поведение в обществе не отражает нашей сути. Гуров приходит к выводу, что это очень хорошо, ибо «каждое личное сосуществование держится на тайне». Весь двойственный тон отрывка, содержащего частые повторы, напоминает стиль Толстого, но мораль в нем — исключительно чеховская. По Толстому, тайна не может храниться вечно; рано или поздно скрываемое проявится. Ложную жизнь необходимо привести в соответствие с истинной, прежде чем сможет произойти духовное прозрение (как у Ивана Ильича перед смертью или у Константина Левина в конце романа). Толстовское «я», в этом отношении походящее на толстовский образ человечества, стремится к целостности. Подобно несчастной Анне Карениной, это «я» желает «иметь все» — любовника, сына, уважение общества, постоянную возможность находиться в обществе любимых, не меняющуюся и неувядающую красоту. Когда Анна не может получить всего этого, она разрушает себя. Чеховское «я» гораздо более умеренно. Его кредо заключается не столько в самозащите и самореализации, сколько в извлечении урока (дорогого и для Тургенева), преподанного морскими волнами пляжа в Ореанде: «шум моря», демонстрирующий равнодушие к жизни и смерти любого из нас, тем самым подает нам надежду на спасение. У Толстого безразличие и компромисс никогда не несут спасение. Таким образом, для Толстого те ненадлежащие, временные, исключительно личные и тайные механизмы, поддерживающие истинную любовь в «Даме с собачкой», не могли бы стать приемлемым с точки зрения морали выходом.

С моей точки зрения, «О любви», третий рассказ из «Маленькой трилогии» (1898) Чехова, последний в нашем списке знаменитых вариаций на тему Анны, является самой глубокой и совершенной из них. Рассказ представляет собой повествование Алехина о неосуществившейся любви к Анне Алексеевне, жене его друга Лугановича. Оно обрамлено сделанным через много лет признанием, что отказ от этой любви, вероятно, был его ошибкой. Аллюзии к персонажам Толстого рассыпаны повсюду, но эти персонажи перемешаны, иначе объединены в пары, в их жизни все происходит невпопад. Основная перегруппировка выглядит так. В рассказе «О любви» некий Левин и некая Кити влюбляются друг в друга, оба — достойные, скромные, порядочные люди, склонные отвечать за свои поступки, но происходит это уже *после* того, как она вышла замуж за другого. Этот сюжет вполне мог быть реализован в романе Толстого, если бы не удобный ход — вывести Кити за пределы действия (разболевшуюся после измены Вронского, ее отправили за границу на воды), пока alter ego и любимец Толстого Константин Левин пытается вернуть себе душевное равновесие после того, как она его отвергла, — то есть если бы Кити вышла замуж до того, как Левин смог вернуться к ней. Чеховский Алехин наделен многими чертами и достоинствами Левина (его отчество — Константинович): он замкнут, он интеллектуал, превратившийся в фермера, «образованный человек», живущий в деревне, он вертится «как белка в колесе» и «много работает» [Чехов С 10: 71]. Он влюбляется в жену Лугановича, а она — в него. Однако, не будучи ни Аннами Карениными, ни Вронскими — носителями той героической движущей энергии, которая устремляется к вожделенному предмету, не постояв за ценой порыва, — они на протяжении многих лет продолжают «поступать правильно», то есть ничего не предпринимать.

Раздражение и напряженность нарастают, принося страдания обоим. Кодекс чести Алехина не позволяет ему заговорить о своей любви (в конце концов, круг Левина — это не круг Вронского); Анна Алексеевна не может заговорить о любви, потому что, по выражению Чехова, ей «пришлось бы лгать или говорить правду, а в ее положении и то и другое было бы одинаково страшно и неудобно» [Чехов С 10: 72]. Им не хватает эгоизма, чтобы осуществить «сюжет об Анне». Вся энергия, которая есть, расходуется на то, чтобы не допустить этого сюжета, в интересах добра и ранее взятых на себя обязательств. Тем самым они избавляются от ужасного финала, выпавшего на долю Анны и Вронского. Но все же рассказ Алехина завершается сценой в поезде — и только читателю предоставляется судить о том, что достигается в этой сцене, победа или поражение. Прощаясь в вагоне, герои наконец-то признаются друг другу в любви. Много лет спустя Алехин с горечью вспоминает об этом расставании. Под конец он говорит: «...когда любишь, то в своих рассуждениях об этой любви нужно исходить от высшего, от более важного, чем счастье или несчастье, грех или добродетель в их ходячем смысле, или не нужно рассуждать вовсе» [Чехов С 10: 74].

«...Или не нужно рассуждать вовсе»: сложно представить более не-толстовской максимы относительно истории о любви вне брака. Что делает рассказ «О любви» столь тонкой вариацией на тему Толстого? Не только его программное название вызывает в памяти категоричные заглавия, данные Толстым собственным дидактическим статьям: «О войне», «О религии», «Так что же нам делать?», «Что такое искусство?»; оно также бросает вызов всему творчеству Толстого как «прозаическому». Вот уже несколько лет Гэри Сол Морсон тщательно анализирует обыденные ценности, добродетели и сюжеты Толстого, называя этот идеально добродетельный взгляд на мир «прозаическим» [Morson 1987: главы 5, 7; Morson 1988]. Обыденные герои Толстого, — утверждает Морсон, — негероичные, они живут, как долготерпеливая Долли — без мелодрам, без фиксированных и бросающихся в глаза правил, но строго следуя умственным и нравственным обыкновениям. Разумеется, с этими героями случается худое. В нескольких первых главах Левин теряет Кити, но они благополучно переживают несчастье внутри себя, без аффектов, как делают это и Анна Алексеевна с Алехиным в рассказе «О любви». Они остаются добрыми, они обращают внимание на мелочи, они знают, как получить удовольствие благодаря здоровым отвлекающим занятиям, таким как охота, сельское хозяйство, уход за больными. А в мире Толстого — подчеркну этот момент — их ожидает хорошее. Нелепому, получившему отказ Левину все равно достается Кити, даже несмотря на то, что он глупо прервал свое первоначальное ухаживание и неожиданно для всех бежал из Москвы; наступает тот прекрасный момент, когда он входит в гостиную Облонских и понимает, что Кити (по-прежнему свободная, свежая, разрумянившаяся) «ждала его» [Толстой 18: 403]. Это — прозаический рай, и Морсон, безусловно, прав, утверждая, что Толстого влекло туда. В своих сочинениях Толстой создает тщательный эскиз этого мира. Он терзает своего Константина Левина и заставляет его отступить, но в конце, поскольку Левин столь полно воплощает те ценности, которыми более всего дорожил сам автор, Толстой следит, чтобы все завершилось благополучно.

Чтобы изобразить поистине темную сторону добродетельной прозаики, понадобился писатель совсем другого склада, не обладающий упрямой толстовской склонностью к морализаторским сюжетам. Таким писателем явился Чехов, и — как я предполагаю, он сделал это в своих разнообразных переработках «сюжета об Анне». Алехин и Анна Алексеевна ведут себя подобно добродетельным Левиным и Кити, а хорошего *не* случается. И вопрос не в том, что Чехов был «пессимистом», а Толстой — певцом природы, в чьих произведениях (более жизнеподобных, чем сама жизнь, и т. д.) события происходят «естественным путем». Ничто в романе не могло быть проще, нормальнее с точки зрения прозаики, чем разыграть сюжет «О любви»: то есть показать Кити — привлекательную княжну и превосходную потенциальную невесту — уже выздоровевшей и вышедшей замуж до того, как исцелилась раненная гордость Левина. В конце концов, если бы она влюбилась во Вронского, то вполне могла бы полюбить и другого мужчину того же распространенного типа. Толстой не допускает такого развития событий.

Между тем Чехов его допускает — и именно это в его произведениях воспринимается читателем как до жути реальное и печальное. Чехов понимал, чем часто оборачивается добродетельное обыденное существование: сумбуром, путаницей, множеством случайных непопаданий в такт, которые оборачиваются неизбывными трагедиями, временами лишающими человека достойной памяти, позволяющей организовать психологический материал. Для Толстого ценности прозаики, поминутно «праведная жизнь» просто не могли не привести к успеху — и как автор он делал все возможное, чтобы соединить вместе хороших людей и вознаградить их. Даже неоцененная Долли любит своего смехотворного Облонского, на протяжении всего романа продолжает вынашивать, нянчить, воспитывать и хоронить его детей, тем самым укрепляясь в том лучшем, что в ней есть, и лишь под самый конец брошенное вскользь замечание автора намекает нам на то, что, вероятно, и с нее уже довольно. В своей сосредоточенности на малых и хороших поступках Толстой мог бы показаться «реалистичным» и «неромантичным». Но одновременно он заботится о том, чтобы этот скромный правильный поступок не пропал втуне, не утратил смысл, не остался незамеченным и не причинил страданий. Все перечисленное — территория Чехова[5]. У Чехова полно персонажей, которые изо всех сил стараются быть хорошими, но это не мешает ему отбрасывать своих героев и героинь назад, к их более беспомощной, слабой, в целом менее достойной стороне. Избавляясь от толстовского влияния в 1890-х годах, Чехов перелицовывал доставляющие удовлетворение сюжеты Толстого в более мелкие и сниженные варианты. При этом Чехов доставляет нам не меньшее удовлетворение, но устанавливает параметры особого типа комедии, который для Толстого так и остался непостижим.

1997

Источники

Толстой — Толстой Л. Н. Полное собрание сочинений: В 90 т. / Под общ. ред. В. Г. Черткова. М.; Л.: Гос. изд-во, 1928–1964.

Чехов — Чехов А. П. Полное собрание сочинений и писем: В 30 т. М.: Наука, 1974–1983.

---

[5] Здесь уместно упомянуть комментарий по поводу использования Чеховым «идеи» в заключительной главе и по сей день непревзойденной «Поэтики Чехова» А. П. Чудакова. Чудаков доказывает, что идея как таковая — например, идея любви — не получает догматического развития в эстетике Чехова ни в тех случаях, которые касаются индивидуального сознания, ни в тех случаях, когда она пронизывает весь сюжет. В отличие от Достоевского и Толстого, идеи у Чехова не становятся более правильными в зависимости от того, насколько они доводятся до крайности («Его идея принципиально не выявляет все свои возможности»). Напротив, их «истинность» всегда конкретна, подчеркнута препятствиями и определена осязаемыми деталями повседневной жизни. Для Чехова важна не столько идея сама по себе, сколько «область идеи», которая ограничивает и оформляет ее. Этот принцип предполагает своего рода сдержанность в отношении идеологической решимости в целом и в жизни главных героев — в частности. Чехову не нужно обладать каким-то высшим, синтезирующим видением, равно как не требуется иметь доступ во внутренний мир героев (например, к тому, чем руководствуется Гуров в своей тайной жизни). Толстой никогда не стал бы отказываться от такого знания. См. [Чудаков 1971: 245–276, особенно 263–264].

Литература

Полоцкая 1961 — Полоцкая В. А. Примечания // Чехов А. П. Собрание сочинений: В 12 т. Т. 4. М.: ГИХЛ, 1961. С. 531–574.

Чудаков 1971 — Чудаков А. П. Поэтика Чехова. М.: Наука, 1971.

Hahn 1977 — Hahn B. Chekhov: A Study of the Major Stories and Plays. Cambridge: Cambridge University Press, 1977.

Hingley 1989 — Hingley R. A Life of Anton Chekhov. Oxford: Oxford University Press, 1989.

Kramer 1970 — Kramer K. D. The Chameleon and the Dream: The Image of Reality in Čexov's Fiction. The Hague: Mouton, 1970.

Laffitte 1971 — Laffitte S. Chekhov: 1860–1894. New York: Charles Scribner's Sons, 1971.

Morson 1987 — Morson G. S. Hidden in Plain View: Narrative and Creative Potentials in "War and Peace". Stanford: Stanford University Press, 1987.

Morson 1988 — Morson G. S. Prosaics and "Anna Karenina" // Tolstoy Studies Journal. 1988. Vol. 1. P. 1–12.

8
1812 год Толстого в академиях[1]

(Рецензия на книгу: Tolstoy on War: Narrative Art and Historical Truth in "War and Peace" [= Толстой о войне: искусство повествования и историческая правда в «Войне и мире»] / Ed. by Rick McPeak, Donna Tussing Orwin. Ithaca, Cornell University Press, 2012.)

«Война не принадлежит какой-то одной дисциплине», — пишет Донна Орвин во введении к этому провокационному сборнику (2)[2], в котором историки, политологи, глобальные стратеги и литературоведы обсуждают специфические военные аспекты многогранного шедевра Толстого. Это касается и научных дисциплин, и монастырски строгой дисциплины духа. Толстой показывает нам, как сам факт войны подчиняет жесточайшему порядку лень, алчность, тщеславие, мужество, романтическую любовь — особенно любовь, занятия которой, по сравнению с уроками сражений, могут показаться излишне материальными, легкомысленными и малозначащими.

Однако, как Орвин указывает позже в своем тщательно выверенном обзоре ранних публикаций, написанных учеными-военными, «Толстой изображает войну как вид иррациональной,

---

1 Впервые: Tolstoy's 1812 in the Academies // Slavic and East European Journal. 2013. Vol. 57. No 4. P. 649–653.

2 Здесь и далее номера страниц рецензируемого издания указываются в круглых скобках.

спонтанной человеческой деятельности» (108), которая не оставляет места для обучения, рационально обдуманных целей войны и фактически для любого мышления вообще. «Война и мир», как отмечали военные эксперты в 1860-х годах, прекрасно описывает чувства солдата под огнем, но ни один из ее главных персонажей не показан занятым серьезными, интенсивными военными учениями. Подобно тому, как нельзя научиться искусству, прочтя трактат «Что такое искусство?», нельзя научиться по Бородинской битве в изображении Толстого ведению войны, проведению учений или организации учебных пунктов для передачи технических навыков. Замысел книги «Толстой о войне» возник на конференции в Военной академии Вест-Пойнт в апреле 2010 года, организованной совместно с профессорско-преподавательским составом академии. В конференции участвовали и курсанты, и гражданские. Некоторые из курсантов вскоре были отправлены в горячие точки. Как отмечает в послесловии полковник Рик Макпик, профессор русской литературы в Вест-Пойнте, «некоторые недоверчиво отнеслись к тому, что для учебы якобы важно прослушать десяток выступлений ученых, почти никак не связанных с военными делами» (191). Толстой, наверное, тоже бы поначалу удивился, но потом успокоился, видя благожелательную атмосферу и дисциплину в зале. Такой неожиданный отход от привычной аудитории романа Толстого — несомненная ценность книги.

Практичные редакторы выдвинули на первый план историков. Опираясь на свидетельства профессионалов в обеих областях (военных офицеров, которые одновременно и ученые-историки), в том числе вдумчивого и беспристрастного генерала Михаила Драгомирова, крупнейшего военного теоретика Российской империи второй половины XIX века, вводная группа очерков прекрасно иллюстрирует разнообразный и беспощадный характер книги. Доминик Ливен в своем труде «Толстой о войне, России и империи» вписывает вторжение Наполеона в Россию в общеевропейский контекст, сравнив этот миф со схожими мифами Испании, Англии, Пруссии и других немецких государств. Его выводы поучительны: художественное решение Толстого закончить свою «Войну» — единственную войну, которая его интересовала, — декабрем 1812 года не только не позволило описать дальнейшие тактические и дипломатические триумфы, в частности взятие Парижа, но более того, исказило историю, бережное изображение которой для Толстого всегда было чрезвычайно важно; положительно показанная партизанская война, например, стала стратегически важной только к 1813 году. Как ни парадоксально для этого великого русского патриота, «Война и мир», каноническое произведение, официальная дань памяти Наполеоновской эпохе «недооценивает достижения России» (22). Эта «многонациональная, династическая и аристократическая империя» (24), так непохожая на другие, более развитые национальные государства, на которые напал Наполеон, в 1813–1815 годах одержала блестящие победы.

Александер Мартин в своем великолепном очерке «Москва 1812 года» в меньшем масштабе и на примере одного города рассуждает о том, чего не желал видеть Толстой. По сути, Толстому был совершенно неинтересен городской средний класс, который «понимал, что его процветание и безопасность зависят от непрерывности и стабильности государственной власти» (43). Модернизацию московской городской инфраструктуры начала Екатерина II: постепенно решались проблемы грязи, зловония, отсутствия уличного освещения и безопасности. Однако, по Толстому, гражданственности непозволительно нуждаться в государстве. Поэтому социальные группы, которые Толстой нам показывает, по-настоящему принадлежат не Москве, даже если имеют там дома. Одна группа — это аристократы, которые привозят еду из своих поместий в провинции, развлекаются в собственных клубах, путешествуют в собственных каретах. Другая группа — городское простонародье, всего поколение назад вышедшее из крестьян. Ни той ни другой не составит труда покинуть город и вернуться домой. Постоянным же городским жителям (а это 30–40 % городского населения) при наступлении катастрофы деваться некуда; чтобы сохранить с трудом завоеванное благополучие, они вынуждены действовать на свой страх и риск, в своих собственных интересах. После бегства дворян и разграбления крестьян восстановление города для этого среднего класса стало делом предпринимательского риска, а ни в коем случае не мифом о «спонтанной координации», о чем пишет Толстой с его «энтомологическими метафорами» пчел и муравьев (56–57). Как полагает Алан Форрест, автор яркого очерка «Французы на войне: образ врага», Толстой добрее относился к убивавшим, мародерствовавшим, втянутым в войну против их воли и в конечном счете позорно проигравшим французам, чем к простым русским горожанам. Мартин упрекает Толстого за такое искажение перспективы, отмечая, что тот неприкрыто «ненавидел интеллигенцию и среднюю прослойку» (47). О чем Мартин не упоминает — так это о том, что всем известно: что Толстой также ненавидел и города как таковые. Поскольку городское общество для него олицетворяло не цивилизацию, а гниение и разврат, возродить Москву из пепла было задачей, которая больше пристала насекомым, нежели трудолюбивым купцам, чиновникам, юристам или журналистам.

Упомянутые три историка, конечно же, признают за Толстым право сочинить роман. При этом, однако, они призывают его к ответу за предвзятость, особенно когда она выражается с бесхитростной толстовской категоричностью, успешно заставляющей умолкнуть скептиков. Дан Унгуряну в своих «Исторических источниках в “Войне и мире”» выступает в защиту Толстого. Приведя список первичных источников, с которыми работал Толстой, эклектичный, обширный, предназначенный как для активного, так и пассивного использования, Унгуряну тем не менее признает, что Толстой «обращается с историческими источниками <...> на свой манер» (36). Затем он тратит больше пыла на дискредитацию критиков Толстого (князя Петра Вяземского, Авраамия Норова, Виктора Шкловского, Екатерины Цимбаевой), чем на опровержение их обвинений. Такое стремление защитить Толстого, вероятно, чрезмерно; Толстой как явление находится за рамками вины и безвинности. Форрест верно отмечал: «Толстой не был историком, но стремился использовать историю для углубления своего понимания войн и <...> тех, кто воевал на них» (71). Суть в том, что важно именно *его* восприятие, а не некая высшая объективность, будь то даже Божье око. Когда первоисточник становится частью мышления Толстого, фактические ошибки уступают место чему-то более важному.

Ряд очерков, посвященных литературным аспектам «Войны и мира», открывает работа Гэри Сола Морсона «Острословие и другие малые жанры в “Войне и мире”». Внимательно отобранные мудрые речения, героические высказывания, анекдоты и афоризмы анализируются как миниатюрное изложение взглядов на жизнь, вложенное в уста героев. Неудивительно, что Наполеон полностью раздавлен, а Билибин и Сперанский отвергнуты с легкой иронией. Морсон настолько же благосклонен к чувству юмора Толстого, насколько Ливен и Мартин жестки в отношении Толстого-историка. Шутники и острословы отнюдь не обязательно должны быть циниками или скептиками (у Шекспира встречается масса примеров здоровой, незлобной, остроумной игры слов), но при анализе юмора и остроумия как категории Морсон примеряет на себя маску Толстого. Он также упускает из виду (на мой взгляд, исключительно добродушно) основную причину, почему Толстой, автор длинных романов, был неравнодушен к столь кратким формам. С помощью крохотных кусочков житейской мудрости — цитат, афоризмов, пословиц, которые Толстой обожал, собирал, через которые резонерствовал и которые публиковал, — он мог, не встречая серьезного сопротивления, совершать налет на целые системы мышления. Мудрые мысли (некоторые подписаны, некоторые нет) для своих кратких антологий Толстой брал отовсюду, поскольку они были важны ему как часть не изначального контекста, а его собственного синтетического построения: чем больше воздуха вокруг куска чужой мысли, тем лучше. Толстой (и здесь мы вновь сталкиваемся с его особым статусом) способен проникнуть в сложную паутину чужой мысли, выхватить оттуда нужный кусок и отбросить остальное, но горе тем, кто попытается парафразировать или категоризировать какой-либо из его текстов: его собственная проза, настаивал Толстой, — единое целое и может быть классифицировано только им самим. Морсон, десятилетия назад подаривший нам термин «абсолютный язык» как ключ к постижению Толстого, умело завершает статью характеристикой «Войны и мира» «как самого длинного в мире афоризма» (84).

Три следующих главы посвящены непосредственно литературному изображению. В своей книге «Великий человек в “Войне и мире”» Джефф Лав рассматривает несколько кандидатов на величие: военачальников и Платона Каратаева в глазах Пьера. В фокусе его внимания — путь Андрея Болконского от поклонения Наполеону через понимание Кутузова к свету за дверью, имя которому Смерть. Этого сурового и обреченного героя окружают парадоксы. Если бесконечное небо после битвы при Аустерлице — это ответ, как тогда относиться к конечным вещам? Определяя отношение конечного к Бесконечному как аристотелевский вопрос, особенно актуальный для князя Андрея, Лав, с постоянными отсылками к древнегреческой трагедии, ранжирует великих людей Толстого с точки зрения смиренности мышления. Гордыня Наполеона — в его вере в военную науку и мастерство, а значит, в закрытость, определенность конца; Кутузов же, утверждает Толстой, может видеть и понимать, «но может и отказаться от участия в событиях, которые видит», изменив направление личной волей (91), потому что он, как и Толстой, улавливает открытость событий и, следовательно, непознаваемость конца. Несмотря на отсылки к гегелевскому Великому человеку в названии, невысказанный подтекст очерка Лава — Шопенгауэр, и особенно та его идея, что великое искусство может на некоторое время усмирить ужасающие, убийственные стремления субъективной воли индивида.

Эту тему затронула Донна Орвин в своем очерке «Ужасная поэзия войны» — о Бородинской битве у Толстого. По ее мнению, такая поэзия представляет собой смесь военной психологии, военной теории (начиная с простого вопроса о выравнивании боевых порядков — толстовская фактически точная карта позиций воюющих сторон, включенная в художественный текст) и вплетенных повсюду литературных приемов военной оды и классического эпоса. Движение солнца и смена времен года, необратимые в своей цикличности, выступают как метафоры рока. Хотя «война прерывает сбор урожая, — пишет Орвин, — сам сбор урожая — метафора войны» (135). Мир — это вспаханное поле. Толстой не станет приукрашивать этот образ. Ошалелый, травмированный участник войны не постигает собственного душевного состояния, потому он и нуждается в поэте: «рассказчик должен объяснить, что происходит с Пьером, который сам не может свидетельствовать о своем собственном поведении» (127). Как отмечает Орвин в своем предыдущем очерке в той же книге, «“Война и мир” с точки зрения войны», сходное замечание о поэзии делает и такой въедливый читатель, как генерал Драгомиров: «Он утверждает даже, что сильные стороны Толстого как поэта объясняют его ошибки как теоретика. Поэт почти всегда придерживается одной, очень сфокусированной и как бы сгущенной точки зрения, а теоретик должен принимать во внимание все точки зрения» (106).

Ошибки Толстого «как теоретика» (неважно, поэта или мыслителя) и важные пути, открывающиеся для понимания вооруженных конфликтов в условиях XXI века, являются главными темами третьего, и последнего, блока книги. Рик Макпик и Андреас Херберг-Рот обращаются к Толстому и Карлу фон Клаузевицу (1780–1831). Хорошо ли Толстой в 1860-х годах был знаком с книгой Клаузевица «О войне»? Этот трактат в России высоко ставили вплоть до Крымской войны, после чего энтузиазм угас. Читал ли Толстой проведенный прусским теоретиком анализ русской кампании Наполеона? Клаузевиц служил в русской армии в 1812–1813 годах и участвовал в борьбе с Наполеоном, в «Войне и мире» он и граф Вольцоген появляются перед Бородинской битвой, что дает возможность князю Андрею отрицательно высказаться по поводу немцев — кабинетных теоретиков. Но, как отмечает Херберг-Рот, Болконский в этой сцене несправедлив: «Теория Клаузевица основана на его личном опыте ведения войны, в основном в русской армии» (142). И Толстой, и Клаузевиц неприязненно относятся к карикатурному фанатику абстрактной теории генералу Фулю, который был непосредственным начальником Клаузевица (144). Херберг-Рот, видимо, желает реабилитировать прусского теоретика вместе с его экзистенциальным (а не инструментальным) представлением о войне и образом Наполеона как «экзистенциального воина». В этом очерке также содержится единственный в книге случай «быстрой перемотки» к новообращенному Толстому, апостолу непротивления злу насилием и противнику всяческого принуждения. Это тоже требовало дисциплины. Резюмируя сходство Толстого и Клаузевица, Херберг-Рот пишет: «Толстой также понимал, что экзистенциальный взгляд на войну, как и на героизм, не решает проблемы современных войн, но он сделал из этого иные выводы. Он стал пацифистом» (146).

Макпик менее амбициозен, но избранная им тема не менее сложна: дуэль как микрокосм войны. И русский, и прусский писатели прибегают к этому сравнению в своем стремлении уяснить правила (если правила здесь вообще возможны), отделяя ограниченное (связанное с честью) насилие от той неограниченной и непередаваемой крайности, которую Клаузевиц называет «идеальной войной, лишенной каких-либо жестких ограничений на насилие» (114). Макпик отмечает «кутузовские параллели» в сцене дуэли Пьера с Долоховым (как бы ни были «иррациональны и позорны» поступки Пьера, они согласуются с исторической динамикой Толстого и потому успешны (119)), а также высказывает интересные мысли о крахе Андрея Болконского как воина, когда его поиски Анатоля Курагина на полях брани приобретают слишком личный характер (118). Война, в отличие от дуэли, не бывает настолько похожа на личное оскорбление. В итоге, однако, возникает вопрос, является ли «микрокосм» подходящим термином для сравнения дуэли и войны, как будто главное различие между ними заключается в масштабе. Полагаю, Толстой (ранний и поздний, ибо именно поздний Толстой создал несравненный шедевр «Хаджи Мурат») сказал бы, что главное различие не в числе вооруженных людей (двое и несколько тысяч), а между убийством известных вам людей, которых есть причина убить, и убийством незнакомцев, которые не нанесли вам вреда, по чисто системным причинам.

Последние два очерка в книге сопоставлены весьма хитро: профессор английского языка в Вест-Пойнте Элизабет Сэмет пишет о «неповиновении» Толстого, а профессор политологии, заведующий кафедрой мировой безопасности Дэвид Уэлч рассматривает Толстого как теоретика международных отношений. Сэмет прекрасно описывает все те правила, которые Толстой обожает нарушать: как начать повествование, как закончить, как определить причину событий. Его войны также вопиющим образом «не подчиняются правилам», что делает их образцом «общедоступных войн»: повстанческих, негосударственных или децентрализованных конфликтов и действий террористов в Афганистане и Ираке (172). Она отмечает, что у Толстого победители выбираются из лабиринта «Войны и мира» как выжившие «в жанре "эпос проигравших", который приветствует случайность и не приемлет линейного победного марша» (164). И все же Сэмет не обходится без понятия предводительства, домысливая, что предводитель всегда заранее известен либо способен контролировать события. В конце своего очерка она сравнивает героического капитана артиллерии Тушина, который не покидает поле боя в Шенграбенском сражении, с эпизодом Гражданской войны в Америке — битвой за Миссионерский хребет в 1863 году, когда, несмотря на отсутствие приказа об атаке, армия Союза под командованием Улисса С. Гранта каким-то образом «ощутила» ее необходимость, заняла холм и заставила конфедератов отступить. Как возникают мифы о спонтанных действиях — вопрос, жизненно важный как для литературного повествования, так и для войны.

Уэлч начинает с совершенно другого, настолько другого, что возникает соблазн увидеть в этом эссе противостояние социологической и гуманитарной парадигм. Сэмет видит непостижимое чудо в том, как нарушение правил порождает литературные (и военные) факты и из ниоткуда возникает спонтанность, явно имитирующая творческий процесс. Но Уэлч находит в Толстом нечто новое — его «абсолютный язык», если хотите. Его первый шаг — кооптировать Толстого в свою профессию: «Как теоретик международных отношений, Толстой был во многом не востребован» (175). Толстой скептически относится к свободе воли. Он настаивает на «сложности и разнообразии человеческой жизни и человеческого общества, сложности, которую теория международных отношений только начинает заново открывать и исследовать» (188). Что ж, это так. Причина в том, что теория не может быть порождена огромной, бесконечной, необъяснимой сложностью. Такой высокий уровень сложности может привести только к роману. Уэлч делает ряд верных наблюдений, во многом благодаря пониманию того, что Толстой наравне с любыми поддающимися проверке «фактами» руководствуется ненавистью к определенным явлениям мира. Тем не менее для аргументации Уэлча характерна странная обтекаемость или безрезультатность, что несколько смущает. «Хотя я не могу претендовать на то, чтобы решить ту самую большую загадку, которую Толстой задал, но сам так и не смог решить, — заключает Уэлч, — могу сказать, что современные международные отношения скептически отнеслись бы к необходимости ее решения» (185). Однако это не так: Толстой загадку решил, но не к удовлетворению теоретика международных отношений. Такой теоретик не принял бы выводы Толстого в качестве решения. В этом суть: Уэлч и хотел бы похвалить Толстого, вписав его в рамки своей специальности, но самого Толстого это бы ужаснуло. Он не занимался теорией, он занимался условиями человеческого существования. Уэлч-политолог остается с двумя неудовлетворительными вариантами: либо Толстой «ироничен» («просто шутит»), когда настаивает на строгом детерминизме, либо он «страдал от интенсивного когнитивного диссонанса» (181). Толстого, пожалуй, не назвать счастливым человеком, но он был серьезен, так что тут, в итоге, можно говорить о полном «когнитивном консонансе».

Сборник завершается краткой ретроспективой конференции 2010 года, описанной полковником Макпиком, который вспоминает свои опасения по поводу того, как примут Толстого студенты старшего курса академии. Генерал-фельдмаршал Кутузов — не совсем подходящий герой для курсантов, готовящихся стать профессиональными военными, «воспитываемыми в культуре, ориентированной на действия, с мантрой “веди, следуй за ведущим или прочь с дороги”». (192). Макпик отмечает, что «автор “Войны и мира” на самом деле знает очень мало о практическом лидерстве. Хотя Толстой показал себя в бою храбрым младшим офицером, он не мог бы командовать ничем выше бригады» (191). На первый взгляд это заявление о Толстом кажется возмутительным, но, по зрелом размышлении, оно многое объясняет. Во все неоднозначные сферы, куда заводил его гений, — пацифизм, воздержание, радикальное равенство раннего христианства, осуждение Вагнера, Бодлера, Шекспира — Толстой не желал никого вести. Вхождение в любую иерархию подвергло бы его диктату чужой дисциплины, что для него было бы недопустимо. Он хотел воплотить Истину. Последователи должны идти своим путем.

2013

9
О книге Карена Степаняна[1]

(Рецензия на книгу: Степанян К. Шекспир, Бахтин и Достоевский. Герои и авторы в большом времени. М.: Языки славянской культуры, 2016.)

Карен Ашотович Степанян (р. 1952) скончался в Москве 15 сентября 2018 года. Летом 2017 года мы общались по поводу его книги, и он успел прочесть публикуемый итоговый вариант рецензии.

У Карена Степаняна, соучредителя (1991) и вице-президента Российского общества Достоевского, вышла в свет большая, сильная, местами гневная книга, написанная в классическом критическом стиле. В своем стремлении дойти до самой сути и прибегая в своей методологии к подходу, который можно было бы именовать препостмодернистским, автор исходит из того, что возможные художественные миры являются самостоятельными, живут сознательной жизнью и доступны для критики, которая их объединяет. Степанян заимствует два своих принципа связанности у Бахтина. Во-первых, это «большое время», конгломерат всех возможных контекстов, в которых полностью реализуется весь потенциал каждого высказывания и поступка. Критик, как представляется, может служить его сторожем и привратником. Второй принцип более суров и строг: в основе каждого акта безопасного познания лежит жертва. Чтобы избежать принесения объекта в жертву, следует подходить

[1] Впервые: Slavic and East European Journal. 2017. Vol. 62. No 4. P. 901–902.

к объекту как к единому целому, развивающейся личности, а не как к законченной вещи. Вещи — профанные, упаковываемые, комфортные. Личность — нервная, безграничная и богоподобная в том смысле, что она никогда не может быть познана полностью. Степанян с благодарностью упоминает труды Роуэна Уильямса, Дональда Фангера, Стивена Гринблатта и др. в качестве непредубежденных познающих субъектов, которые так или иначе примирились с вещами.

Будучи «личностным критиком», Степанян позволяет себе управлять параллельными вселенными, даже если они не известны самим их авторам. В главе 6 «Братья Карамазовы» сопоставлены с «Зимней сказкой», хотя Достоевский нигде не упоминает об этой пьесе Шекспира, впервые переведенной на русский язык только в 1890-х годах. В главе 7 рассматривается понятие идеала в «Сне смешного человека» и «Буре». При всем том, что в книге использован бахтинский метод, она направлена не к Бахтину, а от него. Здесь Степанян един с Алексеем Лосевым, Сергеем Аверинцевым и (в более приземленном смысле) Михаилом Гаспаровым в том плане, что он с сожалением констатирует появление множества безответственных «диалоговых» и «карнавальных» интерпретаций литературы, которыми мы обязаны мировой славе Бахтина.

В главе 1 рассматриваются отсылки к Шекспиру у Достоевского. Здесь перечеркнуты некоторые канонические оценки русской критики. Принц Гамлет — не лишний человек, не оторванный от жизни мечтатель, попавший в ловушку обстоятельств, а деспотичный и одержимый персонаж, прообраз другого студента-юриста из более поздней эпохи — Родиона Раскольникова. Гамлет не христианский воин. Его смерть стоит наравне с совершенными им убийствами, своевольными, произвольными и чрезмерными: его жертва никого не спасает, и за ней не стоит новая идея. В таком же мрачном ключе прочтены «Мера за меру» и «Король Лир» в сопоставлении с «Идиотом»: что происходит, когда влиятельный персонаж (харизматичный, но неидеальный) передает всю власть и свободу действий своим клевретам? Степанян предполагает, что Достоевский, называя Шекспира «поэтом отчаяния», имел в виду один повторяющийся сюжет: злые и заблудшие герои могут быть наказаны, они даже осознают свои грехи, но преображение им недоступно без вмешательства магии (как в «Буре») или сна. Здесь Достоевский усовершенствует драматурга эпохи Возрождения, упорно следуя обратным путем. Последние два романа представляют собой третий этап в поисках Достоевским духовно жизнеспособного героя: здесь уже не восстание против несправедливого мира и не пассивное растворение в мире зла, а «принятие мира в себя, чтобы преобразить его к лучшему через собственное преображение» (103)[2]. Чтобы откровение было продуктивным, сначала должно произойти примирение. Таков путь Алеши Карамазова. Этот третий этап для Степаняна сродни принятию вещной реальности и ласковому, нежному к ней отношению, как если бы то была личность.

В завершающей главе Степанян настаивает на том, что глубина личности совпадает с «реализмом в высшем смысле» Достоевского, который принимал как должное средневековое понимание реальности. Материальная (физическая) и нематериальная (метафизическая) реальность представляются одинаково истинными субстанциями, но охватывают разные аспекты Истины. Шекспир согласился бы с этим, поскольку сам жил в преддверии средневековой культуры в стране, лишь недавно зачарованной Библией. «Воскресение» Гермионы, оскорбленной королевы в «Зимней сказке», может быть не просто уловкой Паулины, а настоящим чудом. У Шекспира парность, «дублирование» героев — это комедийный прием, но ощущается здесь и мрачный болезненный подтекст неузнавания близких, пусть и замаскированных, на что Степанян обращает внимание, говоря о «Комедии ошибок» и «Двенадцатой ночи». Достоевский с этим бы согласился. Раскольников, несмотря на все его ужасные моральные заблуждения, никогда не «маскируется», как Ставрогин; грех у него не в сердце, а в голове. Он, как и Соня, «облицован»,

---

2 Здесь и далее номера страниц рецензируемого издания указываются в круглых скобках.

а лицо, в отличие от маски, может измениться и преобразиться. Еще более фантастические поздние драмы Шекспира с точки зрения морали разрешаются тем, что Степанян называет «апофатическим» идеалом: не прямым символом веры, но примирением и милосердием.

Другую, более резкую интонацию мы встречаем в трех центральных главах книги Степаняна, посвященных полифонии и «реализму в более высоком смысле», карнавалу как месту «надъюридического преступления» и роли масок и преображений. Споры вокруг Бахтина ни в коем случае не новы. Но Степанян использует точку зрения, не совсем привычную для англоязычной публики: не вспоминает старые дискуссии о Бахтине-марксисте против Бахтина-верующего, а ставит вопрос о том, был ли Бахтин достаточно религиозен в своем христианском мировоззрении, чтобы без искажений понять послание Достоевского. Степанян опасается, что это не так. Очевидная цель его гнева — «добавочная» глава 4 в переработанной книге о Достоевском с ее панегириком менипповой сатире. Степанян мягко отмечает то, как ученик Бахтина Владимир Турбин отстаивал идею карнавала как праздника полноты творчества и единства, удивленного, восхищенного взгляда нематериального разума на воплощенную материю. Однако Степаняна это не убеждает. Такой всеприемлющий взгляд уже присутствует в православной литургии, и без какого-то языческого релятивизма. «Реализм в более высоком смысле слова» у Достоевского — антикарнавальный. Степанян не согласен и с такими менее спорными бахтинскими утверждениями, как предполагаемое равнодушие Достоевского к «становлению» героя и сюжета. Напротив, и Степанян далеко не первый, кто выдвигает этот аргумент, великие романы действительно развиваются и переживают становление. Вертикальное противопоставление рая и ада в романах Достоевского прослеживается не менее явно, чем в ренессансной драме; о наличии в ней такого противопоставления пишет и сам Бахтин в комментариях 1943 года к шекспировской драматургии. Степанян активно развивает эти темные мысли Бахтина о Шекспире, которые вошли в англоязычную науку только в 2014 году, чтобы показать, что ответственность перед Богом, постоянный предмет заботы Достоевского, никак не сочетается с карнавалом. Бахтин якобы утверждал, что «Евангелия тоже карнавальны» (как и Голгофа), — возможно, это всего лишь кощунство.

Одним из заявленных Степаняном стимулов для написания книги стало завершение в 2012 году полного собрания сочинений Бахтина. Том 5, посвященный в основном неопубликованным фрагментам, свидетельствует о твердом христианстве Бахтина (если это то, что нужно исследователю). Однако только в конце последней главы Степанян вводит контекст для шекспировских комментариев Бахтина. Предназначенные для книги о Рабле, они были частью изучения развития серьезности на фоне распада изначально стихийного карнавала, которое началось с Эдипа и закончилось «Братьями Карамазовыми». «Можно только сожалеть, — пишет Степанян, — что эти замечания не вошли в “Проблемы творчества Достоевского”» (274–275). Действительно, многое не попало ни в эту книгу Бахтина 1929 года, ни в последующие публикации. Впрочем, остается лишь удивляться, что работы Бахтина дошли до нас большей частью в целости и сохранности. Возможно, раздражение Степаняна (как и Михаила Гаспарова) относится не столько к Бахтину как человеку в его непростом времени, сколько к индустрии, в рамках которой возможны различные противоречащие друг другу прочтения Бахтина, в свое оправдание приводящие его ставшие модными понятия. В конечном итоге Степанян в равной степени отдает должное гению каждого из трех авторов, фигурирующих в названии его работы.

2017

10
О книге Алины Вайман[1]

(Рецензия на книгу: Wyman, Alina. The Gift of Active Empathy: Scheler, Bakhtin, and Dostoevsky [= Вайман А. Дар активной эмпатии: Шелер, Бахтин и Достоевский]. Evanston, IL: Northwestern University Press, 2016. (Studies in Russian Literature and Theory)

В 1929 году книга Бахтина о Достоевском подверглась нападкам со стороны ее первых марксистских критиков как «идеалистическая». С тех пор ее блестящие и заманчивые, но небезупречные положения относительно полифонии и диалогического слова побуждают философски подкованных критиков предлагать ту или иную корректировку. Алина Вайман принадлежит к числу лучших из них. Ее метод заключается в обращении к молодому Бахтину для исправления Бахтина зрелого, с опорой на немецкого феноменолога Макса Шелера, работами которого о сочувствии восхищался Бахтин. Добавьте Шелера, предлагает Вайман, и кантианские рассуждения раннего Бахтина об отношениях «я» — «другой», где мое «я» обязано оформить ваше, окажутся соотнесены с его исследованием о Достоевском, в котором развивается мысль о радикальной неполноте личности и сосуществовании. Рассуждения Бахтина о Достоевском спорны. На уровне персонажа постоянное предоставление привилегий «другому» в диалоге и мандат на «сосуществование и взаимодействие» в полифонии игнорируют развитие героя во времени и препятствуют культивации личной сферы. На уровне структуры романа нивелирующие эффекты диалога и полифо-

[1] Впервые: The Slavonic and East European Review. 2018. Vol. 96. № 2. P. 340–342.

нии затемняют иерархию ценностей Достоевского. Однако равновесие может быть восстановлено, полагает Вайман, если обратиться к ранее выдвинутой Бахтиным идее вживания (той самой «активной эмпатии», которая обозначена в заголовке). Это не та жалость, стихийная, еще более удручающая и вдвойне лишающая сил, которую презирал Ницше. Здесь «активная» означает обладающую нравственной силой. Эмпатирующий не принимает на себя чужую боль. Точнее, мое «я» ненадолго оказывается на вашем месте (как это происходит, остается загадкой), наши горизонты на мгновение совпадают и взаимообогащаются, после чего мы вновь становимся самими собой. Такое сострадательное, временное соединение «я» и «другого» никогда не является окончательным, никогда не приводит к слиянию и всегда оставляет путь к отступлению.

Вайман полагает, что положительным героям Достоевского необходимы и Бахтин, и Шелер, тогда мы сможем их правильно понять. Модель Шелера позволяет «я» сохранять «остаток» себя, то личное «индивидуальное невыразимое», что заставляет «я» стремиться к переменам, достоинство и веру в полноту собственного воплощенного образа, в которых ему отказывает Бахтин. Допущение неокончательности или полноты свободного доступа в человеческом общении не всегда безоговорочно хорошо. В поисках оптимального взаимовоплощения у Достоевского Вайман подразделяет свое исследование на три части. Введение и первые две главы повествуют о хрупком, сложном явлении эмпатии, интуитивного постижения сознания другого. В четвертой, пятой и шестой главах проводится тщательная интерпретация проявления активной эмпатии в трех шедеврах: «Записках из Мертвого дома», «Идиоте» и «Братьях Карамазовых». Тюремные квазимемуары — частично удачная реализация эмпатии (но в основном в ретроспективе); «Идиот» — по преимуществу неудачная (от слияния Мышкина со страдающим становится только хуже); Алеша Карамазов — победная: Алеша знает, чего хочет, действует сообразно, когда его унижают, может скорбеть, но не оскорбляться и благодаря этому способен понимать других, но не «завершать», что делает его всеобщим любимым «на редкость мудрым другом» (215)[2]. Эти две части книги Вайман соединяются главой три, мрачным отступлением по поводу антиэмпатии в «Записках из подполья» сквозь призму шелеровского понимания обиды. Когда из-за ложных поисков свободы подпольный человек отказывается от воплощения, в нем рождается бессильная ярость, остающаяся навсегда.

Анализ подкрепляется 60 страницами замечательных примечаний, парадоксальным образом подчеркивающих пробелы в основной части. Вайман убедительна в случае бывшего каторжника Горянчикова, абсолютно права в случае подпольного человека и блистательна, когда дело доходит до Алеши. Однако у меня возникли претензии относительно князя Мышкина, неотступно преследующего читателя во второй части книги. Вайман признает, что он катастрофически подводит и себя, и других. Она допускает, что эмпатия может «породить хаос», если ее «не сдерживать и не направлять спокойно-прагматичным расчетом долгосрочного благополучия обеих сторон» (239). Пожалуй, в космосе Достоевского со спокойным прагматизмом дело обстоит напряженно, чем можно объяснить то, что в своем внимательном анализе Вайман столь благосклонна к князю, Рогожину и Настасье Филипповне. Мышкина, по мнению автора, переполняет агапэ ко всем окружающим. Настасья «жестоко травмирована» (143), «беспомощна, как в западне» (144), и поэтому от нее нельзя ожидать ответственного обратного этического действия. Хотя Рогожин так голоден, что заглотит любую эмпатию, какая только замаячит перед ним, и превратит ее в обиду, Вайман спасает и его, мягко упрекая Мышкина за то, что тот «монологизировал» своего соперника (121) и тем самым приблизил убийство.

Однако как быть, если князь бессилен не потому, что барахтается в избытке христоподобной любви, но потому, что поражен любовью к Настасье Филипповне? И из-за этого становится таким же угрюмым, бестолковым, беспомощным и ершистым, как все мы, когда влюбляемся? Каждая из женщин, в которых

---

2 Здесь и далее страницы рецензируемого издания указываются в круглых скобках.

был влюблен Мышкин, поначалу является как прекрасный образ. Если хотите, как идол, ибо идолопоклонство — особо печальное, поскольку не предполагающее игры и взаимности, порождение эроса. Князь парализован созерцанием своего идола. Из-за этого нуждающаяся другая (в данном случае двое других) становится еще более ожесточенной, деспотичной и своенравной. Такая интерпретация была предложена Денисом Жерноклеевым, полагающим, что Мышкин прежде всего эстет. Его крайняя чувствительность к физической красоте — не союзница христианской любви, которая слепа к эстетическому, и Достоевский предупредил бы нас о подобном искушении. Однако князь может быть также поражен и парализован страхом, чувством идентичности с Настасьей Филипповной и даже ответственности за нее, коренящемся в его собственном травмированном, но недоступном «амнезическом» прошлом (такой тезис выдвинут в книге Юрия Корригана «Достоевский и загадка "я"» (2017), опубликованной в той же серии «Studies in Russian Literature and Theory», что и книга Вайман, составляя ей достойную пару). Паралич от воздействия красоты, паралич от пугающего олицетворения — оба сценария, вызывающие в памяти сюжет о Медузе, создают препятствия для вживания, отдаления или любого иного межсубъектного действия. В этой связи я бы хотела уточнить мысль Вайман по поводу одного существенного момента. Хотя, как она пишет, «поведение Алеши в общих чертах напоминает поведение Мышкина, Алеша совершает маленькие, но крайне важные перемены, что называется, редактирует поступки и слова Мышкина, чтобы добиться гораздо большего успеха в своих делах». Важные перемены — да, но не маленькие. Огромные. Самая большая перемена заключается в том, что Алеша держит под контролем разные типы испытываемой им любви. Он отдает дань эросу, никогда не пренебрегает сторге (родственной любовью), но полагается на агапэ, которая всегда остается подвижной и деятельной. С Алешей можно флиртовать как с объектом любви: так наивно ведет себя Лиза, и так же по более низменным причинам действует Грушенька. На эти заигрывания Алеша отвечает эмпатически, с неловкостью, добродушием, даже радостью, потому что то, что ослепляет его, не от мира сего.

Конечно же, Вайман видит эти различия. Однако она гораздо больше «вживается» в трагедии «Идиота», чем я. Она отмечает пристрастие Мышкина к «эшафотным моментам», к столкновениям со смертью или предчувствиям «совершенно иного существования» (233), то есть теми двумя как бы лишенными протяженности во времени хронотопами, которые выделяет у Достоевского и Бахтин. Разумеется, есть христианство, предполагающее адские муки, апокалипсис и пассивное покаяние, но ни Бахтин, ни Шелер не уделяют ему особого внимания. На уровне персонажей книга Вайман вызывает интересный вопрос: воплотив Мышкина таким, как он его воплотил, намеревался ли Достоевский вообще изобразить активную эмпатию этого героя как спасительную, приводящую, хотя бы в отдаленном будущем, к чьему-либо «долгосрочному благополучию»? А если нет, тогда блаженный Алеша Карамазов — реалист, а не травмированный эстет, то есть совершенно новое и здоровое явление. Возможно, дар активной эмпатии — это не процесс, не прием, не искусство, которое все глубже постигается от романа к роману, но просто и ясно — дар.

2018

11
Война слов:
нескончаемый спор Владимира Набокова и Эдмунда Уилсона и что он может нам рассказать о цели и принципах перевода[1]

Груды тел оставляют на поле брани переводческие войны, и жертв тем больше, чем яростнее соперники.

На передовой и комментаторы всех сортов, специалисты и обычные читатели, ведь вопрос перевода — вопрос болезненный и серьезный, и на карту поставлены нешуточные проблемы коммуникации и эстетики. В чем заключаются главные обязанности переводчика? Следовать за автором и языковой тканью оригинала или угождать целевой аудитории? Должен ли перевод звучать «иностранно», и если да, то в какой степени и в каких случаях? Насколько переводчик должен понимать повседневную культуру, в которую вписано слово, чтобы воссоздать контекст и точно определить, что поддается переводу, а что нет? Если нужные сведения не передать образом или понятием на целевом языке, приводить сноски или подстрочник?

---

[1] Впервые: Word Wars: What the epic feud between Vladimir Nabokov and Edmund Wilson says about the purpose and principles of translation. Review of Alex Beam, The Feud: Vladimir Nabokov, Edmund Wilson, and the end of a beautiful friendship (Pantheon, 2016) // The Chronicle of Higher Education. 2017. January 29. URL: http://www.chronicle.com/article/Word-Wars/238993. Дата обращения: 05.09.2019.

Мировая читательская аудитория русской классики огромна, потому неудивительно, что с завидным постоянством появляются все новые и новые переводы, и новые споры вскипают вокруг них. 23 июня 2016 года в «The New York Review of Books» вышли очень субъективные заметки критика Джанет Малколм по поводу последних английских переводов «Анны Карениной» [Malcolm 2016]. Малколм, которая не претендует на знание русского, тем не менее сравнивает разные фрагменты в разных переводах, указывает на излишний буквализм, неуклюжесть, неточную передачу ключевых слов и советует читателю придерживаться классических английских переводов русской литературы, выполненных Констанс Гарнетт с 1890-х до начала 1930-х годов. В понимании Малколм, переводы должны отвечать потребностям «зоны комфорта» целевой аудитории.

Но как добиться этого наилучшим образом? Среди откликов на публикацию Малколм, собранных в номере «The New York Review of Books» от 29 сентября 2016 года, — настоящий тур-де-форс Джадсона Розенгранта, профессионального переводчика Льва Толстого [Pevear, Sedgwick Wohl, Rosengrant 2016], который сосредотачивается на морфологии и семантике любимого глагола Стивы Облонского: «образуется». Это возвратный глагол, который один из переводчиков понял неправильно, сочтя за русский неологизм и переведенный на английский соответственно. При этом искажается мысль Толстого и затуманивается для читателя моральный облик легкомысленного бонвивана, брата Анны. Приведенный Розенгрантом пример напомнил мне, как много надо знать, особенно работая с таким филигранным текстом, как толстовский, чтобы перевести простейшее высказывание из уст персонажа и передать тем самым его душевный склад и особенности характера. В своем рейтинге конкурирующих английских «Карениных» Малколм называет конкретные имена; не обошлось без жертв. Каждому из почтенных раненых она нашла что поставить на вид. Такие бескомпромиссные стычки стали откровением для ветеранов переводов с русского.

Новая книга Алекса Бима «Раздор: Владимир Набоков, Эдмунд Уилсон и конец прекрасной дружбы» [Beam 2016] посвящена знаменитому литературному скандалу XX века: набоковскому переводу с комментариями романа в стихах Пушкина «Евгений Онегин», изданному Боллингенским фондом в 1964 году, и резкой реакции на него Эдмунда Уилсона. Наши нынешние баталии вокруг «Анны Карениной» — всего лишь пустяк на фоне той легендарной распри. Набоков и Уилсон близко дружили со времени приезда Набокова в Америку в 1940 году. К обоим прислушивались авторитетные издатели и литературные журналы. Перекрестный огонь язвительных реплик по поводу «Онегина» начался в 1965 году и не стихал вплоть до смерти обоих авторов (Уилсона в 1972-м, Набокова — в 1977 году).

Здесь вступили в игру все главные напряженные моменты переводческой практики: знание целевой и исходной культур, резонанс отдельных слов, роль научного аппарата в художественном произведении, проблема передачи в переводе такой сложной оригинальной поэтической структуры, как онегинская строфа. Эта строфа, хитроумно выстроенное 14-стишие четырехстопного ямба, придумана Пушкиным в качестве «абзаца» его романа и состоит из трех отчетливых катренов, каждый со своей схемой рифмовки, замкнутых рифмованным двустишием. Скопировать эту структуру на другом языке чрезвычайно сложно, но в 1945 году Набокову удалось перевести три пушкинских строфы ярким и точным по смыслу английским аналогом. Спустя 20 лет, однако, в своем полном переводе «Онегина» Набоков подошел к задаче совершенно по-иному. Исходная ритмика частично сохранилась, но рифма практически исчезла, а английский нередко звучал нелепо и не совсем грамотно. Бим цитирует Александра Гершенкрона, гарвардского профессора и энциклопедиста, несомненно обладающего достаточными познаниями, чтобы судить этого нового англоязычного «Онегина» с точки зрения как фактической, так и лексической достоверности: «Перевод Набокова можно и нужно изучать, но... читать его невозможно». Уилсон высказывался еще резче. Кому интересно, спрашивает он, когда переводчик — крупный творец, неугомонный и виртуозный мастер словесного рисунка и игры слов — решает создать нечитаемый текст, который доставляет его аудитории так мало удовольствия?

Ранее, до споров вокруг «Онегина», Уилсон избегал рецензировать романы Набокова. Свой вердикт набоковскому «Онегину» он озаглавил «Странная история с Пушкиным и Набоковым» и опубликовал в журнале «The New York Review of Books» 14 июля 1965 года [Wilson 1965]. Уилсон нашел перевод «неровным и иногда тривиальным», изобилующим непонятными словами, неуклюжим в исполнении, не учитывающим порядок слов в английском и в целом — результатом трудов человека, который «пытается мучить и читателя, и себя самого, выхолащивая Пушкина». Уилсон, который мог читать по-русски, но не имел достаточных знаний ни о системе ударений, ни о стихотворных размерах, щедро усыпал текст словами, набранными кириллицей, и придирками к Набокову по поводу перевода отдельных фраз. Космополит Уилсон рисовался, но не фальшивил. Он искренне любил Пушкина и отдавал должное его гению в европейском масштабе (намного выше Байрона, ближе к Китсу или Андре Шенье). В январе 1937 года, к столетию со дня смерти Пушкина, Уилсон написал блистательное эссе «В честь Пушкина», в котором восхвалял поэта за «своеобразное сочетание мощной силы, лаконичной краткости и идеальной легкости» [Wilson 1948: 31].

Набоков контратаковал в нескольких публикациях, наиболее убедительно — в «Ответе моим критикам» в февральском выпуске журнала «Encounter» за 1966 год [Nabokov 1966, Набоков 2018]. Там он укорял Уилсона за «напыщенный апломб и зловещее невежество» рецензии в «The New York Review of Books», повторял, как потрясен был и озадачен его «чудовищными ошибками» в русском произношении, и несколько подробнее объяснял свой метод перевода. Его «Онегин», отмечал он, — это «комментированное произведение», а не «претендующий на художественность перевод», призванный дать на потребу публике «консервированную музыку рифмованных переложений» (когда неизбежны смысловые погрешности). Его целью был «абсолютный буквализм», «текстуальная точность», отслеживание аллюзий, что позволило ему, переводчику, «остаться с Пушкиным в мире Пушкина». На замечание Уилсона, что его перевод — «пытка для читателя», Набоков дал понять, что его цель не польстить публике, а просветить ее. Некоторые из слов, раскопанные им в словарях, архаичны? Конечно, ну и замечательно. «Вряд ли г-н Уилсон не знает того, что, когда писатель решает омолодить или воскресить слово, оно снова оживает, снова всхлипывает, бродит в старинном камзоле по кладбищу... Это фразы, в которых я решил стремиться к передаче буквального смысла, а не гладкости слога» [Набоков 2018: 302].

В войну вокруг набоковского «Онегина» включились батальоны писателей, критиков, редакторов и переводчиков Пушкина (к большинству которых Набоков относился крайне пренебрежительно, особенно к Уолтеру Арндту, автору известной рифмованной версии «Онегина»). Бим, обозреватель, который работал московским корреспондентом «Boston Globe», говорит, что надо иметь в виду и общий фон этой распри: Уилсон уважал Ленина, Набоков относился к большевикам с отвращением; Уилсон был типичным восторженным американцем, Набоков — высокомерным аристократом, более чем склонным к словесным трюкам и игре. Бим пишет непринужденно, как журнальный обозреватель. К мнениям всех сторон (включая и самого журналиста) следует прислушиваться, если есть что-то сенсационное, что стоит увидеть и услышать. Личная, доверительная интонация подходит не всем темам. Она ничуть не помогает читателю уяснить, о чем, собственно, шум вокруг «Евгения Онегина», чем его метрика и ритмика так важны русской стихотворной традиции и почему хорошие друзья рассорились по этому поводу. Однако такая интонация отлично подходит для ожидаемого (и предсказуемо нудного) сравнения «Лолиты» с плотскими откровениями Уилсона в «Воспоминаниях о Ведьмином округе» [Wilson 1946], а именно в главе, названной «Секс не продается... Или продается?» [Beam 2016] (для любознательных: Бим находит равно неудовлетворительными и клиническое описание совокупления у Уилсона, и артистический вуайеризм Набокова).

Что касается редакторских, издательских, газетных, журнальных аспектов спора Набокова и Уилсона, здесь Биму нет равных. Этот мир он знает изнутри. В начале 1940-х годов левый русофил Уилсон ходатайствовал перед издателями и литературными журналами за Набокова, тогда малоизвестного эмигранта; эту зависимость Набоков со временем величественно отверг. Мы из-за кулис видим нервных редакторов Боллингенского фонда, пытающихся довести до печати спорный перевод «Онегина» с 1500-страничным комментарием и вынужденных выбирать между сиюминутной рыночной выгодой от скандального успеха и более продолжительной — от издания полезной и заслуживающей прочтения книги. Что интересно в рассказе Бима, при всем его бурном повествовательном усердии, так это равнодушие к главному вопросу, который разделил двух спорщиков, а именно качеству, цели и принципам перевода.

Лейтмотив книги Бима — все это пустое. На первой же странице мы узнаем, что он «расхохотался», когда услышал, что долгая дружба закончилась из-за разногласий по поводу перевода Пушкина: «Ничего глупее я в жизни не слышал». Мужской спор о поэтической метрике и длинные рассуждения Набокова на эту тему, приложенные к его переводу в 1964 году, для Бима — «смертельная скука», «словесное недержание». Но проблема эта далеко не пустячна. До конца своих дней Уилсон применял к пушкинской поэзии правила английского стихосложения. Когда Набоков наставлял своего друга в личных письмах о тонкой взаимосвязи между метрикой и ритмикой в пушкинском ямбе, ему и в голову не приходило, что Уилсон не разбирался в таких базовых вещах, как поэтический размер и второстепенное ударение. Не сходились Набоков и Уилсон и по поводу того, знал ли Пушкин английский достаточно, чтобы читать Шекспира и Байрона без французского подстрочника — пословного и построчного перевода, — и это Бим считает «забавной упертостью». Но ведь именно к этим вопросам должны обращаться переводчики и критики, если они уважают свой труд.

Примечательно, что Бим тщательно фиксирует взаимные оскорбительные выпады Набокова и Уилсона, но не тратит время на набоковскую теорию перевода, пренебрегая даже определением того, что Набоков имел в виду под «буквальным» (это не то, что можно подумать; Уилсон в своей критике, как правило, тоже ставит «буквальный» в кавычки, так что, вполне возможно, он сам в этом вопросе не разобрался). В своем пренебрежении Бим не одинок. Многие очарованные Набоковым читатели не воспринимают всерьез его рассуждения о переводе слов с одного языка на другой и его страсть к полному, несокращенному словарю как лингвистическому ресурсу. Они предпочитают наслаждаться словесной магией его английской прозы. Такие владеющие русским языком исследователи, как Джадсон Розенгрант [Rosengrant 1994] и Юлия Трубихина [Trubikhina 2015], вновь обращаются к мыслям Набокова по этому поводу, которые он сам не раз публично излагал в журналах «The New Yorker», «Partisan Review» и «Esquire» как до, так и после Онегинского проекта. Не нужно знать русский язык, чтобы понять, насколько важна для него набоковская теория перевода. Майкл Вуд в своей книге «Сомнения мага: Набоков и риски художественной прозы» [Wood 1995], в главе, посвященной «Онегину», проделал впечатляющую работу, раскрыв три уровня этой теории. «Буквальный перевод для Набокова отличается от “парафрастического”, предполагающего свободную версию оригинала с упущениями и дополнениями, обусловленными требованиями формы, условностями, связанными с потребителем текста, и невежеством переводчика, и от “лексического” (то есть передачи базового значения слов)». Буквальный — это «истинный перевод», поскольку он нацелен на передачу «точного контекстуального значения оригинала». Таким образом, для Набокова буквальный перевод является контекстуальным и коннотативным, а не дает, как это принято в обиходной речи, деперсонализированные словарные значения. Денотативные определения, которые мы откапываем в словарях, служат Набокову «лексическим» сырьем только в тех случаях, когда они строго обоснованы контекстом оригинала. Если исходный (в данном случае русский) контекст требует слова, которое в английском языке кануло в безвестность, Набоков вытаскивает его из Оксфордского словаря, «омолаживает», воскрешает, чтобы оно снова могло «всхлипывать и бродить». Пусть читатель потрудится.

Противоположная крайность — когда переводчик делает все, чтобы избавить читателя от этого труда, облегчает чтение «Онегина», пытается добиться невозможного, перебирая рифмы и ритмы оригинала (как это делает Уолтер Арндт, объект возмущения Набокова), и тем самым рискует дать простой перифраз в угоду толпе. Поскольку идеальная форма идеальной поэзии невоспроизводима, все зависит от того, что подразумевается под «контекстом» и кто способен наполнить этот «контекст». Контекст «Онегина», по мнению Набокова, может быть воспринят только благодаря точным значениям, а не форме.

Но Бим не относится серьезно ни к техническим проблемам, ни к сути споров вокруг «Онегина», ему это ни к чему. Он отмахивается от аргументов Набокова и Уилсона относительно поэтики и лишь поверхностно присоединяется к их желанию (и то не совсем верно истолкованному) отдать дань уважения пушкинским контекстам. Он упрекает Набокова за его «кажущиеся бесконечными заметки, [в которых] в неравных пропорциях смешаны гений и безумство», особо насмехаясь над примечанием, где сравниваются польские и немецкие версии «Онегина» («Да полно, бросьте, Владимир...»). Вместо того чтобы изнутри оценить концептуальный или оценочный выбор обоих спорщиков, Бим со стороны наблюдает за их поведением; то есть единственное, что в этой истории не глупо, — это сама дружба.

Книга Бима на самом деле не имеет отношения к русско-английским переводческим войнам. Вернее было бы отнести ее к такой развивающейся области гуманитарных наук, как исследование чувств и эмоций (стыда, оскорблений, разочарований и сожалений), что позволяет нам, книжным червям, устраниться от книг и направить внимание на инстинкт и интуицию за пределами тюремной клетки познания или жестких рамок формалистического метода. В таких исследованиях важнее всего не ремесло, не произведение искусства, а чувства людей, которые создают или критикуют конкретное произведение искусства.

Для Бима приоритетны выплеск эмоций и публичное саморазоблачение, которые делают историю интересной, порой даже болезненно драматичной. Однако эта история странным образом рассказана без уважения к двум основным бойцам, которые, в конце концов, пошли воевать за то, что ценили. Это глубокие эрудиты и яркие индивидуальности, а не упрямые глупцы, непонятно о чем спорящие. В своем обзоре для «The New York Times» Эрик Беннетт приходит к выводу, что Бим встает на сторону Набокова: «тут сыграла роль личность» [Bennett 2016]. Но у Бима Набоков выглядит настолько же педантичным и несговорчивым, насколько Уилсон — ершистым и малосведущим. Необъяснимая их страсть к поэтике и взаимная готовность ранить и оскорбить друг друга составляют сюжет книги. В пылу смертельной схватки исчезает из виду и бессмертная литература, ради которой на «онегинскую» войну отправлены тысячи кораблей, и чрезвычайно серьезный вклад Уилсона и Набокова в понимание того, как работает литература.

Это досадно, ведь речь тут идет не о чувствах и даже не о том, понятна ли Уилсону русская метрика или страсть Набокова к малоизвестным словам, а о том, кто является «собственником» языка. Набоков настаивает на том, что язык принадлежит автору-творцу, Пушкину и переводчику Пушкина, который оживляет пушкинский текст благодаря контекстуальной точности и остраненности. Каждый творец обязан расширять возможности языка. В своем неудержимом индивидуализме Набоков был принципиально враждебен «правам читателя», если под этим подразумевать зону комфорта на языке перевода, что столь красноречиво отстаивает Джанет Малколм в комментарии к соперничающим англоязычным «Аннам Карениным».

Уилсон более демократичен. Он выступает от лица читающей публики. Уилсон (но не Набоков) поддержал бы убежденность У. Х. Одена, который писал в эссе «Рука красильщика»: «Слава и позор поэзии в том, что язык не ее частная собственность, что поэт не может изобретать слова и что слова — продукты не природы, а общества...» [Оден 2016: 64]. Как бы то ни было, читатели предъявляют свои дополнительные требования. Без минимального уважения к комфорту читателя интимное двустороннее общение между текстом и его аудиторией труднодостижимо, ибо комфорт — не синоним лени, а состояние тела и души, поощряющее отзывчивый творческий подход читателей при входе в текст и наслаждении в мире текста. Набоков как переводчик «Евгения Онегина» не хотел открывать читателям эту дверь. Уилсон настаивал на этом. И оба в итоге погрязли в более мелком и менее приятном: эгоизме, авторской гордости, борьбе за превосходство. Поскольку вражда свелась к чувствам, оба запомнятся не тем, что следует, а суетностью и апломбом.

2017

Источники

Набоков 2018 — Набоков В. Ответ моим критикам / Пер. В. Минушина // Набоков В. Строгие суждения. М.: КоЛибри, 2018. С. 289–320.

Оден 2016 — Оден У. Х. Письмо / Пер. Г. Шульпякова // Оден У. Х. Чтение. Письмо. Эссе о литературе. М.: Изд-во Ольги Морозовой, 2016. С. 47–78.

Nabokov 1966 — Nabokov V. A Reply to My Critics // Encounter. 1966. Vol. 26. No 2. P. 80–89.

Wilson 1946 — Wilson E. Memoirs of Hecate County. London: W. H. Allen, 1946.

Wilson 1948 — Wilson E. The triple thinkers: twelve essays on literary subjects. New York: Oxford University Press, 1948.

Wilson 1965 — Wilson E. The Strange Case of Pushkin and Nabokov // The New York Review of Books. 1965. July 15.

Литература

Beam 2016 — Beam A. The Feud: Vladimir Nabokov, Edmund Wilson, and the End of a Beautiful Friendship. New York: Pantheon, 2016.

Bennett 2016 — Bennett E. When Pushkin Came to Shove: How Nabokov and Edmund Wilson Fell Out Over a Poem // The New York Times. 2016. December 9.

Malcolm 2016 — Malcolm J. Socks // The New York Review of Books. 2016. June 23.

Pevear, Sedgwick Wohl, Rosengrant 2016 — Pevear R., Sedgwick Wohl A., Rosengrant J. On Translation // The New York Review of Books. 2016. September 29.

Rosengrant 1994 — Rosengrant J. Nabokov, Onegin, and the Theory of Translation // The Slavic and East European Journal. 1994. Vol. 38. No 1. P. 13–27.

Trubikhina 2015 — Trubikhina J. The Translator's Doubts: Vladimir Nabokov and the Ambiguity of Translation. [Boston]: Academic Studies Press, 2015.

Wood 1995 — Wood M. The Magician's Doubts: Nabokov and the Risks of Fiction. Princeton: Princeton University Press, 1995.

Часть III

МУЗЫКАЛИЗАЦИЯ РУССКОЙ КЛАССИКИ

12
Либретто Мусоргского на исторические темы: от двух «Борисов» к «Хованщине»[1]

Чуть более века назад, в феврале 1886 года, петербургский Музыкально-драматический кружок любителей показал премьеру оперы Мусоргского «Хованщина»[2]. И музыка, и либретто в этой постановке в корне отличались от клавира с вокальными партиями, оставшегося незавершенным после смерти Мусоргского пятью годами ранее. Само по себе это не удивительно, переделка сочинений Мусоргского — это небольшая самостоятельная индустрия. Удивительно то, что «Хованщина» вообще сохранилась.

После смерти Мусоргского Римский-Корсаков потратил два года на работу с рукописью, вырезав около 800 тактов музыки, сделав оркестровку, транспозицию отдельных фрагментов и доведя партитуру до состояния, которое позволило поставить оперу[3]. Либретто получило одобрение государственной литературной цензуры в сентябре 1882 года, а в следующем году вся

---

1 Впервые: Mussorgsky's Libretti on Historical Themes: From the Two *Borises* to *Khovanshchina* // Reading Opera / Ed. by A. Groos and R. Parker. Princeton: Princeton University Press, 1988. P. 235–267.

2 Об этой премьере и о краткой истории спектакля см. [Рахманова 1986].

3 К числу основных купюр относились: разгром будки подъячего (действие I), чтение Голицыным письма матери, сцена между Голицыным и лютеранским пастором, значительная часть диалога с Досифеем (действие II), а также стрелецкая «Песня о сплетне» (действие III).

партитура полностью была издана Бесселем[4]. Однако в царской России драматические тексты, одобренные для публикации, должны были проходить еще одно, более строгое цензурирование перед постановкой на сцене[5]. Когда обсуждался вопрос о «Хованщине», Россия переживала период кризиса и политической реакции. В марте 1881 года, как раз в месяц смерти Мусоргского, был сражен бомбой, брошенной террористом, освободивший крепостных царь Александр II. Литературные консультативные комиссии, действовавшие при императорских театрах, по понятным причинам нервничали по поводу исторической оперы на политические темы. Говорят, что когда в 1883 году обсуждалась и была отвергнута «Хованщина», Императорский Оперный комитет заявил, что «довольно с нас и одной радикальной оперы Мусоргского» [Гозенпуд 1956: 89; Стасов 1977: 277]. В знак протеста Римский-Корсаков вышел из состава этого комитета. Когда опера наконец была поставлена на любительской сцене, ее содержание изменилось до неузнаваемости. Исчезли все упоминания о старообрядцах (в том числе вся сцена самосожжения раскольников в конце оперы), а вместо религиозных сектантов появилась группа жителей Москвы, вяло поддерживающих Андрея Хованского[6]. В статье по поводу пятой годовщины со дня смерти Му-

---

[4] Первое издание «Хованщины» в редакции Римского-Корсакова, осуществленное Бесселем, получило цензурное разрешение в сентябре 1882 года. В партитуре использованы номерные знаки для разметки начала четко выделяемых драматических сцен; это позволяет предположить, что Бессель намеревался выпустить в продажу отдельные арии и хоры в листах. Выражаю признательность Роберту Уильяму Олдани за информацию по поводу партитуры 1883 года и ее доступности в США (в Публичной библиотеке Бостона).

[5] Роберт Олдани, в настоящее время занимающийся исследованием этой системы цензурирования, не нашел ни одного постановления, в котором проводилось бы различие между правом читать текст и правом ставить его на сцене. Однако бесспорно то, что такая вторичная цензура существовала. Через три года после публикации партитуры «Хованщины» театральная цензура четко напомнила о своем существовании при первой постановке оперы. Константин Победоносцев, обер-прокурор Святейшего синода и главный советник царя, возражал против незавуалированного изображения преследований религиозных сектантов, и эта тема была «переписана» для постановки на сцене. О проблемах, с которыми столкнулся Римский в процессе постановки «Хованщины», см. [Гозенпуд 1956]. О более раннем столкновении Мусоргского с цензурой по поводу «Бориса» см. [Oldani 1979].

[6] Подробнее об изменениях, которые были произведены при первой постановке, см. [Рахманова 1986: 94; Гозенпуд 1956: 88–89]. Гозенпуд сообщает, что Е. М. Феоктистов, начальник Главного управления по делам печати и советник Победоносцева, убеждал Римского-Корсакова удалить из оперы раскольников и «обратить их в людей, чем-то

соргского Владимир Стасов с горечью заметил: «Мыслимо ли, например, чтоб в Германии утаивали и упорно запрещали бы давать на сцене которую-нибудь еще неигранную оперу Вагнера? У нас это вполне мыслимо...»[7].

Прошло сто лет, и к настоящему времени превращение Мусоргского из музыкального эксцентрика в общепризнанного классика хорошо изучено. Прошедшие в минувшем десятилетии торжества по поводу столетнего юбилея вызвали в советской прессе новый раунд дискуссии о мастерстве Мусоргского как либреттиста и его восприятии истории. Данная статья выросла на основе работ, опубликованных советскими музыковедами в 1970–1980-х годах, и из моей личной неудовлетворенности попытками связать воедино две главные оперы Мусоргского на основании единства и неразрывности представленной в них «философии истории». Несколько важных вопросов остались без ответа. Как менялось представление Мусоргского об истории в процессе движения от «Бориса Годунова» к «Хованщине»? Была ли эта перемена плавной, или же концепция претерпела резкое изменение? Музыка обеих опер организована и распределена в соответствии с очень разными принципами. Можно ли сказать, что оба либретто на исторические сюжеты созданы в рамках единой поэтики?

В этой статье я постараюсь доказать, что метод изображения истории у Мусоргского действительно эволюционировал, но в направлении, которое не было созвучно ни прогрессивным гегельянцам времен самого Мусоргского, ни идеологии его позднейших советских интерпретаторов. В контексте русской культуры XIX столетия эта эволюция не столько линейная, сколько круговая, представляющая собой возвращение к источнику, который изначально вдохновил Мусоргского на создание исторической драмы — к «Борису Годунову» Пушкина. Однако

недовольных». «Но чем же недовольных?» — спросил Римский. «Мало ли чем, — ответил Феоктистов. — Ну, наконец, реформами Петра» [Гозенпуд 1956: 88]. Разумеется, действие в опере происходит как минимум за десять лет до начала петровских реформ.

7 Из статьи «Памяти Мусоргского» [Стасов 1977: 283]. Впервые статья была опубликована в журнале «Исторический вестник» [Стасов 1886].

это возвращение шло сложным и непрямым путем. Складывается впечатление, что на этом пути Мусоргский обрел видение истории, которое было весьма радикальным для оперы на исторический сюжет — даже при том, что он воплотил это видение в становившихся все более условными формах итальянизированной оперы. Вероятно, следует начать с обзора предшествующего опыта Мусоргского в качестве драматурга-прозаика.

I

Несмотря на то что Мусоргский сам сочинял либретто для всех своих опер, материалы, служившие ему источниками, находились в разной степени литературной «готовности». Его первый эксперимент в жанре оперы вырос на основе романа Флобера «Саламбо»; вторым опытом стало дословное переложение на музыку фрагмента фарсовой драмы Гоголя «Женитьба». Под конец жизни Мусоргский вновь обратился к Гоголю, на этот раз — к его украинским повестям, воспользовавшись ими в качестве источника для «Сорочинской ярмарки». Все эти проекты либо были заброшены, либо остались незавершенными. В основу двух великих опер, благодаря которым помнят Мусоргского, «Бориса Годунова» и «Хованщины», положена не художественная проза, но историческая драма — или исторический документ в чистом виде. Обратимся сначала к «Борису».

Из «Бориса Годунова» Пушкина Мусоргский создал две редакции оперы, первую — в 1869 году, вторую, пересмотренную, — в 1872–1874 годах. Как убедительно показал Ричард Тарускин, эти две оперы не являются вариантами воплощения единого плана, но представляют собой два различных в концептуальном отношении художественных единства [Taruskin 1984–1985][8]. Первый вариант 1868 года Мусоргский сочинил под влиянием последовательно реалистической эстетики, в которой верность словесному тексту и интонационным особенностям русской

---

[8] Об адаптации Мусоргским пушкинского текста в контексте музыкальной эстетики 1860-х годов см. мою публикацию [Emerson 1986].

речи главенствует над музыкальной формой или обработкой[9]. Тем не менее эта первая редакция отражает любопытное проявление верности источнику. Слова, которые поют персонажи, и, следовательно, чувства, которые они испытывают в любой отдельно взятый момент, безусловно, принадлежат героям Пушкина, но выражаются средствами музыки. Впрочем, поскольку музыка замедляет исполнение текста, Мусоргскому (как и большинству либреттистов, которые работают с текстами уже существующих драм) пришлось пойти на существенное сокращение и упрощение сюжета. Следствием этого могло стать лишь случайное сохранение верности источнику в целом. Присущее Пушкину понимание исторического события, как и умение уравновесить одну сцену относительно другой, столь важное для поэта, с неизбежностью было утрачено.

Опера в редакции 1874 года соотносится со своим источником не менее сложным образом. После того как первая редакция была отвергнута Дирекцией театров, Мусоргский вновь обратился к Пушкину и написал целый новый акт на основе польских сцен. Благодаря этому новая опера стала больше походить на драму Пушкина. В то же время Мусоргский переделал музыку и текст для ранее написанных сцен, местами радикально изменив слова и мировоззрение пушкинских персонажей. Их оперные двойники стали статичными и менее тонкими, их поведение — более мелодраматическим, а их музыкальные партии — менее декламационными.

Эту конвенционализацию ведущих партий Мусоргский дополнил неконвенциональным финалом, массовой сценой народного восстания в лесу под Кромами. Ее нет ни в драме Пушкина,

---

[9] Либретто выросло на основе всего восьми из двадцати пяти пушкинских сцен, но в этих сценах Мусоргский близко следует тексту Пушкина. Он либо дословно воспроизводит текст, как в сценах в келье и в корчме, либо сжимает его и делает парафразы, при этом относясь с уважением к основным намерениям Пушкина в том, что касается сюжета и персонажей. Первоначальная версия отличается от своего литературного источника только в одном важном отношении: в ней на сцене господствует заглавный герой. В опере отдается предпочтение сценам, в которых царь Борис либо участвует, либо служит предметом разговоров. В отличие от драмы Пушкина, в которой величие Бориса сведено к минимуму, опера 1869 года концентрируется на страданиях царя и традиционно завершается его смертью.

ни в «Истории государства Российского» Карамзина. У сцены под Кромами в переделанной опере нет литературного прототипа: Мусоргский построил ее из народных песен и распевок, иезуитских гимнов, эпизодов, описанных Костомаровым в его популярной истории этого периода, и ранее сочиненной музыки для процессии. В сцене нет длинного речитатива, последовательность событий в основном носит ненарративный характер. В этом случае Мусоргский не обременил себя сочинением сюжета. Он довольствовался музыкальными картинами, предполагавшими изображение исторического события, но не изобразил его в логическом развитии, не создал связного, мотивированного диалога его участников.

Что именно вдохновило композитора на сцену под Кромами — а также ее уместность в опере, — стало предметом широких обсуждений[10]. По своей открытости и амбивалентности идеологии эта заключительная сцена напоминает финал, придуманный Пушкиным для своей версии сюжета. В конце драмы Пушкина в ее опубликованной версии боярин объявляет о смерти вдовы и сына Бориса, а затем приказывает толпе приветствовать претендента, одержавшего победу в борьбе за престол. Толпа не отвечает: как гласит, наверное, самая знаменитая авторская ремарка во всей русской литературе, «народ безмолвствует». Безмолвие в ответ на официальный приказ — это особый, опасный, чреватый взрывом вид молчания, которое не может продолжаться бесконечно. В конце шумной и подчиняющей своим ритмом сцены под Кромами открывается нечто похожее на эту напряженную пустоту. Заставив зрителей предвкушать могучую, звучную коду в форме состязающихся друг с другом хоров, автор в последнюю минуту убирает хоры, оставляя сцену пустой, если не считать взволнованного юродивого, который, ковыляя, выходит на авансцену и поет о грядущей погибели Руси, пока опускается занавес. В финале как драмы, так и второй редакции

---

[10] В 1970–1980-х годах главный советский музыкальный журнал «Советская музыка» несколько раз становился площадкой для дискуссий на эту тему. Наиболее важные публикации: [Сцена 1970; Цукер 1972; Образцова 1980; см. также Emerson 1986: 198–206].

оперы выражается ощущение непредсказуемости исторического процесса, зависящего от случайности или молчания. В обоих случаях значение исторических событий не определяется судьбой заглавного героя, который уже давно сошел со сцены.

Таким образом, в 1874 году Мусоргский оказался и в меньшей, и в большей степени верен своему литературному источнику. Хотя слова, которые поют на сцене, и выявляющиеся в опере личности персонажей существенно отличаются от своих предшественников у Пушкина, можно утверждать, что подлинное понимание исторического процесса в более поздней редакции оперы ближе духу пушкинской драмы, чем формально более «верная» тексту первая версия.

Итак, можно отметить, что стратегии, которые применил Мусоргский для адаптации источника в двух либретто «Бориса», представляют собой конкретный пример тех проблем, с которыми мы сталкиваемся, оценивая верность либреттиста источнику и — в более широком масштабе — историческому событию. В либретто, основанных на литературных текстах, с неизбежностью «что-то выпускается». Но оставшиеся части могут сохранять верность исходному тексту на нескольких разных уровнях. Они могут точно передавать характеры или последовательность событий. Когда в либретто слово в слово переносятся целые фразы реплик, как предпочел сделать Мусоргский в первой редакции своего «Бориса», работает первая стратегия: на первом месте оказывается сохранение целостности характеров, степень совпадения речей и поведения персонажей либретто с речами и поведением их литературных прототипов. Разумеется, их речи и истории подаются в сжатом и упрощенном виде, менее значительные действующие лица упраздняются или обходятся молчанием, но либреттист стремится бережно передать индивидуальные точки зрения и сохранить целостность образов тех, которые остаются.

Вторая стратегия, более свойственная второй редакции «Бориса» Мусоргского, основывается не столько на точности передачи слов или характеров, сколько на воспроизведении духа и повествовательной структуры источника. Мелодраматизация царя Бориса, введение любовной линии и включение в партитуру ряда песен позволили Мусоргскому лучше приспособить оперу (как он сам признавал) к требованиям «большой сцены»[11]. Однако затем это оперное целое восстанавливает связь со своим литературным источником на более высоком, «историографическом» уровне. В новой финальной сцене в лесу под Кромами фокус перемещается с заглавного героя на неопределенность судьбы государства — совершенно так же, как это было сделано в драме Пушкина. За исключением этой финальной сцены обе стратегии создания либретто, впрочем, выстраиваются на одном и том же литературном источнике, который воплощает целостное эстетическое видение исторического периода.

II

Через год после того, как была создана сцена под Кромами, и за два года до премьеры «Бориса» Мусоргский приступил к работе над другой оперой. Можно сказать, что стратегия, использованная в ее либретто, началась с того места, где завершилась сцена под Кромами. Как и финальная сцена «Бориса», «Хованщина» не опиралась на какой-либо единый литературный источник; Мусоргский создал сюжет на основе необработанных исторических документов, заимствуя сведения у разных авторов, придерживавшихся разных идеологий. Благодаря этому «Хованщина» была застрахована от тех обвинений, которые выдвигались против «Бориса Годунова», — обвинений в отступлении от первоисточника, неуважении к боготворимому поэту, искажении литературного шедевра. Напротив, в статьях, посвященных премьере, рецензенты почти не упоминали о либретто. То, что сюжет оперы был сумбурным, не воспринималось как недостаток, и это служит надежным показателем существования концептуальной дистанции, отделяющей «Хованщину» от обоих либретто «Бориса Годунова». Сердитые рецензии, появившиеся

---

[11] В письме к Арсению Голенищеву-Кутузову от 15 августа 1877 года Мусоргский объяснял, что композитор, пишущий для большой сцены, должен представлять персонажей «рельефно», сообразно их «драматической неизбежности» [Мусоргский 1939: 69].

после премьеры «Бориса» в 1874 году, были направлены против слов и против музыки в равной степени. Музыка оскорбляла профессиональных оперных критиков диссонансами и декламационностью, а либретто (хуже которого, разумеется, не было и быть не может) одновременно ругали и за вторичность, и за отступления от первоисточника. «Хованщина» опрокинула эти представления. Ее музыка оказалась неожиданно мелодичной; опера звенела фанфарами, народными песнями, танцами, хорами, лирическими монологами в стиле ариозо. Короче говоря, более традиционная музыкальная структура сняла потребность в строго обоснованном либретто. Проблемы, которые ставит «Хованщина», совсем иного плана.

Прежде всего, это обычные трудности, связанные с определением «авторского замысла», когда речь идет об опере, которая не была завершена и опубликована при жизни композитора. Во-вторых, есть ряд специфических проблем, с которыми сталкиваются исследователи позднего периода творчества Мусоргского: слабая документированность, множество трудноразличимых авторских масок, а также личная трагедия композитора, обусловленная нищетой и алкоголизмом. Наконец, особый статус самого либретто, которое существует в нескольких вариантах с написанной по ним музыкой и без. Все эти факторы необходимо учитывать при любом подходе к анализу «Хованщины».

«Борис Годунов» сбивает нас с толку из-за того, что существует в двух авторских редакциях; у «Хованщины», строго говоря, нет ни одной. Мусоргский оставил только клавир с вокальными партиями, в котором были отмечены даты завершения некоторых сцен, варьирующиеся между 1873 и 1880 годами[12]. Отдель-

---

[12] Последовательность создания оперы (на основании датировок самого Мусоргского) предполагает, что она не разворачивалась как единое целое, но рождалась в набросках, которые редактировались, а затем «вставлялись» в текст. Приблизительные даты завершения работы: действие I — 1873 (первая половина) и 1875 (два заключительных эпизода); действие II — 1875–1876 (большинство эпизодов); действие III — 1873 (первая половина) и 1876 (вторая половина); действие IV — 1876 (большая часть действия) и два эпизода в 1880; действие V — большинство сцен набросаны в течение 1873-го, а некоторые отдельные эпизоды датируются 1876, 1878, 1879, 1880 годами.

ные фрагменты оперы были оркестрованы (и даже исполнялись) при жизни композитора, но полный текст был слишком длинным для непрерывного исполнения, а финал существовал только в набросках. Поэтому усилия Римского-Корсакова по превращению неоконченной оперы своего друга в произведение, пригодное для постановки на сцене, не осуждались так, как осуществленная им полная переработка «Бориса», который все-таки уже был опубликован и ставился в театре. Некоторые критики приписывают Римскому честь соавторства по отношению к «Хованщине» [Каратыгин 1917][13]. Но по этой причине задача добраться до «авторитетного» — то есть созданного одним автором — текста становится еще более сложной. В начале 1930-х годов Павел Ламм на основе рукописей Мусоргского «деримскифицировал» «Хованщину», равно как и «Бориса»; в конце 1950-х Шостакович выполнил новую оркестровку ламмовского клавира с вокальными партиями [Гуревич 1971, 1972][14]. Однако даже тогда, когда в спектаклях используется оркестровка Шостаковича, часто сохраняются купюры, сделанные Римским в партитуре и либретто; так было и в постановке, осуществленной Метрополитен-оперой в 1985 году[15]. Возможно, звучание

---

[13] Каратыгин делает обзор купюр, произведенных Римским, превознося его за выполнение этой труднейшей задачи: «Он не просто уврачевал все ее раны. Но сделал это так, что получается впечатление, будто никакой операции и не было произведено»; «...у “Хованщины” два автора. Но у нее один гений» [Каратыгин 1917: 194, 218]. Статья Каратыгина (опубликованная в журнале, издававшемся Андреем Римским-Корсаковым, сыном композитора) сама по себе была в высокой степени полемической, в ней делалась попытка дискредитации постановки «Хованщины», осуществленной в 1913 году в Париже Дягилевым в союзе с Игорем Стравинским.

[14] Информацию более популярного характера можно найти во вступительной статье Георгия Хубова, предпосланной партитуре Шостаковича 1963 года [Хубов 1964].

[15] Либретто, использованное для постановки в Метрополитен-опере, представляет английскую версию, созданную Кристофером Хантом для Оперы Сан-Франциско (1984). Оно отличается специфическими купюрами и объединением разных вариантов. В первом действии сохраняются все обильные купюры, сделанные Римским при работе с рукописью; во втором действии пропущена сцена чтения Голицыным письма от матери, но вставлены замечания Досифея о его прошлой жизни, когда он был князем Мышецким (эпизод, выброшенный Римским), а также одна реплика из клавира с вокальными партиями, которая была вычеркнута из собственного либретто 1879 года самим Мусоргским; в третьем действии столкновение Сусанны и Марфы сокращено так же, как у Римского. Более полная версия оперы, с поразительно полным, многоголосым первым действием, была поставлена в Ковент-Гардене (1972) под руководством Эдварда Даунса.

стало ближе к Мусоргскому, но драматическая концепция все еще отдалена от него несколькими редакциями.

Скудость сведений о последних годах жизни Мусоргского дополнительно осложняет текстологические проблемы. Его метод работы практически исключает возможность полноценного восстановления по черновикам отдельных этапов сочинения оперы. По-видимому, решение сцены, слова и музыкальные характеристики приходили к Мусоргскому как единое целое и он выстраивал свой сюжет из кирпичиков отдельных сцен путем своего рода «свободной импровизации» [Ширинян: 1981: 170–171]. Самыми надежными источниками, позволяющими судить о рождении либретто, являются вовсе не наброски, но пространные письма Мусоргского Стасову (который расходился с композитором по вопросу развития сюжета) и тетрадь «Хованщина», «споделанная» Мусоргским в 1872 году. Постепенно двадцать страниц этой маленькой тетрадки были заполнены выписками из рассказов свидетелей событий XVII века, исторических документов и современных историографических сочинений, как в виде точных цитат, так и в пересказе[16]. Большие куски этих материалов — в основном документов, датируемых 1682 годом, — были перенесены в либретто практически без изменений: например, донос Шакловитого и любовное письмо Софьи Голицыну[17]. Среди вторичных источников, процитированных в тетради (и относящихся как к XVIII, так и к XIX веку), большинство принадлежит авторам, настроенным против старообрядчества и в пользу Петра. Однако Мусоргский не воспринимал эту установочную идеологию пассивно; в его выписках чувствуется симпатия к историческим лицам, говорящим собственными голосами. Мусоргский часто сплетал такие цитаты с собственными комментариями или связками, чтобы из записей получались элементарные диалоги [Бакаева 1976: 38]. Из таких

---

16 Содержание этой тетрадки было подвергнуто тщательному анализу. О ее титульной странице и содержании см. [Наследие 1989: 95; см. также Бакаева 1976: глава 1, 2; Фрид 1974: глава 2, в особенности 74–97; Ширинян 1981: 152–166].

17 О текстах доноса в тетрадке и либретто см. [Бакаева 1976: 51–52]; о текстах писем Софьи Голицыну (в источнике, которым, скорее всего, пользовался Мусоргский) см. [Семевский 1859: 429–430].

квазидиалогизированных фрагментов Мусоргский выстраивал сюжет.

Форма того драматического единства, к которому стремился Мусоргский, также вызывает разногласия. Суть проблемы связана не с хаотическим состоянием рукописи партитуры и не с обработкой Римского, но с документом, который неожиданно всплыл через пятьдесят лет после смерти Мусоргского. В 1931 году Ламм просто восстановил оригинальный клавир с вокальными партиями «Хованщины» по сохранившимся рукописям. Однако в архиве Мусоргского не осталось никаких набросков либретто, и ни в одном из дошедших до нас писем Мусоргского нет ни единого упоминания о том, что он занят сочинением именно либретто. Ламм справедливо предположил, что «Хованщина» создавалась без предварительно написанного либретто. Затем в 1932 году в архиве Голенищева-Кутузова была обнаружена синяя школьная тетрадь, исписанная почерком Мусоргского [Пекелис 1972: 31–34][18]. Кутузов, второстепенный поэт, в 1874–1875 годах живший в одной квартире с Мусоргским, написал слова для вокальных циклов Мусоргского «Без солнца» и «Песни и пляски смерти». Когда Кутузов съехал с квартиры и женился, Мусоргский продолжал переписываться с поэтом, часто советуясь с ним по вопросам стихосложения.

Синяя тетрадь из архива Кутузова содержала в себе недатированное либретто «Хованщины», полностью написанное прозой. По сравнению с рукописью клавира с вокальными партиями, этот текст значительно упрощен и «ускорен»; четыре крупные драматические сцены были сокращены[19]. На основании дат публикации народных песен, включенных в четвертое действие, советский редактор датирует либретто из синей тетради 1879–

---

[18] Либретто из синей тетради воспроизведено в прозе в [Пекелис 1972: 124–148], с отступлениями от рукописи клавира с вокальными партиями, указанными в примечаниях.

[19] Четыре выпущенные либо сокращенные сцены: диалог между жителями Москвы и Подьячим в первом действии, сцена Голицына с лютеранским пастором во втором действии; стычки между Марфой и Сусанной и Досифеем и Сусанной в третьем и пятом действиях, фрагментарные в клавире с вокальными партиями и еще более — в либретто из синей тетради. В синей тетради текст разделен на шесть картин, разбивка на действия отсутствует.

1880 годами, что делает его одним из последних литературных проектов Мусоргского[20]. И здесь мы сталкиваемся с парадоксом.

Если датировка правильная, то Мусоргский записал либретто тогда, когда у него уже полностью сложилась концепция оперы. Он умер, не успев приспособить уже написанную музыку клавира с вокальными партиями к новому тексту. И все-таки сейчас именно этот текст пользуется статусом дефинитивного либретто у советских исследователей, которые не без оснований предполагают, что Мусоргский собирался руководствоваться синей тетрадью при окончательном редактировании и оркестровке [Пекелис 1972: 33; Ширинян 1981: 172–173]. Однако слова и деление на сцены в ней отличаются от содержащихся в рукописи клавира, и за всю историю постановок оперы к ним практически не обращались. Эту проблему несовпадения текстов нелегко решить при помощи какой бы то ни было «реставрации», поскольку на это либретто нет ни завершенной музыки, ни хотя бы протяженного фрагмента. Редактор предположил, что необычный прозаический текст либретто (распространяющийся даже на вставные народные песни и распевы) отражает намерение Мусоргского подчеркнуть таким образом чисто драматическую концепцию оперы, не отвлекаясь на давление со стороны музыкальной формы [Пекелис 1972: 33]. Кутузов, в архиве которого была обнаружена тетрадь, был не только весьма достойным поэтом, но и автором исторических драм; вполне возможно, что Мусоргский отправил ему либретто, чтобы получить советы и рекомендации. На высокую вероятность этого указывают многочисленные «правки» красным карандашом[21].

---

[20] К этой датировке нужно относиться как к гипотетической. В личных беседах и Роберт Олдани, и Ричард Тарускин высказывали сомнения по поводу столь поздней даты. Так, Олдани указывает, что в 1870-х годах знакомство ориентировавшихся на народное творчество композиторов с народными песнями едва ли ограничивалось печатными изданиями. Насколько мне известно, советские ученые не предложили каких-либо других аргументов в пользу датирования 1879 годом.

[21] Олдани в личной беседе выразил обоснованные сомнения относительно этой интерпретации. Откуда известно, что исправления красным карандашом принадлежат Кутузову? И не на этом ли завершается дефинитивность тетради? Поскольку многие купюры и сокращения, сделанные Мусоргским в либретто из синей тетради, совпадают с теми, которые позднее осуществил Римский-Корсаков, мог ли Римский знать о существовании этой тетради и руководствоваться ею в процессе подготовки соб-

Таким образом, либретто из синей тетради обладает особой легитимностью как самостоятельное литературное произведение, практически как полноценное художественное целое. Какими бы непостоянными ни были идеи Мусоргского, это либретто, возможно, представляет собой последнюю — и тем самым, как можно предположить, наиболее совершенную — драматическую концепцию оперы[22]. Ее право на постановку зависит, разумеется, от того, как оценивается значимость слов в сравнении с музыкой в конкретном оперном тексте, и от подхода к общим проблемам соавторства, датировки и множественности версий. При столь ненадежной текстологической истории, какую версию можно считать «авторитетной»? Ту, в которой музыка подобрана так, чтобы соответствовать либретто, или ту, где слова (или другие связующие элементы) создаются для того, чтобы собрать воедино все фрагменты дошедшей до нас музыки?

Здесь исследователям оперы нужно просто сделать выбор. Основой для моих комментариев по поводу «исторического мировоззрения» «Хованщины» будет либретто 1879 года из синей тетради, за исключением незаконченной финальной сцены.

ственной версии оперы? Если да, то переработка Римского далеко не так произвольна, как кажется. Можно только сожалеть о том, что Кутузов столь лаконично сообщает о «Хованщине» в своих «Воспоминаниях о Мусоргском», написанных в 1880-х годах. Кутузов рассуждает в основном о музыкальной стороне оперы, восхищается обилием песен и лиричностью, доставляющими ему удовольствие, «несмотря на все неудобства, который к тому представлял бог знает для чего выбранный и не только не оперный, но даже и не драматический сюжет» [Голенищев-Кутузов 1935: 25].

22 Эта гипотеза требует уточнения только в одном отношении. Либретто из синей тетради завершается явно неоконченным последним действием, в основном состоящим из хоров и не содержащим никаких диалогов между главными действующими лицами (Марфой, Андреем, Досифеем), намеченных в рукописи клавира с вокальными партиями. Пекелис просто отмечает: «на этом заканчивается либретто» [Пекелис 1972: 200]. А. В. Вульфсон, исследуя заключительную сцену, приходит к заключению, что любовный дуэт Марфы и Андрея, без сомнений, был частью плана Мусоргского (в 1878–1889 годах эта сцена часто исполнялась в сольном варианте Дарьей Леоновой), однако после смерти Мусоргского рукопись была утеряна; партия Андрея была обнаружена в 1947 году). Отсутствию этого любовного дуэта в либретто из синей тетради «не следует придавать преувеличенного значения», поскольку очевидно, что «текст обрывается неожиданно; во всяком случае, ничто здесь прямо не свидетельствует об окончании оперы» [Вульфсон 1981: 104]. И Вульфсон, и Олдани отмечают, что Мусоргский не подписывал, не датировал и никому не посвящал либретто из синей тетради — существенная деталь, когда речь идет о композиторе, который обычно с явным удовольствием подписывал свои завершенные работы, даже отдельные законченные сцены и фрагменты сочинений.

Это мировоззрение на поверку оказывается ускользающим. Лучших исследователей творчества Мусоргского традиционно озадачивают идеологические подтексты оперы, и некоторые из предлагаемых ими прочтений совпадают с моим.

III

Новый этап дискуссии вокруг «Хованщины» начался с противоречивого тезиса, выдвинутого советским музыковедом Борисом Асафьевым в 1930-х годах [Асафьев 1954: 160–167][23]. Асафьев — как и многие другие в сталинскую эпоху — стремился показать, что движение Мусоргского от второй версии «Бориса» к «Хованщине» было линейным и исторически прогрессивным. Разумеется, при этом возникла сложность с выведением «Хованщины» из сцены в лесу под Кромами. В сцене под Кромами народные массы вдохновляются духом мятежа, чувством свободы и свободного выбора, даже если в конечном счете они действуют на благо претендента на престол. В «Хованщине», если не считать нескольких хвастливых застольных песен, свободы нет вообще. Мятежные войска в третьем действии прекращают сопротивление, как только князь Хованский отказывается вести их на бой с войсками Петра. Четвертое действие завершается прощением мятежников, но только после того, как они смиренно пройдут цепочкой с наброшенными на шеи петлями, неся плахи и топоры для собственной казни. Знаменитая последняя сцена, в которой раскольники выбирают самосожжение, не желая сдаваться правительственным войскам и Антихристу, действительно демонстрирует сопротивление — но исключительно пассивное и исторически реакционное. Повсюду люди гибнут, или их разоружают и унижают. Как можно назвать произведение на такого рода сюжет «народной музыкальной драмой»? Как можно связать ее с «прогрессивным» движением

---

[23] В статье 1931 года Асафьев писал о своей работе над оркестровкой клавира Мусоргского (партитура Асафьева не публиковалась). В годы войны Асафьев обратился к идеологии оперы Мусоргского с еще большим историческим оптимизмом [Асафьев 1955: 118].

истории? Асафьев увидел выход в том, чтобы переосмыслить жанровое определение «народная музыкальная драма», введенное Мусоргским для его оперы. Не принимая во внимание определение композитора, Асафьев заявляет, что это не драма народа, а драма государства [Асафьев 1954: 166]. Один общественный класс за другим изолируется и лишается силы; либретто разворачивается как этапы умирания древней Московской Руси. А идея отмирания Древней Руси сама по себе прогрессивна. Разумеется, такое прочтение является результатом советской интерпретации государственнической историографии 1870-х годов, лучше всего представленной трудами Сергея Соловьева, одним из известных источников Мусоргского при работе над «Хованщиной»[24]. С систематизирующей, централизаторской точки зрения государственника, история действительно могла причинить страдания некоторым группам населения; ход истории неумолим, она не ведает сострадания. Однако Петр Великий в рамках «Хованщины» был в конечном счете более прогрессивной фигурой, чем все самоуверенные, ликующие, заблуждающиеся в сцене под Кромами. Асафьев чуть ли не прославляет крах народного сопротивления в «Хованщине», оценивая его как исторически необходимый для развития и защиты Российского государства. Не приходится удивляться тому, что это смелое сталинистское прочтение оперы стало объектом критики в последние, более либеральные годы[25].

Особый интерес представляют две из новейших интерпретаций «Хованщины». Обе исходят из того, что у Мусоргского все

---

[24] См. письмо Мусоргского Стасову от 6 сентября 1873 года: «Перечитываю Соловьева, знакомлюсь с тою эпохою» [Мусоргский 1971: 169]. Оно позволяет утверждать, что Мусоргский опирался, внося свои изменения, на главу 3 («Московская смута 1682 года») тома XIII «Истории России с древнейших времен» Соловьева, где подробно описываются некоторые события, получившие отражение в опере (казнь Хованских, взаимодействие между стрельцами и раскольниками, уничтожение «столпа» на Красной площади и т. д.) [Соловьев 1962: 261–302].

[25] В качестве убедительного примера критики Асафьева см. [Шлифштейн 1971: 109–113]. Последующие редакторы поспешили с утверждением о том, что Асафьев имел в виду не «государство» в марксистско-ленинском понимании (как нечто, что со временем должно отмереть), но «государство» в смысле патриотического, нацеленного на свою защиту единства всего народа. См. примеч. 5 к статье «В работе над "Хованщиной"» [Асафьев 1954: 318].

же был творческий план, в центре которого находилась судьба русского народа, но ни одна из них не является политической в асафьевском ключе. Скорее, оба прочтения направлены на поиск *эстетических* прецедентов для воплощения истории в опере Мусоргского, и оба склоняются к тому, что прецедент надо искать в творчестве Пушкина.

В монографии Галины Бакаевой о «Хованщине» высказывается более традиционная точка зрения [Бакаева 1976]. Автор принимает базовую драматическую схему оперы, предложенную Асафьевым: в первых двух действиях на сцене находятся силы старой Московской Руси, а затем каждая группа уничтожается в результате неизбежного проявления исторической необходимости [Бакаева 1976: 57–61]. Однако, в отличие от Асафьева, Бакаева подчеркивает, что войска Петра — не говоря о самом Петре — всегда остаются невидимыми для зрителя, не появляясь на сцене [Бакаева 1976: 189–191][26]. Для действующих лиц, находящихся на сцене, Петр I и его воины — это призраки, но призраки пугающие. Историки-государственники 1870-х годов идеализировали Петра I и стремились увидеть в правившем при них царе-освободителе Александре II такие петровские черты, как дальновидность и смелость. Мусоргский не пожелал внести в оперу ничего такого, что указывало бы на связь настоящего с прошлым. Личные истории его персонажей — целиком из прошлого, замкнуты во времени и исключительно просты. Нет динамического сочетания эпизодов, которое продвигало бы действие вперед. На этом основании Бакаева заключает, что Мусоргский «окончательно отказывается от повествовательного характера драматургии либретто» [Бакаева 1976: 72].

---

[26] Указания на конкретное расположение петровских трубачей и войск (на арьерсцене или выходящих на сцену в конце заключительной сцены) в разных версиях отличаются. Либретто из синей тетради, где в целом ремарок немного, в этом случае бесполезно, поскольку обрывается до финальной сцены. Однако Мусоргский не смог бы вывести на сцену Петра Великого, даже если бы захотел; изображать на сцене любого правителя из царствующего дома Романовых запрещалось цензурой. Можно сказать, что Мусоргский выжал максимум из возможного. Однако это не обесценивает утверждение Бакаевой о том, что отсутствие Петра имеет идеологическое значение для оперы в целом, независимо от того, в какой степени композитор был ограничен в своих возможностях.

Вторая монография, исследование Эмилии Фрид «Прошлое, настоящее и будущее в “Хованщине” Мусоргского» [Фрид 1974], также выделяет способ повествования в качестве ключа к специфическому статическому равновесию оперы и отсылает нас к Пушкину. Однако затем Фрид подробно рассуждает о радикально новаторской драматургии оперы. Если оперный «Борис» Мусоргского серьезно отходит от духа пушкинского текста, то «Хованщина», как ни странно, возвращается к нему. О драме Пушкина напоминает то, что в «Хованщине» отсутствует повествовательная или хотя бы линейная стройность; скорее, она представляет собой вертикальный разрез сжатого времени. Это сечение имеет ответвления в различные линии сюжета, каждая из которых предельно проста и относительно независима от остальных. И все же действие на сцене поражает нас как весьма сложное. По мнению Фрид, эта сложность достигается не за счет развертывания сюжета и взаимодействия персонажей, но за счет смены соединяющихся в цепочку статических эпизодов — так сказать, звеньев, которые попадают в поле нашего зрения в произвольный момент, без ярких кульминаций или четко выраженных концовок [Фрид 1974: 240–243].

В опере эта пространственно-временная структура с неизбежностью оказывает воздействие на связь личности и идеи [Фрид 1974: 279–291]. Здесь Фрид противопоставляет «Хованщину» «Борису». В «Борисе» высокий стиль трагедии связан с одной личностью, самим царем. Другие факторы — судьба, народ, история — приобретают вес за счет сопряженности с его темой. В «Хованщине», напротив, трагический стиль не связывается ни с одним конкретным персонажем или нравственной тяжестью греха отдельной личности. Скорее, этот возвышенный стиль «объединяет всех тех, кто эпизодически становится носителем обобщающей идеи» [Фрид 1974: 280][27]. Фрид оставляет содер-

---

[27] Этот тезис мог бы объяснить — если взять всего один пример — явную «половинчатость» характера Шакловитого, которая обычно озадачивает зрителей. Как может этот скользкий бюрократ, который в первом действии выдвигает ложное обвинение против Хованских и хладнокровно убивает Ивана Хованского в четвертом действии, произносить в третьем действии мрачную, прочувствованную речь-сетование о трагической и бурной истории Руси и междоусобной вражде? Фрид утверждает,

жание этой идеи до странности открытым; ее интересует соотношение между идеей и личностью как формальная проблема. Если «Борис Годунов» — драматическая опера, построенная на теме вины и личного выбора, то «Хованщина» в основных своих чертах является оперой эпической.

Однако, поспешно уточняет Фрид, это не эпическая музыкальная драма Вагнера и не сказочная эпическая опера Римского-Корсакова. В «Хованщине» драматический конфликт слишком децентрирован; источник конфликта никогда не локализуется и не акцентируется [Фрид 1974: 306–309]. И еще более важное отличие заключается в том, что «Хованщина» слишком тесно связана с подлинными историческими событиями, чтобы стать мифологической или лирической оперой, как это обычно бывает с произведениями такого типа. Оригинальность «Хованщины», подытоживает Фрид, заключается в том, что драма в ней особым образом сплавляется с эпосом и при этом лиризм — традиционное средство изображения личного и вымышленных судеб — используется для воплощения обобщенных, надличных образов, устремлений и исторически обоснованных философских идей [Фрид 1974: 310].

С моей точки зрения, подробный анализ, выполненный Фрид, является наиболее убедительной на сегодняшний день концептуализацией «народной музыкальной драмы» Мусоргского. Однако то, как много энергии ей пришлось потратить на применение привычных категорий эпоса, драмы и лирики к «Хованщине», подсказывает, что, возможно, было бы лучше поискать определение для нее за пределами данных ярлыков. Мне хотелось бы предложить другой подход к рассмотрению этой оперы — подход, который опирается на идеи этого наиболее глубокого из советских исследований 1970-х годов, развивает их, но вместе с тем и модифицирует.

что в планы Мусоргского не входило создание «характерных особенностей отдельного человека» [Фрид 1974: 284–285]. Ария Шакловитого не принадлежит ему: лирическая, в духе Глинки, ария раздается ниоткуда, но слышна повсюду, передавая вневременное патриотическое чувство, источником которого не является Шакловитый как исторический персонаж, но которое использует Шакловитого в качестве своего выразителя.

IV

Моей отправной точкой является вопрос, который занимал Пушкина во время работы над «Борисом Годуновым»: как воплотить историческое событие в художественную форму, чтобы результат был верен и истории, и искусству? Я бы сказала, что Мусоргский никогда не отказывался от своей рано сформировавшейся кучкистской приверженности правдоподобию в искусстве. Однако со временем он стал более гибким и тонким в вопросе о сферах применимости этого принципа и менее враждебно настроенным против традиционных оперных приемов. Либретто «Хованщины» не ставило вопроса о верности литературному источнику; проблема здесь заключалась, скорее, в том, чтобы использовать современные ресурсы — музыкальные и метафизические — для создания текста, который соответствовал бы эпохе и воскрешал бы ее дух.

В Московской Руси конца XVII века одновременно сошлись несколько эпох, и каждая — со своим собственным духом. Старые княжеские семейства, такие как Хованские, ревниво охраняли то, что осталось от их независимости. Они пользовались ненадежной и непостоянной поддержкой стрельцов, военного гарнизона столицы. В городах новый бюрократический класс писцов и подьячих использовал свою грамотность для получения доходов. А в Кремле при царе Алексее была осуществлена частичная вестернизация, впоследствии продолженная его дочерью Софьей Алексеевной, регентшей при малолетнем Петре. Фаворит Софьи, князь Василий Голицын, олицетворял собой то робкое устремление учиться у западной культуры, которому суждено было стать обязательным при дворе Петра Великого. Наконец, в русской православной церкви произошел мощный раскол, ускоренный царем Алексеем и властным патриархом Никоном. Никон ввел некоторые изменения в православные богослужебные обряды и орфографию, которые отказалась признавать значительная часть недовольных верующих (так называемых «истинных» верующих, или «староверов»). Они восприняли реформы как указание на то, что прошлое перестало считаться священным, на приближающийся конец света и приход Антихриста, явившегося в лице Петра Первого [Cherniavsky 1966].

Среди различных эпох и глубины изменений, представленных этими социальными группами, особым статусом обладает «время старообрядцев». Это не просто другой способ оценить происходящее в настоящем или спор о том, какому социальному классу принадлежит будущее. Это милленаристское время, означающее конец всего сущего; на самом деле это — конец самого времени, и поэтому оно в принципе несовместимо с иным отношением к истории. Таким образом, в музыкальной драме, где в качестве действующих лиц выведены старообрядцы, их представление о времени оказывается действительно несовместимым с другими. У времени старообрядцев два варианта: либо его должны воспринимать как высшее в иерархии, либо отвергнуть как иррациональный предрассудок.

Советские исследователи, которые старались оправдать симпатию Мусоргского к раскольникам, предпочитают второй вариант. Неудивительно, что они прочесывают источники в поисках доказательств того, что в своем понимании исторического процесса композитор был материалистом, реалистом и прогрессивным гегельянцем [Бакаева 1976: глава 1, в особенности 36–40, 49, 139, 188–202; Фрид 1974: 156–163; Сокольский 1950: 17–18]. Досифея обычно воспринимают как фанатика, но при этом отдают дань его прозорливости и благородству[28], а Марфу — как опытного политика, предсказывающего судьбу Голицына не потому, что она умеет ворожить при помощи миски с водой, но потому, что знает, как обстоят дела при дворе Софьи. Мистическое и сверхъестественное в старообрядчестве и в собственных убеждениях Мусоргского традиционно не вызывают пристального внимания или попросту игнорируются.

В основу моего прочтения оперы будет положен первый вариант, возможность того, что Мусоргский крайне серьезно воспри-

---

[28] Характерное прочтение образа Досифея дал Алексей Оголевец: «Образ религиозного фанатика, приверженца старины, нам совершенно чужд» [Оголевец 1966: 395, 249].

нимал старообрядческую концепцию времени — до такой степени, что построил на ней всю свою оперу. С этой точки зрения Мусоргский создавал «Хованщину», стремясь к достоверности в одном конкретном аспекте: он хотел правдиво изобразить мир так, как его воспринимали раскольники, и тем самым, по сути дела, даровать им окончательную победу. Для реалистических и материалистических 1860-х годов это был очень амбициозный духовный эксперимент, сравнимый лишь с гораздо более поздней квазисимволистской оперой Римского-Корсакова «Сказание о невидимом граде Китеже и деве Февронии» (1905). Однако для того, чтобы более надежно вписать «Хованщину» в контекст ее собственной истории, мы должны сначала рассмотреть другие типы правдоподобия, которые мог стремиться соблюсти Мусоргский. Представляется, что их по меньшей мере четыре: правда события, характера, музыки и самого языка.

Прежде всего, правдоподобие может проявляться в подлинной последовательности событий, в самой исторической хронологии. Мусоргский принял решение сжать события во времени и поменять их местами, соединив элементы трех стрелецких бунтов 1682–1698 годов. Основная часть действия и большинство подлинных исторических документов, использованных в либретто, относятся к 1682 году. Этот год был отмечен постоянными волнениями [Crummey 1970: глава 3 «Death by Fire»]. Один царь только что умер; десятилетний Петр и его шестнадцатилетний сводный брат Иван были возведены на престол при регентстве их старшей сестры Софьи. Стрельцы, охваченные недовольством в период междуцарствия и недавно отданные под начало Ивана Хованского, объединились с воинствующими старообрядцами, требуя отмены церковных реформ. Этот общий бунт Софья то мирно успокаивала, то подавляла насилием. Она велела обезглавить одного из религиозных вожаков раскольников и начала жестокие преследования староверов по всей стране. Осенью 1682 года были казнены и Иван Хованский, и его сын Андрей, но, когда стрельцы взбунтовались, протестуя против этих казней, регентша не осмелилась пойти на массовые репрессии. Страшась лишиться своего положения, она простила войска (таков источник жуткой сцены приписанного Петру прощения в конце четвертого действия).

В основную хронологию событий 1682 года вставлены те, которые происходили в гораздо более позднее время. В 1689 году Софья сделала попытку лично повести стрельцов (которыми тогда командовал назначенный ею Шакловитый) против своего сводного брата Петра и таким образом занять престол. Но к этому времени Петр вырос или достаточно повзрослел — и стал опасен. Это положение отражено в конце третьего действия, когда Хованский (в действительности погибший семь лет назад) отказывается вести стрельцов в бой, потому что «Нынче не то: страшен царь Петр!». Восстание 1689 года потерпело поражение; Шакловитый был казнен, Софья заточена в монастырь, а Голицын, любовник Софьи, сослан в Сибирь (во второй сцене четвертого действия сбывается пророчество, данное Марфой во втором действии).

Окончательная расправа со стрельцами произошла только в 1698 году, когда Петр I вернулся из своего путешествия по Европе, чтобы подавить третий бунт. Это историческое событие послужило источником для массовой казни через повешение на Красной площади, которая едва не случилась в четвертом действии. Однако исторически прощения не было: Петр подверг пыткам и казнил 1000 мятежных стрельцов, а оставшихся в живых распустил.

Расправа петровского государства над последней мятежной группой, раскольниками, по необходимости была более протяженной по времени и неокончательной, поскольку угроза смерти оказалась неэффективным средством устрашения. Для милленариев смерть могла бы стать желанной. Выбор Мусоргским сцены самосожжения в качестве финала «Хованщины» особенно подходил для оперы, действие которой происходит в 1680-х годах. В период правления Софьи появилась самая настоящая инквизиция. По указной грамоте 1684 года начались розыски и уничтожение старообрядческих общин, причем раскольников приказывалось брать живьем. Последующее десятилетие было отмечено эпидемией массовых самоубийств, совершавшихся членами этих общин, которые были готовы пожертвовать телом, чтобы спасти душу от Антихриста: в 1687 году 2700 человек совершили самосожжение в церкви на Белом море; в 1688 году несколько тысяч человек приняли такую же смерть на берегу Онежского озера, еще 1500 — в 1689 году.

Итак, для соблюдения верности изображаемым событиям Мусоргский отбирал из исторической хроники для построения сюжета «факты», которые были и подлинными, и характерными. Но он не соблюдал хронологическую последовательность их представления. В известной степени такая вольность с исторической очередностью освобождала его от ограничений и ожиданий последовательности; события, которые невозможно соединить в причинно-следственную цепочку, стоят сами по себе и кажутся предрешенными.

Правдоподобие в отношении исторического персонажа — наша вторая категория — также соблюдается лишь частично[29]. Некоторые исторические персонажи, такие как Иван Хованский и Голицын, изъясняются «собственными словами», строго заимствованными из документов, написанных их историческими прототипами. Другие действующие лица представляются сочетанием нескольких исторических фигур — как, например, Досифей, объединивший в себе черты раскольника князя Мышецкого, Никиты Пустосвята, обезглавленного по приказу Софьи в 1682 году, и протопопа Аввакума, самого знаменитого староверческого проповедника в российской истории[30]. Другие персонажи, в том числе Шакловитый и Андрей Хованский (сын), выведены под своими историческими именами, но связанные с ними события в опере не соответствуют историческим данным. Наконец, последняя группа состоит из действующих лиц (в том числе Подьячего, Марфы, Эммы и Сусанны), прообразами которых послужили социальные или исторические типы, но не какие-либо конкретные исторические личности. Итак, персонаж,

---

[29] Подробнее об исторических прототипах см. [Бакаева 1976: 29–47; Фрид 1974: 127–185; Ширинян 1981: 202–222].

[30] Об источниках образа Досифея см. [Фрид 1974: 164–178].

как и событие, верен истории только в общих чертах, спорадически, и художественно дополнен.

Осталось рассмотреть еще два типа правдоподобия. Первый связан с использованием в опере музыкальных жанров. «Хованщина» значительно менее декламационна, чем предшествующие оперы Мусоргского. Полные чувственных движений танцы молодых рабынь-персидок и хоры крестьянок, развлекающих питающего восточные пристрастия сатрапа Ивана Хованского в четвертом действии (одновременно отвлекая князя от грозящей ему смерти и приближая ее), являются традиционными вставными дивертисментами, как и во многих камерных операх XVIII столетия, — но они выглядят гораздо более страшными в безжалостном контексте русской политики. Народные песни и распевы в церковном стиле украшают музыкальную ткань оперы, а иногда и доминируют в ней. Однако, как правило, эти исконные жанры не отражают гармонии и музыкальные формы, характерные для XVII столетия [Morosan 1982]. Источниками фольклорной музыки (и слов, и мелодий) для Мусоргского служили современные ему антологии — или песни, звучавшие в столице, как это было со знаменитой песней Марфы из третьего действия [Фрид 1974: 223][31]. В его аранжировках гармония ближе к западноевропейской, чем к чему бы то ни было в самобытной русской традиции. Недавние исследования старообрядческих текстов и хоров показали, что Мусоргский не опирался на подлинные литургические тексты и, по-видимому, не был знаком со старинными церковными песнопениями [Morosan 1982: 123–126][32]. Одним словом, музыкальные жанры в «Хованщине», так же как ее хронология и персонажи, только отчасти, в данном случае — импрессионистически, соответству-

[31] Во времена Мусоргского «Исходила младенька» — самая знаменитая народная песня, ассоциирующаяся с «Хованщиной», — была хорошо известна в музыкальных кругах. Она была опубликована в антологии народных песен Вильбоа (1860), а Чайковский включил ее в свой сборник «50 русских народных песен для фортепиано (в 4 руки)» (Чайковский также использовал эту мелодию в увертюре «Гроза»). По-видимому, Мусоргский впервые услышал эту песню от актера и фольклориста И. Ф. Горбунова.

[32] Во всей опере есть только одна старообрядческая мелодия, которая поется в финальной сцене самосожжения, но это не литургический распев, а мирская песня на религиозную тему.

ют своему времени и историческим прототипам.

Теперь обратимся к словесной ткани либретто. Здесь параметры правдоподобия сложны. Свои предшествующие оперы, «Женитьбу» и первую редакцию «Бориса», Мусоргский создавал по принципу верности разговорному русскому языку. Эта «речь» временами адаптировалась, временами стилизовалась и обогащалась характерными мотивами и вставными песнями, однако произносимая фраза по-прежнему оставалась для оперы своего рода интонационным пробным камнем, и музыка оставалась ему верна. В «Хованщине» картина существенно иная. Здесь, как выразился один из советских музыковедов, «композитор часто идет не от слова к мелодии (как в «Борисе»), а от мелодии к слову, от мелодического обобщения к выявлению в словах приблизительного содержания мелодии» [Оголевец 1966: 318][33]. Если в «Женитьбе» и «Борисе» действует принцип единичности и уникальное высказывание развертывается во времени, то принципом «Хованщины» становится повторяемость, одна мелодическая единица настойчиво повторяется, соответствуя множеству разных произносимых слов. Типичными в этом отношении примерами являются мотив, которым открывается «Рассвет», и, разумеется, тема любовного томления Марфы, которая повторяется в опере десять раз, но всегда — с разными словами и в разных ситуациях.

Однако устойчивость мелодии в «Хованщине» вовсе не означает, что музыкальное сопровождение игнорирует интонационный рисунок прозаического текста. Здесь, как и в других местах, Мусоргский демонстрирует исключительный слух: один из исследователей оперы определил, что каждому персонажу соответствует особый социолингвистический ритмический слой [Ширинян 1981: 173–174][34]. Однако эта лингвистическая диф-

---

[33] Далее на той же странице следует комментарий по поводу музыкальной партии Марфы.

[34] Язык Ивана Хованского формульный, небогатый, с фразами, которые почти не содержат музыкального развития (у него есть «лейтслово» — «Спаси Бог!», но нет лейтмотива); лексикон Андрея Хованского полон поэтичных народных выражений, которые грубо пародируются в его циничном преследовании Эммы; язык Голицына «европеизирован», в нем меньше русских корней, а его мелодии меняются чаще;

ференциация не связана с XVII столетием. За исключением тех мест, где на музыку в почти нетронутом виде положены подлинные документы 1680-х годов — донос, помилование, личные письма, — язык оперы современен композитору, а не событиям, изображаемым на сцене. Чтобы создать ощущение исторической достоверности в языке, Мусоргский насытил тексты некоторых ролей (особенно ролей старообрядцев) архаизмами. Но он не писал все либретто на языке изображаемого времени.

Итак, мы видим, что языковое правдоподобие в «Хованщине» относительно и художественно сформировано из разнородных элементов, как и другие виды правдоподобия. Однако именно эта лингвистическая категория наиболее четко указывает на пропасть, отделяющую «Хованщину» как историческую оперу от «Бориса Годунова». В «Борисе» язык (за исключением нескольких стилизованных отрывков в партиях Пимена и Варлаама) исключительно современный; в конце концов, лежащий в его основе текст был написан в 1825 году в соответствии с романтической эстетикой. В операх о Борисе Мусоргский не прилагал особых усилий для того, чтобы подчеркнуть культурную дистанцию между его настоящим, XIX столетием, и Русью XVI века, времен царя Бориса, — чего ранее не делал и Пушкин, если не считать время от времени встречающихся колоритных архаизмов. В первую очередь правдивость была соблюдена (особенно в первой редакции «Бориса», но и во второй тоже) в передаче интонации русской речи, какой она была во времена самого Мусоргского, украшенной и развитой в напевный речитатив. «Борис Годунов», созданный на сюжет 300-летней давности, предстает на сцене как нечто динамическое, драматическое и современное.

События, изображенные в «Хованщине», происходят через полвека после окончания правления Бориса Годунова, на пороге Нового времени в России. Однако словесная ткань звучит как

Подьячий поет площадным языком комического самоуничижения. Досифей мастерски владеет многими стилями: в его разговорах со старообрядцами или в лирических монологах доминируют церковнославянизмы, но с Марфой он говорит на языке лирическом и страстном. У Марфы тоже очень богатый лексикон, хотя в музыкальном отношении ее партия могла бы быть описана как один протяженный плач.

гораздо более старая; текст, музыка и тема в совокупности дистанцируют оперу от настоящего, в котором живут зрители. Этот эффект дистанцирования, как было отмечено ранее, побудил некоторых музыковедов рассматривать «Хованщину» как эпическую оперу [Фрид 1974][35]. Но воздействие «эпической сущности» «Хованщины» простирается гораздо дальше, чем предполагает большинство критиков. Альтернативный подход к прочтению либретто, который я предлагаю, изменяет драматический замысел оперы. Его прочтение зависит от пятого вида правдоподобия в дополнение к верности историческому событию, характеру, музыке и языку: верности внутреннему восприятию времени каждого персонажа.

V

По моему мнению, «Хованщина» не просто дистанцирована от зрителей, как все эпические произведения. Вдобавок к этому в опере каждое действующее лицо дистанцировано от всех прочих действующих лиц. Каждая большая роль живет в своем собственном времени, и это время важно прежде всего тем, чтó для каждого является прошлым. Стрельцы оплакивают утраченную независимость; Марфа оплакивает потерю Андрея и память об их любви; Эмма оплакивает своего жениха, отправленного в ссылку, а Андрей — со всей страстью — утраченную им Эмму; старый Хованский оплакивает утрату прежнего положения, будучи обойденным при дворе Софьи выскочками-князьями; а главный среди этих князей, Василий Голицын, оплакивает свою былую славу и как любовник Софьи, и как военачальник. Все, что оплакивается в этой опере, ушло безвозвратно, по крайней мере на уровне этого мира. Для персонажей оперы будущее так же закрыто, как эпический сюжет закрыт для зрителей последующих эпох. Все истинные ценности остаются в прошлом.

---

[35] Ширинян предпочитает категорию «лирический народный эпос», особо отмечая неспешный темп большинства сцен, многочисленность отступлений на тему судьбы России, торжественный и в основном хореический размер текста и отсутствие соразмерности между частями оперы [Ширинян 1981: 166–187).

Это могло бы объяснить, почему Мусоргский неизменно возражал против предложения Стасова придать больший драматизм либретто и позволить героям совершать больше действий. Превратите Марфу в любовницу Голицына, советовал Стасов, отдайте Марфу под суд за ее запретную любовь, добавьте напряжение страсти настоящему персонажей (и, следовательно, публики)[36]. Однако в итоге Марфа остается погруженной в воспоминания, а другие персонажи поражают своим нежеланием (или неспособностью) извлекать уроки из разворачивающихся на сцене событий.

Старообрядчество является ключевым символом, объединяющим все эти изолированные, обездоленные судьбы. Неслучайно, разумеется, то, что единственные диалоги, исполненные любви, происходят в опере между Марфой и Досифеем — ибо они отвергли этот мир. История уже завершилась. Дальнейший ход времени может лишь подтвердить то, что предопределено; он не способен принести что-то новое. Как в нескольких местах нам дает понять Досифей, старообрядцы («истинно верующие», как они себя называли) не находятся в России, они утратили Россию и ищут ее. Святая Русь пребывает в совсем другом времени и пространстве, в статичном будущем, которое через акт мученической смерти сольется со священным прошлым. Тогда совершенная память восторжествует над переменами, проклятием настоящего.

Гипотеза о том, что Мусоргский выстроил всю оперу вокруг «времени староверов / истинно-верующих», требует некоторых дополнений. Светский, или мирской, сюжет оперы представляет собой единую ткань, состоящую из слепой корысти, похоти, злоупотреблений властью и убийств. Подлинную веру и любовь можно найти только среди раскольников. В тетрадке «Хованщина» Мусоргского фрагментов из автобиографии протопопа Аввакума больше, чем выписок из любого другого источника, но ни в одном из них нет ничего, что указывало бы на нетерпимость

---

[36] См. письмо Стасова Мусоргскому от 18 мая 1876 года, в котором он сетует на бесцельность действий в опере и странное, безучастное общение персонажей, «отрывочность и внешнюю эпизодичность» [Мусоргский 1971: 343].

или агрессивность протопопа [Фрид 1974: 164–169; Бакаева 1976: 29–38, 59–60][37]. В этой опере старообрядчество не связывается с яростной нетерпимостью. Функция раскольников — остановить время. И здесь, по-видимому, открывается продуктивный способ понять утверждение Бакаевой о том, что в «Хованщине» Мусоргский отвергает «повествовательный характер драматургии либретто». Раскольники появляются всякий раз, когда начинаются разногласия, сомнения в себе или личное соперничество — то есть когда время угрожает какими-то переменами, когда в либретто вторгается драма.

Обратимся к общей схеме развития сюжета в опере. Силы старой Московской Руси собираются в разные моменты первого, второго и третьего действий — и оказываются в тупике. Затем на сцене появляются Досифей или Марфа, чтобы снять напряжение: Марфа спасает Эмму от Андрея, Досифей — от обоих Хованских. В следующей сцене Досифей появляется, чтобы прекратить ссору Хованского с Голицыным, а затем взять под свою защиту Марфу. Однако патовые ситуации не разрешаются, они только разряжаются. Досифей выходит на сцену и заставляет умолкнуть обе стороны. Никто не оказывает ему сопротивления, но и не изменяется под его влиянием. Таким образом, старообрядческий элемент представляет то странное проявление власти, которую не оспаривают, но которая в то же время не в состоянии способствовать развитию событий в этом мире.

---

[37] Бакаева считает текстуальные заимствования из автобиографии Аввакума столь доброжелательными и несвойственными историческому протопопу, что сомневается, что Аввакума следует считать прототипом Досифея. См. также [Пекелис 1981: 99], где доказывается, что Досифей обладает иным темпераментом: для Досифея характерно самоотречение, тогда как Аввакум явно свободен от того «сознания избранного мученичества», которое присуще Досифею и так отделяет старообрядцев от всех остальных персонажей оперы. С этой же целью в либретто из синей тетради Мусоргский внес изменения, которые снижают драматическую и обвинительную функцию Марфы. Из первого действия (Сцена 1 в либретто) удален разговор, в котором Марфа обвиняет Андрея в нарушении его православной клятвы «не вязаться с верой лютерской, презирать прельщенье Антихристово» [Пекелис 1972: 149]; аналогичным образом в финальной версии либретто существенно сокращена сцена с участием Марфы, Сусанны и Досифея. В более раннем варианте [Пекелис 1972: 151] Марфа энергично защищается, когда ее собратья-старообрядцы грозят ей судом и карой; в тексте 1879 года Марфа не обращает внимания на Сусанну, в бешенстве грозящую ей судом, думая только о том, как спасти душу Сусанны — то есть изгнать из нее демонов [Пекелис 1972: 138–140]. Она уже перенеслась далеко за пределы какой бы то ни было «правовой» реальности мирского бытия.

В либретто из синей тетради Досифей появляется в пяти сценах из шести, и его присутствие гораздо более заметно и парадоксально, чем в знакомых нам версиях оперы. При каждом появлении Досифей максимально усиливает власть над своими непосредственными слушателями, определяя тон, благодаря которому его присутствие производит на них наибольшее впечатление. С Марфой он — любящий отец, с Сусанной он — бесогон; в общении с Голицыным и Хованским во втором действии (этот разговор подвергся безжалостным купюрам и упрощению у Римского) Досифей поддразнивает обоих, намекая, что в прошлом он был князем Мышецким[38]. Все препирающиеся группы вновь и вновь оказываются посрамленными мудростью и достоинством Досифея, однако в конечном счете источником его нравственной твердости является то, что он отрекся от социальной реальности, в которой живут остальные[39].

Марфа и Досифей, единственные чистые в моральном отношении герои среди главных действующих лиц «Хованщины», существуют в «старообрядческих времени и пространстве». Как

---

[38] Досифей намекает на свое княжеское происхождение, а затем подтверждает слухи об этом, как только его собеседники пытаются ограничить его власть. См. опущенный Римским пространный фрагмент из либретто 1879 года, где, в частности, говорится: «ДОСИФЕЙ: Князья! смири ваш гнев, смири гордыню злую. Не в раздоре вашем Руси спасенье. Право, любо на вас глядеть, князья! Собрались для совету; так бы о Руси радеть хотелось!
ГОЛИЦИН: Досифей! Прошу в пределах держаться. Ты забыл, что у князей обычай свой, не твой, любезный.
ДОСИФЕЙ: Я не забыл, я напомнить только мог бы мое былое... забытое, навек похороненное. <...> Мною самим отверженную, мою княжую волю. <...> (Князья обсуждают слух, после чего Хованский упрекает Досифея за то, что он отрекся от своего титула.)
ДОСИФЕЙ: Да бросьте, князья, мечтания пустые. Ну их! Мы здесь собрались для совету: начнем, не терпит время» [Пекелис 1972: 136].

[39] Один из недавних советских комментаторов Мусоргского без колебаний отвергает такую точку зрения. «Драматургическое развитие в “Хованщине” весьма необычно, — пишет Е. Н. Абызова. — В конечном счете конфликт уходящего “старого” и наступающего “нового” разрешен Мусоргским соответственно исторической правде. Старый уклад гибнет перед новым. Но одновременно гибнут и все главные герои оперы!» [Абызова 1985: 122–123]. Это — недооценка ситуации. В письме к Стасову, датированном августом 1873 года, Мусоргский описывает столкновение князей во втором действии: задуманное «для разоблачения в настоящем свете, в сущности, гнусного заседания у Голицына, где всяк лезет в цари и волостители и разве один Досифей имеет выработанное крепкое убеждение» [Мусоргский 1971: 161]. Это правда — и Досифей твердо убежден, что новый порядок рухнет перед лицом старого, и старый сохранится навсегда.

чисто апокалиптическая структура, они не могут сосуществовать с другими; чтобы их присутствие в произведении внушало доверие, они должны доминировать. Суровая сила старообрядчества покоряет в либретто из синей тетради, где в сцене самосожжения (предположительно, незавершенной) нет ни Марфы, ни Андрея. Единственный оставшийся в живых герой — это Досифей, призывающий верующих пожертвовать собой, и в ответ на его призывы облаченный в саваны хор отвечает: «Не имамы страха, отче, завет наш пред Господом свят и непреложен. <...> Враг человеков, князь мира сего восста! Страшны ковы Антихриста!» [Пекелис 1972: 147–148][40].

В советских исследованиях предпочтительный образ Мусоргского как автора «народных» музыкальных драм и сторонника прогресса способствовал сужению роли старообрядчества. Раскольники либо представляются как экзотический и орнаментальный элемент, либо — в качестве альтернативного варианта — как протореволюционеры, которых религиозные предрассудки вынудили сыграть реакционную политическую роль, но не помешали им стать подлинной антиправительственной силой. В качестве основного довода в поддержку последнего аргумента всегда приводится гимн, исполняемый Досифеем в начале пятого действия: «Сгорим, а не дадимся!» — строка, которой, в любом случае, не было ни в одной из рукописей Мусоргского и которую, очевидно, изобрел Римский-Корсаков[41]. На мой взгляд, цель как «экзотического», так и «революционного» подходов к старообрядчеству заключалась в том, чтобы смягчить радикальную и радикально озадачивающую историческую концепцию, предложенную в этой

---

40 В конце этой короткой сцены, добавляет Пекелис, «предполагался диалог Марфы и Андрея Хованского в сцене Досифея с раскольниками» [Пекелис 1972: 148]. См. также примеч. 26 выше.

41 Эта строка имеется в первом издании редакции Римского-Корсакова, осуществленном Бесселем (1883), в конце тридцати тактов текста и музыки, полностью написанных Римским: «Братия! Погибло дело наше. По всей Руси теснят нас, братья: убит старик Хованский; Голицын в ссылке; надежда наша князь Андрей меж нами здесь скрывается в скиту. А кто виною? Самих князей раздоры. <...> время за веру потерпеть православную. <...> сгорим, а не дадимся!» (действие V, сцена 2) [Мусоргский 1883: 189–190]. Текст Римского решительно возвращает Досифея на политическую арену — в отличие от версий Мусоргского, в которых последние слова Досифея уже совершенно абстрактные и литургические, более не принадлежащие этому миру.

опере Мусоргским. Ее события невозможно вписать в удобный исторический континуум будущих революций или хотя бы неудавшихся попыток совершить революцию. Репрезентация «апокалиптического времени и пространства» имеет более тревожные последствия для исторической оперы, основанной на реальных событиях. Мусоргский рассказывает историю, симпатизируя той единственной группе, которая не верила в будущее. Это позволяет ему быть реалистичным и в то же время неотмирным, оставаясь верным своему желанию отразить дух времени. Та эпоха не предполагает простого перехода к нашему настоящему.

Одним из важных показателей смысла в любой апокалиптической конструкции должна быть ее система координат, ее представление о началах и концах. «Хованщина» начинается с красивого, но идеологически неоднозначного пролога «Рассвет на Москве-реке». Однако Мусоргский не закончил конец второго действия[42], как и финал оперы, — поставив последующих редакторов и аранжировщиков перед необходимостью связать все в единое целое. Это деликатная задача, так как любое изменение в финальной сцене исторической оперы создает определенную философию истории, ретроспективно распространяющуюся на все произведение. К сожалению, сам Мусоргский — ненадежный союзник в решении этой задачи, поскольку он выразил свои взгляды на русскую историю (и роль раскола в ней) с типичной для него эксцентричностью. Его личные взгляды являются предметом напряженных и не приводящих ни к каким определенным результатам дискуссий[43].

---

[42] Очевидно, Мусоргский экспериментировал с новыми способами завершения сцен и планировал вокальный квинтет в конце второго действия. Разумеется, ансамбль как кульминация второго действия оперы был «новым» только в контексте эволюции Мусоргского; это традиционная завершающая структура, вполне соответствующая романтическому, лирическому акценту в «Хованщине». То, что Мусоргский не смог написать финал, возможно, объясняется сложностью сочинения большого квинтета для необычного сочетания меццо-сопрано, тенора и трех басов.

[43] Как мы видели, в 1930-х годах Асафьев пропагандировал идею народа как носителя государственного принципа. В 1940-х годах исследователи развивали этот тезис, утверждая, что открывающая оперу (и повторяющаяся в разных местах в редакции Римского) тема «Рассвета» была задумана как знак положительной оценки петровских реформ и наступления новой эпохи для России [Асафьев 1955]. В постсталинский период началась осторожная переоценка. М. М. Сокольский высказал предположение, что тема «Рассвета» не обязательно является столь оптимистичной;

Среди тех, кому пришлось дописывать концовки за Мусоргского, наибольшим влиянием пользовался Римский-Корсаков — и он выбрал прогрессивное государственническое решение. Он завершил второе действие повторением темы «Рассвета», тем самым связав последнее повеление Петра «сыскать» Хованских с этой вдохновляющей темой новой зари для России. Римский и дальше акцентировал дело Петра, добавив свой собственный агрессивный финал в заключительную сцену: когда горит скит, фанфары петровских войск перекрывают затихающий гимн раскольников. Эта выраженно пропетровская позиция хорошо согласуется с собственными государственническими взглядами Римского на русскую историю, которые отразились, например, в его опере «Псковитянка», относящейся к этому же периоду [Taruskin 1984: 90 и сл.]. Однако, разумеется, возможны и другие реконструкции. Для новой оркестровки оперы, выполненной в 1958 году, Шостакович переосмыслил неоконченные части, завершил свою версию второго действия воинственной фанфарой, а не «Рассветом» (возможно, более подходящим, но в то же время предполагающим пропетровское прочтение) и предложил два окончания финальной сцены на выбор. В промежуток между появлениями этих двух знаменитых версий Стравинский воссоздал финальный хор по рукописям Мусоргского для постановки Дягилева (1913), которая завершалась не фанфарами и не «Рассветом», а просто самим гимном, который тревожно

подлинной темой «Хованщины» был не народ, но *обман* народа, который беспрестанно вводят в заблуждение, захватывают врасплох и который не в состоянии вовремя сплотиться [Сокольский 1954]. Недавно Е. М. Пекелис (А. Андреев) обновил эту идею, превратив обман в пародию: по его мнению, Мусоргский дает нам пародийную сцену «Рассвета» в качестве иронической отсылки к сказке в начале оперы, которая затем развивается как одна жуткая картина распада за другой [Пекелис 1981: 95–99]. В 1970-х годах специалист по творчеству Мусоргского С. И. Шлифштейн решительно отмежевался от тезиса Асафьева: петровские реформы не были прогрессивными для народа, а Мусоргский не пытался идеализировать какой-то отдельный социальный класс, предпочитая оставаться, по примеру Пушкина, беспристрастным, как судьба [Шлифштейн 1971]. Фрид отстаивает идеологически нейтральную позицию: Мусоргский сочувствовал общественным движениям и идеям, но, пишет она, «четкой *системы* общественных взглядов у него все же не было» [Фрид 1974: 72]. Менее убедительной является попытка М. П. Рахмановой связать Мусоргского с почвенниками 1860-х годов и их «прогрессивным» толкованием раскола [Рахманова 1980].

затихает за сценой [Стравинский 1913][44]. Решение Стравинского, возможно, одно из самых близких к намерению Мусоргского. Ибо «Хованщина» развивается не за счет действий отдельных героев и не по воле народных толп на сцене, но по неотмирным решениям судьбы.

Конечно же, оперы, в которых действие предрешено судьбой, достаточно распространены, особенно если в основу их либретто положены сказки или миф. Однако особенность «Хованщины» заключается в том, что в ней неумолимость судьбы сочетается с конкретностью исторического события. Еще более поразительным является отсутствие какого-либо настоящего, продолжительного драматического сопротивления — которое мы видим в «Борисе Годунове» — тому, что предопределено судьбой. Персонажи не столько противостоят своей участи, сколько сливаются с ней. Важнейшую смысловую нагрузку в либретто несут любимые слова Марфы и Досифея: «судьба» и «неволя». «В господней воле неволя наша», — утешает Досифей Марфу, и все персонажи, оставшиеся в живых к концу оперы, приходят к этой истине. Ход времени ничего не прибавляет и ничего не убавляет. Эта истина относится не только к сфере духа, но также к самым насущным, страстным физическим влечениям. Поразительно звучит совет, данный Досифеем Марфе: не противься своей греховной любви, не порицай себя. «Терпи, голубушка, люби, как ты любила, и вся пройденная... прейдет». Даже безрассудный Андрей Хованский в конце концов прекращает искать Эмму и вместо этого поет у подножия погребального костра трогательную мелодию: «Где моя волюшка».

Здесь мы чувствуем личные переживания Мусоргского, его страх за человеческую историю как могучую, но в конечном счете слепую силу. Осенью 1872 года, как раз тогда, когда появились первые наброски «Хованщины», Мусоргский писал Стасову, что он читает Дарвина и блаженствует: «поучая людей об их происхождении, Дарвин знает, с какими животными имеет дело

---

[44] Первым финал Стравинского использовал Клаудио Аббадо в постановке Венской оперы 1989 года и записи, сделанной в 1996 году фирмой «Deutsche Grammophon».

<...>; поэтому он самым незаметным путем *зажимает в тиски...*» [Мусоргский 1971: 140][45].

Центральный посыл в «Хованщине» заключается в несвободе человека в истории. Эта тема находит разнообразные отклики в двух дошедших до нас вариантах финальной сцены у Мусоргского: незавершенном общем прощании Досифея с раскольниками в либретто 1879 года и аналогичными хоровыми отрывками, обогащенными диалогом между Марфой и Андреем, в рукописи клавира. В обоих вариантах похоти, ненависти и действию противопоставляется абсолютно пассивная скорбь и любовь. Реальность этого мира постепенно ослабевает перед вечной славой иного мира. Возможно, то, что в течение более чем восьми лет Мусоргский не сумел завершить работу над оперой, связано с трудностью задачи передать эту идею несвободы в формате, который является и драматическим, и реалистическим. Раскольники здесь принципиально важны, ибо они представляли реальную историческую силу, обладающую целостным мировоззрением, и все же не ожидали ничего, кроме зла, от преходящих явлений этого мира.

Такая апокалиптическая, основанная на фатализме опера должна по необходимости транспонировать всю конкретную историческую реальность в какую-то иную область. Особенности оперы, отмеченные в исследованиях Эмилии Фрид и Галины Бакаевой, присутствуют и в данном прочтении, но при этом получают иную эстетическую мотивировку. Действие в «Хованщине» очевидно децентрировано, и события «наплывают» друг на друга, потому что возможности человека контролировать результаты своей деятельности крайне ограничены. Если повествовательный принцип уступает место статичным лирическим отступлениям, то это происходит потому, что все важные личные истории уже случились, а старообрядцы неизменно стремятся остановить

---

45 Письмо от 18 октября 1872 года. См. также рецензию Эвана Айзенберга на постановку Метрополитен-оперы [Eisenberg 1986]. Айзенберг связывает осевую силу оперы с безнадежностью человеческих усилий в пределах вечности черной земли России-матушки. Сюжет озадачивает, пишет он, «но ясно одно: женское начало, воплощенное в Марфе, одерживает верх над всеми мужчинами и связывает их с их судьбой. Она — земля, по которой они ходят, земля, которая их породила и примет вновь» [Eisenberg 1986: 156].

время. Фрид пытается связать «обобщающую идею» этих лирических отступлений с русским патриотизмом, поскольку их содержание носит скорее универсальный характер, чем личный. Однако представляется, что другой аспект лирических интерлюдий имеет как минимум не менее важное значение: они не исходят от отдельных личностей и не адресованы отдельным личностям, они не побуждают и не требуют какого-либо ответа. В рецензии на постановку «Хованщины» 1893 года консервативный музыкальный критик Герман Ларош упрекал Мусоргского в неспособности написать убедительный речитатив. Ларош допускал, что из-за этой жалобы он может показаться «большим роялистом, чем сам король» [Ларош 1893; цит. по Рахманова 1986: 95].

Таким образом, «Хованщина» отмечает мрачный период в творческой эволюции Мусоргского. Либретто демонстрирует исчезновение диалога — не обязательно потому, что Мусоргский утратил свое мастерство или его вкусы изменились, но потому, что исторический материал потребовал таких действующих лиц, которые перестали слушать. Если нечто общее и связывает всех мирских персонажей оперы (коллективных и индивидуальных), то это их склонность быть захваченными врасплох, очнуться слишком поздно [Сокольский 1954: 64–66]. В этом отношении символичны первые строки арии Шакловитого в третьем действии, обращенные к стрельцам, которые в полдень спят беспробудным сном: «Спит стрелецкое гнездо. Спи, русский люд: ворог не дремлет!» Старообрядцы, само собой разумеется, всегда настороже, но они не могут услышать или пожелать чего-то нового. Тем самым опера попадает в ловушку странного несвободного времени, в котором те, кто не дремлет, просто ждут, пока свершится то, что предопределено.

Намеки на ту же личную беспомощность и покорность судьбе есть и в пушкинском «Борисе Годунове». Мусоргский учился у Пушкина, работая над обеими своими историческими драмами, но уроки были разные. В «Борисе Годунове» 1869 и 1874 годов (знаменательно определенном как опера, а не «народная музыкальная драма») заглавный герой принимает бремя мелодраматической вины и ненависти к самому себе, которое Пушкин преднамеренно обошел в своей пьесе. Весь грех концентрируется в личном прошлом Бориса, в убийстве (или в смерти) Дмитрия в Угличе. Борис пытается искупить этот грех своей смертью — ибо в этой опере судьба связана с личными действиями и личной ответственностью. Отдельная личность остается главной для разработки сюжета. И таким образом обе версии оперы, основываясь на исторических событиях и выводя на сцену исторических личностей, остаются личными драмами в истории, а не драмами об истории.

«Хованщина» построена иначе[46]. Здесь во многом так же, как в пушкинском «Борисе Годунове», судьба связана с отрешенностью и бессилием личности. Никто и никакими действиями не может изменить события; ни один персонаж не обладает возможностью разрешить конфликт. Каждый игрок попросту до конца претворяет в жизнь свои желания. Весь грех — а опера полна им — сосредоточен в настоящем; прошлое священно, а будущее (если мы оставим фанфары Петра за сценой) не существует. Подлинная идейная основа оперы — это стазис.

Подобное прочтение предполагает еще один уровень смысла широко известного сетования Мусоргского по поводу русской истории в письме к Стасову, написанном в начале работы над «Хованщиной»: «Черноземная сила появится, когда до самого днища ковырнешь. Ковырнуть чернозем можно орудием состава, ему постороннего. И ковырнули же в конце XVII Русьматушку таким орудием... Бумага, книга — ушли, мы — там же... Всякие благодетели горазды прославиться, документами закрепить препрославление, а народ стонет, а чтобы не стонать — лихо упивается и пуще стонет там же!»[47]

Это письмо было написано через две недели после начала празднования 200-летия со дня рождения Петра, состоявшегося

---

[46] Название отвлекает наше внимание от Хованских, сосредоточивая его на области общественного хаоса; суффикс -щина в русском языке обозначает беспокойные времена, связанные со злоупотреблениями тех, кто обозначен именем собственным. Однако действие оперы ясно показывает, что события, названные Петром «Хованщиной» или «смутой Хованских», связаны не только с этим родом. Царь Петр также является исторической личностью, которая ищет, на кого бы переложить вину.

[47] Мусоргский — Стасову, 16 и 22 июня 1872 года [Мусоргский 1971: 132].

в Петербурге в конце мая 1872 года[48]. Петровский юбилей был утверждением прогресса и исторического оптимизма. Словно в ответ на этот хор утверждающих голосов, Мусоргский задумал «Хованщину» как документ, которым ни один «благодетель» не мог бы закрепить свое «препрославление».

VI

В течение того краткого периода в советском музыковедении, когда стихло самодержавное прославление Петра Великого, а советское возвеличивание революционного русского народа еще не стало обязательным, Асафьев писал: «От всей музыки Мусоргского идет стон, и стон этот простирается от колыбели до могилы» [Асафьев 1922, 1970: 212]. Однако природа этого страдания закодирована в «Хованщине» иначе, чем в других, завершенных произведениях 1870-х годов. Личные истории преобладают в обеих версиях «Бориса» и еще более явно — в вокальных циклах «Без солнца» и «Песни и пляски смерти». Разворачивающиеся на сцене драмы иллюстрируют личную утрату и страх перед смертью отдельного человека. Памятуя об этих произведениях, можно согласиться с Асафьевым, который назвал Мусоргского скорее пессимистичным романтиком, чем реалистом или народником. Для композитора, сочинившего эти произведения, смерть «не выступает как начало умиротворяющее или как естественно завершающее. Она — тупик, беспросветный, бессмысленный» [Асафьев 1922, 1970: 213].

Между тем «Хованщина» не потворствует переживанию личных утрат. Персонажи, живущие в этом мире, — стрельцы, Хованские, Голицын — не завоевывают наших симпатий до такой степени, чтобы мы оплакивали их крах. Единственная, кто вызывает у нас сожаление, это Марфа, и она, вопреки всему, способна завершить

---

48 О возможном диалоге между «Хованщиной» и петровским юбилеем см. [Сокольский 1954: 61–62]. Широко освещавшиеся публичные лекции Соловьева о Петре Великом, которые он читал в Московском университете весной 1872 года, конечно же, были известны Мусоргскому и представляют собой еще один возможный контекст. См. [Соловьев 1984] и, в особенности, аналитическое послесловие Л. Н. Пушкарева [Соловьев 1984: 178–204].

оперу с выражением веры и экстаза, потому что смерть для нее — это воссоединение; она окончательно поставила крест на земной истории. Личная смерть — это не бессмысленный тупик; тупиком представляется история. Трагедия переходит из плоскости личного в плоскость всеобщего, где индивидуальные голоса заглушаются и становятся трудноразличимыми.

Благодаря такому переходу Мусоргский предстает перед нами как реалист нового типа. Он думает не об интересах народа, но лишь о его опыте. Книги по истории ушли, как выразился Мусоргский в письме к Стасову; это те книги, на которые должна опираться историческая драма, но народ все еще здесь. Он ничем не обязан будущему и, со своей стороны, ничего не ждет.

Исторические воззрения Мусоргского приобретают особую остроту при соотнесении со взглядами разнообразной потенциальной публики его оперы. Для образованных русских — то есть тех, кто писал и читал книги по истории и верил в ее непрерывность, — «Хованщина» была просто исторической оперой о периоде, который начался и закончился, уйдя в прошлое. Однако старообрядцы отрицают такую точку зрения; после Конца наша зрительская реальность — иллюзия. Мы наблюдаем спасение других, их прыжок из настоящего в Царство Божие. Складывается впечатление, что в планы Мусоргского входило представить подлинно апокалиптическое ощущение времени (времени перед концом времен) публике, которая в него не верила[49]. Адекватным откликом должно было бы стать ощущение «зажатости в тисках»: все уже завершилось, но дальше ничего не будет. История не заканчивается Судом Божиим или каким-то иным событием, порождающим ценности; она попросту прекращается.

Здесь, в историческом плане, мы сталкиваемся с той же безвыходностью, которую можно почувствовать в цикле Мусоргского «Песни и пляски смерти» (1875). В первых трех песнях этого

---

[49] Убедительное описание меняющегося отношения ко времени в эпоху Хованщины дано в [Панченко 1979: 197–198]. А. М. Панченко отмечает, что новая историография не страшилась Апокалипсиса; начиная с XVII столетия Судный день превратился в литературный мотив, идею и, следовательно, стал мыслиться как нечто далекое и аллегорическое. Можно было бы предположить, что именно так думала публика Мусоргского, и это определяло его задачу.

цикла прикосновение Смерти одновременно становится и концом жизни певца, и концом песни; не остается ни выживших, ни свидетелей. В заключительной песне «Полководец» Смерть обещает своим жертвам, настигнутым ею на поле боя, что она спляшет на их костях, так тщательно притопчет землю, что — вопреки ожиданиям умерших — они никогда не восстанут из мертвых. Именно таким эффектом обладает старообрядческое время, непосредственно представленное публике XIX столетия. В самом деле, с какой точки зрения можно поведать историю о конце времен? Безусловно, выбор движения староверов как способа представить столь мрачное видение исторического процесса был гениальным решением, поскольку старообрядчество было и частью истории, и (с точки зрения самих раскольников) стояло у ее конца.

Отсутствие коммуникации, стазис, возможно, даже Апокалипсис, занимающие доминирующее положение в опере, придают ее поэтике загадочные черты[50]. Складывается впечатление, что «Хованщина» — в отличие от опер Вагнера и, быть может, значительно более позднего Дж. Кермана — это опера, которая пользуется успехом потому, что *не является* драмой. Отдельные личности и события реагируют не столько друг на друга, сколько на некую власть высшего порядка, которая делает всех их бессильными. И все же оперное время и пространство не являются мифологическими. «Сползание в историзм», по поводу которого в немецкой драме так сокрушался Вагнер, в полной мере проявляется в музыкальной драме Мусоргского, которая скрупулезно напоминает о задокументированном историческом событии (а порой и воспроизводит его). Это историческое видение вложено в оболочку музыкальных тем, повторяющихся с чуть ли не маниакальной регулярностью — возможно, указывающей на то, что Мусоргский искал в высшей степени временном искусстве музыки некую форму, которая подтвердила бы веру раскольников в то, что ход времени больше не имеет зна-

---

[50] В этих заключительных рассуждениях автор во многом обязан коллегам Гэри Солу Морсону, Роберту Уильяму Олдани и Ричарду Тарускину, а также своему отцу Дэвиду Гепперту, любезно взявшим на себя труд задать множество вопросов и внести множество предложений, которые очень помогли придать окончательную форму этому тексту.

чения. Если в его предшествующих операх исследуются возможности взаимодействия и диалога, то в «Хованщине», по-видимому, исследуются способы музыкального обособления людей. Радикальное решение финальной сцены демонстрирует, как историческая опера может полностью остановить историю.

1988

Источники

Голенищев-Кутузов 1935 — Голенищев-Кутузов А. А. Воспоминания о М. П. Мусоргском // Музыкальное наследство. Вып. 1. М., 1935. С. 4–49.

Мусоргский 1883 — Мусоргский М. П. Хованщина / Под ред. Н. А. Римского-Корсакова. СПб.: В. Бессель и Ко, 1883.

Мусоргский 1939 — Мусоргский М. П. Письма к А. А. Голенищеву-Кутузову / Ред. и вступ. ст. Ю. В. Келдыша, коммент. П. В. Аравина. М.; Л.: Музгиз, 1939.

Мусоргский 1971 — Мусоргский М. П. Литературное наследие: В 2 кн. / Под общ. ред. М. С. Пекелиса. Кн. 1. М.: Музыка, 1971.

Наследие 1989 — Наследие М. П. Мусоргского: сб. материалов / Сост. и общ. ред. Е. Левашева. М.: Музыка, 1989.

Стравинский 1913 — Стравинский И. Заключительный хор для «Хованщины». СПб.; М.: В. Бессель и Ко, 1913.

Литература

Абызова 1985 — Абызова Е. Н. Модест Петрович Мусоргский. М.: Музыка, 1985.

Асафьев 1922 — Глебов И. [Б. В. Асафьев] Симфонические этюды. Пг.: Изд. Филармонии, 1922.

Асафьев 1954 — Асафьев Б. В. Избранные труды: В 5 т. Т. 3. М.: Изд-во АН СССР, 1954.

Асафьев 1955 — Асафьев Б. В. Русский народ, русские люди // Асафьев Б. В. Избранные труды: В 5 т. Т. 4. М.: Изд-во АН СССР, 1955. С. 109–122.

Асафьев 1970 — Асафьев Б. В. Симфонические этюды. Л.: Музыка, 1970.

Бакаева 1976 — Бакаева Г. Н. «Хованщина» М. Мусоргского — историческая народная музыкальная драма. Киев: Музична Украіна, 1976.

Вульфсон 1981 — Вульфсон А. В. К проблемам текстологии // Советская музыка. 1981. № 3. С. 103–110.

Гозенпуд 1956 — Гозенпуд А. А. В борьбе за наследие Мусоргского // Советская музыка. 1956. № 3. С. 88–93.

Гуревич 1971 — Гуревич В. И. Шостакович — редактор «Хованщины» // Музыка и современность. Вып. 7. М.: Музыка, 1971. С. 29–68.

Гуревич 1972 — Гуревич В. И. Шостакович в работе над «Хованщиной» // Вопросы теории и эстетики музыки. Вып. 11. Л.: Музыка, 1972. С. 84–108.

Каратыгин 1917 — Каратыгин В. Г. «Хованщина» и ея авторы // Музыкальный современник. 1917. Январь-февраль. Кн. 5–6. С. 192–218.

Ларош 1893 — Ларош Г. А. Мусоргский и его «Хованщина» // Театральная газета. 1893. № 23. 3 нояб.

Образцова 1980 — Образцова И. К пониманию народного характера в творчестве Мусоргского // Советская музыка. 1980. № 9. С. 95–101.

Оголевец 1966 — Оголевец А. С. Вокальная драматургия Мусоргского. М.: Музыка, 1966.

Панченко 1979 — Панченко А. М. История и вечность в системе культурных ценностей русского барокко // Труды отдела древней русской литературы. Т. 34. Л.: Наука, 1979. С. 189–199.

Пекелис 1972 — Пекелис М. П. Мусоргский — писатель-драматург // М. П. Мусоргский. Литературное наследие: В 2 кн. / Под общ. ред. М. П. Пекелиса. Кн. 2. М.: Музыка, 1972. С. 5–34.

Пекелис 1981 — Андреев А. [Е. М. Пекелис] Заметки о содержании «Хованщины» // Советская музыка. 1981. № 3. С. 95–103.

Рахманова 1980 — Рахманова М. П. Мусоргский и его время // Советская музыка. 1980. № 9. С. 95–110; № 10. С. 109–115.

Рахманова 1986 — Рахманова М. П. К столетию премьеры «Хованщины» // Советская музыка. 1986. № 3. С. 88–96.

Семевский 1859 — Семевский М. И. Современные портреты Софьи Алексеевны и В. В. Голицына // Русское слово. 1859. № 12. С. 411–458.

Сокольский 1950 — Сокольский М. М. «Хованщина» в Большом театре // Советская музыка. 1950. № 6. С. 16–27.

Сокольский 1954 — Сокольский М. М. Народ в «Хованщине» Мусоргского // Советская музыка. 1954. № 12. С. 61–72.

Соловьев 1962 — Соловьев С. М. История России с древнейших времен: В 15 кн. Кн. VII. Т. 13–14. М.: Соцэкгиз; Мысль, 1962.

Соловьев 1984 — Соловьев С. М. Публичные чтения о Петре Великом / Подг. текста, ст. и коммент. Л. Н. Пушкарева. М.: Наука, 1984.

Стасов 1886 — Стасов В. В. Памяти Мусоргского // Исторический вестник. 1886. Март. С. 644–656.

Стасов 1977 — Стасов В. В. Статьи о музыке: В 3 т. Т. 3. М., 1977.

Сцена 1970 — Сцена «Под Кромами» в драматургии «Бориса Годунова» [участники дискуссии Ю. Н. Тюлин, Э. Л. Фрид, Б. М. Ярустовский и др.] // Советская музыка. 1970. № 3. С. 90–114.

Фрид 1974 — Фрид Э. Л. Прошедшее, настоящее и будущее в «Хованщине» Мусоргского. Л.: Музыка, 1974.

Хубов 1964 — Хубов Г. Н. Предисловие // Мусоргский М. П. Хованщина: партитура / Ред. П. Ламма, инструментовка Д. Шостаковича. М.: Музыка, 1964. С. 7–14.

Цукер 1972 — Цукер А. Народ покорный и народ бунтующий // Советская музыка. 1972. № 3. С. 105–109.

Ширинян 1981 — Ширинян Р. К. Оперная драматургия Мусоргского. М.: Музыка, 1981.

Шлифштейн 1971 — Шлифштейн С. И. Откуда же рассвет? К мыслям о «Хованщине» // Советская музыка. 1971. № 12. С. 106–117.

Cherniavsky 1966 — Cherniavsky M. The Old Believers and the New Religion // Slavic Review. 1966. Vol. 25. No 1. P. 1–39.

Crummey 1970 — Crummey R. O. The Old Believers and the World of Antichrist: The Vyg Community and the Russian State, 1694–1855. Madison, WI: University of Wisconsin Press, 1970.

Eisenberg 1986 — Eisenberg E. Khovanshchina [Review] // The Nation. 1986. 8 February. P. 154–156.

Emerson 1986 — Emerson C. Boris Godunov: Transpositions of a Russian Theme. Bloomington, IN: Indiana University Press, 1986. P. 142–206.

Morosan 1982 — Morosan V. Folk and Chant Elements in Musorgsky's Choral Writing // Musorgsky: In Memoriam, 1881–1981 / Ed. by M. H. Brown. Ann Arbor, Mich.: UMI Research Press, 1982. P. 99–131.

Oldani 1979 — Oldani R. W. "Boris Godunov" and the Censor // 19th-century Music. 1979. Vol. 2. No 3. P. 245–253.

Taruskin 1984 — Taruskin R. "The Present in the Past": Russian Opera and Russian Historiography, ca. 1870 // Russian and Soviet Music: Essays for Boris Schwarz / Ed. by M. H. Brown. Ann Arbor, Mich.: UMI Research Press, 1984. P. 77–146.

Taruskin 1984–1985 — Taruskin R. Musorgsky vs. Musorgsky: The Versions of "Boris Godunov" // 19th-century Music. Vol. 8. 1984–1985. No 2. P. 91–118; No 3. 245–272.

13
О финале «Русалки»: фольклорная трагедия Пушкина и опера Даргомыжского[1]

В русском фольклоре русалка (водяная дева) является двойственным существом, обитающим на границе двух миров. Непостоянная, обольстительная, связанная с весенне-летними обрядами почитания мертвых, она в равной мере чувствует себя в своей стихии и под водой, и на суше, а также в пограничных зонах между жизнью и смертью[2]. На Украине русалка — очаровательная легкомысленная проказница, но по мере продвижения на север она становится не столько прекрасной, сколько пугающей и зачастую внушает страх не как обольстительница, но как ведьма [Ivanits 1989: 75–81][3]. Северная русалка, которая бродит по лесам и полям, одновременно является и защитницей, и пророчицей. Южная русалка более тесно связана с водой, как Лорелея и морские русалки, — однако ее родная стихия, вода, также обладает двойственностью[4]. Если мать сыра земля — неизменная

---

1 Впервые: To What End Rusalka? Pushkin's Folk Tragedy and Dargomyzhsky's Opera // The Slavonic and East European Review. 2019. Vol. 97. № 1. 1917 and Beyond: Continuity, Rupture and Memory in Russian Music. P. 169–200. Автор выражает признательность двум анонимным внешним рецензентам этого журнала, а также Саймону Моррисону и Майклу Вахтелю (Принстонский университет) за их полезные предложения.

2 О типах русалок см. [Борисова 2007: 16–20].

3 О русалках как пророчицах и защитницах, прядущих и ткущих судьбу, см. [Hubbs 1988: 27–36].

4 Более подробно о символике воды в контексте мужских страхов по поводу женской силы (как природной, так и политической) в период правления Екатерины Великой и позднее см. [Naroditskaya 2006].

заступница, чья почва пропитана живительной влагой, сулящей щедрые урожаи, то ненадежные глубины русских широких рек и озер никогда не внушали доверия. Было широко распространено поверье, что русалки, обитавшие в них, были душами некрещеных или мертворожденных детей либо девушек-утопленниц, а потому относились к нечистой силе. Они взбираются на деревья, где живут мертвецы, расчесывают свои длинные волосы, с которых капает вода, увлажняющая их тела, и поют, раскачиваясь на ветвях. Русалки живут без мужчин. На заре и в сумерках они часто покидают свой водяной дом, поднимаются на берег и околдовывают заблудившихся путников, затягивая их в свои подводные хрустальные дворцы через омуты и стремнины. Эти беспричинные проказы не обязательно связаны с их гендерной принадлежностью или носят эротический характер[5]. Просто так ведет себя вода. Не приходится удивляться тому, что среди языческих духов, царящих на русских просторах, дух воды мужского пола (водяной) выделяется как опасный и злонамеренный. Мельники и рыбаки, чей труд связан с водой, должны задабривать водяного, поднося ему дары. Морально дискредитированных этими сделками мельников часто считают колдунами.

Когда в середине 1820-х годов Пушкин (которого можно назвать русским северянином, питавшим южные фантазии) приступил к наброскам пьесы о русалке и мельнике, такое целостное видение этих могущественных женских фигур было ему недоступно. Он лишь недавно заинтересовался русским фольклором, воспламененный общеевропейским романтическим увлечением народностью[6]. Работая над пьесой о русалке в период между 1826 и 1832 го-

---

5 О пророческом даре этих ткущих, прядущих и оформляющих судьбу русалок см. [Hubbs 1988: 27–36]. Мудрые, могущественные, страшные северные русалки, уродливые и волосатые, как Баба-яга, по возрасту не способны рожать детей и живут скорее в полях, чем в воде.

6 Поэт воспринял фольклорные мотивы не в детстве от своей няни-крепостной (изобретение советской эпохи), но достаточно неожиданно обратился к ним в 1824 году под влиянием общеевропейской литературной моды на народность, и этот интерес впоследствии отразился в изменении образа Татьяны в «Евгении Онегине» от читательницы французских романов до девушки, сведущей в народных гаданиях. См.: [Wachtel], исследование не завершено, цитируется с разрешения автора. Вахтель уточняет и подкрепляет положение, выдвинутое Марком Азадовским в 1938 году, но долгое время остававшееся невостребованным в пушкиноведении [Азадовский 1938].

дами, Пушкин упоминал о ней как о «Мельнике», и, подобно большинству его произведений, созданных на основе фольклора, сюжет и главные персонажи были заимствованы у Запада, в данном случае — из волшебной венской оперетты. Однако пьеса Пушкина отличается от своих австро-германских музыкальных источников скупой, просчитанной психологической сдержанностью. Именно эта строгая сдержанность и сложный нравственный конфликт привлекли Александра Даргомыжского (1813–1869). В 1856 году он приступил к разработке и возвращению сюжета в музыкальную стихию и, выступая одновременно в качестве либреттиста, переделал пьесу Пушкина в оперу «Русалка». Ей суждено было стать первой из шести драм Пушкина, положенных на музыку.

В этой статье рассматриваются некоторые аспекты любопытной полемики вокруг формы, смысла и заключительных сцен пушкинской «Русалки», которая привлекла к себе внимание и вошла в культурный контекст благодаря тому, что в середине столетия была положена на музыку Даргомыжским. Первая дискуссия состоялась на излете эпохи самодержавия (в 1890-х годах), вторая — на излете советской эпохи (1970–1990-е годы). В постсоветский период, после того, как ушла в прошлое мода на все западное, вновь был поднят вопрос о соотношении оперы и пьесы, и труды официальных музыковедов, придерживавшихся линии партии, подверглись частичному пересмотру. Разногласия подпитываются тем, что пьеса является «неоконченной» — или считается таковой.

Пушкин никогда не делал попыток опубликовать свою написанную по фольклорным мотивам трагедию, а ее последний набросок обрывается вопросом посреди строки. Как бы ни было велико искушение считать «Русалку» завершенным фрагментом (внезапная концовка с вопросом, остающимся без ответа, импонирует современному читателю), Пушкин все-таки оставил общий план окончания работы над пьесой, соответствующий его более классицистическим представлениям о завершенности поэтического целого. Его нельзя игнорировать. Незавершенность литературного произведения, в особенности произведения величайшего национального писателя, всегда наводит последующих поэтов и композиторов на мысль о его творческом продолжении. Однако в данном случае сверхъестественная цельность и глубина возникает в том самом месте, на котором Пушкин — какова бы ни была причина — остановился и не стал продолжать. Заданный им вопрос ставит проблему нравственного выбора. Если бы кто-то из действующих лиц пьесы осмелился ответить на него, сюжет развалился бы, а его глубокая печаль была бы наконец связана с конкретной, осознанной причиной. Всякое единственное решение требует определенного выбора, который в известном смысле обеднил бы драму. Отсюда и повторяющиеся время от времени всплески внимания к «незавершенному» концу «Русалки»: поэт оставляет нас в задумчивости у кромки воды — пространства справедливости, безумия и бессознательного.

Моя гипотеза заключается в том, что Даргомыжский содействовал поэтическим и этическим целям пушкинской драмы, усилив то впечатление открытого нравственного выбора, которое присуще последней, оборванной строке Пушкина. Композиционным приемом для создания этой открытости у него стал вокальный ансамбль, где проявилось все мастерство Даргомыжского. Только оперное либретто может вместить и передать симультанность ансамблевого мышления. Поразительный потенциал либретто как повествовательно-музыкальной формы, способной распространить драматическую поэзию на те области психологии, в которые иначе она не могла бы проникнуть, ощущается в этой опере повсеместно, особенно в трио, квартетах и крестьянских хорах. Лаконичность и смысловая многослойность сцен, ведущих к развитию драматического конфликта, — то безысходных, то вытесняемых в подсознание, то пугающих — в свою очередь, вдохновили дальнейшие драматургические попытки завершить пьесу Пушкина.

Даргомыжский создавал свои психологические музыкальные портреты в «реалистическое» десятилетие, очень далекое от аристократической пушкинской эпохи, хотя и отстоящее от нее всего на четверть века. Однако композитор, подобно поэту, а также своему предшественнику Михаилу Глинке, воспитывался и получил образование в западноевропейском духе. Применительно к 1850-м годам слово «реалистический» подразумевает определенный стиль, а не этнографичность. Лирические песни и фольклорный эпос русского народа были адаптированы для популярных собраний русскими ценителями из аристократических кругов в XVIII веке [Taruskin 1997]. Однако художественные повествования о русалке у Пушкина и Даргомыжского были связаны с «психологической правдой» — категорией скорее романтической эстетики, чем фольклорной практики. В этом плане на протяжении последующих полутора столетий поэт и композитор оказывали друг другу неоценимую взаимную услугу. Одно из недавних исследований, выполненное историком музыки Анатолием Цукером, начинается с известной неудачи, которую потерпел Пушкин на сцене драматического театра XIX столетия. Он признает, что Пушкин не был либреттистом: поэт прямо отвергал подобное подчинение другой сфере искусства. Однако, утверждает Цукер, на самом деле драмы Пушкина напоминают либретто: они настолько ясные, компактные, строго выверенные ритмически и симметрично уравновешенные, что требуется модернистский темперамент какого-нибудь Мейерхольда, чтобы должным образом представить их на сцене. За отсутствием такового в российских императорских театрах XIX века функцию режиссера по отношению к Пушкину-драматургу исполняли гениальные оперные композиторы. Их инициатива способствовала расширению возможностей оперы, сначала в России, а затем и в мировом масштабе. Цукер рассматривает «Русалку» Даргомыжского как новаторское сочинение, которое «открыло путь русской психологической музыкальной драме» [Цукер 2010: 8–25]. Этот путь, как мы увидим, был очень далек от жанра «волшебно-фантастической комической оперы», в которой часто фигурировали европейские водяные девы и их русифицированные копии. Однако сначала обратимся к сюжету в том виде, в котором он был изложен Пушкиным.

Драма Пушкина, короткая и выразительная трагедия на фольклорный сюжет в шести сценах, написанная белым стихом, начинается на берегу реки Днепр [Пушкин 1948a]. У героев нет имен, только профессии, титулы и семейно-родовые связи. Мельник предупреждает Дочь, которая уже год встречается с Князем, чтобы та не продавала себя слишком дешево. Отец закрывал глаза на эти любовные свидания и теперь хотел бы извлекать из них побольше выгоды. Когда Князь появляется с опозданием, чтобы ласково, но твердо объявить Дочери о своей приближающейся женитьбе на высокородной даме, складывается роковой треугольник: сначала девушку предает отец, а затем — возлюбленный. В ужасе она сообщает Князю о своей беременности, с отвращением отвергает его роскошные подарки и бросается в реку. Действие переносится в княжеский терем, где справляется великолепная свадьба. Свадебная песня, исполняемая хором девушек, прерывается одиноким голосом, поющим об утопившейся девушке, которая, погибая, проклинает своего неверного возлюбленного. Князь гневается: кто ее впустил? Когда он целует свою молодую жену, в чертоге раздается слабый вскрик, он приказывает своему конюшему отыскать ту, что вскрикнула, но никого не находят. Проходит несколько лет. Бездетная Княгиня, которая уже семь лет замужем, жалуется, что муж больше не любит ее, что его никогда не бывает дома и что Господь не послал ей ребенка. Неожиданно с берегов Днепра возвращаются охотники, но Князя с ними нет. Он задержался на берегу подле разрушенной мельницы, там, где раньше жила его невинная возлюбленная. В кронах деревьев поют зеленовласые русалки. В этой точке сюжета драматическое действие, подобно рифмам в хорошо сделанном стихотворении, образует круг, эхом отражая собственное начало, но в безумной и фантастической форме. Мельник, который теперь обозначается как Старик, совершенно утративший рассудок и называющий себя вороном, появляется в лохмотьях и фамильярно обращается к Князю, называя его «зятем» [Пушкин 1948а: 205]. Перед тем как превратиться в птицу-падальщика, пожирателя мертвечины, Мельник возобновил свои отношения с нечистой силой и продал мельницу «бесам запечным». Ужасное зрелище безумия на фоне отцовской трагедии вызывает у Князя раскаяние и муки совести. Князь уговаривает Мельника переселиться в его терем, — но нет, Ворон отказывается, он боится быть удавленным жемчужным ожерельем. В лесу он свободен. Предпоследняя сцена разворачивается на дне Днепра.

Дочь Мельника, ныне царица русалочьей общины, велит своей дочери Русалочке поприветствовать отца на берегу реки, рассказать ему их историю, заверить Князя в ее неизменной любви и пригласить в гости. Через семнадцать строк от начала шестой сцены «Берег» эта русалка во втором поколении, рожденная от матери-утопленницы, выбегает на сушу, чтобы приветствовать своего ошеломленного отца, Князя, который спрашивает ее: «Откуда ты, прекрасное дитя?» [Пушкин 1948а: 212]. За этим вопросом ничего не следует, нет даже сценической ремарки. Как отмечалось выше, полагают, что Пушкин намеревался добавить что-то еще; в датированном апрелем 1832 года шестистрочном плане драмы в качестве последнего пункта указано: «Охотники»[7]. Пушкин погиб на дуэли в 1837 году, не оставив заглавия для пьесы и не указав четко порядок сцен.

Как в драматической, так и в оперной версиях «Русалки» граница между жизнью и смертью пересекается без всякой суеты и без потерь среди действующих лиц драмы и оперы. В каждом из них фантастический мир фольклорного предания смешивается с психологическим реализмом, приглушая чисто волшебное и возвышая героиню до царского достоинства. Черты южных и северных русалок сочетаются, создавая образ одновременно беспомощный и властный, порывисто-эмоциональный и крайне сдержанный: по выражению Андрея Синявского, «в русалке соединяется несколько кардинальных символов, которые связаны между собой»: «вода — женщина — смерть — волосы — пряжа — судьба» [Синявский 2001: 65]. И в драме, и в опере пошедший на сделку с совестью Мельник сочетает любовь к дочери с любовью к деньгам (каждая из этих страстей — подлинная); когда он понимает, что, поступившись первой ради второй, он пришел к утрате обеих, то сходит с ума. Безумие Мельника наряду с околдовыванием и последующим раскаянием богатого и знатного соблазнителя его дочери осложняют вопрос о зле в драме, как в языческом, так и в христианском аспектах.

---

7 «План "Русалки" см. [Пушкин 1948а: 336]. Шесть частей сюжета в порядке следования: «Мельник и его дочь», «Свадьба», «Княгиня и мамка», «Русалки», «Князь, старик и Русалочка», «Охотники».

В историях о русалках, как и в мифе о спасенном погружением под воду граде Китеже, потустороннее правосудие связывается с водным (а не небесным) царством. Несмотря на всех живущих в воде неприятных духов и совершенно реальную опасность, которую она представляет, вода является предпочтительной стихийной средой для нравственного роста. Единение с водой может придавать силы. Начиная с «Пиковой дамы» Чайковского и кончая «Леди Макбет Мценского уезда» Шостаковича несчастные героини русских опер утопляются — одни как жертвы, другие — как мучительницы. Однако в этих знаменитых развязках судьба героини полностью заключается в рамки ее личного пространства в сюжете — отчаявшаяся обманутая женщина совершает самоубийство. В «Русалке» самоубийство является предысторией. Переродившись в русалок, такие женщины образуют могущественное сообщество. И если прогулки на сушу при свете луны — чепуха из арсенала эротической комедии, то подводное царство русалок представляет собой суровое место, в котором действуют строгие правила. Как мы узнаем из сцены на дне Днепра у Пушкина, Русалка-царица следит, чтобы ее сестры-подданные усердно трудились за прялками и веретенами. Русские русалки не обязательно представляются уродливыми старухами, как греческие богини судьбы, но при этом они играют ту же роль, что и мойры, прядущие нить жизни.

Таким образом, в поведении речных русалок есть общие черты с традиционными западноевропейскими водяными девами — сиренами, наядами, ундинами, речными нимфами-лорелеями, морскими русалками, но в других отношениях они резко отличаются. У речных русалок есть ноги, нет рыбьих хвостов и плавников. И роль русалки не сводится только к испытанию силы сексуального влечения и самообладания сбившегося с пути героя мужского пола, как это было в случае сирен из гомеровского эпоса[8]. Как часть матриархального фольклорного космоса восточ-

---

[8] О символизме русалки в русской культуре см. [Goscilo 2007]. По мнению Гощило, Гомер свел первоначальную символику сирены от иератической инициации к «поверхностному сексуальному порабощению» (и западная культура последовала его примеру); однако в русском фольклоре сохранилось более сложное представление,

ных славян русалка ассоциируется с терпением, даром прорицания, сдержанностью, постоянством, плодовитостью и знанием. Эти добродетели обогащают и осложняют традиционные для эпохи романтизма мотивы преследования, сексуальной ревности и мстительности водяных дев, ни один из которых не был обязательным для представления образа русалки до XIX столетия[9].

«Откуда ты, прекрасное дитя?» Этот вопрос Князя так соблазнительно повисает в воздухе, что несколько художников первого ряда, в том числе Александр Вельтман, Валерий Брюсов и, в 1942 году, Владимир Набоков, предприняли попытку завершить пьесу Пушкина [Набоков 1942; Grayson 1992][10]. Бесспорно, самой удачной из этих попыток стало либретто (и опера) Даргомыжского, у которого краткий заключительный эпизод с Русалочкой перерастает в морально опустошающий финал. В работе о пушкинской водяной нимфе как предшественнице набоковской нимфетки американская славистка Ксана Бланк отмечает, что «русская литература умеет превращать неопределенные концы в новые начала, создавая тем самым целую паутину литературных сюжетов» [Blank 2017: 106]. В эту паутину изначально входили и музыкальные, и литературные нити, и бурлеск, и возвышенная трагедия. Мотив русалки мог легко варьироваться от мести до сострадания, от взволнованных воспоминаний до нравственного просветления[11]. У Пушкина в данном случае представлен весь этот спектр. Отвергнутая девушка, которая в финале бесстрастно стоит во главе многочисленного сообще-

---

«расщепляющее образ сирены, возводя одну его половину в трансцендентное (райское древо) и помещая вторую половину в хтоническое — подводный мир, поливалентной представительницей которого является русалка» [Goscilo 2007: 50].

9 В доромантических повествованиях о водяных девах зачастую начисто отсутствовали интерес к любви и сексуальные проступки [Верба 2015: 8–11].

10 Набоков изображает скептически настроенного Князя, который пытается подкупить Русалочку, чтобы та оставила его в покое, но девочка настаивает на том, что он умрет, если не последует за ней в подводное царство. Самая знаменитая часть этого ничем не примечательного продолжения — последняя ремарка: «Скрываются. *Пушкин пожимает* плечами» [Набоков 1942: 184]. Обзор наиболее важных литературных окончаний «Русалки», включающий версию Даргомыжского, приводится в [Борисова 2007: 6–10].

11 Бланк отмечает подобные муки в рассказе Чехова «Припадок» (1888), где несколько молодых людей по дороге в бордель напевают арию Князя из «Русалки» Даргомыжского [Blank 2017: 113].

ства с высоким социальным статусом, куда ее раскаивающегося бывшего возлюбленного привлекают только для того, чтобы сообщить, что он должен смириться с утратой, является, по существу, зрелым образом Татьяны. Не закончив «Русалку», Пушкин, возможно, невольно оставил нас в подвешенном состоянии — и, быть может, только для того, чтобы продолжить ее в других творческих контекстах. Он написал вторую половину «Евгения Онегина» в годы, когда вызревал замысел «Русалки». Как будет показано в этой статье, двух героинь связывает тесное родство, выделяя их в ряду более ранних и более традиционных пушкинских вариаций на тему водяных дев.

Контексты, источники и предшественники «маленькой фольклорной трагедии» Пушкина

К началу 1830-х годов, продолжая время от времени возвращаться к «Русалке», Пушкин завершил четыре «Маленькие трагедии» (1830). Эти коротенькие пьесы драматизировали развязки знакомых европейских тем: миф о Дон Жуане в «Каменном госте», алчность и пренебрежение родительским долгом в «Скупом рыцаре», музыкальный гений и зависть в «Моцарте и Сальери», примирение со смертью в «Пире во время чумы». Поскольку «Русалка» также была вариацией на общеевропейский сюжет, некоторые из первых читателей восприняли ее как пятую трагедию пушкинского цикла (несмотря на то, что она была и более длинной, и более амбициозной по своему замыслу). Неоконченная пьеса впервые была опубликована в пушкинском журнале «Современник» [Пушкин 1837]. Представленная как «отрывок» и названная «Русалкой», она была поставлена на сцене в апреле 1838 года, но не имела успеха. История ее создания представляет серьезную проблему для текстологов: Пушкин оставил две беспорядочно исписанные тетради, заполненные недатированными черновиками и фрагментами отдельных сцен[12]. Ранее поэт уже испытывал свои силы в подражаниях или

---

[12] О хронологии рукописей «Русалки» (1826–1832) можно лишь догадываться, и зачастую только по цвету чернил [Лотман 2001: 132].

псевдоподражаниях на тему русалок в недраматических поэтических произведениях.

Первое обращение Пушкина к теме, баллада «Русалка» (1819), представляет собой чисто романтическую историю об эротическом видении, вдохновленном ундинами Гёте и Жуковского. Водяная дева соблазняет престарелого отшельника, на погибель заманивая его в воду. Пушкин, с его трезвым вольтерьянским умом, вполне мог спародировать сентиментальные черты этого заимствованного сюжета[13]. Пятнадцать лет спустя Пушкин включил более амбициозную историю о русалке в пятнадцатое стихотворение «Песен западных славян» (1834), озаглавленное «Яныш королевич» и предположительно представляющее собой частичный перевод со старочешского, хотя источник текста не обнаружен [Wachtel 2011: 307–308][14]. Королевич Яныш, собираясь жениться на королевне, оставляет свою возлюбленную Елицу, девушку низкого происхождения, которая бросается в реку Мораву. Там у нее рождается дочь, и через некоторое время она посылает дитя на берег, чтобы та схватила за уздечку коня королевича на водопое. Королевич, взволнованный встречей с нежданным плодом прежней любви, просит о разговоре с Елицей. Она появляется на поверхности волн, чтобы расспросить королевича о его неудачном браке, но благоразумно отказывается встретиться с ним на суше: «Слаще прежнего нам не целоваться, / Крепче прежнего меня не полюбишь» [Пушкин 1948б: 363]. В этом оборванном фрагменте сюжета мы видим зрелый образ пушкинской русалки: примирившаяся со своей участью, терпеливая, осторожная, не дрогнув при воспоминании о драгоценном прошлом, она настаивает (как и Татьяна по отношению к сраженному любовью Онегину) на том, что, хотя любовь может длиться вечно, время и опыт нельзя повернуть вспять. Утраченные возможности утрачены навсегда, а у принятых решений есть последствия.

---

13 Баллада Гёте (и ее вариант у Жуковского) представляет рыбака как искушаемого мужчину. Замена его на монаха у Пушкина отражает древнюю русскую традицию странствующего или грешного отшельника-аскета. Подробнее см. [Борисова 2007: 33–39]. Борисова высказывает предположение, что раннее стихотворение Пушкина представляет собой «стилизацию на грани пародии» [Борисова 2007: 39].

14 Вахтель полагает, что «чешский оригинал» мог быть мистификацией Пушкина.

Третий и самый главный предшественник пьесы — не более раннее сочинение поэта, но впечатление, оказавшее влияние на его творческое воображение, — это состоящий из четырех частей оперный цикл о водяной деве «Днепровская русалка» (1803–1807), который пользовался большим успехом у зрителей петербургских и московских театров в 1810–1820-х годах[15]. Пушкин, страстный поклонник музыкального театра, конечно же, слышал его. «Днепровская русалка» представляла собой выполненную Николаем Краснопольским переработку двух венских зингшпилей, «Дунайская русалка» («Das Donauweibchen», 1798) композитора Фердинанда Кауэра и «Дева Дуная» («Die Nymphe der Donau», 1803) директора театра и драматурга Карла Фридриха Генслера (1759–1825). Появились русские продолжения и подражания под названиями «Русалка — части 2, 3 и 4», которые продолжали идти на сцене и в 1840-х годах. Историк русской драмы Саймон Карлинский называет их «главным театральным хитом десятилетия, быть может, даже полувека», во многом обязанным своей популярностью сложным театральным эффектам, — и добавляет: «понадобился весь пушкинский гений, чтобы очистить “Das Donauweibchen” от всех излишеств и нелепостей и превратить ее в незабываемо поэтичную неоконченную драму “Русалка”» [Karlinsky 1985: 186–188]. Нелепости, которые отмел Пушкин, ушли в подтекст других произведений. Во второй главе (строфа XII) «Евгения Онегина» в качестве примера унылых сельских обрядов ухаживания поэт вкладывает в руки незадачливой барышни гитару и заставляет ее пропищать одну из самых популярных песен из этого музыкального спектакля: «Приди в чертог ко мне златой», арию, которую у Краснопольского поет своему Князю русалка Леста[16]. Кроме того, Набоков в комментарии к «Евгению Онегину» указывает, что некоторые кошмары из

---

[15] Полный текст первой части либретто Краснопольского (1804), «переделанного с немецкого», опубликован под заглавием «Русалка. Опера комическая в трех действиях, Часть I. Переделанная с немецкого Н. Краснопольским, музыка Г-д Кауэр и Давыдова» в приложении к [Борисова 2007: 109–94].

[16] Полный текст и отзывы современников об этой арии, которую русалка адресует неверному Князю, обещая ему вечную любовь, если только он присоединится к ней в ее золотых подводных чертогах, см. в [Борисова 2007: 25–29].

гипертрофированно-готического сна Татьяны были заимствованы из зрелищных спецэффектов оперы: дерево, превращающееся в мельницу, танцующие мешки с мукой [Набоков 1999: 507][17].

Независимо от того, пародировал ли Пушкин «Днепровскую русалку» или отдавал ей дань восхищения, параллели между этой русифицированной версией австрийской тетралогии и его «Русалкой» поразительны [Жданов 1900][18]. В списке действующих лиц у Краснопольского есть Князь, его жена Княгиня, ее Отец[19], покинутая любовница Леста и дитя любви Лида, рожденная в подводном царстве [Борисова 2007: 111]. У Пушкина мельница у реки и древнее дерево, место любовных свиданий, заимствованы непосредственно из сценических ремарок Краснопольского, равно как и внезапно увядающие, опадающие листья во время посещения берега реки Князем. Леста называет себя дочерью местного мельника. Но это не единственная ее ипостась, и здесь расхождения между Пушкиным и Краснопольским велики. Леста — русалка с самого начала и на протяжении всего действия способна изменять свой облик. В списке действующих лиц пьесы перечисляется двенадцать ее ролей, в том числе старухи, крестьянской девушки, странницы, отшельницы, молодого рыцаря и цыганки-певицы. Даже среди этого привычного набора экзотических персонажей венской волшебно-фольклорной комической оперы мы чувствуем ту сторону Лесты, которая перешла к более сдержанной и назидательной героине Пушкина. Леста — это сирена, наделенная нравственным чув-

---

17 Отмечая, что в библиотеке Пушкина имелся экземпляр трехчастной адаптации Краснопольского на музыку Кауэра, Кавоса и Давыдова (СПб., 1804), Набоков пишет: «У Пушкина было удивительное пристрастие к заимствованию из нелепых источников» [Набоков 1999: 265].

18 О конкретных параллелях см. [Жданов 1900: 145–159]. У Генслера рыцарь Альбрехт женится на Берте, а затем ему является его прежняя любовь, Гульда (покончившая жизнь самоубийством и превратившаяся в водяную деву) с их дочерью Лилли. «Ты можешь жениться, — говорит Гульда, — но три дня в году ты должен проводить в этих подводных чертогах». Она отдает свою дочь на воспитание Альбрехту и его живущей отдельно жене Берте; когда Берта умирает, Гульда оживляет ее. Она уводит Берту в свое водяное царство, чтобы она оставалась там столько, сколько потребуется для того, чтобы Альбрехт раскаялся.

19 Славомысл — черниговский князь и отец Милославы, несчастной женщины, на которой женится князь Видостан. В своей фольклорной трагедии Пушкин переносит акцент с высокородного семейства на обитателей мельницы.

ством. Она сочувствует Княгине, страдающей от того, что ею пренебрегает муж, и пытается пробудить в Князе совесть и сознание супружеского долга. (В своей музыкальной версии Даргомыжский также сочувственно разрабатывает мотив обойденной вниманием Княгини, тем самым еще более подчеркивая одиночество заблудшего героя оперы.) Однако и Леста не всемогуща. Хотя она может полюбить человека и стать матерью благодаря связи с ним, ее нечеловеческая природа остается неизменной. Таким образом, сюжет сохраняет сказочные черты, в нем преобладает фантастическое и волшебное, и поэтому по своей сути он является комическим.

Задумав свою «Русалку» в трагическом ключе, Пушкин подчеркивал ее человеческую предысторию и поэтому начал с принципиально иного набора опций[20]. Он заменил спецэффекты волшебной оперетты на противоречия шекспировской напряженности и глубины, что признается такими исследователями связей Пушкина и Шекспира, как Кэтрин О'Нил [O'Neil 2003: 143–146]. В лирических и элегических фрагментах пьесы мы узнаем отголоски безумного короля Лира и Глостера, Макбета, Офелии, Клеопатры. Как пишет О'Нил, обращаясь к Шекспиру, Пушкин избегал мрачных и сверхъестественных элементов елизаветинского театра, предпочитая акцентировать нравственную ситуацию [O'Neil 2003: 245]. Она отмечает, что в одном из ранних вычеркнутых эпизодов «Русалки» утопившаяся Дочь Мельника является на свадьбу Князя как призрак, с которого стекает вода и который оставляет за собой мокрые следы (один из свитских Князя думает, что видение может быть юродивой). Однако в наиболее полном варианте текста явление утопленницы очищается до одного лирического голоса — обстоятельство, которое, должно быть, доставило удовольствие Даргомыжскому, когда он работал над своим либретто.

В пьесе Пушкина мельница у реки остается центральным местом действия. Он избавляется от царственного отца Княги-

[20] О различиях сюжетов о русалке у Краснопольского и Пушкина см. [Верба 2015: 22–28].

ни, одного из основных персонажей у Краснопольского, и вводит Мельника, крестьянина-отца героини, тщательно удаляя все имена собственные, чтобы подчеркнуть лишь отношения героев: Мельник, Дочь Мельника, Князь, Княгиня, Сваха, Мамка, Русалка, Охотники. За исключением того, что утопление приводит не к смерти, а к преображению, устранены все следы волшебной сказки. Все персонажи — люди, и фон, на котором разворачиваются события, — это повседневный человеческий опыт (человеческие страсти, использование других в своих интересах, обычная жестокость и способность к раскаянию). В постсоветских исследованиях, посвященных Пушкину, поиски христианских подтекстов привели к выявлению многочисленных возможных библейских мотивов в «Русалке», от Книги Откровения до внезапно засохшего «проклятого дерева» [Козмин 2000]. Однако сверхъестественное здесь всегда символическое, это не спецэффект. Как полагает Наталья Верба, Пушкин смещает жанр своего повествования от волшебно-комического к сакральному посредством символизма мельницы [Верба 2015: 22–25]. Ее вращающиеся водяные колеса представляют собой водораздел между жизнью и смертью, свидетельство закономерного взаимодействия земли и космоса. Поскольку мельницы в равной мере являются местом обитания нечистой силы и знаком присутствия Христа (зерен пшеницы, которые умирают, чтобы возродиться), люди с мельницы, в отличие от помещенных в более жесткие рамки особ из княжеского терема, также являются пограничными существами. Они могут — и должны — совершить нравственный выбор. Обреченные пользоваться своей свободой в соответствии с пушкинским активистским пониманием судьбы, они содействуют ее должной реализации. Поэтому необратимые и крайне важные события у Пушкина (как, например, дуэль Онегина и Ленского) происходят возле мельниц.

Таким образом, пространство пушкинской «Русалки» — это двоеверие, «двойственная вера» русского народа. В первой сцене могучая смесь христианских и языческих мотивов возле стоящей на берегу реки мельницы разыгрывается как демоническое переиначивание крестьянской свадьбы [Верба 2015: 26–28]. Подарки невесте и ее отцу оказываются подкупом. Отец отдает свою дочь, но не однократно у алтаря, а на протяжении целого года, и с выгодой для себя. Ее брачный венец обращается змеей. Вместо песен, плясок и кубка меда перед укладыванием на брачное ложе — расставание, побег, пустынное речное дно. Мотив пародийных свадеб на мельнице был знаком русским театралам по популярной комической опере Михаила Соколовского «Мельник-колдун, обманщик и сват» (1779; либретто Александра Аблесимова), занимавшей почетное место в театральном репертуаре и в 1830-х годах. Возможно, эта комическая опера явилась одним из стимулов, подвигнувших Пушкина на создание пьесы, на этот раз — из мира русского фольклора, а не венской Zauberoper[21]. Однако для того, чтобы придать сюжету Аблесимова трагическое направление, Пушкин должен был усилить роль Мельника, наделить его способностью изменять обличье, которая обычно приписывается русалкам. Совесть Мельника обретает буквальное воплощение в виде ворона, птицы, питающейся падалью, но ворона, который упрямо сохраняет человеческую способность испытывать чувство вины и раскаиваться. У Пушкина, вне зависимости от обозначения, местонахождения или внешнего вида, все важное остается человеческим. Таким образом, комедийные приемы построения волшебного сюжета преобразуются поэтом в абсолютно объяснимое умопомешательство, вызванное отцовским горем; безумие во второй части пьесы усиливает и отражает прагматический реализм в первой. Что с того, что русалки не бывают «настоящими»? Настоящим является то, что приводит к осознанию ответственности.

По этой причине в пушкинской «Русалке» и авторов художественных произведений, и исследователей в равной степени привлекают возможные автобиографические отголоски. Критики, придерживающиеся биографического метода, обращают внимание на тот факт, что именно в 1826 году, когда появились

---

21 Волшебной оперы *(нем.)*. — *Примеч. ред.*

первые наброски «Русалки», Пушкин узнал о беременности его любовницы-крестьянки Ольги Калашниковой (из деревни Бугрово, где была мельница)[22]. Поэт оказался в затруднительном положении и попросил своего друга Петра Вяземского устроить так, чтобы ребенок (если это будет мальчик) не был отправлен в приют, и обещал выплатить семье компенсацию. Ольга, согласно ее русскому биографу, была практичной, деловой девицей: хотя их крошка сын Павел умер в трехмесячном возрасте, она позаботилась о том, чтобы барин, на котором лежала ответственность, «вспомнил» про ее семью накануне собственной свадьбы. Не приписал ли Пушкин своему Мельнику расчетливость клана Калашниковых, а угрызения собственной совести — Князю? В 1924 году поэт Владислав Ходасевич утверждал, что это было так [Ходасевич 1924: 308–313][23]. Семен Гейченко, легендарный директор музея-заповедника Пушкина в Михайловском в позднесоветский период, много лет уверял посетителей, что «Русалка» была автобиографичной: Пушкин, как подобает народному поэту, пылко любил «русалку из Бугрово», и память об этой любви лежала у него на сердце тяжким грузом и не давала покоя до конца его дней [Згурская 2014: 86–87].

С этим не согласно большинство ученых-пушкинистов, и не только потому, что Ольга не впала в отчаяние и не стала топиться. Литературные сюжеты Пушкина и в самом деле часто были подсказаны воспоминаниями и оформлены в соответствии с его пониманием примет и судьбы. Однако в рамках пушкинского времени и пространства сексуальная несдержанность с Калашниковой не должна была вызвать глубоко укоренившегося чувства вины. Опять-таки, для Пушкина намного важнее «пси-

---

22 Более подробно о подтексте «Русалки», связанном с Калашниковой, в том числе и о ее практичной и корыстной родне, см. [Згурская 2014: 86–88]. Згурская выступает (на мой взгляд, справедливо) против автобиографического прочтения драмы. На английском языке см. [Vickery 1972: 195–198].

23 Сергей Бонди в своем комментарии к тому 7 академического собрания сочинений Пушкина (1935) разумно отвергает предположения Ходасевича [Бонди 1935: 636]. В исследовании, посвященном позднему творчеству поэта, Дэвид Бетеа называет гипотезу о Русалке-Калашниковой (включающую фантастическую подробность о том, что крестьянка-любовница Пушкина утопилась) одной из «блестящих ошибок» Ходасевича [Bethea 1983: 132].

хологическая достоверность». Выражаясь языком того времени, это означало бесстрастное изучение последствий — которые незаметно начинают сказываться, когда результаты того или иного совершенного нами выбора, который мы считаем более или менее «свободным», прочно вплетаются в нашу судьбу. У каждого выбора есть результаты: выигрыши и потери. Каким образом они осознаются? Чтобы понять это, мы должны сосредоточиться на отношениях между Мельником и Русалкой (отцом и преданной и преобразившейся дочерью) и между Мельником и Князем (общими усилиями загнавшими девушку в безвыходное положение) в набросках и в намеченном окончательном плане драмы. Эти тексты, наряду с опубликованной посмертно пьесой Пушкина, были доступны Даргомыжскому, когда он приступил к работе над своей оперой.

1856: Даргомыжский завершает «Русалку»

«Русалка» Даргомыжского никогда не пользовалась такой международной известностью, как другие произведения Пушкина, перенесенные на оперную сцену: «Борис Годунов», «Евгений Онегин», «Пиковая дама» и даже пара «маленьких трагедий», положенных на музыку. На английском языке премьера «Русалки» в концертном исполнении состоялась только 2015 году[24]. Гораздо более известна одноименная чешская опера Антонина Дворжака (1901). В духе Ханса Кристиана Андерсена, чешских волшебных сказок и «Das Donauweibchen» Генслера на венской сцене Дворжак рассказывает похожую на «Лебединое озеро» историю о любви морской русалки к принцу, которой способствуют злые духи и препятствует ревность невесты-соперницы. Некоторые мотивы в ней представляются общеевропейскими. Чешский принц также под действием чар возвращается к водной

---

[24] Концертная премьера «Русалки» Даргомыжского состоялась 22 ноября 2015 года в Школе музыки А. Копленда и Куинз-колледже Городского университета в Нью-Йорке. Дирижировал за роялем Л. Лерман, английский перевод либретто выполнили Эмили Р. Лерман и Леонард Лерман. Материалы об этой премьере, в том числе тексты и фотографии, доступны на URL: http://helenewilliamsspierman.homestead.com/Rusalka_Index.html. Дата обращения: 15.07.2019.

обители своей первой возлюбленной; водяная дева дарует ему искупление (и прощение) несущим смерть поцелуем. Однако у Дворжака отсутствуют характерные мотивы русской фантастики Пушкина, как городской («Пиковая дама»), так и основанной на фольклоре. К ним относятся переход из мира смертных людей в некое иное состояние, в равной степени реальное (то есть подчиняющееся тем же этическим законам, что и этот мир); путь познания для героя, ставший возможным благодаря сверхъестественному, но не полностью зависящий от него (поразительные события также можно объяснить материальными причинами); и, наконец, моральная победа женщины, если не в физическом, то в духовном плане. В этой статье высказывается предположение, что Даргомыжский в конечном счете в точности сохранил эти «психологически достоверные» пушкинские мотивы, усилив их за счет возможностей музыки.

Композитор начал работать над оперой (и над музыкой, и над либретто) в середине 1840-х годов и продвигался очень медленно. В бумагах Даргомыжского сохранились четыре варианта словесного текста; один из них представляет собой полностью законченное либретто, но оно существенно отличается от того текста, который был положен композитором на музыку и исполнялся на премьере. Остальные три варианта — планы, более или менее проработанные, но ни один из них не написан почерком Даргомыжского [Пекелис 1951: 65–67]. Ранние варианты оперы имеют финалы весьма далекие от драмы Пушкина. (В 1850-х годах была возобновлена постановка кассового хита «Днепровская русалка», и можно заметить сходство между сюжетом Краснопольского и ранними набросками Даргомыжского.) Небезынтересно, что Дочь Мельника сначала звали Татьяной, а не Наташей. В двух вариантах Князь становится водяным богом, его брак с Русалкой, заключенный в подводном царстве, освящается, и жизнь продолжается после смерти. В четвертом варианте Даргомыжский пытался изменить даже сцену утопления: Дочь остается в живых, чтобы появиться на свадьбе Князя и швырнуть ему в лицо свой головной убор, а в воду бросается уже после, в какой-то неуказанный момент.

В этих черновиках либретто Дочь Мельника, став Русалкой-царицей, также несвободна. Порабощенная мстительным духом ее сестер, она обещает затащить Князя на дно (деталь, возможно позаимствованная из балета «Жизель», ставшего очень популярным по всей Европе после премьеры, состоявшейся в 1841 году, хотя русалки, разумеется, скорее топят намеченного мужчину, чем затанцовывают его до смерти)[25]. Однако, когда Русалка-царица видит своего раскаивающегося возлюбленного, она, подобно Жизели, прощает его. Поскольку другие русалки настаивают на принесении жертвы, безумный Мельник предлагает себя вместо Князя, настаивая на том, что он должен погибнуть первым, ибо виновен в несчастье своей дочери. Таким образом, в первоначальных планах акцент делался на поруганной любви взрослых, а не на стыде и возможности создать новую семью. Русалочки не было.

В определенный момент в этих экспериментах с текстом пьесы Даргомыжский решил вернуться, и как можно ближе, к незавершенному тексту-первоисточнику, к Пушкину. Композитор сделал приоритетом верность тексту, отметив в заголовке, что создал либретто «по драматической поэме А. С. Пушкина с сохранением многих его стихов». Потребовалась некоторая техническая адаптация. Например, Даргомыжский разбил длинные пятистопные ямбы Пушкина, неудобные для певческого исполнения, на более короткие синтаксические периоды [Гозенпуд 1969: 417]. Некоторые стихи повторяются в качестве рефренов. Но текст Пушкина в этой пьесе столь же лаконичен, как и в его «Маленьких трагедиях», и представляет собой почти готовое либретто, что позволило в основном сохранить его нетронутым[26].

Первая часть либретто перелагает на музыку пушкинский сюжет, украшает его, но не вносит принципиальных изменений

---

[25] Об этом и других музыкально-театральных влияниях см. [Гозенпуд 1969: 404–434; о «Жизели» см. 423].

[26] Отец русской литературной критики Виссарион Белинский в «Статье одиннадцатой» о Пушкине (1846) первым отметил: «Говорят, будто “Русалка” была писана Пушкиным, как либретто для оперы» [Белинский 1955: 563]. Редакторы традиционно уточняют, что это заявление не подтверждается фактами, но оно приобрело канонический характер и, конечно же, было известно Даргомыжскому.

в психологию персонажей. Дочь Мельника по-прежнему упряма и наивна, ослеплена своим князем и не желает видеть недостатки его характера и положения. Подобно ее более книжной предшественнице Татьяне Лариной, она живет в мире собственного воображения. Пробуждение от этой воображаемой реальности разрушит ее жизнь. Ее отец и любовник более прагматичны. Важно, что их поведение не менялось в течение длительного времени, более года; приносимые им удовольствия и выгоды уже вошли в привычку. В первом акте («Берег Днепра. Вдали река. Налево мельница, возле нее дуб...») Мельник в выходной арии буквально «выплясывает» свою алчность, перемежая рассуждения о деньгах с отеческим советом дочери назначить цену за свою благосклонность. (Первая публика была поражена тем, что сценическое действие не открывалось хором, столкнувшись вместо этого непосредственно с имитацией пушкинского in medias res монолога расчетливого, но комичного Мельника.) Дочь, окруженная двумя преследующими собственные цели мужчинами, не получает развернутой арии, пока остается в человеческом обличье. В первой сцене ее голос вплетается в два дуэта и терцет, но греза об истинной любви настолько владеет ею, что она не слушает других и другие ее не слышат. Оперная Наташа обретает собственный голос только тогда, когда становится правительницей подводного царства. Кажется, что как смертная девушка она способна только реагировать на чужие реплики в мучительно длящейся сцене предательства ее возлюбленного. Мельник быстро схватывает ситуацию, Князь мешкает. Чтобы подбодрить его, Мельник призывает крестьянские хоры, которые начинают водить хоровод. Эти излюбленные в операх вкрапления в первом акте усиливают фольклорный элемент и создают красочное зрелище, но еще более важно то, что они подражают обрядам настоящей свадьбы — или, скорее, как было предположено выше, антисвадьбы, свадьбы, которая должна была состояться, но не состоялась[27]. В своих дуэтах

---

[27] Анализ этих зеркальных сцен с точки зрения сюжета и музыкальных тем приводится в [Верба 2015: 41–44].

и трио и Князь, и Мельник утверждают, что время излечит все горе. Однако Наташа, борясь за свой собственный голос, становится все более гневной. Она уже находится за пределами человеческого времени, и точно так же вскоре она окажется за пределами человеческого пространства. Таким образом, эти мелодичные хоровые песни и хореографические номера не отвлекают нас (как это обычно бывает с дивертисментами) от дилеммы Наташи, окруженной продажным отцом и его союзником, распутным Князем. Совсем наоборот. Подобно хору в греческой трагедии, они омрачают тон, а не делают его более светлым, комментируют действие и предсказывают участь.

Второй акт у Даргомыжского, княжеская свадьба, щедро расширяет лаконичный текст Пушкина. Княгиня в опере (меццо-сопрано) — не просто соперница, инициирующая катастрофу, но серьезная, глубокая фигура, которая совершает обрядовое прощание с девушками-подружками и клянется в вечной любви к Князю. Он восторженно отвечает. После того как из хора выделяется голос утопленницы Наташи, поющий жалобу, Князь сердится — но и испытывает угрызения совести; Княгиня тоже испугана. Они — увлеченная друг другом пара, которая хочет начать новую жизнь, но оказывается, что просто так прошлое не отбросить. Все полно предчувствием беды. Чтобы просветлить эту ситуацию и в психологическом плане, и с точки зрения тесситуры, достойной песни, Даргомыжский заменяет старую мамку юной сиротой Ольгой (сопрано), наперсницей Княгини. Как и Мельник в первом действии, Ольга — прагматичный и веселый комический персонаж. Она списывает жалобу злополучной девушки-утопленницы на некую капризную «нечистую силу» и просит, чтобы хор исполнил более веселые песни. События в третьем акте происходят двенадцать лет спустя. У Княгини было время убедиться в своем бесплодии, у Русалочки было время, чтобы вырасти и опасно приблизиться к тому возрасту, когда она сама может стать жертвой соблазнителя. Тем не менее неунывающая Ольга убеждает горюющую Княгиню, что все еще можно исправить, что «все мужчины таковы» — беспокойные, непостоянные, легко сбивающиеся с пути, — и, чтобы развеселить ее, поет песенку. В этот момент в либретто появляется ловчий, сообщающий, что Князь остался один на берегу реки. Взволнованная Княгиня отправляется к Днепру вместе с Ольгой. Теперь напряжение в опере нарастает перед групповым финалом («Охотники»), который Пушкин наметил, но не написал.

Вторая сцена третьего действия, в которой безумный Мельник сталкивается со все более погружающимся в отчаяние Князем, представляет собой самую знаменитую часть оперы, блистательную и саму по себе, и благодаря замечательной истории исполнения. В 1856 году петербургский оперный композитор и музыкальный критик Александр Серов опубликовал в «Музыкальном и театральном вестнике» пространную, в десяти частях, восторженную рецензию [Серов 1856; 1986: 42–137], в которой особых похвал удостоился дуэт Мельника и Князя и подчеркивалось «полное торжество» его драматизма, слитого с «правдою музыкальною» [Серов 1986: 120][28]. Для Мусоргского и его друзей — композиторов «Могучей кучки» — безумный Мельник был образцом музыкального реализма. В 1897 году, почти через два десятка лет после того, как царское правительство отменило свою монополию на весь театральный репертуар, Московская частная русская опера осуществила постановку «Русалки». Оркестром дирижировал Сергей Рахманинов, а партию Мельника исполнил молодой Федор Шаляпин. Ария стала мерилом оперного совершенства, а роль Мельника — одной из главных ролей Шаляпина. В этом новом акценте на мужские партии была отдана дань справедливости. Напомним, что Пушкин упоминал о создаваемой им трагедии не как о «Русалке», но как о «Мельнике».

Что же так поражает в сцене с безумным Мельником? Прежде всего то, что двое мужчин поют не о каком-то чувстве или событии (как того требует лиризм). Они переживают событие,

---

[28] Подробнейший анализ дуэта безумного Мельника и Князя в третьем акте приводится в «Девятой статье» [Серов 1986: 120–126]. Серов, враждебно настроенный по отношению к «итальянистам», которые правили бал в русских оперных театрах, был убежден, что «правда музыкальная» этой сцены «действует глубоко, неотразимо даже на тех, которые по многим причинам не могут сочувствовать красотам его [Даргомыжского] стиля» [Серов 1986: 120]. На английском языке общая характеристика приема «Русалки», уделяющая значительное место десятичастной рецензии Серова, приводится в [Taruskin 1981: 250–262].

которое разворачивается в настоящем времени, слушая друг друга, пытаясь защитить себя от того, что слышат, но не в силах этого сделать и меняясь во время пения. Их необычный дуэт, следующий непосредственно за покаянной каватиной Князя, необходим для того, чтобы каждый вспомнил о своей ответственности. Пока Князь с ужасом смотрит на происходящее, Ворон-Мельник внезапно приходит в себя («Да, стар и шаловлив я стал <...> Я, как дикий зверь, брожу один! Была когда-то родная дочь, отрада жизни, утеха дней <...>»). Но просветление сознания Мельника не может быть долгим: безумие добрее. В этом состоянии он может выплеснуть наружу свои страдания. Как птица-падальщик он набрасывается на Князя, требуя вернуть ему дочь. Испуганный Князь зовет на помощь, появляются охотники. Удрученный Князь готовится отбыть со своей свитой, а Мельник в изнеможении падает на берег — никому не нужная внешняя оболочка той самоуверенной, лукавой, комической и расчетливой личности, которая открывала первое действие песенкой с плясовым мотивом. Он вернулся в прошлое, из Ворона став Мельником, а из Мельника превратившись в Отца, и признал неразрывность этих образов через осознание того, что погубил собственную дочь[29].

К концу третьего акта опера переходит в область статики. В ней не происходит новых событий, ее больше не интересуют вопросы любви, предательства или выгоды, она полностью сосредоточивается на воздаянии. Этот неумолимый счет выставляется главным действующим лицам поочередно, но за одно и то же, в зависимости от способности каждого воспринять его и остаться достаточно вменяемым, чтобы петь. Только многослойный музыкальный текст мог точно передать эту психологию. За это мы опять-таки должны благодарить сложный драматико-вербальный жанр либретто. Литературные шедевры, адаптированные для певческого исполнения, часто выхолащиваются, и в операх, безусловно, встречаются грубые, карикатурные упрощения.

---

[29] Эта психологическая траектория демонстрируется посредством музыкальных примеров в [Верба 2015: 47–53].

Но это не относится ко всем операм — тем более в случае сложного развития персонажей, которое мы наблюдаем в «Русалке». Только оперное либретто могло позволить одновременно выразить несколько вызревающих, противоречивых, взаимодействующих между собой психологий, каждая из которых описывает свою собственную эмоциональную и логическую дугу. Разумеется, публика должна быть достаточно образованной, чтобы улавливать, кто что слышит на сцене (некоторые музыкальные строки задумывались как арии, исполняемые «в сторону», как обращения к публике, не слышные тем, кто находится на сцене; в то время как другие персонажи обмениваются подобием речитатива). Как бы то ни было, столь сложная структура либретто целиком лежит за пределами коммуникативных приемов, доступных обычной театральной пьесе, которая по линейному принципу ограничивается (если хотят избежать какофонии) представлением одного голоса в каждый отдельно взятый момент. Даргомыжский, подобно Моцарту и Чайковскому, был исключительно одарен в области психологии и методов разработки ансамбля.

Четвертый акт оперы открывается танцующими, кружащимися русалками на дне Днепра. Царица-Русалка призывает к себе дочь и дает ей поручение встретиться с пришедшим на берег отцом. Русалочке, которой у Пушкина семь лет, в опере двенадцать, у нее разговорная партия под арпеджио на арфе. Кто ее мать? Гарпия? Сирена? Экстравагантная «ария мести» в стиле бельканто, которой завершается первая сцена четвертого действия, — самый виртуозный, неистовый фрагмент ее партии — предполагает, что как русалка она присоединилась к другим мстительным мифическим существам женского пола. В основе этого мелодраматического, эффектного фрагмента лежат оперная психология и колоратура, что вызвало смешанные чувства на премьере 1856 года. Музыкальный критик Ф. М. Толстой хвалил Даргомыжского за то, что у него русские крестьяне не поют арии в итальянском стиле, одновременно признавая стремление композитора к большей «универсальности» музыкальной формы — вероятно, достижимой только с итальянской арией в подводном царстве; и все же Толстой считал, что финальное соединение Князя и Русалки полностью противоречит нравственной цели поэмы [Толстой 1856]. В своем обширном ретроспективном анализе оперы Серов (который считал своей обязанностью давать авторам, чьи сочинения он рецензировал, подробные советы по поводу того, как следует писать музыку) критиковал Даргомыжского за «избытки», такие как ария мести, настаивая, что композитор не лучшим образом проявил себя в области оперной фантастики [Серов 1986: 142]. Однако эта ария, хотя и является коронным номером героини, представляет собой лишь ее предпоследнюю реплику.

У Даргомыжского заключительная сцена на берегах Днепра (действие IV, сцена 2) выводит «сцену с Русалочкой» за пределы привычных для оперы мстительности, экзотики и эротики, которые доминируют в арии бельканто Русалки. На берегу появляются другие женщины (Ольга и Княгиня), но в фокусе внимания непрестанно находится страдающий от душевной раны Князь, очарованный Русалочкой, его дочерью. Княгиня — любящая, обманутая, уязвленная и гордая — не верит своим глазам. Хотя она и представляет архетипическую «соперницу», в своем горе она сливается с Дочерью Мельника[30]. Ольга пытается вмешаться. Однако Князя, все больше осознающего свою вину, неудержимо тянет на дно реки. Как и многое другое в опере, эта вина удваивается, даже утраивается: он виноват не только перед безумным Мельником и его утопившейся Дочерью, но и перед своей брошенной женой, которая нашла его в этом отдаленном месте и, обвиняя в предательстве, просит вновь полюбить ее. Как и в сцене княжеской свадьбы в первом действии, ниоткуда раздается женский голос — на этот раз не для того, чтобы наказать Князя рассказом о самоубийстве, но чтобы позвать его домой («Я жду тебя по-прежнему, и будем неразлучны мы навек с тобой»). Князь идет на голос Русалки, Княгиня еще более отчаянно просит его остаться с ней. Но Ворон-Мельник, фантастический патриарх первой обиженной семьи, появляется на берегу, чтобы защитить «жениха» от чужаков из терема. Куда бы

---

[30] См. [Верба 2015: 58–60], где указывается на это мучительное соединение двух обманутых женщин. Верба также проводит интересную параллель между Русалочкой и ребенком в «Воццеке» Берга.

ни посмотрел Князь, повсюду он видит тех, кого он предал. Берега Днепра — это берега Реальности.

Частью этой реальности является Свадьба, событие, которое может произойти только один раз и совершается теперь. Русалки перешептываются и смеются, качаясь на волнах. Когда Князя ведут к реке, Княгиня на берегу лишается чувств. Перед тем как падает занавес, тело Князя безмолвно опускают к ногам Русалки-царицы. Однако не ясно, могут ли сосуществовать реальный и фантастический миры и оба ли героя продолжают жить. Опера завершается поочередным пением хоров русалок и охотников, каждый из которых отстаивает интересы своего царства. Как и в «Евгении Онегине», женщина не может получить всего, что она хочет, она тоже опустошена — но она поступает правильно и не погибает. Женщина либо превращается в Музу (как Татьяна Ларина), либо становится невинной жертвой, как покинутая Княгиня, либо, как Русалка, — символом вселенского правосудия. Мужчина вновь и вновь поступает неправильно, не может исправить ошибки и теряет все. Таков был мрачный рисунок финала оперы Даргомыжского, и он будет сохраняться и укрепляться в последующих интерпретациях и продолжениях пьесы Пушкина, к которым мы сейчас обратимся.

Посмертная судьба двух Русалок: Два окончания

В 1897 году, за два года до столетия Пушкина, русские академические и журналистские круги охватило волнение. Авторитетный петербургский научный журнал «Русский архив» опубликовал три ранее неизвестные заключительные сцены «Русалки»: продолжение сцены шестой и три совершенно новые сцены, с седьмой по девятую[31]. Эти 228 строк были представлены издателями как точная запись слов самого Пушкина, который в ноябре 1836 года, примерно за три месяца до своей гибели, читал их в доме поэта и переводчика «Фауста» Эдуарда Ивановича Губера

[31] Эти три с половиной сцены под заголовком «“Запись” г. Зуева» были перепечатаны в 1900 году в сборнике А. С. Суворина «Подделка “Русалки” Пушкина» [Суворин 1900: 40–55].

(1814–1847). Утверждалось, что эти сцены были записаны впоследствии 14-летнем гостем, неким Дмитрием Зуевым, присутствовавшим при чтении и обладавшим феноменальной памятью[32]. В оставшихся после смерти Пушкина бумагах не было обнаружено никаких следов этих сцен. Необъяснимым образом Зуев решил обнародовать свою запись только через шестьдесят лет. Она могла бы показаться обычной литературной мистификацией — или попросту подделкой. Однако в воспоминаниях друзей Пушкина содержатся соблазнительные намеки, подтверждающие, что в месяцы, предшествовавшие роковой дуэли, Пушкин действительно говорил своим друзьям о своей «лирической драме» «Русалка» и в особенности — о ее концовке[33]. В этой странной истории многое казалось достаточно правдоподобным для того, чтобы отнестись к «дополнению» серьезно. В сценах с шестой по девятую происходят следующие события.

Запись Зуева начинается с того места, где завершается окончательный вариант Пушкина, с вопроса Князя: «Откуда ты, прекрасное дитя?» Русалочка легко отвечает на него. Она — болтливая девочка, которая сообщает о предшествующих событиях и их причинах. Она рассказывает о судьбе своей матери, по-прежнему любящей, и ее наказе «приласкаться» к человеку на берегу. Очарованный ею Князь берет девочку на руки и целует ее. В этот момент врывается безумный Мельник: «Не ласкою ль обманной, как дочь мою, и внучку погубить замыслил?..» Он грозит, что «...острыми когтями сердце вырвет; он очи выклюет, княжие очи! И дочери, на дно реки пошлет подарочек». Мельник набрасывается на Князя. Эта агрессивная деталь стала одним из аргументов в обвинении Зуева в подделке, до такой степени она соответствует оперным набросками Даргомыжского (которые полностью относятся ко времени после смерти Пушкина) и вместе с тем отсутствует во всех пушкинских планах.

---

32 Выдающиеся мыслители, такие как правовед и политический философ Борис Чичерин, поверили Зуеву. См. письмо Чичерина в редакцию «Русских ведомостей» (№ 29, 29 января 1897 года) [Суворин 1900: 36–38].

33 См. выступление П. И. Бартенева в защиту Зуева [Суворин 1900: 55–58]. Он предполагал, что эти сцены могли быть конфискованы Третьим отделением до того, как архив Пушкина был передан Жуковскому.

Сцена седьмая: испуганная Русалочка зовет на помощь мать. Дочь Мельника (она именуется именно так, а не Русалкой) поднимается над водой, чтобы проклясть своего отца-мельника и прогнать его прочь. Затем она обращается к Князю, рассказывая о том, как годами жаждала отомстить, но теперь, увидев его, прощает все, любит, как прежде, и жаждет его объятий. «Но, поцелуй мой — смерть, — добавляет она. — Прощай, беги, будь счастлив, князь, с подругой молодою, меня и дочь навеки позабудь!..» Князь отказывается уходить: «Нет, не разлучусь с тобою, жить без тебя, без нашего ребенка не в силах...» Сцена восьмая открывается охотниками и хором русалок. Князь исчез. Русалки поют на деревьях. Меж охотников появляется новый персонаж, «Любимец Князя», посланный Княгиней. Его задача — разузнать о происходящем, а затем объявить историю об утоплении и перерождении Дочери мельника языческой сказкой. Один из охотников слышит со стороны реки доносящийся издалека голос Князя, потом голос ребенка, голос старика, произносящего угрозы, наконец женский голос. Любимец Князя сыт по горло этими фокусами. Вновь на берегу появляется маленькая Русалочка, на этот раз она приносит обручальное кольцо, которое Князь пожелал вернуть Княгине (с просьбой молиться за него — «но, — говорит Русалочка, — как молиться, я того не знаю»). Любимец Князя, повсюду чувствуя присутствие нечистой силы, приказывает схватить девочку. Однако Русалочка скрывается в волнах, а на берег выбрасывает тело Мельника. Охотники разбегаются. В заключительной, девятой сцене в княжеском тереме Княгиня рассказывает Мамке о приснившемся ей страшном сне. Она надевала на себя богатые украшения, готовясь в свадьбе, затем вошла в церковь, где пели хоры, горели свечи и сверкало золото, а когда дело дошло до благословения, пол под ее ногами стал прозрачным, и через это похожее на лед зеркало она увидела, как ее Князь женится на другой женщине, прекрасном водяном существе: «Я вскрикнула!.. проснулась...» В этот миг вбегают охотники с кольцом. Увидев его, Княгиня падает замертво. Последняя мольба Мамки: «В сонм ангелов прими ее, Всевышний!»

Эта запись Зуева разделила поклонников Пушкина на два лагеря. Примечательно, что ученые и текстологи были склонны доверять ей, либо как «возможно, принадлежащей Пушкину», либо как несовершенному парафразу одного из его необработанных (но при этом все же пригодных для опубликования) черновых набросков. В плане тематики она во многом предполагает пушкинское видение трагедии. Теперь в центре каждой сцены оказались символизм и святость венчания, причем для всех социальных слоев, как в реальном, так и в фантастическом мире (инверсия первой сцены наконец заняла свое место). В заключительной сцене появляются охотники, что соответствует плану, составленному Пушкиным в 1832 году. Нравственный рост героя во второй половине пьесы теперь становится ярко выраженным, как и вопреки всему неизменная любовь Дочери Мельника, которая в конце концов отказывается от мести Князю и хочет, чтобы он признал ее и их общее прошлое. Она добивается своего благодаря любви. (Из записи не понятно, кто обитает в подводном царстве, живые или мертвые; это разграничение не имеет значения.) Кроме того, есть сон Княгини, структурно сопоставимый с другими пророческими снами у Пушкина (ночной кошмар Григория Отрепьева в пятой сцене «Бориса Годунова», сон Гринева в «Капитанской дочке», сон Татьяны в «Евгении Онегине»).

Однако литературно-журналистское сообщество сохраняло скептический настрой. Настаивая на том, что запись Зуева является подделкой, критики указывали, что многие из строк не лезут ни в какие ворота (невозможны у Пушкина даже в рабочем наброске). Русалочка и Любимец Князя слишком говорливы, не имея на то оснований; Пушкин не вкладывает рассказы о предшествующих событиях в уста своих персонажей для удобства публики[34]. Дети у Пушкина — тем более дети, рожденные и вы-

---

[34] Замечания К. П. Медведского в «Московских ведомостях» от 20 и 27 февраля 1897 года [Суворин, 1900. 70–87]. Медведский признает, что местами Зуев демонстрирует гений, напоминающий Пушкина, например в описании сна Княгини, но настаивает на том, что «запись», если она не является откровенной подделкой, представляет собой крайне неточный парафраз того, что, возможно, произнес Пушкин.

росшие под водой, — не болтают о себе со взрослыми. Ни одна русская мамушка во времена Пушкина не стала бы поручать свою подопечную «Всевышнему» в стиле Гретхен из «Фауста». Более того, до публикации рукописи не было проведено даже самых простых процедур по установлению ее подлинности (датировка по бумаге, цвету чернил, времени изготовления инструмента для письма). Когда на самом деле было записано это «окончание»? Зуев (весьма подозрительно) «записал» по памяти только три с половиной сцены, которые почему-то отсутствуют в оставшихся после смерти Пушкина бумагах. Началом конца этой противоречивой истории, принадлежащей скорее русской культуре, а не подлинному корпусу текстов Пушкина, стало выступление авторитетного филолога и профессора Федора Корша (1843–1915), который проанализировал дополнительные сцены и сделал вывод, что они *могли* принадлежать Пушкину. Корш заявил, что подлинное научное исследование (то есть его метод) не имеет ничего общего с «газетной критикой». В ответ на это оскорбление, нанесенное его профессии, знаменитый издатель Алексей Суворин составил сборник материалов дискуссии по этому поводу по состоянию на 1900 год, озаглавил его «Подделка “Русалки” Пушкина» — и превратил антологию в решительное разоблачение Зуева. Суворин умело показал, что Зуев собрал («похитил и компилировал») свои сцены из более чем тысячи строк более ранних «окончаний “Русалки”» разного и сомнительного качества, предложенных другими авторами [Суворин 1900: 3–24, 261–284][35].

После этого случая никаких страниц к корпусу текстов Пушкина не прибавлялось. В 1919 году к этой полемике обратился выдающийся русский стиховед, представитель формальной школы Борис Томашевский, подтвердив приговор Суворина в конце осуществленного им строгого статистического анализа пятистопного ямба у Пушкина. Он показал, как любитель Зуев

---

[35] К 1890-м годам были опубликованы 1225 строк поддельных окончаний «Русалки», которые частично были использованы в тексте Зуева. На последних страницах Суворин резко обрушивается с критикой на Корша и других представителей академических кругов.

смоделировал свою подделку на основе ритмических характеристик раннего Пушкина, а не Пушкина 1830-х годов. «Подделать слово — легко, — предупреждал Томашевский. — Подделать ритм возможно лишь после тщательного изучения его»[36]. Однако сборник 1900 года, несмотря на всю содержащуюся в нем смесь слухов и отчаянных гипотез, представляет собой увлекательный документ о рецепции «Русалки». Как предположил автор одного из вошедших в сборник материалов, Пушкин остановился именно на вопросе Князя, поскольку понял, что зашел слишком далеко: возникшее сплетение реалистического и фантастического не могло быть воплощено в едином общем пространстве. Попытки догадаться о том, каким должно было быть окончание «Русалки», продолжались и в советский период.

Наиболее последовательная из этих попыток была предпринята актером и директором Государственного Пушкинского театрального центра в Санкт-Петербурге Владимиром Рецептером[37]. Его стратегия, к которой он пришел в результате пере-

---

[36] Используя хитроумные схемы, Томашевский показывает, как посредством его аналитического метода можно было разоблачить подделку. У Зуева цезура после второй стопы встречается гораздо чаще, чем у Пушкина (Пушкин использовал цезуру во всем тексте «Бориса Годунова», но не в белом стихе «Маленьких трагедий» и «Русалки»). Более того, в строках Зуева процент наличия словораздела после седьмого слога несоизмеримо выше, чем у Пушкина. «Много бумаги исписано — принадлежит ли Пушкину зуевское "Окончание «Русалки»", — пишет Томашевский. — Анализировался каждый стих этого "окончания", но в массе этого стиха не исследовали. Конечно, о каждом стихе могут быть бесконечные сомнения, как и о каждом слове: употребил ли его Пушкин или нет. Но ритм есть инерция, создаваемая цепью стихов. И эта инерция индивидуальна для поэта. Подделать слова легко. Подделать ритм возможно лишь после тщательного изучения его, чего у Зуева, понятно, не было» [Томашевский 1929: 249]; репринтное издание [Томашевский 1970: 249]. Эта статья сначала была представлена как доклад в Московском лингвистическом кружке 8 июня 1919 года, написана в ноябре того же года и впервые опубликована в Берлине в 1923 году. Биографические детали см. [Томашевский 1970: 327]. Благодарю Майкла Вахтеля, обратившего мое внимание на эту статью.

[37] К публикациям, посвященным в основном одной и той же проблеме, относятся: [Рецептер 1976; 1978; 1997] и, наконец, прекрасное двуязычное издание, спонсированное Пушкинским театральным центром Рецептера, «Возвращение пушкинской Русалки» [Рецептер, Шемякин 1998] с фоторепродукциями рукописи Пушкина и иллюстрациями современного художника Михаила Шемякина. (На этих замечательных рисунках русалка-мать изображена как морская русалка, а русалочка-дочка — до самых плеч рыба с плавниками: поразительная интерпретация беспомощности и уязвимости этих существ женского пола, но не соответствующая русским русалкам, у которых есть ноги.) В эту книгу вошли новая статья Рецептера «История читательских заблуждений, или Возвращение пушкинской Русалки (последняя трагедия)», выполненный Энтони Вудом перевод пьесы в редакции Рецептера и перевод более ранней статьи [Рецептер 1978].

смотра помет в рукописях Пушкина, заключалась в представлении Пушкина как редактора собственного текста. С уважением относясь к стремлению поэта к еще большей краткости текста при редактировании, Рецептер не добавлял новый материал в пьесу. Вместо этого он сделал кое-какие купюры. Он удалил семь строк из заключительной части, переставил несколько отрывков, чтобы исключить повторы, и изменил порядок трех последних сцен. В течение двух десятков лет и в четырех основных публикациях (1976–1998) Рецептер доказывал, что Пушкин все-таки завершил свою пьесу (но не успел записать новый чистовой вариант). Знаменитый заключительный вопрос Князя: «Откуда ты, прекрасное дитя?» — должен был остаться без ответа (Русалочки или кого-либо другого), но он и не должен был повисать в воздухе, заставляя задумываться публику. Скорее всего, его следовало вовсе удалить из пьесы[38]. Для ощущения трагичности финала зрелому Пушкину было важно не допустить пересечения реального и фантастического миров. Вторя критическому разбору Ф. М. Толстого после премьеры Даргомыжского, Рецептер полагал, что Пушкин вовсе не собирался соединять Князя с Русалкой. Однако у поэта не было уверенности в том, какой должна быть развязка драмы, и поэтому он отложил завершение работы над пьесой.

Рецептер, театральный профессионал, считал Пушкина таким же радикальным реформатором театра, как Чехов и Ибсен. И, с точки зрения Рецептера, настоящее отмщение того типа, которое подготовлено беспристрастными прядильщицами — фатами, не может быть реализовано в привычных мелодраматических формах сурового наказания, эффектной смерти или потустороннего прощения. Подобно тому, как театральные режиссеры XX века, начиная с Мейерхольда в 1936 году, стремились «вернуть Пушкина Пушкину», идя в постановках «Бориса Году-

---

[38] Внебрачная дочь, сталкивающаяся с отцом на берегу (и восхищающая его), — это клише, заимствованное из либретто Краснопольского, которое Пушкин, как был убежден Рецептер, переосмыслил и намеревался удалить. См. о его происхождении [Борисова 2007: 116], где Леста предстает перед Видостаном, держа на руках Лиду («Что я вижу? Кто ты такова, прелестная певица?»).

нова» от оперы к литературной первооснове, в новой попытке закончить пушкинскую «Русалку» нам следует сопротивляться оперному финалу. Возмездие, по Пушкину, совершается тогда, когда все стороны подчиняются необходимости и продолжают жить, полностью осознавая прежде совершенный выбор и понимая, что смыслом этого выбора теперь определяется их жизнь. При таком понимании судьбы как жизненной ткани, а не драматического конца суждения о том, что правильно, а что нет, приглушаются. По большому счету искупление и прощение утрачивают актуальность. Выбор, который был сделан в прошлом, создал условия нашей нынешней реальности. «И Дочь мельника, и Князь, и Мельник предстают во второй части “Русалки” *в новом качестве*, — пишет Рецептер, — все трое (даже безумный Мельник) чувствуют и осознают происшедшие с ними перемены, и эти же перемены предстоит осмыслить читателю и зрителю как *главное содержание трагедии*» [Рецептер 1997: 274–276].

Химерическое дополнение к «Русалке» Зуева имело до известной степени сходный замысел. Исполнительная и болтливая Русалочка, словоохотливые охотники и предвещающий смерть сон Княгини тоже были нацелены на создание напряженной нравственной атмосферы, углубление пьесы по мере того, как последствия безответственных поступков начинают расходиться кругами во времени и пространстве. Однако Рецептер выступает против продолжений. Он настаивает на том, что Пушкин, как драматург-трагик, всегда искал наиболее эффективное и простое решение. Он совершенствовал произведение, сокращая его и показывая отражение главных событий в сознании персонажей, никогда не раздувая текст, не повторяя и не пересказывая известный материал и не добавляя новых реплик. Как же тогда быть с теми «охотниками», которые были отправлены Княгиней на берег в последней строчке пушкинского плана, и удалось ли придать законченность этой минималистской версии «Русалки»?

В качестве самого последнего плана Пушкина Рецептер предложил новый, выраженно симметрический порядок сцен

[Рецептер 1976: 246]. Первая половина пьесы осталась без каких-либо изменений. «Берег Днепра, Мельница» остается одной длинной сценой, в которой девушка, преданная и отцом, и любовником, решает покончить с собой. Затем следует княжеская свадьба в тереме, на которой преданная девушка присутствует, сведенная до одного лишь голоса, возможно, как явление из другого мира или (подобно призракам, являвшимся Макбету) как проекция нечистой совести Князя. Вторая часть трагедии разворачивается семь лет спустя в тех местах, где продолжают жить основные действующие лица: на дне Днепра, в покоях Княгини, на берегу Днепра, где, согласно последнему указанию Пушкина, ночью должны были собраться охотники. Если в первой части пьесы изображается то, как Князь бросает Дочь мельника и их нерожденное дитя, тем самым гарантируя бесплодность своего законного, официального брака, то вторая часть, открывающаяся сценой, в которой русалки прядут свою пряжу, представляет царицу-Русалку и ее маленькую помощницу Русалочку, неотразимую пару, чей «час настал». В первой части пьесы главным является Выбор, во второй — Судьба. Затем мы переключаемся на Княгиню, для которой время остановилось. Она жалуется мамке на то, что муж пренебрегает ею, на свою бездетность, до тех пор, пока ее не прерывают охотники, признающиеся, что Князь отправил их домой, а сам остался один. Испуганная Княгиня отправляет их обратно на берег реки. Охотники в реальном мире подобны русалкам в области фантастического: посредники, вестники судьбы и прислужники высших сил.

Последняя сцена: Днепр ночью. Склонные к шалостям русалки поют в лунном свете; вдруг они ощущают приближение Князя. Поскольку два мира не могут пересекаться, русалки должны скрыться. Князь погружается в мечты; внезапно листва вянет, дерево чернеет, и появляется Старик (Мельник-Ворон), бормочущий безумные слова. К тому времени, когда возвращаются посланные Княгиней охотники, Князя охватывают раскаяние и страх. Здесь Рецептер просит нас обратить внимание на ремарку Пушкина: «Уходит». Князь не просто удаляется со сцены, он отправляется домой. Разумеется, раздраженный, подавленный, сердитый на воркотню жены, которая преследует его, — но покорный. Его жизнь «спасена». После ухода Князя русалки вновь появляются над водой. Они сожалеют о том, что добыча ускользнула от них. Им хотелось бы еще порезвиться в деревьях и в полях. Однако уже поздно, луна зашла. Их «строгая сестра», Русалка-царица, ждет их внизу. Как и Князь, они подчиняются необходимости следовать приказу свыше, приказу невидимой, неведомой силы. В соответствии со свойственной Пушкину сдержанностью в метафизических вопросах, эта сила не называется ни чистой, ни нечистой, ни святой, ни дьявольской. Она просто существует и проявляет свое мощное гравитационное воздействие. Рецептер заостряет наше внимание на сценической ремарке, которой завершается пьеса: «Скрываются». Мы должны задаться вопросом: не существовали ли эти водяные существа только в сознании Князя и безумного Мельника? Русалка тоже ждала своего Князя, но по приговору прядущих фат она должна научиться жить без него. Как пишет Рецептер в защиту такой последовательности событий: «Встреча с Русалочкой не состоялась, “мщение” не совершилось, — Князь так и не увидел свою дочь, он послушно возвращается к нелюбимой и бесплодной жене, терзаемый муками совести и сознанием навсегда утраченного счастья, — и не это ли есть самое страшное возмездие?» [Рецептер 1976: 249][39].

Одним из фирменных приемов Пушкина является финал, возвращающий к началу произведения, когда все вдруг оказывается таким, каким оно было всегда. Онегин и Татьяна в конце романа живы, но далеки друг от друга и не имеют общего будущего. Германн в «Пиковой даме» снова не имеет состояния и бессрочно содержится в сумасшедшем доме. В конце «Бориса

[39] Сознательно или нет, но здесь Рецептер вступает в полемику с Набоковым. Когда Эдмунд Уилсон предположил, что незадачливый Князь должен вернуться к жене, а не погибнуть со своей Русалкой (как в окончании Набокова), Набоков стал настаивать на том, что он «глубоко заблуждается» (письмо от 16 июня 1942 года): «Моя концовка в полной мере соответствует окончаниям всех легенд, связанных с русалками и феями в России <...>. Пушкин никогда не ломал хребет традиции, он лишь переставлял внутренние органы — с менее эффектными, но более жизнеспособными результатами» [Набоков, Уилсон 2013: 156].

Годунова» в России снова нет правителя — или, если угодно, есть новый лжеправитель. В неканоническом порядке сцен, предложенном Рецептером, «Русалка» также завершается открытым концом, герои остаются живы, все становятся мудрее и смиряются со своей участью. Однако с точки зрения сюжета текст лишен кульминации. Композиторы, приспосабливая Пушкина для сцены, обычно ищут более мощной драматической концовки. Чайковский бросает Татьяну в объятия Онегина, а обезумевшую Лизу — в Зимнюю канавку; Германн закалывает себя (или стреляется). Только Мусоргский осмелился приостановить ход времени неясным бормотанием юродивого, словно хотел сказать: у этой оперы нет финала, который мог бы охватить человеческий ум. Так могло бы продолжаться вечно.

Для группы композиторов национального направления, известной как «Могучая кучка», к которой принадлежал и Мусоргский, Даргомыжский стал почитаемым образцом для подражания в плане музыкального натурализма. Они особенно дорожили радикальным экспериментом, осуществленным Даргомыжским в самом конце его жизни, дословным переложением на музыку «маленькой трагедии» Пушкина «Каменный гость» (1869). Более ранняя «Русалка» более традиционна, но ее нравственная психология, пожалуй, более необычна. В конце третьего действия Даргомыжский предвосхищает развязку пьесы Пушкина, предложенную Рецептером более столетия спустя. В обоих окончаниях центральной становится психическая травма двух виновных мужчин. Князь отправляется жить в своем прошлом, выбранном им мире, и таким образом «спасается» — что можно было бы назвать открытым финалом в духе «Онегина». Однако, как и Зуев в 1897 году, Даргомыжский не стал приносить в жертву спорную «сцену с Русалочкой», в которой естественное сталкивается со сверхъестественным; собственно говоря, он развил этот эпизод в целый четвертый акт. Все жертвы соблазнения, бездумно совершенного Князем в начале, собираются в единый ансамбль скорбящих и осуждающих. Некоторым во время пения удается избавиться от чувства стыда и обрести утешение в любви, другим — нет.

«Избавиться от чувства стыда во время пения»: чтобы изучить эту возможность, вернемся к анализу «Русалки» в исследовании Анатолия Цукера «Драматургия Пушкина в русской оперной классике», упомянутом в начале этой статьи. Его вторая глава посвящена «Русалке» Даргомыжского, и Цукер подчеркивает «сознательное заострение внимания на социальной природе конфликта» [Цукер 2010: 73–74], допуская, что такой акцент частично вызван его раздражением по поводу исследований постсоветского периода, пренебрегающих трудами великих советских ученых-музыковедов — Гозенпуда, Келдыша, Пекелиса, Соловцова, — которые по идеологическим причинам должны были указывать на классовую природу конфликта между Мельником, Дочерью и Князем [Цукер 2010: 73–74]. Концентрируясь на социальном (а не на психическом или метафизическом измерении), критики сталинской эпохи были во многом правы. По своему жанру опера Даргомыжского не является волшебно-мистико-бытовой-фольклорно-романтической (Цукер считает, что, по большому счету, такое чудовищное нагромождение ярлыков лишено смысла), но «высокой, шекспировского типа, музыкальной трагедией» [Цукер 2010: 54], и это означает, что ее главные герои приходят к пониманию через страдания. В развитии сюжета оперы нет ничего сентиментального, сверхъестественного или простого. Она остается верной личному несмотря на то, что каждый персонаж в ней зависит от внеличных обстоятельств. В ней не работает ни одна из простых бинарных оппозиций: добро — зло, жертва — злодей, несчастный — счастливый, невиновный — виновный, жизнь — смерть. Потустороннее — попросту проекция этого мира и его продолжение: можно войти и выйти из него. По утверждению Цукера, единственная сохраненная в опере оппозиция — свобода и несвобода.

Дочь Мельника всегда постоянна, и на земле, и под водой. Она любит всей душой и бесконечно, действует в соответствии с этой любовью и поэтому свободна. Она молится могучей реке, потому что только Днепр может понять такую бескомпромиссную стихийную чистоту. Князь и Мельник — не воплощения зла, они — конформисты, порабощенные и зашоренные рамками своего социального класса и положения. Они искренне любят Наташу, но в меру своих возможностей. Князь никак не может жениться на дочери мельника. Нет никакой надежды, что Княгиня сумеет удержать любовь мужа. Счастье не дано никому их них. Цукер анализирует «интонационные характеристики» главных персонажей. Наташа с самого начала встревожена и испугана (в отличие от ее наивно-доверчивого двойника у Пушкина). Князь — не злодей; его образ, жестокий и циничный у Пушкина, «смягчается и облагораживается» в либретто [Цукер 2010: 74]. Их любовный дуэт дышит искренностью. Однако Князь тоже оказался в ловушке; его партию отличают лиризм и элегичность. И Мельник не злодей; он представляет себя и свою прагматическую жизненную философию в жизнерадостной польке, добродушной и беззлобно комичной. «Деформация» этой плясовой темы в трагический гротеск (безумный Ворон) после утопления дочери — это буквальное воплощение в гоголевском духе одной из реальных черт, доведенной до приводящей в ужас, галлюцинаторной крайности [Цукер 2010: 76–77]. Цукер соглашается с Серовым и Ф. М. Толстым в том, что окончание оперы Даргомыжского слабо. Падение мертвого тела Князя к ногам Русалки в ее подводном царстве — это «внешний» спецэффект, банальная «оперная вампука» [Цукер 2010: 79–80]. Цукер настаивает на том, что психологическая правда оперы заключается в реальности ее социальной подоплеки, где не облеченные властью оказываются наиболее свободными, а власть имущие — совершенно беспомощными перед проявлениями свободы.

Анализ «реалистической» системы ценностей оперы, осуществленный Цукером, предлагает новый взгляд на нее и убеждает в ее «шекспировской» природе. Однако, учитывая его заостренность на социальных аспектах, примечательно, что в нем обходится вопрос о беременности Наташи. Дочь мельника, возможно, совершила свободный поступок, но, конечно же, от отчаяния и понимания того, какая мрачная и постыдная участь ожидает ее в будущем. Никто из основных персонажей оперы не имеет права игнорировать это обстоятельство или смешивать его с настроением и мелодиями ничем не обремененной (пусть даже безответной) чувственной любви. Именно это запоздалое понимание приходит и к Князю, и к Ворону-Мельнику в их завораживающем дуэте во второй сцене третьего акта. Место действия точно то же, что и в сцене, открывающей оперу, — мельница у реки, только теперь лежащая в руинах. Мы узнаём, что после того, как Наташа бросилась в Днепр, отец пытался последовать за ней. Однако если Дочери было дано превратиться в русалку (она должна была защитить жизнь еще не родившейся женщины), то Мельник превратился в птицу-падальщика. К ужасу и Князя, и Мельника, во время этого дуэта в них пробуждается совесть, которая заставляет их ощутить не только ностальгию по прошлому, но и воспринять его как историю собственной моральной несостоятельности. Действительно, ни тогда, ни теперь они не были свободными. Их несвобода стала причиной трагедии, но не может исправить содеянное или оправдать его. У Даргомыжского Русалка-царица добрее к отцу, чем у Пушкина. В разговоре со своей дочерью Русалочкой она называет Мельника на берегу «старик несчастный», а не «безумный скряга», как в драме. Мужчины разоблачены и оставлены в одиночестве, но при этом все выходят на сцену, чтобы стать свидетелями работы судьбы. Цукер прав: безжалостная социальность финальной сцены придает ей «полифонический» и более гуманный характер. Чем же и почему так оканчивается «Русалка»?

Даргомыжский, традиционно для оперы, замедляет бодрый темп пушкинского сюжета большим количеством хоров и хороводных плясок. Эти эпизоды прерывают и углубляют интонационные характеристики главных действующих лиц. Как мы отметили, эти массовые хоровые вставки не являются орнаментальными дивертисментами. Или, точнее, они могут доставлять удовольствие сидящей в зале публике в качестве дивертисментов, но не оказывают желаемого эффекта на находящихся на сцене певцов; после хоровода в первом акте Князь признает, что это веселье никого не радует. Отец, Дочь и Князь смутно ощущают, что эти «вставки» эквивалентны греческому хору, голосу Судьбы, звучащему за пределами пространства действия, который критически оценивает и комментирует события оперы в народном варианте хоровой антифонии. Во втором акте Княгиня, чья роль в опере — беспрестанно горевать, чувствует это сразу, как бы Ольга ни старалась развеселить ее. Слова князя: «Откуда ты, прелестное дитя?» — и ответ Русалочки звонким голоском во второй сцене четвертого акта провоцируют взрыв ансамблевого пения, которое готовит нас к появлению Охотников в финальной сцене оперы. Они тоже выступают как греческий хор; они прерывают такой же важный и фатальный «хор русалок», поющих свое «ха-ха-ха» из водных глубин. Подобно князю Андрею Хованскому в финале «Хованщины» Мусоргского, под звуки небесного хора увлекаемого в стихию огня женщиной, которую он покинул, «неведомая сила» увлекает Князя к низшей стихии, воде, а затем и в воду. Отдельные лица в буквальном смысле поглощаются их коллективно предопределенными судьбами. Если нас все еще удивляет, что веселый, прагматичный, самоуверенный Мельник, начиная оперу, танцует свое выходное соло, пренебрегая ожидаемым приветственным хором, то возможное объяснение заключается в том, что наличие хора или сложного ансамблевого пения подразумевает, что ваш голос сам по себе ничего не значит. Он обретает значение только тогда, когда звучит вместе с другими, и должен гармонировать с ними. Мельник усваивает этот урок лишь после глубоких перемен в своей судьбе.

В трактовке Цукера этическая функция ансамбля обладает целительной силой, поскольку неизбежно связывает персонажа с окружением. Однако исследователь, возможно, преувеличивает степень свободы каждого голоса в ансамбле. Симптоматично его пренебрежение беременностью в разборе «социального». Окончания «Русалки», которые были рассмотрены в данной статье, не совершают подобной ошибки. Они отражают архетипическое пушкинское беспокойство, связанное с необратимыми действиями, в деликатной приостановке: любовь без взаимности (Татьяна в «Евгении Онегине»), ностальгия по былым стихийным желаниям молодости, безумие, интерпретированное не просто как неспособность понять реальность, но как нежелание ее принять, то есть принять ответственность за действия, которые невозможно отменить[40]. Вполне в духе зрелого Пушкина рассматривать его Русалку, «холодную» и «строгую» царицу Днепра, как сложную, придающую силы фигуру, основная роль которой, в отличие от классических сирен, заключается не в том, чтобы сводить с ума мужчин. Как отмечалось выше, ее задача — подобно задаче княгини Татьяны, когда в заключительной сцене Онегин униженно ищет ее расположения, — противоположна: рассудительно образумить возлюбленного, пробудить в нем его лучшее «я» и заставить его взглянуть в лицо тому, каким он был в прошлом. Женщина останавливает боль, которую причиняет это прошлое, подтвердив свою любовь, но при этом сама остается опустошенной.

В «Русалке» Пушкина заложена более масштабная мифопоэтическая схема, которая просматривается во всем творчестве поэта вне зависимости от жанра произведений. Когда из-за рассчитанного стремления к деньгам или власти (либо из-за беспечности, из соображений удобства) рвутся любовные, семейные связи, нарушаются обеты верности, наказанием служит бесплодие и пресечение рода[41]. Вспомним Бориса Годунова или еще раз возвратимся к Евгению Онегину. В музыкальной параболе Даргомыжского о Русалке осознание ответственности за разорванные узы наиболее естественным образом приходит внутри вокального ансамбля, отрезвляющего механизма, пробуждающего и контекстуализирующего сознание. Князь и Мельник, лишаясь разума, прежде чем лишиться жизни, никогда не были так честны, подлинны, никогда не обладали таким ясным видением, как в их дуэте третьего акта. Когда Князь поет один,

---

40 Исследователи традиционно отмечают параллели между «Евгением Онегиным» и «Русалкой», вплоть до одинаковых прилагательных, относящихся к Татьяне и водяной деве, и между сраженным любовью Князем, вернувшимся на берег реки, и Онегиным, который бродит по петербургским балам. Обобщение этих параллелей (с таблицами) см. в [Верба 2015: 15–19].

41 Тонкий анализ этой стороны пушкинского гения проводится в [Синявский 1989: 39–40]: «Расчетливый у Пушкина — деспот, мятежник <...>. Расчетливый, всё рассчитав, спотыкается и падает, ничего не понимая <...>. Про многие вещи Пушкина трудно сказать: зачем они? и о чем? — настолько они ни о чем и ни к чему, кроме как к закругленности судьбы-интриги».

он исполнен жалости к самому себе. Когда Наташа-Русалка поет одна, у нее «жар мести... кипит в крови». Но когда она видит и слышит Князя, перед ней открываются перспективы, и ее лирический голос возвращается. Полагаю, Пушкин согласился бы с тем, что рифма встала на место и круг замкнулся правильно.

2019

Источники

Белинский 1955 — Белинский В. Г. Статья одиннадцатая и последняя // Полное собрание сочинений: В 13 т. / Под ред. Н. Ф. Бельчикова. Т. 7. М.: Изд-во АН СССР, 1955. С. 535–579.

Набоков 1942 — Набоков-Сирин В. Русалка. Заключительная сцена к пушкинской «Русалке» // Новый Журнал. 1942. № 2. С. 181–184.

Набоков, Уилсон 2013 — Набоков В. В., Уилсон Э. Дорогой Пончик, Дорогой Володя. Переписка 1940–1971 / Пер. С. Таска, ред., предисл. и примеч. С. Карлинского. М.: КоЛибри, Азбука-Аттикус, 2013.

Пушкин 1837 — Пушкин А. С. Русалка // Современник. 1837. Т. IV. С. 1–132.

Пушкин 1948а — Пушкин А. С. Русалка // Пушкин А. С. Полное собрание сочинений: В 16 т. Т. 7 / Под общ. ред. Д. П. Якубовича. [М.; Л.]: Изд-во АН СССР, 1948. С. 185–212, 319–347 (выпущенные сцены и черновики).

Пушкин 1948б — Пушкин А. С. Яныш королевич // Пушкин А. С. Полное собрание сочинений: В 16 т. Т. 3. Кн. 1 / Под общ. ред. М. А. Цявловского. [М.; Л.]: Изд-во АН СССР, 1948. С. 360–363.

Литература

Азадовский 1938 — Азадовский М. К. Литература и фольклор: очерки и этюды. Л.: Художественная литература, 1938.

Бонди 1935 — Бонди С. М. <Русалка> [Комментарии] // Пушкин А. С. Полное собрание сочинений. Т. 7 / Ред. Д. П. Якубович. [Л.]: Изд-во АН СССР, [1935]. С. 610–638.

Борисова 2007 — Борисова Н. А. Лирическая драма А. С. Пушкина о русалке. Источники, творческая история, поэтика. Арзамас: АГПИ, 2007. (Пушкин на пороге XXI века: провинциальный контекст; вып. 8).

Верба 2015 — Верба Н. И. Архетипические образы сюжетов о морских девах в драме «Русалка» А. С. Пушкина и одноименной опере А. С. Даргомыжского. СПб.: Изд-во РГПУ им. А. И. Герцена, 2015.

Гозенпуд 1969 — Гозенпуд А. А. Русский оперный театр XIX века (1836–1856). Л.: Музыка, 1969.

Жданов 1900 — Жданов И. Н. «Русалка» Пушкина и «Das Donauweibchen» Генслера // Памяти А. С. Пушкина. СПб.: Типография М. М. Стасюлевича, 1900. С. 139–178. (Записки Историко-филологического факультета императорского С.-Петербургского университета; ч. 57).

Згурская 2014 — Згурская О. Г. Мифологический и реальный мир в драме А. С. Пушкина «Русалка» // Вопросы когнитивной лингвистики. 2014. № 4. С. 85–91.

Козмин 2000 — Козмин В. Ю. Христианские мотивы в драме А. С. Пушкина «Русалка» // Пушкин и Филарет, митрополит Московский и Коломенский: альбом-каталог выставки в Государственном музее А. С. Пушкина, 20 декабря 2000 года — 28 февраля 2001 года / Сост. и вступ. ст. Н. И. Михайловой. М., 2000. С. 205–209.

Лотман 2001 — Лотман Л. М. Об альтернативных путях решения текстологической «загадки» «Русалки» Пушкина // Русская литература. 2001. № 1. С. 129–151.

Набоков 1999 — Набоков В. В. Комментарии к «Евгению Онегину» Александра Пушкина / Под ред. А. Н. Николюкина. М.: НПК «Интелвак», 1999.

Пекелис 1951 — Пекелис М. С. Даргомыжский и народная песня. К проблеме народности в русской классической музыке. М.; Л.: Музгиз, 1951.

Рецептер 1976 — Рецептер В. Э. Над рукописью «Русалки» // Вопросы литературы. 1976. № 2. С. 218–262.

Рецептер 1978 — Рецептер В. Э. О композиции «Русалки» // Русская литература. 1978. № 3. С. 90–105.

Рецептер 1997 — Рецептер В. Э. «Высокая трагедия» («Русалка» и драматическая реформа Пушкина) // Московский пушкинист. Вып. 4. М.: Наследие, 1997. С. 233–277.

Рецептер, Шемякин 1998 — Рецептер В., Шемякин М. Возвращение пушкинской Русалки = The Return of Pushkin's Rusalka / Пер. на англ. Д. М. Томаса, А. Вуда. СПб.: Гос. Пушкинский театральный центр, 1998.

Серов 1856 — Серов А. Н. «Русалка». Опера А. С. Даргомыжского // Музыкальный и театральный вестник. 1856. № 24, 26, 28, 32–34, 36–39.

Серов 1986 — Серов А. Н. Статьи о музыке: В 6 вып. Вып. 2-Б / Сост., ред. и коммент. В. В. Протопопова. М.: Музыка, 1986.

Синявский 1989 — Терц Абрам [Синявский А. Д.]. Прогулки с Пушкиным. Париж: Синтаксис, 1989.

Синявский 2001 — Синявский А. Д. Иван-дурак: Очерк русской народной веры. М.: Аграф, 2001.

Суворин 1900 — Подделка «Русалки» Пушкина. Сборник статей и заметок / Сост. А. С. Суворин. СПб.: Изд. А. С. Суворина, 1900.

Толстой 1856 — Ростислав [Толстой Ф. М.]. Разбор «Русалки» А. С. Даргомыжского. Статья первая // Северная пчела. 1856. № 118. 28 Мая.

Томашевский 1929 — Томашевский Б. В. Пятистопный ямб Пушкина // Томашевский Б. В. О стихе. Л.: Прибой, 1929. С. 138–253.

Томашевский 1970 — Томашевский Б. В. О стихе. München: W. Fink Verlag, 1970.

Ходасевич 1924 — Ходасевич В. Ф. Русалка: Предложения и факты (Глава из книги «Поэтическое хозяйство Пушкина») // Современные записки. 1924. Кн. XX. С. 302–354.

Цукер 2010 — Цукер А. М. Драматургия Пушкина в русской оперной классике. М.: Композитор, 2010.

Bethea 1983 — Bethea D. M. Khodasevich: His Life and Art. Princeton, NJ: Princeton University Press, 1983.

Blank 2017 — Blank K. Nabokov's Nymphet and Pushkin's *Water-Nymph* // Blank K. Spaces of Creativity: Essays on Russian Literature and the Arts. Boston, MA: Academic Studies Press, 2017. P. 106–129.

Goscilo 2007 — Goscilo H. Watery Maidens: Rusalki as Sirens and Slippery Signs // Poetics. Self. Place: Essays in Honor of Anna Lisa Crone / Ed. by C. O'Neil, N. Boudreau, and S. Krive. Bloomington IN: Slavica, 2007. P. 50–70.

Grayson 1992 — Grayson J. Rusalka and the Person from Porlock // Symbolism and After: Essays on Russian Poetry in Honour of Georgette Donchin / Ed. by A. McMillin. Bristol: Bristol Classical Press, 1992. P. 162–85.

Hubbs 1988 — Hubbs J. Mother Russia: The Feminine Myth in Russian Culture. Bloomington, IN: Indiana University Press, 1988. P. 27–36.

Ivanits 1989 — Ivanits L. J. Russian Folk Belief. Armonk, NY; London: M. E. Sharpe, 1989.

Karlinsky 1985 — Karlinsky S. Russian Drama from Its Beginnings to the Age of Pushkin. Berkeley, CA: University of California Press, 1985.

Naroditskaya 2006 — Naroditskaya I. Russian *Rusalkas* and Nationalism: Water, Power, and Women // Music of the Sirens / Ed. by L. P. Austern and I. Naroditskaya. Bloomington; Indianapolis, IN: Indiana University Press, 2006. P. 216–249.

O'Neil 2003 — O'Neil C. With Shakespeare's Eyes: Pushkin's Creative Appropriation of Shakespeare. Newark, DE: University of Delaware Press 2003.

Taruskin 1981 — Taruskin R. "The Stone Guest" and its Progeny // Taruskin R. Opera and Drama in Russian as preached and practiced in the 1860s. Ann Arbor, MI: Umi Research Press, 1981. P. 249–340.

Taruskin 1997 — Taruskin R. N. A. Lvov and the Folk // Taruskin R. Defining Russia Musically: Historical and Hermeneutical essays. Princeton, NJ: Princeton University Press, 1997. P. 3–24.

Vickery 1972 — Vickery W. N. "The Water-Nymph" and "...Again I Visited...": Notes on an old Controversy // Russian Language Triquarterly. No 3. 1972. P. 195–205.

Wachtel 2011 — Wachtel M. A Commentary to Pushkin's Lyric Poetry, 1926–1836. Madison, WI: The University of Wisconsin Press, 2011.

Wachtel — Wachtel M. Pushkin's Turn to Folklore [manuscript].

14
Татьяна Чайковского (постановка Метрополитен-оперы) Программа спектакля, март 1997[1]

Эта глава, как и следующая за ней глава 15, представляют собой краткие вступительные статьи, написанные для публики американских оперных театров, которая воспринимает имя «Пушкин» почти исключительно как указание на источник знаменитых, любимых опер Чайковского и Мусоргского. Цель этих статей двоякая. Во-первых, они знакомят любителей оперы с величайшим поэтом России в его родной «дооперной» стихии (сколько нерусских поклонников русской оперной классики хотя бы знают о том, что Татьяне приснился страшный сон? Или о том, что эта юная любительница чтения после дуэли посетила библиотеку в деревенском доме Онегина? Или что в свою историческую драму «Борис Годунов» Пушкин включил настоящие батальные сцены?). Во-вторых, эти статьи призваны опровергнуть представление о том, что либретто — «второсортный» и не заслуживающий уважения литературный жанр. Это особая литературная форма, обладающая очень сложной драматической структурой, особенно при постановке.

«Евгения Онегина» Чайковского часто обвиняют в отступлении от литературного источника, однако такое обвинение обескураживает. Оперное переложение — это всегда перевод

---

[1] Впервые: Tchaikovsky's Tatiana // Stagebill. 1997. March; Tchaikovsky and his World / Ed. by L. Kearney. Princeton, NJ: Princeton University Press, 1998. P. 216–219.

текста в другую форму. Пушкинскому роману в стихах, завершенному в 1831 году и прославленному как шедевр, едва ли угрожает опасность со стороны либретто, которое отражает главным образом его «лирические сцены». Чайковский тщательно сохранил строки поэта во всех эпизодах, отмеченных высокой эмоциональной напряженностью. И, в отличие от «Пиковой дамы», его второй переработки Пушкина, оперный «Онегин» во многом остается пушкинской историей, самой известной русской версией известного сюжета о не совпавшей по времени, не удовлетворенной, но в конечном счете симметричной любви.

Обычно отступление от оригинала связывают с технической стороной вопроса. Каким бы знакомым ни был сюжет, роман Пушкина представляет собой беспрецедентное, непереводимое чудо формы. Повествование, занимающее около 5500 строк, написано прихотливой 14-стишной «онегинской строфой» — разновидностью сонета с тремя катренами, каждый из которых имеет свою структуру (AbAb, CCdd, EffE), и рифмованным двустишием в конце, содержащим комментарий к содержанию строфы. Высокая степень флективности русского синтаксиса позволила Пушкину использовать множество гармоничных рифм, которыми он пользовался с легкостью (все его персонажи умудряются изъясняться естественным образом, не нарушая при этом пределов, установленных сложностью строфы). Даже самый филигранный и талантливый перевод романа Пушкина — а на английский он переводился неоднократно, причем самым свежим и блестящим является перевод, выполненный Джеймсом Фейленом, — не сравнится, да и не в состоянии сравниться, с размеренностью и упругостью пушкинского стиха. Причина кроется в том, что онегинская строфа и является твердой формой, и обладает пластичностью: местами группы рифм становятся менее четкими, происходят перескоки через точки, вся колонна звука набирает скорость — и читатели чувствуют себя сбитыми с толку, взволнованными и удивленными всякий раз, когда завершающий куплет запечатывает собой сонет. Декламировать «Евгения Онегина» по-русски значит дарить себе удовольствие на протяжении каждой строфы воспламеняться, а затем успокаиваться и расслабляться. Очень точно было подмечено, что виртуозная поэтическая форма может разжечь желание и необоримый любовный порыв.

Прикоснуться к чуду формы, разложить его на плоскости, а затем втиснуть в рамки либретто — неизбежное профанирование, что Чайковский прекрасно понимал. Поначалу он не хотел браться за этот проект, однако в судьбоносном 1877 году неожиданно передумал и создал шедевр, навсегда вошедший в историю оперного искусства. Композитор был потрясен тем, что ни письмо, ни любовь Татьяны к Онегину не получили ответа (должно быть, это сыграло роль в его собственном катастрофическом и кратком браке); в знаменитом письме Сергею Танееву он сообщает о своем решении «положить на музыку все, что в “Онегине” просится на музыку». В соответствии с романтическим дарованием Чайковского, речь могла идти только о небольшом фрагменте пушкинского остроумного, колкого, интеллектуально гипернасыщенного, а зачастую и ироничного текста. Помимо сентиментального поэта Ленского, Чайковского особенно привлекало все, что было связано с Татьяной. Но чтобы понять двойственность отношения к этой опере и даже сожаления о том, что она была написана, нам нужно выйти за пределы рассуждений о форме. В этом плане ключевое значение приобретают три аспекта.

Во-первых, если не считать письма в третьей главе и выволочки, которую получил Онегин в главе восьмой, Татьяна почти всегда остается безмолвной. Мы ничего не знаем о ней и практически не видим ее. Словоохотливый и легковерный повествователь — сам влюбленный в Татьяну — ревниво ограждает ее от любопытных взоров и любых потрясений, которые могут усилить боль, которую, как ему известно, она уже испытывает. Он не хочет разглашать то, о чем она написала в письме: 79 свободно срифмованных строк невероятно искреннего признания, написанных, как уверяет нас автор, по-французски и переведенных для нас без особого желания. Важнейшее свойство Татьяны — ее отделенность от окружения. Она испытывает глубокие чувства, но не проявляет их на публике. Ее внутренняя жизнь — сплошь фантазии, грезы или одинокие бесцельные блуждания. В эпизоде четвертой главы, который Чайковским опущен, Татьяне снится страшный сон: убегая по сугробам от преследующего ее огромного медведя, она в конце концов оказывается за столом, где ее развлекают чудовища, повелителем которых является Онегин. В другом не вошедшем в оперу эпизоде Татьяна, все еще охваченная страстью, посещает дом Онегина после его отъезда, пытаясь отыскать ключ к его странному характеру в библиотеке (перелистывая его книги, она спрашивает себя: «Уж не пародия ли он?»). Подражание, пародия никогда не были привлекательными для Чайковского, чьи вкусы в этих лирических любовных сценах тяготели к непосредственному и чистому. Героиня Пушкина читает, размышляет, накапливает впечатления, пассивно ожидает; но, если не считать одного опрометчиво написанного письма, она *бездействует*. Мона Лиза русских, она — манящая загадка, в ней есть притягательность нереализованного потенциала, внутренние противоречия в состоянии неустойчивого равновесия. Сама попытка спеть такой характер была бы губительной для его глубины и привела бы к его разбалансированности — если, конечно, все песни Татьяны не были бы элегическими монологами или произведениями в традиционном духе, такими как ее пасторальный дуэт с сестрой Ольгой, которым открывается опера. Оперная Татьяна начинает в этом модусе. Но Чайковский, искусно и с завидной настойчивостью узурпируя функцию пушкинского повествователя, постепенно открывает нам ее внутренний мир.

Во-вторых, роман Пушкина — это пустынное место. Многие из драматических моментов происходят в нем за сценой, в снах или фантазиях; повествование о событиях развивается раздражающе медлительно. Нам не показывают первую встречу влюбленных; письма так и остаются без ответов; вызов на дуэль — личное дело, о котором сообщается скороговоркой, а не скандал в бальной зале. У Пушкина живые люди часто минуют друг друга, как тени. Очевидно, что любая инсценировка этого сюжета потребовала бы свести протагонистов вместе. Поскольку многие из лучших пушкинских строк принадлежат повествователю, который, по-видимому, в курсе всех событий так же, как и автор, для певческого исполнения их необходимо было передать кому-то другому. В первом действии выразительный анализ отношений двух приятелей — «волна и камень, стихи и проза, лед и пламень» — вкладывается в уста весьма недалекого Ленского. Оба героя поют про свои сомнения относительно дуэли, пока их секунданты отмеряют шаги; в начале третьего действия Онегин поет о своих путешествиях, но не ясно почему и для кого. И в речитативах, и в ариях персонажи становятся бесконечно более «проницательными» и более откровенно говорят о себе, чем это позволяет им пушкинский текст. Но сильнее всего наполненный одиночеством пушкинский сюжет искажается тем, что в финальной сцене оперы двое влюбленных поют обращенные друг к другу монологи, воспламеняясь в присутствии друг друга. Онегин исполняет отрывки из ранее написанного им письма к Татьяне (которое у Пушкина остается без ответа); Татьяна почти полностью поет свой упрек Онегину (который в романе также остается без ответа: окончив свою речь, Татьяна поднимается и уходит, оставив Онегина, словно громом пораженного, стоять на коленях). Превращение этих двух одиночных признаний в любви в единый любовный дуэт вызывает чувство, что герои соединятся, тогда как у Пушкина этого нет. Иными словами, шаблонная сцена «любовь или долг» подменяет собой гораздо более волнующую своей неопределенностью сцену у Пушкина.

Точный тон и обертон последних обращенных к Онегину слов Татьяны стали предметом многочисленных споров. Ольга Питерс Хэсти, посвятившая пушкинской Татьяне целую книгу, выдвинула интересное предположение, что самый знаменитый из всех русских отказов: «Но я другому отдана; / Я буду век ему верна» — также предполагает буквальное (пусть и слегка завуалированное) прочтение строк: «Но я отдала себя другому» (то есть другому человеку, образу, возможно Онегину или даже себе самой, какой она была раньше) — и теперь Татьяна желает остаться ему верной. Низведение идеала до сферы взаимной любви и осуществление этой любви (с серьезным риском), помещение идеала в реальное время, конечно же, было бы равносильно его уничтожению. Или можно предположить, что Татьяна, предстающая в последней главе опытной замужней женщиной, начала более трезво оценивать пороки Онегина и не желает терпеть ни один из них (именно это предполагает оркестровка Чайковского при решении этой сцены, в которой содержится намек на тему Ленского, отсылающую к бессмысленной дуэли и смерти). Или, быть может, теперь она верит в то, что Онегин сказал ей в деревне: что он принадлежит к такому сорту людей, которые не созданы для наслаждения благодатью любви и супружества. Но и об этом в романе Пушкина ничего не сказано. Татьяна сообщает нам лишь о том, что она по-прежнему любит Онегина и что она будет «верна», иными словами, не станет менять свое нынешнее положение. Действие просто останавливается — и Пушкин, покидая своего несчастного героя в момент, когда с порога раздается звон шпор мужа Татьяны, резко обрывает повествование.

Такая драматическая остановка могла бы быть возможна у Мусоргского — одинокий юродивый на сцене в финале «Бориса Годунова» является примером именно такой томительной, неопределенной тональности. Но не у Чайковского. В качестве центральной темы он выбрал лирические страдания Татьяны, ее страсть, затем, в конце, ее самообладание, — но не ее тайну. У Пушкина, напротив, роман построен так, чтобы тайна оказалась в центре: мы не знаем, чего хочет Татьяна. Говоря словами историка литературы Д. П. Святополк-Мирского, это «классическое отношение Пушкина — сочувствие без жалости к мужчине и уважение без корысти к женщине — уже не возродилось».

Итак, мы дошли до нашего последнего вопроса касательно «Онегина» как романа. Он связан с эпохами в истории культуры. Испытывая влияние со стороны романтизма, Пушкин оставался классицистом — подобно тому как Чайковский оставался романтиком даже под влиянием реализма, преобладавшего в век русского романа. Аристократ XVIII столетия по своему складу, Пушкин не одобрял публичного конфуза. Он не считал, что самоуничижение подтверждает искренность человека, в отличие от убежденных в этом Достоевского и Толстого. Подобная сдержанность была естественна для дореалистической эпохи, когда к благопристойности и социальным кодам относились очень серьезно. В конце концов, избежание публичного позора было одной из главных целей дуэли, обычая, из-за которого Пушкину суждено было расстаться с жизнью (он был убит на дуэли в возрасте 37 лет, защищая честь жены и собственную честь). Отказываясь совершать нравственное падение и каяться, грешить и признаваться — от простых и эффектных путей, придающих сочность сюжету, — пушкинская Татьяна представляет собой образец сдерживаемой энергии, чистого вдохновения. Она — идеальная неоклассицистическая Муза.

Когда Чайковский избрал Татьяну центральным персонажем своей оперы, ему пришлось сделать ее доступной для унижения, неконтролируемых порывов, самовыражения в присутствии других лиц, вовлечь ее в любовный дуэт. Именно с этим связаны самые необоснованные обвинения оперы Чайковского в отходе от оригинала даже со стороны тех, кто в полной мере ценит его гений и красоту его музыки. Дело не только в словах; слова меняются в любом либретто. Совершённое кощунство — психологического плана. В опере искажена личность, любимая русскими за единственный безрассудный порыв, за которым последовало безмолвие и погружение в замкнутый мир, богатый, но не стремящийся к самовыражению и раскрытию. Ибо пушкинская Татьяна лучше, чем все мы, остальные: отвергнутая и опозоренная, она даже не помышляет о том, что ее мечты сбудутся. Парадоксальным образом, представляя сюжет с точки зрения Татьяны и позволяя ей вступить в открытую борьбу, петь в дуэте, падать на грудь Онегину, Чайковский разбивает тот самый сосуд, который, казалось бы, так дорого ценил.

1997

15
«Евгений Онегин» Чайковского: женщины и их миры (Хьюстон-Гранд-опера) Программа спектакля, февраль 2002[1]

Как признавал сам Чайковский, «роман в стихах» Пушкина «Евгений Онегин» (1823–1831) плохо подходит для переработки в оперу. Он написан 14-стишными строфами со сложной системой рифмовки, в нем доминирует склонный к сплетням бесцеремонный повествователь, который с неизбежностью должен быть исключен из любой инсценировки сюжета. В романе почти нет сцен tête-à-tête, то есть отсутствует материал для потенциальных дуэтов. Влюбленные пишут письма, или видят сны, или читают друг другу суровые нотации; они не назначают свиданий, не ведут нежных бесед. Многое происходит не ко времени. Татьяна пишет письмо Онегину; он отвергает ее и вскоре после этого исчезает. Когда впоследствии Онегин пишет письмо Татьяне, она вообще не отвечает на него. В заключительной сцене романа, после того как герой безрезультатно признался в любви, героиня отвергает его, поднимается и уходит. Любовь в романе Пушкина разгорается, лелеется, пожирает любящего, но никогда

[1] Впервые: Tchaikovsky's *Eugene Onegin*: the women and their worlds, for Houston Grand Opera. 2002. January.

не порождает взаимности. Можно ли построить напряженные оперные конфликты из не-событий, не-встреч? Таков был вызов, с которым столкнулся Чайковский, когда в 1877 году обратился к шедевру Пушкина. Он решил проблему, сделав акцент на женщинах.

Чайковскому было 37 лет — и в тот год две женщины вошли в его жизнь и сыграли в ней судьбоносные роли. Первая, юная студентка консерватории Антонина Милюкова, написала Чайковскому письмо с признанием в страстной любви. Не желая оказаться в роли бессердечного Онегина по отношению к своей беспомощной Татьяне, композитор не только согласился встретиться, но и решил жениться на ней. В те времена гомосексуализм осуждался церковью, но русское общество терпело однополые отношения, если их не выставляли напоказ; нередко мужчины-гомосексуалисты женились для видимости, при полном понимании ситуации со стороны жен и не меняя образа жизни. Однако жена Чайковского явно настаивала на «нормальном браке», что привело композитора на грань нервного срыва. Через три месяца жену удалили от него навсегда.

Другая вошедшая в его жизнь женщина была гораздо более великодушной, но такой же далекой. Это была Надежда фон Мекк, вдова, на девять лет старше Чайковского, которая в 16 лет вышла замуж за обрусевшего немецкого инженера, родила ему 18 детей, а после его смерти обнаружила (чему, пожалуй, не стоит удивляться), что страшно устала от мужчин как *мужчин*. Она была без ума от музыки Чайковского и назначила ему годовое содержание в 6000 рублей, выплачивавшееся на протяжении 14 лет. Единственное условие, выдвинутое госпожой фон Мекк, заключалось в том, что она никогда не встретится с получателем этого содержания. В 1877 году Муза улыбнулась Чайковскому. Он избавился от злополучной жены и подружился с другой женщиной, которая была готова платить ему, чтобы он полностью отдался сочинению музыки, при условии, что он не будет пытаться вступить с ней в более тесное общение, чем эпистолярное. Это была идеальная ситуация в духе Онегина и Татьяны, как она представлялась Пушкину: вся страсть вмещена в переписку, ей нет места в реальном времени и пространстве, общем для влюбленных, и она никак не связана с плотским влечением. Таковы были преимущества неудовлетворенной любви.

Однако чрезмерное отдаление друг от друга усложняет драматургию. Чтобы воплотить сюжет Пушкина на сцене, композитору предстояло сжать и совместить личные, малолюдные «пространственно-временные зоны» романа, чтобы персонажи могли *спеть* друг другу обо всех тех чувствах, которые выражены в письмах и сделаны предметом надежд и молчаливых страданий в романе. Чайковский хотел создать ряд «лирических сцен», но в его источнике не было избытка доверительности и лирической теплоты. Их могла бы создать условность арии — музыкальной формы, исполняемой публично, но основанной на личном опыте и восприятии, обращенной к зрительному залу и не предназначенной для ушей прочих персонажей. Сцена письма Татьяны (первый эпизод, сочиненный Чайковским) представляет собой именно такое доверительное, спонтанное излияние чувств. Однако множество арий — еще не вся опера, они могут быть только ее кульминационными моментами. Певцы также должны взаимодействовать на сцене и общаться внутри групповой динамики. Каким образом можно было передать фирменную пушкинскую атмосферу одиночества, разобщенности, разлада в «коллективных» моментах оперы?

Наметились два пути. В распоряжении Чайковского были возможности оркестра, что позволяло создать интересный контрапункт словам, которые поют действующие лица, добавив ностальгический или иронический оттенок за счет отсылки к ранее использованным мотивам или эмоциям. Этот метод используется в финальной сцене, в которой Чайковский включает в диалог большие фрагменты пушкинского «одинокого» линейного сюжета. Он заставляет охваченного страстью Онегина *петь* перед живой, находящейся перед ним Татьяной строки, которые в романе он только пишет ей, и пишет напрасно. Такое непосредственное обращение ослабляет ее сопротивление. В отличие от романного Онегина, оперный герой — упрямый боец и воздыхатель. Татьяна сопротивляется его обаянию. Если что-то и удерживает ее от нарушения брачных обетов, то это постоянное музыкальное (не вербальное и не эмпирическое) напоминание о том, что Ленский погиб от пистолетного выстрела Онегина, мотив, который повторяется только оркестром. Любовь не получает удовлетворения, хотя оно очень близко. Сама музыка в финальной сцене опасно усложняется и усложняет чувства влюбленных, тогда как пушкинские строки перегруппировываются, накладываются друг на друга и вовремя распадаются, чтобы создать впечатляющую драматическую сцену.

Был и еще один ресурс: чудо либретто. Обычно к либретто как литературному жанру относятся свысока, но на самом деле оно не обязательно уничтожает глубину характеров или делает их более примитивными, упрощенными. Либретто может передавать тонкости, которые и не снились романам и даже не могут быть переданы средствами разговорной драмы: оно может изображать развитие сложных потаенных эмоций у двух, трех, четырех персонажей *одновременно*. В театральной пьесе это воспринималось бы как какофония, соревнование, кто кого перекричит, как нечто комическое и невразумительное; в опере же это просто ансамбль. В этом гений Чайковского проявился в полной мере. В «Евгении Онегине» арии — Ленского, Татьяны, Онегина, князя Гремина — достаточно однозначны; между тем ансамбли тревожат и сбивают с толку. Часто персонажи поют не обращаясь друг к другу, но одновременно, и каждый из них заперт в своем суженном поле зрения, в собственном пространстве и времени. Должны ли мы, слушая эти сцены, ощущать одиночество или, напротив, взаимодействие? Полагаю, что «Евгений Онегин» был смелой попыткой Чайковского расширить потенциал романтической области лирического.

Рассмотрим только один такой ансамбль-кластер, знаменитую начальную сцену. Это квартет для четырех женских голосов, в котором получают отражение четыре возраста женщины. Во-первых, в нем участвует юная девушка, мечтающая о любви (Татьяна), хотя никакой определенный образ пока не смущает ее душевный покой. Далее, по восходящей траектории конкретного опыта, следует «пробудившаяся» девушка (ее младшая сестра Ольга), уже помолвленная и собирающаяся выйти замуж. Для матери-вдовы Лариной царство эротического осталось далеко в прошлом (в соответствии с определенными романтическими условностями матери девушек-подростков описывались бабушками — как будто бы ни одна женщина не производила на свет здоровых детишек до той поры, как ей переваливало за сорок). А далее, в своей собственной вневременной зоне, следует старушка крестьянка, няня Филиппьевна, для которой, скорее всего, эрос вообще никогда не существовал, и уж во всяком случае не мог стать предметом воспоминаний. Ключевым рефреном в этом квартете служит знаменитая строка Пушкина, заимствованная из Шатобриана: «Привычка свыше нам дана: / Замена счастию она». Наша жизнь удачна в той мере, в какой мы можем приспособиться к событиям, которые от нас не зависят, — поскольку, как покажет Пушкин, привычки и обычаи являются очень хорошей заменой «событиям», которые с неизбежностью несут боль, эмоциональные взрывы и разрушение.

Казалось бы, лексика взрывов и разрушений — как раз то, что нужно для оперы. Но Чайковский, человек, наделенный безупречным вкусом и рассудительностью, считал иначе. Он не разделял романтический идеал асоциального поэта-бунтаря. Музыка не должна ни утомлять, ни эпатировать, но лишь доставлять нам удовольствие. А нам доставляет удовольствие то, за чем легко следить и что легко узнавать. Чайковский был непревзойденным мастером переложения на музыку повседневного опыта. Поэтому его и привлекала французская модель «opéra lyrique», которая концентрировалась не на экзотических приключениях или сверхъестественных событиях, а на скромных обыденных *откликах* на повседневные события. Чайковский стремился удовлетворить самые разные вкусы, он был демократом и хотел доставлять удовольствие толпе, подобно его любимому герою, Моцарту. Он настаивал на том, что лучшими частями мира правит любовь, превратившаяся в привычку. Но какую надо было иметь смелость, чтобы попытаться вложить столь обыкновенную моральную истину в романтическую оперу!

Женщины в опере Чайковского олицетворяют эту истину в наичистейшем виде. В открывающем оперу квартете каждая из женщин поет слова, соответствующие фазе ее личного опыта: одна поет о безвозвратно ушедшем и позабытом прошлом, вторая — о прошлом, вызывающем ностальгию, третья — о счастливом настоящем, четвертая — о страстно желаемом будущем. (Интересно, что в первоначальном наброске либретто Чайковский указал точный возраст своих персонажей: Татьяне 17 лет, госпоже Лариной — 56, няне — 70.) Из них четырех только Татьяна совершает поступки и развивается. В отличие от квартета женщин, сильно различающихся по возрасту, мужские дуэты агрессивны и чреваты конфликтами. Поведение мужчин приводит к большим глупостям, которые нарушают привычное течение человеческой жизни, таким как скандал в день именин Татьяны и дуэль со смертельным исходом, последовавшая за ним. Хотя и стараясь показать, насколько они разные, Ленский и Онегин в своем последнем дуэте поют одни и те же слова. Два главных мужских персонажа активны, воинственны и, в сущности, однобоки. По сравнению с ними женщины в первой сцене могли бы показаться пассивными — однако, взятые вместе, они вездесущи и впитывают в себя все важные события жизни. Мужчинам либо принадлежат эпизодические роли, как, например, князю Гремину, либо они делают глупости, уничтожая друг друга.

Все это очень далеко от великолепной, обычно завершающейся торжеством любви итальянской оперы, где царят истеричные дивы и мелодраматизм и герои следуют за своими желаниями, в атмосфере которой Чайковский существовал в 1860-х и 1870-х годах. Но зато это очень близко к Пушкину. В пушкинской истории ход событий определяется судьбой и симметричными отказами. Но текстура не является трагической. Лучшая жизнь, в неоклассицистическом духе постоянно советует Пушкин, это та жизнь, в которой нет разрушительных событий; в которой все происходит в нужное время, где вы с приятностью дозреваете до вашей следующей роли. «Блажен, кто вовремя созрел», кто идет по жизни должным образом, — таков один из самых настойчиво повторяющихся рефренов повествователя. В опере четыре возраста женщин не выстроены в линию, но соединены вместе, наложены друг на друга, и каждая героиня поет, перекрывая других. Вновь и вновь вместо драматического «оперного» действия мы ощущаем благодаря этим женщинам реальность самоотречения и подчинения обычаю. Соблазн дает о себе знать только в финальной сцене, однако не диктует развязку, а слабеет и остается на уровне фантазий двух влюбленных. В какой-то степени финал походит на женский квартет в начальной сцене: все вместе, каждый сам по себе. «Евгений Онегин» Чайковского — это не «Евгений Онегин» Пушкина, но в нем явлен один из самых одиноких, замкнутых и строгих лирических миров, какие когда-либо переносились на сцену.

2002

16
Испытание войной, ловушки мира: оперный шедевр Прокофьева (Метрополитен-опера, Нью-Йорк, февраль 2002)

Эта статья появилась в феврале 2002 года в программке к «Войне и миру» Прокофьева — совместной постановке Метрополитен-оперы и Мариинского театра. Она была написана и читалась на фоне событий, исключительных для Северной Америки, но достаточно знакомых остальному миру, в том числе России. В сентябре минувшего года в результате террористической атаки рухнули башни-близнецы. Нью-Йорк еще приходил в себя после небывалой катастрофы; страна была настроена воинственно, недоумевала, полнилась слухами и скорбела. В романе Толстого (книга третья, часть II, главы 17–19) есть эпизод, в котором губернатор Растопчин убеждает москвичей, что городу ничто не угрожает и в него не допустят стремительно наступающих французов. Жители готовятся бежать и в то же время упрямо не желают отказываться от своих привычек, продолжая задавать балы и развлекаться. Атмосфера отрицания очевидного и непоправимого вкупе с облегчением, которое приносит капелька настоящей жизни, так тонко переданная Толстым в «Войне и мире», отчетливо чувствовалась и в тот период, когда в Метрополитен готовилась впечатляющая постановка оперы Прокофьева.

В этой мощной, удивительной опере все слишком большое. 1700-страничный текст в ее основе, занимающие все сценическое пространство массовые сцены, продолжительность (один вечер или два?), незримое присутствие Льва Толстого и в то же время память о его знаменитом отрицательном отношении к опере вообще как наиболее пагубной, развращающей форме западного искусства — принять этот вызов мог только композитор, обладавший упрямством и усидчивостью Толстого. Таким композитором был Прокофьев. Страстно преданный оперному искусству (хотя его операм не везло с постановками), он также считал своим долгом служить Советскому государству. В этой предпоследней из написанных им опер, шестой в его творческой карьере, работая в кризисной ситуации и испытывая нарастающие проблемы со здоровьем, Прокофьев наконец-то сумел сочетать свой яркий лирический гений с патриотическим зрелищем.

Работа над этим сочинением продвигалась по-военному стремительно. Она началась в августе 1941 года. Нацистская военная машина наступала; Прокофьев и его тогда еще неофициальная жена и либбретист Мира Мендельсон, были отправлены в эвакуацию, сначала в Нальчик, затем в Тбилиси и наконец в Алма-Ату. К апрелю 1942 года клавир оперы, состоявшей из 11 картин, был закончен: менее чем за восемь месяцев роман-эпопея Толстого о первой Отечественной войне, 1812 года, превратился в эпическую оперу о второй Отечественной войне, 1941–1945 годов. В либретто в основном используется текст, взятый непосредственно из романа Толстого. Решение сохранить в неприкосновенности целые абзацы извилистой толстовской прозы, не перерабатывая словесный материал в обычную, состоящую из арий и речитативов «начинку» оперы, вызвало у Комитета по делам искусств те же нарекания, что выдвигались в адрес созданной Прокофьевым двадцатью пятью годами ранее оперы «Игрок» по роману Достоевского: новую оперу обвиняли в многословности, недостаточности певческих партий, в том, что оркестру в ней уделяется больше внимания, чем пению. Однако сталинистский художественный официоз выдвинул и более серьезные претензии политического характера. Достаточно ли в опере прославлен русский народ? Не слишком ли упрощенно поданы любимые и всем знакомые толстовские персонажи, сведенные до уровня их эротических вожделений? Где же в опере всевидящий Вождь, предрекающий победу и оправдывающий принесенные во имя нее жертвы? В трех редакциях, представленных в течение последующего десятилетия — в 1946, 1949 и 1952 годах, — лояльный, но измотанный Прокофьев еще более усилил тему победоносного героизма и мелодичные массовые сцены. Он добавил сцену блестящего бала в стиле Чайковского (тем самым обогатив «Мир» танцевальными ритмами), а также патриотические арии в духе Глинки (тем самым усилив пафос «Войны»). Он даже сочинил совершенно неоперную сцену военного совета, созванного Кутузовым («Фили»). Однако в послевоенный период на сцене ставился только «Мир», пользовавшийся огромной популярностью. «Война» так и не пробилась через преграды предварительной цензуры. В последние месяцы перед смертью, последовавшей в 1953 году, Прокофьев все еще занимался переработкой оперы, стремясь учесть высказанные ему замечания.

Мира Мендельсон и Прокофьев с величайшей аккуратностью выкроили либретто из толстовского романа. Все сцены для «Мира» были взяты из книги II, частей третьей и пятой. Они объединены темой бесчестья Наташи Ростовой и того, какие последствия оно имело для трех неравнодушных к ней мужчин: ее жениха князя Андрея Болконского, ее соблазнителя Анатоля Курагина и ее почитателя, наперсника, а затем и супруга Пьера Безухова. В эпицентре этих событий находится знаменитая сцена «Наташа в опере», которую Прокофьев *обошел*. В этом эпизоде романа 16-летняя Наташа — избалованная, импульсивная, обрученная с князем Андреем (отсутствующим, и довольно долго), но вызывающая презрение в семье Болконских, так остро нуждающаяся и в иллюзиях, и в любви, — посещает оперный спектакль. Толстой безжалостно высмеивает жанр оперы и показывает его тлетворное влияние на героиню. Поначалу потрясенная грубой искусственностью оперы, Наташа постепенно поддается чарам ее бесстыдства, лежащей в ее основе и сбивающей с толку фальши (которую Толстой называл социальной и художественной условностью). Вскоре после этого она попадает под влияние безнравственной интриганки Элен Безуховой и ее распутного брата Анатоля. Разумеется, Прокофьев ничего не выиграл бы, воспроизведя толстовское отвращение к оперной условности, зато выиграл бы все, показав наглядно, сколь обольстительна может быть музыка. Поэтому во второй редакции сцены 4 первого действия он заменяет «отсутствующий центр», эпизод посещения Наташей оперы, не менее опьяняющей героиню сценой его собственного сочинения: вальсом ми-бемоль мажор в гипнотизирующем размере 3/4, перед которым не может устоять ни один из в высшей степени музыкальных, восприимчивых Ростовых. То и дело переходя в другие, более зловещие минорные тональности, Элен и Анатоль ведут этот вальс на протяжении всей сцены. Наташа и ее отец, граф Ростов, робко пытаются противостоять в собственном ритме 4/4, но не могут удержать его; сопротивляясь на словах, они поют их в ритме вальса. Для Прокофьева (в отличие от Толстого) опера — это не развлекательное зрелище; мы *погружаемся в* нее. Даже безупречно нравственная Соня, которая осуждает Наташу за безрассудство и в конце концов сообщает о готовящемся побеге, не может последовательно выдержать размер 4/4, захваченная сводящим с ума вихрем вальса. Наташа, дух музыки и танца, бросает вызов всем. Один лишь нелепый, близорукий, неуклюжий и огромный Пьер Безухов будет оберегать ее, верить в нее и изгонит обидчика (своего подлого шурина) из древней столицы.

Тема обмана, завершающегося предательством, падения и очищающего возмужания повторяется в частях «Войны». Но здесь на смену Наташе приходит вся Россия. Офранцуженный салон Курагиных превращается во французскую Великую армию, передвигающую «театр военных действий» все ближе и ближе к сердцу России. Россия обманута, предана, обесчещена. Фельдмаршал Кутузов (слепой на один глаз, нелепый, неуклюжий, огромный) сбережет ее, но не без ужасных потерь. По ходу действия раненый Андрей умрет на руках у Наташи на окраинах охваченной пожарами Москвы, тем самым объединяя два уровня, военный и семейный. Если в «Мире» доминируют чарующие ритмы вальса, то в «Войне» скрепами являются исполняемый хором гимн, военный марш (с использованием ударных и медных духовых инструментов) и энергичная патриотическая ария. Как только эта музыкальная материя ненадолго теряет напряженность и вспоминается мирная жизнь, в нее врываются звуки вальса.

В этой опере мир означает возможность земной любви и, следовательно, неизбежных любовных безумств. Напротив, война, вне всякого сомнения, облагораживает и возвышает. Мы чувствуем эту истину, наблюдая, как взрослеет Наташа (воплощение ментальности «Мира») и становится мудрее князь Андрей (на разломе между «Миром» и «Войной»). В первой сцене и герой, и героиня в равной мере поглощены собой. У дуба (это его входная ария) Андрей способен думать только о себе, своем праве на личное счастье, — и даже позднее, слушая пение очаровательной в своей сосредоточенности на себе совсем юной Наташи, он сожалеет лишь о том, что ей «дела нет до его существования». Под конец жизни Андрей, находясь на смертном одре, обращается одновременно и к ней, и к России, представляя, как она возродится, хотя он и не доживет до того времени. Война оказывает очищающее воздействие и на Наташу; в романе она обуздывает Наташино своенравие, превращая ее экстатические порывы в заботу о спасении других (например, она убеждает родных освободить телеги, забитые их вещами, и оставить все добро наступающим французам, чтобы вывезти из города раненых солдат). Однако такое лирическое развитие любви от эгоистической к бескорыстной все же является данью условностям оперы. «Война и мир» Прокофьева сложна для восприятия современной публики из-за присущих ей и характерных для сталинской эпохи помпезности и шовинистической риторики. Складывается впечатление, что такие сцены наносят ущерб и Толстому (который осуждал милитаризм, культ государства и политическую трескотню), и достоинству музыки. Глубоко лиричный Прокофьев остро чувствовал эту топорность. Когда в 1947 году его близкий друг и покровитель дирижер

Большого театра Самуил Самосуд предложил ввести в оперу дополнительные патриотические гимны (в духе тех, которые исполняются в классических русских военно-исторических операх «Иван Сусанин» Глинки и «Князь Игорь» Бородина), Прокофьев печально ответил: «Не могу». Музыку для главной арии Кутузова он переписывал восемь раз. Однако парадокс этой оперы заключается в том, что ее патриотическая помпа на самом деле глубоко трогает и приносит удовлетворение — что, вероятно, указывает на глубокую связь лирического и пропагандистского, которая в сталинскую эпоху породила так много потрясающей музыки к кинофильмам. Эта эстетическая связь также соответствует музыкально-эстетическим взглядам Толстого.

Толстой никогда не одобрял оперу как жанр искусства. Для него искусство, которое сочетало в себе разные языки, по определению утрачивало чистоту. Но он был хорошим пианистом-любителем и болезненно тонко чувствовал музыку. Его знаменитое осуждение симфоний Бетховена, творчества Берлиоза, Листа и Вагнера стало частью протеста против мощно развивающейся музыки, предназначенной для исполнения перед пассивной аудиторией на званых вечерах и в концертных залах, где человек может лишь сидеть, слушать и аплодировать. Музыка — как заявляет герой поздней повести Толстого «Крейцерова соната» — обладает такой могучей силой, что она должна контролироваться государством и исполняться только при «значительных обстоятельствах», когда необходимо поднять дух и подвигнуть людей на действия. Опера, созданная на основе «Войны и мира» в 1942 году, когда Россия вновь столкнулась с оккупантами, появилась именно в такой ситуации. Музыка бывает безнравственной только тогда, когда ее исполняют не к месту.

В 2002 году этот фрагмент толстовского учения может помочь нам переварить помпезный пафос второй части оперы, «Войны» (которая, возможно, даже тронет наши сердца). Среди ее военных ритмов и праведных интонаций мы должны услышать не только триумф или кровожадность армий на марше, но и скорбь о погибших и преклонение перед городом. Деревянная Москва, полностью сожженная в 1812 году, была первым русским *городом-героем* — звание, которое позднее получат Ленинград и другие советские города. Самая вдохновенная ария Кутузова исполняется в честь «златоглавой Москвы»: русские не смогли ее защитить, но и не смирились с потерей. Всмотритесь в этот городской горизонт. Опера говорит с нами посредством и внешнего (развития событий на сцене), и внутреннего (арий и эмоций), но в трудные времена она также становится архивом вечного. Великая историческая опера остается великой, потому что трагедии повторяются и требуют, чтобы память о них увековечивали. Сейчас мы переживаем именно такие времена.

2002

17
Шостакович и русская литературная традиция[1]

Приведенные ниже фрагменты, один — о Шостаковиче как авторе адаптаций литературных произведений, другой — о его второй опере, «Леди Макбет Мценского уезда», взяты из более крупной статьи «Шостакович и русская литературная традиция», впервые опубликованной в сборнике «Shostakovich and his World» (2004). Также в этой статье рассматриваются опера (или антиопера) «Нос» (1928–1930) как литературный монтаж, цикл на стихи Цветаевой как чисто поэтическое произведение и выход за пределы действительности (1973, op. 143) и цикл «Четыре стихотворения капитана Лебядкина» (из «Бесов» Достоевского; 1974) как дань «плохой поэзии, плохой прозе, плохой политике, плохим целям» — выбранные для демонстрации замечательной разноплановости подхода Шостаковича к переложению на музыку литературного источника.

Из Предисловия

<...> В 1927 году Шостаковича, которому тогда был 21 год, попросили заполнить анкету о его отношении к другим видам творчества. По поводу литературы Шостакович написал: «На первом плане склонность к литературе прозаической (поэзию совершенно не понимаю и не ценю...): “Бесы”, “Братья Карама-

---

[1] Впервые: Shostakovich and the Russian literary tradition // Shostakovich and his World / Ed. by L. E. Fay. Princeton: Princeton University Press, 2004. P. 183–226.

зовы" и вообще... Достоевский; наряду с ним Салтыков-Щедрин; в ином плане Гоголь... Далее Чехов. Толстой как художник несколько чужд (как теоретик искусства во многом убеждает)» [Анкета... 2000][2]. С возрастом композитор стал больше ценить поэзию, но любовь к прозе упомянутых авторов не ушла. «Несмотря на то, что его, как правило, считали творцом симфонической музыки, — пишет Эсти Шейнберг в своем недавнем великолепном исследовании иронии в музыке Шостаковича, — Шостакович представляется скорее "литературным" композитором» [Sheinberg 2000: 153].

В данной статье мы рассуждаем о том, что может означать определение «литературный» в контексте музыки, написанной Шостаковичем на основе русских текстов. Премьера его дебютной оперы (если ее можно назвать оперой), музыкального варианта сюрреалистической фантазии Гоголя «Нос», состоялась в Малом театре в 1930 году. Его последний песенный цикл (если его можно назвать песенным циклом) — это музыкальная драматизация нескольких очень плохих, очень смешных стихотворений капитана Лебядкина, пьяного шута из романа Достоевского «Бесы» (1872). В промежутке между этими двумя гротесками, ор. 15 и ор. 146, созданными на основе прозы, Шостакович, работая во множестве сольных и хоровых музыкальных жанров, часть которых являлась созданными им самим жанровыми гибридами, положил на музыку поразительно разные русские литературные тексты. Наряду с явно выраженными песенными циклами на стихи Пушкина (1936, 1952), Блока (1967) и Цветаевой (1973), в 1960 году он положил на музыку гораздо менее лиричные «Сатиры» Саши Черного, поэта и детского писателя начала XX столетия, создал музыку к осуществленной Мейерхольдом в 1929 году постановке антиутопического фарса Маяковского «Клоп», а для пушкинского юбилея 1937 года написал музыку к мультипликационному «фильму-опере» «Сказка о Попе и его

---

[2] Отдельным вопросом (№ 4) в этой анкете шло: «Ваше отношение к другим искусствам (профессиональность, степень интереса и так далее». Далее в цитатах мы используем беспробельные многоточия; в основном тексте статьи пропущенные фрагменты обозначаются многоточиями в угловых скобках.

работнике Балде» (1935). Его первая полномасштабная опера, основанная на повести Николая Лескова «Леди Макбет Мценского уезда» (1864), была поставлена в 1934 году, что два года спустя обернулось катастрофой. В 1942 году он вновь обратился к Гоголю (к его драматическому наброску «Игроки» (1842)), но в конце года забросил работу, успев положить на музыку восемь сцен, дословно воспроизведя в них гоголевский текст. Первым произведением для хора, созданным композитором, стали положенные на музыку в 1921–1922 годах две басни Крылова. Из четырех симфоний для оркестра и голоса (из них три — для оркестра и хора) симфония № 13 представляет собой монументальное произведение для оркестра, баса и мужского хора на тексты пяти смелых с политической точки зрения стихотворений Евгения Евтушенко (1962).

<...> Обладая поразительной изобретательностью, Шостакович, казалось, никогда не ощущал нежелания слов ложиться на музыку, то есть исковерканности, порабощенности слов, оказавшихся во власти музыки. Эта древняя вражда, которая питала наиболее радикально «реалистическую» музыку на слова, созданную в XIX веке, преодолевается в его практике смелым и виртуозным пониманием оркестрового голоса. Оркестр у Шостаковича не ограничивается комментарием к событиям, разворачивающимся на сцене. При том что он, разумеется, использует реминисцентные мотивы, которые пробуждают у персонажа совесть или воспоминания (как, скажем, исполняемая оркестром тема Ленского, проходящая через горячечные мысли Татьяны в финальной сцене «Евгения Онегина» Чайковского), у Шостаковича инструментальная партия выполняет свои собственные, независимые задачи. Она может усиливать настроения и воспоминания отдельных певцов в их собственном настоящем. Она даже может предварять и, что называется, досрочно имитировать вокальную декламацию — как это происходит в первой картине первого действия «Леди Макбет», когда двукратный грубый взлай медных духовых из оркестровой ямы предваряет агрессивную выходку свекра, требующего, чтобы его робкий сын заставил жену дать ему клятву верности. Но оркестр может

также обратиться, причем критически, к литературному сюжету, жанру или «поколениям», в рамках которых действуют эти персонажи. В самобытной русской традиции, где литературный канон не просто знали (или так казалось более разобщенному, распыленному, безразличному в культурном плане Западу), но знали назубок, жанры и поколения были четко маркированы.

Как показывают третьи действия опер «Нос» и «Леди Макбет Мценского уезда», Шостакович, не задумываясь, дополнял сюжетные линии классических литературных историй эпизодами, заимствованными из других текстов того же автора, периода или стиля. В музыкальном плане он часто выделял эти вставленные эпизоды с помощью жанров XX века — канкан, галоп, фокстрот, музыка погони к немым кинофильмам, вальс с пунктирным ритмом, — используя их в ироническом ключе. Мощная ритмическая вставка такого типа служит нескольким целям: шокировать публику, обманывая ожидания и способствуя новому подходу к психологии героев XIX века, изображаемых на сцене, или функционировать как внутрижанровая пародия. В обоих упомянутых выше третьих действиях соответствующим пародируемым объектом является оперная условность, требующая, чтобы в третьем действии наблюдалась деятельность некой «группы» (или толпы) — обычно это был танец или балетная вставка, но почему бы не погоня, комическое явление полиции, бунт? Подобная вставка могла бы даже иметь успех сама по себе, оживляя сцену в плане, весьма отличающемся от внутренней жизни героев и заражая публику чувством дающего свободу — а не только искажающего или патологического — потенциала гротеска.

Этот революционный сдвиг в конкретных отношениях слов, музыки и ритма был отмечен Борисом Асафьевым в статье-рецензии на постановку «Леди Макбет» в 1934 году, написанной вскоре после премьеры. «Ни на один миг не теряя слова из виду, Шостакович все же не увлекается внешне-описательными натуралистическими тенденциями: он не подражает музыкой смыслу слов, он не иллюстрирует, а симфонирует слово, как бы развертывая в музыке эмоцию, недосказанную словами» [Асафьев 1985:

312]. Хотя, разумеется, у Шостаковича встречаются иллюстративные и «натуралистические» моменты (печально известная «порнофония» в сцене совращения леди Макбет и смачные зевки, чихания и хрюканья в «Носе»), оценка Асафьева — верная. Произносимое слово и контекстно-обусловленное, и двусмысленное. Оно несет смысл посредством изменения формы и интонации и в каждом новом окружении может обозначать нечто новое. Таким образом, «симфонировка» склонна не упрощать, но усложнять, затруднять его интерпретацию, придавая ей временный характер. Симфонированное слово не имеет ничего общего с сопроводительной подписью к фотографии.

В музыкальной работе с русской литературой в 1920-х годах у Шостаковича был еще один союзник — кинематограф. Часто отмечается, что утомительная работа молодого композитора тапером в немом кино, в котором акцент делался на погоню, поимку, эффектные любовные сцены и прочие фарсовые или сентиментальные приемы, способствовала совершенствованию его искусства импровизатора и «рассказчика». Она также позволила ему глубоко понять соотношение между визуальным и звуковым при стремительном темпе. Однако, разумеется, верно и обратное: раннее знакомство Шостаковича с немым кино обогатило его многими приемами (помимо музыкальных), благодаря которым можно подорвать тиранию вербального знака. <...> Таким образом, задача новой оперы заключалась в том, чтобы вернуть звучание печатному слову, которое благодаря этим внетекстовым инновациям и обогатилось, и частично утратило свои возможности. Обобщая стратегии для «воплощения слова», получившие распространение к концу первого десятилетия советской власти, биограф Шостаковича Софья Хентова выделяет четыре, имевшие особое значение: декламационно-разговорный стиль вокальных партий; музыкальная драматургия, которая имитировала кинематографическую «раскадровку»; особое использование тембровых эффектов оркестра, в особенности ударных инструментов; и изобретение особого драматического гибрида, «театральной симфонии» [Хентова 1985: 198–199]. К четвертому пункту, выделенному Хентовой, следует относиться с осторожностью. Шостакович думал о чем-то совершенно отличном от музыкального театра Мейерхольда, который с таким успехом осуществил постановку «Ревизора» Гоголя в 1926 году, предоставив режиссеру полную свободу действий по изменению текста, темпа и даже драматической концепции оригинала. «Единая музыкально-театральная симфония» в том смысле, которое вкладывал в это понятие Шостакович, предполагала строгое следование замыслу автора и полученному тексту (который мог включать в себя черновики или варианты). Она также предполагала более объективную музыкальную структуру, такую, в которой, по словам композитора, различие между арией и речитативом заменяется «непрерывным симфоническим током», хотя и без лейтмотивов [Шостакович 1929]. <...>

«Леди Макбет Мценского уезда»: Триумф трагедии-сатиры, или исповедальный гротеск

Взлет и падение второй оперы Шостаковича в 1934–1936 годах — самый знаменитый скандал, разразившийся в музыкальном мире в сталинскую эпоху. Редакционная статья «Правды» «Сумбур вместо музыки», в которой подверглись осуждению и опера, и ее чересчур популярный 29-летний автор, в конце января 1936 года потрясла все культурное сообщество. Многое связанное с этим скандалом до сих пор остается неясным[3]. Здесь мы обратимся только к одному аспекту этой хорошо известной истории — значению второй оперы Шостаковича для русской литературной традиции, имея в виду то жанровое определение, которое в 1932 году дал этой опере сам композитор, — «трагедия-сатира»[4]. По поводу этого гибридного жанра

---

3 В первой книге, посвященной этому скандалу, он именуется «культурной революцией», вдохновленной внутриаппаратным соперничеством в агитпропе и контролируемых партией творческих организациях, а не какими-то особыми грехами Шостаковича, который попросту оказался удобным объектом для травли (поскольку был на виду и не был конфликтным человеком). См. [Максименков 1997: 73–87].

4 «Трагедия-сатира» — статья Шостаковича об опере, над которой он работал, была напечатана в «Советском искусстве» 16 октября 1932 (отрывки из нее приводятся в [Шостакович 1980: 31]). В ней композитор рассуждает о различиях между повестью

необходимо подчеркнуть одно обстоятельство. Трагическая составляющая почти исключительно связана с героиней, Катериной Измайловой. Против нее ополчаются слизняки, шуты, распутники, хлыщи и отморозки — одним словом, тот человеческий материал, который гораздо проще представить не в героическом ключе, но в сатирическом. Вплоть до финальной, «сибирской» сцены, когда интонации трагической жалобы и психологической жестокости равномерно распределяются между всеми находящимися на сцене, сатира доминирует во внешнем контексте оперы, а трагедия — во внутреннем мире главной героини. Шостакович выказал серийной убийце явное сочувствие. Как он писал в статье 1933 года, Лесков демонизировал свою героиню и не нашел причин для ее оправдания, но «Катерину Измайлову я трактую сложной, цельной, трагической натурой. Это любящая женщина, женщина глубоко чувствующая, отнюдь не сентиментальная» [Шостакович 1933; 1980: 35]. Он с удовлетворением приводит сделанное на одной из репетиций замечание знакомого музыканта о том, что оперная Катерина больше похожа на Дездемону или Джульетту из Мценска, но не на леди Макбет[5].

Такое лирическое очищение главной героини остается самым интригующим и самым обсуждаемым аспектом переложения, выполненного Шостаковичем. Написанная в 1864 году повесть Лескова также вызывала дискуссии. Однако оригинальная «Леди Макбет Мценского уезда» поражала читателей не столько своим ужасающим сюжетом — публика XIX столетия была воспитана на готических рассказах, и шокировать ее было не так-то просто, — сколько манерой повествования. Ее стиль вялый, чувственный, изобилующий повторами и ритмичными простонародными идиомами. Эта стилизованная поверхность

Лескова и либретто, выражает горячее сочувствие героине, обосновывает специфическое использование им понятия сатиры и свой отход от «Носа» в плане музыкальной драматургии. На английском языке см. об этом [Fay 2000: 69].

5 По окончании репетиции этот музыкант заметил: «Леди Макбет — это энергичная женщина. В вашей же опере получилось наоборот, это — женщина мягкая, страдающая, которая возбуждает не страх, а сожаление, жалость и симпатию». Шостакович согласился с этой оценкой [Шостакович 1934: 7].

практически непроницаема. Повествование о событиях, какими бы ужасающими они ни были, ведется бесстрастным, обыденным тоном, словно повествователь — музейный гид, описывающий роскошный гобелен, на котором изображены кровавые сцены. (Лесков создавал свою повесть как очерк об уголовном деле.) Его Катерина как будто не сознает себя, действует словно в трансе, ее поступки изображаются без эмоций, как «свидетельства», именно так, как они воспринимаются со стороны. Часто обсуждается вопрос о том, почему Шостаковича в качестве материала для оперы, жанра, в котором внутренняя жизнь героинь составляет главное содержание арий, привлекла эта внешне гладкая, бесстрастно рассказанная история; однако дискуссии не дают определенного ответа на него [Emerson 1989].

В первое десятилетие советской власти «Леди Макбет» Лескова была на слуху. Повесть вновь обрела популярность в 1920-х годах: в 1927 году по ней был снят немой фильм, а в 1930 году вышло ее роскошное издание с иллюстрациями знаменитого художника Бориса Кустодиева (1878–1927). Кустодиев имел близких друзей среди современных ему писателей и был страстным любителем музыки. Его дочь Ирина училась в одном классе с Митей Шостаковичем; через нее Митя и его старшая сестра Маруся близко познакомились со всей семьей Кустодиевых. Маруся даже время от времени позировала художнику, а первое публичное выступление Шостаковича как композитора в мае 1920 года состоялось на выставке картин Кустодиева [Fay 2000: 13]. При всем равнодушии к живописи как форме искусства — в анкете 1927 года он называет живопись «занятием бессмысленным», поскольку она сводит динамичный мир к стазу, — Шостакович хорошо знал творчество Кустодиева. Конечно же, ему были известны иллюстрации Кустодиева к Лескову, созданные под влиянием русского народного лубочного стиля. Однако семь лет спустя, когда художник еще был жив, эта связь с изобразительным искусством, вероятно, сыграла важную роль в последующей авторской лиризации «Леди Макбет» через посредство литературы. И посредником здесь выступил Евгений Замятин, великолепный автор модернистской и орнаментальной прозы, помогавший Шостаковичу при написании либретто «Носа», друг и большой поклонник Кустодиева, который иллюстрировал ряд его произведений[6].

Замятин был выдающимся, ни на кого не похожим стилистом и полемистом. В 1918 году он прочел свою первую публичную лекцию о неореализме, творческом кредо, которое предполагало диалектический синтез миметического, приземленного критического реализма и его торжествующего антипода — устремленного к трансцедентному символизма. Неореалисты верили в конкретную материю и движение: в энергию как противопоставление энтропии, эффективность синекдохи, внезапного смеха, вызванного неожиданным контрастом. В военные и послевоенные годы многие из них обратились от модернизированных, механизированных городов — «в глушь, в провинцию, в деревню, на окраины» в поисках «избяной, ржаной Руси», которую они кратко описывали в отрывистых, компактных фразах, звенящих «музыкой слова» [Замятин 1956: 97, 100][7]. Во многом подобно тому, как впоследствии Эйзенштейн будет исследовать визуальный монтаж сквозь призму временной динамики, Замятин разрабатывал для литературы теорию прозаического метра. Его единицей была «прозаическая стопа», измеряемая не только расстоянием между ударными слогами, но и расстоянием — часто лишенным поясняющих глаголов — между ударными словами и образами[8]. В своей собственной прозе Замятин тщательно следовал этим метрическим установкам. К числу его типично неореалистических повестей относится «Русь», появив-

---

6 На связь с Замятиным впервые указал Эндрю Вахтель в замечательной статье, где также выдвигается гипотеза о том, что повесть «Русь» выполнила роль посредника между повестью Лескова и оперой Шостаковича [Wachtel 1995]. С тех пор его тезис был подтвержден с нескольких точек зрения. Я привожу несколько иную последовательность стимулов к созданию оперы, основываясь на интуитивных догадках.

7 Название Русь или Святая Русь получило распространение в XIX веке благодаря консервативным славянофилам; у художников XX столетия она ассоциируется с образами доиндустриальной русской сельской местности и ее традиционной крестьянской, купеческой, церковной культурой.

8 Замятин дает живые метрические примеры изменения ритма в его предложениях, которые, в свою очередь, обусловлены ритмом дыхания, управляемым пунктуацией и соотношением гласных и согласных. «Для меня совершенно ясно, — пишет он, — что отношение между ритмикой стиха и прозы такое же, как отношение между арифметикой и интегральным исчислением» [Замятин 1988б: 468].

шаяся как предисловие, или вступительное «Слово», к маленькой книге портретов, озаглавленной «Русь: Русские типы Б. М. Кустодиева» [Замятин 1923][9]. Позднее Замятин объяснил, как ему пришла в голову мысль создать эти словесные «иллюстрации» к художественному альбому. Издательство «Аквилон» заказало ему статью об искусстве Кустодиева. У него не было настроения писать обычную критическую статью: «...я... просто разложил перед собой всех этих кустодиевских красавиц, извозчиков, купцов, трактирщиков, монахинь — я смотрел на них...» Через несколько часов произошло то, что в «Закулисах» Замятин называет «искусственным оплодотворением»: фигуры ожили, осев в повесть, словно из «насыщенного раствора» [Замятин 1988а: 334][10]. Сюжет «Руси» Замятина — упрощенная, рафинированная, смачная, но более инертная версия «Леди Макбет Мценского уезда» Лескова.

Шостакович почти наверняка знал томик «Русские типы». (Как раз в то лето Митя и его сестра проводили каникулы с Кустодиевым в санатории в крымской Гаспре.) Произвел ли впечатление на юного композитора замятинский вариант (1923) повести Лескова? В интервью, данном в 1940 году, Шостакович указывал, что десятью годами ранее повесть Лескова ему рекомендовал не Замятин, но Асафьев [Fay 2000: 68]. Между тем критик Михаил Гольдштейн утверждал, что в частной беседе с ним Шостакович назвал Замятина в качестве источника идеи оперной «Леди

---

9 Книга содержит 24 портрета работы Кустодиева, из которых более половины играют роль в повести Замятина. Одиннадцать из них, очевидно, послужили моделями для центральных персонажей (два купца, пять купчих, четыре приказчика / деревенских парня); есть там и прототипы второстепенных персонажей (игуменьи, тетушки Марфы; кучера, из-за пьянства которого погибли родители Марфы; сундучника), а также некоторых запоминающихся эпизодических (странник, бродяга). Некоторые эпизоды представляют собой непосредственное описание того, что изображено на картинах (Марфа в бане [№ 14]; Марфа, идущая вдоль высокого забора, с мужской фигурой на заднем плане [№ 13]; сундучник Петров, читающий газету на солнышке [№ 17]). Выражаю признательность моей принстонской коллеге Ольге Питерс Хэсти, специалисту по русской орнаментальной прозе, за ее сделанное независимо предположение о том, что Шостакович «мог интерпретировать Лескова по замятинской версии повести».

10 Другие подробности из того же источника, приводимые здесь, можно найти в статье Замятина, вошедшей в антологию ленинградских писателей «Как мы пишем» (1930).

Макбет» и что Замятин «даже набросал план оперы»[11]. Утверждения Гольдштейна не подтверждены. Однако тот факт, что Шостакович не повторил свое замечание — если он и в самом деле говорил об этом, — можно было бы объяснить эмиграцией Замятина в 1931 году, сделавшей невозможным любое публичное положительное упоминание о нем или его сочинениях в Советском Союзе. Предположим, что неореалистическая повесть Замятина и в самом деле была той линзой, через которую написанная в XIX веке повесть Лескова пробила себе дорогу на сцену театра XX столетия, и что юный Шостакович вдохновился ею. Каким образом «Русь» могла бы повлиять на оперу?

Повесть Замятина начинается в обширном бору, который был бы более подходящей декорацией для фантастической волшебной сказки, чем любого реального исторического места. Его стихии — дерево, огонь, вода. В глубине этого леса находится Кустодиево, городок без красивых видов или проспектов — ибо «то Петербург, Россия. А тут — Русь...», основательная и приземистая, состоящая из «переулков, тупиков, палисадников, заборов, заборов» [Замятин 1923: 9][12]. Ставшая игуменьей тетка

---

[11] Согласно несистематизированным воспоминаниям Гольдштейна, опубликованным на французском языке [Goldstein 1989: 121], сначала Шостакович обсуждал с Замятиным возможность создания балета по повести Лескова о стальной блохе («Левша»). Однако, «изучив несколько сочинений Лескова, они остановили свой выбор на “Леди Макбет Мценской”. Чтобы учесть потребности сцены, Замятин предложил переделать сюжет и обращаться с ним более свободно. Шостакович и Прейс написали либретто по плану, который он [Замятин] предложил. В процессе работы над оперой пришлось отклониться от этого сюжета. Однако в главном план Замятина был сохранен. <....> [Даже несмотря на то, что он находился в сложной ситуации и хлопотал о разрешении эмигрировать], Замятин нашел время, чтобы встретиться с Шостаковичем. Он продолжал предлагать ему различные решения, и его влияние на это сочинение легко распознать. Сам Шостакович даже исполнил для него на рояле несколько отрывков из будущей оперы». Интригующее свидетельство Гольдштейна страдает от отсутствия точной датировки и отсутствия документальных подтверждений приводимых фактов на протяжении всего очерка. Ключевая роль Замятина в создании оперы кратко описана также в [Гольдштейн 1987].

[12] Первое издание повести в некоторых стилистических и сюжетных деталях отличается от последующих изданий и версий, вошедших в антологии. В 1923 году героиню звали Марфа, а не Дарья Ивановна. Что важно для нас, эта Марфа еще более таинственным образом отдалена от преступления, совершенного в корыстных целях. После смерти мужа, купца Вахрамеева, скончавшегося от ядовитых грибов, Марфа снова выходит замуж. Однако в оригинале 1923 года Замятин не приводит имя ее нового мужа [Замятин 1923: 21]; в более поздних редакциях Дарья явно выходит за героя, напоминающего Сергея, обладателя «цыганского уголь-глаза» (см., например, «Русь» в [Замятин 1990: 188]).

выдает замуж Марфу Ивановну, наивную, робкую сироту. В молодости эту тетку «кликали... Катей, Катюшенькой»; ныне она хочет устроить судьбу своей племянницы, ибо «знает, помнит», каковы порядки и какие соблазны подстерегают в мирской жизни [Замятин 1923: 11]. Марфа выбирает жениха по жребию, ей достается богатый купец Вахрамеев, по возрасту годящийся ей в отцы. В соответствии с синекдохической эстетикой Замятина, мы никогда не видим молодую героиню полностью — только ее округлую грудь, белую шею, потупленные глаза. Нам известно про нее, что она — не какая-то «питерская вертунья-оса», но «вальяжная, медленная, широкая, полногрудая, и как на Волге: свернешь от стрежня к берегу, в тень и, глядь, омут...» [Замятин 1923: 10]. Вахрамеев хвастается молодой женой в своей лавке, посещает с ней баню (прямая транспозиция знаменитого портрета обнаженной «Русская Венера» Кустодиева, № 14 в «Русских типах»), угощает ее лакомствами — и возвращается к своим делам. Нет ни насилия, ни жестокости, ни бахвальства, только яблоки наливаются на жаре, насекомые жужжат да «цыганский уголь-глаз» приказчика из лавки Вахрамеева пытается перехватить ее взгляд. Вахрамеев уезжает на ярмарку. Марфа одна, жаждущая, праздная, шуршащая шелками, и когда однажды теплым вечером обладатель цыганского уголь-глаза приглашает ее прогуляться в саду («Марфа Ивановна... <...> Марфуша! <...> Марфушенька!»), она сердится, «только шелк шуршал на тугой груди». Она ничего не говорит — но идет в сад. На следующее утро — «...все — как вчера. Не было ничего» [Замятин 1923: 21].

Вахрамеев возвращается с ярмарки с подарками. Марфа молчит. Несколько дней спустя он умирает; стряпуха подмешала в сморчки какие-то ядовитые грибы. И хотя он «отошел по-христиански», начинаются пересуды, да только «мало ли кто что скажет» [Замятин 1923: 21]. Овдовевшая Марфа вновь выходит замуж, но оказывается, что ее новый супруг — не из числа завистливых купцов — соперников Вахрамеева. Все сменяется лесной тишиной. Все случившееся — словно камень, брошенный в водяную дремь: круги разбежались, рябь улеглась, «только легкие морщины, как по углам глаз от улыбки — и снова гладь». На просторах «Руси» слова заглушаются широкими реками, могучими деревьями, «медным бархатом» колокольного звона, плывущего в вечернем воздухе. Временно ожившие персонажи возвращаются в пространство картин, а там правит стаз, а не движение.

Такая сконцентрированность на видимой и слышимой поверхности вещей играет большую роль в традициях орнаментализма и Гоголя. Однако эффект этой текстуры у Замятина в корне отличается от темпа и чувств нервных марионеток Гоголя, чья нелогичность определяет «Петербургские повести». Объекты Замятина не сталкиваются и не соударяются механически, как объекты в «Носе». Они дремлют, скользят, созревают, описывают круги. В столичном городе энергия лежит на поверхности и открыто расходуется; в лесу и провинции она закупорена, расходуется по-тихому и скупо с произнесенными словами. Всем управляют и все смягчают естественные циклы; вмешательство человека быстро предается забвению. По моему мнению, этот «сельский реализм» замятинской Марфы Ивановны — ее таинственная и лирическая глубина — наложил отпечаток на оперную Катерину Измайлову Шостаковича, созданную десятью годами позднее.

Замятин представляет свой робкий, очень кустодиевский вариант леди Макбет Лескова как невинное создание, попавшееся в западню. Она мало говорит. Вместо того чтобы высказаться, она предпочитает тянуть жребий, шуршать шелками или склонять голову. Ее способ выражения идеально подходит для интимного, прочувствованного жанра арии, в которой внутренняя правда сообщается зрительному залу, а не тем на сцене, кто не дает ей вырваться наружу. В гораздо большей степени, чем жестокая, сладострастная главная героиня у Лескова, Марфа Ивановна является частью природы и инстинктивно движется в такт с ней. Она не сможет и не будет покорно ждать, если ее отделить от природы. (Мы можем представить замятинскую героиню оплакивающей свою неестественную замужнюю жизнь без брачных отношений в арии «Жеребенок к кобылке торопится» в картине 3 перед тем, как раздается стук Сергея в дверь ее спальни, — тогда как у Катерины Лескова нет таких источников чувства.) Замятин описывает Марфу Ивановну как «пересаженную яблоню», напрасно цветущую за высоким купеческим забором; когда Вахрамеев отправляет «цыганского уголь-глаза» угостить хозяйку яблоками и орехами, как ее можно осуждать за грехопадение [Замятин 1923: 16][13]? В том первозданном Эдеме, *Руси*, акцент делается на дереве и его плодах; сценарий соблазнения человека предопределен, прощен и заранее почти забыт. Подводный омут следует своим собственным законам. Это не преступление.

В своем предисловии к либретто 1934 года Шостакович подчеркнул эти новые, лирические «естественные» приоритеты — и далее осудил свою предшествующую практику в «Носе». «Музыкальный язык оперы я старался сделать максимально простым и выразительным, — писал он. — Я не могу согласиться с теориями, одно время имевшими у нас хождение, о том, что в новой опере должна отсутствовать вокальная линия и что вокальная линия является не чем иным, как разговором, в котором должны быть подчеркнуты интонации. Опера является прежде всего вокальным произведением, и певцы должны заниматься своей прямой обязанностью — петь, но не разговаривать, не декламировать и не интонировать» [Шостакович 1980: 39]. В его «Леди Макбет» это имеющее всеобъемлющий характер пение, мелодичное и ритмически смелое, должно было постепенно вобрать в себя все эмоциональные регистры: лирический, меланхолический, сладострастный, громовой. И во всех жанрах (высоких, средних и низких) пение должно поддерживаться непрерывной инструментальной партией и богато оркестрованными интерлюдиями между сценами. Мир велик и гармоничен.

---

[13] Эта точка зрения предложена в статье [Израилевич 1987]. По мнению Алины Израилевич, неореализм Замятина выразился в повести «Русь» как «лубочный сказ-показ» (фольклорный рассказ, изображаемый в лубочном стиле), в котором изобилуют народные поговорки и пословицы и где все человеческие поступки оправдываются Природой. Для этого, утверждает исследовательница, Замятин использует не причину и следствие для объяснения событий, но, скорее, наоборот: следствие (то есть материальный результат) и только потом — причину.

Он вызывает у нас жалобы и благоговейный трепет, как тот бор, с которого начинается «Русь» Замятина, как глубокая толща воды, над которой он смыкается, и как лесное озеро с высокими темными волнами, которому Катерина посвящает свою финальную арию в сибирской сцене Шостаковича. Из этого лирического пейзажа вырастет оперная трагедия.

Однако важно помнить, что этот предопределенный компонент «Кустодиев — Марфа Ивановна» работает исключительно в интересах героини. Ничто больше в опере с ним не связано. Благодаря повести Замятина Шостакович получил возможность морально реабилитировать Катерину, оправдать (чего не сделал Лесков) ее возбуждающую телесность и типичную, характерную для России несвободу, так напоминающую о дани, отданной Мусоргским молчащей, страдающей, но таинственно застывшей матери-Земле в его письмах к Владимиру Стасову по поводу «Хованщины». Портреты работы Кустодиева, напоминающие своей загадочностью «Мону Лизу», служат щитом, который невозможно пробить иронией. И такой оборонительный щит необходим, потому что другой стороной изобретенного Шостаковичем гибридного жанра «трагедии-сатиры» является самый настоящий стенобитный таран приемов из его хорошо проверенного, авангардного оперного словаря: гротескный темп, музыкальная карикатура и безжалостное совмещение лиризма с насилием. В самом деле, певческая ткань «Леди Макбет Мценской» густо испещрена шокирующе жестокими графически натуралистическими сценами. Пронзительные женские крики более не являются периферийными по отношению к сюжету, как было в случае торговки бубликами в «Носе», они — отклик на насилие, творимое на наших глазах: это настоящее групповое изнасилование, мы и видим, и слышим удары кнута, звуки ударных согласованы с инструментом убийства, орудующим на сцене. Подобного насилия в «Руси» Замятина нет и в помине, и в шпалере Лескова оно тоже не является доминантой.

В опере насилие часто является прелюдией к самой острой сатире. Продолжительная порка Сергея в картине 4, невыносимый эпизод, плавно перетекает в угощение грибами, а затем —

в фальшивые сожаления Катерины по поводу отравления свекра и маленькую джигу священника, предшествующую травестированному отпеванию. В картине 6 задрипанный мужичонка спьяну натыкается на тело Зиновия Борисовича под лихую мелодию, выводимую медными духовыми, и это настроение беззаботно передается хору полицейских, по-идиотски ведущему допрос учителя-нигилиста в картине 7. Когда в картине 1 Борис Тимофеевич улучает момент для выражения законного сожаления (по поводу отсутствия наследника в доме Измайловых), ему отводится всего строка-другая расслабленной музыки, которая затем вновь сползает к его разухабистой, блудливой теме. Его большая ария, начинающаяся в картине 4 («Что значит старость... Не спится...»), устанавливает четкую параллель между его бессонницей и отсутствием сна у героини, но это параллель пародийная: жалоба свекра быстро превращается в активное преследование женщины, сексуальную фантазию, которую он стремится воплотить с телом жены сына. (Эта этнографическая деталь, отсылающая к собственническим отношениям в дореволюционной России, точна: в патриархальных семьях такое хищничество было обычным делом.) Работник Сергей тоже испытывает моменты лирической жалости к себе (наиболее ярко выражая его в картине 3, во время своего первого прихода в спальню Катерины «за книгой»), но они имеют место только до, а не после их вступления в любовную связь. Мы воспринимаем его лиризм как маску, как стратегию соблазнения, прозрачную и простую, и это подозрение подтверждается его похотливым приставанием к Сонетке в заключительной сцене. От такой подачи и пародийного дистанцирования свободны лишь лирические излияния Катерины, когда бы они ни происходили. С самого начала не героиня грешит, а скорее, другие грешат против нее; ее жалобы интроспективны, надоедливы, отражают истину на ином, более глубоком уровне и носят исповедальный характер.

Такое тесное соположение трагедии, насилия и сатиры смутило некоторых из первых слушателей оперы. Однако композитор защищал свою вариацию лирической героини в мире, подвергающемся сатирическому осмеянию. В статье, опубликованной в «Красной газете» к годовщине бешеного успеха постановки, он упомянул о том, что некоторые музыканты, слушавшие его оперу, с удовлетворением отметили, что «вот, наконец, мол, у Шостаковича появились глубина и человечность. Когда я спрашивал, в чем же заключается эта человечность, то большей частью мне отвечали, что я впервые серьезным языком заговорил о серьезных трагических событиях. Считаю столь же человечным и необходимым смех в музыке, как необходимы лирика, трагедия, пафос и другие “высокие жанры”» [Шостакович 1980: 48]. Несмотря на всю общеизвестную истину, заключенную в этом утверждении, облагораживающие и гуманизирующие аспекты смеха в этой опере не столь очевидны. Трагедия всегда может быть осмеяна или превращена в пародию или бурлеск, но обратное превращение — дело весьма деликатное: нужно как следует потрудиться, чтобы возвысить опошленный, высмеянный трагико-лирический момент и дать нам основание вновь поверить ему. В этом смысле одно из выдающихся изобретений Шостаковича в «Леди Макбет» — своего рода моральный изолирующий материал, которым он надежно защитил свою героиню. Как бы она ни поступала, у нас ни разу не возникает искушение усомниться в необходимости ее поступков, ее искренности или пафосе. Может ли «трагедийно-сатирическая» опера, так органично сочетающая лиризм с явной жестокостью и откровенной буффонадой, рассматриваться как вариант гротеска? И если да, то какого вида?

Мы помним, что Эсти Шейнберг различает два вида гротеска. Есть путь бесконечного отрицания, при движении по которому пугающее берет верх над смешным, а тело утрачивает форму и самоуничтожается. А есть и позитивный, праздничный гротеск, более похожий на бесконечное приятие, которое освобождает тело от стереотипных суждений о нем и делает саму реальность открытой, лирической и «неокончательной». Каждый вид дается дорогой ценой: в первом случае отчаяния, во втором — утопии, и складывается впечатление, что в этой опере присутствуют оба этих вида. Совершенно ясно, что смех, который ценится Шостаковичем, — это праздничный гротеск, утопический жанр; лиризм, к которому он хочет вызвать наше уважение (и сочувствие), — это гротеск бесконечного отчаяния, и он выпадает лишь на долю Катерины.

Сама Шейнберг подходит к проблеме этой оперы по-иному, с позиций изобразительного искусства. Она посвящает десять страниц анализу Катерины Измайловой Шостаковича в контексте картин Кустодиева [Sheinberg 2000: 251–261]. Нет никаких упоминаний о «Руси» Замятина. Если бы она рассматривала эту повесть, то ее точка зрения, скорее всего, была бы иной, ибо она видит в кустодиевских пышнотелых женщинах не таинственный, лирический позитив, не стилизованное продолжение пышной русской земли с ее природными циклами, свободными от ответственности или осуждения, но более сомнительное с моральной точки зрения нарушение стереотипов, «необъяснимое очарование их преданности собственной чувственности», которое «граничит с гротеском». Для нее знаменитые кустодиевские купчихи находятся в одном континууме с его чудовищно огромными кучерами, его тучной русской Венерой в бане и его гигантским, шагающим по-над городом «Большевиком» (1920). Применяя скорее реалистические, нежели неореалистические критерии, Шейнберг считает, что головокружительная вокальная партия Катерины полностью, трагически не соответствует той любви, которую героиня испытывает к Сергею. «Гротеск возникает не просто из этого несоответствия, но также из полного непонимания ситуации Катериной, — пишет она. — Если учитывать убийства, совершенные ею во имя этой любви, то смесь сострадания, отвращения, насмешки и восхищения, которое она у нас вызывает, трансформируется в леденящую кровь, чудовищную гротескность». Она ощущает этот лед в остинатных ритмах, которые закрадываются в самые страстные любовные песни Катерины. Интуиция в данном случае не обманывает Шейнберг, но частично его с легкостью можно отнести на счет патетики — и это в любом случае касается только героини в ее защитной оболочке. Догадки Шейнберг правдоподобны, но не проливают свет на более крупные проблемы, которые возникают в процессе пылких споров вокруг «Леди Макбет».

Что включают в себя эти споры, каково их значение для русской литературной традиции — вот вопросы, тесно связанные с амбивалентностью гротескных жанров, таких как «трагедия-сатира». Опала, в которую Шостакович попал в 1936 году, предположительно, была вызвана тем, что в опере музыка «умышленно» «крякает, ухает, пыхтит, задыхается» — все глаголы взяты из «Сумбура вместо музыки», — а ее сюжет отличается откровенной разнузданностью. Кроме того, «Леди Макбет» обвиняли в отсутствии именно того, о чем в 1934 году в своем предисловии к либретто композитор говорил как о важнейшем пункте его реформированной оперной эстетики, — «простой, общедоступной музыкальной речи». И все же эта вторая опера (при всем ее натурализме) была в гораздо большей степени песенной, чем ее предшественница «Нос», и пользовалась настолько большим успехом у публики, что эти нарекания представляются искажением действительности. Шостакович оказался подлинной жертвой жестокого и ханжеского сталинизма — образ, отполированный до ослепительного сияния в книге Соломона Волкова о композиторе, вышедшей в 1979 году. Этот образ покорил Запад. Однако вскоре раздался могучий голос возразившего ему Ричарда Тарускина. В 1989–1997 годах, сохраняя полное уважение к Шостаковичу и его гению, Тарускин доказывал, что «Леди Макбет Мценского уезда» была «сталинской» оперой — или, по самой скромной мерке, оперой, которая изо всех сил пыталась приспособить народный (и от этого еще более опасный) драматико-музыкальный язык к идеологическим приоритетам сталинизма[14]. Тарускин усматривал гротескность не в плане стилистики или музыки, но в плане социальном и моральном.

Вот доводы, которые Тарускин приводил для доказательства моральной ущербности оперы. Лесков создал свою Катерину такой, чтобы она казалась грешницей, нимфоманкой и четырежды убийцей. Выбрав эту жуткую повесть в качестве источника для первой из запланированной им серии опер о героических

---

[14] Впервые Тарускин заявил об этом в статье «The Opera and the Dictator: The Peculiar Martyrdom of Dmitri Shostakovich» [Taruskin 1989], впоследствии переработанной в «*Entr'acte*: The Lessons of Lady M.» [Taruskin 1997].

русских женщинах, Шостакович очищает ее образ от самых отвратительных черт. Из либретто исчезает удушение Катериной (тогда беременной) юного наследника и племянника; на самом деле исчезает все, что касается беременности, к которой героиня Лескова была бессердечно равнодушна. Борис Тимофеевич превращается из дряхлого восьмидесятилетнего старца в бодрого патриарха, стремящегося осуществить свои права свекра по отношению к молодой жене своего уже немолодого слабовольного сына. Катерина действительно идет на убийство этих двух омерзительных типов, но в своих поступках и в своих музыкальных образах эти люди представлены как определенно заслужившие такой участи; более того, в случае Зиновия Борисовича смертельный удар наносит Сергей. Как только позволяет драматическое правдоподобие, у Катерины начинаются кошмарные видения призраков, она осознает свою вину, что напоминает о ее шекспировском прототипе (или, если искать поближе, то о царе Борисе Годунове, опера о котором обильно цитируется в музыке). Когда во время свадебного пира приходят полицейские, чтобы арестовать новобрачных, и Катерина понимает, что бежать уже слишком поздно, она просит простить ее новоиспеченного супруга и протягивает руки, чтобы их связали. Между тем Сергей пытается спастись бегством. В последнем, сибирском действии осуществляется полномасштабная лиризация судьбы Катерины. Даже в этом новом, гораздо более ужасном узилище она верит в любовь и справедливость, продолжая виниться перед Сережей, когда тот ухлестывает за другими женщинами, готовая обменять свои шерстяные чулки на ласковое слово. И ее предают. Из оперы исчезает все смешное и сатирическое. Остается только трагическое.

Тарускин правильно определяет источник этой лирической Катерины — знаменитую пьесу «Гроза» (1859) Островского. Ее героиня Катерина Кабанова после замужества также оказывается в богатой и деспотичной купеческой семье, преступно влюбляется в другого мужчину, страдает от тирании со стороны родителя мужа (в данном случае свекрови), становится жертвой своего косного окружения и топится в реке. Следует отметить, что Лесков сочинил свою жуткую контристорию в противовес культу сентиментальной, превращенной в мученицу Катерины Островского несколькими годами позже. В 1927 году, отвечая на вопросы анкеты по психологии творческого процесса, Шостакович заметил, что он «не очень любит Островского» [Анкета 2000]. Однако к 1930-м годам он пришел к пониманию полезности этой канонически чистой героини, принесенной в жертву злобному миру купечества, которое в царской России, весьма на руку коммунистическим идеологам, являлось формирующимся классом капиталистов. Taрускин утверждает, что, по сути дела, Шостакович реставрирует сентиментальный сюжет Островского, ставя его на службу новому режиму. Если бы этот режим был более искушен в музыке и более предсказуем в награждении своих служителей, то опера Шостаковича могла бы стать первой в серии его портретов русских женщин в духе социалистического реализма: данью женщинам многострадальным, вечно притесняемым, но обладающим железными нервами, способным уничтожить классового врага, оставаясь при этом лирически уязвимыми, даже если терпят поражение. С точки зрения Тарускина, этот замысел — не что иное, как моральный гротеск.

Полемика еще не завершена. В 2000 году, в первой крупной посткоммунистической публикации, переосмысливающей проблему лояльности в связи с этой оперой, музыковед Вадим Шахов ополчился и на антисталинистские прочтения оперы, и на контратаку Тарускина — причем по приблизительно одним и тем же причинам [Шахов 2000]. Шахов с грустью отмечает, что Запад подхватил эту основательно заезженную тему там, где она была оставлена Советским Союзом [Шахов 2000: 245]. И это плохо, потому что статусы жертвы сталинского режима и пособника или попутчика сталинского режима в равной степени излишне политизированы. Великие произведения искусства редко выигрывают от того, что их анализируют в этой плоскости. Поскольку Шостакович и его соавтор по либретто Александр Прейс следовали основной схеме сюжета Лескова (что по меркам либретто является достаточно точным переложением) и поскольку сюжет этот довольно-таки жуткий, большинство критиков в своих суждениях о нем руководствуются скорее интуицией, чем фактами, не удосуживаясь провести внимательное поэпизодное сравнение повести и либретто. Именно такую сравнительную таблицу предлагает своему читателю Шахов [Шахов 2000: 249–254]. Однако он отказывается играть в «исследование лояльности», которое всегда принижает вторичный текст. В качестве основного художественного текста он берет *либретто* — в конце концов, этот литературный памятник является фактически рассматриваемым здесь нарративом — и, двигаясь назад, определяет по нему адекватность оригинала. Какие оперные эпизоды также присутствуют в оригинале Лескова, спрашивает он, а какие отсутствуют? Каким образом два либреттиста, работая с учетом требований сцены, улучшают образы, созданные Лесковым? Какой из двух вариантов повествования более подходит для оперы?

Его находки содержат ценную информацию. Даже не принимая в расчет все третье действие (буффонада в полицейском участке и свадьба, отсутствующие у Лескова), можно убедиться в том, что основная часть эпизодов, положенных на музыку, либо восходит к одной-двум строчкам текста Лескова, являясь простым намеком на сцену, либо вообще не имеет «оригинала». Либретто, разумеется, восходит к Лескову — место действия и имена героев те же самые, — но на самом деле, заключает Шахов, оно является «самостоятельной драматургической разработкой, имеющей не так уж много общего с текстом и событиями очерка [Лескова]» [Шахов 2000: 254]. Героиня, по мнению Шахова, не купчиха, скопированная с полотна Кустодиева [Шахов 2000: 261], и не робкая, услужливая Катерина Островского; и она не является воплощением убийцы из оригинала, чья преступная жизнь была описана в стиле полицейского рапорта. Оперная Катерина — это новый конкурентоспособный психологический конструкт: повесть Лескова оказывается увидена глазами ее главной героини и прочувствована ею [Шахов 2000: 270]. Хотя Шахов и не проводит эту параллель, мы отмечаем, что Чайковский совершил подобный шаг несколькими десятилетиями ранее в не менее успешной и не менее противоречивой оперной версии «Евгения Онегина». В этой опере роман в стихах Пушкина осовременен и переделан в духе романа Тургенева, изложен (как это характерно для Тургенева) с точки зрения его героини, Татьяны[15].

Более весомый аргумент Шахова — это защита права оперной переработки на мирное существование в ее собственном времени (и во все времена) в качестве эстетического целого, не зависящего от какой-либо идеологии, и не в качестве производной от некого ревнивого «оригинала». (В конце концов, Катерины Шостаковича и Лескова отличаются друг от друга в той же мере, в какой обе они отличаются от своего шекспировского прототипа.) Он несколько раздраженно отзывается о западных критиках, чьи сексоцентричные фрейдистские рассуждения представляют их и слишком оскорбленными, и слишком очарованными «натуралистической» трактовкой Шостаковича (которая в любом случае больше зависит от постановки, чем от музыки или исполняемого текста [Шахов 2000: 288], — и еще более отдаляет их от понимания русской литературной традиции, где русские женщины рассматривают самопожертвование не как патологию, но как особую радость [Шахов 2000: 289]). С его точки зрения, определение «трагедия-сатира» является не политической, а эстетической категорией, связанной со стремлением XX века к «максимальному “разведению полюсов”» в театральном искусстве и тем самым — к углублению драматического эффекта [Шахов 2000: 271].

Однако, несмотря на всю убедительность доводов Шахова, в центре этой оперы по-прежнему находится элемент гротеска, непреодолимого несоответствия. Я предположила бы, что его следует искать не в политике и не в сюжете как таковых, но в тех доверительных моментах, когда Катерина, верная своему очищенному и углубленному образу, не может не открыться внешнему миру. Лиризация одного-единственного персонажа в нату-

---

[15] Этот тезис выдвинул Борис Гаспаров в докладе «Eugene Onegin in the Age of Realism», прочитанном в декабре 2000 года на ежегодной конференции Американской ассоциации по развитию славистики в Вашингтоне, округ Колумбия. Расширенную версию доклада см. в [Gasparov 2005: 62–74].

ралистической музыкальной драме — рискованный проект. Этот риск тем больше, что драма превращается, пусть на протяжении лишь одной сцены, в цирк. Ибо когда все остальные представляются в карикатурном, приниженном виде, пошляками или глупцами, лирическая героиня остается без собеседников. Никто не достоин ее признаний. (Прекрасным примером может послужить конец третьего действия: разве имеет смысл благородно сдаваться «кистоунским копам»[16]?) Но если кающаяся душа не должна петь свои арии в никуда, то раскаяние, исповедь и духовное перерождение требуют достойного исповедника. У раскольницы Марфы в «Хованщине» есть Досифей, у Татьяны в «Евгении Онегине» есть увлеченный ею Онегин, у Наташи Ростовой в «Войне и мире» есть ее верный Пьер Безухов или умирающий князь Андрей. Но в «Леди Макбет» Шостаковича на сцене нет никого, кто мог бы стать свидетелем нравственного роста Катерины. В другие времена и в других культурах, разумеется, все это можно было бы адресовать Богу. Однако в советской социалистической реалистической опере Божественный собеседник был невозможен.

Традиционный адресат арий — публика в темноте зрительного зала есть всегда. Однако такой адресат, даже представляя единственный локус серьезности, должен был бы пытаться вытащить героиню из ее окружения и не позволить персонажу на сцене подчиниться сценическому контексту. В любом случае, радикальное одиночество Катерины создает парадокс. Она и непосредственный продукт — жертва — среды, каковая за свои преступления не осуждается, и в то же время безоговорочно отделена от этой среды, не может обратиться ни к кому из окружающих и ни к кому за пределами своего окружения. Эта ситуация порождает то, что мы, ссылаясь на Эсти Шейнберг, могли бы назвать «исповедальным гротеском», особо мрачным вариантом бесконечного отрицания. Он непривычен для русского

---

[16] Основанная в 1912 году американская киностудия «Кистоун» изначально славилась своими немыми комедиями. Среди их самых запоминающихся персонажей — группа гротескных блюстителей порядка, которые вошли в историю как «кистоунские копы». — *Примеч. пер.*

культурного горизонта, традиционно богатого духовными решениями, однако мог бы помочь объяснить нравственную и психологическую неразбериху, связанную с этим оперным шедевром, в котором трагедия и сатира едва ли не исключают друг друга, но не предлагают ничего запредельного.

Подводя итог этому разделу, мы могли бы проследить пути русской «леди Макбет» и предложить пересмотренный вариант ее генеалогии. Отправной точкой, естественно, является Шекспир. Жена Макбета предлагает широкий спектр возможных действий. Хотя сначала она боится, что «млеко человеческой доброты» может помешать ее мужу в его стремлении «избрать кратчайший путь», после совершения убийств ее охватывает страх, чувство вины, и она испытывает фатальное бремя ответственности. В русской версии сюжета у Лескова она всегда сохраняет хладнокровие, заменяя проблему, кому быть королем, сексуальной ревностью как основной причиной, побуждающей к совершению убийства, и все это вставляется в забавно стилизованный полицейский рапорт, который подавляет любую «реалистическую» эмпатию по отношению к грешной героине. Шостакович выбрал этот текст в качестве первой части более обширного, политкорректного плана изобразить средствами оперы серию мужественных и энергичных русских женщин. Есть причина полагать, что он также видел в нем историю, отвечающую жанровым требованиям более традиционной оперы, где несчастная дива мечтает о любви, грешит, исповедуется и на пороге смерти поет свою самую трогательную арию. Задача композитора по превращению повести в оперу была сложной. Ему нужно было воссоздать внутренний мир и нравственные муки заглавной героини и в то же время сохранить русский колорит произведения, подчеркнув жестокость враждебного класса (купечества) и наделив Катерину Измайлову свободой выбора и праведным гневом. Героиня — как бы ни объяснять ее преступления — не могла обрести свободу выбора, покуда ее вина постоянно возрастала. Поэтому первая задача заключалась в том, чтобы избавить ее от вины. Путь к этому могла подсказать «Русь» Замятина.

Ибо еще в большей степени, чем лесковская «натуралистическая» Катерина Львовна, неореалистическая Марфа Ивановна у Замятина является фольклорной стилизацией, оживлением нескольких загадочных портретов. Впрочем, в отличие от героини Лескова, Марфа оправдывается своим контекстом, защищенная от каких-либо обвинений в том, как сложилась ее жизнь, а в конце вернувшаяся в мир природы, который укрывал ее и взрастил ее. Шостаковичу, как советскому композитору, нацеленному на новый идеал оперы, оставалось добавить к этому очищенному от вины образу дидактический, проактивный элемент. Ему нужна была некая интонация, которая покажет, что женщины сильнее, умнее и прогрессивнее, чем их поработители-мужчины, при том что комедия и насилие останутся, чтобы завоевать доверие обыкновенного зрителя. Мы остро ощущаем эти до некоторой степени ханжеские «вставки» в духе социалистического реализма всякий раз, когда они встречаются в опере, поскольку они оспаривают более традиционные оперные роли Катерины как содержанки, рабы страстей, раскаивающейся грешницы и мученицы. (Ярким примером является несоответствующий моральный выговор, который Катерина делает Сергею перед тем, как они начинают мериться силой в картине 2: «Много вы, мужики, о себе возмечтали, думаете, вы и сильны только, вы и храбры только, вы и умом только вышли? А как баба иной раз всю семью кормит, не знаешь? А как бабы одни, да в нужде детей ростят? А разве бабы за мужей да за милых своих жизнями не рискуют?») И вот дива советской эпохи поет в свою защиту то, что давно было канонизировано литературной традицией XIX столетия, начиная с пушкинской Татьяны и легендарных жен декабристов и кончая героинями Тургенева: мужчины — это лишние люди, импульсивные, эгоистичные, неисправимые, тогда как женщины — упорные, стойкие и незаменимые. Емкий образ леди Макбет может быть приспособлен и для передачи этой глубоко русской по своей сути идеи.

2004

Источники

Анкета 2000 — Анкета по психологии творческого процесса // Дмитрий Шостакович в письмах и документах / Ред. и сост. И. А. Бобыкиной. М.: Антиква, 2000. С. 473–474.

Замятин 1923 — Русь: Русские типы Б. М. Кустодиева. Слово Евг. Замятина. Пб.: Аквилон, 1923. С. 7–23.

Замятин 1956 — Замятин Е. Современная русская литература // Грани. 1956. № 32 (октябрь — декабрь). С. 90–101.

Замятин 1988а — Замятин Е. Встречи с Кустодиевым // Замятин Е. Сочинения. М.: Книга, 1988. С. 333–343.

Замятин 1988б — Замятин Е. Закулисы // Замятин Е. Сочинения. М.: Книга, 1988. С. 461–472.

Замятин 1990 — Замятин Е. Избранные произведения. М.: Советская Россия, 1990. С. 181–189.

Шостакович 1929 — Шостакович Д. К премьере «Носа» // Рабочий и театр. 1929. № 24. 16 июня. С. 12.

Шостакович 1933 — Шостакович Д. Екатерина Измайлова: Автор об опере // Советское искусство. 1933. 14 декабря.

Шостакович 1934 — Шостакович Д. Мое понимание «Леди Макбет» // «Леди Макбет Мценского уезда»: Опера Д. Д. Шостаковича. Л.: Гос. акад. Малый оперный театр, 1934. С. 6–9.

Шостакович 1980 — Шостакович Д. О времени и о себе: 1926–1975. М.: Советский композитор, 1980.

Литература

Асафьев 1985 — Асафьев Б. В. О творчестве Шостаковича и его опере «Леди Макбет» // Б. В. Асафьев. Об опере: Избранные статьи. 2-е изд. Л.: Музыка, 1985. С. 310–319.

Гольдштейн 1987 — Гольдштейн М. Евгений Замятин и музыка // Новое русское слово. 1987. 26 июня.

Израилевич 1987 — Израилевич А. «Русь» Евгения Замятина // Russian Literature. 1987. Vol. XXI. No. 3 (April). P. 233–242.

Максименков 1997 — Максименков Л. В. Сумбур вместо музыки: Сталинская культурная революция, 1936–1938. М.: Юридическая книга, 1997.

Хентова 1985 — Хентова С. Шостакович: жизнь и творчество: В 2 т. Т. 1. Л.: Советский композитор, 1985.

Шахов 2000 — Шахов В. В. «Леди Макбет Мценского уезда» Лескова и Шостаковича // Шостакович. Между мгновением и вечностью: Документы. Материалы. Статьи. СПб.: Композитор, 2000. С. 243–294.

Emerson 1989 — Emerson C. Back to the Future: Shostakovich's Revision of Leskov's "Lady Macbeth of Mtsensk District" // Cambridge Opera Journal. 1989. Vol. 1. No. 1. P. 59–78.

Fay 2000 — Fay L. E. Shostakovich: A Life. New York: Oxford University Press, 2000.

Gasparov 2005 — Gasparov B. Five Operas and a Symphony: Word and Music in Russian Culture. New Haven: Yale University Press, 2005.

Goldstein 1989 — Goldstein M. Dmitri Chostakovitch et Evgueni Zamiatine // Autour de Zamiatine: Actes du Colloque Université de Lausanne. Juin 1987 suivi de E. Zamiatine. Ecrits oubliés / éd. L. Heller. Lausanne: Editions L'Age d'Homme, 1989. P. 113–124.

Sheinberg 2000 — Sheinberg E. Irony, Satire, Parody and the Grotesque in the Music of Shostakovich: A Theory of Musical Incongruities. Aldershot, U.K.: Ashgate, 2000.

Taruskin 1989 — Taruskin R. The Opera and the Dictator: The Peculiar Martyrdom of Dmitri Shostakovich // The New Republic. 1989. 20 March. P. 34–40.

Taruskin 1997 — Taruskin R. *Entr'acte*: The Lessons of Lady M. // Taruskin R. Defining Russia Musically. Princeton: Princeton University Press, 1997. P. 498–510.

Wachtel 1995 — Wachtel A. The Adventures of a Leskov Story in Soviet Russia, or the Socialist Realist Opera that wasn't // O RUS! Studia litteraria slavica in honorem Hugh McLean / Ed. by S. Karlinsky, J. L. Rice, B. P. Scherr. Berkeley, CA: Berkeley Slavic Specialties, 1995. P. 358–368.

Часть IV

ПУШКИН, ПРОКОФЬЕВ, ПУШКИНСКИЙ ЮБИЛЕЙ И ТЕАТРАЛЬНЫЙ МИР СИГИЗМУНДА КРЖИЖАНОВСКОГО

18
Судьба пушкинского юбилея на музыкально-драматической сцене сталинской эпохи[1]

В 2006–2007, а затем и в 2011–2012 годах, Принстонский университет спонсировал два амбициозных междисциплинарных театральных проекта, которыми мне посчастливилось руководить вместе с Саймоном Моррисоном, моим принстонским коллегой с Факультета музыки. Обе постановки представляли собой реконструкции так и не осуществленных в 1937–1938 годах совместных работ Сергея Прокофьева с ведущими московскими театрами. Первая — это мейерхольдовская постановка драмы Пушкина «Борис Годунов». Вторая — метрически верная оригиналу инсценировка пушкинского романа в стихах «Евгений Онегин», выполненная Сигизмундом Кржижановским для Московского Камерного театра. В обоих случаях Прокофьев столкнулся с вызовом со стороны любимых, ставших каноническими опер Мусоргского и Чайковского, и отчасти он решил эту проблему, сочинив музыку — одно из лучших произведений, созданных им на протяжении всей жизни — к сценам, которые его прославленные предшественники не включили в свои оперы. Премьеры этих двух постановок (как и многое другое в первый год Большого террора) так и не состоялись.

---

1 Впервые: Afterword to the "Boris Godunov Forum" // Pushkin Review / Пушкинский вестник. 2007. Vol. 10. P. 1–46.

Рис. 1. Юродивый, сцена 18. Берлинд-театр, Принстонский университет, апрель 2007.
Юродивый (Лили Коулз) в веригах из резиновых шлангов на Красной площади. Лили играла и Юродивого, и Марину Мнишек.
Кроссдрессинг и этническое разнообразие были правилом при подборе актеров в этой постановке «Бориса Годунова»: роль православного Патриарха исполняла женщина, роли Пимена, Хозяйки корчмы и Басманова — афроамериканцы.
Фото Дениз Эпплуайт любезно предоставлено Управлением коммуникаций Принстонского университета.

В принстонской постановке «Бориса Годунова» в апреле 2007 года принимали участие не только факультеты славистики, сравнительного литературоведения и музыки, но и студенты, обучающиеся по другим программам и на других факультетах: магистранты Школы архитектуры создали многоярусное и многофункциональное конструктивистское оформление сцены, Университетский оркестр исполнял музыку вживую, а Гли-клуб подготовил партии хора для сцен в монастыре и калик перехожих, поющих на улицах. Благодаря онлайновым курсам, организованным Ассоциацией выпускников Принстона, к проекту были привлечены и бывшие питомцы университета. Спектакль хорошо освещался в американской и русской прессе, в нескольких журналах были опубликованы обсуждения постановки. Ниже

Рис. 2. Смерть царя Бориса, сцена 22. Берлинд-театр, апрель 2007. Патриарх (Надя Талель) благословляет умирающего царя Бориса (Энди Браун); на них с мукой смотрит царевич Федор (Джесс Куонг). Джесс Куонг играл обоих убитых царевичей — Димитрия Угличского и Федора Борисовича.
Фото Дениз Эпплуайт любезно предоставлено Управлением коммуникаций Принстонского университета.

приводится фрагмент одного из таких обсуждений (извлеченный из послесловия к посвященному «Борису Годунову» форуму на страницах «Пушкинского вестника», где приводятся 17 фотографий постановки), который позволяет оценить контекст и рецепцию принстонского «Года "Бориса Годунова"» и нетерпение, с которым ожидалась постановка «Онегина», осуществленная пятью годами позже.

<...> Убийство семьи Годунова было так страшно, что народ не способен отвечать. Как и публика. Вдруг одновременно по обе стороны занавеса устанавливается одинаковое безмолвие. Два испуганных зала взирают друг на друга. В последние мгновения принстонского спектакля, после успешного двойного

убийства на вершине лесов, это радикальное уравнивание публики на сцене и вне ее достигалось перемещением лучей софитов из глубины кроваво-красной, завешенной тарзанками сцены на зрительный зал. Это был мейерхольдовский момент — хотя, разумеется, и не уникальный для его модернистского театра. С позиций современности, нашего знания о событиях, последовавших в сталинской России после 1936 года, это официальное обвинение обретает значение, которого оно не могло бы иметь в свое время. На протяжении финальных площадных сцен, начиная со зловещего, без слов, ритмичного пения мужского хора, подкрепленного пульсирующим звучанием оркестра, одновременно нарастали и ужас, и ощущение бессилия. Когда умерший двумя сценами ранее царь Борис вновь появляется в театральном костюме как запугивающий народ охранник, поддерживающий Самозванца, история незаметно переходит в символ произвольного, повторяющегося насилия. И когда Юродивый появляется вновь как нищий, просящий милостыню у заключенных под стражу детей Годунова, становится ясной логика этих 25 сцен с большим количеством персонажей: повесть о Борисе, как и вся реальность в поэтическом изображении Пушкина, имеет дело с функциями и параллельными структурами в такой же мере, как и с людьми. Каждый человек конкретен и неповторим; каждый думает, что он свободен. Однако судьбы людей развиваются только в одну сторону, и кумулятивный эффект их развития образует величественный узор. Резкие, несентиментальные финалы Пушкина — восьмая глава «Евгения Онегина», а также финальная сцена «Бориса Годунова» — потрясают отчасти потому, что автор просто «уходит», как только симметрия реализуется. Он уходит, оставляя ошеломленных героев, читателей и зрителей стоять на коленях в свете прожекторов. Они должны что-то делать — но что?

В течение долгой полуминуты зрители испытывали неприятные ощущения под этим безжалостным светом, а труппа, замерев, оставалась на сцене (финал 1830 года). Затем пьеса завершалась подлинным, оригинальным финалом 1825 года: ритмичными аплодисментами на сцене и еще более громким, более пронзительным «Да здравствует царь Димитрий Иванович!». На некоторых наших спектаклях публика присоединялась к актерам, хлопая и скандируя; на других зал продолжал безмолвно «смотреть». Приветствия инициировал стражник, также игравший царя Бориса. Они обрывались, когда внезапно полностью выключался свет. Каким было настроение толпы, смотревшей на Кремль в 1605 году? Циничным и прагматичным? Понимали ли собравшиеся, что ими манипулируют, но при этом сохраняли наивный оптимизм? Или действительно оптимистически верили, что, избавившись от предателей и самозванцев, Россия вернет себе прежнюю славу? С точки зрения нашего настоящего легко увидеть сходство между характером этой здравой, симметричной развязки 1825 года и черной комедией 1936–1937 годов.

Уровень смертности среди проектов, связанных с празднованием пушкинского юбилея, был высок. Впрочем, подробности этих гибельных лет начинают всплывать только сейчас. Один из кусочков мозаики встал на свое место во время основного доклада, которым 12 апреля, в день премьеры «Бориса», открылся научный симпозиум. Доклад прочитал канадско-российский ученый Леонид Максименков, и назывался он «Мейерхольд и его мир (1929–1940)». Можно было ожидать, что в докладе будет отдана дань новаторству великого режиссера в сфере театра, кино и танца, но Максименков считал эти достижения само собой разумеющимися. Также предсказуемой была бы характеристика Мейерхольда как ожесточенного тайного оппозиционера. В конце концов, это был режиссер, который во время репетиций сцены 10 («Дом Шуйского») рискованно импровизировал по поводу речи Афанасия Пушкина о тирании царя Бориса. Мейерхольд поручил Сергею Прокофьеву создать музыку для финального хора, которая была бы «тревожной, грозной», но при этом говорила бы о том, что эта «неорганизованная толпа сплотится, объединится и будет бороться со своими угнетателями, кто бы они ни были»[2]. Впрочем, Максименков не стал повторять рассказ о трагической судьбе Мейерхольда в сталинскую

---

2 Письмо Мейерхольда Прокофьеву, август / сентябрь 1936 года [Громов 1978: 390].

эпоху. Он развенчивал легенду. Опираясь на ранее не демонстрировавшиеся видеоматериалы, собранные в московских кинохранилищах, и недавно рассекреченные документы из архивов правительства Москвы, Максименков менее чем за час перевернул представление о самой важной фигуре в советской театральной культуре XX века, сложившееся на протяжении последних пятидесяти лет исследований. Демонстрируя один документ за другим, он доказывал, что Мейерхольд, этнический немец, был расстрелян в 1940 году не потому, что был чужаком для Кремля, которого преследовали партийные бездари из сталинского аппарата по делам культуры, но скорее потому, что он был в Кремле своим человеком, вхожим в коридоры власти, прекрасно знавшим о сближении Сталина с Гитлером накануне подписания пакта Молотова — Риббентропа. Подписание этого вероломного пакта сделало возможным вторжение в Польшу, которое положило начало Второй мировой войне, и те, кто слишком много знал об ее предыстории, были под теми или иными предлогами уничтожены. С замиранием сердца понимаешь, что Пушкин не был бы удивлен таким открытием.

Сталин назначил Мейерхольда членом Всесоюзного Пушкинского комитета, в чьи задачи входил контроль над художественным, политическим и воспитательным содержанием юбилейных торжеств. Приоритеты в организации торжеств менялись месяц от месяца. В декабре 1935 года только что расширенный комитет постановил, что фокус должен быть смещен с «Пушкина, жертвы царизма» на более оптимистичную идею, которая акцентировала бы поэзию, русский язык и светлое будущее русской культуры. Чтобы разбавить партийных чиновников и церберов, в состав комитета были введены ученые-пушкинисты. Но растущая волна арестов, напряженность международной обстановки и осторожный, перестраховочный менталитет наложил отпечаток на этот юбилей, как и на другие государственные проекты. К лету 1936 года большинство творческих поручений было отменено или работа по их выполнению заглохла. К их числу относилась и работа с Прокофьевым над «Борисом Годуновым» и «Евгением Онегиным». Пушкинская комиссия тратила время на обсуждение памятников, выставок, памятных досок, почтовых марок, объемов тиражей, распространения книг по школам и библиотекам, переименования улиц, фабрик и колхозов в честь Пушкина и даже возможности переноса священного праха Пушкина в Москву[3]. Максименков обнаружил поразительный факт: в течение февраля 1937 года, когда действительно исполнялось сто лет со дня дуэли и смерти Пушкина и когда творческая деятельность должна была бы быть в самом разгаре, в московских театрах практически не шли ни пьесы о Пушкине, ни пьесы самого Пушкина. Пушкин безмолвствует. «Действие завершено или только намечается?» Этот пробел наложил обязательства на будущее.

Частью выполнения этих обязательств стала предпринятая нами в Принстоне попытка познакомить универсантов XXI века с вызовами, брошенными несостоявшимся «Борисом Годуновым» сталинской эпохи. Однако, к удовольствию всех, кто готовил этот спектакль, принстонский «Борис» оказался только началом, а не концом возрождения пушкинского юбилея. Я имею в виду один замысел, постановку «Евгения Онегина» Пушкина — Кржижановского на музыку Прокофьева, которая должна состояться в середине февраля 2012 года[4]. Между отмененным «Онегиным» и заброшенным «Борисом» есть много общего (и самое главное — музыка Прокофьева), но написанный в соавторстве «Онегин» уцелел в меньшей степени. Прежде чем текст пьесы попал на репетиционную сцену Московского камерного театра Александра Таирова, он подвергся жесткой критике со стороны Пушкинской

---

3 За эти сведения я признательна Леониду Максименкову, поделившемуся со мной подробностями из подготовленного им документального исследования истории советской музыки, основанного на материалах из пяти государственных архивов в Москве [Музыка 2013]. О «бюрократической» деятельности Пушкинской комиссии см. [Sandler 2006: 196–199].

4 Благодаря любезности Галины Злобиной, заместителя директора Российского государственного архива литературы и искусства в Москве, в июне 2007 года я получила копии текста инсценировки Кржижановского 1936 года и ряда других единиц хранения из его фонда, которые проливают свет на историю ее создания. Всего четыре человека работали с этой рукописью после того, как она попала в фонды архива, и этот текст не вошел в Собрание сочинений Кржижановского в пяти томах (2001–2010), подготовленное Вадимом Перельмутером. Мой перевод и комментарий к «Евгению Онегину» Кржижановского, а также вступительная статья, вышли в сборнике «Sergey Prokofiev and his World» [Emerson 2008].

комиссии и Государственной репертуарной комиссии; после отклонения (3 декабря 1936 года) о проекте не вспоминали ни в стране, ни в обзорах драматургии советской эпохи. Причин такого молчания несколько. Камерный театр Таирова не пользовался такой славой и вниманием исследователей, как театр Мейерхольда. Поляк по национальности, украинец по рождению и русскоязычный прозаик и драматург, адаптировавший пушкинский роман в стихах для постановки на театральной сцене, Сигизмунд Кржижановский (1887–1950) при жизни считался второстепенным автором пьес и умер в безвестности. (Его фантастические повести пережили бум в посткоммунистической России в середине 1990-х годов и теперь переводятся на европейские языки.) Наконец, единственное имеющееся издание музыки Прокофьева к «Онегину» было подготовлено к печати Елизаветой Даттель, осторожным и в то же время небрежным редактором, которая не одобряла подхода Кржижановского к пушкинскому тексту и бесцеремонно удалила его из авторов, несмотря на то, что Прокофьев написал музыку именно к этой пьесе.

Действительно, обработка романа в стихах Пушкина была удивительной. Ее психологическое единство и смелость могли только испугать академических ученых-пуристов (из членов Пушкинской комиссии, похоже, ею заинтересовались лишь Сергей Бонди и Викентий Вересаев). Кржижановский и его режиссер Таиров хотели создать настоящую пьесу, поэтому их первым шагом стало исключение пушкинского повествователя. Действующие лица сами говорят за себя, никакой поэт с бакенбардами не бродит по сцене и не «заполняет» паузы. Тем не менее разговор на сцене все же ведется фрагментами онегинской строфы, хотя, конечно, склеенными и обрезанными, чтобы вписаться во временные ограничения вечернего спектакля. Парафразов Пушкина нет. Нет и строк для певческого исполнения, за исключением одного припева для Онегина (на французском). Таким образом, эта инсценировка, хотя в ней периодически задействован оркестр и есть вокальные и танцевальные вставки, ничуть не похожа на оперного «Евгения Онегина» Чайковского. Музыка по-прежнему остается «музыкой к постановке» (в прокофьевском величественном понимании этого жанра); словесный текст по-прежнему остается «Пушкиным, прочитанным вслух». Кржижановский определил свою адаптацию как «сценическую проэкцию», уделяя особое внимание углу освещения (солнцу, луне, времени года). Порой текст звучит как сценарий кинофильма и мог бы быть блестяще передан кинематографическими средствами.

Четырнадцать эпизодов, названных «фрагментами», приспособлены к театральной сцене посредством импрессионистических ремарок, напоминающих о драмах Чехова (Кржижановский, теоретик театра, оставил великолепные статьи о театральной ремарке как литературном жанре и об искусстве эпиграфа у Пушкина). В инсценировке Татьяна Ларина, избавленная от опекающего ее Повествователя, претерпевает поразительную трансформацию, поскольку Кржижановский вплетает в пьесу другие произведения Пушкина: «Сказку о мертвой царевне и о семи богатырях», ранние стихи лицейского периода, некоторые элегические стихотворения и сатирические эпиграммы. Здесь много фольклора и суеверий, но они, скорее, космические, языческие, чуждые жизнерадостным рабочим и крестьянам социалистического реализма, которых прославлял Горький в середине 1930-х годов. Все основные события происходят зимой, которая для Кржижановского является самым плодотворным временем года, повсюду связанным с постоянством и непоколебимостью судьбы. Образ, служащий для Татьяны предостережением и вдохновением, — скорее Снегурочка, чем Белоснежка. И более всего вопросов вызывает то, что Кржижановский, вопреки последовательности пушкинского повествования, с твердой психологической логикой ставит в центр своей драмы, между неудачными именинами и катастрофической дуэлью, возбуждающий любопытство, пугающий рассказ о сне Татьяны. Этот целительный, провидческий сон рассказывается (наконец-то) не фривольным, покровительственным Повествователем, но самой травмированной героиней.

Теперь, когда прошло более двухсот лет со дня рождения Пушкина и открылся доступ к большему количеству документов сталинской эпохи, пушкинисты получили возможность подробнее исследовать события, связанные со столетием со дня его смерти. Подобно безмолвному открытому концу, обозначенному знаменитой финальной ремаркой, музыкальные, драматические и кинематографические сокровища, все еще погребенные под развалинами того года, остаются «вечным настоящим». Чтобы освободить их из плена, недостаточно сообщения или публикации; необходима постановка на сцене.

2007

Литература

Громов 1978 — Громов В. А. Замысел постановки // Творческое наследие В. Э. Мейерхольда / Ред., сост. Л. Д. Вендровская, А. В. Февральский. М.: ВТО, 1978. С. 353–392.

Музыка 2013 — Музыка вместо сумбура: Композиторы и музыканты в стране Советов, 1917–1991 / Сост. Л. В. Максименков. М.: Международный фонд «Демократия», 2013.

Emerson 2008 — Emerson C. The Krzhizhanovsky-Prokofiev Collaboration on Eugene Onegin, 1936 (A Lesser-Known Casualty of the Pushkin Death Jubilee) // Sergey Prokofiev and his World / Ed. by S. Morrison. Princeton: Princeton University Press, 2008. P. 60–189.

Sandler 2006 — Sandler S. The 1937 Pushkin Jubilee as Epic Trauma // Epic Revisionism: Russian History and Literature as Stalinist Propaganda / Ed. by K. M. F. Platt, D. Brandenberger. Madison: University of Wisconsin Press, 2006. P. 196–213.

19
Шекспир и Бернард Шоу глазами Кржижановского[1]

Эта статья была впервые опубликована в форуме «Сигизмунд Кржижановский, 1887–1950», который стал первой попыткой разностороннего рассмотрения творчества этого русского писателя в американском научном журнале. В него также вошли эссе Алисы Баллард и Карен Розенфланц и перевод написанной в 2008 году статьи о Кржижановском литературоведа Наума Лейдермана.

Эта статья была первым результатом моих первых поездок для работы с фондом Кржижановского в РГАЛИ и моей первой крупномасштабной попыткой связать воедино творческую и журналистскую жизнь Кржижановского. Также ее целью было представить в общих чертах этого малоизвестного писателя англоязычным читателям. Ни одна из посвященных театру критических статей Кржижановского еще не была переведена на английский. В 2019 году, узнав больше и с пользой для себя ознакомившись с работами коллег, я бы, возможно, уточнила некоторые свои выводы.

Как это часто бывает, когда исследования в определенной области только начинаются, а материал еще не слишком изве-

---

1 Впервые: Krzhizhanovsky as a Reader of Shakespeare and Bernard Shaw // Slavic and East European Journal. 2012. Vol. 56. № 4. P. 577–611. Ссылки на тексты Кржижановского (СК) даются с указанием номера тома и страницы по изданию: Кржижановский С. Д. Собрание сочинений: В 6 т. / Под ред. В. Перельмутера. Т. 1–4: СПб.: Симпозиум, 2001–2006; т. 5, 6: М.; СПб.: БСГ-пресс; Симпозиум, 2010–2013.

стен, эти заключительные три главы — 19, 20 и 21 — перекликаются и обращаются к сходным темам, хотя и рассматриваемым всякий раз в несколько ином контексте.

При жизни Кржижановского его художественная проза почти не публиковалась и была мало замечена современниками. Зато заметной — помимо работы контрольным редактором в «Большой советской энциклопедии», а затем — штатным редактором журнала о транспорте «В бой за технику» — была деятельность Кржижановского в театре и в связи с театром. Она началась вскоре после его переезда в столицу. В 1923 году Александр Таиров, основатель и режиссер московского Камерного театра, прочел несколько рассказов Кржижановского и тотчас же пригласил его читать лекции по философии театра и психологии актерского мастерства в «Экспериментальных театральных мастерских», включая его в списки работников-совместителей вплоть до 1948 года[2]. В 1924 году, когда соперничество между Таировым и Всеволодом Мейерхольдом достигло апогея, Кржижановский защищал ориентированные на актера ценности Камерного театра: декламацию нараспев, ритм, гармоничную музыку, элегантно сгруппированные ансамбли, огни рампы, строго отделяющие театральный зал от сцены, и примат изящества и красоты над потрясением (если эстетика Мейерхольда в этот период тяготела к цирку, то сценический идеал Таирова был ближе к пантомиме и балету)[3]. В течение зимы 1923–1924 годов Кржижановский писал коротенькие заметки в издававшийся театром для внутреннего пользования еженедельник «7 дней», вы-

---

2 РГАЛИ. Ф. 2030 (Камерный театр). Оп. 6. Ед. хр. 91. Список педагогов Студии Гос. Московского Камерного театра за 1944 и 1947–1949 годы. В 1944 году СК упоминается как работавший два часа в неделю; к сезону 1947/48 года его рабочий стаж составлял 28 лет.

3 Подробнее об этом соперничестве см. введение Уильяма Кульке к его переводу «Записок режиссера» Таирова [Tairov 1969: 30–37], а также [Posner 2010]. Рассматривая таировскую постановку «Принцессы Брамбиллы» Гофмана (1920), Познер отмечает неприятие Таировым политизированного театра, и в частности спектакля «Зори», поставленного Мейерхольдом в 1921 году «не как сценическое представление, а как митинг. <...> [Мейерхольду] надо было вместо лицедея поставить на сцену агитатора» [Posner 2010: 33]. Главы 3 и 4 «Записок режиссера» (1921) Таирова, посвященные внутренней и внешней актерским техникам, содержат много общего с «Философемой о театре» (1923) СК. См. [СК 4: 64–65], а также [Ballard 2012].

ступая против тогдашнего увлечения человеком-машиной и сплавом «био-» с «механикой»[4]. Время от времени Таиров приглашал его в качестве консультанта и автора инсценировок для космополитичного репертуара театра.

На протяжении 1930-х годов в кратких «автобиографиях», написанных по требованию НКВД, проверявшего таким образом происхождение граждан, Кржижановский часто определял себя как театрального работника. Автобиографию 1938 года он закончил таким предложением: «Сейчас всецело посвятил себя теории и практике драматургии»[5]. Когда в феврале 1939 года Кржижановского с опозданием, но единодушно избрали в Союз советских писателей, он был зачислен в Секцию драматургов[6]. Стенограммы заседаний секции в 1934–1940 годах свидетельствуют о том, что Кржижановский энергично участвовал в дискуссиях и говорил то, что думает[7]. Он рецензировал пьесы, написанные другими, и даже представил на обсуждение одну из своих: это была его «музыкальная комедия в двух действиях с частушками» «Поп и поручик» (1934), которой заинтересовались несколько театров[8].

---

4 Эти маленькие статьи посвящены самым разным темам, от рецензий на спектакли до размышлений о соотношениях прозы, мышления и театральной сцены [СК 4: 636–668, в особенности 665].

5 РГАЛИ. Ф. 2280 (Сигизмунд Кржижановский). Оп. 1. Ед. хр. 75. Автобиография (экземпляр, написанный от руки, датирован 19 октября 1938 года).

6 РГАЛИ. Ф. 631 (СП СССР). Оп. 2. Ед. хр. 355. Стенограмма расширенного заседания Бюро секции драматургов 13 февраля 1939 года.

7 На одном из заседаний 6 апреля 1934 года СК поставил под сомнение пользу комиссий, принимающих решения по незавершенным либретто или фрагментам пьес, сравнив процедуру с извлечением плода из матки в первый триместр беременности, изучением его, помещением обратно и последующим удивлением от того, что он умер до окончания всего срока беременности, не дожив до нормальных родов (РГАЛИ. Ф. 631 (СП СССР). Оп. 2. Ед. хр. 17. Оргкомитет Союза советских писателей, Комиссия музыкальных драматургов [Секция драматургов, творческое совещание. 28 апреля 34 года]). Эта готическая тема нерожденного плода как искаженного двойника, имеющая прямое отношение к восприятию СК самого себя мертворожденным художником, используется в рассказе 1926 года «Фантом», который был опубликован посмертно в 2001 году [СК 2: 543–568] в цикле «Чем люди мертвы». Перевод см. [Spectres 2012]; о сюжете см. [Leiderman 2012: примеч. 30; Лейдерман 2012: 181].

8 В апреле 1934 года СК читал вслух «Попа и поручика» на заседании Секции драматургов Союза писателей. Михаил Левидов определил проблему так: есть «большой писатель», который должен был приложить к созданию этой оперетты-водевиля только «25 % [своего] умения», но «сделал ее на 75 %», породив текст слишком парадоксальный и тонкий для этого жанра — как и для большинства театров (л. 4–7). Председатель М. П. Гальперин, сам либреттист, заметил, что такие сценарии могли бы удовлетворить политические запросы: «Мы боремся за “настоящую советскую культурную оперетту”,

Однако ни одна из оригинальных пьес Кржижановского (если не считать одной инсценировки) так и не дошла до премьеры. В то время как его собственные сочинения не печатались и не ставились на сцене, публичное «я» Кржижановского постепенно стало приобретать очертания критика. Отыскивая у своих любимых всемирно известных драматургов те ценности и подходы, которые были ему дороги, Кржижановский формулировал собственные задачи в области литературного искусства, опираясь на канонический корпус текстов знаменитых и получивших официальное одобрение авторов. С продвижением в печать своих рассуждений об английских писателях ему повезло больше, чем с публикацией собственных рассказов. Сейчас, когда открыт доступ к большей части архива Кржижановского, легко усмотреть преемственность его критики по отношению к художественной прозе. В те времена критические статьи фактически стояли особняком. Они не были научными[9]. Однако повсюду мы ощущаем, как дерзкое воображение писателя дает внутреннюю оценку сочинениям других творцов. Настоящая статья посвящена лишь одному аспекту театральной деятельности Кржижановского, его работам о Шекспире и Б. Шоу[10].

которая стала бы больше, чем развлекательным жанром» (л. 3). Впрочем, сложная словесная пиротехника пьесы в равной степени отпугнула драматические театры и театры оперетты (РГАЛИ. Ф. 631 (СП СССР). Оп. 2. Ед. хр. 14).

[9] Первая русская диссертация о Кржижановском, защищенная в 2000 году в Русском государственном гуманитарном университете Иоанной Делекторской, была посвящена его эстетическим взглядам. Она строилась на материале его статей о творчестве Шекспира. В январе 2010 года в Москве Делекторская, приходящаяся племянницей Вадиму Перельмутеру (главному редактору Собрания сочинений Кржижановского), рассказывала мне о тех сложностях, с которыми она столкнулась при утверждении темы диссертации ученым советом в середине 1990-х годов, отчасти из-за многочисленных неточностей и ошибок, допущенных СК в переводах и изложении содержания пьес (как Шекспира, так и Шоу). Среди возможных причин назовем отсутствие у СК личной библиотеки, образовательный уровень его машинисток и стенографисток, то, что СК был самоучкой, недоступность пишущих машинок с латинским алфавитом, отсутствие специалистов, способных указать на необходимость внесения исправлений в тексты, цензуру и обыкновенную небрежность. Подобные неточности редко затмевают основную аргументацию работ. В аннотациях к Собранию сочинений Перельмутер отмечает приблизительно половину неточностей, допущенных СК, и молча исправляет явные опечатки.

[10] СК также написал мемориальный очерк об еще одном англоязычном классике — «Эдгар Аллан По. 90 лет со дня смерти» [СК 4: 569–573]. В 2012 году, когда была впервые опубликована эта статья, ни одна из критических работ Кржижановского еще не была переведена на английский язык. В 2018 году вышло подготовленное

До нас дошли целиком шесть работ о Шоу. При жизни Кржижановского две из них были опубликованы в научных журналах (1934, 1935); более короткие статьи были напечатаны в 1936 и 1940 годах в научно-популярной периодике[11]. Работы о Шекспире более многочисленны (14 статей разной степени готовности, отчасти повторяющих друг друга, пять из которых в той или иной форме увидели свет в первой половине столетия)[12]. Кржижановский высоко ценил этот труд. В 1946 году, оставив всякие попытки напечатать свою прозу, он включил в «перечень публикаций» за год все неопубликованные труды и выступления о Шекспире, общее число которых составило 32[13]. Он выступал с лекциями о Шекспире на собраниях ВТО (Всероссийского театрального общества) и, в период Второй мировой войны, перед режиссерами театров, эвакуированных в Восточную Сибирь. Ни тексты, ни наброски этих выступлений не сохранились.

Этот социолитературный контекст имеет значение, поскольку возвращение имени Кржижановского в 1990 году стало событи-

---

Алисой Баллард Лин издание пьесы «Тот третий» и эссе Кржижановского о театре в ее переводах [Krzhizhanovsky 2018]. Общее представление о творчестве Кржижановского-критика можно получить по замечательной — и до сих пор единственной — посвященной ему англоязычной монографии [Rosenflanz 2005: 9–12].

11 Три основных эссе о Шоу перепечатаны в Собрании сочинений [СК 4: 473–568]. Два из них, «Драматургические приемы Бернарда Шоу» (1934) и «Бернард Шоу, его образы, мысли и образ мыслей» (1936), были опубликованы при жизни автора; третье — напечатанная на машинке рукопись «Бернард Шоу и книжная полка» (без даты) — в 2006 году было опубликовано впервые. Еще два представляют собой заметку к 80-летию Шоу для «Советского театра» [Кржижановский 1936а] и колонку «Одноактный Шоу» для «Литературной газеты» [Кржижановский 1940б]. Наконец, последняя, напечатанная на пишущей машинке рукопись «О творчестве Бернарда Шоу» (ок. 1943), по-видимому, была предназначена для устного выступления (РГАЛИ. Ф. 2280. Оп. 1. Ед. хр. 62).

12 Перельмутер цитирует перечень, составленный самим СК (1942), перечисляя 12 готовых работ и шесть находящихся в стадии написания [СК 4: 746–747]. Восемь из них вошли в 4-й том Собрания сочинений 2006 года: «Комедиография Шекспира» (написано в 1934, два фрагмента опубликованы в 1935, впервые опубликовано полностью в 1990); «Концовки шекспировских пьес» (1935); «Поэтика шекспировских хроник» (опубликовано в 1936); «Воображаемый Шекспир» (опубликовано в 1937); «Забытый Шекспир» (опубликовано в 1939); «Шаги Фальстафа» (опубликовано в 1934); «Сэр Джон Фальстаф и Дон Кихот» (написано в 1936, опубликовано в 1967); «Фрагменты о Шекспире» (1939, впервые опубликовано в 1994). В Собрание сочинений не вошли две работы: «Военные мотивы у Шекспира» [Кржижановский 1938] и «Детские персонажи у Шекспира» [Кржижановский 1940а].

13 См. РГАЛИ. Ф. 2280. Оп. 1. Ед. хр. 75. «Краткая автобиография», повторение автобиографии 1938 года с дополнениями, внесенными от руки в 1946 году.

ем как эстетического, так и идеологического порядка[14]. Задача возвращения Кржижановского к жизни потребовала от российских исследователей десятилетий самозабвенного, кропотливого труда. Особый вклад в ее решение внес Вадим Перельмутер, трудившийся в одиночку вопреки неодобрению и партийных функционеров, и перепуганных издателей последних лет застоя. Понятно, что в посткоммунистический период героические воскресители стремились представить его как гонимого бунтаря. Однако архивные записи свидетельствуют о том, что Кржижановский, в сущности, не был ни диссидентом, ни антисоветски настроенным изгоем по убеждению[15]. Несмотря на испытываемую горечь, Кржижановский не стал «писать в стол». Если его речь уклончива и сложна, это не означает, что он прибегает к эзопову языку, чтобы выразить свое отвращение к какому-либо политическому явлению, — скорее всего, Кржижановский считал, что слова уклончивы и сложны по своей природе. Это относится и к человеческому сознанию. Кржижановский не относился к уживчивым людям. Он упрямо писал жалобы, когда

---

14 Прежде всего мы обязаны этим двум исследователям — Вадиму Перельмутеру (который открыл Кржижановского и продвигал его произведения на протяжении двадцати лет, до тех пор, пока в 1989 году они не появились законным путем на его родине) и тартускому семиотику Владимиру Топорову (который в 1992 году выступил с больше похожей по размерам на книгу статьей о Москве Кржижановского как «минус-пространстве» [Топоров 1995]). Оба ученых подчеркивают гнев и протест в творчестве СК, в ущерб его философскому и метафизическому содержанию (поправки к этой точке зрения приводятся Карен Розенфланц [Rosenflanz 2012]). СК и в самом деле писал гневные и крамольные тексты: рассказ «Красный снег» (1930, впервые опубликовано в 2006), кровавое видение на тему коллективизации писательской мысли, хранился в тайне, а две лучшие оригинальные комедии СК — «Писаная торба» (1929–1930), трехслойная сатира на нэп, средневековый «Корабль дураков» и ленинский «философский пароход» 1922 года, и «Тот третий», фарс по мотивам истории Клеопатры, направленный против произвольного расточения милостей в империи и абсурдности политических процессов, — не могли быть ни поставлены на сцене, ни опубликованы. Обе пьесы были изданы на русском языке только в 2010 году [СК 5: 7–63, 75–142]. Однако философия Кржижановского не может быть сведена к сатире и гневу, равно как и не следует выводить из них его эстетику.

15 Авторы следующего поколения проявляют бóльшую сдержанность. В кратком очерке об СК, включенном в известное исследование истории Камерного театра, Ари Элкана замечает: «Кржижановский писал статьи на литературные темы, они публиковались, и он стал очень уважаемым *шекспироведом*. <...> К концу жизни он старался примириться с условиями игры, навязанной ему властями. <...> Гордый поляк был вынужден пойти на компромисс, а то, чего это ему стоило, может понять только тот, кто обладает такой же возвышенной душой» [Элкана 2009: 373].

нарушались контракты, и отказывался от сотрудничества, если его сочинения подвергались купюрам. То, что он вел себя таким образом, не имея могущественных покровителей или поклонников среди читателей, было результатом либо возвышенности, либо оторванности от реальности. Однако до середины 1940-х годов Кржижановский продолжал делать попытки приспособиться к ней, не теряя при этом самоуважения.

Два английских драматурга и поиски театрального слова

С точки зрения этого общего стремления к соблюдению границ дозволенного Шекспир и Шоу представляли разумно выбранные, безопасные сферы исследований как в контексте 1930-х годов, так и для самого Кржижановского. Хотя, по свидетельству друзей, он мог работать с десятью языками, его более всего привлекали трудности английского языка — а также британский юмор, британский практицизм и такие «реалисты-экспериментаторы» в науке, как Фрэнсис Бэкон[16]. Выбор Бэкона также был разумным и безопасным. Его научный метод был провозглашен диалектико-материалистическим (материализмом на службе борьбы с мистицизмом), и светило такой величины, как Луначарский, связал его прогрессивный дух с театром Елизаветинской эпохи. В поздней статье «Бэкон в окружении героев Шекспира» (1933) Луначарский отметил вклад великого английского эмпирика в открытие нового героя, свободного, но циничного интеллекта — человека, вооруженного Разумом, который

---

[16] Глава 2 «Поэтики шекспировских хроник» открывается рассуждениями об «экспериментально-эмпирическом методе» Бэкона [СК 4: 241–242]. В «Комедиографии Шекспира» СК описывает драматурга как «реалиста-экспериментатора» в бэконианском духе, который проверяет границы природного мира, доводя «давление стимулов и препятствий на волю человека до необычайной силы и подымающий раскал страстей до психологического предела» [СК 4: 172]. В работе «О творчестве Бернарда Шоу» СК характеризует «рискованный метод» Шоу как экспериментирование (РГАЛИ. Ф. 2280. Оп. 1. Ед. хр. 62. Л. 1). Перельмутер в предисловии к Собранию сочинений отмечает «бэконианское» прочтение Кржижановским его любимых писателей и философов (Шекспира, Свифта, Канта) и, в более широком смысле, определяет собственный творческий метод Кржижановского как «экспериментальный реализм» [СК 1: 54], хотя сам СК нигде об этом не говорит.

внезапно пробуждается в незнакомом, ужасном мире, не управляемом Божеством[17]. Бесстрашная любознательность Бэкона была привлекательна в свете увлеченности его эпохи повествованиями об экзотических путешествиях, и в этом смысле Кржижановский тоже был человеком своего времени. Среди знаменитых сатирических путешествий в мировой литературе он выбрал те, которые были созданы на Британских островах: «Путешествия Гулливера» из прошлого, машины времени и антигравитационные корабли Герберта Уэллса из настоящего и будущего[18].

Не приходится удивляться тому, что Кржижановский нашел самую горячую поддержку среди московских англофилов. К их числу принадлежали молодой Александр Аникст (впоследствии признанный шекспировед), теоретик перевода и диккенсовед Евгений Ланн, а также авторитетный литературный критик, попутчик ЛЕФа и великолепный исследователь Свифта Михаил Левидов. Такие дружеские связи были жизненно необходимы, поскольку Кржижановский не был профессиональным исследователем и не имел контактов в академической сфере. Левидов (репрессированный и расстрелянный в 1942 году) неутомимо заботился о своем друге. В начале 1930-х годов издательство «Academia» готовилось к публикации новой серии переводной мировой классики, в которой Левидову было поручено заниматься томами Шекспира. Левидов договорился, чтобы Кржи-

---

17 «Бэкон в окружении героев Шекспира», опубликовано посмертно в «Литературном критике» (1934. № 12), здесь цитируется по [Луначарский 1958: 454–476]. Луначарский делит шекспировских «рыцарей интеллекта» на два вида: энергичных циников-макиавеллистов (Ричард III, Эдмунд Глостер, Яго) и угрюмых, менее решительных, но возвышенных скептиков (Гамлет, Жак-меланхолик, ученый-маг Просперо, проводивший эксперименты над человеческой природой и имевший «очень много общего с Бэконом») [Луначарский 1958: 474]. Хотя статья завершается обязательным выражением оптимизма по поводу триумфа научной любознательности над предрассудками и злом, Кржижановскому могла бы показаться близкой ее общая мысль: просвещенный разум, каким бы ни был он прогрессивным, освещает ужасный и безумный мир.

18 Согласно воспоминаниям его жены Анны Бовшек (повторенным Перельмутером), в 1929 году СК редактировал сценарий для мультипликационного фильма Александра Птушко «Новый Гулливер» (1935), но эта работа, хотя и была оплачена, вышла без упоминания имени Кржижановского [Бовшек 2009: 58–59]. Бовшек завершила свои воспоминания в 1965 году, спустя пятнадцать лет после смерти СК, и скончалась шестью годами позже, в 1971-м.

жановский написал предисловие и комментарий к комедиям[19]. В эти годы Кржижановский также получил контракт на редактирование переводов комедий «Виндзорские насмешницы», «Как вам это понравится» и «Конец — делу венец»; кроме того, Таиров поручил ему создание пастиша из фальстафовских сцен для спектакля Камерного театра[20]. Если бы эти публикации и постановки были осуществлены, для Кржижановского это означало бы шаг к известности и легитимизации профессиональной деятельности. Когда издание Шекспира было сокращено с десяти томов до восьми, из-за чего оттуда автоматически вылетели его статьи, Кржижановский тяжело переживал свое разочарование[21]. Более того, в мае 1937 года он написал протестующее письмо в издательство «Academia», угрожая подать в суд за нарушение обязательств по трем договорам[22].

Согласно деликатному, исключительно достоверному рассказу Анны Бовшек об их совместной жизни, судьба других фрагментов «шекспировского цикла» была более счастливой [Бовшек 2009: 57]. Когда к Левидову обратились с просьбой проанализировать пьесы Шекспира для радиопрограммы о культуре, он передал этот заказ своему хронически полубезработному другу. Кржижановский столь творчески перевыполнил это задание,

---

19 «Издательский договор № 226, 15 декабря 1935 года» (РГАЛИ. Ф. 2280. Оп. 1. Ед. хр. 98. Л. 18–19).

20 Результатом этого заказа, сделанного в рамках выдвинутой в 1935 году инициативы Камерного театра по постановке пьес Шекспира, должна была стать версия истории Фальстафа, основанная на соответствующих фрагментах первой и второй частей «Генриха IV», «Генриха V» и «Виндзорских насмешниц» Шекспира (РГАЛИ. Ф. 2280. Оп. 1. Ед. хр. 98).

21 См. список трудов СК за 1938 год, где он кратко сообщает о судьбе его «Комедии молодого Шекспира», написанной для одного из томов издательства «Academia» (РГАЛИ. Ф. 2280. Оп. 1. Ед. хр. 75).

22 См. РГАЛИ. Ф. 2280. Оп. 1. Ед. хр. 102. Письмо С. Д. Кржижановского издательству «Academia» о его участии в работе над собранием сочинений В. Шекспира (май 1937). В обиженном письме, в частности, говорится: «Статья, представленная мною, была дважды переработана по указаниям Главной редакции. Ее приняли, затем возвратили мне, сообщив, что статья не пойдет, вследствие изменения плана издания. Расчет по статье не произведен даже в пределах 60 % <...> Моя редакция трех пьес была отвергнута одним из гл. редакторов, А. Смирновым. В дальнейшем и не получал ни гранок, ни верстки». После чего СК добавляет, что если его работа будет издана под другим именем (или анонимно), а ему за нее не заплатят, то он обратится «за разрешением настоящего дела в судебные инстанции». Сведений о последствиях этой донкихотской угрозы нет.

что, когда передачу отменили, Левидов попросил его переделать очерк в статью. Два эссе из этого несостоявшегося проекта все же были напечатаны в 1934–1935 годах[23]. Однако последовавший в 1936 году план создания «Шекспировской энциклопедии» рухнул[24]. То, что Кржижановский был человеком со стороны, не связанным с официальными организациями, закрывало перед ним многие двери. С другой стороны, благодаря этому Кржижановский делал меньше уступок внутреннему цензору. Его идеи формировались без искушения перспективой легкой публикации и на подсознательном уровне не зависели от прихотливых колебаний линии партии. Что касается Шекспира и Шоу, то в 1930-х годах эта линия была канонизирована только что созданной литературной организацией.

Важнейший момент для Шекспира наступил в 1934 году, на Первом съезде советских писателей, когда Горький, двумя годами ранее вернувшийся на родину из фашистской Италии, провозгласил Шекспира «нашим», то есть русским[25]. Он заявил, что обанкротившиеся, переживающие экономический кризис буржуазные государства более не в состоянии понимать могучий и смелый дух Шекспира; такая понимающая публика, настаивал он, есть сейчас только в Советской России, где наступил новый

---

[23] Это были «Шаги Фальстафа» (1934) и «Контуры шекспировской комедии» (1935).

[24] См. «Шекспировская энциклопедия» (РГАЛИ. Ф. 2280. Оп. 1. Ед. хр. 49). СК задумывает амбициозный двухтомный справочник «для вузовцев, читателей советского издания Шекспира, режиссеров, актеров и наших молодых шекспироведов» (л. 1), в который вошли бы краткая, основанная на строго установленных фактах биография; карты (городов, областей и стран); сведения о «маршрутах пьес»; таблицы, поясняющие денежную систему, состояние торговли, налоги, государственное устройство; обзор театральных постановок Елизаветинской эпохи; иллюстрации, изображающие сельскую Англию; генеалогия монархов, о которых написаны пьесы-хроники; календарь праздников; а также словарь фольклорных обрядов, баллад, выражений, использовавшихся в пивных, и военной терминологии.

[25] В основных чертах об этом см. [Ostrovsky 2006: 56–61]. Аркадий Островски подчеркивает, что официально провозглашенный «оптимизм 1930-х» породил предпочтительный для него шекспировский канон: «южные трагедии и комедии, действие которых происходит в эпоху Ренессанса». Важнейшими трагедиями были признаны посвященная юной любви «Ромео и Джульетта» и любимая пьеса Сталина «Отелло» на сюжет о ревности и предательстве, в которой все зло сконцентрировано в одном злодее, Яго, разоблаченном и приговоренном к казни в последние мгновения пьесы, где возникает зловещий шаблон для показательных процессов (Лодовико: «...Назначить день и место, пытку выбрать... / О, что-нибудь найдите посильнее!» — Пер. П. И. Вейнберга).

Ренессанс мировой культуры. Театрам было приказано изучать содержащиеся в пьесах Шекспира образцы героической *перековки,* созвучные Новому Советскому Человеку. Создавались организации, в задачу которых входило консультирование режиссеров по вопросам подходящего репертуара Елизаветинской эпохи. Однако увлеченность Кржижановского Бардом, конечно же, была обусловлена далеко не одними лишь соображениями политической безопасности. Он с юношеских лет питал глубокую любовь к Шекспиру. Среди наиболее известных эпизодов биографии писателя есть история, которую он рассказывает в конце «Фрагментов о Шекспире» [СК 4: 383–384], разумеется не без иронии. Речь идет об онтологическом кризисе, пережитом в Киеве, когда Кржижановский, рано развившийся ученик пятого класса гимназии, познакомился с «Критикой чистого разума» Канта[26]. Он лежал на кровати и «давал себе честное слово не есть шоколада и не тушить света до тех пор, пока не решу твердо, где же граница между субъективным и объективным бытием» [СК 4: 383]. К счастью, выписанный по почте томик пьес Шекспира — с их мирами, населенными энергичными, деятельными людьми, «которые захохотали бы, слушая формулы объекто-ненавистника [Канта]», — был доставлен как раз вовремя, чтобы защитить его от этого «метафизического наваждения» [СК 4: 384].

Примечательны здесь не бесцеремонное отбрасывание «идеалиста» Канта (такая риторика была обычной для советской эпохи) и не осязаемая материальность и величие Барда; «Фрагменты», в конце концов, писались к юбилею Шекспира (в 1939 году отмечалось 375-летие). Важно то, каков был статус театра в представлениях самого Кржижановского. Театр мог создавать иллюзию, но сам он никак не был иллюзией. Напротив, что бы там ни утверждала философия, персонажи Шекспира были воплощением материальности, страсти, трех- и четырехмерной реальности. Театр (и в частности полный фантазий и сновидений

---

[26] О более полном философском контексте и последствиях этого апокрифического перехода от Канта к Шекспиру для театральной деятельности Кржижановского см. [Ballard 2012].

театр испанского Золотого века и елизаветинской Англии) был областью *реального*, а не уводил от реальности. Сцена *не* была фикцией. Кржижановский завершил свои «Фрагменты» таким пояснением: «никакой я не шекспировед, я просто человек, обязанный этой великой тени спасением своего мозга». Как мы убедимся, этот глубоко личный подход к Барду — своего рода «мой Шекспир» в духе русского «мой Пушкин» — в 1950-х годах оказался одним из главных препятствий для посмертной публикации наследия Кржижановского. К счастью, отношения Кржижановского с гораздо более молодым соотечественником лондонского Шекспира, ирландско-английским социалистом-фабианцем и драматургом Джорджем Бернардом Шоу, вызывали меньше вопросов. Поворотный момент для постановок Шоу на русской сцене сталинской эпохи наступил несколько раньше, чем для Шекспира, — в 1931 году.

Бернард Шоу: фехтовальный, шахматный и боксерский поединок с идеями

Должно быть, Кржижановский счел Шоу близким по духу: сухой, ироничный, рассудочный, со сценическими ремарками, растягивавшимися на несколько страниц, и философскими предисловиями, по размерам не уступающими новеллам. Однако предсказуемым образом «его Шоу», как и «его Шекспир», не вполне совпадал с линией партии. Неприятное подтверждение этому обнаружилось в 1935 году, когда в «Литературной газете» от 15 октября появилась маленькая, на половину колонки, подборка анекдотов и афоризмов, озаглавленная «Черновые записи Пруткова-внука» и подписанная «С. Кржижановский»[27]. Должно быть, их непочтительный тон вызвал раздражение, поскольку неделю спустя в «Правде» была опубликована разгромная

---

[27] Самодовольный поэт-бюрократ Козьма Прутков, придуманный в 1852 году А. К. Толстым и его кузенами братьями Жемчужниковыми, был любимцем СК. Перельмутер обнаружил в киевском архиве Кржижановского (все еще не систематизированном) массу небольших набросков и афоризмов, связанных с образом Пруткова, и опубликовал их в разделе «Из архива Пруткова-внука» [СК 5: 290–323].

анонимная рецензия — превосходившая по объему саму публикацию, — в которой осуждался «некий» С. Кржижановский, чей «ряд сомнительных дурно пахнущих острот убеждает читателя в том, что перед ним распоясался заведомый пошляк» [Правда 1935][28]. Этот не суливший ничего хорошего газетный обмен репликами мог обернуться обыском, но все обошлось. К числу острот в подвергнутой осуждению публикации был и такой каламбур: «О Шоу. В двух словах: циничен, но сценичен. В одном: сциничен» [Кржижановский 1935б].

Блистательно комический Шоу был угоден новому режиму; циничный Шоу — опасен. Десятилетием ранее, в 1924 году, Камерный театр поставил единственную серьезную трагедию Шоу, за которую ему была присуждена Нобелевская премия, — «Святую Иоанну» [Worrall 1989: 43–44][29]. В соответствии с бесцеремонным отношением к оригиналам пьес западных авторов, характерным для раннебольшевистских постановок, она была подана как антиклерикальный бурлеск. Затем, в 1934 году, во время подготовки к двадцатилетнему юбилею Камерного театра Таиров написал Шоу письмо с просьбой о разрешении использовать начальные сцены ироничной исторической пьесы «Цезарь и Клеопатра» (1898) в планировавшемся спектакле «Египетские ночи», пастише из текстов о Клеопатре Пушкина, Шоу и Шекспира на музыку Прокофьева[30]. Никаких сведений об ответе Шоу не сохранилось, однако Таиров приступил к переделке нужных ему сцен для первой половины постановки, допуская немыслимые вольности в обращении с оригиналом. Поскольку Таиров,

---

28 Восемь дней спустя «Литературная газета» напечатала маленькую заметку «От редакции» [ЛГ 1935], в которой признавалась правильной «отрицательная оценка», данная «Правдой» прутковской колонке.

29 В своих воспоминаниях Алиса Коонен, прославившаяся ролями в символистских и французских неоклассицистических пьесах, замечает, что ее роль мученицы во имя Франции включала в себя нравившиеся публике комические моменты, но что она не чувствовала духовной близости с Жанной д'Арк — равно как и с многословным, остроумным, прозаическим Б. Шоу. Драма Шоу, признавалась она, «по самому своему складу... относится к числу тех произведений, которые интереснее читать у себя дома, чем играть на театре» [Коонен 2003: 392–393].

30 Таиров написал Шоу в июле 1932 года, подчеркивая, что пьеса «Цезарь и Клеопатра» «объективно» могла бы рассматриваться как «первая часть [шекспировских] «Антония и Клеопатры», так как их героини «имеют одни и те же характерные черты», а «обе эти пьесы имеют в целом единую широкую линию развития».

по-видимому, недостаточно владел английским языком, он почти наверняка привлек Кржижановского в качестве посредника при создании этого экстравагантного гибридного спектакля[31].

К 1931 году Кржижановский уже получил заказы на перевод пьес Шоу «Андрокл и лев» и «Кандида»[32]. Его таланты оказались еще более востребованными, когда в июле того же года Шоу приехал в Москву на празднование своего семидесятипятилетия в Стране Первой пятилетки. Это событие, широко освещавшееся в прессе и по духу напоминавшее потемкинские деревни, доставило Шоу большое удовольствие: во время своего визита он мало интересовался советским театром, наслаждаясь вегетарианской кухней (для него готовили по спецзаказу), отказывался помогать инакомыслящим, которые посмели обратиться к нему, и удостоился беспрецедентного двухчасового приема у Сталина[33]. 26 июля Луначарский произнес приветственную речь, в которой уподоблял почетного гостя Свифту и Салтыкову-Щедрину, двум другим сатирикам мирового уровня, чей смех соединялся с негодованием и презрением. Однако, сказал Луначарский, Шоу — веселее своих предшественников. Они были

---

31 В личной беседе 10 июля 2009 года Перельмутер утверждал, что СК, безусловно, был в составе творческой группы, готовившей инсценировку «Египетских ночей», хотя неформальный «ансамблевый метод» соавторства в Камерном театре (треугольник «Таиров — Кржижановский — Коонен») препятствует установлению его личного вклада. О попытке реконструировать эту постановку «Египетских ночей» и о влиянии, которое она оказала на последующую драматургию СК (и его собственный фарс на тему Клеопатры «Тот третий» (1938), где были использованы части комедии Шоу, отброшенные Таировым), см. [Emerson 2012].

32 Вслед за визитом Шоу (в декабре 1931 года) «Госиздат» заключил контракт с СК на перевод близкой по духу пьесы Шоу «Андрокл и лев», рассказывающей о раннехристианских мучениках (РГАЛИ. Ф. 2280. Оп. 1. Ед. хр. 94). В 1936 году в официальном письме, направленном в Секцию драматургов Союза писателей, СК сообщил, что окончил перевод «Кандиды» Шоу (РГАЛИ. Ф. 2280. Оп. 1. Ед. хр. 100). Эти переводы, даже если они и были завершены, никак не фигурируют в более поздних материалах архива и не публиковались.

33 См. об этом [Evans 1985] (в работе несколько наивно говорится о том, что было срежиссировано Сталиным для приема не говорящих по-русски иностранцев). Увлечение Шоу ленинизмом и сталинизмом охарактеризовано как искреннее и оправданное в [Geduld 1964: 9–15]; критику этой позиции см. в [Weintraub 2011]. С. Вайнтрауб, старейший из американских исследователей Шоу, опубликовал в «Times Literary Supplement» резкую статью к 80-летней годовщине поездки Шоу в Москву, в которой отмечается пристрастие Шоу к фашистским режимам (как противоположности дисфункциональных парламентских демократий) и дается анализ шести пьес 1930–1940-х годов, восхваляющих сверхчеловека.

полны горечи. Как поклонник Маркса, Шоу мог писать подлинные комедии; его суждения и пьесы были полны «ленинского победоносного смеха» [Луначарский 1958: 483][34]. Поездка Шоу в Москву была большой пропагандистской победой. В октябре 1931 года Шоу разразился печально известным радиообращением к Америке эпохи Великой депрессии. Он расхваливал Советский Союз за «ликвидацию» дельцов до того, как их алчность обрела шанс разрушить русскую экономику, — назвав это смелым решением, к которому, на свое горе, не прибегли убогие западные демократии [Shaw 1932][35].

После этих счастливых дней, проведенных Шоу в столице СССР, Кржижановский написал восемь работ об ирландско-английском драматурге. К середине десятилетия две наиболее развернутые статьи были напечатаны. Одна из них, посвященная «образам и идеям» Шоу, появилась в «Интернациональной литературе» в 1935 году. В хорошем переводе и лишь с небольшими сокращениями это эссе затем в июле 1936 года было напечатано в «International Literature», английской версии этого журнала, издававшейся в Москве и распространявшейся в Лондоне и Нью-Йорке [Krzhizhanovsky 1936]. В отличие от Луначарского, Кржижановский практически не интересовался политическими воззрениями Шоу. И, возможно, чтобы компенсировать это отсутствие интереса, в конце его эссе появилась приписка в духе лозунгов сталинской эпохи: «мы видим, как драматург [Шоу], своими глазами увидав великое строитель-

---

34 «Бернард Шоу (речь в Колонном зале Дома Союзов)» [Луначарский 1931; Луначарский 1958: 481–484].

35 Обращение Шоу «Разговор об Америке», запрещенное в Британии, но переданное в эфир в США, начиналось так: «Привет тебе, Америка! Привет вам, милые старые дуралеи! [Вы думаете, что я] помешался на России? Что ж, Россия может над нами посмеяться. Она оставила нас в дураках, побила, посрамила, обошла <...>» [Shaw 1932: 3]. Текст речи, произнесенной по радио, оправдывает очистку общества посредством террора, метода, который, как утверждает Шоу, большевики восприняли от него. Отлив человеческую природу в форму нравственного сверхчеловека, новый советский порядок не позволит американским бизнесменам лично обогатиться за счет богатой ресурсами России. Только попробуйте, сказал Шоу, и вы будете вызваны в ГПУ, там вас призовут к ответу и попросят объяснить ваши «американские принципы», после чего «вас не станут ни упрекать, ни травить, с вами не будут спорить», вы попросту исчезнете, «вас попросту ликвидируют, как там это называют, не причинив вам ни малейших неудобств» [Shaw 1932: 11–12].

ство социализма, начинает уже тверже и громче говорить свое “да”» [СК 4: 545][36].

Любовь Кржижановского к Шоу и Шекспиру действительно пришлась ко времени. Но его собственное «да» не было результатом следования официальным указаниям и не ограничивалось исключительно законным желанием видеть свои мысли опубликованными или заработать на хлеб. Два великих английских драматурга стали организующими началами для собственных идей Кржижановского о том, *как ведут себя слова*, как они «оживают на странице» и как на странице возможности живого языка могут бросить вызов мертвому грузу шрифта. Это поведение слов не следует путать с более поздними идеями Дж. Л. Остина о «речевом акте» и «перформативном высказывании»[37]. Остин намеренно исключил из своей теории шутки, литературу и театр — тогда как для Кржижановского именно эти области были наиболее притягательными [Miller 2001: главы 1 и 4, особенно 28–40][38].

---

36 Далее следует: «...противопоставляя жизненную правду Советского Союза лживости старого мира (“Плохо, но правда”)». Последняя фраза представляет собой полностью искаженное заглавие комедии Шоу «Too True to be Good» (букв. «Слишком правдиво, чтобы быть хорошим», 1931), которую Луначарский посмотрел в Берлине в 1933 году, затем опубликовав в «Вечерней Москве» (1933. № 2) рецензию «Бернард Шоу еще раз говорит правду» [Луначарский 1958: 485–495].

37 Остин рассматривает фиктивное использование высказывания как «своего рода зло» [Austin 1962: 21], ставящее под сомнение его искренность и аутентичность. «Перформативное высказывание будет, например, *в особом смысле* недействительным или пустым, если оно произносится актером со сцены, или встречается в стихотворении, или осуществляется как разговор человека с самим собой» [Austin 1962: 22]. Важно, что через всю книгу Остина проходит все более напряженно повторяющийся шаблон искреннего речевого акта «I do» («Да»), который совершает невеста во время христианской церемонии бракосочетания (этому моменту в своей работе уделяет большое внимание Хиллз Миллер). Для такого писателя, как Кржижановский, сформировавшийся в период русского символизма, лекции, прочитанные Остином в рамках Джеймсовских лекций в Гарварде в 1955 году, должны были бы показаться решительно буржуазными.

38 «Для Остина игра на сцене — это так же плохо, как отпускать шутки или сочинять стихи <...>. Литература для Остина — это первейший пример несерьезного, неискреннего» [Miller 2001: 33]. Отмечая сделанные Остином исключения, Миллер высказывает предположение, что книгу Остина «не следовало называть “Как совершать действия при помощи слов”, словно язык является инструментом, находящимся под полным контролем человеческих существ, подобно ножу или молотку <...>; скорее, ее следовало бы назвать “Как слова воздействуют на вас” или “Как быть покоренным словами” в знак признания существующей автономно способности языка совершать непредвиденные вещи» [Miller 2001: 33]. Предложенные альтернативные названия точно отражают галлюцинаторную отправную точку

Как же живут творческие идеи и звуки, распластанные на страницах книг или поставленные на полку? Эти хранилища одновременно являются и репозиторием, надежно обеспечивающим их сохранность, и тюрьмой. В своих лучших сочинениях Кржижановский наслаждается этим роскошным парадоксом. Как и у многих поэтов, принадлежавших к поколению символистов, его понимание языка было динамичным, трехмерным, «театральным». Формалистская теория добавила идею «осязаемости» (предельного случая остранения), а большевистская риторика — идею борьбы. Кржижановский потрясающе экспериментирует с обоими параметрами, увеличивая число сущностей, которые могут воевать друг с другом, оживляя неживое и усиливая стимулы, которые атакуют наши органы чувств. Война становится ожесточеннее по мере того, как слова обретают больший вес, телесность и влияние. Постоянное сокращение и сгущение языковых единиц — вот истинная задача поэта[39]. Но — и в этом заключается парадокс — идеи рождаются в нашем мозгу большими и свободными. Какими бы они ни были податливыми или трудноуловимыми, их судьба — быть закрепленными в виде плоских типографских значков, которым приходится преодолевать всевозможные напасти, чтобы реализовать — вопреки диалектике — свой потенциал в качестве действующих лиц[40]. Один из отчетливых мрачных сквозных мотивов в прозе Кржижановского — пытка, которой подвергается бумага: ее складывают, режут ножом, скармливают жестоким машинам,

---

рассказов СК, в которых действуют «слова-актеры», то есть слова, которые встают на ноги, начинают разговаривать или выползать за пределы страницы — к ужасу их авторов и читателей.

39 Поясняя суть театрального слова, СК пишет: «Поэзия [не столько] затрудненная форма» (он цитирует Шкловского и Жирмунского), сколько «сгущенная мысль, точнее, сгущенная речь». Поэт выжимает пустоты и зияния из «бесцентрных» «слов быта», ибо поэтическая речь должна быть «бесщельна». Однако, пишет СК, чудесным образом, когда слова стягиваются таким образом в «концентры», «пространство от этого не умаляется и не плющится, а делается просторнее и значимее». См. главу 5 «Поэтика этики» в его «Философеме о театре» [СК 4: 77].

40 В ряде рассказов слова и буквы именно этим и занимаются; они — единицы сопротивляющегося сознания, «маленькие люди», которые встают на «перформативном пространстве» страницы. См. ранние рассказы «Якоби и “якобы”», «Жизнеописание одной мысли» и «Чуть-чуть» в «Сказках для вундеркиндов» (1923) [СК 1: 107–122; 139–46; 83–92].

заставляют терпеть, когда на нее наносят оттиски смолкающих или обманчивых звуков[41]. В процессе печати буквы страдают так же, как бумага. Не является ли выходом драма, безбумажная по своей сути? Возможно, глаз и ухо наиболее приспособлены вовсе не к чтению про себя, но к отслеживанию живого, трехмерного действия.

Подобные вопросы, часто приправленные юмором, проходят через все работы Кржижановского, связанные с театром. То же относится и к «актерским труппам», которыми населена его проза. Во второй главе повести «Клуб убийц букв» (1926) один из потенциальных Гамлетов во время репетиции пьесы Шекспира приходит к пониманию того, что мастерски исполненная роль, будучи бессмертной, может захватить сознание столь же надежно, как произнесенная или написанная строка [СК 2: 17–39][42]. Собственно, Бард настолько часто привлекается, чтобы проиллюстрировать аннигилирующий или животворный эффект отдельных букв, слогов, омонимов и каламбуров, что в первой в России диссертации, посвященной Кржижановскому, Делекторская во многом выводит его теорию искусства слова из прочтения Шекспира [Делекторская 2000: 7][43]. Эти вооруженные, «разящие слова» созвучны классовой (или династической) борьбе, которая воспроизводит энергию самого языка.

В критических работах Кржижановского, посвященных драме, Шекспир и Шоу часто противопоставляются друг другу, хотя порой и весьма неожиданным образом. Например, мы не найдем у него ни малейших упоминаний об известной в англоговорящем мире кампании, которую Шоу вел против «бардопоклонства»[44].

---

41 Набросок «Бумага теряет терпение» (1939) начинается так: «Всем известно: бумага терпит. Терпит: и ложь, и гнусь, и опечатки, и грязную совесть, и скверный стиль, и дешевый пафос. Всё» [СК 3: 148].

42 «Клуб убийц букв» [СК 2: 7–132] был впервые опубликован в 1990 году.

43 Делекторская доказывает, что СК подходил ко всем важным для него вопросам — «истории и поэтике, проблемам перевода, психологии творчества» — через посредничество Шекспира.

44 О бардопоклонстве см. два предисловия Шоу: к трилогии «Три пьесы для пуритан» (1898) и к одноактной пьесе «Смуглая леди сонетов» (1910), написанной для сбора пожертвований. Во втором предисловии Шоу осуждает исследователей Шекспира, которые неверно представляют его как пессимиста [Шоу 1980: 23]. В предисловии 1898 года он резко критикует сверхэротизированность театральных постановок —

Эта полемика, как мы помним, была направлена не против самого Шекспира (творчество которого Шоу прекрасно знал и благоговел перед ним), но против тех, кто поклонялся Барду в силу заблуждений. К бардопоклонникам были причислены директора театров, которые твердят о восхищении Шекспиром, но превращают постановки его пьес в мелодрамы, фарсы или яркие карнавальные шествия, следуя за вкусами толпы и при этом выкидывая большие куски сложного текста; те, кто воспринимает всерьез напыщенные излияния чувств в трагедиях, игнорируя комическую тонкость шекспировской иронии и его веселость; но в первую очередь те, кто считает Шекспира оригинальным и глубоким философом (Шоу настаивает на том, что он не был ни тем, ни другим)[45]. Однако Шоу никогда не ставил под сомнение ни гений Барда в создании психологических портретов и построении драмы, ни то, что он сочинил прекраснейшую «словесную музыку» на английском языке[46]. Кржижановский, что необычно для носителя другого языка, жившего в крайне идеологизированную эпоху, выделяет те же приоритеты.

Здесь нужно отметить любопытный факт. Как философ театрального искусства, Кржижановский повсюду предпочитал использовать метафоры *видения*. На сцене все — управляемая видимость. Здание театра — безглазая коробка, отгороженная от скучной и полной проблем повседневной жизни, заглядывающей в обычные окна, выходящие на реальную улицу. Театраль-

---

скучную и неуместную в трагедиях (Шоу имел в виду «Антония и Клеопатру», против которой была направлена его собственная пьеса «Цезарь и Клеопатра»). Сексуальность на сцене, настаивает Шоу, эффективна только как комическая тема: «Я симпатизирую наслаждению чувствами, я его разделяю. Но подменять интеллектуальную деятельность и честность чувственным экстазом — нет, это никуда не годится!» [Шоу 1979: 20].

45 При всем восхищении поэтикой и драматическими приемами Шекспира, Шоу считал, что великий писатель, чтобы всегда оставаться великим, должен обладать оригинальными и морально продуктивными идеями, которые способствовали бы дальнейшей «творческой эволюции» человечества. Творческая эволюция — это тема «метабиологического Пятикнижия» Шоу «Назад к Мафусаилу» (1921); соответствующие отрывки из двух эссе «Лучше, чем Шекспир?» и «Художник-философ» (первоначально — предисловий к пьесам), в которых Шоу отказывает Шекспиру в статусе философа, приводятся в [Shaw 2002: 204–218].

46 Как Шоу отметил в 1895 году в рецензии на лондонскую постановку «Конец — делу венец», «произведение живо и свежо не благодаря либретто, но благодаря *музыке*» [Shaw 2002: 5].

ный механик — большой двигающийся глаз, виртуозный оператор. Актер — оборотень, который «живет — пока его *видят*: поднимающийся занавес он ощущает как огромное веко глаза, глядящее на него», — и далее: «Стоит всем зрителям одновременно закрыть глаза, и актера не станет» («Философема о театре» [СК 4: 65]). Однако в своих соположениях Шекспира и Шоу Кржижановский в большей мере опирается на звуковое измерение, на «словесную музыку» в том смысле, как ее понимали русские символисты и футуристы (а также и сам Шоу). Фокусируясь на ритме, темпе и фразировке, он отмечает различные, но в равной степени мастерски используемые этими двумя драматургами средства, благодаря которым произнесенные слова начинают «действовать» (провоцировать друг друга и бороться).

Одно показательное сравнение встречается в эссе «Драматургические приемы Бернарда Шоу» (1934). Речь идет о таком приеме, как остроумие, и Кржижановский выделяет два его вида [СК 4: 500–503]. Шекспировское остроумие во многом основано на игре слов, которая по существу является пикировкой находчивыми односложными репликами, которыми стремительно обмениваются говорящие. «У него [Шекспира] язык и шпага работают поочередно; слишком туго затянувшиеся драматические узлы не распутываются, а разрубаются клинком. <...> Но Шоу трудолюбиво распутывает все узлы» [СК 4: 496]. Шоу не хочет, чтобы на сцене умирали люди, да ему это и не нужно. Он хочет, чтобы они жили и говорили — предпочтительнее о его идеях. Поскольку настоящие герои Шоу — это слова (в логическом доводе, убеждает нас Кржижановский, применяются «смысловые лезвия» слов [СК 4: 497]), Шоу ничего не выигрывает и ничего не достигает, разя их носителей. Личная история, а также личность — это всего лишь инструменты. Таким образом, драма Шоу может быть серьезной, опасной, но она относительно бескровна в плане нанесенных ран; «схватка слов» переходит в «бой смыслов против смыслов» [СК 4: 503]. В тех случаях, когда слово выступает как собственно слово и как шпага, Шоу скорее *фехтует* посредством языка, чем сражается на дуэли.

Таким образом, остроумие Шоу многосложно, нагружено идеями и предназначено для того, чтобы убедить оппонента, а не вызвать его на поединок или убить. Такой юмор не может существовать только за счет жонглирования сочетаниями звуков. Между тем для Шекспира подобное «жонглирование» имеет первостепенное значение. Кржижановский был захвачен его динамикой. Центральным моментом в его теории перевода (сложившейся на основании работы с английскими текстами) является темп движения слов и воздушное пространство между слогами[47]. В эссе «Воображаемый Шекспир» (1937) Кржижановский отмечает фантастическое количество и остроту односложных существительных и глаголов в английском языке по сравнению с русским, в котором из-за более широкого использования флексий коротких слов очень немного. Русский язык тяжелее, его слова весомее. По мнению Кржижановского, такое несоответствие может стать причиной мучений ответственного переводчика Шекспира, который должен стремиться не только передать смысл и звучание, но также непосредственность, живость, компактность и временные «передышки» в оригинальной словесной музыке.

Разумеется, английское остроумие не обязательно строится на таких маленьких бойких словечках, как, например, фальстафовские *'Sblood, prick, sweet wag, sack*. Это только один звуковой ресурс языка. С точки зрения Кржижановского, Шоу, который «слишком поглощен игрой смыслов, чтобы уделять много вни-

---

[47] СК был суровым критиком русских переводов Шекспира. Как он объясняет в «Воображаемом Шекспире», «основное трехсотлетнее страдание Шекспира в том, что его с языка односложных слов все время пытаются переводить на язык трех- и четырехсложных звучаний. И краткие, буква к букве, фразы разрастаются в длинные, разбухающие, неестественные построения». Кржижановский различает «причесывающий» перевод, при котором ради сохранения точного количества строк в жертву приносятся образы, и «взъерошивающий», основанный на мышлении образами, — такой перевод «перебрасывает» визуальные метафоры, но почти не сохраняет ничего другого [СК 4: 296–297]. СК особенно переживал по поводу песен Шекспира. В 1937 году был опубликован отрывок его перевода «Двенадцатой ночи» [Кржижановский 1937]; и в ряде статей он приводит свои попытки перевести песни Ариэля из «Бури». Эти переводы искусственны и неудачны; на русском языке они не укладываются в понятие поэзии и не воспринимаются как песни. Можно заподозрить, что Кржижановский это видел — он любил поэзию и считал себя посредственным поэтом, — но, возможно, он надеялся, что кто-то из более способных переводчиков сумеет воплотить его теорию на практике.

мания кувыркающимся словам», отказывается от той части наследия Шекспира, которая связана с перестановкой слогов[48]. Шоу выстраивает напряжение не вокруг дуэльной площадки, но на натянутой проволоке. В статье, опубликованной в 1936 году в «Советском театре» к 80-летию Шоу, Кржижановский отмечает, что этот выдающийся английский драматург в течение пятидесяти лет изображал на сцене сложные интеллектуальные дискуссии, успешно балансируя, словно «канатоходец», — несмотря на то, что многие стоявшие на твердой почве спотыкались и падали в ямы [Кржижановский 1936а][49]. Тот баланс, который требуется художнику, это не столько резкий выпад против оппонента, сколько длительная мысленная сосредоточенность. А зрители такого вида шоу наслаждаются умением удерживать равновесие, а не убийством или крайностями.

Кржижановский сравнивал двух своих любимых британских драматургов и в другом виде состязаний — не со шпагой, но за шахматной доской. Кржижановский увлекался шахматами. В 1946 году он написал эссе «Драматургия шахматной доски». Один из его наиболее пугающих ранних рассказов — «Проигранный игрок» (1922) о маниакальном члене Гастингского шахматного клуба, который «ушел от поступков к ходам» и со временем превратился в собственную пешку — а затем ею пожертвовал, чтобы выиграть партию, переживая свою смерть с точки зрения маленькой, невысокой, легкой деревянной фигурки[50]. Шахматы традиционно представляются не только как интеллектуальная игра. Шахматная доска — это география, платформа, сцена, расчерченная для актеров и предусмотренных сценарием по-

---

[48] «Драматургические приемы Бернарда Шоу» [СК 4: 503]. Художественное слово понимается здесь как обладающее реальным весом и телесностью; ему требуются накачанные мышцы, чтобы пережить столкновение с другими словами.

[49] Если в шекспировской трагедии есть «клинья комического», то в комедии Шоу есть, самое большее, «трагические клинья», но они никогда не определяют целое. «Шоу, — пишет Кржижановский, — добрый хозяин. Он встречает всех своих персонажей у света рампы, приглашая их принять посильное участие в выражении его, шоуовских, мыслей. Но вместе с тем, он очень одинок» [Кржижановский 1936а: 17].

[50] «Проигранный игрок» в «Сказках для вундеркиндов» [СК 1: 133–138, цит. 133]. Часть истории героя (его «ходы» по направлению к смерти) рассказывается в виде записи шахматных ходов.

движных деталей[51]. В разделе статьи о драматургических приемах Шоу, озаглавленном «Шахматная доска и театральный помост», Кржижановский прибегает к шахматным правилам, чтобы проиллюстрировать различие между комедией и трагедией у Шекспира и Шоу [СК 4: 491–495], подобрав метафоры рокировки и правила турнирных шахмат «тронуто — пойдено».

Кржижановский утверждает, что последнее правило всегда соблюдается в трагедиях. Дотроньтесь до фигуры, и вам *придется* сделать ход. «Макбет только притронулся к крови — и назад уже нет хода. Только в кровь. Трагический герой несет ответственность за малейшее прикосновение к объекту» [СК 4: 492]. В конце концов, сущность трагического стиля заключается в том, чтобы «стать на его место [место убитого вами человека] и погибнуть от этого» [СК 4: 493]. Так, места, на которых повторно приносятся жертвы, занимают Гамлет, его отец и дядя; таков палимпсест пьес-хроник о множественных Генрихах и Ричардах. Шекспировские монархи, исторические или вымышленные, британские или римские, всегда представляют собой модель для игр с полной заменой фигур. Ритуал расстановки ловушек ведет нас к статическому и трагическому. Напротив, для Шоу «двери в трагедию... навсегда закрыты» [СК 4: 492], — замечает Кржижановский. Драматургия Шоу комедийна по духу, определяется ситуацией, в которой «важно не столько пойти, сколько тронуть, сдвинуть с места, выбить из колеи. Он [Шоу] не страдает, подобно Гамлету, от того, что мир "вышел из колеи". <...> Вывести из колеи — для него — это не мука, а цель». Никакое правило «тронуто — пойдено» здесь не действует. Драма Шоу исследует возможности и ищет удовольствие в переосмыслении вещей. Когда дело заходит в тупик, разрешается сделать экстравагантный цирковой прыжок, но только один раз. «Основная ситуация у Шоу: *рокировка*», — говорит Кржижановский.

---

[51] Аналогия между шахматами и сценой — распространенная метафора в театральной критике. Игра занимает заметное место в прозе Кржижановского (как и у Набокова) как занятие для автора, когнитивный вызов читателю, возведение препятствия, не допускающего сентиментального и свободного излияния «чувств», а также как модель для построения конфликтов в соответствии со свободными, но *фиксированными* ходами.

Кржижановский вспоминает, что, обучаясь в детстве игре в шахматы, он испытывал «моральное отталкивание» по отношению к особой одноразовой привилегии поменять местами короля и ладью. Шахматы — «честная игра», и выбор этого «не честного хода» вызывал в нем «чувство протеста» [СК 4: 492]. Позднее он пришел к пониманию того, что живучесть комического во многом обусловлена произвольностью однократной привилегии или (по его выражению) техникой, которая ближе к шашкам. «Шашки глупее шахмат», — с сожалением отмечает он. Если трагическая игра завершается тогда, когда на доске (сцене) не остается ни одной фигуры (персонажа), то в более комических играх, таких как шашки, фигуры перескакивают друг через друга, уходят из-под удара, отступают и возвращаются вновь, а не уничтожаются. Конечно же, Шекспир был знатоком и шашек, и шахмат. Но Шоу везде сползает в «чехарду».

В первом подстрочном примечании к опубликованному эссе, посвященному «образам и мыслям» Шоу (1935), Кржижановский оповещает своих читателей о «подготовляемой» им книге о Шоу [СК 4: 514]. Эта книга так и не была написана, хотя машинописный текст лекции, подготовленной в 1940-х годах, указывает на то, что для него эта тема оставалась актуальной[52]. Подобно Шекспиру и лорду Кельвину (который в машинописи заменяет Бэкона, фигурирующего в более ранних эссе), Шоу — «экспериментатор». Его стиль — это стиль ученого-естествоиспытателя, напоминающий «стальной звон скальпеля о планшету», а также стиль человека, чьи слова имеют «призвук бубенцов шапки буффона» (л. 8). Он создает свои пьесы посредством трех инструментов: писательской ручки, дирижерской палочки и боксерской перчатки. Последний из этих предметов сочетал в себе воинствующий оптимизм с привлекательностью нокаута — в духе времени, поскольку в 1930-х годах боксерские турниры и образы ку-

---

[52] «О творчестве Бернарда Шоу» (ок. 1942 года), машинописная рукопись (РГАЛИ. Ф. 2280. Оп. 1. Ед. хр. 62). К сравнениям, канонизированным Луначарским (Свифт и Салтыков-Щедрин), СК добавляет французского натуралиста XVIII века Бюффона («стиль — это человек») и русского полководца Суворова, весьма популярного во время Второй мировой войны («удивить — победить»). В дальнейших ссылках в тексте листы указываются по машинописному тексту.

лачного боя были популярными метафорами борьбы политических систем. Успех на ринге полностью определялся «легкостью, простотой и целеустремленностью удара» (л. 16). Какой бы серьезной ни была битва, победители были обязаны обладать комическим, а не трагическим характером. Кржижановский цитирует определение этого боевого искусства, данное в «Британской энциклопедии»: «благородное искусство наносить и получать удары с улыбкой на лице» (л. 16)[53].

Среди сорока с лишним «приятных» пьес, написанных Шоу к началу Второй мировой войны, у Кржижановского были свои любимцы. Это несколько иной список по сравнению с каноном англоязычного мира, к которому относятся «Пигмалион» («Моя прекрасная леди»), «Человек и сверхчеловек» и «Майор Барбара». В порядке предпочтения в список Кржижановского входят «Ученик дьявола» (роль Ричарда Даджена в постановке Передвижного театра Гайдебурова когда-то играл молодой Таиров), ранняя, написанная в чеховском духе пьеса «Дом, где разбиваются сердца», «Дилемма доктора», «Кандида». «Андрокл и лев» и некоторые менее известные тексты, такие как «Поживем — увидим», «Первая пьеса Фанни», «Слишком правдиво, чтобы быть хорошим», «Огастес выполняет свой долг» — и, конечно же, «политическая феерия» «Тележка с яблоками» (1929), пародия Шоу на пришедшую в упадок парламентскую демократию, превратившуюся в орудие плутократов, пьеса, которая часто воспринимается как выражающая сочувствие сталинизму[54]. Между тем Кржижановского

[53] «Ведь “Энциклопедия Британника” под словом Box, boxing дает формулу: “Благородное искусство наносить и получать удары с улыбкой на лице”». Ссылка на источник цитаты отсутствует, но похоже, что она взята из статьи «Бокс» Э. Б. Осборна [Osbourne 1929], с заключительной частью «Бокс в Америке», написанной Дж. Танни (чемпионом мира 1926 года в тяжелом весе). Об улыбке на лице не говорится ни в одном из двух определений бокса, приводимых Осборном («искусство атаки и защиты с помощью кулаков, защищенных перчатками, подбитыми волосом», и «Бокс — это искусство наносить удары, не получая ударов» [Osbourne 1929: 985]). Однако в своей части о современном состоянии бокса и возрождении этого вида спорта после Мировой войны Осборн цитирует письмо бывшего чемпиона мира Т. Бёрнса (1906–1908) отцу Б. Воэну: «Бокс — это образование, ты обучаешься самоконтролю, наносить удары и принимать их, наказывать и быть наказанным с постоянной улыбкой на лице» [Osbourne 1929: 987].

[54] На защиту сталинизма также была направлена «политическая комедия» Шоу «На мели» (1933), в предисловии к которой, как и в предисловии к комедии «Тележка с яблоками», обсуждается «политическая необходимость убивать людей» и «убийство

интригует вовсе не политика, но «концентрированная идея» как формально-кинетическая проблема. Каким образом Шоу удается пробудить драматические переживания за счет одного только движения идей? У Шоу «все — как нить сквозь иглу — продернуто сквозь сознание. Все драматургические приемы рентгенизированы рассудком. Это *приемы* — в полный рост этого слова» [СК 4: 473][55]. Впрочем, в Шекспире Кржижановского привлекает отнюдь не подобная строго объективная демонстрация драматургом здравых мыслительных способностей. Шоу мог удивлять свою публику (или шокировать ее, при этом улыбаясь и нанося ей точно рассчитанный удар в лицо), но Шекспир полностью преображает своих зрителей. Искусство Шекспира (используя любимую физиологическую метафору Кржижановского) учит нас, как соотносить события вовне черепа с событиями, которые происходят внутри него, — превращая всех задействованных в них в одушевленные предметы, образующие непрерывную цепочку и буквально расположенные в шаге друг от друга.

Уильям Шекспир: грезы vs скорость видимых вещей

Во всех работах Кржижановского, посвященных театру Елизаветинской эпохи, постоянно ощущается огромное удовольствие, которое доставляют автору его энергия и визуальная образность. Возрожденные актером на сцене, отделенной от зрительного зала огнями рампы, они казались более реальными, чем неясные, туманные призраки на московской улице. На сцене *все* потенциально способно обрести четкие контуры, стать реальным и убедительным для нас в той же степени, как наши собственные потаенные мысли. Раздел статьи «Комедиография

как политическая функция» [Shaw 1963: 479]. Шоу терпеть не мог, когда кто-то из либеральных демократов или апологетов капитализма проявлял сентиментальное желание «по-детски уклониться» от этого вопроса.

55 Среди рассудочных приемов Шоу, которыми восхищался СК (всегда внимательный к обрамлению литературных текстов: заглавиям, эпиграфам, ссылочному аппарату), было использование гигантских по размеру предисловий-рассуждений и пространных ремарок, которые педантично закрепляли на сцене визуальные детали — или предвосхищали их. Оба этих приема, конечно же, были чужды Шекспиру.

Шекспира», озаглавленный «Разность скоростей», подходит к этой проблеме с точки зрения относительных скоростей или разности скоростей [СК 4: 156–162]. Внешний мир перегружен балластом фактов. Движение потока фактов (событий) всегда медленно, они тянутся однонаправленными причинно-следственными или логическими цепочками, оставляя за собой неуклюжий след. Однако мысли, вызываемые фактами, способны двигаться в разных направлениях и с необыкновенной быстротой. «Театр — с точки зрения длительностей — *это искусство* давать факты со скоростью мысли» [СК 4: 159]. По мнению Кржижановского, современный театр способен на это, потому что подражает человеческому мозгу и на уровне механизма восприятия, и на уровне непрозрачной костяной коробки. Сама архитектура театра предназначена для того, чтобы втягивать нас в себя, отгораживать нас от мира, заставлять концентрироваться на творческом акте. Кржижановский придавал необычайно важное значение словам Хора, который открывает действие в «Генрихе V», вопрошая: «Вместит ли круг из дерева те шлемы, / Что наводили страх под Азенкуром?» — и призывая «силой мысли» восполнить «несовершенства наши» (Пролог 13–14, 23–25, пер. Е. Бируковой). По этой причине — а также потому, что Кржижановский любил прогулки, — его статьи о Шекспире часто начинаются как экскурсии.

В начале «Комедиографии Шекспира» читатель оказывается у ворот театра «Глобус». Первый текст, с которым мы сталкиваемся, — песня под названием «Черное и голубое», выделенным как подзаголовок. Это песенка шута из «Двенадцатой ночи», заканчивающаяся словами: «Ведь дождь всю жизнь стучит в твое окно» [СК 4: 153]. Мы слушаем песню и отмечаем цвет ткани, прикрепленной к навесу внутренней сцены (черный для трагедии и голубой для комедии); мы чувствуем капли дождя на лице. Падает ли этот дождь с неба через открытый верх здания или его создает песня? Что касается статуса «фактов», здесь мы оказываемся в переходном состоянии. Затем на смену лондонскому «Глобусу» приходит не имеющий окон, замкнутый со всех сторон наш современный театр, который сравнивается с черепной коробкой, защищающей наш внутренний взор: занавес — это веко, его бахрома — ресницы [СК 4: 156]. Черная коробка театра превращается в «огромный, на сотни и тысячи зрителей построенный череп» [СК 4: 160], и эти зрители одновременно находятся и внутри действия, и отгорожены от него — благодаря условности, созданной простой линией светильников, — имея возможность наблюдать, как на сцене воссоздается Реальность (ментальная реальность, воображаемое). Кржижановский рекрутировал Шекспира в лагерь «сторонников рампы» наряду с теоретиками театра эпохи символизма, к которым и сам принадлежал всей душой. Чтобы заставить поверить в реальность происходящего на сцене, необходимо сохранять условность и дистанцию между зрителями и актерами[56]. Для Кржижановского скорость и последовательность такого воссоздания (переживаемого как актерами, так и следящими за ними из зала зрителями) стала показателем комического действия, а также первейшим способом для разграничения комедии и трагедии в шекспировском мире.

Голубая драпировка шекспировской комедии всегда привлекала Кржижановского больше, чем более простой, мрачный трагический занавес[57]. Счастливые развязки (ко всеобщему удовольствию) играли в этом наименьшую роль. Он проводил различие между комедией и трагедией не столько по общей структуре сюжета, как, скажем, поступали его молодые современники Леонид Пинский (1906–1981) и Михаил Бахтин[58], зани-

---

[56] СК разделял это убеждение с Таировым. В «войнах за рампу» Камерный театр стоял на стороне Валерия Брюсова и друга Таирова Густава Шпета (см. особенно «Театр как искусство», 1922 [Шпет 1988]), настаивая на необходимости отделять зрительный зал от сцены. См. подраздел «Искривление рампы» в «Философеме о театре» [СК 4: 55–56], где СК рассуждает о насилии над театром, которое ведет «к заболеваниям рампы. Искривлениям ее, которые опаснее для организма театра, чем искривление позвоночника для организма человека» [СК 4: 55].

[57] Хотя сохранилось мало текстов лекций СК — он обладал поразительной памятью и, по-видимому, читал лекции без конспектов, — темой цикла его лекций была, конечно же, комедия, и здесь он был в хорошей компании. В недавней статье о роли Бахтина и Пинского в советском шекспироведении Игорь Шайтанов отмечает, что даже в 1946 году СК прочел доклад о «комическом начале» на заседании Шекспировской комиссии (Пинский выступил с докладом о трагедии) [Шайтанов 2011: 259].

[58] Для Пинского суть «комического начала» заключалась в исправлении Природой самой себя через юность и любовь, спонтанные энергии в вечно сущем [Пинский 1989: 49–147, глава «Комедии Шекспира» и раздел «Комическое начало», в особенно-

мавшиеся литературой эпохи Возрождения, сколько на основании градаций и пересечений темпа. В удачной комедии все определяется динамичностью: как быстро люди реагируют на события, как сохраняют или не сохраняют терпение по мере хода сценического времени и, что особенно важно, могут они или не могут *вовремя* приспособиться к «сценическому факту». Кржижановский исходит из того, что елизаветинцы должны были считать темп человека составной частью его «темперамента»: сангвинического, холерического, флегматического или меланхолического[59]. В популярном очерке, датированном 1935 годом, художественный и театральный критик Иван Аксенов изложил в общих чертах теорию гуморов применительно к Шекспиру, предлагая советским читателям подойти к его персонажам с должной степенью «материализма»: в те времена человек не был тем, «что он ест», предупреждал он, и он даже не был «социальным элементом», он полностью определялся своей стихией (воздухом, огнем, водой, землей) [Аксенов 1935][60]. Кржижановский в развитии этой идеи

сти 101]. Для Бахтина, который в 1940-х годах надеялся дополнить свою книгу о Рабле рассуждениями о Шекспире, суть комедии заключалась в карнавальности («временном упразднении всех иерархических различий и барьеров между людьми и отмене некоторых норм и запретов обычной, то есть внекарнавальной, жизни»). В сохранившихся набросках Бахтина к его будущей книге «самоутверждающаяся идивидуальность» постулируется как начальный траги-серьезный акт («глубинное преступление всякой самоутверждающейся индивидуальности»). Итак, трагедия использует комические приемы, чтобы подвергнуть королей и героев карнавальному разрушению иерархии и обрушиться на эгоцентричное «я». В защиту этого положения Бахтин предлагает краткое, блестящее прочтение «Гамлета», «Отелло», «Макбета» и, в особенности, «Короля Лира» [Бахтин 1997: 83, 86, 89]. О трех этих не похожих на других шекспироведах, Бахтине, Пинском и Кржижановском, рассмотренных в профессиональном контексте, см. [Шайтанов 2011: 245–261].

59 Сангвинический темперамент связан с жаром и влагой (из телесных жидкостей — с кровью, которую вырабатывает печень и которая ассоциируется с воздухом); холерический — горячий и сухой (желтая желчь, селезенка, огонь); флегматический — холодный и влажный (слизь, легкие, вода); меланхолический — холодный и сухой (коричневая желчь, желчный пузырь, земля). Идеальный темперамент был результатом правильного соотношения всех четырех гуморов; когда доминирует одно вещество / телесный орган / стихия, проявляется «тип» личности (обычно карикатурный, но всегда сценичный).

60 Первая часть статьи «Персонажи и характеры Шекспира» состоит из алфавитного перечня всех шекспировских персонажей. Вторая часть отдает дань искусству Барда смешивать гуморы для достижения широкого, неповторимого разнообразия его сценических персонажей. Однако Аксенов завершает свое эссе в манере, совершенно противоположной той точке зрения, которой придерживался в вопросе о темпераментах СК: «Страсти подчиняются разумом на служение общему благу. Этой формулы Шекспир не произнес. <...> И именно у нас, в наше время и в нашей стране, где

опирается на своего любимого ученого Бэкона, а также на экспериментального психолога XIX столетия Вильгельма Вундта [СК 4: 194–198].

Приспосабливая темпераменты к своей теории разности скоростей, Кржижановский выделяет четыре типа характеров в произведениях Шекспира. Герои «сангвинической комедии» жизнерадостные, находчивые, быстро соображающие, но они не обладают глубиной. Они отважны, над ними трудно одержать победу, поскольку (в какой бы сложной ситуации они ни оказывались) они никогда не теряют присутствия духа; к их числу относятся Мистрис Форд, Мистрис Пейдж, Фальстаф, Петруччо, Тринкуло и «всепьянейший сэр Тоби Белч» [СК 4: 196]. Они наделены даром быстро схватывать происходящее вовне и так же быстро, прагматично приспосабливаться к нему. «Меланхолическая комедия» в некотором отношении смешнее и всегда более жестока (здесь компания весьма пикантная: конечно, Жак из «Как вам это понравится», но также и Бенедикт из «Много шума из ничего», Постум и его тесть король Цимбелин, а также король Леонт из «Зимней сказки»). Меланхолический комический тип зачастую — благородного происхождения и, следовательно, привык к тому, что ему прощаются вспышки гнева, а прихоти исполняются, — он способен быстро, энергично воспринимать ситуацию, но реагирует на открывающуюся болезненную правду медленно и с трудом [СК 4: 196]. Кржижановский не задерживается на двух оставшихся типах, но представить их в общих чертах довольно просто. «Флегматический» комический герой должен был бы и медленно схватывать подсказки, и медленно же реагировать на них, не поднимаясь, подобно дремучему дикарю Калибану, до идейного уровня сюжета. Тщеславный, легковерный «холерический» герой (в «Фрагментах о Шекспире» упоминаются два явных претендента на этот статус, Мальволио из «Двенадцатой ночи» и Дон Армадо из «Бесплодных усилий любви») медлителен, а также туп; не

разум и План строят новый большой мир, обуздывая, подчиняя и направляя личные страсти к счастию человечества, эти образы великого драматурга могут быть правильно поняты, оценены и оживлены» [Аксенов 1935: 46].

замечая, что с ним вытворяют, он — на горе себе — стремительно действует на основании собственных ложных представлений, превращаясь в объект насмешек [СК 4: 380–381][61]. Автор безжалостен к холерическим комическим героям. Хотя юмор в шекспировских комедиях включает в себя нежные лирические моменты, Кржижановский отмечает, что гораздо чаще встречается гоббсовская тактика, не обремененная муками совести: обезоружить жертву, затем ограбить ее и унизить [СК 4: 380].

Несоответствие используется как повод для смеха с древнейших времен. Идея Кржижановского заключается в том, чтобы распространить трюизм, как правило, наглядно иллюстрируемый, на сферу чисто темпорального. Обыкновенно театральный эффект зависит от взаимодействия двух разнесенных во времени континуумов: времени осознания и реакции персонажа на событие («факт»), которое он переживает, внутри пространства сюжета, и движения судьбы в более крупном масштабе (общей «идеи» или сюжета), за которой публика, к своей радости, может проследить со своей более широкой, внешней точки зрения. Это — взаимодействие поверх рампы. Но, по мнению Кржижановского, относительная скорость мыслей и фактов среди актеров *на сцене* в равной степени является важнейшим фактором, позволяющим провести линию раздела между комедиями и трагедиями Шекспира независимо от того, кто смотрит их из зала. Трагедии и комедии могут содержать одинаковое количество ужасного («Ситуационно многие его комедии... отличаются от трагических ситуаций лишь *предчувствием* счастливой развязки», — пишет Кржижановский в «Комедиографии» [СК 4: 186]. Однако испытания, страдания, моменты прозрения и торжества в этих двух модусах следуют в разной очередности и в разных скоростных режимах.

---

[61] По словам его госпожи Оливии, первейший порок Мальволио — самовлюбленность. В конце пьесы только Мальволио отказывается простить шутников из числа домашних Оливии, даже после того как они извинились перед ним. Поскольку в холерической реакции отсутствует гибкость, она представляет собой пародию на общение, основанное на взаимопонимании. СК подчеркивает мощный комический эффект, связанный с письмами, которые подделываются, задерживаются, теряются или понимаются неправильно (письма занимают центральное место в холерических ухаживаниях Мальволио за Оливией и Дона Армадо за молочницей Жакнетой).

В трагических конфликтах смятенные мысли опережают события. Сюжеты лучших трагедий Шекспира компактны и начинаются с одного крупного события: убийства короля, нарушения табу, предательства или обмана доверия. Этот преступный факт порождает бурный поток мыслей. Однако трагический, обремененный размышлениями герой не доверяет течению времени; он желает разрешить проблемы *сейчас* и страдает, если это не получается[62]. Лир, Гамлет, Макбет, Отелло проявляют нетерпение. Но так же нетерпеливы и Ромео, и Джульетта, которые «губят друг друга своим слишком торопливым сближением: свои мысли о смерти возлюбленного они принимают за самое смерть» [СК 4: 178]. Времени не позволяется идти своим чередом, то есть не позволяется идти. Напротив, комедия (при всей стремительной пылкости и отточенной, словно кончик рапиры, остроте словесной игры) терпелива и даже отличается неповоротливостью мысли. Она не задумывается глубоко и надолго. Любовь внезапна и повинуется инстинктам. События вершатся даже без вмешательства извне. Таким образом, комический сюжет перегружен материалом, мелкими событиями, «фактами», люди спотыкаются о них или оказываются слишком медлительными или рассеянными, чтобы понять их смысл. А медлительность мысли — ее отставание от событий или запоздалая реакция на них — имманентное свойство комического.

Разумеется, нет ничего комического в том, что король Лир появляется слишком поздно, чтобы спасти Корделию. Трагическое запаздывание коренится в сфере ответственности и вины героя, а не в банальном сбое часов, как в «Комедии ошибок». Впрочем, такие сбои являются сущностью комедии. В анализе этой формульной ранней пьесы Кржижановский сравнивает «разворачивание» комического сюжета со счетом при игре

---

[62] СК кратко формулирует эту особенность в примеч. 1 к опубликованному в сокращенном виде отрывку из его эссе «Комедиография Шекспира», вышедшему под названием «Контуры шекспировской комедии»: «Эффект комического у Шекспира, как говорит мне анализ, возникает при незначительном запаздывании, отставании мысли персонажа от потока фактов, в котором он движется; нетерпение же мысли, идущей в обгон событиям, требующей своего з а в т р а сейчас же, сегодня, — неизбежно ведет к трагическому конфликту» [Кржижановский 1935а: 26].

в пинг-понг или теннис, который «ведется по числу промахов, непойманных мячей, ошибок. Сколько ошибок — столько геймов или сцен. Сущность ошибки — в непоспевании за фактом, в отставании движения принимающей ракетки от подаваемого факта (или мяча)» [СК 4: 200]. В этом спортивном смысле «все комедийные приемы нашего мастера обуты в башмак-тихоход; вся трагедийная техника длительностей — в башмаки-скороходы» [СК 4: 182]. В другом месте Кржижановский намекает, что темп реакций персонажа на сценические «факты» является важнейшим ключом к возможности их осуществления. В заметках, написанных в 1936 году в период работы над инсценировкой «Евгения Онегина» («По строфам “Онегина”»), он замечает по поводу главы 3 и круга чтения, которому отдавали предпочтение два ведущих романтических персонажа (сентиментальный роман vs тексты Байрона), что «Татьяна торопит события — Онегин не поспевает за событиями» [СК 4: 433].

Применима ли теория разности скоростей и к историческим хроникам Шекспира? «Поэтику шекспировских хроник» (1935) Кржижановский также начинает с экскурсии: впрочем, не по зданию, но по реке времени. Он применяет к Шекспиру образ, созданный вымышленным персонажем Максом Штерером, безумным ученым из новеллы «Воспоминания о будущем» (1929), для описания машины времени, которая дает человеку весло, чтобы «грести и против дней, и в обгон им, и, наконец, поперек времени» [СК 2: 349][63]. В написанной позднее статье проводится различие между *хронистом* — пассивным наблюдателем, плывущим на плоту («Факты, собранные им, как брёвна плота, связанные веками веков в одно») — и *историком*, который, имея ретроспективное представление о последствиях фактов, часто вынужден «работать мыслью как веслом, против течения времени», открывая закономерности или вычленяя определен-

---

[63] Штерер смеется над дурацким велосипедным седлом и топорными рычагами, из которых была сооружена машина времени у Уэллса. В его собственной хитроумной машине, шлеме, который подключает слуховой нерв к зрительному центру мозга, длительности отделяются от протяженностей и могут перенаправляться по желанию, избавляя нас от безропотной покорности Времени, которая принуждает нас плыть, словно «челн, потерявший весла» [СК 2: 349].

ные цели [СК 4: 239–240][64]. *Драматург, пишущий исторические пьесы*, имеет задачи, отличные и от того, и от другого. Поскольку результаты известны, он связан последствиями, но в первую очередь он должен всегда оставаться верен сцене[65]. Кржижановский советует нам никогда не забывать, что драматург имеет право и даже обязан осуществлять отбор «сценичных» явлений, используя только те, которые «выдерживают испытание театром». Поэтическая вольность, включающая в себя право грести против течения, явно требуется для того, чтобы изобразить «историю, видимую при свете рампы». Однако это не дает автору права на произвольную игру воображения. На сцене действуют более жесткие правила, чем в жизни. И шекспировские хроники удовлетворяют строгим критериям Бэкона: драматург отбирает факты, которые можно изобразить на сцене, на их основе выстраивается гипотеза, а ее надежность проверяется опытным путем [СК 4: 243][66].

Что означает пройти такую проверку опытом для пьесы-хроники? «Факт, отброшенный в прошлое», сохраняется, «летит на шнуре длиной в столетия, он проносится через ряд сменяющих друг друга памятей, из книг в книги, пока рука исторического

---

64 Очевидно, такие полеты фантазии в метафорах пришлись не по вкусу редакторам Кржижановского: когда в 1936 году работа была опубликована, из нее были выпущены эта вступительная часть и глава 1. См. «Поэтика шекспировских хроник» [Кржижановский 1936б: 137].

65 Здесь СК утверждает автономность исторической драмы подобно тому, как Аксенов, вопреки русской традиции, говорит об автономности самой знаменитой трагедии Шекспира. В известной статье 1930 года Аксенов настаивает на понимании Гамлета не с точки зрения будничной психологии, и даже не как литературного персонажа, но как театрального конструкта [Аксенов 1930: 76–79]. Он начинает с выражения своей неудовлетворенности современным состоянием шекспироведения, которое по привычке игнорирует театральную условность, концентрируясь на Реальном и Литературном. «“Гамлет, принц датский”, — не биография исторической личности, а трагедия воображаемого, действующего на сцене лица. Положения, в которые ставится этот Гамлет, — не жизненные, а сценические положения; речи, которые он произносит, — не запись действительно произнесенных слов, а текст сценической декламации. <...> «“Гамлет, принц датский”, — не литературное произведение в нашем понимании, хотя и имеет всю внешность такового, состоя из определенной последовательности типографских знаков» [Аксенов 1930: 78–79].

66 СК рассматривает два не связанных хронологически блока пьес-хроник Шекспира в качестве «фантастической “машины времени”. Это не шум водопада, падающий вместе с его водами вниз, это не водяная пыль водопада, поднимающаяся над его падением вверх. Нет, это своеобразная кривая, из настоящего в прошлое, туда и обратно, вычерченная по вполне определенному плану» [СК 4: 240].

драматурга не заставит его вернуться в конкретность...», то есть в убедительное сценическое воплощение [СК 4: 244]. Кржижановский сравнивает драматурга-создателя исторических пьес с автором исторических романов (в качестве примера он берет «Хаджи-Мурата» Толстого, отмечая, что отдает гораздо большее предпочтение драматургу как честному воскресителю фактов)[67]. Весь мрачный пыточный застенок для рукописей, читателей, лекторов с охраной у дверей, чья задача — держать в подчинении людей, слова и бумаги, напоминает ему о «фотографии лекционного зала в пенсильванской тюрьме для одиночек», где одинокий голос читает вслух, а каждый заключенный слушает его, находясь в изоляции [СК 4: 247]. Шумная елизаветинская публика требовала не полицейской тактики толстовского типа повествования, но множества разнообразных голосов, тел, участвующих в энергичном действии, а также стабильных поставок насилия в качестве коллективного подтверждения того, что их история продолжается.

В этом месте Кржижановский делает резкий поворот в сторону своих идей относительно темпа и скорости. Он игнорирует воинственные националистические устремления ренессансной толпы и пренебрегает условностью сценического насилия, вопрошая: каким образом «театральный отбор» мог бы послужить исторической памяти? Ответ на этот вопрос он находит в недостойных человека этических нормах исторических пьес Шекспира. В соответствии со своим происхождением от жестоких петушиных боев на лондонских улицах, хроники превыше всего ставят рас-

---

[67] В связи с этим сравнением представляет интерес инсценировка «Хаджи-Мурата» Толстого для радиопостановки, выполненная Кржижановским, вероятно, в 1930-х годах (РГАЛИ. Ф. 2280. Оп. 1. Ед. хр. 28 (52 л.)). В этом близком к оригиналу, но суховатом сценарии «исторические факты, подлежащие сценическому воплощению», передаются без особой индивидуализации или яркости. Отчасти в этом, бесспорно, повинно ханжество сталинской эпохи (так, за пределы допустимого вышли гостиная Воронцовой и сон Хаджи о том, как он захватил жен Шамиля), отчасти — «слепой» медиум радиопьесы, ограниченный тем, что можно воспринять на слух: хромой, в основном молчаливый толстовский Хаджи-Мурат вынужден был произносить слишком много слов. Речь неизменно демонстрирует несостоятельность русских персонажей, тогда как чеченцы действуют, постигают, стойко выдерживают испытания и нарушают границы — пусть даже это им не прощается: таков был замысел Толстого. Более адекватным этому позднему шедевру писателя было бы переложение на язык безмолвного, подвижного, визуального вида искусства — балета.

членение тел. Кржижановский не усматривает пышности и шовинистических настроений в этих десяти исторических пьесах, даже в торжественном «Генрихе VIII», не то оправдательном, не то хвалебном. Украшением шекспировского канона служат десятки песен, однако в хрониках — а они составляют треть шекспировского наследия — почти никто не поет [СК 4: 251]. И почему, спрашивает Кржижановский, если учесть право драматурга, пишущего исторические пьесы, на отбор материала, Шекспир избрал именно те царствования, которые он избрал? Ответ: потому, что они были отмечены рекордным числом искалеченных людей и бессмысленных убийств. Почему он пропустил Генриха VII? «Король этот не вел войн и не мог доставить очередной хронике достаточного количества крови» [СК 4: 252]. Ради комедии Шекспир отправляется за границу — в солнечную Италию, в милую Францию, — но чтобы изобразить бессмысленно пролитую кровь, он остается в Британии [СК 4: 254].

Итак, настаивает Кржижановский, исторические пьесы нельзя читать как апологию английской истории или Империи. Совсем наоборот. Это ужасный «звериный театр», заключенный в пределы черепной коробки театра. Единожды оказавшись внутри этого черепа, именно из-за того, что выходов оттуда нет, пьесы-хроники могут обращаться с пространством поэтически, сгущая его в партиях хора, взывающего к нашему воображению, чтобы заключить всю реальность в «круг из дерева». С пространством можно играть, его можно усовершенствовать методами драматургии и бесконечно расширить. Однако время — здесь мы подходим к самой сути — всегда истекает или нещадно сжимается. Во всех случаях пьеса-хроника подводит к мысли: поспеши — и погибни. Подобно «Всепожирающему Времени» в Сонете XIX, исторические драмы немилосердны к старению. Но различие между жестокими интимными любовными сонетами и жестокими публичными фактами английской истории заключается в том, что «люди, живущие в разрушающем Времени, помогают его делу — разрушению... Жизни почти всех героев шекспировских хроник — это самоускорение скорости времени» [СК 4: 262]. Как суждение об алчной Британской империи (или о капиталистических европейских государствах, которые незадолго до этого превратились в фашистские) этот тезис был вполне в духе советских 1930-х годов. Мы также можем уловить аллюзию к фанатичному «пятилетку в четыре года», лозунгу самоускоряющейся индустриализации СССР. Однако он мало что дает для образа позитивного, оптимистического «ренессансного Шекспира», который поддерживался сталинизмом[68].

Статью «Детские персонажи у Шекспира» (1940) Кржижановский начинает с замечания о том, что среди сотен персонажей, созданных Шекспиром, «очень мало детей» [Кржижановский 1940a: 13]. В комедиях детские роли проходные или без слов. В трагедиях и хрониках участь детей ужасна, хуже, чем у Диккенса. И они почти никогда не ведут себя как дети, ибо само детство самоускорилось: маленький Артур из «Короля Иоанна», юный Марций из «Кориолана», сын Макдуфа из «Макбета», в «Зимней сказке» — Мамиллий до того, как он умирает от горя, — «дети эти как бы устремлены в свое будущее, они хотят скорее стать взрослыми, обменять игрушки на оружие, игры на битвы» [Кржижановский 1940a: 16]. В более ранней работе о хрониках Кржижановский отмечал, что лишь во втором цикле смех начинает создавать некий контрапункт по отношению к крови — начиная с «Генриха IV» и «Генриха V» [СК 4: 262] и появления Фальстафа, толстого рыцаря, который наполняет ножны вином. И, безусловно, важно, что единственная пьеса, где дети играют большую роль в сюжете, это пьеса о Фальстафе:

---

[68] К числу одобряемых советской властью видов оптимизма в английских пьесах-хрониках принадлежали прогрессивные марксистские прочтения, которые ставили акцент на развитии товарно-денежных отношений, капиталистического накопления, торговых монополий, земельном голоде и активно растущем сопротивлении народа этим постфеодальным новшествам. И здесь ориентиром вновь выступает Аксенов. В его работе «Драматические хроники Шекспира» отдается должное социоэкономическим факторам, а также эволюции поэтической формы одновременно с авторскими правами (возникновение белого стиха, по акустическим и мнемоническим причинам пришедшего на смену прозе хроник, [Аксенов 1937: 331–336]). Аксенов также отмечает кровожадные вкусы елизаветинских театральных зрителей и то, что драматурги были вынуждены конкурировать с акробатами и дрессированными медведями [Аксенов 1937: 330]. В рассуждениях о хрониках Кржижановского поражает равнодушие к формальным вопросам, связанным со звучанием или стихом, столь важным для него в других работах, и его исключительная сосредоточенность на средневековом уровне немотивированного насилия.

в финале «Виндзорских насмешниц» толпа смеющихся детишек окружает Фальстафа, обманывает его, издевается над ним и одновременно прощает ему все его грехи.

Если в хрониках каждый торопится навстречу своей смерти, то Фальстаф притормаживает, чтобы выжить. Две статьи Кржижановского, посвященные этому персонажу, «Шаги Фальстафа» и «Сэр Джон Фальстаф и Дон Кихот», представляют собой любопытные исследования. Если не считать настораживающе сталинистского прочтения образа Кориолана в эссе «Забытый Шекспир»[69], в шекспировской галерее Кржижановского наиболее политкорректными являются два портрета Фальстафа. Начиная с 1970-х годов в западных трактовках образа толстого рыцаря превозносятся его карнавально-преувеличенные плотские страсти и неуправляемый материально-телесный низ, опираясь на теории Бахтина[70]. Кржижановский, который, скорее всего, никогда не слышал о Бахтине, ставит своего Фальстафа в один ряд с двумя гораздо более сдержанными классическими русскими текстами: пророческим стихотворением «Шаги командора» (1909) Александра Блока и статьей «Гамлет и Дон Кихот» (1860) Тургенева. В «Шагах Фальстафа» сэр Джон становится эмблемой складывающихся товарно-денежных отношений, оставляющих в прошлом понятия о чести и славе. Таким образом, в «толстом Джеке» нам доставляет удовольствие не его прагматизм на поле боя или карнавальные выходки в таверне, но его скороспелая готовность стать разбойником с большой дороги [СК 4: 331]. Далее Кржижановский рекомендовал в советскую эру заменить в знаменитой паре Тургенева первый элемент, нерешительного эгоиста Гамлета, противопоставленного бескорыстному энтузиасту Кихоту, на Фальстафа. У Гамлета не было будущего. Фальстаф, приземленный прагматик, представляет собой даже лучший контраст Кихоту, чем Санчо Панса с его лукавыми, но слишком

---

69 В анализе СК «субъективная правдивость» великого воина оборачивается объективным предательством родной страны [СК 4: 321–322].

70 См. статьи Ф. Ларока и Дж. Холла в антологии, одно название которой указывает на исключительно «трансгрессивную» направленность выходок Фальстафа: «Шекспир и карнавал после Бахтина» [Laroque 1998; Hall 1998].

сентиментальными сервильными реакциями на господина. Заменив Гамлета на Фальстафа, мы получаем более выразительную дихотомию: толстый рыцарь — тощий, жизнерадостная физиономия — печальная, приземленный Реалист — витающий в облаках Идеалист. А разбой Фальстафа на Гадсхилльской дороге в этом случае становится предзнаменованием капитализма, при котором «мерилом жизни является кошелек» [СК 4: 344].

В таком случае Фальстаф по-своему возвещает о наступлении нового экономического порядка и подгоняет время вперед. Но несмотря на окрашенную партийными установками трактовку этого образа, несмотря на всю ее пафосность в голодающей Советской России, увиденную глазами часто остававшегося голодным писателя, в конечном счете для Кржижановского важно не то, как толстый рыцарь ест, пьет, пускает ветры или прелюбодействует, — то есть не то, что находится в центре внимания прочтения с позиций Бахтина, — но то, как он *говорит* и что говорят о нем. Как и в случае Шоу, тело прислуживает высказыванию. «Шаги» были опубликованы. «Фальстаф и Дон Кихот» — нет, хотя его положения едва ли можно было бы назвать из ряда вон выходящими[71]. Возможно, контраст между печальным рыцарем из Ламанчи и грязным, толстым, богохульствующим, жизнерадостным Фальстафом — который вечно опаздывает к месту действия и тем самым обманывает трагическое время и ускоренное время хроники, оставаясь в живых, — был слишком дерзким для героической эпохи. Кроме того, его персона вызывала слишком сильные ассоциации со злачными местами. Тем не менее оба очерка о Фальстафе дополняют «фан-

---

[71] Островски отмечает, что на протяжении 1930-х годов северные трагедии («Гамлет», «Макбет») оставались в тени и вызывали некоторые подозрения, что могло дополнительно подтолкнуть СК к замене устаревшего Гамлета Фальстафом [Ostrovsky 2006: 61]. Режиссер Григорий Козинцев в заметках о Шекспире также сравнивал сэра Джона Толстое брюхо и Дон Кихота Ламанчского как два образа, которые «призваны были закончить историю средневековья» [Козинцев 1966: 222]. Выражаю признательность С. Моррисону за напоминание о том, что опера Верди «Фальстаф» (1893) была очень популярна и часто исполнялась в Советской России. Также благодарю Игоря Шайтанова, Карен Розенфланц, Инессу Меджибовскую, Майкла Вахтеля и двух анонимных рецензентов «Slavic and East European Journal», которые внимательнейшим образом прочли эту статью и подсказали, как можно улучшить ее.

тазию карнавального изобилия», которая завораживала многих мыслителей (в том числе и Бахтина) в середине 1930-х годов, когда Россия начала медленно оправляться после голода, обрушившего на страну в результате коллективизации, вступая в период краткосрочной передышки 1934–1935 годов.

Разность скоростей — первое из отличий между комедиями и трагедиями Шекспира, на которое обращает внимание Кржижановский. Другое заключается в использовании двойников. В своей статье о комедиографии он высказывает предположение, что «тема трагедии — *двойники*; тема же комедии — *двойня*, близнечество, физическое или духовное» [СК 4: 193]. В трагедиях двойники возникают в результате разделения: один человек раскалывается на две части, которые начинают бороться друг с другом («Быть или не быть»). Эта борьба всегда оканчивается либо смертью, либо безумием, потому что в такого рода трагическом редуктивном параличе ½ + ½ = нулю. Между тем в комедиях двойники образуются не в результате внутреннего раскола личности, но благодаря наличию близнецов[72]. Один конкретный цельный человек обретает двойника или перевоплощается в другого конкретного цельного человека. В своей самой лапидарной форме этот древний прием реализуется в «Комедии ошибок»: идентичных Антифола Эфесского и Антифола Сиракузского и их идентичных слуг-близнецов, каждого из которых зовут Дромио, без конца путают, до тех пор, пока наконец в сцене торжественного примирения все четверо не появляются вновь в одном и том же месте. В одном шаге от чистых двойников стоят «идентичные» природные двойняшки — Виола и Себастьян в «Двенадцатой ночи» (где подменяющие друг друга юноша и девушка позволяют реализовать любовный сюжет в коллизиях гораздо более захватывающих, чем в шумном сексуальном фарсе более ранней пьесы). Однако двойничество является сердцевиной сюжета всех праздничных комедий Шекспира, где используется переодевание

---

[72] Эта идея впервые осмысливается в «Философеме о театре» (1923), в главе 4 (раздел «Двойня»): «Двойник — страшен; двойня — смешна. Когда ждут одного и рождается двое, то есть когда множество торжествует над неким подобием единства, возникает комическое: в жизни ли, на сцене ли — все равно» [СК 4: 76].

и маскировка. Даже в «проблемных комедиях» «Мера за меру» и «Конец — делу венец» с их сулящими несчастья браками и преследуемыми молодоженами в итоге торжествует справедливость и все завершается счастливым концом, потому что экономика двойничества с неизбежностью приносит хорошие плоды [СК 4: 194]. Если при трагическом двойничестве ½ + ½ = ноль, то при комическом удвоении — подобном обману Изабеллы, который ведет ее к алтарю, или возрождению к жизни верной Елены во второй триместр беременности — всегда 1 + 1 = 3.

Для Кржижановского язык сам по себе регистрирует скорость, удвоение, раздвоение — и, наконец, силу тяготения. Слова обладают ощутимым весом: они могут вести себя как вещи, а вещи могут вести себя как слова. Движущие силы здесь опять-таки не связаны с какой-либо рационалистической или интенциональной теорией речевого акта, где действия с неизбежностью переходят в метафору. Для Кржижановского слово обладает такой же трехмерностью, как и театральный реквизит. В одном из разделов «Комедиографии», озаглавленном «Слова, вещи, слова-вещи, вещи-слова и вещие слова»[73], предлагается проводить различие между шекспировской трагедией и комедией по физическому воздействию повторяющихся слов, которые бьют по нам так, словно они являются предметами. Образ высказываний как снарядов был важен Кржижановскому в его работе о Шоу, и у Шекспира он прослеживает сходные траектории. «...Задача трагедии — ударами, направленными на одну и ту же эмоцию, добиться максимального эффекта» [СК 4: 213]: «Kill, kill, kill, kill, kill him» («Кориолан»), «Never, never, never, never, never» («Король Лир»). Трагедия привязана к одному и тому же месту, одному звуку, тогда как комедия более подвижна и достигает эффекта благодаря стремительному обмену оскорблениями и эпитетами. Эти оскорбления предназначены не для того, чтобы подавить или ошеломить соперника, но для того, чтобы

---

[73] Карен Розенфланц, посвятившая отдельную главу своей монографии вербальному потенциалу каждого из элементов этого подзаголовка, предложила тонкий, обильно подкрепленный источниками анализ того, как в нем сплетаются слова и вещи, а слово выступает как вещь.

усилить смысл, разъярить оскорбляемого, размывая и навсегда разделяя значение. По сравнению с трагедией комедия ставит перед собой «иную цель: добиться максимальной разнозначимости, многосмыслия у равнозвучий. Ее орудие — омоним» [СК 4: 213]. Итак, герои комедии раздают удары во все стороны и вечно увертываются от них, тогда как в трагедии удары всегда сыплются на одно и то же место и являются смертельными. Следовательно, в мире, который воспринимается как поле боя, безопаснее всего быть движущейся мишенью, по возможности минимально задерживаясь на одном месте. Как это созвучно перипатетическому (и трагическому) Кржижановскому, который любил путешествовать, путешествовал налегке и почти ничего не имел — и потому особенно ценил приемы комедии.

Я окончу последним различием между трагедией и комедией: континуумом между сном и явью и его мрачной параллелью, сном и смертью. Кржижановский повсюду связывает хороший театр с возможностями сновидения[74]. По его мнению, это делает и Шекспир: как ответственный «реалист-экспериментатор», который испытывает приложением максимального давления границу между «уснуть» и «умереть»[75]. Комедия подводит нас «к самому краю "уснуть" там, где она может перейти в "умереть"» [СК 4: 172], — сонным зельям, надгробным памятникам (как статуя Гермионы), которые на поверку оказываются живыми, — но затем нас вновь резко возвращают к жизни. Между тем в трагедии сонные зелья не только призваны имитировать смерть, они способствуют ей. Даже упоминание об обычном ночном сне звучит как погребальный колокол (слова Гамлета: «Умереть,

---

74 Обсуждение этого вопроса здесь, как и в любом другом месте, осложняется русским словом *сон*, которое одновременно соответствует английским dream (сновидение, греза) и sleep (сон как состояние). Иногда СК преодолевает эту неоднозначность, используя слово *сновидение*.

75 См. раздел «Сон летней ночи и сон в вечной ночи» в «Комедиографии Шекспира» [СК 4: 162–174]. В нем анализируются «Сон в летнюю ночь» (построенный «на путанице яви и сна»), «Укрощение строптивой» (комедия, заключенная в рамку сна пьяницы), «Буря», «Мера за меру» (Абхорсон и Бернардин), «Цимбелин», «Зимняя сказка» и «Ромео и Джульетта». При движении от бурлесков к серьезным комедиям и «Зимней сказке» «светло-голубой навес постепенно вечерел, как небо, делаясь все гуще и темнее» [СК 4: 168].

уснуть»). В трагедиях сон — предвестник смерти. В комедии же сама смерть оказывается только сном.

К этим знакомым рассуждениям о Шекспире Кржижановский добавляет свою фирменную восприимчивость к возможностям стилизованного театра в плане воссоздания реальности. Лучший театр не просто условен; он обладает способностью врачевать. Находясь под влиянием творчества символистов и, возможно, также статьи Максимилиана Волошина «Театр как сновидение» (1913) [Волошин 1988][76], Кржижановский настаивает на переходе от «реализма» к «реалиоризму», который отличается большей уплотненностью, более сильной мотивацией и благодаря этому способен сообщить ходу «мыслей-фактов» достоинство и трехмерность «фактов-фактов» [СК 4: 177][77]. Эта увлеченность повышенной скоростью заставляет вспомнить других модернистов, находившихся под влиянием Уэллса, например инженера-кораблестроителя Евгения Замятина и неутомимых деятелей «Кино-глаза» и агиткино. Однако Кржижановский не был футуристом. Он не боготворил передовую индустриальную машину. Сцена начинается с тела и лица (Шекспир «пробует — и весьма небезуспешно — вытаскивать “души” сквозь рот» [СК 4: 177]), а сновидение ставит и то и другое на службу мысли. «Сновидения, — писал в 1935 году Кржижановский о своем внутреннем опыте, — есть единственный случай, *когда мы свои мысли воспринимаем, как внешние факты*». И, немного погодя,

---

[76] По мнению Волошина, театр создается из «трех порядков сновидений»: «творческого преображения мира в душе драматурга, из дионисической игры актера и пассивного сновидения зрителя» [Волошин 1988: 355]. Волошин знал о Кржижановском через их общего друга Ланна; СК отдыхал в Коктебеле летом 1926 года, работая над «Клубом убийц букв» и зачитывая вслух фрагменты из повести. 8 мая 1926 года Ланн написал Волошину из Москвы: «Общий тонус всех, с кем я встречаюсь, ниже уровня моря. Замолчал Сигизмунд Кржижановский — помните, я говорил о нем в прошлом году? Это писатель большого масштаба. Один из самых глубоких людей, каких я когда бы то ни было знал. С ним и Лундбергом я хотел бы Вас познакомить» [Волошин, Ланн 2006: 102].

[77] См. начало раздела «Реалиоризм» в «Комедиографии»: при «усилении скорости» «уже мало ножек и подставок», чтобы удержать вещи на местах, теперь для этого «нужны винты и скрепы» [СК 4: 176]. Термин «реалиора» стал знаменитым благодаря Вяч. И. Иванову, который использовал его в фундаментальной статье «Две стихии в современном символизме. В ее заключительном предложении провозглашается «лозунг реалистического символизма и мифа: a realibus ad realiora» [Иванов 1974: 561].

добавлял, что только театр способен «заставить *явь скользить со скоростью сна*, но так, чтобы сверхреальная скорость не порвала связей меж явлениями реальности и не сбросила их в сон» [СК 4: 175–176]. Так события вовне черепа связываются с событиями внутри него. Шекспировский сон — это «легкий мостик, переброшенный из явлений жизни к явлениям сцены» [СК 4: 175][78].

В конечном счете сновидение погубило Кржижановского. В 1957 году была создана комиссия Союза писателей для посмертного изучения его архива[79]. Комиссию возглавил старый друг Кржижановского, всегда поддерживавший его Евгений Ланн. В нее вошли будущий шекспировед Александр Аникст и историк философии Валентин Асмус. В мае 1958 года эта комиссия на основании объективной оценки рекомендовала к опубликованию двухтомное издание литературной критики Кржижановского и его неопубликованной прозы (более тысячи страниц). Однако проект провалился, став жертвой отрицательной рецензии В. Ф. Залесского, редактора журнала «Театральная жизнь»[80]. Эти статьи, писал он, «оставляют весьма странное впечатление» (л. 22). Несмотря на содержащиеся в них многочисленные тонкие наблюдения и субъективные предположения, в них нет выводов, и они уязвимы с точки зрения теории литературы. Работы о Шоу «интересны» и даже представляют «известную ценность» (л. 35), но статьи о Шекспире неприемлемы. С. Д. Кржижановский уделяет неоправданно много внимания периферийным, формалистским проблемам, таким как игра слов; и хотя он изобретает

---

78 См. также [Делекторская 2000: 50–56] о театральном времени и сне в недраматической прозе СК и вступление Волошина к «Театру как сновидению»: «Искра нашего дневного сознания была подготовлена и рождена великим океаном ночного сознания»: мы не отделяем себя от этого «океана», но мы «носим его в себе, мы ежедневно возвращаемся в него» [Волошин 1988: 350].

79 В РГАЛИ хранится 50-страничный документ, посвященный этому обреченному на неудачу предприятию. См. предложение председателя комиссии Ланна от 31 мая 1958 года, направленное в Союз (Литфонд) и издательство «Советский писатель» (с перечнем лучших сочинений), в материалах Комиссии по литературному наследию С. Д. Кржижановского (1957–1959) (РГАЛИ. Ф. 2280. Оп. 1. Ед. хр. 117. Л. 7–14). Далее в тексте ссылки на материалы этой папки с пронумерованными листами даются в круглых скобках.

80 В. Залесский. Отзыв о литературоведческих работах С. Д. Кржижановского, 14 ноября 1958 года (РГАЛИ. Ф. 2280. Оп. 1. Ед. хр. 17. Л. 22–35).

мотивировки и эпитеты («слова-вещи»), «нет главного: Шекспира — великого драматурга, сердцеведа» (л. 26). «Неожиданные заключения» ошарашивают нас на каждом шагу, например о том, что трагедия строится на «эмоции нетерпения» (л. 32), или о том, что пьесы-хроники оправданны изображенным в них кровопролитием. «Странное объяснение!» — восклицает Залесский. И к тому же немарксистское, потому что та эпоха, которую изображает Шекспир, хоть и в самом деле кровавая, была «одновременно трудной, сложной, противоречивой [эпохой], когда создавалось английское государство» (л. 24), — и, следовательно, необходимой с точки зрения диалектики.

Самое серьезное нарекание было связано с тем, что Кржижановский неправильно понимает роль сна и континуум сон-смерть (л. 27–29). «Основная мысль автора: жизнь — сон — смерть, — основа комедий Шекспира» (л. 28). И если всерьез принять идею о том, что пьесы строятся как подражание циклическому движению наших снов и кошмаров, то тогда Шекспир перестанет быть реалистом. Он начинает напоминать такого «деятеля декадентского театра, как Гордон Крэг» (л. 30)[81]. Складывается впечатление, что все находится на пути к смерти. Похоже, наш автор думает, что небытие лучше бытия; «в творчестве Шекспира он видит только иллюзорность бытия и реальность нирванны» (л. 30). По разным причинам, но герои Шекспира погибают; «причем здесь торопливое или неторопливое воображение?» (л. 32). Таким образом, как исследователь «С. Кржижановский... дальше буржуазно-эстетской критики не пошел» (л. 30). Только «Военные мотивы у Шекспира», «Забытый Шекспир» и две статьи о Фальстафе содержат в себе хоть какие-то достойные идеи (л. 33), но этих работ «очень мало для книги». Таким образом, «Издавать

---

[81] Британский актер, режиссер и театральный художник Гордон Крэг (1872–1966) был известен в России благодаря символистско-модернистской постановке «Гамлета» в Московском Художественном театре в 1911–1912 годах. Неблагоприятное сравнение Кржижановского с ним в рецензии Залесского неожиданно оказалось весьма уместным: среди многочисленных новшеств, введенных Крэгом на сцене, было настраиваемое вертикальное и горизонтальное освещение (падающее на сцену сверху и из зрительного зала соответственно. — *Примеч. пер.*), которому СК придавал большое значение в своих рассуждениях о «кинематографических» эффектах на современной сцене.

это бессмысленно!» (л. 33). Еще на протяжении тридцати лет публиковать любые тексты Кржижановского, и не только о Шекспире, оставалось в той или иной степени бессмысленным.

Перейду к краткому заключению к этой статье и к посмертной биографии Кржижановского как критика, писавшего о двух наших английских драматургах. В 1959 году Анна Бовшек написала вежливый официальный протест по поводу рецензии Залесского[82]. Она подтвердила, что ее муж не был «дипломированным» специалистом в этой области; он никогда не стремился к тому, чтобы его называли шекспироведом. Напротив, она вспоминает, что Кржижановский говорил: «я работаю над Шекспиром, потому что люблю его, не могу иначе, я учусь у него» (л. 37). Предметом его внимания, как отмечала Бовшек, был метод исследования. «Сигизмунд Доминикович пытался войти в лабораторию творчества Шекспира не как критик, а как художник <...>. Ни произведения, ни творчество Шекспира не пострадали от такого подхода» (л. 37). Она терпеливо отвечает на претензии, высказанные рецензентами. Кржижановского критикуют за то, что он делал наблюдения, но не приходил к выводам; это связано с тем, что он мыслил образами, он «подбирает и размещает [образы] так, чтобы читатели сами могли сделать выводы». Ему вменяли в вину «игру слов». «Игра слов сама по себе не представляет опасности, если она не отвлекает от смысла. В игре слов есть радость так же, как в игре красок. Во времена Шекспира она была искусством, которое культивировалось его современниками» (л. 37). Наконец, Бовшек отвечает на главное обвинение: «мистическое восприятие жизни» и предпочтение, отдаваемое все затмевающему, всепоглощающему сну. Как свидетельство, говорящее об обратном, она приводит рассказ о том, как подростком Кржижановский делал выбор между «абстрактным Кантом» и «солнечным земным

---

[82] РГАЛИ. Ф. 2280. Оп. 1. Ед. хр. 17. Л. 36–39. Бовшек адресует письмо «Иосифу Ирмовичу», предположительно, И. И. Вайнбергу (1921–1988), активно печатавшемуся исследователю творчества Горького. Формальные полномочия Вайнберга в этом вопросе не ясны, но Бовшек благодарит его за предоставленную ей возможность ответить на выступления рецензентов.

Шекспиром» (л. 38). Она настаивает на том, что бессмысленно наклеивать на великого елизаветинского драматурга ярлыки оптимиста или пессимиста. Шекспир диалектически колеблется между добром и злом, используя сон в качестве приема, подобно тому, как это делали многие писатели эпохи Возрождения. Свое письмо Бовшек завершает ленинской цитатой о том, что талант — редкость и требует бережного отношения к нему. «К самому Кржижановскому уже нельзя подойти осторожно, но к его трудам такой подход является актом простой гуманности. Когда умирает писатель, его мысли и труды не стремятся лечь под могильную плиту. Пусть же то, что живо, ново и интересно, сохранит жизнь» (л. 38).

Полвека спустя и для англоязычной читательской аудитории, которая так интересовала Кржижановского, данный форум стал нашей попыткой последовать этой заповеди.

2012

Источники[83]

Кржижановский 1935а — Кржижановский С. Контуры шекспировской комедии (Заметки о шекспировской драматургии) // Литературный критик. 1935. № 2. С. 26–50.

Кржижановский 1935б — Кржижановский С. Черновые записи Пруткова-внука // Литературная газета. 1935. № 57. 15 октября. С. 4.

[83] Приводятся только опубликованные источники. Неопубликованные архивные документы из Российского государственного архива литературы и искусства (РГАЛИ) в Москве указаны в соответствующих постраничных ссылках. Некоторые тексты существуют в трех видах: как архивная машинописная рукопись, опубликованный текст (нередко сокращенный и с цензурными изъятиями) и текст в Собрании сочинений 2001–2010 годов. За немногими исключениями, в Собрание сочинений включен самый полный сохранившийся архивный машинописный текст. В архиве Кржижановского (РГАЛИ. Ф. 2280; 121 объект по описи) не содержится черновых набросков и почти нет рукописных документов, за исключением личной переписки и ежегодных служебных «автобиографий», требовавшихся из соображений безопасности от сотрудников, работавших не на полную ставку (они предоставлялись в рукописном виде).

Кржижановский 1936а — Кржижановский С. Бернард Шоу, к 80-летию со дня рождения // Советский театр. 1936. № 7. С. 15–18.

Кржижановский 1936б — Кржижановский С. Поэтика шекспировских хроник [с купюрами] // Интернациональная литература. 1936. № 1. С. 137–157.

Кржижановский 1937 — Кржижановский С. Двенадцатая ночь [отрывок]. Перевод С. Кржижановского // Советское искусство. 1937. 23 августа. С. 5.

Кржижановский 1938 — Кржижановский С. Военные мотивы у Шекспира // Советское искусство. 1938. 8 декабря. С. 3.

Кржижановский 1940а — Кржижановский С. Детские персонажи у Шекспира // Детская литература. 1940. № 5. С. 13–15.

Кржижановский 1940б — Кржижановский С. Одноактный Шоу // Литературная газета. 1940. 20 июня. С. 2.

ЛГ 1935 — [Б. п.] От редактора // Литературная газета. 1935. 29 октября. С. 6.

Правда 1935 — [Б. п.] Из последней почты: Распоясавшийся пошляк // Правда. 1935. 21 октября.

СК — Кржижановский С. Д. Собрание сочинений: В 6 т. / Под ред. В. Перельмутера. Т. 1–4: СПб.: Симпозиум, 2001–2006; т. 5, 6: М.; СПб.: БСГ-пресс; Симпозиум, 2010–2013.

Толстой 1950 — Толстой Л. Н. Хаджи-Мурат // Толстой Л. Н. Полное собрание сочинений: В 90 т. Т. 35. Произведения, 1902–1904 / Подгот. текста и коммент. А. П. Сергеенко и В. С. Мишина. М.: ГИХЛ, 1950. С. 5–118.

Шоу 1979 — Шоу Б. Почему для пуритан? / Пер. Е. Корниловой // Шоу Б. Полное собрание пьес: В 6 т. / Под общ. ред. А. А. Аникста и др. Т. 2. Л.: Искусство, 1979. С. 7–36.

Шоу 1980 — Шоу Б. Предисловие к пьесе «Смуглая леди сонетов» / Пер. Н. Рахмановой // Шоу Б. Полное собрание пьес: В 6 т. / Под общ. ред. А. А. Аникста и др. Т. 4. Л.: Искусство, 1980. С. 7–33.

Krzhizhanovsky 1936 — Krzhizhanovsky S. Bernard Shaw / Trans. by H. O. Whyte // International Literature. 1936. No 7. P. 50–61.

Krzhizhanovsky 2018 — Krzhizhanovsky S. That Third Guy. A Comedy from the Stalinist 1930s, with Essays on Theater / Transl. and ed. by A. Ballard Lin. Madison: University of Wisconsin Press, 2018.

Литература

Аксенов 1930 — Аксенов И. А. «Гамлет, принц Датский» // Аксенов И. А. Гамлет и другие опыты в содействие отечественной шекспирологии. М.: Федерация, 1930. С. 75–139.

Аксенов 1935 — Аксенов И. А. Лица и характеры Шекспира // Театр и драматургия. 1935. № 8. С. 12–18; № 9. С. 43–46.

Аксенов 1937 — Аксенов И. А. Драматические хроники Шекспира // Аксенов И. А. Шекспир. Статьи. Ч. I. М.: Художественная литература, 1937. С. 316–359.

Бахтин 1997 — Бахтин М. М. Дополнения и изменения к Рабле // Бахтин М. М. Собрание сочинений: В 7 т. Т. 5. М.: Русские словари, 1997. С. 80–129.

Бовшек 2009 — Бовшек А. Г. Глазами друга: Материалы к биографии Сигизмунда Доминиковича Кржижановского // Великое культурное противостояние: Книга об Анне Гавриловне Бовшек / Под ред. А. Леонтьева, Н. Кашиной. М.: НЛО, 2009. С. 9–66.

Волошин 1988 — Волошин М. А. Театр как сновидение // Волошин М. А. Лики творчества / Под ред. В. А. Мануйлова. Л.: Наука, 1988. С. 349–355.

Волошин, Ланн 2007 — «...Темой моей является Россия»: Максимилиан Волошин и Евгений Ланн. Письма. Документы. Материалы / Под ред. Д. А. Беляева. М.: Дом-музей Марины Цветаевой, 2007.

Делекторская 2000 — Делекторская И. Б. Эстетические воззрения Сигизмунда Кржижановского (от шекспироведения к философии искусства): дисс. ... канд. филол. н. М., 2000.

Иванов 1974 — Иванов Вяч. И. Две стихии в современном символизме // Иванов Вяч. И. Собрание сочинений: В 4 т. / Под ред. Д. В. Иванова и О. Дешарт. Т. 2. Брюссель, 1974. С. 536–561.

Козинцев 1966 — Козинцев Г. М. Наш современник Вильям Шекспир. Л.; М.: Искусство, 1966.

Коонен 2003 — Коонен А. Г. Страницы жизни. М.: Кукушка, 2003.

Лейдерман 2012 — Лейдерман Н. Л. Интеллектуальные миры Сигизмунда Кржижановского // Русская литература XX века, 1917–1920-е годы: В 2 кн. / Под ред. Н. Л. Лейдермана. Кн. 2. М.: Академия, 2012. С. 172–195.

Луначарский 1931 — Луначарский А. В. Бернард Шоу // Пролетарский авангард. 1931. № 8. С. 185–188.

Луначарский 1958 — Луначарский А. В. О театре и драматургии: В 2 т. Т. 2 [Западноевропейский театр]. М.: Искусство, 1958.

Пинский 1989 — Пинский Л. Е. Магистральный сюжет. М.: Советский писатель, 1989.

Таиров 1970 — Таиров А. Я. Записки режиссера. Статьи. Беседы. Речи. Письма. М.: ВТО, 1970.

Топоров 1995 — Топоров В. Н. «Минус»-пространство Сигизмунда Кржижановского // Топоров В. Н. Миф. Ритуал. Символ. Образ (Исследования в области мифопоэтического). М.: Прогресс-Культура, 1995. С. 476–574.

Шайтанов 2011 — Шайтанов И. О. История с пропущенными главами. Бахтин и Пинский в контексте советского шекспироведения // Вопросы литературы. 2011. № 3. С. 233–274.

Шпет 1988 — Шпет Г. Г. Театр как искусство // Вопросы философии. 1988. № 11. С. 77–92.

Элкана 2009 — Элкана А. Советская театральная трагедия: В 3 кн. Кн. 2: Александр. Алиса. Камерный театр. М.; Тель-Авив: Крук-престиж, 2009.

Austin 1962 — Austin J. L. How to Do Things with Words. 2nd Ed. / Ed. by J. O. Urmson and M. Sbisà. Cambridge MA: Harvard University Press, 1962.

Ballard 2012 — Ballard A. Быт Encounters Бы: Krzhizhanovsky's Theater of Fiction // Slavic and East European Journal. 2012. Vol. 56. No 4. P. 553–576.

Emerson 2012 — Emerson C. Krzhizhanovsky's Pushkin in the 1930s: The Cleopatra Myth from Femme Fatale to Roman Farce // Taboo Pushkin: Topics, Texts, Interpretations / Ed. by A. D. Gillespie. Madison: University of Wisconsin Press, 2012. P. 402–435.

Evans 1985 — Evans T. F. Myopia or Utopia? Shaw in Russia // Shaw: The Annual of Bernard Shaw Studies. Vol. 5. Shaw Abroad / Ed. by R. Weintraub. University Park; London: Pennsylvania State University Press, 1985. P. 125–145.

Geduld 1964 — Geduld H. M. Bernard Shaw in Russia. Introduction // The Rationalization of Russia by Bernard Shaw / Ed. by H. M. Geduld. Bloomington: Indiana University Press, 1964. P. 9–32.

Hall 1998 — Hall J. The Evacuations of Falstaff ("The Merry Wives of Windsor") // Shakespeare and Carnival after Bakhtin / Ed. by R. Knowles. London: MacMillan Press, 1998. P. 123–151.

Laroque 1998 — Laroque F. Shakespeare's "Battle of Carnival and Lent": The Falstaff Scenes Reconsidered (1&2 "Henry IV") // Shakespeare and

Carnival after Bakhtin / Ed. by R. Knowles. London: MacMillan Press, 1998. P. 83–96.

Leiderman 2012 — The Intellectual Worlds of Sigizmund Krzhizhanovsky / Transl. by C. Emerson // Slavic and East European Journal. 2012. Vol. 56. No 4. P. 507–535.

Miller 2001 — Miller J. H. Speech Acts in Literature. Stanford, CA: Stanford University Press, 2001.

Osborn 1929 — E. B. J. [E. B. Osborn] Boxing // The Encyclopaedia Britannica. 14th Edition. Vol. 3. London; New York; Toronto, 1929. P. 985–989.

Ostrovsky 2006 — Ostrovsky A. Shakespeare as a Founding Father of Social Realism: The Soviet Affair with Shakespeare // Shakespeare in the Worlds of Communism and Socialism / Ed. by I. R. Makaryk and J. G. Price. Toronto: University of Toronto Press, 2006. P. 56–83.

Posner 2010 — Posner D. N. Performance as Polemic: Tairov's 1920 Princess Brambilla at the Moscow Kamerny Theatre // Theatre Survey. 2010. Vol. 51. No 1. P. 33–64.

Rosenflanz 2005 — Rosenflanz K. L. Hunter of Themes: The Interplay of Word and Thing in the Works of Sigizmund Kržižanovskij. New York: Peter Lang, 2005.

Rosenflanz 2012 — Rosenflanz K. L. Overturned Verticals and Extinguished Suns: Facets of Krzhizhanovsky's Fourth Dimension // Slavic and East European Journal. 2012. Vol. 56. No 4. P. 536–552.

Shaw 1932 — Shaw G. B. What Bernard Shaw Told the Americans about Russia! His Famous Broadcast. London: Friends of the Soviet Union, 1932.

Shaw 1963 — Shaw G. B. Complete Plays with Prefaces: in 6 vols. Vol. 5. New York: Dodd, Mead and Co., 1963.

Shaw 2002 — Shaw on Shakespeare: An Anthology of Bernard Shaw's Writings on the Plays and Productions of Shakespeare / Ed. by E. Wilson. New York: Applause Theatre and Cinema Books, 2002.

Spectres 2012 — Red Spectres: Russian 20th-century Gothic-fantastic Tales / Sel. and transl. by M. Maguire. London: Angel Classics, 2012.

Tairov 1969 — Tairov A. Notes of a Director / Trans. and Introduction by W. Kuhlke. Coral Gables, FL: University of Miami Press, 1969.

Weintraub 2011 — Weintraub S. Shaw and the Strongman: GBS's Dealings with Dictators on Stage and in Reality // Times Literary Supplement. 2011. 29 July. P. 13–15.

Worrall 1989 — Worrall N. Modernism to Realism on the Soviet Stage. Tairov — Vakhtangov — Okhlopkov. Cambridge: Cambridge University Press, 1989.

20
Предисловие: коротко о Сигизмунде Кржижановском[1]

Для своего времени и места Сигизмунд Кржижановский был чужим — не изгоем. Подобно многим одаренным литераторам, не вписавшимся в советский период, он прожил три жизни, о каждой из которых известно немногое. Первая — это его земная жизнь (1887–1950), в течение которой он много писал, но не смог ни опубликовать, ни добиться постановки своих сочинений в театре и умер в Москве, погруженный в безысходное отчаяние. Вторая жизнь Кржижановского началась в 1970-х годах, когда его архив (свыше сотни неопубликованных повестей, рассказов и критических статей) был обнаружен молодым московским поэтом Вадимом Перельмутером, который за 40 лет единолично подготовил этот корпус текстов к публикации[2]. Третья жизнь Кржижановского, наименее важная для поэта-прозаика и все же имеющая первостепенное значение для долгой памяти о нем, это жизнь во всемирном масштабе — его многие

---

[1] Впервые: Preface // Krzhizhanovsky S. That Third Guy. A Comedy from the Stalinist 1930s with Essays on Theater / Ed. and transl. by A. Ballard Lin. Wisconsin: University of Wisconsin Press, 2018. P. ix–xviii.

[2] Первый сборник прозы Кржижановского вышел в 1989 году, в год гласности. Следом в сетевом журнале «Toronto Slavic Quarterly» (TSQ) были опубликованы и другие рассказы, а также ряд его критических статей (TSQ 2003 года открывался «Философемой о театре»), а кульминацией этого процесса стал выход комментированного шеститомника (2001–2013).

параллельные жизни в переводах на другие языки. Первые переводы на немецкий появились в 1991 году; в 1993 году последовали переводы его рассказов на французский язык. В 2006 году Кржижановский обрел свой ясный английский голос благодаря живущей в Москве переводчице Джоанн Тернбулл. Тернбулл была со-творцом Кржижановского в четырех книгах, выпущенных издательством «The New York Review of Books» и составленных из лучших образцов его фантасмагорической модернистской прозы[3]. Произведения Кржижановского переведены на двенадцать языков. Настоящее издание — первое, дающее представление о менее известной стороне таланта этого русского писателя — его работах для театра и о театре.

Для театра Кржижановский написал десять пьес (комедий, пантомим, оперных либретто, трагифарсов, инсценировок романов) и сделал наброски или подписал контракт на создание еще нескольких. Три пьесы вошли в пятый том его Собрания сочинений. Здесь представлена в переводе его самая длинная и наиболее космополитичная пьеса — трагифарс «Тот третий», написанный в 1937 году на сюжет, который Кржижановский вынашивал на протяжении десятилетия. Те, кто знаком с этим писателем, знают, что его излюбленным приемом в прозе были буквы, слова, идеи, даже персонажи, выскакивающие из печатных страниц, увеличивающиеся в размерах или уменьшающиеся, а затем шагающие по улице, скрывающиеся в зрачке глаза, попадающие в кровоток (или в революционную столицу), все время сея хаос в эмпирическом мире. Слова всегда опасаются, что их против воли впечатают во влажную ловушку бумаги. Если дать им шанс, они родятся заново. Так обстоит дело и с Тем третьим, родившимся из пушкинской строки. Выпрыгнув из Пушкина, он приплыл в Александрию времен Клеопатры. В равной степени неудачник и дурак, Третий врывается в канонизи-

---

[3] После успеха книги «Seven Stories» (Moscow; Birmingham: Glas Publishers, 2006) Кржижановский Тернбулл был замечен «The New York Review of Books», который затем опубликовал «Воспоминания о будущем» (2009), «Клуб убийц букв» (2011), «Автобиографию трупа» (2013) и «Возвращение Мюнхгаузена» (2016). Выпуск пятого тома рассказов под названием «Unwitting Street» («Невольный переулок») намечен на 2019 год. Все переводы Тернбулл выполнены совместно с Николаем Формозовым.

рованные сцены из Шекспира, Бернард Шоу, из подлинной жизни муссолиниевского Рима и сталинской Москвы, на протяжении 1930-х годов готовившихся к войнам чужими руками, еще более зловещим. Согласно одному из воспоминаний (возможно, апокрифического характера), Кржижановский читал эту пьесу вслух на маленьком литературном собрании в Москве в 1938 году, уже охваченной террором, и среди его слушателей был Всеволод Мейерхольд [Молева 1990: 542]. Вадим Перельмутер скептически относится к этой истории. Насколько ему известно, Кржижановский показывал «Того третьего» только одному человеку — Александру Таирову, своему близкому другу и художественному руководителю Камерного театра. Таиров прочитал ее и сказал: «Уже слишком поздно». Он посоветовал другу никому не показывать эту пьесу и спрятать ее подальше.

Рождение легенды о сольном «представлении» этой опасно непочтительной пьесы, данном чуть ли не под стенами Кремля, говорит о многом. Кржижановский был харизматичным чтецом и лектором, которого хорошо принимали в культурных кругах Киева, Москвы, в Доме творчества писателей в крымском Коктебеле. Однако его художественная проза не была широко известна. В его произведениях часто встречается тема поиска публики. Вполне естественно, что он пытался реализовать собственное эстетическое видение, движимое жизнью мечтателя, путешествиями во времени, искусством словесной конденсации и «скоростями», управляющими нашим сознанием, там, где был некоторый шанс обрести читателей и слушателей. Например, в московских театральных дискуссиях 1920-х годов, а в 1930-х годах — в журналах, которые печатали статьи о тех одобренных партией мастерах литературы, которых любил Кржижановский (Шекспир, Пушкин, Шоу). В своих статьях о философии театра, о русской и европейской драме, а также в его «таксономиях» формально отчуждаемых частей литературного произведения, таких как эпиграфы, ремарки и заголовки, ощущается метафизика, которая организует его собственное воображение как художника.

Современники Кржижановского не ощущали эту органическую связь между критикой и художественным вымыслом. Имя

Кржижановского ассоциировалось у них прежде всего с театральными инсценировками и журнальными публикациями на театральные темы, а не с художественной прозой. Для нее у него не было влиятельного покровителя. Хуже того, дело обстояло с точностью до наоборот. В 1933 году диккенсовед Евгений Ланн отправил несколько повестей Кржижановского Максиму Горькому, только что вернувшемуся в СССР и вскоре получившему поручение изменить лицо советской литературы соответственно времени. Горький пренебрежительно отозвался об этих произведениях как о чересчур интеллектуальных, более подходящих для XIX столетия и не отвечающих интересам рабочего класса[4]. Кржижановский умрет в 1950 году, но этот катастрофически авторитетный читательский отзыв продолжит делать свое недоброе дело. Когда в начале 1980-х годов Вадим Перельмутер сделал попытку опубликовать небольшой невинный рассказ Кржижановского в газете «Литературная Россия», редактор дал отказ. Как он мог напечатать автора, о котором Горький сказал так мало хорошего? Немногочисленная группа писателей — Евгений Лундберг, Сергей Мстиславский, «московские англофилы» Евгений Ланн и Михаил Левидов — энергично поддерживала Кржижановского и до, и после его приема в Союз писателей в 1939 году. Однако эти доброжелатели и сами не были в фаворе. Левидов, который в середине 1930-х годов с энтузиазмом рекомендовал Кржижановского издательству «Academia» для написания комментариев к новому изданию комедий Шекспира, был репрессирован и расстрелян в 1942 году. Более молодые сторонники заявили о себе только после

---

4 Письмо Горького 1933 года было невеликодушным и не делает ему чести, но будущего главу Союза писателей СССР оскорбили не фантасмагорические сказочные сюжеты рассказов или пьес Кржижановского. Горький выступал за использование русской волшебной народной сказки в качестве основы нового преобразующего реализма, и в своем противостоянии радикальным левым пролетарским группировкам он был космополитической, представляющей большинство силой. Однако настойчивое требование вдохновляющего героизма в литературе делало его нетерпимым к одиночеству и отрицанию (двум главным темам Кржижановского). Для более глубокого понимания того, как чужды были ценности Кржижановского складывающимся литературным нормам, см. подробнее о сталинском Союзе писателей и его журналах в готовящейся к печати монографии К. Эни «Leading the Writers' Union: Authority and Self-Concept under Stalin», в особенности главу 2 о Горьком и оргкомитете.

смерти Сталина. Набирающий авторитет шекспировед Александр Аникст был среди тех, кто изучал рукописи Кржижановского как член назначенной Союзом писателей официальной комиссии, получившей доступ к архиву писателя[5]. В 1958 году комиссия рекомендовала к публикации двухтомное издание прозы и литературной критики Кржижановского. И вновь проект рухнул из-за неблагоприятного читательского отзыва. Как советское издательство могло напечатать литературного критика, который, анализируя комедии такого великого реалиста, оптимиста и носителя авантюрного духа Ренессанса, как Шекспир, настаивал на том, что видит неразрывную связь между снами и смертью?

Одна из задача этого тома — напомнить современным читателям факты жизни, прожитой в основном под спудом. Ибо вторая и третья жизни Кржижановского — то есть его ныне опубликованная художественная проза и переводы его произведений — затмили собой таинственную первую, «настоящую», публичную жизнь. По большей части она была отдана работе корректором, переводчиком, лектором, педагогом и связана с Московским камерным театром (МКТ) или с созданием инсценировок для него. Основатель Камерного и его главный режиссер Александр Таиров подружился с Кржижановским вскоре после того, как тот приехал в Москву из Киева. Скорее всего, Таиров увидел в этом философствующем полиглоте, писавшем остроумно и ярко, отчаянно нуждавшемся в работе, идеального выразителя идей своего космополитичного, актероцентричного «синтетического» театра. В то время Камерный противопоставлял себя и радикальному авангарду Мейерхольда,

---

[5] В РГАЛИ (Ф. 2280. Оп. 1. Ед. хр. 117) есть 50-страничная папка с материалами об этой посмертной попытке сохранить наследие Кржижановского: «Материалы Комиссии по литературному наследию С. Д. Кржижановского (1957–1959)». См. [Emerson 2012: 605–607].

и сценическому натурализму Станиславского[6]. В 1923 году Кржижановский начал писать хлесткие поэтические «политические заявления» для издававшейся Камерным театром газеты «7 дней МКТ»[7]. Он уже читал лекции по философии театра и психологии актера в Актерской студии Камерного театра; эта почасовая подработка оказалась самой длительной в его жизни[8]. В той степени, в которой этот мыслитель-одиночка мог вынести работу в коллективе, Камерный театр стал для него профессиональным домом. В своих рукописных «творческих биографиях» (для ежегодных проверок внештатных работников, которые проводились органами безопасности) Кржижановский обычно называл себя театральным работником. В его автобиографии, датированной 1938 годом, то есть написанной через год после того, как «Тот третий» был благополучно припрятан, содержится такая строчка: «Сейчас всецело посвятил себя теории и практике драматургии»[9].

Пока Вадим Перельмутер не окончит долгожданную биографию Кржижановского, мы не будем знать подробностей об этом одиноком, неприкаянном авторе, знакомом публике лишь по театральным работам; не известно даже, где именно он похоро-

---

6 Свежий взгляд на идеологию и эстетику Московского камерного театра, преломившихся в этих дебатах, представлен в [Posner 2016: 92–106]. Идеалом Таирова был не цирковой трюкач и не марионетка, но Актер, чье тело служило делу прекрасного, веселому музыкальному ритму и стилизованной эмоциональной выразительности, а не политике или предшествующему литературному тексту.

7 Написанные в 1923–1924 годах заметки Кржижановского для «7 дней МКТ» были включены Перельмутером в шеститомное собрание сочинений на правах художественно-литературных текстов. В настоящее время историки театра пытаются определить, сколько Кржижановский написал по заказу Таирова; весьма вероятно, что сам Кржижановский предложил театру идею «пропагандистских заметок». Роли четырех домашних идеологов МКТ в определении лица театра, его отличий от конкурентов, было посвящено выступление историка театра Ольги Купцовой на конференции к столетнему юбилею Камерного [Купцова 2016].

8 В 1948 году уже спившийся Кржижановский по-прежнему числился в списках совместителей, работающих в студии, — разумеется, благодаря сострадательному другу Таирову. См.: РГАЛИ. Ф. 2030 (Камерный театр). Оп. 6. Ед. хр. 91. Список педагогов Студии Гос. Московского Камерного театра, листы, датированные 1944 и 1947/48 года. Согласно документам, в 1944 году Кржижановский был занят два часа в неделю; к сезону 1947/48 года его стаж составлял двадцать восемь лет.

9 РГАЛИ. Ф. 2280. Оп. 1. Ед. хр. 75. «Автобиография», рукописный экземпляр, датированный 19 октября 1938 года. Для подтверждения подлинности такие документы должны были быть рукописными.

нен[10]. Этот человек остается в основном маской. В его архиве нет ни одного рукописного черновика художественной прозы и вообще текстов, написанных от руки. Кржижановский обладал практически идеальной фотографической памятью; складывается впечатление, что он надиктовывал свои тексты машинистке, выстроив их в голове, слово за словом, слог за слогом. Не сохранилось никаких дневниковых заметок. Переписка (1922–1946) с подругой жизни, уроженкой Одессы, актрисой и театральным педагогом Анной Бовшек, состоит преимущественно из любовных писем, написанных в период разлук (он — в Москве или Коктебеле, она — в Одессе или Киеве), в которых оба церемонно обращаются друг к другу на «вы». Ее письма дышат заботой и сентиментальностью; его — перемежаются краткими жалобами и скептическими репликами по поводу нехватки еды, работы, интереса потенциальных издателей. Несколько дюжин фотографий взрослого Кржижановского демонстрируют высокого, хорошо одетого, застегнутого на все пуговицы мужчину в пенсне, в котором есть что-то от денди. Однако даже эти скудные письменные и визуальные документы, подтвержденные случайными воспоминаниями, выдают провоцирующие черты характера, сплошь катастрофические с точки зрения карьеры официально признанного писателя советской эпохи. Две из этих черт мы выделим особо, по мере того как будем пытаться выявить психологический субстрат, скрывающийся за словами Кржижановского, дошедшими до нас с таким опозданием.

Во-первых, его упрямство. Всю свою писательскую жизнь Кржижановский сопротивлялся тому, чтобы его редактировали, даже если речь шла о таких доброжелательных и бережно относящихся к тексту советчиках, как его близкий друг Таиров. Прежде чем отправить в мир, он взвешивал, затейливо чеканил каждое свое предложение и наполнял его неожиданным словесным зарядом. Эти конструкты разрушились бы от любого неловкого вмешательства. Кржижановский так же трепетно отно-

---

10 Лучшей монографией о Кржижановском на английском языке остается книга Карен Розенфланц [Rosenflanz 2005]. Краткий обзор его деятельности как критика приводится в [Rosenflanz 2005: 9–12].

сился к «весу» чужих стилей, как и к собственному. Его рассуждения об остроумии Шекспира с использованием понятий словесной массы, плотности, степени «воздушности», а также скорости, с которой дается остроумный ответ во время словесных перепалок, были бы замечательны даже в устах носителя английского языка; поразительно, что они принадлежат замкнутому самоучке, который едва ли имел большой опыт общения на английском[11]. Однако его категорические замечания по поводу того, как нельзя переводить Шекспира (вошедшие в этот том), могли вызвать лишь враждебность со стороны многих серьезных русских профессионалов, которые в 1930-х годах стремились пересоздать Барда для своих соотечественников. Десятью годами ранее, когда большевики еще терпели плюрализм мнений в прессе, Кржижановский уже бился за свое слово с такой же смесью раздражения, неуступчивости и отчаянного мужества, как и за великих мастеров. У него были почитатели. Иногда встречались редакторы, готовые напечатать его произведения. Один из них — Исай Лежнёв из журнала «Россия», в выпусках которого в начале 1920-х годов печатался роман Булгакова «Белая гвардия». Однако и издатели должны были следовать определенным правилам, в том числе, как правило, предполагалось сотрудничество со стороны авторов. «Познакомили меня почти случайно с редактором “России”, — писал Кржижановский Бовшек в Киев 12 августа 1924 года, — после двух-трех двухчасовых разговоров вижу: надо порвать. Может быть, это последняя литературная калитка, но я захлопну и ее: потому что или *так, как я хочу*, или никак. Пусть я стареющий, немного даже смешной дурак, но моя глупость такая *моя*, что

---

[11] В сталинской России Шекспир был одним из официально признанных «прогрессивных писателей мирового значения», продвигавшихся Горьким на Первом съезде писателей (1934). Кржижановский имел отношение к шекспировской «индустрии», но многое в ней ему не нравилось. Остроумие Шекспира во многом основывается на игре слов, отмечал Кржижановский, на лаконичных и находчивых увертках. Английский полон емких, выразительных односложных слов, вокруг каждого из которых много воздушного пространства. В силу флективности русского языка в переводе предложения тяжелее и звучат более помпезно и неуклюже, особенно в комедиях, где действие развивается в быстром темпе, — отчасти поэтому многие русские переводы Шекспира неудачны.

я ее и стыжусь, и люблю, как мать своего ребенка-уродца. И ну ее к ляду всю эту “литературу”...» [Кржижановский 2013: 26]. Несмотря на такое неблагоприятное начало, в 1925 году Лежнёв напечатал повесть в очерках «Штемпель: Москва» и принял «Автобиографию трупа», которая должна была выйти на будущий год. Казалось, дело сдвинулось с мертвой точки и даже можно было ожидать продолжения. Отстаивание своей позиции могло быть вознаграждено. Однако внезапно размер журнала наполовину урезали; публикация повести Кржижановского, уже набранной, была отложена на два выпуска. «...дождался мой “Труп” приличных похорон», — писал он Бовшек 7 июля 1925 года [Кржижановский 2013: 28]. Замечание оказалось пророческим. Лежнёв подвергся опале (был арестован в 1926 году), и надежда на покровительство растаяла. Бовшек делала все, чтобы помочь. Она руководила детским театром в Москве, в котором были поставлены несколько фантасмагорических миниатюр Кржижановского. Однако в те годы Бовшек, наверное, видела множество невзгод. В своих тактичных и демонстрирующих поразительную преданность воспоминаниях она пишет: «Когда однажды Кржижановский попал в трудное положение, Таиров заволновался: “Кто ваш главный враг? Скажите. У меня все-таки есть связи... может...” — “Нет, Александр Яковлевич, не может, и ничто не поможет. Мой главный враг — я сам. Я тот пустынник, который сам для себя медведь”» [Бовшек 2009: 33].

Упрямство в Кржижановском сочеталось с прямотой. Он не особенно увлекался политикой, но мог отреагировать с благородной наивной яростью на то, что, по его мнению, делалось неправильно или несправедливо. В те годы, когда более известные писатели и критики признавали свои ошибки, вступая на путь «исправления», чтобы вписаться в коммунистический культурный проект, Кржижановский продолжал вести себя как независимая личность. Даже зная, что цензоры и чиновники от литературы сами были пешками в битвах политбюро, он не выражал сочувствия их положению. В 1928 году орган государственной цензуры Главлит отклонил его новеллу «Клуб убийц букв». Кржижановский отправил письмо главному цензору

Павлу Лебедеву-Полянскому, сообщая, что считает «решение неправильным». Причины, по которым он получил отказ, «противоречивы и взаимоисключают друг друга... прошу Вас, Павел Иванович, лично прочесть [эту работу]»[12]. Безрезультатно. Десятилетие спустя, в гораздо более опасной обстановке, Кржижановский написал такое же воинственное письмо в издательство «Academia», когда оно не смогло опубликовать его предисловия к тому комедий Шекспира, с угрозой подать на издательство в суд за нарушение трех контрактов[13].

Он был прямолинеен и при личном общении. Один такой пример сохранился в датированном 28 апреля 1934 года стенографическом отчете о заседании секции драматургов Союза советских писателей, на котором присутствовал Кржижановский. Шло обсуждение написанного неким товарищем Елфимовым либретто для новой оперы «Лесби». Продвигая дорогую ему идею «темпа» и «скорости» в театральном искусстве (особенно у Шекспира), Кржижановский выступил с длинной и яркой речью о необходимости энергичного, тщательно освещенного развития сюжета в музыкальной драме, поскольку сюжет всегда развивается медленнее, когда слова кладутся на музыку. Однако позже на том же заседании Кржижановский задал вопрос о самой целесообразности вынесения официальной комиссией оценки незавершенным фрагментам или частично написанным либретто. С присущим ему беспощадным остроумием Кржижановский сравнил такую предварительную цензуру, краеугольный камень советской политики в области литературы, с извлечением трехмесячного зародыша из материнского тела, его демонстрацией и, по окончании осмотра, помещением его обратно в матку — после чего возник бы оправданный повод для беспокойства по

---

12 Заявление С. Д. Кржижановского на имя заведующего Главным управлением по делам литературы и издательств П. И. Лебедева-Полянского о пересмотре книг «Клуб убийц букв» и «Собиратель щелей», 28 сентября 1928 года (РГАЛИ. Ф. 341 (Е. Ф. Никитина). Оп. 1. Ед. хр. 261).

13 РГАЛИ. Ф. 2280. Оп. 1. Ед. хр. 102. Письмо С. Д. Кржижановского издательству «Academia» об его участии в работе над собранием сочинений В. Шекспира (май 1937 года). — Вины издательства не было; издание сократили с десяти до восьми томов по указу правительства, и все поясняющие комментарии были из него убраны.

поводу того, что дитя «может не дожить до нормального появления на свет»[14]. Кажется, что лучше оставить в покое живого, кем-то любимого ребенка, пусть даже уродца, чем всем скопом калечить едва жизнеспособный организм.

Закончим на этой карнавально-гротескной ноте. Любопытно, что проза Кржижановского — и, разумеется, его взгляд на мир, насколько мы можем его восстановить, — в целом мрачна, в ней все время встречаются смерти, склонность к самоубийству, безвыходные положения — но при этом почти все пьесы, написанные им для театра, являются комедиями, и его театральная критика в основном связана с жанром комедии. (Единственное исключение — безжалостная статья о хрониках Шекспира, которые он сравнивает с жестокими петушиными боями на лондонских улицах под девизом «умри быстрей».) Полагаю, это противоречие объясняется мыслями Кржижановского о возможностях театрального воображения.

Театр — это больше, чем спектакль, развлечение или политический инструктаж. Это непрерывное, безнадежно неиссякаемое созидание человеческой жизни из сознания, которое обрело тело. В чудотворном физическом конструкте, именуемом театром, мы делаем священным пространство, в котором эти множественные воплощенные сознания выпущены на свободу. В повестях и драмах Кржижановского заключено различное отношение к жизни. В повестях редко находится место для смеха и комизма. Они по большей части представляют собой вспышки черного юмора или мгновения безумного отчаяния. Освященные пространства в его повестях начинаются в тесноте московской коммуналки и завершаются на одинокой, продува-

---

[14] Стенограмму этого заседания см.: РГАЛИ. Ф. 631 [СП СССР СД]. Оп. 2. Ед. хр. 17. Оргкомитет Союза Советских Писателей, Комиссия музыкальных драматургов [Секция драматургов], Творческое совещание 28 апреля 34 г. — В сталинский период драматургию курировало подразделение Союза писателей. Объединение советских драматургов в союз произошло позднее. В 1930-х годах появились «творческие союзы» писателей и архитекторов, в 1940-х — композиторов, в 1950-х — художников и журналистов, а в 1960-х — кинематографистов. Союз театральных деятелей, «советский творческий союз», объединивший режиссеров и актеров, был учрежден только в 1986 году. До этого контроль над словесным компонентом театрального искусства возлагался на Союз писателей.

емой всеми ветрами скамейке в парке, двух концах несчастливой бинарности. Сначала герой ощущает, что ему в жизни тесно, но жизнь может протиснуться через стежок или щель, и тогда его мир внезапно становится просторным — чуть ли не бездной[15]. Пытаясь убежать от того, что слишком сильно удушает, трагический субъект повестей теряет ориентиры и себя самого. Однако в пьесах и критических статьях о драматургии наблюдается иная динамика. Созданный для Камерного театра с его духом commedia dell'arte — пантомимой, ритмом, музыкой и выразительными жестами, — комедийный герой на сцене всегда может избежать этого момента, чтобы перевоплотиться и затем надеть новую маску. Таким образом Кржижановский уравновешивает в своем творчестве Ночь и День, чужого и своего, подготавливая нас к пересозданной реальности его второй и третьей жизней.

2018

Источники

Кржижановский 2013 — Кржижановский С. Д. Собрание сочинений: В 6 т. / Под ред. В. Перельмутера. Т. 6. М.; СПб.: БСГ-пресс; Симпозиум, 2013.

Литература

Бовшек 2009 — Бовшек А. Г. Глазами друга: Материалы к биографии Сигизмунда Доминиковича Кржижановского // Великое культурное противостояние: Книга об Анне Гавриловне Бовшек / Под ред. А. Леонтьева, Н. Кашиной. М.: НЛО, 2009. С. 9–66.

Купцова 2016 — Купцова О. Н. Пресса Камерного театра: Журнал «Мастерство театра» и газета «7 дней МКТ» // Глядеть на вещи без

[15] Кржижановский рано получил признание как мастер ужасов пространства, которое он пытался «отчуждать» так же, как формалисты отчуждали слово, а Г. Уэллс — время. Для него прогулка была аналогична процессу мышления, а Москва, любимый город, ставший для него родным, была не столько круглой, органичной, сколько стиснутой, загроможденной, забитой. В 1992 году исследователь семиотики города В. Н. Топоров развил эти идеи в своей восхитительной статье «Минус-пространство Сигизмунда Кржижановского», в [Топоров 1995; Кржижановский 2013: 354–497].

боязни: К столетию Камерного театра: Сб. ст. / Под ред. В. В. Иванова. М.: Гос. ин-т искусствознания, 2016. С. 120–133.

Молева 1990 — Молева Н. «Легенда о Зигмунте Первом» (6 июля 1988) // Кржижановский С. Возвращение Мюнхгаузена: Повести. Новеллы. Воспоминания о Кржижановском / Под ред. В. Перельмутера. Л.: Художественная литература, 1990. С. 537–546.

Топоров 1995 — Топоров В. Н. «Минус»-пространство Сигизмунда Кржижановского // Топоров В. Н. Миф. Ритуал. Символ. Образ (Исследования в области мифопоэтического). М.: Прогресс-Культура, 1995. С. 476–574.

Emerson 2012 — Emerson C. Krzhizhanovsky as a Reader of Shakespeare and Bernard Shaw // Slavic and East European Journal. 2012. 56 (4). P. 577–611.

Posner 2016 — Posner D. N. The Director's Prism: E. T A. Hoffmann and the Russian Theatrical Avant-Garde. Evanston, IL: Northwestern University Press, 2016.

Rosenflanz 2005 — Rosenflanz K. L. Hunter of Themes: The Interplay of Word and Thingin the Works of Sigizmund Kržižanovskij. New York: Peter Lang, 2005.

21
Тщетные попытки Кржижановского внести свою лепту в пушкинский юбилей[1]

Седьмого февраля 1937 года — в разгар мероприятий, посвященных столетию со дня смерти Пушкина, «Правда» разразилась программной статьей о задачах советской драматургии. Чередуя упреки с похвалами, она призывала создавать больше новых пьес, достойных дней Пушкина, пьес, отмеченных «внимательным, любовным отношением к текстам великого русского поэта. Особо ответственная и почетная задача для драматургов — показать образ самого Пушкина» [Боярский 1937]. Новые инсценировки биографии Пушкина были ключевым пунктом сталинской установки вытеснить тот образ поэта, что доминировал в большевистских 1920-х годах: совершенный художник, за которым стоит разнузданный крепостник [Any 2012: 379–380]. Такая двойственность теперь оказалась неприемлемой. Всесоюзный Пушкинский комитет, созданный в 1934 году, заявил, что

---

[1] Впервые: Krzhizhanovsky's collapsed Contributions to the Pushkin Jubilee // That Third Guy: A Comedy from the Stalinist 1930s with Essays on Theater. Sigizmund Krzhizhanovsky / Transl. and ed. by A. Ballard Lin. Madison: University of Wisconsin Press, 2018. P. 269–293.
Krzhizhanovsky, Sigizmund. THAT THIRD GUY © 2018 by the Board of regents of the University of Wisconsin System. Reprinted courtesy of The University of Wisconsin Press.
Ссылки на произведения Кржижановского (СК) даются с указанием номера тома и страницы по изданию: Кржижановский С. Д. Собрание сочинений: В 6 т. / Под ред. В. Перельмутера. Т. 1–4: СПб.: Симпозиум, 2001–2006; т. 5, 6: М.; СПб.: БСГ-пресс; Симпозиум, 2010–2013.

реальная жизнь поэта должна быть приведена в соответствие с его поэзией, причем и первую, и вторую следует представить в очищенном виде. Таким образом, поэт не просто погиб на дуэли, затеянной для защиты личного достоинства, а был доведен до гибели царским двором в угоду иностранным наймитам — или, цитируя постановление Политбюро, «глухой зимней ночью 1937 г. жандармы царя Николая I, таясь и крадучись, как воры, увозили из Петербурга мертвое тело Пушкина. Царское правительство пыталось украсть у русского народа его великого поэта, убитого агентом, ставленником дворянской реакции»[2]. Смерть Пушкина была политизирована, превращена в классовое оружие, представлена как результат заговора, классового антагонизма и национального предательства. Этот подтекст должен был присутствовать во всех случаях, когда в пьесе фигурировал преследуемый поэт или цитировались его строки.

Не каждый советский драматург сумел творчески откликнуться на это требование. Тем не менее предпринимались оригинальные попытки. В 1934 году Булгаков пригласил к сотрудничеству выдающегося пушкиниста Викентия Вересаева для работы над пьесой «Последние дни», изображающей финал жизни поэта так, чтобы это и соответствовало партийной установке, и подрывало ее. Большая формальная дерзость пьесы (у Пушкина нет реплик, он присутствует только как тень, расплывчатое пятно в глубине сцены, как человек при смерти) сочетается с гиперполитизированной правильной мотивировкой дуэли: чудовищное событие спровоцировано иностранцами при поддержке индифферентных аристократов в удушающем окружении информаторов и шпионов [Sandler 2005: 409–411]. Вересаев, испытывая разочарование и, без сомнения, раздражение по поводу параноидального характера ранних набросков, отказался от сотрудничества, и премьера «Последних дней» состоялась только в 1943 году,

---

[2] См. опубликованную без подписи передовицу «Народные пушкинские торжества»: «Очищенный от всех случайных напластований, от всего, что обусловлено только преходящим историческим моментом, Пушкин предстает через сто лет перед нынешним поколением нашей страны как гениальный русский человек, лишь по паспорту сын дворянского сословия, а по всему своему духу, по пламенному порыву к свободе, по глубочайшей связи с народом...» [Правда 1937].

через три года после смерти Булгакова. Однако и гораздо менее известные писатели, чем Булгаков, делали попытки создания новой пьесы, которая была бы «с любовью и вниманием» ориентирована на бесценные тексты Пушкина и изображала бы его жертвой политической травли. К их числу относится и Сигизмунд Кржижановский, которого Булгаков должен был знать по линиям своих литературных и театральных связей[3].

В 1920-х годах и Кржижановский, и Булгаков участвовали в «Никитинских субботниках», московском литературном кружке и издательстве, которыми руководила Евдоксия Никитина и которые предоставляли писателям-«экспериментаторам» трибуну для публичных чтений[4]. В их биографиях удивительно много общего. Как и Булгаков, Кржижановский не был коренным москвичом и происходил из подозрительной социальной среды (поляк, хотя и не монархист). Он бежал из истерзанного войной родного Киева, связал свою жизнь в столице с театрами, навлек на себя неприятности со стороны цензуры, культивировал готическое и фантастическое в качестве равноправной альтернативы реальности, попал в зависимость от алкоголя (Булгаков — от морфия) и умер, не успев опубликовать свое лучшее сочинение (тоже художественную прозу). По словам Вадима Перельмутера, в 1920-х годах Кржижановский был более известен, чем Булгаков. Попав под официальный запрет в начале 1930-х годов, оба писателя обратились к театру, чтобы не исчезнуть из сферы культуры. Булгаков, благодаря непредвиденному вмешательству Сталина и Горького, стал важной силой в заку-

---

3 Устные и встречающиеся в мемуарах свидетельства о том, что Кржижановский и Булгаков были знакомы, собраны Вадимом Перельмутером для публикации в готовящейся к изданию биографии Кржижановского. В одном и том же выпуске журнала «Россия» за 1925 год опубликованы «Белая гвардия» Булгакова и «Штемпель: Москва» Кржижановского. Согласно Перельмутеру, Сергей Макашев, долгое время издававший советскую серию книг «Литературные памятники», один из тех, кто работал под руководством Кржижановского в редакционном отделе «Большой советской энциклопедии», вспоминал, что однажды, до 1930 года, начальник представил его Булгакову.

4 Мюиреанн Магуайр включила Кржижановского и Булгакова в небольшую группу советских прозаиков, интересовавшихся готикой и метафизикой фантастики, предполагая, что их дружба зародилась на Никитинских субботниках [Maguire 2012: 19–20, 253].

лисной жизни московских драматических и оперных театров, даже несмотря на то, что его собственные пьесы уродовались купюрами или исключались из репертуара. Кржижановский, не имевший влиятельных покровителей, при всякой возможности брался за работу в театрах и кино, зарабатывая себе скромную репутацию публицистикой и чтением своих прозаических повестей, которое превращал, по сути, в моноспектакль[5]. (В переведенном для этого тома кратком эссе 1937 года, посвященном пушкинскому «Борису Годунову», Кржижановский отводит значительное место публичным чтениям Пушкиным его пьесы в 1825 и 1826 годах, также проходившим под надзором полиции[6].) В конце 1930-х годов умирающий, уже ослепший Булгаков надиктовывал своей жене заключительные главы «Мастера и Маргариты». Кржижановский дожил до 1950 года, постепенно утрачивая дееспособность из-за алкоголизма. Перед смертью он превратился в совершенного инвалида: инсульт вызвал у него алексию — состояние, когда человек может писать, но не воспринимает написанный текст.

1936 год оказался для Кржижановского поворотным. Немногочисленные контракты, заключенные в 1930-х годах и по большей части оставшиеся невыполненными, спасали его имя от забвения и обеспечивали ему минимальный доход, но его авторство — сценария анимационно-игрового фильма Александра Птушко «Новый Гулливер», радиопостановки толстовского «Хаджи-Мурата», пьесы о Фальстафе по мотивам «Генриха IV», «Генри-

---

5 Как и Булгаков в исполненных горечи беллетризованных мемуарах «Театральный роман», Кржижановский часто описывает болезненную процедуру продажи произведения невосприимчивой публике, которая (в отличие от более абстрактной безликой читательской аудитории) может зевать, освистать автора и уйти. См. сложную притчевую новеллу «Собиратель щелей» (1922) [СК 1: 463–484]. Перельмутер даже высказал предположение, что Булгаков в «Театральном романе» нелестно отзывается о Кржижановском, который был любимцем издателя «России» Исая Лежнёва, поскольку (в отличие от строптивого Булгакова) всегда мог предложить искрящиеся остроумием новые темы. Такое свидетельство представляется ценным указанием на то, что Кржижановский, каким бы сторонним наблюдателем он ни был, все-таки пытался хотя бы как-то приспособиться к советской действительности.

6 «Оказывалось, что, в силу монаршей “милости”, нельзя не только публиковать, но даже читать близким людям своих вещей. Еще шаг, и великому поэту было бы запрещено задумывать свои создания без визы царя» (История одной рукописи («Борис Годунов»)) [СК 4: 469].

ха V» и «Виндзорских насмешниц» Шекспира, трехактной пьесы, шедшей под названием «Щель», — зачастую не указывалось. Он пробовал писать одноактные пьесы, исторические драмы и патриотические либретто; в 1942 году работавший в Московской консерватории композитор Сергей Василенко положил на музыку его либретто «Суворов», и эта опера с успехом шла в самые мрачные годы Второй мировой войны[7]. В начале 1930-х годов в печать попали тонкие очерки Кржижановского о Шекспире и Бернарде Шоу, и его пригласили принять участие в работе над новым томом переводов Шекспира [Emerson 2014]. Безусловно, кое-что из комментария к драмам, вошедшим в этот том, было известно избранному кругу советских читателей. Однако Кржижановский (который был слишком беден, чтобы покупать книги, и почти не имел личных вещей) никогда не претендовал на статус театроведа, литературоведа или шекспироведа. Он подходил к текстам Пушкина, Шекспира и Шоу скорее как творчески мыслящий художник и театральный философ, чем как исследователь, имеющий возможность опереться на коллег, академические курсы, критику других специалистов и материалы библиотек. Авторы комментариев к текстам Кржижановского указывают на допущенные им многочисленные неточности и несовершенство исследовательского подхода. Подобное «дилетантство» отчасти плод его безвестности. Возможно, то, что он не был фигурой первого плана, спасло ему жизнь. Если не считать крохотной, но таившей в себе угрозу критической статьи по поводу юмористического фельетона в духе Козьмы Пруткова,

---

[7] Будучи пламенным московским патриотом, Кржижановский отказался от эвакуации из города, подвергавшегося бомбардировкам. Это было время надежд. Вместе с другими маргинализированными писателями (поляками и евреями) он был вовлечен в помощь фронту и участвовал в трех «писательских делегациях», которые выступали с лекциями в отдаленных частях воюющего СССР. Кроме сборника очерков «Москва в первый год войны», он написал семь эссе (ни одно из которых не было опубликовано) о русском солдате и народном творчестве, патриотизме русского крестьянина и русском культе штыка. Его либретто «Суворов» об антинаполеоновской Итальянской кампании великого полководца, проведенной в 1799 году, стало одной из трех работ для театра, которые Кржижановский посвятил истории русских вооруженных сил (второе либретто было посвящено созданию первого российского флота Петром Великим, а в третьей работе, пьесе о молодом подпоручике Льве Толстом, действие происходило во время обороны Севастополя в период Крымской войны). Из этой исторической трилогии на сцене был поставлен только «Суворов».

которая была опубликована в «Правде» в 1935 году и заставила Кржижановского в приступе страха прятать рукописи, внимание к его творчеству было не настолько велико, чтобы он удостоился поправок, рецензий, особого наблюдения, позора, ареста или расстрела. Однако начиная с 1937 года, за исключением кратковременного всплеска энергии и чувства сопричастности, последовавшего за немецким вторжением, он стал прилагать меньше усилий, меньше писать, меньше надеяться.

В Пушкинские дни 1937 года он еще почти не осознавал призрачности этих надежд. К юбилею Московский камерный театр официально поручил Кржижановскому адаптировать «Евгения Онегина» для сцены. Результат своих трудов Кржижановский назвал «сценической проэкцией». Хотя в ней была сохранена лишь тень пушкинского повествователя, традиционно воспринимаемого как стилизованный образ автора, Кржижановский выдержал данную к юбилею идейную установку, заострив внимание на фигуре гонимого поэта. Пролог к пьесе был создан на основе стихотворного диалога Пушкина «Разговор книгопродавца с поэтом» (впервые этот текст был опубликован в 1825 году в качестве предисловия к первой главе «Евгения Онегина»), благодаря чему гениальный писатель представал как заложник хищнического капиталистического рынка. В начальной сцене пьесы обреченный на смерть Ленский сочиняет стихи — между прочим, ранние стихи Пушкина — на могиле Дмитрия Ларина. (Как и в опере Чайковского, в пьесе опущена первая, петербургская глава Пушкина.) Самым неожиданным оказывается то, что в конце действия сам Онегин приобретает черты зрелого поэта, становясь задумчивым, раскаиваясь, испытывая горькие сожаления. На протяжении всего 1936 года этот элегический, с вкраплениями гоголевской одержимости, вариант «Онегина», украшенный музыкой Сергея Прокофьева, жил скромной полуофициальной жизнью в недрах одного учреждения, Московского камерного театра, и более беспокойной — в качестве пункта повестки заседаний ряда контрольных комиссий. Однако премьера так и не состоялась.

Вторым сочинением для юбилея стала пьеса «Тот третий», написанная Кржижановским на поднимающейся волне террора.

Он показал пьесу только Таирову, после чего спрятал ее в платяном шкафу жены, Анны Бовшек. В эту пьесу также включены бессмертные строки Пушкина, а поэт, которого предписывалось изображать гонимым, окружен в ней доносчиками и шпионами. Однако теперь эти темы служат совершенно другой цели. «Тот третий» — гибридное комическое сочинение, в котором из нескольких стихов канонического Пушкина необъяснимым образом вырастает масштабная пародия на Шекспира, Гоголя, Бернарда Шоу и сцены преследования в криминальных триллерах, снятых на заре кинематографа.

Кржижановский-комедиограф

В 1939 году на основании небольшого перечня инсценировок, театральной публицистики и не поставленных пьес Кржижановский был избран членом секции драматургии Союза советских писателей. Его неопубликованная проза была практически не известна читателям; о ней узнали только после 1989 года. В 1930-х годах его пьесы привлекали к себе некоторое внимание, но театры не принимали их к постановке. Машинописные тексты пьес (адаптаций и оригинальных драм) хранятся в фонде Кржижановского в Российском государственном архиве литературы и искусства (РГАЛИ). Три из десяти были опубликованы в пятом томе Собрания сочинений, изданном в 2010 году. Первая представляет собой полноформатную сатиру времен нэпа под названием «Писаная торба» (1929–1930). За ней следует трехактная пантомима «Смерть бросает кости» (1930), а затем — самая сложная пьеса, «Тот третий» (1937). Самая ранняя из этих пьес, «Писаная торба», снабженная подзаголовком «Условность в четырех актах, семи ситуациях», могла бы послужить учебником по темам и приемам Кржижановского как оригинального драматурга[8]. Для читателей, знакомых с повестями и рассказами Кржижановского — в целом представляющими собой мрачные интеллектуальные упражнения, обычно

---

[8] «Писаная торба: Условность в четырех актах, семи ситуациях» была впервые опубликована в [СК 5: 7–63]. Приведенный здесь анализ приводится по [Эмерсон 2011: 135–137].

завершающиеся самоубийством или расстройством психики, — тональность его пьес может оказаться неожиданной. Это очень забавные сочинения, трагифарсы, разворачивающиеся с головокружительной скоростью, в которых трагическое приглушено до такой степени, что малейшая серьезность немедленно приковывает наше внимание и берет за душу. Такие сумасшедшие переключения психологических регистров были фирменным знаком Гоголя как драматурга. Как мы увидим, к числу талантов Кржижановского-писателя принадлежит его способность гармонично соединять в одной структуре две основные черты русского романтизма: если Пушкин вознес Кржижановского на высоты Парнаса и передал ему ауру эстетического и нравственного долга, то от Гоголя к нему пришли карикатура, маска и шутовство, что обеспечило известную степень свободы от этого долга под прикрытием шутовского колпака. Такая свобода несла больше чем развлечение или облегчение. Она была лазейкой, позволявшей выйти за пределы неприемлемой жизни.

«Писаная торба» — это сатира на империализм и на мошенничество в торговле. Написанная на излете 1920-х годов, она во многих отношениях отражает противоречивые течения в уже исчерпавшем себя нэпе. Высмеивая торгашество и эксплуатацию людей, пьеса заставляет вспомнить гоголевские вариации у Булгакова — его повесть «Похождения Чичикова», написанную в 1922 году, и инсценировку для театральной сцены и кино «Мертвых душ», осуществленную в начале 1930-х годов. По карикатурной трактовке империалистических амбиций «Писаную торбу» можно сопоставить с булгаковским «Багровым островом», метатеатральной пьесой, поставленной Московским камерным театром в 1928 году. В «Писаной торбе» также встречаются приемы, использованные Кржижановским в его собственной первой инсценировке, созданной по роману Г. К. Честертона «Человек, который был Четвергом: ночной кошмар» для Камерного театра в 1923 году[9]. Исполненный хитросплетений роман Честертона,

---

[9] У Честертона все члены «Совета анархистов» являются двойными агентами, работающими на Скотленд-Ярд и завербованными главарем-Воскресеньем. По мере развития действия романа каждый из агентов предстает перед другими как «их

совмещающий в себе антианархистский шпионский триллер с иудаистско-христианской библейской аллегорией, был должным образом очищен Кржижановским от религиозного подтекста и переделан в детективную историю, насыщенную стремительными сценами погони в духе раннего кинематографа, разыгрывающимися на фоне сложных механизированных конструктивистских декораций[10]. И успешная инсценировка «Четверга» 1923 года, и невостребованная «Писаная торба» 1930 года свидетельствуют о том, что Кржижановский пытался творить по идеологическим лекалам своего времени. Одним из подобных марксистских лекал явился в высшей степени популярный «Красный Пинкертон», в котором экзотический приключенческий сюжет и приемы западной детективной прозы сочетались с правильной коммунистической развязкой: всемирная борьба пролетариата с капиталистами, в которой обе стороны в равной степени проявляли изобретательность, разворачивалась в фабулу, насыщенную мистификациями, но неизменно завершающуюся триумфом рабочего класса[11]. Кржижановский, знакомый с техническими новинками сценографии, мог удачно приспособить эти сюжеты для сценического воплощения или экранизации[12].

сторонник», и так до последних фантастических глав, содержащих аллегорию, отсылающую нас к первой неделе Творения и Книге Иова. В пьесе Кржижановского показывается только один настоящий анархист, который в конце концов действительно убивает короля Франции. См.: Человек, который был Четвергом (по Д. [*sic*] Честертону). Скетч в 3-х действиях, 13-ти ситуациях. 1924. 66 л. (РГАЛИ. Ф. 2280. Оп. 1. Ед. хр. 19).

10 Хотя Честертон и был шокирован этой пиратской большевистской травестией его романа, постановка Камерного театра имела большой успех в России и во время зарубежных гастролей в 1924 году [Маликова 2006; Сбоев 2014].

11 Выражение «Красный Пинкертон» появилось в 1923 году благодаря роману-бестселлеру М. Шагинян «Месс-менд», опубликованному под псевдонимом Джим Доллар. Его неявная ироническая тональность с самого начала вызывала беспокойство у критиков, поддерживающих идеи партии, и предопределила короткий срок жизни жанра (три-четыре года) [Russell 1982]. О нелепости заимствования («Агентство Пинкертона» было американской организацией для борьбы с профсоюзами и забастовками) см. [Vaingurt 2013: 203–204].

12 В созданном в пинкертоновском духе «Новом Гулливере» Птушко (1935) лилипуты изображаются как рабочие, которых держат в заточении в подземельях и которые готовы восстать против своего гнилого монарха. Кржижановский (чье имя не было упомянуто в титрах) был нанят на работу для помощи в создании спецэффектов, преимущественно для совмещения живых актеров с 1500 куклами при покадровой анимации. Среди восхищавшихся этим фильмом был Чарли Чаплин.

Как и современные им гоголевские вариации Булгакова, сценарии и пьесы Кржижановского, хотя и часто оставались невостребованными, в принципе не были антисоветскими. На первый взгляд «Писаная торба» могла бы восприниматься даже как лояльная по отношению к большевистскому государству. Объектом сатиры избрано социальное или политическое зло; русским удается перехитрить капиталистических врагов; злодей, казалось бы безмерно богатый, вероломный и связанный с мировым империализмом, теряет сделку и оказывается опозоренным. Однако любовь Кржижановского к игре слов и философскому парадоксу быстро превращает прямолинейные авантюрные темы в фантастические, аллегорические, двусмысленные. Сама по себе эта интонация не была диссидентской; пожалуй, она почти соответствовала доминантной. «Пинкертонизм» всегда характеризовался преобладанием пародии — на все, включая буржуазных мастеров литературы (Жюль Верн, Артур Конан Дойл, Герберт Уэллс), которых он передразнивал. Но «Писаная торба» ломает и эти границы. Ее герои оказываются не честными рабочими-пролетариями, как в каноническом «Красном Пинкертоне», но дураками. Кржижановский внимательно наблюдал этот многоликий социальный тип. Среди заключенных с ним в 1930-х годах контрактов есть несколько договоров с Детским театром, и в одном из них указывается комедия под названием «Четвертый дурак»[13]. Дурак традиционно любим в русском фольклоре: это мудрец, ловкач, лентяй, явный неудачник, который в конце концов каким-то образом оказывается абсолютным победителем. В «Писаной торбе» Кржижановский предлагает интересные вариации на эту тему, тщательно уравновешивая каждый парадокс безупречно правильным политическим лозунгом.

Действие пьесы происходит в начале 1920-х годов. Европейский торговый центр обсуждает российский экспорт с представителями советской внешней торговли. Европейцы хотят полу-

---

[13] «Постановочный договор» на четырехактную пьесу «Четвертый дурак» и еще одну пьесу, «Пионер и школьник» (РГАЛИ. Ф. 2280. Оп. 1. Ед. хр. 98. Л. 1 (двухстраничный документ, написанный от руки)). Никаких следов этих пьес не обнаружено.

чить (как веками хотели получать от евроазиатского Востока) пшеницу, меха, икру, нефть, фосфорные удобрения, но предприимчивый нэповский чиновник убеждает западных бизнесменов, что на самом деле от России им требуются дураки. По всему миру происходит рост культурности, следовательно, отдельные дураки постепенно вымирают. Но процветают дурацкие институты — парламенты, институт частной собственности. Если у вас демократический фасад, объясняет нэповский чиновник, вам на Западе нужны наши дураки, потому что только дураки будут голосовать за вас на выборах. Что произошло бы, если бы ваш рабочий класс внезапно поумнел в результате образования и воспитания? Кризис бездурачья, этот самый опасный дефицит, положил бы конец капиталистической системе.

Однако возникают возражения. Один скептик заявляет, что речь идет о необычном товаре, к тому же опасном; тот, кто сегодня продает глупость, завтра вполне может начать торговать своей совестью. А как определить дурака? Ведь их трудно отличить от не-дураков. Принимается решение создать новую отрасль науки, дуракологию, а также новые правительственные организации (Главглуп, Завдур), ответственные за выработку соответствующих нормативов и стандартов. Победу одерживает про-дурацкая сторона. Однако во втором акте, когда к отправке готовится первая партия из тысячи дураков, проблемы нарастают. Если все пройдет удачно, проект улучшит торговый баланс Советской России. Но вскоре становится понятно, что проблема заключается не в самих дураках, потому как любой может выставить себя дураком, а в людях, которые уполномочены решать, кто таковым является. Более того, часть тех, кого определили в дураки, рассматривают депортацию как наказание, а другие — нет. В центре традиционной комической сюжетной линии — рассеянный стареющий и старорежимный профессор и его взбалмошная молодая жена, которая привлекает к себе внимание чиновника Главглупа. Потенциально трагическая сюжетная линия связана с тонким противоречием между (с одной стороны) экспортом дураков за твердую валюту и (с другой стороны) разоблачением умных людей, которые притворяются дураками, чтобы попасть на Запад. («Недоглупить — плохо, переглупить — и того хуже».) Назначенные дураками начинают испытывать беспокойство. Заключительный (четвертый) акт напоминает о той смеси стыда, разоблачения и погружения в неограниченную фантазию, которую мы находим в финале «Мертвых душ» или в последних минутах «Ревизора» Гоголя. От греха подальше объявляется, что советский дурак не поддается перевозке. Он глубоко укоренен в своей родной почве и социальном окружении. Отправленный (или проданный) за границу, он обречен. Штабеля дураков остаются на товарном складе, надежно запертые на замок. Все коммерческое предприятие, затеянное для укрепления капитализма и уменьшения советского государственного долга, терпит крах.

В 1929 году Кржижановский показал свою новую сатирическую пьесу директору Камерного театра Таирову. Несмотря на то что в Камерном на протяжении шести месяцев шел в равной степени стоящий на грани запрета «Багровый остров», одна из наиболее неоднозначных сатир Булгакова на нэп, Таиров посоветовал другу не распространять «Писаную торбу». В пьесе отчетливо выделяются три подтекста, каждый из которых к исходу десятилетия становился опасен. Первый из них — это классическая гоголевская «история плута», связанная с нечестным торговцем, которому пришла в голову новаторская идея получить выгоду с помощью мошеннической сделки с человеческим товаром. Это — сюжет «Мертвых душ», широко распространенный с первых дней нэпа и вплоть до конца 1930-х годов и использовавшийся в таких популярных произведениях, как «Мандат» Николая Эрдмана и «Зойкина квартира» Булгакова. Однако вариант чичиковской махинации у Кржижановского был слишком неоднозначным, чтобы предоставить зрителям возможность испытать морально удовлетворяющий катарсис. Если лжецы и дураки — это все, что осталось, и для них есть почва, то кому можно верить? Последние строки «Писаной торбы», произносимые «глупым» нэповским чиновником, могли раздразнить сторожевого пса партии: «Если голова, придумавшая идею, не достойна ее, идея отбрасывает голову напрочь. ...Поздно или рано, и чем скорей, тем лучше, настанет день, когда всем ослам, груженным философией, всем социализма ради юродивым, придурачивающимся к нашему делу, всем недоумкам, присватавшимся к революции, мы скажем, широко распахивая двери: “Вон, пошли вон, дураки”» [СК 5: 7–63][14].

Это заключительное приглашение несогласным покинуть страну предполагает второй подтекст, более старый и более глубокий. Это — сюжет «Корабля дураков», дидактической поэмы, написанной в 1497 году эльзасским сатириком Себастьяном Брантом (1457–1521), в которой давался совет посадить всех нечестивых грешников на корабль и выслать их в отдаленные земли. Классическое произведение Бранта подсказывает третий подтекст, который ближе родной стране: «философский пароход» периода раннего нэпа. По личному распоряжению Ленина принудительной «ссылке без права на возвращение» подверглись более 60 религиозных философов и представителей интеллигенции и их семьи, отправленные из Петроградской гавани двумя рейсами осенью 1922 года. Большая часть этого «человеческого капитала», «глупцы» с точки зрения диалектического материализма, со временем обосновалась в Праге, Берлине и Париже, определив христианскую и экзистенциалистскую философию русской диаспоры в двадцатом веке. Многие из этих философов искренне верили в то, что советский эксперимент завершится провалом. По возвращении в Россию всем им был вынесен смертный приговор.

«Писаную торбу», созданную на заре эры Сталина, можно рассматривать как каталог приемов, использованных Кржижановским для создания политической аллегории с помощью глупости. «Тот третий» является ее прямым наследником. Однако до того, как мы обратимся к этой пьесе о Клеопатре, рассмотрим более раннюю работу Кржижановского, приуроченную к пушкинскому юбилею, — «Евгения Онегина». Она

---

[14] Первая публикация «Писаной торбы»: Современная драматургия. 1992. № 2. В своем кратком комментарии к этой пьесе В. Перельмутер отмечает, что используемые в ней приемы и каламбуры роднят ее с комедиями Эрдмана и Булгакова и, более того, с творчеством Б. Шоу [СК 5: 525–526].

в той же мере лирична, интроспективна и имеет личный характер, в какой «Тот третий» предназначался стать площадной комедией дель арте.

«Евгений Онегин», музыкальная пьеса в стихах

В 1936 году у Александра Таирова было несколько причин поставить в своем театре «Евгения Онегина» и тем самым внести вклад в пушкинский юбилей [Emerson 2008][15]. Со времени открытия театра в 1914 году наиболее кассовая часть его репертуара состояла из произведений зарубежной драматургии, в том числе спорных и декадентских, таких как «Саломея» Оскара Уайльда. Однако теперь меняющаяся политическая обстановка требовала безопасного родного, русского текста. Жена Таирова Алиса Коонен, ведущая актриса Камерного и замечательная исполнительница трагических ролей, очень хотела сыграть Татьяну Ларину, самую любимую русскую героиню. Их близкому другу Кржижановскому, прозаику, тонко чувствовавшему поэзию, и горячему поклоннику Пушкина, можно было доверить деликатную задачу адаптировать «Евгения Онегина» для театральной постановки. А Сергей Прокофьев, только что вернувшийся в СССР из парижской эмиграции, согласился написать к ней музыку. Камерный театр был известен слаженностью хора и пантомимой, и в его спектаклях обыкновенно использовалась музыка. Эта работа должна была стать вторым случаем сотрудничества театра со знаменитым композитором. В 1934 году Прокофьев написал музыку к поставленной Таировым театральной феерии «Египетские ночи», пастишу из «Цезаря и Клеопатры» (1898) Б. Шоу и «Антония и Клеопатры» (1607) Шекспира, в котором обе половины любовной истории египетской царицы были сплавлены с поэмой Пушкина «Клеопатра», исполнявшей-

---

[15] В феврале 2012 года «Онегин» Кржижановского в новом, передающем все особенности метрики оригинала переводе Джеймса Э. Фалена был исполнен студентами Принстонского университета. Подробнее об этом событии см. [Онегин 2013–2014; Onegin 2012] (первое издание содержит статьи, изображения и полный текст пьесы на двух языках).

ся под музыку странствующим менестрелем в антракте [Emerson 2012: 405–411]. Кржижановский, хорошо владевший английским и прекрасно разбиравшийся в творчестве обоих английских драматургов, конечно же, консультировал этот гибридный проект. Для пьесы «Тот третий» этот эпизод истории театра имеет большое значение. За пять лет до юбилея Пушкина Кржижановский уже задумывался над чувственным образом (или культом) Клеопатры, который в 1930-х годах воспринимался так же серьезно. Эта серьезность во многом была результатом того восхищенного внимания, которое Пушкин уделил только одному апокрифическому аспекту легенды, знаменитому «вызову»: верная смерть мужчины как цена одной ночи любви с царицей Египта. Эта легенда, как и многое другое в яркой истории Клеопатры, была зафиксирована (а возможно, сфабрикована) торжествующей пропагандистской машиной имперского Рима. Но для символистского и декадентского поколения русских поэтов, которых привлекали смерть, женское тело и та смесь чувственности и патологической религиозности, которой отмечена ветхозаветная история о Саломее, вызов Клеопатры стал воплощением идеального симбиоза великой красоты, великой поэзии и дарующей бессмертие силы Эроса.

«Египетские ночи» с музыкой Прокофьева с успехом шли на музыкальной сцене Камерного театра в 1934–1935 годах. Однако три года спустя поручение написать «Онегина» заставило Прокофьева взять паузу. Сначала он не проявлял энтузиазма, не желая соревноваться со всеми любимой оперой Чайковского. Однако, услышав, как Кржижановский читает свою инсценировку — или, как он ее называл, «сценическую проэкцию в четырнадцати фрагментах», — Прокофьев передумал. Можно было обойтись без соревнования. Чайковский назвал свою оперную версию романа Пушкина «лирическими сценами», и именной такой она и являлась: избранные, музыкально завершенные сцены, представленные по правилам оперного искусства публике, прекрасно знающей наизусть оригинальный текст. Драматическая адаптация Кржижановского представляла собой совсем иное художественное целое. Он, Таиров и Прокофьев одинаково считали, что утрата оригинальной ритмики и схемы рифм будет равносильна утрате Пушкина. В отличие от оперного либретто, строящегося как лирический текст для пения, в драме строго соблюдались контуры онегинской строфы. Персонажи *говорят* строфами, и даже кресло-качалка Онегина, как мы узнаем из авторских ремарок, качается в ритме ямба. Вероятно, для того чтобы еще больше дистанцировать свое произведение от знаменитой версии предшественника, Кржижановский изобразил на сцене основные эпизоды из Пушкина, которые не включил в оперу Чайковский: Татьяну в библиотеке Онегина, визит Лариных к московским родственникам и, самое главное, сон Татьяны. Этот сон, который в пьесе (фрагмент 8) рассказывает не вездесущий повествователь-мужчина (как в романе Пушкина), а сама Татьяна — няне после пробуждения, знаменует рождение новой, психологически более сложной и эротически заряженной героини. Его заключительный и неожиданно кровожадный эпизод, в котором Онегин угрожает ножом Ленскому, а Татьяна в страхе просыпается, плавно перетекает во фрагмент 9, в развязку реальной, происходящей наяву, среди снегов, дуэли на пистолетах, в которой сошлись два друга. Чтобы получилось это слияние дуэлей в пьесе, сон Татьяны перенесен: она видит его *после* именин, а не перед ними.

У Кржижановского были веские причины изменить порядок следования этих важнейших эпизодов. Для него происходящее во сне лежало в поле реального действия. Это место, где потрясенная Татьяна вынуждена укрыться — ибо в пьесе именины оказываются более унизительными, чем в пушкинском романе. Они также изображаются более буйными, более провинциальными и менее благопристойными, чем в опере Чайковского, где все собрания вообще отличаются элегантностью, пышностью и продуманностью[16]. В пьесе «проповедь», прочитанная Онеги-

---

[16] И Таиров, и Кржижановский чувствовали, что на сцене «Онегина» следует декламировать и играть под музыку, и композитор согласился. Прокофьеву приписываются следующие слова: «Музыка Чайковского гениальна, но она написана не к пушкинскому "Онегину". Ну, вот, бал у Лариных — откуда такая "шикарная", столичная музыка на провинциальной помещичьей вечеринке? На таких вечерах, вернее всего, танцевали под фортепиано, немного разбитое, дребезжащее... По-моему, на

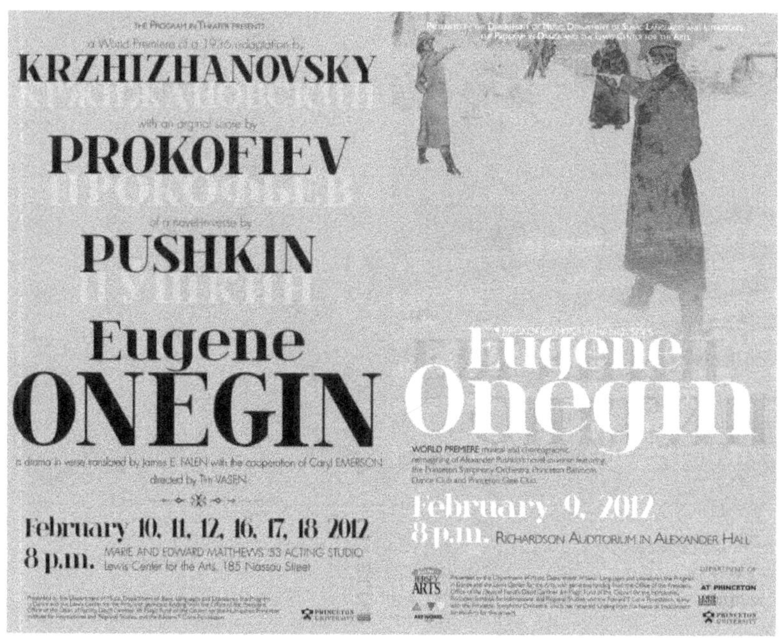

Рис. 3. Программа спектакля «Евгений Онегин» Пушкина — Кржижановского — Прокофьева, февраль 2012 года. Дизайн обложки — Трейси Паттерсон. Управление коммуникаций Центра искусств Льюиса, Принстонский университет. Любезно предоставлено Принстонским университетом.

ным Татьяне, — уже не tête-à-tête в укромном уголке, на живописной скамье; она переносится на многолюдную деревенскую площадку для танцев. Онегин отыскивает сгорающую от стыда девушку во время праздника по случаю ее именин и публично, под косыми взглядами шатающихся, пьяных гостей, читает ей лекцию о том, что он не подходит для брака. Музыкальный фон для этого унижения создают расстроенные клавикорды, пляшущие с притопом и поющие фигляры и военный оркестр. После этого ужасного дня Татьяне необходимо увидеть сон, который даст ей второй шанс исправить положение, воплотить нежные фантазии, которыми полно ее импульсивно написанное письмо, заставить возлюбленного обратить внимание на нее, навеки покорить Онегина. В созданных Кржижановским мирах сон

балу у Лариных обязательно играли польку "Трам-блям"...» [Литовский 1991]. Прокофьев специально отметил, что инструменты были расстроенными, поскольку стояли в деревенских домах, продуваемых сквозняками во время сырых русских зим.

Рис. 4. Онегин и Ленский в усадьбе Онегина.
Во втором фрагменте менялись музыка и декорации. Гэбрил Кроуз (Онегин), Питер Джиовин (Ленский), Каролин Васко (слуга Онегина). Актерская студия Мэттьюза, Принстонский университет, 12 февраля 2012 года. Любезно предоставлено Центром искусств Льюиса Принстонского университета.

обладает такой силой. Однако весь этот зыбкий план под слишком тяжким грузом неопытности и стыда оборачивается ночным кошмаром.

Изменение канонической последовательности эпизодов, сосредоточенность на эротических переживаниях пушкинской робкой и в основном молчаливой героини, возможность для нее рассказать о глубоко личных фантазиях оказались признаком «неуважения» к Пушкину, которое вызвало беспокойство у сталинской цензуры. Однако пушкинский роман в стихах с его вездесущим, всеведущим, позволяющим себе отступления повествователем едва ли вообще мог быть переделан в пьесу без неточностей и вольностей. Были и другие отступления от оригинала. Поскольку пьеса не может обойтись без действующих лиц и сценического диалога, Кржижановский создал полноценные роли для персонажей, которые лишь походя упоминаются пушкинским повествователем: Вяземского, Буянова, Толстого Генерала, архивных юношей, Сердитого Господина, престарелого Почетного Гостя. В сцене бала на именинах знаток дуэльного кодекса Зарецкий превращается в собутыльника Буянова. Хор ряженых (одетых, как чудовища, приснившиеся Татьяне) танцует и поет столь непристойную песню, что Татьяна падает в обморок на пороге. За исключением князя Вяземского, собрата-поэта и верного друга Онегина, голос которого звучит в петербургской гостиной Татьяны с редкостной интонацией сочувствия и понимания, эти «дополнительные персонажи», городские или деревенские, обретают гоголевские черты: это шуты, чьи глупые или пьяные выходки создают комическую разрядку в меланхоличной мелодраме, исполняемой романтическими ведущими актерами. Для героини эта нововведенная группа неуклюжих деревенских помещиков представляет серьезную угрозу. Неотесанный Буянов, припоминаем мы, пытался ухаживать за Татьяной, а ее мать рассматривала его как подходящего жениха. Отчаяние, которым пронизано ее письмо Онегину, не заимствовано из прочитанных ею книг — оно настоящее.

Когда произнесенные имена обретают плоть и кровь, мы оказываемся в пространстве Гоголя. Через год после своего драматического «Онегина» Кржижановский создал по тому же принципу персонажей «Того третьего». Они шагнули из знаменитых строк Пушкина (из его стихотворения «Клеопатра») прямо в египетскую портовую Александрию, где приобретают трехмерность — а также биографию, личность, манеру речи и будущее (как правило, фарсовое), которое сами себе создают. Тот же генезис у оригинальной фантастической прозы Кржижановского. Слова и буквы соскакивают со своих законных мест на листе бумаги и начинают вести себя как независимые персоны, утверждая свои права в качестве самостоятельных единиц смысла, чтобы развиваться так, как считают нужным (об этой черте см. [Форум 2012, в особенности Ballard 2012]). Для усиления самопроизвольной активности слов и имен Кржижановский украсил свою пьесу «Онегин» дополнительными нарративами, обладающими высоким сценическим потенциалом. Большинство позаимствованы из пушкинских вымышленных миров, лежащих за пределами его романа в стихах, но некоторые принадлежали другим близким по духу авторам того же периода. Задержавшись в библиотеке Онегина, Татьяна читает вслух строфу из финала

«Дон Жуана» Байрона. В петербургском салоне княгини Вяземский декламирует фрагмент из его собственной сатирической поэмы «Станция». В этом же салоне молодые люди читают непристойные эпиграммы, написанные Пушкиным в молодые годы, а во фрагменте 13 на предрассветной набережной Невы Онегин слышит, как подвыпившие студенты распевают застольную песню, на самом деле сочиненную пятнадцатилетним Пушкиным. Няня Татьяны, пытаясь утешить свою снедаемую любовью подопечную, нараспев декламирует начальные строки из написанной в 1833 году «Сказки о мертвой царевне и о семи богатырях», где говорится о рождении царской дочери в самый разгар зимы. Важно время года: в своем «Евгении Онегине» Кржижановский переносит все значительные события на зиму, на мрачный месяц безвременной, насильственной смерти Пушкина. Снег, короткие дни и окна, покрытые инеем, — таковы основные повторяющиеся мотивы в пьесе. Собираясь покинуть библиотеку Онегина, Татьяна выводит инициалы «Е. О.» на замерзшем окне, а затем в смятении понимает, что не сможет стереть их. Как выяснится, ее любовь — не просто томные вздохи, оставившие след на стекле, запотевшем в летнюю ночь. В пьесе все важные чувства примерзают к месту, оставаясь невостребованными, тогда как все банальные мимолетные увлечения улетучиваются.

Постоянный подтекст «Онегина» Кржижановского составляет солярная легенда о Снегурочке, которая может влюбиться, но не способна осуществить свою любовь. На пороге женской зрелости Снегурочка, дочь Деда Мороза и Весны-Красны, получает огонь любви от бога солнца Ярилы. Чтобы спасти ее от смерти, родители упрашивают ее держаться там, где тень и сугробы. Но она — юная девушка, пришла ее пора, и она полюбит; солнечные лучи делают свое дело. Как и все космологические сюжеты, «Снегурочка» отражает неизбежность, а не личное желание, и со смертью героини (и смертью ее возлюбленного) заканчивается зима, а земля вновь обретает плодородие. Кржижановский обладал даром переработки аллегорий. Большинство из них завершается смертью или хотя бы приостановкой обычной жизни, достаточной для того, чтобы показать нам, «чем люди мертвы» — в середине 1930-х годов. Кржижановский дал такое название сборнику из девяти самых лучших своих повестей. Одним из указаний к юбилею Пушкина было подчеркнуть его русскость, в частности, насколько Татьяна погружена в народное творчество. Вероятно, вплетая старинное народное предание в ткань пушкинского романа, созданного в эпоху романтизма, Кржижановский снова ощущал, что следует правилам, но все же, рискуя, остается верен своему дару. В ключевые моменты в его «Онегине» солнце пробивается через обледеневшее окно или сквозь тучи, неся печаль и озарение.

В заключительном фрагменте история о Снегурочке со всей ее чистотой, свободой выбора и покорностью судьбе отчетливо проступает в образе Татьяны. Татьяна превращается в вечную далекую Музу Онегина, который предстает поэтом в процессе творчества. В 1937 году это уважение к возмужавшему и способному к созиданию «влюбленному Онегину» шло вразрез с партийной установкой, совершенно уничижительной для главного героя. С тех пор как Достоевский восславил Татьяну и принизил объект ее любви в своей речи о Пушкине, произнесенной в 1880 году, Онегин был классическим русским байроническим героем, живущим без цели и равнодушным к жизни. Однако в 1930-х годах считалось, что он должен быть хуже английского прототипа: более скучающим, надломленным, отчужденным, бездеятельным и еще более лишним. В апреле 1936 года Таиров, неизменно беспокоившийся о благополучии и политической репутации своего театра, выступил с речью перед молодыми режиссерами-выпускниками, в котором настаивал на максимально искаженном образе Онегина — слишком «опустошенного», по словам режиссера, даже для того, чтобы примкнуть к декабристам [Таиров 2017]. Никчемный Онегин был необходимым противовесом божественно-совершенной Татьяне. Кржижановский, всецело симпатизируя героине, никогда бы не одобрил такой характеристики героя. Не мог он и создать инсценировку, в которой (как у Чайковского) исходил бы исключительно из женских переживаний. Его Онегин от начала до конца более задумчив, более самокритичен и способбен испытывать горе. Ключом к пониманию нравственной позиции Кржижановского является одинаковое уважение к обеим сторонам, Евгению и Татьяне (и в конечном счете их одинаковое одиночество). С его точки зрения, такой паритет имеет огромное значение при «внимательном и любовном» подходе к в высшей степени сбалансированному пушкинскому тексту; он принципиально важен и для самого факта внимания друг к другу и взаимной любви. И он также соответствует собственному мировосприятию Кржижановского: и творчество, и эротическая связь зависят от широты личного пространства и постоянной отдаленности — одного любящего от другого на Земле, одной звезды от другой на небосводе, одной ноты от другой в музыкальном произведении. В одной из его лучших повестей 1920-х годов «Чужая тема» эта психологическая ситуация определяется главным героем как «сложная, но стройная система разлуковедения»: знание, как расстаться с возлюбленной, которое влечет за собой уважительное отношение к молчанию и дистанции в нашей умственной и эмоциональной жизни [СК 1: 366].

То, что любимо, требует своего собственного пространства и покоя. В конце пьесы княгиня Татьяна, сидя на оттоманке, погружается в воспоминания, перебирая драгоценные реликвии времен своей юности, когда к ней врывается Онегин. Она ни в коем случае не сердится и не теряет самообладания. Ничто не может быть дальше от бурных признаний и жадных тесных объятий, которыми отличается исполнение заключительного любовного дуэта в опере Чайковского. Возможно, желая подчеркнуть эту эмоциональную безмятежность или, возможно, отдавая дань тому, что у Пушкина большинство бурных объяснений между Татьяной и Онегиным происходит не при личной встрече, а дистанционно, посредством писем, Прокофьев не написал музыку к заключительным мгновениям пьесы. Прочитывая Пушкина как зимнего поэта — трезвого, холодного, классицистического, — Кржижановский осуществил новую, свободную от влияния оперы, метрически выверенную и поэтичную с точки зрения музыкальности инсценировку самой неоднозначной русской любовной истории.

В июле 1936 года, работая за роялем, Прокофьев быстро сочинил 44 мелодических фрагмента, или мотива, для пьесы в стихах «Евгений Онегин» — возможно, это была лучшая музыка к спектаклю, написанная им за всю его творческую жизнь. В ноябре она была инструментована. Однако текст пьесы так и не получил официального одобрения (хотя и не попал под официальный запрет). В начале декабря 1936 года Камерный театр отказался от намерения поставить «Онегина», еще до того, как были созданы декорации, начались репетиции, и произошло это в результате не имевшего к нему отношения репертуарного кризиса[17]. Расстроенный — а возможно, и осмелевший — из-за неудачи, постигшей «Онегина», Кржижановский после этого ухватился за еще одну пушкинскую тему к юбилею, гораздо более космополитичную и декадентскую: историю Клеопатры. Исполненный решимости почтить память величайшего поэта России, не того идола с высокими принципами, в которого он превратился к сталинистскому столетнему юбилею, но молодого, дерзкого озорника и шутника, каким он также был, Кржижановский превратил изысканную, экзотическую историю о Клеопатре в фарс.

Однако фарс допускает множество регистров. У самого Пушкина можно легко обнаружить пародии на возвышенность Клеопатры и ее неотразимую привлекательность. Как показала в своей подробной «биографии» пушкинских «Египетских ночей» Лесли О'Белл, последовательное обращение поэта к теме Клеопатры в стихах и прозаических отрывках в период между 1824 и 1835 годами демонстрирует нарастающее понимание того, что великосветская жизнь пуста, поэт-творец подвергается опасности, а николаевский Петербург — мертвая каменная громада, неподвижный, мумифицировавшийся город [O'Bell

---

[17] Пьеса была отвергнута после скандала, разразившегося в Камерном по поводу комической оперы Бородина «Богатыри», которая не соответствовала линии партии, внезапно изменившейся в 1936 году (к национальным героям надлежало проявлять уважение, а не пародировать их) [Dubrovsky 2006]. В исследовании анализируется датированный ноябрем 1936 года отчет НКВД о том, как другие театры и публика восприняли этот запрет [Dubrovsky 2006: 99–111]. Многие в Москве одобряли нагоняй Таирову и его театру, считая, что он находится в привилегированном положении.

1984: 49–96][18]. Словно специально для нашего анализа двух работ Кржижановского, созданных к юбилею, О'Белл отмечает, как эволюционирующий образ египетской царицы у Пушкина преломляется в линзах его нарождающегося «Евгения Онегина». Но здесь на кону не только знаменитое наблюдение Анны Ахматовой о том, что Клеопатра по своему поведению представляет собой «анти-Татьяну». В окончательном варианте (1835) стихотворения «Клеопатра», помещенном в конце «Египетских ночей», блаженство, или жестокость, или капризное декадентство смертельного пари имеет меньшее значение для морали его сюжета, чем акт покупки любви, ее обмена. Коммерциализация вдохновения, независимо от того, смягчается она мимолетной нежностью Клеопатры к третьему добровольцу, может лишь осквернить и общество, и богов. Таким осквернителем является Книгопродавец в прологе к «Онегину» Кржижановского, в погоне за выручкой предлагающий купить творение нищего, безработного поэта. Истинной поэзии не требуются покупатели. Она рождается сама по себе и дает жизнь сущему, у нее нет цены ни на одном рынке, и она никогда не умирает. Такое могущество сокрыто в самом порядке пушкинских слов и строк, которые, будучи произнесены, породят и персонажей, и сюжет «Того третьего». Однако новорожденный сюжет стремительно ускользнет от пушкинского демиурга и превратится в масштабную пародию — на превращенного в идола Пушкина, а также на Шекспира, Бернарда Шоу, «Красного Пинкертона» и механизмы государственной власти.

Тот третий: поэт как дурак, сторонний наблюдатель, выживший

Изображение высокопоставленных дураков — как правило, царских — было устойчивым советским поджанром, уходящим корнями в русский фольклор, но также легко распространяв-

---

[18] О «мертвенной тяжести» Петербурга см. [O'Bell 1984: 59]. По мнению О'Белл, одна из тем, которые связывают «Евгения Онегина» и «Полтаву» с историей о Клеопатре, «могла бы быть названа местью романтического вопреки стремлению к реальному» [O'Bell 1984: 56].

шимся на безумных чиновников и слабоумных царей[19]. Кржижановский понимал людей, которые из предосторожности, безысходности или желания, чтобы их оставили в покое, разыгрывали из себя дураков. В одной из историй в «Клубе убийц букв» (1926) фигурирует полусвященнослужитель-полушут, который появляется то в сутане, то в дурацком колпаке, в зависимости от того, какую работу ему предстоит выполнить. Для Кржижановского «быть дураком» означало быть своего рода героем: вне системы, предельно честным, бесполым, беспомощным, непритязательным, бесталанным, как правило, белой вороной. Безымянный «Третий» относится к этому типу героев. Отрываясь от пушкинского стихотворения о Клеопатре и переносясь в древнюю египетскую провинцию Римской империи, Кржижановский первым делом превращает Третьего в ужасного поэта. Плохие стихи, как легко догадаться, обладают собственным ценностным зарядом. Их сила животворна, но на фарсовый манер. Дураки могут менять обличье и прятаться по углам, трещинам и щелям. Будучи посмешищем, Третий одновременно является и выразителем общей тенденции. В конце концов каждый в этой широко раскинувшейся империи превращается в дурака.

Однако «Тот третий» — нечто большее, чем «дурацкий» финал стихотворения о Клеопатре, на котором обрываются оставшиеся неоконченными «Египетские ночи» Пушкина. Ранее поэты и критики уже делали попытки решить благочестивую задачу — завершить то, что было не завершено Пушкиным. Кржижановский ставил перед собой цель одновременно и более высокую, и более приземленную: он стремился полностью развенчать миф о Клеопатре, сложившийся в эпоху символизма. Этот миф, питаемый Шекспиром и Пушкиным, на английском языке был развеян в 1898 году во второй «пьесе для пуритан» Бернарда

---

19 Рукопись одной из «дурацких» пьес Кржижановского «Поп и поручик» даже удостоилась официального обсуждения в Союзе писателей. Ее действие происходит в царствование Павла I, на царском троне изображается слабоумный дурак, как и в тыняновско-прокофьевском фильме «Поручик Киже», посвященном тому же периоду, в и «Заговоре дураков» (1922) Мариенгофа (где события разворачиваются в не менее непредсказуемое правление императрицы Анны Иоанновны).

Шоу — «Цезаре и Клеопатре», той самой, мотивы которой Таиров использовал для постановки «Египетских ночей», осуществленной в 1934 году. Впоследствии Кржижановский, соблюдая должный такт по отношению к своему покровителю Таирову, заметил по поводу этого сочетания, что не считает его особенно удачным («Забытый Шекспир», 1937 [СК 4: 302–322]). Возможно, именно по этой причине он и вдохновился на создание собственного гибрида — или, скорее, *вычеркнуть* серьезную, в духе Шекспира, трагедию из канонической истории о Клеопатре в пользу задорной непочтительности Шоу (и юного Пушкина). В четырех действиях и четырнадцати сценах «Того третьего» Кржижановский создает новый контекст для лирического стихотворения Пушкина о Клеопатре и соответствующих персонажей. Он инсценирует пушкинскую «Клеопатру» в реалистической манере, а не в романтической или символистской, на фоне разваливающегося второго триумвирата и неуклюжих действий римской тайной полиции. Обобщая содержание этого тома, я выделю несколько эпизодов из двух трагикомических «театров военных действий», которые ведутся в этой очень смешной, пугающей и исключительно горькой пьесе.

Прежде всего, в «Том третьем» Кржижановский воюет с мифом, пронизывающим все варианты стихотворения Пушкина о Клеопатре и связывающим бессмертную царственную красоту с бессмертными возвышенными стихами. Авторитет пушкинского образа Клеопатры был непререкаем для русских поэтов. Но как быть, если поэт — плохой и не состоянии обессмертить кого бы то ни было или что бы то ни было посредством своих стихов; как быть, если измотанная, достигшая среднего возраста Клеопатра утратила свои чары? Наивная плохая поэзия всегда комична; то же можно сказать о стареющем теле. Кржижановский разрабатывает темы искушения и долга в духе прагматического скепсиса, как это сделали бы commedia dell'arte, средневековый балаган или сэр Джон Фальстаф с наполненными вином «пустыми» ножнами, окажись он на английском поле брани. Чтобы упрочить преобладающие контексты в «Том третьем», Кржижановский вновь обратился к опыту, полученному им при адаптации

«Онегина», заимствуя из других сочинений Пушкина, прежде всего его прозы и диалогов, свободных от завораживающего авторитета поэзии (в конце концов, Третий — всего лишь плохой поэт). К числу этих прозаических источников относится датируемый 1835 годом пушкинский фрагмент «Мы проводили вечер на даче у княгини Д.». Княгиня Д. проявляет интерес к вызову Клеопатры. Ее гости сравнивают его с дуэлью в защиту чести. Но при чем здесь честь, особенно если женщина не питает к вам ответной любви? Неужели спасти жизнь после заключения опрометчивого пари более глупо, чем позволить какому-то забияке оскорбить вас, после чего честь обязывает вас «подставить лоб под его пулю»? Свидетельствует ли такой результат о чести и мужестве, или это просто глупое позерство и пустая растрата жизни? Откликаясь на эти рассуждения, содержащиеся в прозаическом отрывке Пушкина, Кржижановский получает возможность испытать миф о Клеопатре с нравственной точки зрения, выйдя за пределы дразнящей игры секса и смерти: показать заложенную в нем серьезную глупость и связать смертельный вызов с дуэлью. В память о безвременной и насильственной смерти Пушкина нас просят поразмышлять о Петербурге как о наследнике древней Александрии. В этом отношении Кржижановский проявляет себя как тонкий исследователь потаенных тревог Пушкина — но, что характерно, выражает их с помощью антигероев комедии, а не приемов мелодрамы и не трагического катарсиса.

Гости княгини Д. рассуждают о том, можно ли объяснить смертельное пари только жестокостью древнего мира, или же подобные добровольцы существуют и в наши дни. Как это выяснить? Клеопатра имела «всевозможные способы заставить должников своих расплатиться» — пытки, тайную полицию, шпионов, — но в девятнадцатом веке в нашем распоряжении есть только слово чести, которое дает человек, обещая застрелиться на следующий день. Более того, возражает один скептик, «он на другой день уедет в чужие края, а она останется в дурах». Да, отвечают ему, он и в самом деле может бежать, если хочет «остаться навек бесчестным в глазах той, которую любит». Кржижановский подхватывает эту реплику (отодвигая в сторону пытки и шпионов) и сосредоточивается на «беглом должнике», который уехал «в чужие края», оставив свою даму «в дурах». В соответствии с правилами его нового жанра беглец тоже поступает как дурак. Сексуальное влечение, увядающая красота и личное достоинство — легкие мишени для насмешки, но в пьесе сатирическому осмеянию подвергаются не все ценности. В конце «Того третьего» тема бессмертия поэзии вновь, как это всегда было у Пушкина, становится всеохватной и вечно серьезной.

По мере того как тема Клеопатры в пьесе становится все более избитой, вульгарной, балаганной, все большую выразительность приобретают темы гнета власти и сложности выживания в литературе. Этот сдвиг происходит во время второй «войны», гораздо больше напоминающей сражение: тиранические империи разрастаются на руинах гражданских войн, подталкивая к выводу о том, что любые соотношения сил условны. Здесь, как и ранее в «Писаной торбе», Кржижановский изображает и печальные, и смешные стороны мировой державы — римской, британской, русской, итальяно-фашистской — как почвы для выращивания дураков. В том числе круглых дураков, которые управляют этими империями, и запуганных дураков, которым в конце концов удается перехитрить круглых. В этом отношении с ним не мог сравниться даже горячо любимый им Шоу. (Напомним, что Шоу высмеивал очень многое в истории человечества, но последовательно восхищался сильными личностями, такими как Цезарь, Наполеон, Муссолини и Сталин.) Ближе, чем интеллектуальная, добродушная насмешка Шоу, Египту Кржижановского протеистичный гений Чарли Чаплина в «Великом диктаторе» — или, возможно, комически ущербная пограничная стража в сцене в корчме из «Бориса Годунова». (В «Том третьем» содержится множество аллюзий к приключениям пушкинского Самозванца, особенно когда Третий, переодевшись, неуклюже пытается покинуть Египет.) Однако пародия в «Том третьем» также должна вмещать историю и в конечном счете базироваться на реальности. Судя по финальным сценам, гражданская война в Риме (между Марком Антонием и Октавианом, которому вскоре предстояло стать Цезарем Августом) превратилась в войну против собственного народа, ведущуюся некомпетентной и коррумпированной секретной службой, войну, в которой один тиран вытесняет другого. Деспотичный победитель, приходящий к власти в результате переворота, прощает своего главу полиции, требует представить ему список предателей и демонстрирует, как с помощью простой уловки можно превратить их в друзей. Для Москвы 1937 года такой сценарий был слишком актуален.

Убийство Юлия Цезаря в 44 году до нашей эры и медленное сосредоточение власти в руках усыновленного им наследника, Октавиана, предполагает четкие параллели со сталинскими 1930-ми. Когда Юлий Цезарь назначил наследника, Рим все еще был республикой. В 14 году нашей эры, когда Цезарь Август умер, Рим был империей. Pax Romana закрепил контуры известного мира, а Сенат провозгласил Августа богом. Казалось, что становление римского миропорядка предопределено. В богатом литературном наследии эпохи символизма, подпитывавшемся мифом «Москва — Третий Рим», триумф построения древнего государства оценивался по-разному[20]. В это десятилетие еще только создавался величайший из текстов, проводящих параллель между Римом и Москвой, — «Мастер и Маргарита» Булгакова, замечательный своим духовным значением и сосредоточенностью на историческом Иисусе. Русские поэты трактовали в основном те сюжеты из римской истории, которые касались вечных тем имперской власти и злоупотреблений ею: тиран Нерон, мятежный римский сенатор Катилина или какой-нибудь капризный деспот вроде Клеопатры (пусть и в карикатурном обличье) в «Том третьем». Мог ли драматург сталинской эпохи обратиться к такому сюжету, не подвергая себя опасности?

---

20 Анализ римских текстов пятерых главных писателей эпохи (Мережковского, Брюсова, Блока, Вяч. Иванова, Кузмина) см. в [Kalb 2008]. Колб отмечает, что если «зависть к Риму» была распространена повсеместно, то большинство русских писателей периода символизма отдавали предпочтение сюжетам о языческом Риме или Риме периода упадка империи, а не тем, которые отражали иудаистско-христианские ценности или тему Иисуса как революционера [Kalb 2008: 185]. В этом отношении Булгаков представлял собой исключение, а Кржижановский со своей Клеопатрой соответствовал норме.

В 1937 году Кржижановский, скорее всего, сказал бы то, что Таиров говорил о своем спектакле «Египетские ночи», поставленном в 1934 году: здесь под древними римлянами подразумеваются современные фашисты Муссолини.

Такому злу нет места в Стране Советов. Однако Кржижановский был метафизиком, а не политиком. Обозленный цензурой и доведенный до алкоголизма письмами с отказами, которые получал на протяжении двух десятилетий, он не особенно интересовался сценариями о власти как таковыми. Впрочем, в параноидальной второй половине десятилетия, обращаясь к политической борьбе Рима и Египта через фарсовую личность Третьего, он вполне мог считать, что честному драматургу сталинской эпохи непозволительно *игнорировать* этот сюжет.

Это подводит нас к более общим вопросам, которые волновали западную эстетику с тех пор, как Ницше (и русские символисты) обратились к древнему греко-римскому миру в поисках образцов драматического искусства как посредника. В посреднической задаче трагедии неотъемлемым элементом является оптимистическая энергия, способная преобразовывать ужасное в возвышенное. Каким образом театральная практика могла помочь беспомощному человеку разобраться в реальном мире, социальном или политическом? Кржижановский-драматург не замахивается на высокое, риторическое, спасительное. Его истины, как правило, не столь масштабные и более горькие. В пьесе и дюжине философских текстов и журнальных статей, вошедших в настоящий том, утверждается, что театр — в особенности театр комический — может спасти человека, который попал в ловушку, которому угрожает гибель, и вернуть ему изворотливость, изобретательность и жизнь. Или, как выразила этот парадокс одна из исследовательниц русского театра 1920-х годов: «Театр интересует Кржижановского как область, в которой человек может “разыграть” ощущение нереальности окружающего мира и своего положения в нем» [Маликова 2006: 19]. Личность — отдельный актер — всегда является отправным пунктом. Бесконечная делимость и изменчивость актера, которая, в свою очередь, порождает новые возможности в окружающей реальности, является ключом к выживанию. Мы выживаем лишь поодиночке, но мое «я» можно обучить бесконечному воспроизводству. В трактате «Философема о театре» (1923), в разделе «Dividuum», Кржижановский рассуждает об этом явлении:

> ...за чертой рампы нет индивидуумов — там мир *дивидуума*. Когда в комнату входит актер, делается людно. Актер всегда из многих, он разорванное на роли существо: его нет, потому что он многократно есть. Всякому, даже ангелу, путем падения, можно познать одиночество: только актеру в одиночестве отказано. Ему нельзя остаться с самим собой individuum'ом. Актер уже не индивидуум и еще не коллектив. Поэтому индивидуальная, личная жизнь ему чужда. Но и коллективная социальная жизнь ему, носящему в себе зачаток какого-то коллектива, опасна: слаженный материализованный коллектив может раздавить смутную коллективизацию, носимую им в себе. Оторванный от индивидуальной и общественной жизни, чужой и келиям и площадям, он принужден переступить черту: за чертой мир несуществований: только в нем может найти защиту уже несуществующая индивидуальность и еще не существующий коллектив: полузачеркнутое «я» и полуозначенное «мы» [СК 4: 72].

Полузачеркнутое «я» и полуозначенное «мы»: для Кржижановского — это горькая и сладкая свобода Третьего.

2018

Источники

Боярский 1937 — Боярский Я. Репертуар советского театра // Правда. 1937. 7 февраля.

Литовский 1991 — Литовский О. Из воспоминаний. Так и было // Прокофьев о Прокофьеве / Сост., текстол. ред. и коммент. В. П. Варунца. М.: Советский композитор, 1991. С. 133.

Правда 1937 — Правда. 1937. 2 февраля.

СК — Кржижановский С. Д. Собрание сочинений: В 6 т. / Под ред. В. Перельмутера. Т. 1–4: СПб.: Симпозиум, 2001–2006; т. 5, 6: М.; СПб.: БСГ-пресс; Симпозиум, 2010–2013.

Таиров 2017 — Из беседы с режиссерами-выпускниками Государственного института театрального искусства имени А. Луначарского // Таиров А. Я. О театре / Под ред. П. В. Богданова, В. В. Иванова, В. Ф. Колязина. М.: Академический проект, 2017. С. 197–198.

Литература

Маликова 2006 — Маликова М. Скетч по кошмару Честертона и культурная ситуация НЭПа // Новое литературное обозрение. 2006. № 78. С. 1–28.

Онегин 2013–2014 — Онегин на сцене // The Pushkin Review = Пушкинский вестник. 2013–2014. Vol. 16–17. P. 1–180.

Пушкин 1937 — А. Пушкин 1837–1937. Памятка. Статьи и материалы для доклада / Под ред. Н. Л. Степанова. Л.: ГИХЛ, 1937.

Сбоев 2014 — Сбоев С. Г. «Человек, который был Четвергом» в немецкой и английской критике // Мнемозина. Вып. 5 / Под ред. В. В. Иванова. М.: Индрик, 2014. С. 176–240.

Форум 2012 — Форум о Сигизмунде Кржижановском, 1887–1950 // Slavic and East European Journal. 2012. Vol. 56. No 4.

Эмерсон 2011 — Эмерсон К. Сигизмунд Кржижановский как драматург и мировая история как фарс // Вестник Томского гос. пед. ун-та. 2011. Вып. 7 (109). С. 134–143.

Any 2012 — Any C. The Red Pushkin and the Writer's Union in 1937: Prescription and Taboo // Taboo Pushkin: Topics, Texts, Interpretations / Ed. by A. Dinega Gillespie. Madison: University of Wisconsin Press, 2012. P. 378–401.

Ballard 2012 — Ballard A. Быт Encounters Бы: Krzhizhanovsky's Theater of Fiction // Форум о Сигизмунде Кржижановском, 1887–1950 // Slavic and East European Journal. 2012. Vol. 56. No 4. P. 553–576.

Dubrovsky 2006 — Dubrovsky A. M. Chronicle of a Poet's Downfall: Dem'ian Bednyi, Russian History, and "The Epic Heroes" // Epic Revisionism: Russian History and Literature as Stalinist Propaganda / Ed. by K. M. F. Platt, D. Brandenberger. Madison: University of Wisconsin Press, 2006. P. 99–114.

Emerson 2008 — Emerson C. The Krzhizhanovsky-Prokofiev Collaboration on "Eugene Onegin," 1936 (A Lesser-Known Casualty of the Pushkin Death Jubilee) // Sergey Prokofiev and His World / Ed. by S. Morrison. Princeton, NJ: Princeton University Press, 2008. P. 60–189.

Emerson 2012 — Emerson C. Krzhizhanovsky's Pushkin in the 1930s: The Cleopatra Myth from Femme Fatale to Roman Farce // Taboo Pushkin: Topics, Texts, Interpretations / Ed. by A. Dinega Gillespie. University of Wisconsin Press, 2012. P. 402–436.

Emerson 2014 — Emerson C. Sigizmund Krzhizhanovsky at the Edge of the Stalinist Shakespeare Industry, 1933–1938 // Shakespeare and Russian Literature / Ed. by J. Givens. Russian Studies in Literature. 2014. Vol. 50. No 3. P. 8–20.

Onegin 2012 — "Eugene Onegin" at Princeton University // The Three Oranges. 2012. May 23. P. 21–28.

Kalb 2008 — Kalb J. E. Russia's Rome: Imperial Visions, Messianic Dreams, 1890–1940. Madison: University of Wisconsin Press, 2008.

Maguire 2012 — Maguire M. Stalin's Ghosts: Gothic Themes in Early Soviet Literature. Oxford: Peter Lang, 2012.

O'Bell 1984 — O'Bell L. Pushkin's "Egyptian Nights": The Biography of a Work. Ann Arbor, MI: Ardis, 1984.

Russell 1982 — Russell R. Red Pinkertonism: An Aspect of Soviet Literature of the 1920s // Slavonic and East European Review. 1982. Vol. 60. No 3 (July). P. 390–412.

Sandler 2005 — Sandler S. The Pushkin Myth in Russia // The Pushkin Handbook / Ed. by D. M. Bethea. Madison: University of Wisconsin Press, 2005. P. 403–423.

Vaingurt 2013 — Vaingurt J. Red Pinkertons: Adventures in Artificial Reality // Vaingurt J. Wonderlands of the Avant-garde: Technology and the Arts in Russia of the 1920s. Evanston, IL: Northwestern University Press, 2013. P. 182–223.

Wachtel 2011 — Wachtel M. A Commentary to Pushkin's Lyric Poetry, 1826–1836. Madison: University of Wisconsin Press, 2011.

Именной указатель

Содержание

Часть III. МУЗЫКАЛИЗАЦИЯ РУССКОЙ КЛАССИКИ

Часть IV. ПУШКИН, ПРОКОФЬЕВ, ПУШКИНСКИЙ ЮБИЛЕЙ И ТЕАТРАЛЬНЫЙ МИР СИГИЗМУНДА КРЖИЖАНОВСКОГО

Научное издание

Кэрил Эмерсон

ОЧЕРКИ ПО РУССКОЙ ЛИТЕРАТУРНОЙ И МУЗЫКАЛЬНОЙ КУЛЬТУРЕ

Директор издательства *И. В. Немировский*

Редакторы *А. Аширметова, Е. Чебучева*
Дизайн *И. Граве*
Корректоры *Л. Виноградова, А. Нотик*
Верстка *Е. Падалки*

Подписано в печать 11.11.2019.
Формат издания 60 × 90 $^{1}/_{16}$. Усл. печ. л. 35,0.
Тираж 300 экз.

Academic Studies Press
1577 Beacon Street, Brookline, MA 02446 USA
https://www.academicstudiespress.com

ООО «БиблиоРоссика».
190005, Санкт-Петербург, 7-я Красноармейская ул., д. 25а

Знак информационной продукции согласно Федеральному закону от 29.12.2010 № 436-ФЗ

www.ingramcontent.com/pod-product-compliance
Lightning Source LLC
LaVergne TN
LVHW010553100826
845148LV00014B/2696

* 9 7 9 8 8 9 7 8 3 8 0 5 9 *